Vol.3

청각장애
시각장애
지체장애
건강장애

2026 특수교사임용시험 대비

# 김은진
# 스페듀 기출분석집

*Special Education*

박문각 임용 동영상강의 www.pmg.co.kr

김은진 편저

박문각

# Preface
## 머리말

많은 수험생이 기출의 중요성에 대해 잘 알고 있지만 구체적으로 어떻게 기출문제를 공부해야 하는지, 또 어느 부분까지 확장하며 보아야 하는지 막막함을 느낍니다. 그래서 단순한 기출 문제집이 아니라 해당 기출문제의 출제 포인트, 오답 분석, 확장 가능한 제시문의 내용까지 친절하게 안내하는 기출 '분석집'이 있었으면 좋겠다고 생각했습니다.

예비 선생님들이 어떻게 하면 기출 '분석'을 효율적으로 할 수 있을지, 많은 고민 끝에 탄생한 본 교재의 특징은 다음과 같습니다.

첫째, 2009~2025학년도 유아·초등·중등 특수교육학 기출문제를 빠짐없이 담으려 노력했습니다. 기출문제는 키워드별로 분류해, 이전에 출제되었던 개념이 다음 기출문제에서 심화·확장되는 것을 순차적으로 볼 수 있도록 했습니다.

둘째, 각 문제에 '코넬노트' 양식을 적용해 분석 포인트를 한눈에 파악할 수 있도록 구성했습니다. 이러한 시각화 작업을 통해 수험생들이 자기주도적으로 본 교재를 학습할 수 있도록 정리했습니다.

셋째, 학습의 효율성·효과성 증진을 위해 기본이론서와 동일한 영역·순서의 4권으로 구성했습니다. 또 기본이론서와 본 교재를 함께 응용할 수 있도록 기본이론서의 해당 내용 페이지를 문제마다 제시했습니다.

넷째, 다음 카페 '김은진 특수교육 연구소'에 기출문제 편집본을 게시해, 문제를 풀 때 다양하게 활용할 수 있도록 했습니다. 본 교재는 기출 '분석'에 초점을 둔 교재로, 기출 분석을 처음 하거나, 새로운 관점으로 기출문제를 분석하려는 모든 수험생에게 도움이 될 수 있도록 심화·확장 내용을 표시했습니다.

다섯째, 기출문제에서 출제자의 의도 파악이 필요한 부분을 색 밑줄로 표시해 문제를 더 정확하게 분석하고, 요구에 맞는 답안을 작성할 수 있도록 안내했습니다.

수험생 시절, 여러 시행착오를 거치면서 찾은 효율적인 '기출 분석 방법'이 최대한 반영된 이번 교재가 여러분의 임용시험 준비에 조금이나마 도움이 되었으면 합니다. 본 교재의 출간에 많은 도움을 주신 김현서 선생님, 김현정 선생님, 백경래 선생님, 박민아 선생님, 윤민수 선생님, 장영낭 선생님, 파키라 선생님, 최유민 편집자님, 윤옥란 부장님께 감사의 말씀을 전합니다.

저자 김은진

# Analysis
## 구성 및 특징

**01**
### 관련 이론
해당 기출문제의 관련 이론을 다룬 기본 이론서(김은진 SPECIAL EDUCATION Vol. 1~4) 페이지를 안내했습니다.

**02**
### 핵심 키워드
해당 기출문제의 핵심 키워드를 제시해 관련 문제를 연속적으로 볼 수 있도록 했습니다.

**03**
### 구조화 틀
해당 기출문제 속 키워드의 구조화 틀을 제시해 문제가 출제된 맥락을 살펴볼 수 있도록 했습니다.

**04**
### 핵심개념
해당 기출문제와 관련된 이론을 요약·정리해 제시했습니다. 출제 근거가 되는 내용뿐만 아니라 심화·확장되는 이론도 추가했습니다.

**05**
### 모범답안
해당 기출문제에 대한 모범답안을 예시로 수록했습니다.

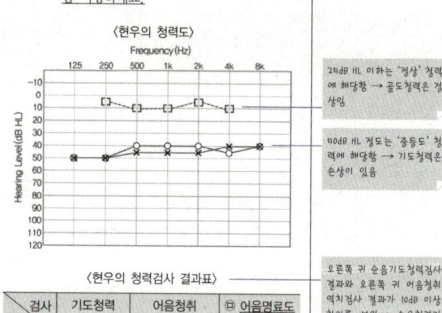

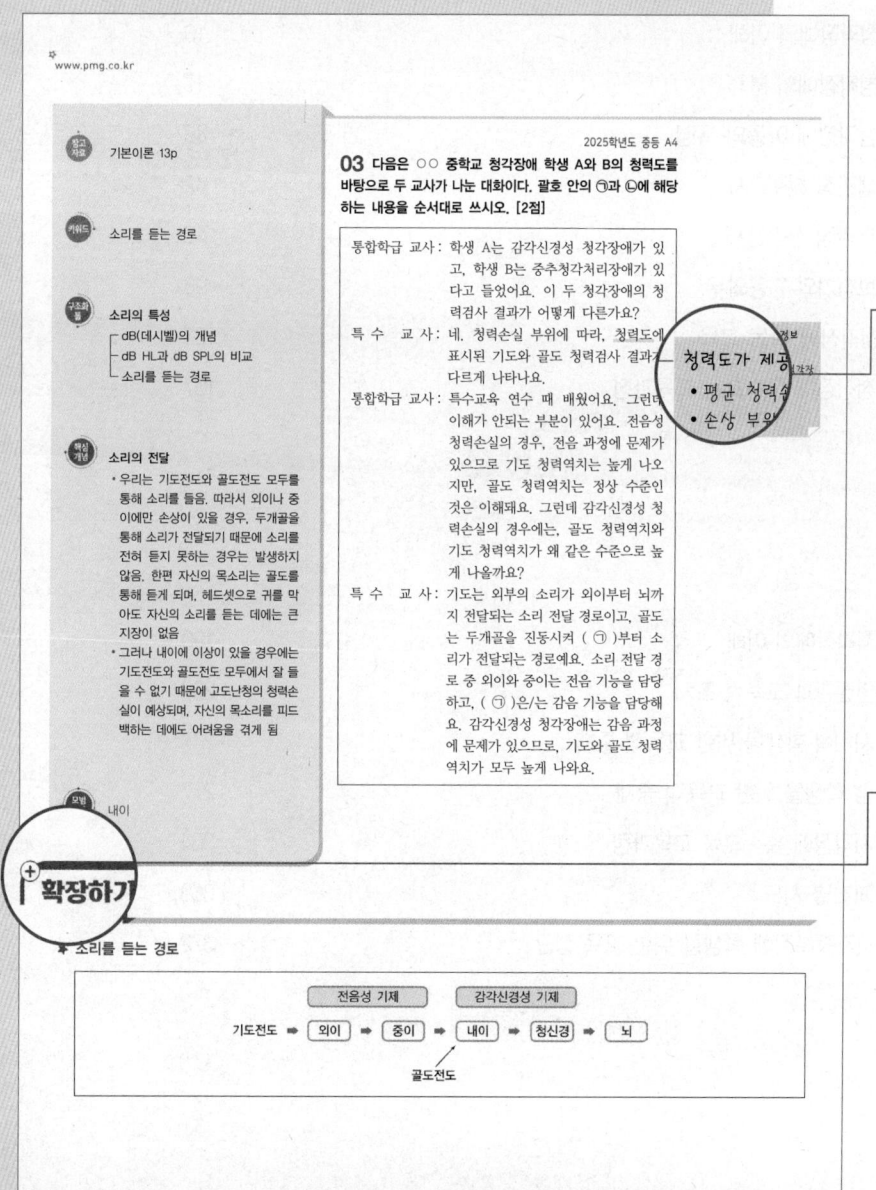

**06 분석 포인트**

문항·제시문·보기·조건·오답 분석 등 기출문제의 분석 포인트를 제시했습니다. 이를 통해 기출 분석을 처음 하거나, 새로운 관점으로 기출문제를 분석하려는 수험생에게 중요한 길잡이 역할을 할 수 있도록 했습니다.

**07 확장하기**

해당 기출문제와 관련된 새로운 각론 내용을 추가로 수록해 폭넓은 학습이 가능하도록 구성했습니다.

# Contents
## 차례

### PART 01 청각장애

- Ch 01. 청각장애의 이해 ·· 10
- Ch 02. 청각장애의 분류 ·· 17
- Ch 03. 청각장애 아동의 특성 ·· 38
- Ch 04. 객관적 청력검사 ·· 42
- Ch 05. 주관적 청력검사 ·· 49
- Ch 06. 보청기와 인공와우 ·· 96
- Ch 07. 청각장애 아동 교육 ·· 122
- Ch 08. 청각장애 특수교육 교육과정 ·· 187

### PART 02 시각장애

- Ch 01. 시각장애의 이해 ·· 190
- Ch 02. 안질환과 교육적 조치 ·· 202
- Ch 03. 저시력 학생을 위한 교육적 중재 ·· 237
- Ch 04. 맹 학생을 위한 교육적 중재 ·· 277
- Ch 05. 시각장애 특수교육 교육과정 ·· 364
- Ch 06. 교과별 지도 ·· 369
- Ch 07. 시각중복장애 학생을 위한 교육 접근 ·· 372

## PART 03 지체장애

- Ch 01. 지체장애의 이해 ·· 388
- Ch 02. 뇌성마비 ·· 389
- Ch 03. 근이영양증 ·· 451
- Ch 04. 이분척추 ·· 458
- Ch 05. 뇌전증(경련장애) ·· 463
- Ch 06. 골형성 부전증과 외상성 뇌손상 ·· 472
- Ch 07. 자세 및 앉기 지도 ·· 473
- Ch 08. 보행 및 이동 지도 ·· 492
- Ch 09. 식사 기술 지도 ·· 517
- Ch 10. 용변 기술 지도 ·· 531
- Ch 11. 착탈의 기술 지도 ·· 538
- Ch 12. 부분참여의 원리 ·· 541
- Ch 13. 의사소통 지도 ·· 549

## PART 04 건강장애

- Ch 01. 건강장애의 이해 ·· 556
- Ch 02. 건강장애의 유형 ·· 569

# 김은진
# 스페듀 기출분석집

Vol. 3

Ch 01. 청각장애의 이해
Ch 02. 청각장애의 분류
Ch 03. 청각장애 아동의 특성
Ch 04. 객관적 청력검사
Ch 05. 주관적 청력검사
Ch 06. 보청기와 인공와우
Ch 07. 청각장애 아동 교육
Ch 08. 청각장애 특수교육 교육과정

PART
# 01

## 청각장애

# 청각장애의 이해

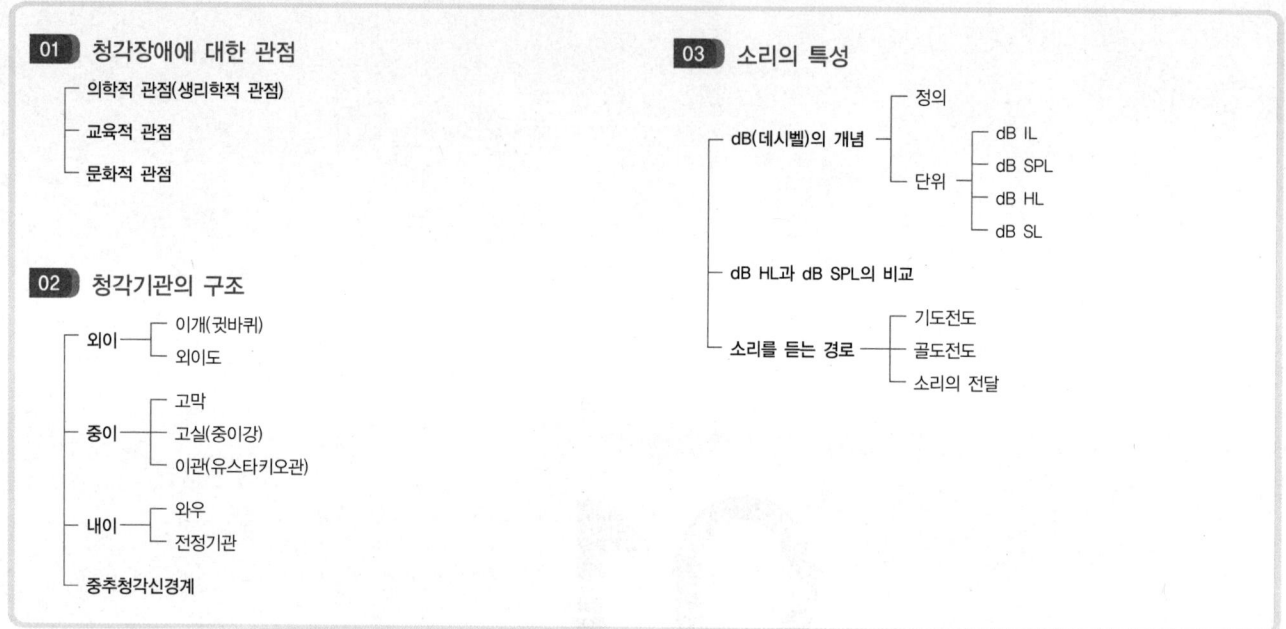

참고자료: 기본이론 8-9p

 키워드: 문화적 관점

 구조화틀

청각장애에 대한 관점
- 의학적 관점(생리학적 관점)
- 교육적 관점
- 문화적 관점

 핵심개념

**문화적 관점**
- 최근에는 의학적 관점과 교육적 관점 외에 문화적 관점에서 청각장애를 정의함
- 농인은 청력이 손실되었거나 청각보조기기가 필요한 사람이 아니라, 구어가 아닌 수어를 사용하는 소수 집단을 이루는 사람이라는 관점
  - 예 영어를 모르는 한국인이 미국에서 영어를 잘하지 못한다고 "청각장애가 있다."라고 말하지 않듯, 수어를 사용하는 농인이 구어를 사용하지 못한다고 장애인으로 보지 않는 관점

모범답안: 문화적 관점

2023학년도 초등 A3

**01** 다음은 청각장애 특수학교 교육현장실습 중 예비 교사와 지도 교사가 나눈 대화이다. 물음에 답하시오. [5점]

> 지도 교사: 아울러 농문화에 대한 이해를 충분히 하는 것도 중요합니다. 그리고 병리적 관점에서 벗어나 ⓒ 농문화를 수어 사용 소수집단 구성원들의 생활양식으로 인정하는 관점에서 수어를 이해해야 합니다.

의학적 관점에서 청각장애는 청각기관의 기능장애로, 생리학적인 청력손실 정도에 따라 농과 난청으로 구분함
- 농: 90dB HL 이상
- 난청: 20~90dB HL
- 정상: 20~25dB HL

3) ⓒ에 해당하는 관점의 명칭을 쓰시오. [1점]

참고자료: 기본이론 12~13p

 키워드: dB(데시벨)의 단위

 구조화틀

소리의 특성
- dB(데시벨)의 개념
- dB의 단위
  - dB IL
  - dB SPL
  - dB HL
  - dB SL

핵심개념

**dB(데시벨)**
- 소리의 강도 또는 힘
- 절대적인 세기가 아니라 상대적인 측정 단위이기 때문에 단순히 더하거나 뺄 수 없음

**dB HL**
- 인간이 들을 수 있는 청력의 크기를 표시하는 단위
- 개별 소리에 대한 건청인의 평균 역치이며, 측정된 역치의 표시가 바로 청력손실이 된다는 편리함 때문에 대부분의 청력검사기기에서 사용
- 0dB HL은 소리가 존재하지 않는 것이 아니라, 성인이 들을 수 있는 최소가청역치의 평균치를 의미함 → 일반적으로 사람이 들을 수 있는 가장 작은 소리
- −10dB HL을 듣고 소리에 반응하는 것은 평균적인 사람들보다도 소리를 훨씬 잘 듣는다는 것을 의미함

 모범답안

3) dB HL은 개별 소리에 대한 건청인의 평균 역치이며, 측정된 역치의 표시가 바로 청력손실이 된다는 편리함 때문에 대부분의 청력검사기기에서 사용된다.

4) 0dB HL은 소리가 존재하지 않는 것이 아니라, 성인이 들을 수 있는 최소가청역치의 평균치를 말한다. 즉, −5dB HL은 평균적인 사람들보다 소리를 훨씬 더 잘 듣는다는 것을 의미한다.

---

2013학년도 추가중등 B7

**02** (가)는 청각장애 학생들의 청력 특성이고, (나)는 통합학급 박 교사의 수업방법이다. 물음에 답하시오. [6점]

(가) 청각장애 학생들의 청력 특성

| 이름 | ㉠ 평균 청력역치(㉡ dB HL) ||
|---|---|---|
| 병철 | 기도 좌측 50<br>골도 좌측 50 | 우측 50<br>우측 50 |
| 수미 | 기도 좌측 35<br>골도 좌측 5 | 우측 0<br>㉢ 우측 −5 |
| 지우 | 기도 좌측 70<br>골도 좌측 35 | 우측 65<br>우측 35 |

3) ㉡과 같이 청력역치를 표시할 때, dB IL이나 dB SPL이 아니라 dB HL 단위를 사용하는 이유를 1가지 쓰시오. [1점]

4) ㉢의 의미를 0dB HL의 의미에 비추어 쓰시오. [1점]

## 확장하기

### ✦ dB SPL

소리가 발생하지 않은 평형 상태로부터 소리의 발생으로 인해 변화된 압력을 말한다. 즉, SPL은 소리를 만들어내는 물리적인 공기 압력을 측정한 값이다.

#### ▶ dB HL과 dB SPL의 비교

| 주파수 | dB HL | dB SPL |
| --- | --- | --- |
| 250 | 0 | 26 |
| 500 | 0 | 12 |
| 1,000 | 0 | 7 |
| 2,000 | 0 | 9 |
| 4,000 | 0 | 10 |
| 8,000 | 0 | 13 |

- 0dB HL과 dB SPL 단위 사이에는 위의 표와 같은 차이가 있다. 예를 들면, 250Hz에서 0dB HL에 도달하기 위해서는 26dB SPL이 필요하지만 1,000Hz에서는 7dB SPL이 필요하다. 즉, 인간의 귀는 1,000~4,000Hz 사이에서 가장 민감한 반응을 보인다는 것을 알 수 있다. 반면에 500Hz 이하이거나 8,000Hz 이상의 고주파수 음역대에서는 민감도가 떨어진다.
- 순음이 아닌 어음의 경우 dB HL과 dB SPL 사이의 차이는 대략 +20dB로 본다. 즉, 어음청력검사 결과를 dB SPL로 기록하고 dB HL로 환산할 경우에는 −20dB을 더하는 것이 일반적인 규칙이다.

### ✦ 음압의 단위(최성규 외, 2025.)

| 음압의 강도 | 절대 단위(energy) | 상대 단위(amplitude) |
| --- | --- | --- |
| 힘 | watt/cm², μPa, μBar | dB IL |
| 압력 | dyne/cm² | dB SPL, dB HL, dB SL |

- dB SL : 감각역치로 청력손실 정도와 입력되는 음압의 차이를 의미한다. 70dB의 청력손실을 가진 청각장애 학생이 90dB의 음압을 인지할 때는 20dB의 감각역치로 설명된다. 가청인은 들을 수 있는 가장 작은 소리(최소가청역치)가 0dB HL이므로 40dB HL로 인지하면 40dB SL로 설명된다. 즉, 가청인의 dB SL은 들리는 음압의 수치와 동일함을 알 수 있다.
- dB IL : 음압을 나타내는 단위 중에서 힘의 강도에는 dB IL이 있다. dB IL은 정해진 면적에 대한 압력으로, 압력의 단위인 dB SPL과 동일한 수치로 설명된다.
- dB HL : 청각장애의 청력손실 정도를 의미하는 수치이다. 청력검사에서 90dB의 청력손실이 있다는 것은 90dB HL을 의미하지만, 청각장애 학생의 청력손실을 설명할 때 일반적으로 HL은 생략한다.
- dB SPL : 출력되는 음압의 수치로, 각 주파수마다 dB SPL은 달라진다. 이를 '표준음차'라고 한다. dB HL은 청각적으로 인지하는 음압인 반면, dB SPL은 청력검사기의 헤드폰에서 출력되는 음압이다.

참고자료 기본이론 13p

 키워드 소리를 듣는 경로

 구조화틀 소리의 특성
- dB(데시벨)의 개념
- dB HL과 dB SPL의 비교
- 소리를 듣는 경로

핵심개념 **소리의 전달**
- 우리는 기도전도와 골도전도 모두를 통해 소리를 들음. 따라서 외이나 중이에만 손상이 있을 경우, 두개골을 통해 소리가 전달되기 때문에 소리를 전혀 듣지 못하는 경우는 발생하지 않음. 한편 자신의 목소리는 골도를 통해 듣게 되며, 헤드셋으로 귀를 막아도 자신의 소리를 듣는 데에는 큰 지장이 없음
- 그러나 내이에 이상이 있을 경우에는 기도전도와 골도전도 모두에서 잘 들을 수 없기 때문에 고도난청의 청력손실이 예상되며, 자신의 목소리를 피드백하는 데에도 어려움을 겪게 됨

 모범답안 내이

2025학년도 중등 A4

**03** 다음은 ○○ 중학교 청각장애 학생 A와 B의 청력도를 바탕으로 두 교사가 나눈 대화이다. 괄호 안의 ㉠과 ㉡에 해당하는 내용을 순서대로 쓰시오. [2점]

통합학급 교사 : 학생 A는 감각신경성 청각장애가 있고, 학생 B는 중추청각처리장애가 있다고 들었어요. 이 두 청각장애의 청력검사 결과가 어떻게 다른가요?

특 수 교 사 : 네. 청력손실 부위에 따라, 청력도에 표시된 기도와 골도 청력검사 결과가 다르게 나타나요.

통합학급 교사 : 특수교육 연수 때 배웠어요. 그런데 이해가 안되는 부분이 있어요. 전음성 청력손실의 경우, 전음 과정에 문제가 있으므로 기도 청력역치는 높게 나오지만, 골도 청력역치는 정상 수준인 것은 이해돼요. 그런데 감각신경성 청력손실의 경우에는, 골도 청력역치와 기도 청력역치가 왜 같은 수준으로 높게 나올까요?

특 수 교 사 : 기도는 외부의 소리가 외이부터 뇌까지 전달되는 소리 전달 경로이고, 골도는 두개골을 진동시켜 ( ㉠ )부터 소리가 전달되는 경로예요. 소리 전달 경로 중 외이와 중이는 전음 기능을 담당하고, ( ㉠ )은/는 감음 기능을 담당해요. 감각신경성 청각장애는 감음 과정에 문제가 있으므로, 기도와 골도 청력역치가 모두 높게 나와요.

청력도가 제공하는 정보
- 평균 청력손실 정도
- 손상 부위에 따른 청각장애 유형
- 청력형
- 차폐 실시 여부

## 확장하기

### ✤ 소리를 듣는 경로

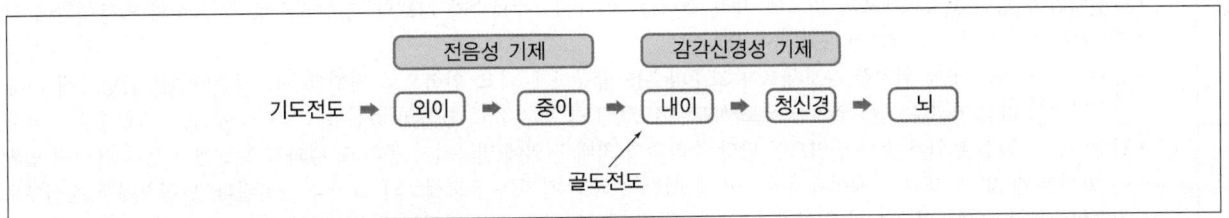

### ✤ 소리의 전달 원리

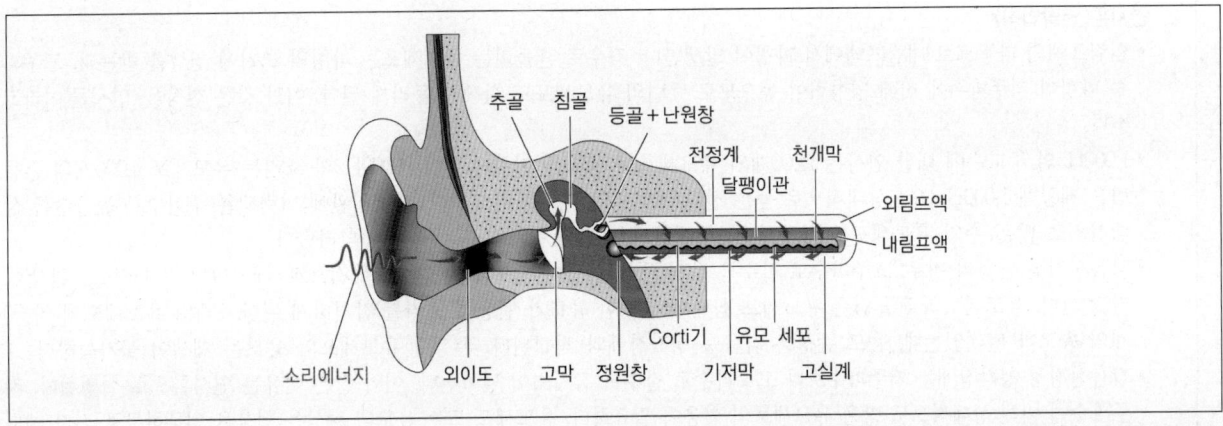

### ✤ 가청 영역과 기저막 최적 주파수 간의 관계

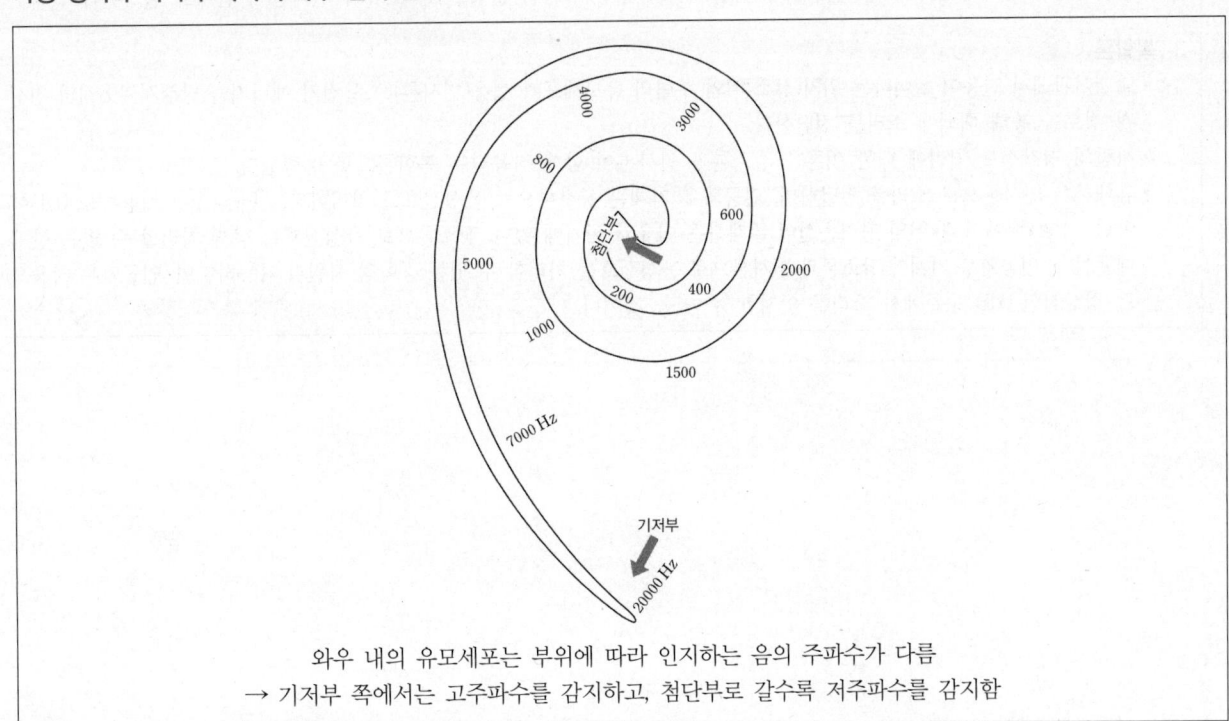

와우 내의 유모세포는 부위에 따라 인지하는 음의 주파수가 다름
→ 기저부 쪽에서는 고주파수를 감지하고, 첨단부로 갈수록 저주파수를 감지함

## ✯ 달팽이관에서의 소리에 대한 반응(최성규 외, 2025.)

### 1. 장소론
- 달팽이관의 청신경 유모세포의 위치에 따라 소리를 인지하는 주파수가 다르다. 일반적으로 약 3cm의 달팽이관에 약 20,000개의 청신경 유모세포가 포진되어 있다.
- 난원창과 가까운 곳에 위치한 유모세포가 고주파수를 담당하게 되고, 안쪽으로 진행할수록 저주파수를 담당하게 된다. 난원창에서 가장 가까운 곳에 위치한 유모세포는 20,000Hz를 감지하고, 안쪽의 정점부인 막다듬에서는 20Hz를 감지한다.
- 달팽이관의 특정 부위에 손상을 입으면 담당 주파수의 최대 전위에 반응하지 못하고, 결과적으로 전기 생리 에너지 변환이 발생할 수 없다. 또한 달팽이관에서 소리에 대한 주파수 감지는 유모세포의 길이와 관련된다. 난원창에서 정점부로 진행할수록 유모세포의 길이가 길어진다. 저주파수에 해당하는 모음은 정점부까지 도달해야 하므로 높은 에너지를 보유하고 있다.

### 2. 연사론(연발법칙)
- 외림프액의 파동으로 내림프액에서 파형이 발생한다. 좌우로 흔들리는 유모세포는 파형의 크기에 영향을 받는다. 고주파수 파형이 저주파수에 비해 영향력이 높으므로 주변의 유모세포도 함께 흔들리게 된다. 이와 같은 현상을 '연사론'이라고 한다.
- 1,000Hz의 주파수에 대한 연사는 1,000개의 유모세포에 영향을 미치게 된다. 4,000Hz의 소리는 유모세포 4,000개의 흔들림을 제공해 1,000Hz보다 상대적으로 높은 전기 에너지의 발생을 유도한다. 달팽이관에 입력되는 주파수가 높을수록 상대적으로 많은 수의 유모세포를 자극해 전기 에너지 발생을 증폭시키는 결과가 나타난다.
- 감음신경성 난청의 경우, 고주파수로 갈수록 음의 왜곡 현상이 발생하는 것을 공학적으로 '에일리어싱(aliasing) 현상'이라고 한다. 유모세포의 흔들림은 유모세포 상단에 자리한 융모가 반응해 소리를 감지하게 된다. 1개의 유모세포에 약 50개의 융모가 달려있는데, 융모 손상은 감음성 청각장애와 직결된다. 손상된 유모세포와 융모는 재생이 불가능하다.
- 감음신경성 청각장애는 저주파수보다 고주파수로 갈수록 감지력이 낮아진다. 이와 같은 이유는 연사론으로 설명된다. 저주파수에 비해 상대적으로 많은 유모세포의 협응이 필요하다. 유모세포 또는 융모의 손상은 협응을 저해하므로 전기 에너지 변환에 어려움을 제공하는 원인이 된다.
- 감음신경성 청각장애학생이 모음보다 자음을 인지하는 데 어려움을 보이는 이유가 연사론의 한계로 설명된다.

### 3. 복합론
- 달팽이관에서 진동이 일어나는 위치(장소론)와 주변의 유모세포가 협응(연사론)으로 전기 에너지를 발생시켜 8개의 청신경 경로를 통해 대뇌에 소리를 전달한다.
- 사람의 청각정보 처리에 대한 이론은 장소론과 연사론이 함께 작용하는 복합론으로 설명된다.
- 휴대폰은 연사론으로 소리를 전달하며, 인공와우 기계는 장소론으로 음성신호를 처리한다. 인공와우를 착용해도 0dB이 아닌, 약 30dB에서 40dB의 청력손실이 존재하는 이유가 여기에 있다. 장소론으로 음성신호를 함께 처리할 수 없는 한계 때문이다. 인공와우 기계가 장소론과 연사론으로 음성신호를 처리할 수 있는 공학적 지원이 가능하다면, 인공와우 착용으로 정상적인 0dB 수준에서 소리를 인지할 수 있을 것이다.

# CHAPTER 02 청각장애의 분류

**01** 청력손실 시기에 따른 분류

**02** 청력손실 정도에 따른 분류

**03** 손상 부위에 따른 분류
- 전음성 청각장애
- 감각신경성(감음신경성) 청각장애
- 혼합성 청각장애
- 중추청각처리장애(중추성 청각정보처리장애)

**04** 편측성 청각장애

기본이론 14-27p

청각장애의 분류

**청력손실 시기에 따른 분류**
- 언어습득 전 청각장애
- 언어습득 후 청각장애

**청력손실 정도에 따른 분류**

**손상 부위에 따른 분류**
- 전음성 청각장애
- 감각신경성 청각장애
- 혼합성 청각장애
- 청각처리장애(중추성 청각정보처리장애)

②

2012학년도 초등 8, 유아 4

**01** 다음은 특수학급 초임교사가 일반학급 교사를 대상으로 장애학생 이해 교육을 실시하기 위해 준비한 교육자료 초안의 일부이다. 청각장애 학생 이해 관련 내용으로 옳지 <u>않은</u> 것을 고르면?

---
청각장애 학생 이해

ㄱ. 청각장애의 가족력이 있는 경우, 청력손실이 점진적으로 진행될 수 있으니 소리에 대한 반응을 유심히 관찰해야 합니다.

ㄴ. 청력손실의 정도에 따라 전음성, 감각신경성, 혼합성, 중추성 청각장애로 나눌 수 있습니다.

ㄷ. 학생의 청력도를 통해 청력손실의 정도, 유형, 시기를 알 수 있습니다.

ㄹ. 보청기 및 인공와우를 착용하는 학생의 상태를 점검하기 위해, 교사는 5개음 검사를 실시할 수 있습니다.

ㅁ. 인공와우시술을 받은 학생의 경우에도 학생의 효율적인 청취를 위해 적절한 학급 환경을 조성해야 합니다.

ㅂ. 인공와우는 체내에 수신기가 있기 때문에 학생이 머리에 충격을 받지 않도록 유의하고, 부딪쳤을 때는 유양돌기 주변이 부어 있는지 확인하고 조치해야 합니다.

---

ㄱ. 일반적으로 옳은 설명임

ㄴ. 손상 부위에 따라 전음성, 감각신경성, 혼합성, 중추성 청각장애로 나눌 수 있음

① ㄱ, ㄴ    ② ㄴ, ㄷ
③ ㄷ, ㄹ    ④ ㄹ, ㅁ
⑤ ㅁ, ㅂ

2016학년도 초등 B3

**02** (가)는 ○○청각장애학교 초등학교 3학년 영어과 교수·학습 과정안의 일부이고, (나)는 특수교육지원센터의 순회교사인 김 교사가 △△초등학교 박 교사를 자문한 사례이다. 물음에 답하시오. [5점]

(나) 자문 사례

〈자문 대화 내용〉

박 교사 : 김 선생님, 우리 반에 현우가 전학을 왔는데 난청이 있다고 해요. 이것이 현우의 순음청력검사 결과라고 하는데 한번 봐주시겠어요?

김 교사 : (청력도를 보고) 네. 현우의 청력도를 보면 ⓒ <u>전음성 청각장애</u> 유형에 해당하고, 보청기를 착용하는 것이 좋을 것 같네요. —— 전음성 청각장애는 보청기 효과가 기대됨

박 교사 : 그렇군요. 제가 다른 검사 결과표도 받았는데, 이것도 이해가 잘 되지 않아요.

김 교사 : (결과표를 보고) 여기 있는 어음청력검사들은 일상생활에서 실제 사용하는 말소리를 듣고 이해하는 능력을 평가한 것이에요. 그런데 선생님이 주신 ㉣ <u>순음청력검사 결과가 조금 이상하네요.</u>

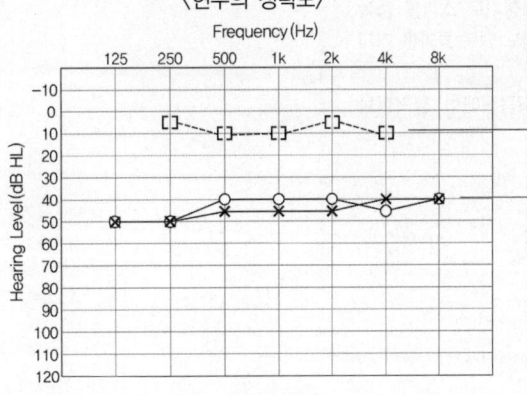

20dB HL 이하는 '정상' 청력에 해당함 → 골도청력은 정상임

40dB HL 정도는 '중등도' 청력에 해당함 → 기도청력은 손상이 있음

〈현우의 청력검사 결과표〉

| 검사<br>구분 | 기도청력<br>검사(dB) | 어음청취<br>역치검사(dB) | ㉤ <u>어음명료도</u><br><u>검사(%)</u> |
|---|---|---|---|
| 오른쪽 | 40 | 80 | 93 |
| 왼쪽 | 45 | 50 | 93 |

※ 기도청력 산출 방법 : 4분법

오른쪽 귀 순음기도청력검사 결과와 오른쪽 귀 어음청취역치검사 결과가 10dB 이상 차이를 보임 → 순음청력검사를 재실시해야 함

3) 김 교사가 현우의 청각장애 유형이 ⓒ이라고 판단한 이유를 (나)에 제시된 현우의 청력도에 근거하여 쓰시오. [1점]

---

 기본이론 15-17p

 전음성 청각장애

 **손상 부위에 따른 분류**
- 전음성 청각장애
- 감각신경성 청각장애
- 혼합성 청각장애
- 청각처리장애(중추성 청각정보처리장애)

**전음성 청각장애**
- 외이 또는 중이의 손상에 의한 청각장애로, '전음성'이란 외이와 중이 또는 외이나 중이가 소리를 제대로 전달하지 못하는 청력손실을 의미함
- 기도청력은 손상되어 있으나 골도청력은 거의 정상
- 일반적으로 청력손실이 60~70dB를 넘지 않으며, 보청기로 소리를 증폭시켜줌으로써 어느 정도 효과를 기대할 수 있음
- 수평형 또는 저음장애형 청력형을 보임

청력도

| | 오른쪽 | 왼쪽 |
|---|---|---|
| 기도 | ○ | X |
| 기도차폐 | △ | □ |
| 골도 | < | > |
| 골도차폐 | [ | ] |

 현우는 기도청력이 손상되어 있고, 골도청력은 정상이므로 전음성 청각장애이다.

기본이론 15-17p

전음성 청각장애

손상 부위에 따른 분류
- 전음성 청각장애
- 감각신경성 청각장애
- 혼합성 청각장애
- 청각처리장애(중추성 청각정보처리장애)

**전음성 청각장애**
- 외이 또는 중이의 손상에 의한 청각장애로, '전음성'이란 외이와 중이 또는 외이나 중이가 소리를 제대로 전달하지 못하는 청력손실을 의미함
- 기도청력은 손상되어 있으나 골도청력은 거의 정상
- 일반적으로 청력손실이 60~70dB를 넘지 않으며, 보청기로 소리를 증폭시켜줌으로써 어느 정도 효과를 기대할 수 있음
- 수평형 또는 저음장애형 청력형을 보임

모범답안: 전음성 청각장애

---

2025학년도 유아 A4

**03** 다음은 청각장애 거점 특수교육지원센터 유아 특수교사 윤 교사와 유아교사 박 교사의 대화이다. 물음에 답하시오. [5점]

> 박 교사: 부모님께 알아보니 은수가 2세 때 만성적인 중이염을 앓았다고 해요. 순음청력검사 결과, 기도의 평균 청력은 60dB이고 청력형은 수평형 이라고 해요. 골도 청력은 이상이 없고요. [A]

(주석)
- 만성적인 중이염 → 중이에 이상
- 일반적으로 청력 손실이 60~70dB를 넘지 않음
- 수평형의 청력형
- 골도 청력은 정상

2) ① [A]에 근거하여 청력손실 부위에 따른 은수의 청각장애 유형을 쓰시오.

기본이론 17-19p

감각신경성 청각장애

**손상 부위에 따른 분류**
- 전음성 청각장애
- 감각신경성 청각장애
- 혼합성 청각장애
- 청각처리장애(중추성 청각정보처리장애)

**감각신경성 청각장애**
- '감각신경성'이라는 용어는 달팽이관과 관련된 '감각적 청력손실(미로성)'과 청신경과 관련된 '신경적 청력손실(후미로성)'을 합친 것
  - 미로성 난청: 소리가 청각신호로 변환되는 과정에서 와우의 이상으로 인해 문제가 발생해 청력손실을 초래하는 청각장애
  - 후미로성 난청: 유모세포에서 전달되는 청각신호에는 문제가 없으나, 청각신경 자체 또는 신경에 연결하는 과정에서의 병변으로 인한 청각장애
- 기도청력과 골도청력이 모두 손상되어 있으며, 기도청력과 골도청력 간 청력손실의 정도에는 차이가 없음
- 감각신경성 청력손실은 대부분 청력손실 정도가 심해 특수교육적 지원이 요구됨
- 저주파수대보다 고주파수대의 청력손실이 커서 주로 고음점경형의 청력형을 보임
- 어휘발달이 지체되어 있으며, 저주파수대 잔존청력을 많이 보유하고 있어 발음 시 저주파수인 비음을 과다산출함. 전보식 문장을 사용하는 특성을 보이기도 하며 추상적 개념 형성에 어려움을 겪음
- 보청기를 통한 청력 재활이 효과적이지 못하고, 양측 모두 고도 이상의 감음성 청각장애이면서 청신경이 기능하고 있으면 인공와우 시술을 고려할 수 있음

④

2009학년도 중등 20

**04** 청각장애학교에 재학하고 있는 A학생은 감각신경성 청각장애로 진단받았다. 〈보기〉에서 A학생에게 해당될 수 있는 설명을 고른 것은?

┤ 보기 ├
ㄱ. 침골과 등골에 손상이 있다. ─── ㄱ. 이소골은 중이에 해당함
ㄴ. 코르티기에 손상이 있다. ─── ㄴ. 코르티기는 내이에 해당함
ㄷ. 기도와 골도검사 결과 모두에 청력손실이 있고, 그 정도가 유사하다. ─── ㄷ. 감각신경성 청각장애
ㄹ. 기도검사 결과에는 청력손실이 있고, 골도검사 결과는 정상 범위에 있다. ─── ㄹ. 전음성 청각장애
ㅁ. 보청기 착용 효과가 없는 경우에는, 인공와우 이식을 고려한다. ─── ㅁ. 감각신경성 청각장애
ㅂ. 보청기 착용 효과가 충분히 예상되므로, 보청기 적합 절차를 거쳐 착용한다. ─── ㅂ. 전음성 청각장애

① ㄱ, ㄷ, ㅁ    ② ㄱ, ㄷ, ㅂ
③ ㄱ, ㄹ, ㅁ    ④ ㄴ, ㄷ, ㅁ
⑤ ㄴ, ㄹ, ㅂ

### 확장하기

**★ 청각장애의 원인 부위에 따른 대체 방법**

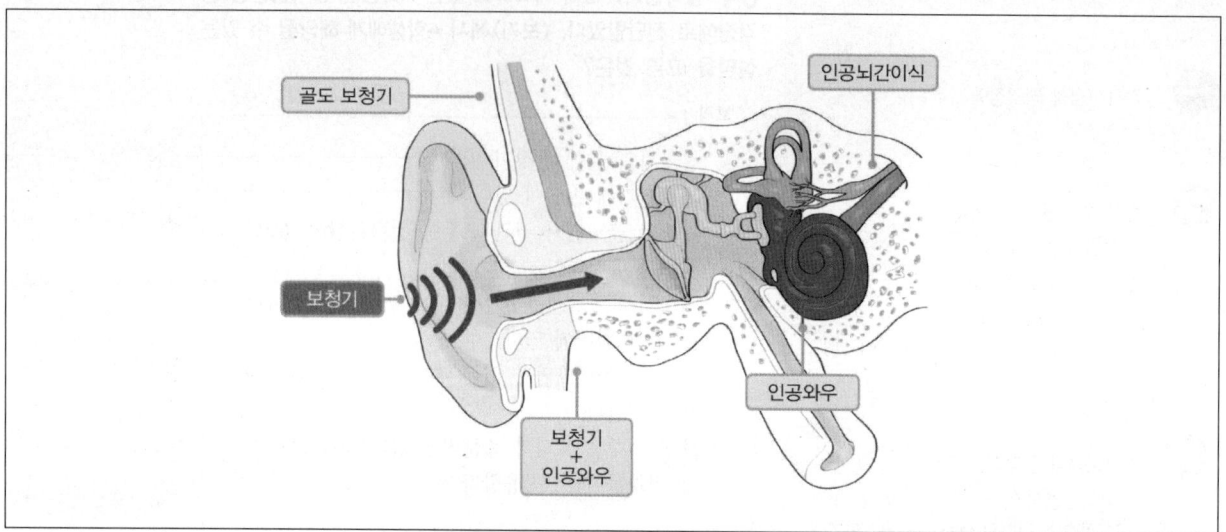

**★ 소리 전달 경로**

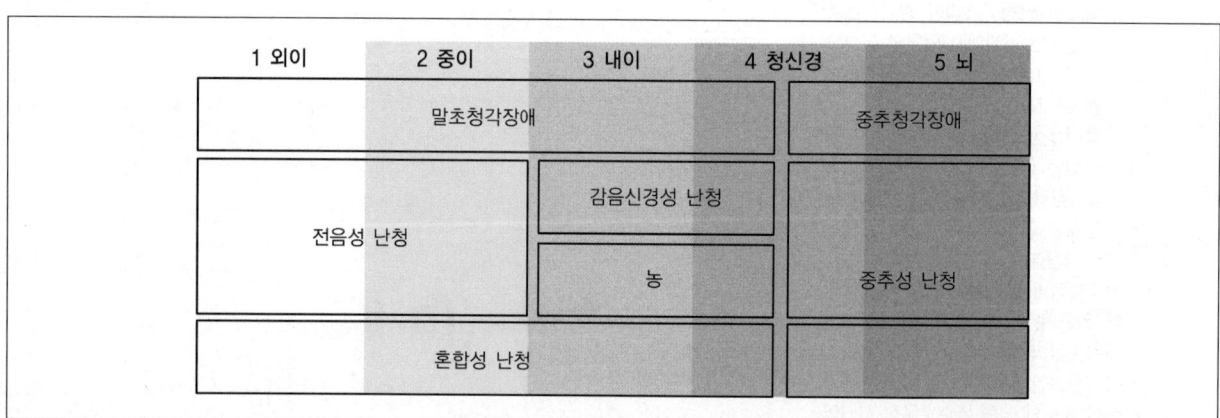

- 말초청각장애는 외이·중이·내이·청신경의 병변으로 발생하며, 소리를 감지하고 전달하는 데 문제를 보인다.
- 중추청각장애는 청신경을 거쳐 청각 중추에 이르는 과정에서의 문제로 발생하며, 청각정보를 지각하고 분석하며 종합하는 처리 과정에서 어려움을 보인다.

2013학년도 추가유아 A8

**05** 다음의 (가)는 지수의 청능훈련 활동이고, (나)는 지수의 청력도이다. 물음에 답하시오. [5점]

(가) 지수의 청능훈련 활동

> 지수는 인지적 문제를 동반하지 않은 만 4세 청각장애 유아이다. 현재 지수는 양쪽 귀에 보청기를 착용하고 있다. 교사는 ㉠링(D. Ling)의 6개음 검사를 실시한 후 다음과 같이 청능훈련을 하였다.
>
> 교사: 지수야, 선생님이 하는 말을 잘 들어보세요. (입을 가리고) "엄마 어디 있어?"
> 지수: ㉡(엄마를 가리키며) "엄마"
> 교사: (입을 가리고) "우산"
> 지수: ㉢ "우…잔"……"우잔"

(나) 지수의 청력도

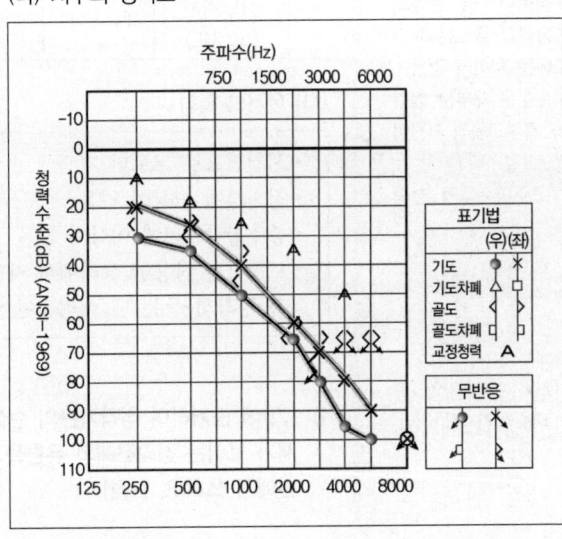

4) (나)의 청력도를 근거로 지수가 감각신경성 청각장애인 것으로 판단할 수 있는 이유를 1가지 쓰시오. [1점]

---

기본이론 17-19p

감각신경성 청각장애

**손상 부위에 따른 분류**
- 전음성 청각장애
- 감각신경성 청각장애
- 혼합성 청각장애
- 청각처리장애(중추성 청각정보처리장애)

**감각신경성 청각장애**
- 기도청력과 골도청력이 모두 손상되어 있으며, 기도청력과 골도청력 간 청력손실의 정도에는 차이가 없음
- 감각신경성 청력손실은 대부분 청력손실 정도가 심해 특수교육적 지원이 요구됨
- 저주파수대보다 고주파수대의 청력손실이 큼

지수는 현재 기도청력과 골도청력이 모두 비슷하게 손상되어 있기 때문이다.

기본이론 17-19p

감각신경성 청각장애

손상 부위에 따른 분류
- 전음성 청각장애
- 감각신경성 청각장애
- 혼합성 청각장애
- 청각처리장애(중추성 청각정보처리장애)

감각신경성 청각장애
• 기도청력과 골도청력이 모두 손상되어 있으며, 기도청력과 골도청력 간 청력손실의 정도에는 차이가 없음
• 감각신경성 청력손실은 대부분 청력손실 정도가 심해 특수교육적 지원이 요구됨
• 저주파수대보다 고주파수대의 청력 손실이 큼

감각신경성 청각장애
골도역치와 기도역치가 모두 손상되어 있고, 손상 정도가 비슷하기 때문이다.

2020학년도 초등 A6

**06** (가)는 청각장애 학생 윤서가 보청기를 착용하지 않은 상태에서 받은 순음청력검사 결과이고, (나)는 윤서의 특성이며, (다)는 윤서를 위해 작성한 2015 개정 특수학교 교육과정 중 기본 교육과정 국어과 5~6학년군 '듣기 · 말하기' 영역 교수 · 학습 활동 개요의 일부이다. 물음에 답하시오. [5점]

(가) 순음청력검사 결과

| 구분 | | 주파수(Hz) | | | | | | |
|---|---|---|---|---|---|---|---|---|
| | | 125 | 250 | 500 | 1000 | 2000 | 4000 | 8000 |
| 좌 | ㉠골도역치 (dB HL) | | 50 | 65 | 65 | 75 | 75 | |
| | 기도역치 (dB HL) | 50 | 55 | 65 | 65 | 75 | 80 | 85 |
| 우 | 골도역치 (dB HL) | | 40 | 50 | 60 | 70 | 75 | |
| | 기도역치 (dB HL) | 40 | 45 | 50 | 65 | 70 | 75 | 85 |

순음청력검사
• 기도검사 주파수 범위: 125~8,000Hz
• 골도검사 주파수 범위: 250~4,000Hz

(나) 윤서의 특성

- 선천적으로 코르티 기관에 손상이 있음
- 청신경에 이상이 없음
- 중추청각처리에 이상이 없음
- 보청기를 착용한 상태에서 자음 중 마찰음과 파찰음을 정확히 듣는 데 어려움이 있음

코르티 기관(ⓒ 와우)에 손상이 있고, 청신경에는 문제가 없으므로 미로성 난청에 해당함

1) (가)에 근거하여 청각기관의 손실 부위에 따른 분류상 윤서가 보이는 청각장애의 유형을 쓰고, 그 이유를 역치 측면에서 쓰시오. [1점]

기도와 골도의 손상 정도

기본이론 17-19p

- 감각신경성 청각장애
- 평균청력역치
- 순음청력검사

손상 부위에 따른 분류
- 전음성 청각장애
- 감각신경성 청각장애
- 혼합성 청각장애
- 청각처리장애(중추성 청각정보처리장애)

**역동범위**
- 불쾌역치에서 어음청취역치(SRT)를 뺀 값으로, 감각신경성 청각장애인의 경우 청력손실이 있으면서도 불쾌역치는 건청인과 비슷해 역동범위가 좁음
- 일상적인 소리 영역에서 측정하고, 각각의 귀에서 유용한 청력의 한계를 나타내므로 보청기 선택 등 청력재활계획을 수립할 때 매우 중요한 정보를 제공함

**음의 보충현상(와우의 누가현상)**
- 청력역치는 높지만 불쾌수준은 정상청각과 비슷하거나 오히려 약간 감소한 상태에서 나타남 → 청력역치는 증가하지만 불쾌수준은 증가하지 않는 것
- 음의 보충현상 → 작은 소리는 듣지 못하고 보통 크기의 소리는 약하거나 매우 작게 들으며, 큰 소리는 정상 청각과 비슷하거나 오히려 더 큰 소리로 지각함
- 와우의 누가현상 → 역동범위가 좁아지므로 보청기의 착용 효과가 줄어듦. 보청기 중에서 비선형 증폭시스템(확장하기 자료 확인)은 입력음압의 증가율과 출력음압의 증가율이 서로 다른 증폭 방식으로, 음의 왜곡현상을 방지할 수 있어 감각신경성 청각장애에 유용함

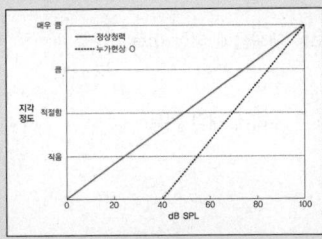

②

---

2011학년도 중등 28

**07** 다음은 선천성 청각장애 학생의 순음청력검사 결과이다. 이 학생의 청력도에 근거하여 알 수 있는 내용으로 옳은 것만을 〈보기〉에서 모두 고른 것은? [2.5점]

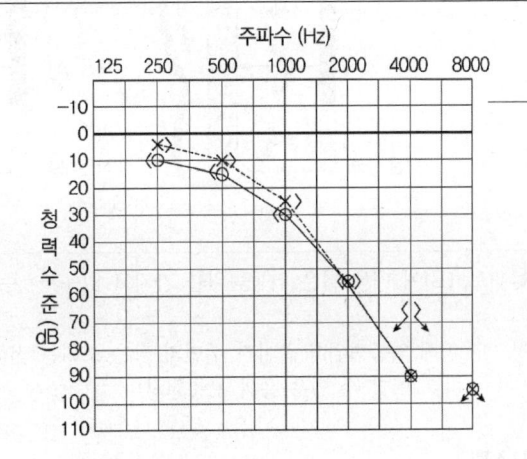

감각신경성 청각장애

┤보기├
ㄱ. 5개음 검사 결과, '아'음을 들을 수 있다.
ㄴ. 청각장애의 원인은 중이에 의한 청력손실이다.
ㄷ. 발성 시 자음 산출에 어려움이 있고, 과대비성이 나타난다.
ㄹ. 3분법으로 계산한 왼쪽 귀의 평균 청력수준은 35dB(HL)이다.
ㅁ. 청력형은 고음장애형이며, 역동범위는 건청학생에 비하여 넓다.
ㅂ. 청능훈련을 할 때 큰 북과 캐스터네츠 소리를 각각 들려준 후, 어떤 소리에 반응하는지를 살펴본다.

① ㄱ, ㄴ, ㄹ
② ㄱ, ㄷ, ㅂ
③ ㄱ, ㄴ, ㅁ, ㅂ
④ ㄴ, ㄷ, ㄹ, ㅁ
⑤ ㄴ, ㄷ, ㄹ, ㅁ, ㅂ

ㄴ. 학생의 청력도는 기도청력과 골도청력이 모두 손상되어 있고, 손상의 정도가 유사하므로 감각신경성 청각장애에 해당함

ㄷ. 감각신경성 청각장애는 저주파수대 잔존청력을 많이 보유하고 있어 발음 시 저주파수인 비음을 과다산출함

ㄹ. 3분법으로 계산한 왼쪽 귀의 평균 청력수준
→ $\frac{10+25+55}{3} = 30dB(HL)$

ㅁ. 감각신경성 청각장애의 역동범위는 매우 좁음

## 확장하기

### ✦ 감각신경성 난청의 역동범위

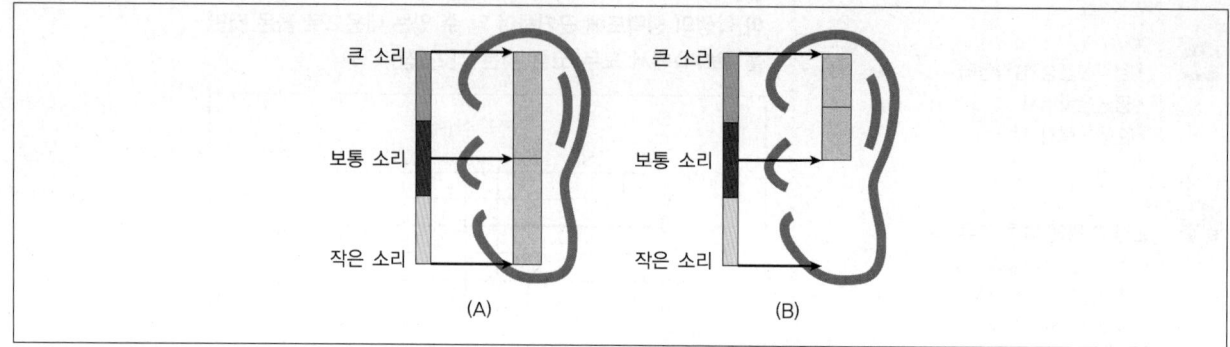

- (A): 건청인의 역동범위로, (B)에 비해 넓은 역동범위를 가지고 있음 → 주변의 모든 소리를 역동범위 안에서 편안하게 들을 수 있음
- (B): 감각신경성 난청으로 인해 역동범위가 좁아져 주변의 작은 소리는 전혀 듣지 못하고, 큰 소리는 건청인과 같은 수준으로 느끼거나 오히려 더 큰 소리로 느낄 수 있음(음의 보충현상)

### ✦ 선형 및 비선형 증폭시스템

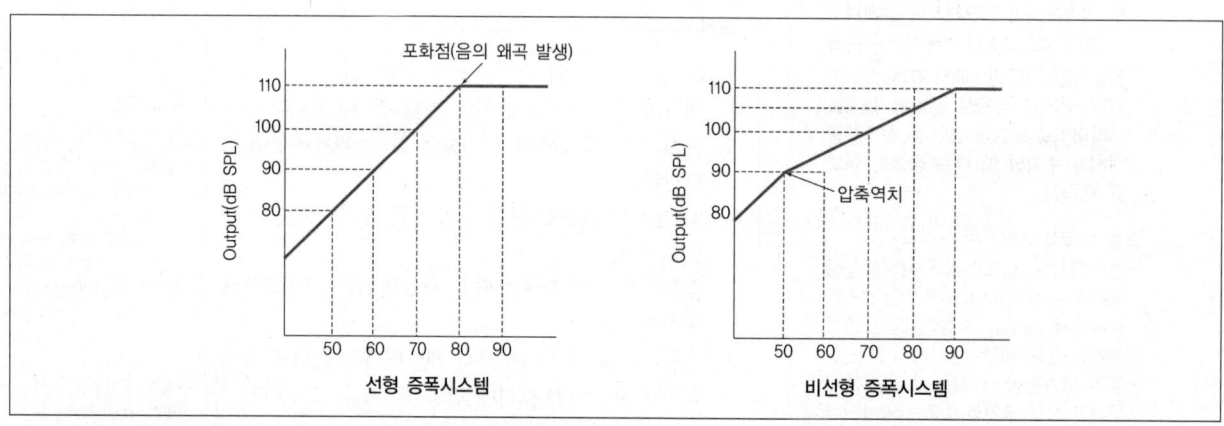

- 선형 증폭시스템: 선형 증폭방식의 보청기는 모든 소리에 대해 똑같은 이득 비율로 증폭함
- 비선형 증폭시스템: 입력음압과 출력음압의 증가 비율을 서로 다르게 적용하는 방식으로, 작은 소리는 이득을 크게 주고 큰 소리는 이득을 조금 주기 때문에 역동범위가 좁은 감각신경성 난청의 경우 비선형 증폭기가 바람직함

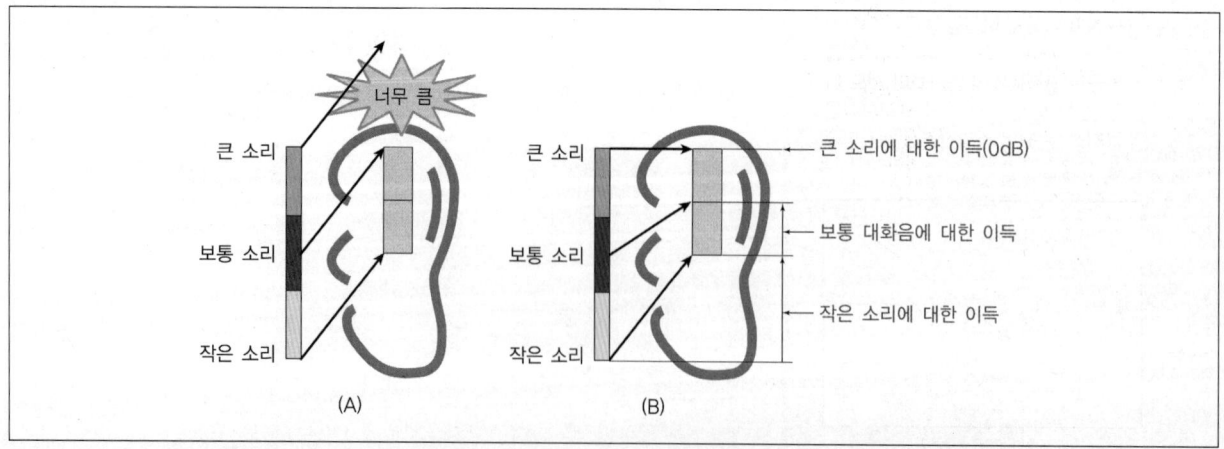

- (A): 감각신경성 난청 학생이 선형 증폭방식의 보청기를 이용해 주변의 소리를 듣는 상태를 나타낸 것
- (B): 비선형 증폭방식의 보청기를 이용해 작은 소리에 대해서는 중간 정도의 이득을 주어 편안하게 들을 수 있게 해주고, 큰 소리에 대해서는 이득을 거의 주지 않음으로써 불쾌하지 않게 들을 수 있도록 조절해야 함

2014학년도 초등 A5

**08** (가)는 청각장애 학생 영희의 특성이고, (나)는 국어(언어)과 '여러 가지 방법으로 말해요' 단원의 지도 내용이다. 물음에 답하시오. [5점]

(가) 영희의 특성

- 어렸을 때 고열로 인하여 달팽이관이 손상되었으며, 만성중이염으로 중이에도 손상을 입었음
- 현재 기도청력손실 정도는 양쪽 귀 모두 85dB이며, 기도청력손실 정도가 골도청력손실 정도보다 높게 나타남

• 달팽이관(내이) 손상
• 중이 손상
→ 혼합성 청각장애

(나) 지도 내용

| 차시 | 지도 내용 |
|---|---|
| 1 | 모음 지문자 따라하며 익히기(ㅏ, ㅑ, ㅓ, ……) |
| 2 | 자음 지문자 따라하며 익히기(ㄱ, ㄴ, ㄷ, ……) |
| 3 | 사물의 이름을 말하고, 지문자로 쓰기(학교, 연필, ㉠기차 등) |
| 4 | 지숫자 따라하며 익히기(1, 2, 3,……) |
| 지도 시 유의점 | 개별 학생의 수준을 고려하여 말하기(말·수화하기), 듣기(수화 읽기·말읽기), 읽기, 쓰기를 유기적으로 지도하고 평가한다. |

1) (가) 영희의 특성을 고려할 때, 청력손실 부위에 따른 청각장애 유형을 쓰시오. [1점]

---

 기본이론 21p

 혼합성 청각장애

 손상 부위에 따른 분류
- 전음성 청각장애
- 감각신경성 청각장애
- 혼합성 청각장애
- 청각처리장애(중추성 청각정보처리장애)

 혼합성 청각장애
- 전음성 기관(외이, 중이)과 감각신경성 기관 모두 손상된 청각장애 유형
- 기도청력·골도청력이 모두 손상되어 있고, 기도청력의 손상이 골도청력의 손상보다 큼 → 전음과 감음기관의 병변을 모두 통과하는 기도청력은 감음기관의 병변만을 통과하는 골도청력보다 손상의 정도가 크기 때문임

모범답안: 혼합성 청각장애

참고자료 기본이론 14-26p

 키워드
- 혼합성 청각장애
- 감각신경성 청각장애
- 전음성 청각장애

 구조화틀

**손상 부위에 따른 분류**
- 전음성 청각장애
- 감각신경성 청각장애
- 혼합성 청각장애
- 청각처리장애(중추성 청각정보처리장애)

 핵심개념

모범답안 ①

2011학년도 초등 8(유아 6)

**09** 다음은 청각장애 자녀를 둔 어머니들이 나눈 대화이다. 밑줄 친 내용 중 옳은 것을 모두 고르면?

> 영미 엄마: 어제 민수네랑 이비인후과에 가서 청력검사를 했어요. 우리 영미는 ㉠<u>혼합성 청각장애로 기도와 골도검사 모두에서 청력손실이 나타났는데, 기도검사의 청력손실이 골도검사의 청력손실보다 더 크게 나타났어요.</u> 그리고 민수는 ㉡<u>감각신경성 청각장애로 기도와 골도검사에서 청력손실이 비슷하게 나타났어요.</u>
> 정아 엄마: 우리도 보청기를 다시 해야 되는데 인공와우 수술을 해야 할지 고민이에요. 정아네 반에 있는 예지도 작년에 ㉢<u>와우에 문제가 있는 전음성 청각장애라서 인공와우 수술을 했어요.</u>

*와우에 문제가 있는 청각장애 유형은 감각신경성 청각장애 중 미로성 청각장애임*

① ㉠, ㉡  ② ㉠, ㉣
③ ㉡, ㉢  ④ ㉠, ㉢, ㉣
⑤ ㉡, ㉢, ㉣

기본이론 16-21p

 손상 부위에 따른 분류

 손상 부위에 따른 분류
- 전음성 청각장애
- 감각신경성 청각장애
- 혼합성 청각장애
- 청각처리장애(중추성 청각정보처리장애)

핵심개념 **청각 손상 부위에 따른 청각장애 유형**

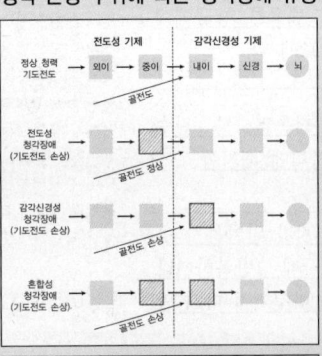

 수미, 지우

2013학년도 추가중등 B7

**10** (가)는 청각장애 학생들의 청력 특성이고, (나)는 통합학급 박 교사의 수업방법이다. 물음에 답하시오. [6점]

(가) 청각장애 학생들의 청력 특성

| 이름 | ㉠ 평균 청력역치(㉡ dB HL) | |
|---|---|---|
| 병철 | 기도 좌측 50<br>골도 좌측 50 | 우측 50<br>우측 50 | ― 양측 감음성 청각장애
| 수미 | 기도 좌측 35<br>골도 좌측 5 | 우측 0<br>㉢ 우측 -5 | ― 좌측 전음성 청각장애
| 지우 | 기도 좌측 70<br>골도 좌측 35 | 우측 65<br>우측 35 | ― 양측 혼합성 청각장애

1) (가)의 청각장애 학생들 중 외이나 중이에 손상이 있는 학생의 이름을 모두 쓰시오. [1점]

기본이론 15-26p

 손상 부위에 따른 분류

 손상 부위에 따른 분류
- 전음성 청각장애
- 감각신경성 청각장애
- 혼합성 청각장애
- 청각처리장애(중추성 청각정보처리장애)

### 청각 손상 부위에 따른 청각장애 유형

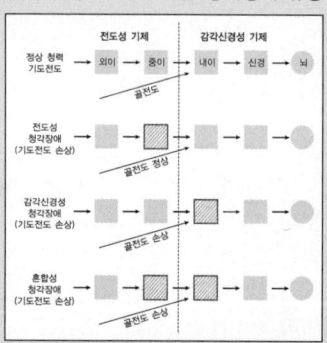

### 청각처리장애 행동 특성
- 조용한 상황에서는 소리를 잘 들을 수 있으나, 소음이 많은 환경에서 특히 구어 이해가 낮음
- 청각 자극에 대해 비일관적으로 반응함

### 청각처리장애 중재방안
- 교실환경의 효과적 수정 → 소음 감소
- 증폭기의 사용 → FM 보청기 사용
- 직접적인 처치(반복 훈련)

 승규, 민지

---

2016학년도 유아 A7

**11** 다음은 청각장애 유아의 특성과 담임교사의 수업 행동을 관찰한 결과이다. 물음에 답하시오. [5점]

| 유아 | 특성 | 교사의 수업 행동 |
|---|---|---|
| 영희 | • 혼합성 청각장애<br>• 부모 모두 건청인<br>• '사자-가자'를 말읽기하여 변별하지만, ㉠ '발-팔', '날아-달아'를 말읽기만으로는 변별하지 못함<br>• 말읽기(독화)를 통해 들은 내용을 보충함 | ㉡ 말읽기를 지도할 때, 자연스러운 입 모양으로 말하고, 영희가 항상 동일한 위치와 방향에서 화자를 보게 함 |
| 승규 | • 전음성 청각장애<br>• 부모 모두 건청인 | ㉢ 승규가 지시를 이해했다고 추측하지 않고, 이해했는지 여부를 구체적으로 질문하거나 지시 내용을 승규에게 말해보게 함 |
| 진수 | • 감음신경성 청각장애<br>• 부모 모두 농인<br>• 한국수어와 한국어를 모국어로 습득함 | ㉣ 수화통역사를 진수 옆 자리에 배치함 |
| 민지 | • 중추청각처리장애<br>• 부모 모두 건청인<br>• 소음 속에서 대화할 때 어려움을 경험함 | ㉤ 민지가 알아듣지 못했을 때, 반복하거나 말을 바꾸어서 다시 말해줌 |

1) 골도청력검사 결과가 정상 범주에 속하는 유아의 이름을 모두 쓰시오. [1점]

---

**혼합성 청각장애**
전음성 기관(외이, 중이)과 감각신경성 기관 모두 손상된 청각장애 유형이므로 기도청력과 골도청력 모두 손상되어 있고, 기도청력의 손상이 골도청력의 손상보다 더 큼
→ 전음과 감음기관의 병변을 모두 통과하는 기도청력은 감음기관의 병변만을 통과하는 골도청력보다 손상의 정도가 큼

**전음성 청각장애**
외이 또는 중이의 손상에 의한 청각장애로, 기도청력은 손상되어 있으나 골도청력은 정상임

**감각신경성 청각장애**
달팽이관과 관련이 있는 감각적 청력손실(미로성) 또는 청신경과 관련된 신경성 청력손실(후미로성)을 보임
→ 기도청력과 골도청력이 모두 손상되어 있으며, 기도청력과 골도청력 간 청력손실 정도는 차이가 거의 없음

**중추청각처리장애**
말초청각기관은 정상이나 중추청각신경계에 문제가 있는 것으로, 기도청력과 골도청력은 정상임

기본이론 17-21p

 손상 부위에 따른 분류

**손상 부위에 따른 분류**
- 전음성 청각장애
- 감각신경성 청각장애
- 혼합성 청각장애
- 청각처리장애(중추성 청각정보처리장애)

**청력형**

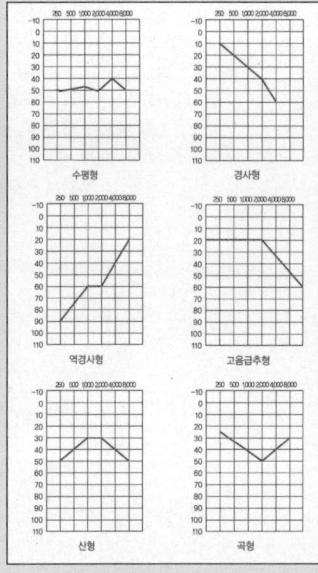

**모범답안** 감각신경성 청각장애, 혼합성 청각장애

2021학년도 초등 A2

**12** (가)는 청각장애 학생 성호의 특성이고, (나)는 신임 교사와 선배 교사의 대화이며, (다)는 링의 5개음에 대한 바나나 스피치(banana speech) 영역 그래프이다. 물음에 답하시오. [5점]

(가) 성호의 특성

- 순음청력검사의 기도검사: 3분법으로 두 귀가 동일하게 평균 80dB HL
- 청력도: 고음점경형(경사형)
- 중추청각처리 장애는 없음

1) (가)를 참고하여 성호의 골도검사 결과가 제시되면 예상할 수 있는 '청각기관의 청력손실 부위에 따른 분류'의 명칭을 2가지 쓰시오. [2점]

- 순음청력검사의 기도검사 결과는 80dB HL이고, 골도검사 결과가 제시되었을 때 골도청력이 비슷하게 손상되어 있는 경우
  → 감각신경성 청각장애
- 골도청력이 기도청력보다 덜 손상되어 있는 경우
  → 혼합성 청각장애

### 확장하기

**★ 청력손실 정도**

- 전음성 청각장애만으로는 65dB에서 70dB을 초과하지 않는다. 전음성 청각장애는 정상의 범위를 벗어난 26~70dB 범위에 해당한다.
- 반면, 감음신경성 청각장애는 26dB부터 110dB 이상의 청력손실 정도를 광범위하게 나타낸다. 청력손실 정도가 60dB인 경우는 전음성 또는 감음신경성 청각장애일 가능성이 있다. 또한 혼합성 청각장애도 예상해야 한다.
- 청력손실 정도가 60dB로 진단되면, 세 가지 경우를 생각할 수 있다.
  - 전음성 청각장애: 가능
  - 감음신경성 청각장애: 가능
  - 혼합성 청각장애: 가능
- 청력손실 정도가 90dB로 진단되면, 세 가지 경우를 생각할 수 있다.
  - 전음성 청각장애: 불가능(전음성 난청만으로는 90dB이 나타날 수 없음)
  - 감음신경성 청각장애: 가능
  - 혼합성 청각장애: 가능

기본이론 14-26p

손상 부위에 따른 분류

**손상 부위에 따른 분류**
- 전음성 청각장애
- 감각신경성 청각장애
- 혼합성 청각장애
- 청각처리장애(중추성 청각정보처리장애)

**청각처리장애(중추성 청각정보처리장애)**
- 말초청각기관은 정상이나 중추청각신경계에 문제가 있는 것으로, 달팽이관 이후의 청각문제(청각신경이 대뇌 청각피질로 도달하는 과정에서의 손상)로 인해 청각신호의 처리과정에 결함을 보임
- 청각장애나 지적장애가 없음에도 말소리에 비정상적인 반응을 보임
- 행동 특성
  - 조용한 상황에서는 소리를 잘 들을 수 있으나, 소음이 많은 환경에서 특히 구어 이해를 어려워함
  - 청각자극에 대해 비일관적으로 반응함
  - 비교적 짧은 주의집중 주기를 보이거나, 길고 복잡한 듣기 활동을 할 때 쉽게 피곤해함
  - 청각적 정보에 대한 주의집중이 떨어짐

②

2013학년도 중등 14

**13** 다음은 청각장애학교에 교육실습을 나온 교생 A와 B가 나눈 대화이다. ㉠~㉥ 중에서 옳은 내용만을 있는 대로 고른 것은? [2.5점]

교생 A : 우리 반 준희는 내이에 손상을 입은 감각신경성 청각장애에요.
교생 B : 아, ㉠감음신경성 청각장애는 외이나 중이에는 손상이 없으니까 헤드폰을 통해 순음을 들려주어 검사하는 기도검사 결과가 정상이겠군요.
교생 A : 준희는 ㉡내이에 손상이 있으니까 골도검사에서 청력손실이 나타나지요.
교생 B : 참, ㉢기저막에 손상을 입으면 전음성 청각장애이지요. 그 외 청각기관의 손상 부위에 따른 청각장애의 종류는 무엇이 있나요?
교생 A : ㉣유모세포의 손상으로 음파가 전기에너지로 제대로 전환되지 않아 대뇌피질까지 소리가 전달되지 않는 중추성 청각장애가 있어요.
교생 B : 그런데, 정미는 ㉤고막과 이소골 두 곳에 손상이 있다고 하니 혼합성 청각장애이겠군요. 이런 학생들의 순음청력검사 결과는 어떤가요?
교생 A : ㉥혼합성 청각장애는 기도와 골도검사 모두에서 청력손실이 나타나는데, 기도검사의 청력손실이 골도검사의 청력손실보다 더 크게 나타나지요.

① ㉠, ㉡
② ㉡, ㉥
③ ㉠, ㉢, ㉥
④ ㉡, ㉣, ㉤
⑤ ㉢, ㉣, ㉤, ㉥

㉠, ㉡ 내이에 손상이 있으므로 내이의 병변을 지나치는 기도청력과, 내이의 병변에 소리가 전달되는 골도청력의 손실 정도가 유사하게 나타남

㉢ 기저막은 와우에 포함된 기관이므로 → 감각신경성

㉣ 유모세포는 와우에 포함된 기관이므로 → 감각신경성

㉤ 고막과 이소골은 중이에 포함된 기관이므로 → 전음성

㉥ 전음기관과 감음기관의 병변을 모두 통과하는 기도청력이 감음기관의 병변만을 통과하는 골도청력보다 손상의 정도가 더 큼

2025학년도 중등 A4

**14** 다음은 ○○ 중학교 청각장애 학생 A와 B의 청력도를 바탕으로 두 교사가 나눈 대화이다. 괄호 안의 ㉠과 ㉡에 해당하는 내용을 순서대로 쓰시오. [2점]

> 통합학급 교사: 아, 제가 기도를 중이까지의 소리 전달 과정으로 잘못 이해하고 있었네요. 학생 B는 기도와 골도 청력역치가 모두 정상 수준인데, 왜 그런가요?
> 특 수 교 사: 학생 B는 외이부터 청신경까지를 포함한 ( ㉡ ) 청각 기관은 문제가 없고, 중추청각신경계에 문제가 있기 때문이에요. 그래서 소리가 어느 방향에서 나는지 구분하기 어려워하거나 소리의 리듬이나 높낮이 인식을 어려워할 수 있어요.

---

기본이론 14-26p

청각처리장애

**손상 부위에 따른 분류**
- 전음성 청각장애
- 감각신경성 청각장애
- 혼합성 청각장애
- 청각처리장애(중추성 청각정보처리장애)

**청각처리장애(중추성 청각정보처리장애)**
- 말초청각기관은 정상이나 중추청각신경계에 문제가 있는 것으로, 달팽이관 이후의 청각문제(청각신경이 대뇌 청각피질로 도달하는 과정에서의 손상)로 인해 청각신호의 처리과정에 결함을 보임
- 청각장애나 지적장애가 없음에도 말소리에 비정상적인 반응을 보임
- 청순음청력검사에서는 큰 이상을 보이지 않으나, 말소리를 듣고 이해하는 등의 언어처리과정(말소리를 종합하고 분석하여 이해하는 데 어려움)에서 문제를 보임

㉡ 말초

> **확장하기**

### ★ 중추성 청각처리 기능

| | |
|---|---|
| 음의 방향정위 및 편재화 | • 방향정위는 소리가 들리는 방향과, 머리를 중심으로 한 수평적·수직적 거리를 가늠할 수 있는 기능이다. 음의 방향정위에 어려움을 갖는 사람의 경우 자기 이름을 어느 방향에서 부르는지를 모른다거나, 길을 건널 때 들리는 자동차의 경적소리가 어느 방향인지를 파악하지 못해 당황하기도 한다.<br>• 방향정위의 결함은 특히 시끄러운 소음 상황에서 말을 이해하는 데 문제를 일으킨다.<br>• 편재화(sound lateralization)는 헤드셋이나 이어폰을 통해 양측 귀에 들어온 소리의 좌·우 방향을 판별하는 능력을 말한다. |
| 청각적 변별 | • 청각적 변별에 문제가 있을 경우 비슷하게 들리는 소리나 음소들을 구별하는 데 어려움을 갖는다.<br>• 초분절적 측면에서는 단어의 강세·억양·장단 등의 차이를 변별하는 것을 말하며, 분절적 측면에서는 말소리를 변별해내는 것을 말한다.<br>• 예를 들면, /ba/와 /pa/의 차이를 아는 것인데, 이때 말소리의 변별자질이 적을수록 청각적 변별도 어려워진다. |
| 청각패턴 인식 | 청각패턴 인식은 다음의 두 가지 기능을 포함한다.<br>- 연속적으로 들리는 일정한 톤이나 리듬을 인식하는 것이다. 리듬을 인식하고 활용하는 것은 언어발달에서 중요한 의미를 갖는다. 언어의 운율과 리듬적 요소를 인식하는 것은 단어인식, 단어형성과 문법규칙을 배우는 데 전제조건이 되기 때문이다.<br>- 소리의 높낮이, 즉 주파수 패턴에 대한 인식이다. 주파수 패턴 인식에 문제가 있을 경우에는 예를 들면, '고-고-저', 또는 '저-고-고' 등으로 조합된 패턴을 들려주면서 패턴을 구어로 명명하는 과제에서 어려움을 보인다. |
| 시간적 처리 | 시간적 처리는 청각정보에 대한 시간적인 처리능력을 말한다.<br>- (시간적) 통합: 서로 다른 음향자극이 양쪽 귀에 들리면 귀는 2개의 다른 음향신호를 각각 하나의 신호로 처리한다. 예를 들면, 우측 귀에는 숫자 8을, 좌측 귀에는 숫자 5를 동시에 들려주었을 때 정상적인 경우라면 동시에 들을 수 있어야 한다. 그러나 양쪽 귀의 정보처리 속도가 다를 경우에는 다른 음향자극을 동시적으로 처리하는 데 문제가 생길 수 있다.<br>- 시간간격 감지: 음이 끊어지는 것을 탐지하는 능력이다. 중추청각 기능에 문제가 있거나 배경소음이 있는 경우 시간간격 역치는 증가한다.<br>- 청각 순서화: 입력된 청각정보의 순서를 정확하게 기억하는 것을 말한다. 예를 들면, 2개의 서로 다른 클릭음을 들려주고 어느 쪽 귀에서 먼저 소리를 들었는지 시간상의 순서를 아는 것을 말한다. 그러나 이때 양쪽 귀에 들려주는 자극음의 시간 간격이 최소 15~60ms 정도가 되어야만 소리가 들린 쪽이 우측인지 좌측인지를 구분할 수 있다.<br>- 차폐: '차폐'란 원칙적으로 여러 개의 음원이 있을 경우 듣고자 하는 음을 듣기 어렵게 만드는 방해음을 말한다. 시간적 차폐는 차폐가 동시에 발생된 것인지, 신호자극 이전에 발생된 것인지 혹은 이후에 발생된 것인지를 구분할 수 있는 것을 말한다. 시간적 차폐가 되지 않을 경우에는 여러 사람이 말하는 장소에서 특정 대화 상대자의 말을 이해하는 데 어려움을 보인다. |
| 경쟁 음향자극에서의 낮은 수행력 | 시끄러운 소음 속에서도 내가 원하는 의미 있는 정보를 얻고자 주의를 집중할 때에는 자극신호 외에 동시에 들리는 다른 방해 소리는 무시하게 된다. 그래서 주변이 매우 시끄러워도 자기가 듣고자 하는 소리에 집중하면 그 소리를 들을 수 있다. 이 영역에 문제가 있는 경우에는 순음청력검사나 방해 요인이 없는 어음청력검사에서는 별 특이점을 보이지 않으나, 소음 속에서 청각적 정보를 받아들이는 데 어려움을 갖는다. |
| 불명료한 음향자극에서의 낮은 수행력 | 대부분의 말소리는 일부가 약해지기도 하고, 변조되기도 하고, 다른 소리가 들어가거나 음의 끊김 현상으로 인해 불명료한 상태로 들리기도 한다. 이처럼 불명료한 음향자극에서 정보를 잘 받아들이기 위해서는 다음과 같은 능력이 요구된다.<br>▶ **불명료한 음향자극 수행요건**<br><table><tr><td>청각적 분석</td><td>음절, 단어, 문장 그리고 텍스트 등에서 각각의 언어적 요소를 인식하는 능력</td></tr><tr><td>청각적 기억</td><td>소리나 단어 등을 기억하는 능력</td></tr><tr><td>청각적 주의집중</td><td>일반적인 소리자극에 귀를 기울이는 능력</td></tr><tr><td>청각적 합성</td><td>각각의 음소들을 하나의 단어로 연결하는 능력</td></tr><tr><td>청각적 종결</td><td>일부분을 듣지 못했을 때 전체 단어나 메시지를 이해하거나, 완전하지 않은 음의 조합을 의미 있는 단어로 보완해 이해하는 능력</td></tr></table> |

참고자료: 기본이론 27p

 키워드: 편측성 청각장애

 구조화 틀
**손상 부위에 따른 분류**
- 전음성 청각장애
- 감각신경성 청각장애
- 혼합성 청각장애
- 청각처리장애(중추성 청각정보처리장애)

 핵심개념
**편측성 청각장애**
- 한쪽 귀에만 청력손실이 있는 청각장애
- 불균형적인 청력 상태로 인해 소음 속에서 구어 이해가 낮고 음원 찾기에 어려움이 있음
- 적합한 특수보청기는 크로스 보청기

 모범답안
- 소리의 방향을 잘 인식하지 못한다.
- 소음 속에서 어음을 잘 인지하지 못한다.

2013학년도 초등 A6

**15** 다음의 (가)는 영호의 특성이고, (나)는 영호를 지도하기 위해 통합학급 최 교사와 특수학급 문 교사가 나눈 대화 내용이다. 물음에 답하시오. [5점]

(가) 영호의 특성

- 생활연령 : 6세
- 선천성 청각장애를 가지고 있음
- 수술 전 평균 청력역치가 우측 90dB, 좌측 90dB임
- 2세 때 우측 귀에 인공와우 이식 수술을 받았음
- 현재 좌측 귀에는 보청기를 착용하고 있지 않음
- 현재 교정 순음청력손실 평균(교정 청력)은 35dB임 ㉠
- K-WISC-Ⅲ 검사 결과 : 동작성 지능지수 90
- 사회성숙도 검사 결과 : 사회성 지수 85

• 좌측 : 90dB
• 우측 : 35dB

1) (가)의 ㉠으로 인하여 생겨날 수 있는 문제점 1가지를 쓰시오. [1점]

2019학년도 초등 B4

**16** (가)는 청각장애 학생 영희의 청력검사 결과와 특성이고, (나)는 통합학급 교사가 작성한 2015 개정 체육과 교육과정 5~6학년 건강 영역 교수·학습 과정안의 일부이다. 물음에 답하시오. [6점]

(가) 청력검사 결과와 특성

| 청력검사 결과 | | | |
|---|---|---|---|
| 검사명 | | 좌 | 우 |
| 순음청력 역치검사 | 기도검사 | 19dB HL | 73dB HL |
| | 골도검사 | 19dB HL | 73dB HL |
| 어음청취역치검사(SRT) | | 25dB HL | 80dB HL |
| 어음명료도검사 | | 40dB HL | 70dB에서 60% |
| | | | 말림현상은 관찰되지 않음 |
| (청성)뇌간유발반응검사 (ABR) | | 25nHL | 70nHL |
| 특성 | | | |

- 인지 능력과 정서 및 사회성 발달에 특이사항 없음
- 신체 발달상으로 이상 없으나 ㉠ 평형성이 떨어짐
- 발음이 부정확하나 의사소통을 하는 데는 큰 어려움이 없음
- 현재 우측 귀에 보청기를 착용하고 있음

1) (가)의 청력검사 결과에 대한 해석으로 적절하지 않은 것 2가지를 찾아 기호를 쓰고 바르게 고쳐 쓰시오. [2점]

ⓐ 우측 귀는 후미로성 난청에 해당한다.
ⓑ 청력검사 간의 결과는 모두 일반적인 오차 범위 내에 있다.
ⓒ 좌측 귀의 어음청취 능력은 정상 청력 수준에 해당한다.
ⓓ 편측성 난청으로 소리의 음원을 찾는 데에 어려움이 예측된다.
ⓔ 기도검사에서 양쪽 귀의 청력 차이가 40dB 이상이면 차폐검사를 실시하며, 이 경우에는 우측 귀에 차폐음을 들려주고 좌측 귀를 재검사한 것이다.

2) (가)의 청력검사 결과를 근거로 ㉠의 이유를 1가지 쓰시오. [1점]

---

기본이론 27p

편측성 청각장애

**손상 부위에 따른 분류**
- 전음성 청각장애
- 감각신경성 청각장애
- 혼합성 청각장애
- 청각처리장애(중추성 청각정보처리장애)

**편측성 청각장애**
- 한쪽 귀에만 청력손실이 있는 청각장애
- 불균형적인 청력 상태로 인해 소음 속에서 구어 이해가 낮고 음원 찾기에 어려움이 있음
- 적합한 특수보청기는 크로스 보청기

**크로스 보청기**
들리지 않는 귀 방향(청력손실이 있는 귀)으로 들려온 소리를 들리는 귀 쪽으로 전달해주는 특수보청기

1) ⓐ 우측 귀는 미로성 난청에 해당한다.
   ⓔ 기도검사에서 양쪽 귀의 청력 차이가 40dB 이상이면 차폐검사를 실시하며, 이 경우에는 좌측 귀에 차폐음을 들려주고 우측 귀를 재검사한 것이다.

2) 편측성 청각장애로, 불균형적인 청력상태로 인해 평형성에 어려움이 있다.

---

난청의 분류(ISO)에 따르면 좌측 귀의 청력은 정상에 해당함

| 정상 | 25dB HL 이하 |
| 경도 | 26~40dB HL |
| 중등도 | 41~55dB HL |
| 중고도 | 56~70dB HL |
| 고도 | 71~90dB HL |
| 농 | 91dB HL 이상 |

기도청력과 골도청력이 모두 손상되어 있고, 손상의 정도가 유사하므로 '감각신경성 청각장애'에 해당함

(가)에서 "말림현상이 관찰되지 않음"은 청각장애 학생의 청각장애 유형이 후미로성(청신경 손상)이 아님을 의미함

내이에 속한 '전정기관'의 이상은 청력검사 결과로 알 수 없음(소리를 전달하거나 감지하는 기관이 아님)

# CHAPTER 03 청각장애 아동의 특성

**01** 청각장애 아동의 언어발달 특성
- 음운론적 발달 특성
- 의미론적 발달 특성
- 구문론적 발달 특성
- 화용론적 발달 특성

**02** 청각장애 아동의 읽기 특성 및 지도
- 청각장애 아동의 읽기 특성
- 청각장애 아동의 읽기 어려움의 원인
- 읽기 지도 방법(어휘력 증진 지도 전략)

**03** 청각장애 아동의 쓰기 특성 및 지도
- 청각장애 아동의 쓰기 특성
- 쓰기 지도 방법

기본이론 28-31p

- 청각장애 언어발달 특성
- 청각장애 읽기 및 쓰기 특성

```
─ 언어발달 특성 ─ 음운론적 특성
│                ├ 의미론적 특성
│                ├ 구문론적 특성
│                └ 화용론적 특성
└ 읽기 및 쓰기 특성
```

**청각장애 아동의 읽기 특성**
- 통사규칙이 많이 적용된 문장, 추상적 어휘능력을 요구하는 문장, 다의어가 사용된 문장, 피동문과 비유어·지시대명사가 내재된 문장, 단문보다는 복문으로 구성된 문장에서 읽기 오류를 많이 보임
- 청각장애 아동은 조사보다는 어순에, 문장구조보다는 의미에 중점을 두고 독해하는 경우가 많음
- 단어보다는 문장에서 읽기 이해가 쉬움 → 언어적 단위가 더 긴 구와 문장은 문맥적 단서를 이용해 유추할 수 있는 잉여성이 있는 반면, 단어는 이러한 잉여성이 상대적으로 매우 적기 때문

**수화 사용 청각장애 아동의 쓰기 특성**
- 부적절한 어순 사용
- 정형화된 구문표현 산출
- 문법형태소(조사)의 생략·오류 많음
- 어휘가 한정되어 있으며 동일한 어휘를 반복 사용
- 짧고 단순한 문장을 사용하며 단문이 많음
- 결속표지(문장 간에 서로 연관성을 갖기 위해 엮어주는 장치, 접속사나 대명사) 사용률이 낮음

 ③

2009학년도 중등 26

## 01 농학생의 전형적인 읽기·쓰기 특성에 관한 설명으로 적절하지 <u>않은</u> 것은?

① 내적 언어 결손으로 읽기 발달이 지체된다.
② 읽기·쓰기에서 비유적 표현의 어려움을 보인다.
③ 통사구조 이해력이 단일 문장에서보다 문단에서 낮다.
④ 음성언어의 통사구조가 아닌 그들만의 독특한 구조를 표현하기도 한다.
⑤ 학업성취도 평가의 하위 검사에서 철자법보다는 단어 의미 이해력이 낮다.

① 청각장애 아동은 자신이 내는 소리를 듣지 못해 적절한 청각적 피드백을 받지 못하기 때문에 내적 언어 결손으로 읽기 발달이 지체됨

2010학년도 초등·유아 6

**02** 다음은 청각장애 학생 혜주의 특성에 대한 기록이다. 이 기록을 기초로 하여 혜주에게 언어를 지도하려고 할 때, 〈보기〉에서 적절한 방법을 모두 고른 것은?

- 성명 : 김혜주(여)
- 특성 : 선천성 청각장애
- 동작성 지능지수(IQ) : 94(K-WISC-Ⅲ 검사)
- 사회성숙지수(SQ) : 85(사회성숙도 검사)
- 가정환경 : 건청인 부모 밑에서 외동으로 성장하고 있으며 아파트에 거주함. 부모 모두 직장생활을 하고 있음
- 또래관계 : 또래들과 어울리려고 노력하나 주로 혼자 보내는 시간이 많음

〈좌·우 청력도〉

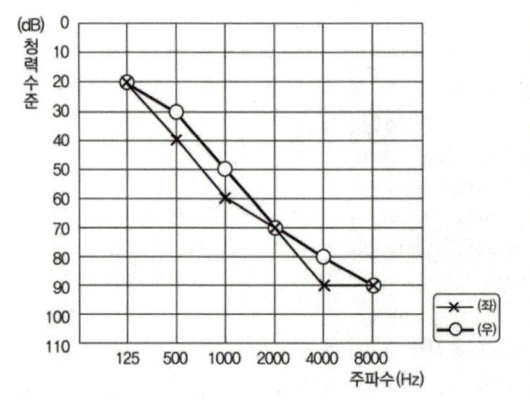

┤보기├
ㄱ. 말의 정보를 반복적으로 제공하여 혜주가 의사소통 단서를 파악하도록 유도한다.
ㄴ. 관용적으로 사용되는 표현은 혜주가 이해하기 어려울 수 있으므로 별도로 지도한다.
ㄷ. 읽기 지도에서 동시는 완성된 문장보다 쉽게 받아들이므로 동시를 활용하여 문장에 대한 이해를 높인다.
ㄹ. 혜주는 중이 손상에 의해 초래된 전음성 난청이므로 교과활동 시 교사는 음의 강도를 높여 지도해야 한다.
ㅁ. 교사는 혜주에게 정확한 입모양을 보여주기 위해 문장을 읽어줄 때, 음절마다 분리하여 천천히 말을 한다.

① ㄱ, ㄴ  ② ㄴ, ㄷ
③ ㄱ, ㄴ, ㄹ  ④ ㄷ, ㄹ, ㅁ
⑤ ㄱ, ㄷ, ㄹ, ㅁ

---

**참고자료**
기본이론 28-29p

**키워드**
- 의미론적 발달 특성
- 구문론적 발달 특성

**구조화틀**
┌ 언어발달 특성 ┬ 음운론적 특성
│              ├ 의미론적 특성
│              ├ 구문론적 특성
│              └ 화용론적 특성
└ 읽기 및 쓰기 특성

**핵심개념**
청각장애 아동의 의미론적 특성
- 다의어에 대한 이해 어려움
- 문맥에 적절하지 않은 어휘 사용
- 언어의 은유적·직유적·관용적 표현에 대한 이해도가 낮음
- 추상적 단어 습득에 어려움

청각장애 아동의 구문론적 특성
- 문법 습득에 어려움
- 내용어 사용이 많고 기능어는 제한적
- 문법 구조에 대한 지식 부족으로 정형화된 문법 구조를 과다하게 사용하는 경향
- '무슨', '무엇', '어느' 등의 관형사 사용에 혼동이 잦음 → 수화에서는 '무슨', '무엇', '어느' 표현이 오른손 검지를 세워 흔드는 동작 하나에 불과하기 때문

**모범답안**
①

ㄷ. 청각장애 학생의 경우 언어의 은유적·직유적 표현을 이해하는 데 어려움이 있으므로 동시를 활용해 지도하는 것은 부적절함

ㄹ. 골도청력 검사 결과가 제시되지 않아 정확한 손상 부위에 따른 청각장애 유형을 알 수 없음

2020학년도 중등 A8

**03** (가)는 청각장애 학생 G의 특성이고, (나)는 학생 G의 의사소통 증진을 위해 일반교사와 특수교사가 나눈 대화의 일부이다. (다)는 학생 G의 발화 수정 전략이다. 〈작성방법〉에 따라 서술하시오. [4점]

(가) 학생 G의 특성

- 초등학교 1학년 때부터 보청기를 착용함
- 음성언어(구어)로 주로 의사소통함
- ⓐ 독화로 음성언어를 수용하나, 독화의 시각적 한계로 인한 어려움을 보임
  - ㉠ /ㅁ, ㅂ, ㅍ/를 구분하지 못함
- 말 명료도가 낮음
  - ㉡ [i] 발음 시 [a]에 가깝게 발음함

┌ 작성방법 ┐

(가)의 밑줄 친 ㉡과 같은 발음의 현상을 의미하는 용어를 쓸 것.

---

 참고자료: 기본이론 28-29p

 키워드: 음운론적 발달 특성

 구조화틀:
- 언어발달 특성
  - 음운론적 특성
  - 의미론적 특성
  - 구문론적 특성
  - 화용론적 특성
- 읽기 및 쓰기 특성

**핵심개념** 청각장애 아동의 음운론적 특성
- 청각장애 아동은 분절적 요소뿐만 아니라 초분절적 요소에서도 오류를 보임
  예) 비운율적이거나 단조롭고, 음도가 높거나 음성의 높낮이가 불규칙적이며 음도 이탈이 잦음
- 모음의 중성화 현상(일종의 모음 변형으로, 전설모음과 후설모음 등을 중성모음과 섞어서 발음하는 것)이 나타남
  예) 전설모음 [i] 발음 시 중성음인 [a]를 섞어서 발음함
- 모음보다는 자음에서 더 많은 오류를 보이며, 특히 마찰음과 파찰음 산출에서 오류가 잦음
- 청각장애 아동의 경우 혀를 지나치게 인두 쪽으로 당겨서 발음하는 경향이 있는데, 이는 맹관공명 현상(인두강에 공명 에너지가 집중되어 과도한 공명을 일으키는 현상)을 일으키고 모음 정확도를 떨어뜨리는 결과를 초래함

 모범답안: 모음의 중성화 현상

# CHAPTER 04 객관적 청력검사

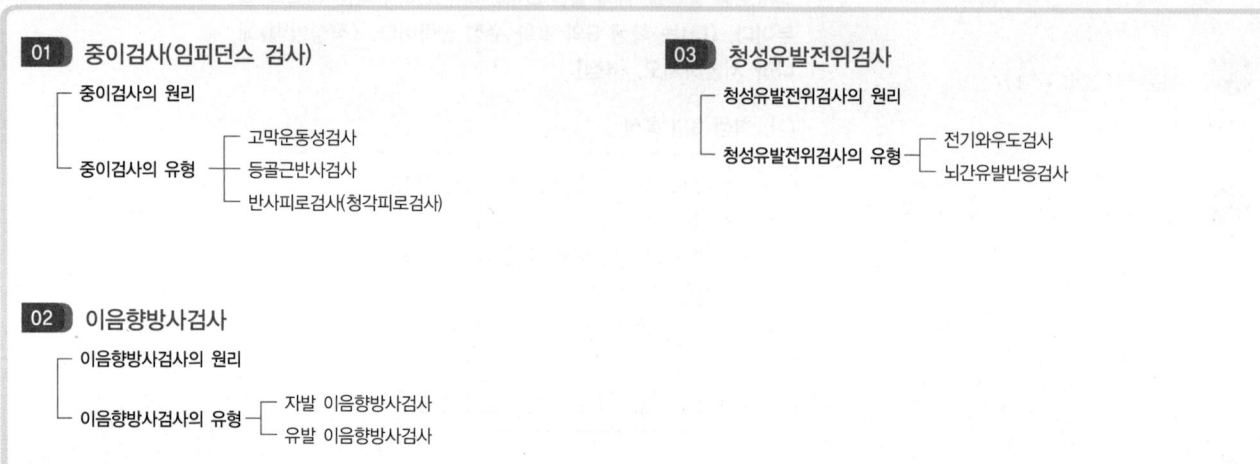

기본이론 33-37p

 객관적 청력검사

 중이검사
- 고막운동성검사
- 등골근반사검사
- 반사피로검사(청각피로검사)

청성유발전위검사
- 전기와우도검사
- 뇌간유발반응검사

 중이검사

고막에 전해진 소리에너지가 반사되어 나오는 양을 측정해 중이의 기능을 살피는 검사

중이검사의 유형
- **고막운동성검사**: 외이도 입구에서 음향자극을 준 후 고막에서 반사되어 돌아오는 에너지를 분석하는 검사
- **등골근반사검사**: 강한 음자극이 외부에서 입력되면 등골근이 수축되고, 이로 인해 이소골 연쇄가 경직되어 저항이 증가하는 현상이 나타나므로 등골근반사의 관찰을 통해 중이가 정상임을 판단하는 검사
- **등골근 반사피로검사**: 청각피로(순음을 계속해서 들려주면 어느 순간 음량이 감소되거나 음이 사라지는 현상) 자체는 정상임. 10초 동안 소리자극을 제시한 후 등골근반사 경과 관찰 시 10초 이내에 등골근 수축현상이 유지되지 못하면 청신경에 문제가 있는 후미로성 난청에 해당함

① 

2011학년도 중등 14

**01** 다음은 청각장애의 진단에서 사용하는 검사들이다. (가)~(다)에 해당하는 검사 명칭을 바르게 제시한 것은? [1.5점]

(가) 피검자의 고막을 향해 소리를 들려준 후 반사되어 나오는 소리의 양을 미세마이크로 잡아 전기적 반응을 측정한다.

(나) 피검자가 헤드폰을 통해 청취한 검사음을 듣고 즉시 반복해서 따라 말하거나 받아쓰게 한다.

(다) 피검자의 머리에 전극을 부착시켜 청신경계의 미세한 전기적 반응을 측정한다.

|   | (가) | (나) | (다) |
|---|---|---|---|
| ① | 임피던스 청력검사 | 어음 청력검사 | 뇌간유발 반응검사 |
| ② | 임피던스 청력검사 | 어음 청력검사 | 골도 청력검사 |
| ③ | 골도 청력검사 | 임피던스 청력검사 | 뇌간유발 반응검사 |
| ④ | 골도 청력검사 | 임피던스 청력검사 | 어음 청력검사 |
| ⑤ | 뇌간유발 반응검사 | 어음 청력검사 | 임피던스 청력검사 |

**용어 해설**
- **이미턴스**: 에너지가 시스템을 얼마나 잘 통과하는지를 설명하는 용어(이미턴스 =임피던스+어드미턴스)
- **어드미턴스**: 외부로부터 들어오는 소리에너지가 고막을 만나 흡수되는 에너지(수용)
- **임피던스**: 외부로부터 들어오는 소리에너지가 고막을 만나 반사되는 에너지(저항)

## 확장하기

### ✦ 반사피로검사(청각피로검사)

- '청각피로'란 순음을 계속해서 들려주면 어느 순간 음량이 감소되거나 음이 사라지는 현상으로, 그 자체는 정상이다. 즉, 소리자극이 처음 들어오면 청각기관이 반응하지만, 그 소리가 지속되면 신경반응의 감소로 자극음이 존재함에도 듣지 못하게 되는 것이다.
- 등골근 반사가 변하지 않거나 등골근 반사피로(청각피로)가 서서히 나타나면 정상으로 평가하고, 10초 이내 50% 이상 급격하게 감소하면 후미로성 난청으로 평가한다. 그 이유는 청신경에 이상이 있는 후미로성 난청의 경우 신경의 손상으로 인해 비정상적 적응 현상(등골근 반사를 지속하지 못하고 자극음이 있음에도 적응이 빨리 나타나는 현상)이 나타나기 때문이다.
- 청각피로는 내이 이후의 청신경 부위에 이상이 있는 후미로성 난청일 경우 나타나는 비정상적 반응(adaptation) 현상으로, 등골근 반사를 지속하는 데 피로를 느껴 자극음이 있는데도 적응이 빨리 나타나는 현상이다.
- 반사피로검사는 어음청취역치검사의 역치보다 10dB 더 큰 소리를 10초 동안 지속적으로 들려주면서 등골근 반사의 변화 정도를 측정하며, 500Hz나 1,000Hz에서 10초 내 반사량의 감소 정도를 측정한다. 이때 50% 이상 급격하게 감소하면 양성 반응으로 후미로성 난청을 의심할 수 있고, 반사량의 정도가 변하지 않거나 서서히 50%까지 감소하면 음성 반응으로 정상이나 미로성 난청으로 판정할 수 있다. 2,000Hz나 4,000Hz의 고주파수 소리는 정상에서도 급격하게 감소하는 현상이 나타날 수 있으므로 이 검사의 주파수로는 사용하지 않는다.

### ✦ 반사감퇴의 측정 기록

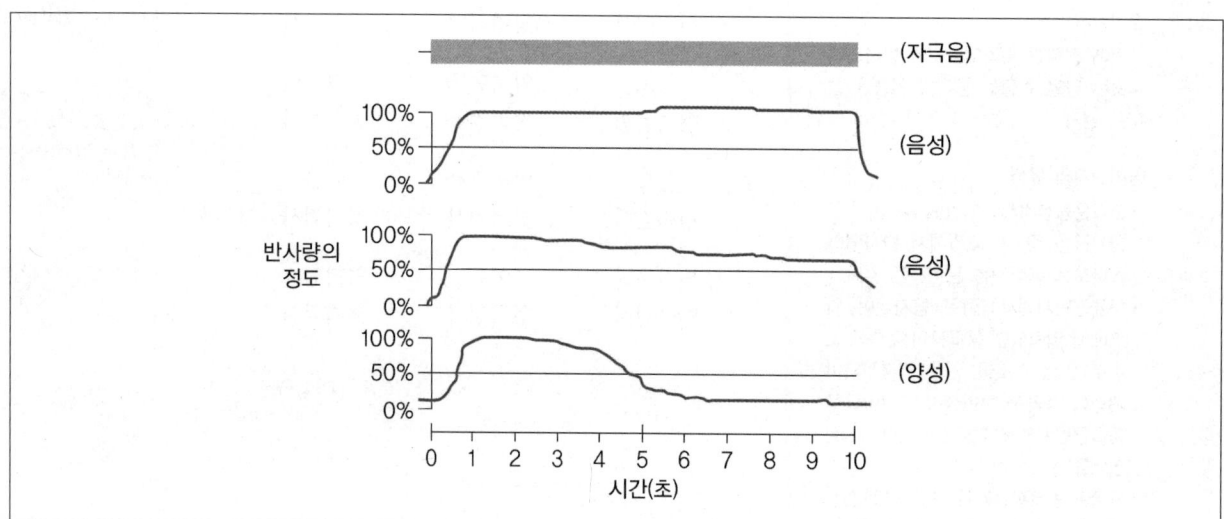

자극음이 제시되는 10초 동안 반사 현상이 전혀 변하지 않거나 50% 이내로 감퇴한 경우는 음성, 50% 이상 감퇴한 경우는 양성으로 기록한다.

기본이론 36-37p

청성유발전위검사

**청성유발전위검사**
- 전기와우도검사
- 뇌간유발반응검사

**청성유발전위검사**
- 소리자극이 와우, 청신경, 중추청각 전달로로 전파되는 일련의 전기적 신호를 기록하는 검사
- 소리자극을 준 후 전기적 신호가 발생할 때까지 소요된 시간에 따라 초기반응, 중기반응, 후기반응으로 분류함

**뇌간유발반응검사(ABR)**

| 잠복기 | 초기반응 |
|---|---|
| 잠복 시간 | 0~10ms |
| 발생 부위 | 와우, 청신경, 뇌간 일부 |

- 청신경에서 뇌간의 일부에 이르는 청각전달로에서 발생하는 전기적 신호를 기록한 것
- 뇌간유발반응은 여러 가지 청성유발전위 중에서도 가장 안정적으로 나타남
- 검사 과정이 비침습적이어서 가장 널리 사용되는 검사
- 행동검사를 통해 역치 측정이 불가능한 생후 4~5개월 유아에게도 실시 가능하다는 장점이 있음

③

2012학년도 중등 31

**02** 청각장애를 진단하기 위한 청력검사에 대한 설명으로 옳은 것만을 〈보기〉에서 있는 대로 고른 것은?

┤보기├

ㄱ. 뇌간유발반응검사(ABR)는 청성 초기반응을 측정하는 객관적 검사이다.
ㄴ. 링(D. Ling)이 제시한 5개음 검사는 청취력을 간단하게 진단하는 데 유용한 검사로, 검사음은 [i], [u], [ɑ], [ʃ], [s]이며, [m]를 더하여 6개음 검사를 하기도 한다.
ㄷ. 순음청력검사는 주파수별로 순음을 들려주어 청력 수준을 측정하는 주관적 검사로, 기도와 골도검사 결과를 통해 청력손실 정도와 청각장애의 유형을 알 수 있다.
ㄹ. 어음청취역치검사는 검사음의 50%를 정확히 대답하는 최소 어음 강도인 어음청취역치를 알아보는 검사로, 어음청취역치는 일반적으로 순음평균청력치와 20dB 정도 차이가 난다.
ㅁ. 어음명료도검사는 검사 어음을 얼마나 정확히 이해하는지를 측정하는 검사로 최대명료도값(PBmax)과 명료도 곡선을 구할 수 있는데, 약 60dB에서 100%의 어음명료도를 보이면 감각신경성 청각장애로 추정한다.

① ㄱ, ㄹ
② ㄷ, ㅁ
③ ㄱ, ㄴ, ㄷ
④ ㄱ, ㄴ, ㄷ, ㄹ
⑤ ㄴ, ㄷ, ㄹ, ㅁ

## 확장하기

### ★ 뇌간유발반응검사(ABR)

| | |
|---|---|
| 정의 | 청신경에서 뇌간의 일부에 이르는 청각전달로에서 발생하는 전기적 신호를 기록 |
| 검사 원리 | 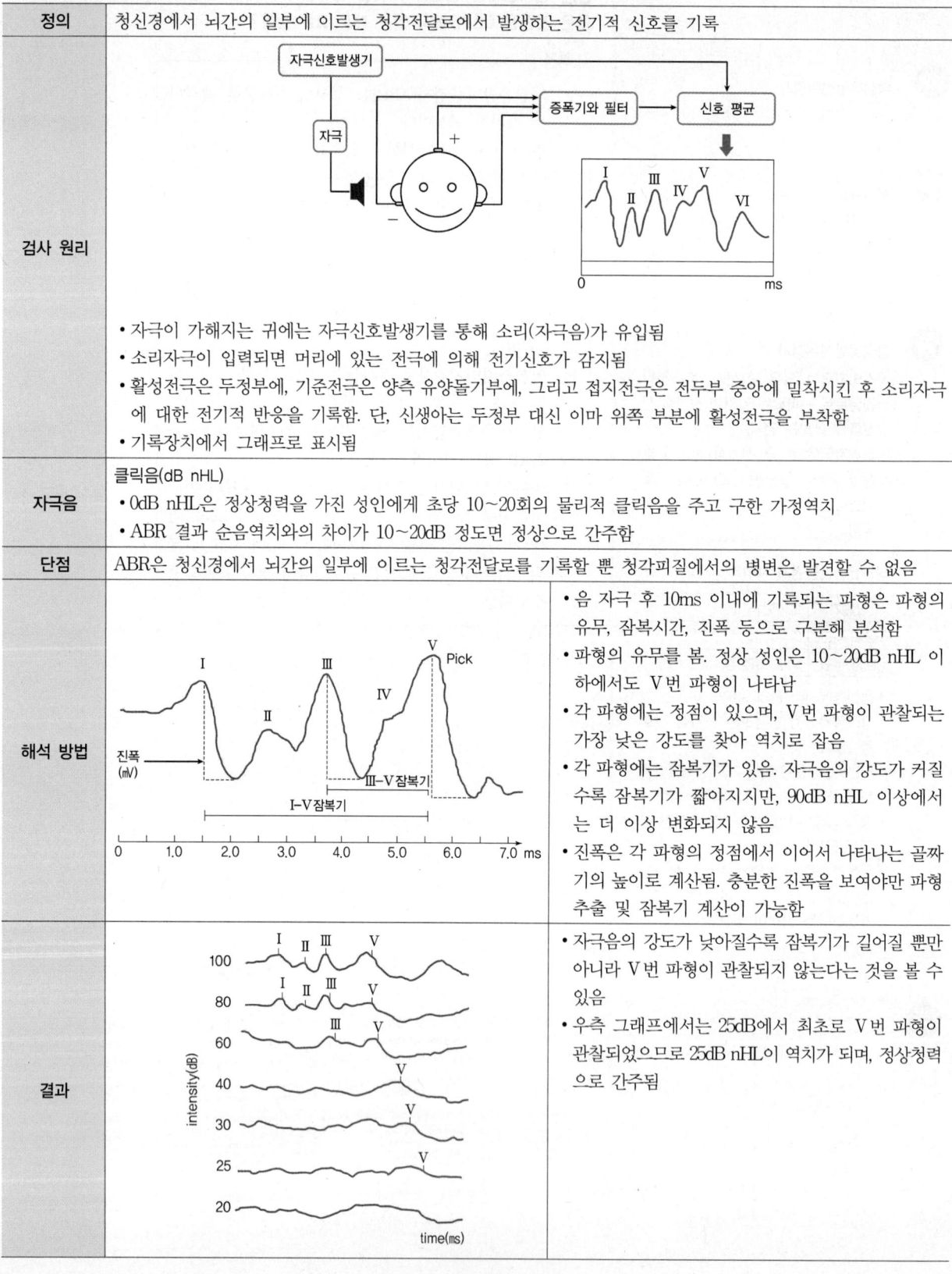<br>• 자극이 가해지는 귀에는 자극신호발생기를 통해 소리(자극음)가 유입됨<br>• 소리자극이 입력되면 머리에 있는 전극에 의해 전기신호가 감지됨<br>• 활성전극은 두정부에, 기준전극은 양측 유양돌기부에, 그리고 접지전극은 전두부 중앙에 밀착시킨 후 소리자극에 대한 전기적 반응을 기록함. 단, 신생아는 두정부 대신 이마 위쪽 부분에 활성전극을 부착함<br>• 기록장치에서 그래프로 표시됨 |
| 자극음 | 클릭음(dB nHL)<br>• 0dB nHL은 정상청력을 가진 성인에게 초당 10~20회의 물리적 클릭음을 주고 구한 가정역치<br>• ABR 결과 순음역치와의 차이가 10~20dB 정도면 정상으로 간주함 |
| 단점 | ABR은 청신경에서 뇌간의 일부에 이르는 청각전달로를 기록할 뿐 청각피질에서의 병변은 발견할 수 없음 |
| 해석 방법 | • 음 자극 후 10ms 이내에 기록되는 파형은 파형의 유무, 잠복시간, 진폭 등으로 구분해 분석함<br>• 파형의 유무를 봄. 정상 성인은 10~20dB nHL 이하에서도 V번 파형이 나타남<br>• 각 파형에는 정점이 있으며, V번 파형이 관찰되는 가장 낮은 강도를 찾아 역치로 잡음<br>• 각 파형에는 잠복기가 있음. 자극음의 강도가 커질수록 잠복기가 짧아지지만, 90dB nHL 이상에서는 더 이상 변화되지 않음<br>• 진폭은 각 파형의 정점에서 이어서 나타나는 골짜기의 높이로 계산됨. 충분한 진폭을 보여야만 파형 추출 및 잠복기 계산이 가능함 |
| 결과 | • 자극음의 강도가 낮아질수록 잠복기가 길어질 뿐만 아니라 V번 파형이 관찰되지 않는다는 것을 볼 수 있음<br>• 우측 그래프에서는 25dB에서 최초로 V번 파형이 관찰되었으므로 25dB nHL이 역치가 되며, 정상청력으로 간주됨 |

2016학년도 중등 A12

**03** 다음은 특수교사 교육연구회에서 제공한 청각장애 연수 자료 중 일부이다. (가)에서 <u>잘못된</u> 것의 기호를 2가지 쓰고, 내용을 바르게 고치시오. [4점]

(가) 청력검사에 대한 이해

> ㉠ 최근에는 신생아 청력선별검사를 통해 청각장애가 조기에 발견되는 경우가 많으며, 검사 방법은 주로 순음청력검사이다.
> ㉡ 청력검사의 청력도를 통해 청각장애의 유형과 청력손실 정도를 알 수 있다.
> ㉢ 청각장애 등급을 판정할 때는 4분법으로 평균청력역치를 산출한다.
> ㉣ 청각장애와 정신지체 또는 자폐성 장애가 중복되어 주관적 청력검사가 어려울 경우, 객관적 검사인 청성뇌간반응검사(ABR)를 실시할 수 있다.
> …(하략)…

㉠ 신생아 청력선별검사는 피검자의 반응을 요구하지 않는 객관적 청력검사를 주로 사용함

㉡ 순음청력검사의 청력도를 통해 평균청력손실 정도, 손상 부위에 따른 청각장애 유형과 청력형 등을 알 수 있음

㉣ 객관적 청력검사에는 중이검사, 이음향방사검사, 청성유발전위검사 등이 있으므로 옳은 내용임

---

 참고 자료
기본이론 33-37p, 46p

 키워드
- 객관적 청력검사
- 순음청력검사
- 순음청력검사 청력도 정보

 구조화 틀

 핵심 개념

**객관적 청력검사**
- 피검자의 판단에 의존하지 않고 피검자의 생리학적 반응을 통해 청력의 이상 유무와 정도를 파악하는 검사
- 의사소통에 어려움이 있는 영유아 및 노인, 위난청·메니에르병 등의 진단, 기능성 난청 판별 등에 효과적
- 특히 객관적 청력검사는 영유아의 청각선별검사에 많이 활용됨

**신생아 청각선별검사**
- 난청의 조기 발견과 조기 중재를 가능하게 함으로써 난청으로 인한 손실을 최소화하고 영구적인 장애를 예방할 수 있다는 점에서 매우 중요
- 위음성·위양성이 있을 수 있으므로 신중한 해석과 지속적인 추적이 요구됨

 모범답안

㉠ 순음청력검사는 주관적 청력검사로, 검사음의 청취 여부에 대한 아동의 반응을 필요로 하기 때문에 신생아 청력선별검사로는 적절하지 않다. 신생아 청력선별검사로는 객관적 청력검사(자동청성뇌간반응검사, 자동이음향방사검사 등)가 적절하다.
㉢ 청각장애 등급을 판정할 때는 6분법으로 평균청력역치를 산출한다.

기본이론 33-37p

- 객관적 청력검사
- 주관적 청력검사
- 청성유발전위검사

**객관적 청력검사**
- 피검자의 판단에 의존하지 않고 피검자의 생리학적 반응을 통해 청력의 이상 유무와 정도를 파악하는 검사
- 의사소통에 어려움이 있는 영유아 및 노인, 위난청·메니에르병 등의 진단, 기능성 난청 판별 등에 효과적
- 특히 객관적 청력검사는 영유아의 청각선별검사에 많이 활용됨

**청성유발전위검사(AEP)**
- 소리자극에 의해 와우, 청신경, 그리고 중추청각전달로로 전파되는 일련의 전기적 신호를 기록하는 검사
- 청성유발반응은 잠복기, 즉 소리자극을 준 후 전기적 신호가 발생할 때까지 소요된 시간에 따라 초기반응, 중기반응, 후기반응으로 분류됨
- 일반적으로 청성 초기반응을 측정하기 위해 전기와우도검사와 뇌간유발반응검사를 실시함

① 피검자가 소리를 듣고 그에 대한 주관적인 반응을 보임으로써 이루어지는 주관적 청력검사와 달리, 객관적 청력검사는 피검자의 판단에 의존하지 않고 피검자의 생리학적 반응을 통해 청력 이상 유무와 정도를 파악하는 검사이기 때문이다.

② 청성유발전위검사(AEP)

---

2025학년도 유아 A4

**04** 다음은 청각장애 거점 특수교육지원센터 유아 특수교사 윤 교사와 유아교사 박 교사의 대화이다. 물음에 답하시오.
[5점]

박 교사: 우리 반에 은수라는 유아가 있어요. 부모님은 은수가 지시를 잘 따르지 못하고 발음이 부정확한 것 때문에 발달지체라 생각하셔서 특수교육대상자 선정을 의뢰하셨대요. 그런데 진단·평가를 해 보니 은수가 발달지체가 아니라 청각장애를 지닌 특수교육대상자로 선정되었어요. 은수는 이미 4세인데, 청각장애를 일찍 발견했으면 조기 청능재활을 할 수 있었을 텐데 아쉬워요.

윤 교사: 그래서 청각장애를 조기에 발견하고 중재하는 것이 언어발달에 중요해요. ㉠특히, 영아의 경우 객관적 청력평가를 통해 청각장애를 조기에 선별하고 진단할 수 있어요. 영·유아 청력선별과 진단을 위해 많이 사용하는 검사가 2가지 있어요. 달팽이관 이상 유무를 확인할 수 있는 이음향방사(Otoacoustic Emission: OAE) 검사가 있고, ㉡두피에 전극 단자를 부착하여 달팽이관, 청신경 그리고 중추청각 전달 경로로 전달되는 전기적 신호를 확인하는 검사도 있어요.

> **위음의 오류**
> → 조기에 필요한 중재를 받지 못하게 됨

> **이음향방사 검사**
> 와우에서 방사되는 낮은 강도의 음향에너지를 외이도에서 마이크로폰으로 측정하는 검사

> ※ 뇌간유발반응검사(ABR) 청신경에서 뇌간의 일부에 이르는 청각전달로에서 발생하는 전기적 신호를 기록하는 것으로, 두개골의 두정부·유양돌기 및 이마에 전극을 부착하여 검사를 실시함

1) ① 밑줄 친 ㉠의 이유를 객관적 청력평가와 주관적 청력평가의 차이 측면에서 쓰고, ② 밑줄 친 ㉡에 해당하는 청력평가의 명칭을 쓰시오.

# CHAPTER 05 주관적 청력검사

**01 음차검사**
- 린네검사
- 웨버검사
- 슈바바검사
- 빙검사

**02 순음청력검사**
- 검사환경
- 청력역치의 정의
- 순음청력검사의 목적
  - 청력손실의 유무
  - 편측성과 양측성
  - 청력손실의 정도
  - 청력손실의 종류 및 병변 부위
  - 청력형
  - 청능재활정보
- 순음청력검사 방법
  - 기도검사
    - 자극음 제시 방법
    - 검사 귀 선정
    - 강도 조절 방법
    - 주파수 조절 방법
  - 골도검사
    - 실시 방법
    - 강도 조절 방법
    - 주파수 조절 방법
- 순음청력검사의 결과
  - 평균청력역치
  - 손상 부위에 따른 청각장애 유형
  - 청력형
  - 순음청력검사의 차폐
    - 반대청취(음영청취)
    - 이간감약(이간감쇠)
    - 차폐의 정의 및 유형
    - 차폐가 필요한 조건
    - 차폐 시 주의점
      - 차폐 딜레마
      - 폐쇄 효과
  - 차폐를 실시한 청력도 해석

**03 어음청력검사**
- 어음탐지역치검사
  - 어음탐지역치
  - 검사 방법
- 어음청취역치검사
  - 어음청취역치
  - 어음청취역치검사의 목적
  - 검사음
  - 검사 방법
  - 검사의 실시
- 어음명료도검사
  - 어음명료도 값
  - 어음명료도검사의 활용
  - 검사음
  - 검사 방법
  - 검사의 실시
  - 어음명료도 곡선
  - 말림현상
- 기타 용어
  - 쾌적역치
  - 불쾌역치
  - 역동범위
- 어음청력검사의 차폐

**04 Ling의 6개음 검사**
- Ling의 6개음 검사의 이해
  - 정의 및 목적
  - Ling의 6개음 검사
  - 검사의 실시
- 말소리 바나나와 6개음 검사
- 보청기 재적합화

참고자료 기본이론 41-46p

키워드 기도검사

구조화틀 순음청력검사
- 정의
- 기도검사
- 골도검사
- 결과(청력도)
- 차폐

핵심개념 기도검사 주파수 측정 방법
- 1,000Hz-2,000Hz-4,000Hz-8,000Hz-1,000Hz-500Hz-250Hz-125Hz-1,000Hz-500Hz-250Hz-125Hz-1,000Hz-2,000Hz-4,000Hz-8,000Hz
- 주파수는 1,000Hz에서부터 시작함. 보통은 1,000Hz에서 시작해 고주파수음을 먼저 검사하지만, 고도 난청이 확실한 경우에는 1,000Hz에서부터 저주파수음을 먼저 검사함
- 1,000Hz에서 검사를 두 번 실시하는 이유는 1,000Hz는 말소리를 지각하는 데 가장 중요한 주파수이므로 검사를 두 번 실시함으로써 검사의 신뢰도를 제고할 수 있기 때문임
- 따라서 처음 시행한 1,000Hz에서의 결과와 두 번째 실시한 1,000Hz에서의 결과의 차이가 ±5dB 이내인 경우에는 검사의 신뢰도가 있는 것으로 보고, 둘 중 낮은 강도를 역치로 선택함. 그러나 10dB 이상 차이가 있는 경우에는 검사의 신뢰도가 없는 것으로 보고 재검사를 실시함
- 주파수 대역 간에 간격을 두고 측정하는 이유는 피검자의 주의집중과 검사시간을 고려하기 위함임. 모든 주파수를 다 검사하지 않아도 중간주파수는 비슷할 것으로 해석하지만, 20dB 이상 차이를 보인다면 중간주파수 청력을 측정해야 함

모범답안 1,000Hz는 말소리를 지각하는 데 가장 중요한 주파수이므로 검사를 두 번 실시함으로써 검사의 신뢰도를 제고할 수 있기 때문이다.

2014학년도 초등 A5

**01** (가)는 청각장애 학생 영희의 특성이고, (나)는 국어(언어)과 '여러 가지 방법으로 말해요' 단원의 지도 내용이다. 물음에 답하시오. [5점]

(가) 영희의 특성

- 어렸을 때 고열로 인하여 달팽이관이 손상되었으며, 만성 중이염으로 중이에도 손상을 입었음
- 현재 기도청력손실 정도는 양쪽 귀 모두 85dB이며, 기도청력손실 정도가 골도청력손실 정도보다 높게 나타남

→ 혼합성 청각장애 유형임

(나) 지도 내용

| 차시 | 지도 내용 |
|---|---|
| 1 | 모음 지문자 따라하며 익히기(ㅏ, ㅑ, ㅓ, ……) |
| 2 | 자음 지문자 따라하며 익히기(ㄱ, ㄴ, ㄷ, ……) |
| 3 | 사물의 이름을 말하고, 지문자로 쓰기(학교, 연필, ㉠기차 등) |
| 4 | 지숫자 따라하며 익히기(1, 2, 3, ……) |
| 지도 시 유의점 | 개별 학생의 수준을 고려하여 말하기(말·수화하기), 듣기(수화 읽기·말읽기), 읽기, 쓰기를 유기적으로 지도하고 평가한다. |

2) 영희에게 청력 검사를 실시할 때, 검사 주파수를 1,000Hz-2,000Hz-4,000Hz-8,000Hz-1,000Hz-500Hz-250Hz-125Hz 순으로 하였다. 실시 과정에서 1,000Hz를 두 번 검사하는 이유를 쓰시오. [1점]

## 확장하기

### ✤ 순음청력검사(최성규 외, 2025.)

#### 1. 음압(dB)의 제공 방법
① 40dB은 보청기 착용을 결정하는 청력손실 정도이다. 70dB은 전음성 청각장애와 감음신경성 청각장애의 경계를 나타내는 중요 음압이다. 그리고 90dB은 최고도(또는 농) 청각장애로 분류되어, 보청기 착용 여부와는 상관없이 음성언어를 귀로 청취하기에 한계가 있다.
② 예를 들어 1,000Hz에서 40dB에 반응이 없으면 70dB을 제공한다. 70dB에서 반응이 나타나지 않으면 90dB을 제공한다. 90dB에서 반응이 없으면 100dB을 제공하고, 100dB에서 반응이 없으면 110dB을 제공한다. 110dB에서 반응이 없으면 검사를 종결한다. 이를 통해 청력검사에서 제공하는 가장 큰 음압은 110dB임을 알 수 있다.
③ 40dB, 70dB, 또는 90dB에서 반응이 나타나는 경우 다음과 같이 진행한다.

> - 65dB에서 반응이 있는 경우는 60dB의 음압을 제공한다.
> - 65dB에서 반응이 없는 경우는 75dB로 음압을 제공한다.
> - 40dB, 70dB, 90dB에서 반응이 있는 경우는 각각 35dB, 65dB, 85dB로 올라간다(음압을 감소시킨다). 그리고 반응이 있으면 계속해서 5dB만큼 올라간다(음압을 감소시킨다). 그러다 반응이 없으면 10dB만큼 내려간다(음압을 증가시킨다).

#### 2. 음압의 결정 방법
① 40dB, 70dB, 또는 90dB의 음압에 대한 반응 유무에 따라서 5dB 감소 또는 10dB 증가하는 방법으로 진행하면 검사에 대한 반응이 일정하게 반복되는 현상이 관찰된다. 즉, 음압을 올리면 반응을 하다가 음압을 내리면 반응이 없기를 반복한다. 이런 현상이 나타나면 검사를 중단하고, 해당 주파수에 대한 최소가청역치로 결정한다.
② 최소가청역치 결정 방법은 다음과 같다. 정반응이 나타난, 즉 들린다고 반응한 음압의 횟수 중에서 50% 이상에 해당하는 음압이 최소가청역치이다. 들리지 않는다고 반응한 음압은 횟수에 포함하지 않는다. 1,000Hz에서 제공한 음압에 대한 반응을 예로 들면 아래의 표와 같다.

▶ 1,000Hz에서의 음압에 대한 반응 유무

| 음압 | 반응 유무 |
|---|---|
| 40dB | − |
| 70dB | − |
| 90dB | + |
| 85dB | + |
| 80dB | − |
| 90dB | + |
| 85dB | + |

* 참고: −는 들리지 않는 경우, +는 들린다고 반응한 경우임

> → 1,000Hz에서 검사를 실시했을 때 먼저 40dB을 제공했는데 반응이 없으므로 70dB로 진행했다. 70dB에서 반응이 없어서(−) 90dB의 음압을 제공했고, 반응(+)을 보였다. 그래서 85dB로 진행했다. 85dB에서 반응을 보여서(+) 80dB로 진행했다. 80dB에서 반응을 보이지 않아서(−) 90dB로 음압을 올렸다. 그랬더니 반응이 나타나서(+) 재차 85dB을 제공하자 정반응(+)이 나타났다.
> → 위의 표에서 들린다고 정반응(+)한 경우는 90dB 2회, 85dB 2회이다. 총합 4회 중에서 50%에 해당하는 음압은 2번째의 85dB이 된다. 따라서 1,000Hz의 검사에서 최소가청역치는 85dB이다.

참고자료 기본이론 44~46p

키워드
- 기도검사
- 골도검사

구조화틀
순음청력검사
- 정의
- 기도검사
- 골도검사
- 결과(청력도)
- 차폐

핵심개념
**기도검사 주파수 측정 범위**
- 125~8,000Hz 범위를 측정 → 사람의 말소리 대부분이 해당 주파수 대역에 위치하고 있기 때문
- 특히 500~2,000Hz 사이의 음은 '주요 회화음역' 혹은 '보통 회화음역'이라고 부름

**골도검사 주파수 측정 범위**
- 250~4,000Hz 범위를 측정
- 기도검사와 달리 125Hz 대역을 제외하는 이유는 소리와 진동을 구별하는 데 한계가 있기 때문
- 8,000Hz 대역을 제외하는 이유는 8,000Hz에서는 소리가 매우 약해 두개골과 피부에 의한 왜곡 현상이 발생하기 때문

모범답안
㉠ 사람의 말소리 대부분이 125Hz~8,000Hz 주파수 대역에 분포하기 때문이다.

㉡ 청력도를 통해 평균청력역치, 손상 부위에 따른 청각장애 유형, 청력형 등을 알 수 있다.

2017학년도 중등 A11

**02** 다음은 특수교사와 학생 E의 어머니가 나눈 대화 내용이다. ㉠과 같은 방법으로 순음을 측정하는 이유를 제시하고, ㉡에 들어갈 내용을 1가지 쓰시오. [4점]

어 머 니: E가 순음청력검사와 어음청력검사를 받아야 한다고 하네요. 이 검사들은 어떤 검사인가요?

특수교사: 순음청력검사는 소리 자극을 들려주고, 들을 수 있는 가장 작은 소리의 강도를 다양한 주파수에서 알아보는 검사입니다. 구체적으로는 ㉠125~8,000Hz 정도의 주파수 대역에서 순음을 측정하고, 기도청력검사와 골도청력검사로 구성됩니다. ― 순음청력검사의 목적

…(중략)…

어 머 니: 순음청력검사를 통해 알 수 있는 것들은 무엇인가요?

특수교사: 순음청력검사를 실시한 이후 그 결과를 바탕으로 ( ㉡ )을/를 알 수 있어요. ― 순음청력검사의 결과

## 확장하기

### ✱ 주파수(최성규 외, 2025.)

**1. 가청주파수**
- 사람의 가청주파수(들을 수 있는 주파수) 영역은 20~20,000Hz에 해당한다.
- 20Hz이하의 소리는 인지하지 못하며, 20,000Hz보다 높은 주파수도 진동수가 높고 파장이 짧은 초음파에 해당하므로 사람이 느끼지 못하는 경우가 일반적이다.

**2. 음성주파수**
- 가청주파수와는 달리 음성주파수의 범위는 상대적으로 좁다. 남성의 음성주파수는 100~8,000Hz에 해당하지만, 여성의 음성주파수는 180~10,000Hz에 해당한다. 따라서 사람의 음성주파수는 일반적으로 125~8,000Hz의 범위로 설명된다.
- 음성주파수에서 가장 중요한 주파수는 1,000Hz이다. 또한 1,000Hz를 기준으로 저주파수와 고주파수로 구분하기도 한다.
- 1,000Hz를 기준으로 ±1의 배수는 500~2,000Hz가 된다. ±2의 배수는 250~4,000Hz가 된다. ±3의 배수는 125~8,000Hz가 된다. 경우에 따라 음성주파수의 범위를 125~8,000Hz라고 하지 않고, 250~4,000Hz라고 서술하기도 한다.
- 음성주파수의 범위가 넓어지면 중요성이 낮아진다는 의미로 이해하면 된다. 주파수의 중요 범위를 보다 좁히면 500~2,000Hz로 설명될 수도 있다. 음성언어에서 가장 중요한 주파수 영역을 하나만 선택하라고 한다면 당연히 1,000Hz이다.

**3. 주파수 대역**
- 주파수는 대역(wide band)의 개념을 내포한다.
- 1,000Hz는 대역의 개념으로 950Hz의 성질도 존재하며, 동시에 1,050Hz의 특성도 함께 있다. 따라서 주파수에서 설명되는 1,000Hz는 이상과 미만의 개념이 아닌, 이웃 주파수의 특성을 함께 포함하므로 대역이라는 개념이 전제됨을 알아야 한다.

**4. 저주파수와 고주파수(모음과 자음)**
- 앞서 1,000Hz는 저주파수와 고주파수의 기준이 된다고 했다. 이때 저주파수는 모음에 해당하며, 고주파수는 자음에 해당하는 주파수 영역이다. 물론 자음 중에서도 /ㅁ/ 발성과 같은 특정 자음은 모음의 주파수 음역을 갖는 경우도 있지만, 음성언어의 발성에서 자음과 모음의 합성은 당연한 과정이다. 그래서 음성은 저주파수와 고주파수가 함께 산출되는 복합음이라고 할 수 있다.
- 저주파수에서 청력손실이 심한 청각장애 학생은 모음 인지가 상대적으로 어렵다. 반대로 고주파수에서 청력손실이 심한 감음신경성(달팽이관에서의 청력손실) 청각장애 학생은 자음 인지에 어려움을 보인다.
- 주파수와 음압은 독립적인 별개의 단위이다. 주파수(Hz)에 따른 청력손실 정도(dB)는 모음과 자음 지도를 위한 주요 자료로 활용된다. 각 주파수(250, 500, 1,000, 2,000, 4,000, 8,000Hz)에 대한 청력손실 정도는 dB로 나타낸다. 예를 들면, 250Hz에서 청력손실 정도가 60dB인데, 500Hz에서는 70dB일 수 있다. 즉, 각 주파수에 대한 청력손실 정도는 독립적으로 산출해야 한다.

2018학년도 중등 B7

 기본이론 46p

 순음청력검사 결과(청력도)

 순음청력검사
- 정의
- 기도검사
- 골도검사
- 결과(청력도)
- 차폐

 순음청력검사의 결과
- **청력도**: 순음청력검사의 결과를 시각적으로 나타낸 것
- 순음청력검사의 결과는 청력도에 표시함. 이를 통해 평균 청력손실 정도, 손상 부위에 따른 청각장애 유형, 청력형 등을 알 수 있음

**모범답안** 청력도를 통해 평균청력역치, 손상 부위에 따른 청각장애 유형, 청력형 등을 알 수 있기 때문이다.

**03** (가)는 일반학급에 통합된 학생 K의 청력도이고, (나)는 특수교사와 일반학급 교사가 나눈 대화이며, (다)는 특수교사와 학생 K의 대화이다. 〈작성방법〉에 따라 서술하시오. [5점]

(가) 학생 K의 청력도

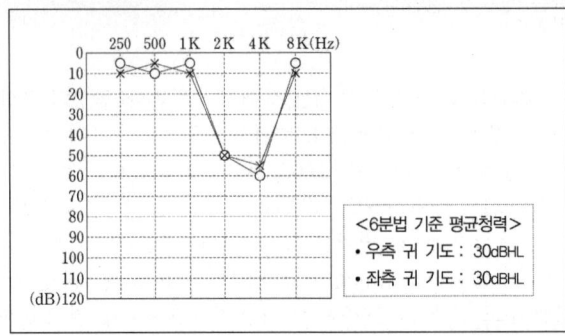

(나) 특수교사와 일반학급 교사의 대화

일반교사: 선생님, 학생 K가 청력은 괜찮다고 하는데 수업시간에 가끔 제가 하는 말을 잘 듣지 못하는 것 같아요. 왜 그런가요?
특수교사: 예, 학생 K의 ㉠<u>청력도를 해석</u>하면 그 이유를 알 수 있습니다.
…(생략)…

┌─ 작성방법 ─
밑줄 친 ㉠을 하는 이유를 1가지 서술할 것.

참고자료: 기본이론 46p

 키워드: 평균청력역치

 구조화틀: 순음청력검사
- 정의
- 기도검사
- 골도검사
- 결과(청력도)
- 차폐

**핵심개념** 평균청력역치(청력손실 정도, PTA)

3분법, 4분법, 6분법의 계산식을 기도역치의 평균값으로 나타냄

| 구분 | 계산식 | 활용 |
|---|---|---|
| 3분법 | $\dfrac{a+b+c}{3}$ | |
| 4분법 | $\dfrac{a+2b+c}{4}$ | 청력손실 평가 |
| 6분법 | $\dfrac{a+2b+2c+d}{4}$ | • 장애등급 판정<br>• 직업성 난청 진단 |

- a = 500Hz의 역치
- b = 1,000Hz의 역치
- c = 2,000Hz의 역치
- d = 4,000Hz의 역치

 모범답안

4분법은 3분법보다 주요 말소리가 분포하는 주파수인 1,000Hz를 한 번 더 반영하므로 청취력을 보다 신뢰 있게 측정할 수 있다.

---

2013학년도 추가중등 B7

**04** (가)는 청각장애 학생들의 청력 특성이고, (나)는 통합학급 박 교사의 수업방법이다. 물음에 답하시오. [6점]

(가) 청각장애 학생들의 청력 특성

| 이름 | ㉠ 평균 청력역치(㉡ dB HL) | |
|---|---|---|
| 병철 | 기도 좌측 50<br>골도 좌측 50 | 우측 50<br>우측 50 |
| 수미 | 기도 좌측 35<br>골도 좌측 5 | 우측 0<br>㉢ 우측 −5 |
| 지우 | 기도 좌측 70<br>골도 좌측 35 | 우측 65<br>우측 35 |

2) ㉠을 3분법이 아니라 4분법으로 구할 때의 장점을 1가지 쓰시오. [1점]

기본이론 46p

평균청력역치

순음청력검사
- 정의
- 기도검사
- 골도검사
- 결과(청력도)
- 차폐

**평균청력역치(청력손실 정도, PTA)**
3분법, 4분법, 6분법의 계산식을 기도 역치의 평균값으로 나타냄

| 구분 | 계산식 | 활용 |
|---|---|---|
| 3분법 | $\dfrac{a+b+c}{3}$ | |
| 4분법 | $\dfrac{a+2b+c}{4}$ | 청력손실 평가 |
| 6분법 | $\dfrac{a+2b+2c+d}{4}$ | • 장애등급 판정<br>• 직업성 난청 진단 |

- a = 500Hz의 역치
- b = 1,000Hz의 역치
- c = 2,000Hz의 역치
- d = 4,000Hz의 역치

**기도순음청력검사 주파수 조절방법**
- 125~8,000Hz : 사람의 말소리 대부분이 포함된 주파수 대역
- 500~2,000Hz : 주요 회화음역 혹은 보통 회화음역

㉠ 말소리
㉡ 2,000

2014학년도 중등 A10

**05** 다음은 기도순음청력검사를 통해 산출된 청각장애 학생 A의 오른쪽 귀 평균청력손실치에 대한 설명이다. 괄호 안의 ㉠과 ㉡에 해당하는 말을 각각 쓰시오. [2점]

> 학생 A의 오른쪽 귀 평균청력손실치 75dB은 대부분의 ( ㉠ )이/가 분포되어 있는 주파수인 1,000Hz, 500Hz, ( ㉡ )Hz의 각각의 청력손실치로 계산하여 구한 값이다. 즉, 1,000Hz의 청력손실치 75dB의 2배 값에 500Hz의 청력손실치 70dB과 ( ㉡ )Hz의 청력손실치 80dB을 더한 값을 4로 나눈 값이다.

기본이론 46-53p

- 순음청력검사 차폐
- 청력도 해석

**순음청력검사**
- 정의
- 기도검사
- 골도검사
- 결과(청력도)
- 차폐

**기도 차폐 조건**
- 검사 귀 기도와 비검사 귀의 기도청력 역치의 차이가 40dB 이상인 경우
- 검사 귀 기도와 비검사 귀의 골도청력 역치의 차이가 40dB 이상인 경우

②

2010학년도 중등 33

**06** 다음의 청력도는 학생의 순음청력검사 결과이다. 이 학생의 오른쪽 귀의 청각 특성에 대해 옳은 것을 〈보기〉에서 모두 고른 것은? [2.5점]

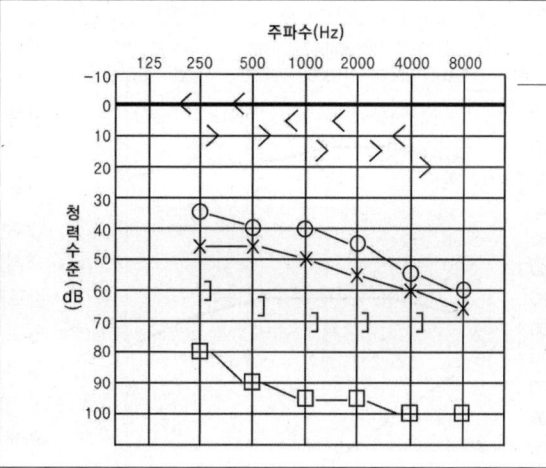

|  | 오른쪽 | 왼쪽 |
|---|---|---|
| 기도 | ○ | × |
| 기도 차폐 | △ | □ |
| 골도 | < | > |
| 골도 차폐 | [ | ] |

※ 차폐 기호가 있다면 차폐 기호를 최종적으로 해석하기

― 보기 ―
ㄱ. 전음성 난청이다.
ㄴ. 인공와우 이식을 하게 되면 듣기 능력이 향상된다.
ㄷ. 남자 목소리를 여자 목소리보다 더 잘 들을 수 있다.
ㄹ. 조용한 장소에서 1.8m 떨어져 대화할 때 마찰음 말소리를 들을 수 있다.
ㅁ. 조용한 장소에서 1.8m 떨어져 대화할 때 대부분의 모음을 들을 수 없다.
ㅂ. 조용한 장소에서 두 사람이 속삭이는 소리를 1.2m 거리에서 듣는 데 어려움을 겪는다.

ㄱ. 우측 귀는 전음성 청각장애(기도 손상, 골도 정상)

ㄴ. 전음성 청각장애는 인공와우 적격성에 부합하지 않음

ㄹ, ㅁ, ㅂ. Ling의 6개음 관련 문제임

① ㄱ, ㄴ, ㄹ    ② ㄱ, ㄷ, ㅂ
③ ㄱ, ㄴ, ㅁ, ㅂ    ④ ㄴ, ㄷ, ㄹ, ㅁ
⑤ ㄴ, ㄷ, ㄹ, ㅁ, ㅂ

## 확장하기

### ★ 음영곡선(음영청취현상)

| 정의 | 골도의 반대청취로 얻은 가짜 청력곡선으로, 비검사 귀의 골도청력곡선에서 이간감약만큼 더한 곳에 나타남. 즉, 검사 귀(나쁜 쪽 귀)가 비검사 귀(좋은 쪽 귀)를 그림자처럼 따라가는 경우 반대청취에 의한 가짜 청력곡선임을 의심해봐야 함 |
|---|---|
| 결과 해석 | 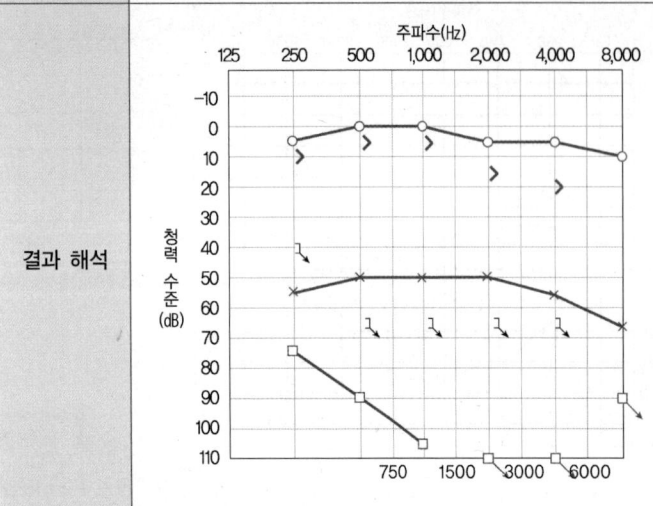 • 기도검사: 그림에서 차폐음을 사용하지 않았을 때의 기도검사 결과, 오른쪽 귀는 정상적으로 나타났으나 왼쪽 귀는 40dB 이상의 차이를 보이며 음영곡선으로 나타남. 따라서 왼쪽 귀를 검사할 때 오른쪽에서 반대청취가 일어난 것으로 판정 가능함. 오른쪽 귀에 차폐음을 사용해 왼쪽을 재검사한 결과가 그림에서 '□'로 표시되어 있음<br>• 골도검사: 골도검사 결과 역시 음영곡선으로 나타나 있고, 왼쪽의 기도와 골도 청력차가 10dB를 넘고 있음. 따라서 왼쪽 귀를 검사할 때 오른쪽에서 반대청취가 발생한 것으로 판정 가능함. 오른쪽에 차폐음을 사용해 왼쪽 귀 골도를 재검사한 결과가 그림에서 ']'로 표시되어 있으며, 골도의 강도 범위 내에서 청취 불능으로 나타남 |

기본이론 51-53p

 순음청력검사 차폐

**순음청력검사**
- 정의
- 기도검사
- 골도검사
- 결과(청력도)
- 차폐

 **기도차폐가 필요한 경우**
- 검사 귀 기도와 비검사 귀의 기도청력 역치의 차이가 40dB 이상인 경우
- 검사 귀 기도와 비검사 귀의 골도청력 역치의 차이가 40dB 이상인 경우

**골도차폐가 필요한 경우**
골도검사 시 항상 차폐를 실시 → 골도 전도는 양측 이간감약이 거의 발생하지 않기 때문에 임상에서는 골도검사 시 바로 차폐검사를 실시하는 것이 일반적

**이간감약(이간감쇠)**
한쪽에서 준 자극음이 반대쪽 귀로 전달될 때 발생하는 소리에너지의 소실현상 → 소리가 반대편 귀로 전달되는 과정에서 음의 강도가 줄어드는 이간감쇠 현상으로 인해 반대편에서는 소리가 일정 부분 소실됨
- **기도전도**: 약 40dB의 소실 발생
- **골도전도**: 0dB로 이간감쇠가 거의 발생하지 않음

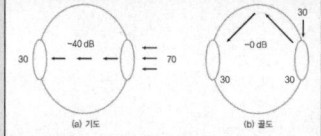

 ㉠ 이간감약(이간감쇠)
㉡ 골도전도는 양측 이간감약이 거의 발생하지 않기 때문에 임상에서는 골도검사 시 바로 차폐검사를 실시하는 것이 일반적이다.

2015학년도 중등 A2

**07** 다음은 순음청력검사에 대한 설명이다. 괄호 안의 ㉠에 들어갈 현상을 쓰고, 밑줄 친 ㉡의 이유를 쓰시오. [2점]

기도청력검사의 경우는 양귀의 기도청력역치가 40dB 이상 차이가 있거나 검사 귀의 기도청력역치와 비검사 귀의 골도청력역치가 40dB 이상 차이가 있을 때 차폐(masking)를 해야 한다. 이는 주파수에 따라 차이가 있으나, 검사 귀에 제시한 음이 두개골을 지나면서 최소한 40dB 이상의 ( ㉠ )이/가 일어나기 때문이다. 그리고 ㉡골도청력검사의 경우는 항상 차폐를 해야 한다.

― 차폐가 필요한 경우

기본이론 46p, 51-52p

- 평균청력역치
- 순음청력검사 차폐

순음청력검사
- 정의
- 기도검사
- 골도검사
- 결과(청력도)
- 차폐

차폐
이간감약보다 큰 청력 차이가 있을 때 검사음이 비검사 귀에 들리는 것을 막기 위해 비검사 귀에 잡음을 들려주는 것

차폐음
- 협대역 잡음
  - 순음청력검사 시 사용되는데, 검사음의 주파수를 중심으로 위아래로 좁은 범위의 주파수만을 밴드 형태로 포함하는 잡음
  - 특정 주파수에서만 에너지가 높은 것이 특징 → 검사 상황에서 다양한 주파수별로 소리를 제공할 수 있음
- 백색잡음
  - 10~10,000Hz의 전 주파수에 걸쳐 거의 동일한 강도의 에너지를 가진 신호음
  - 넓은 주파수 대역을 가지므로 어음청력검사에서 차폐음으로 많이 사용됨

1) 평균순음역치를 6분법으로 구할 때의 장점은 6분법은 4,000Hz의 청력역치를 포함한 소음성 청각장애 진단에 효과적으로 활용된다는 점이다.

2) 협대역 잡음

2019학년도 유아 B5

**08** (가)는 5세 청각장애 유아 영수의 특성이고, (나)는 영수의 청력도의 일부이다. 물음에 답하시오. [5점]

(가)

| 영수 특성 |
|---|

- 혼합성 청력손실
- ㉠평균순음역치(PTA): 오른쪽 귀 72dB HL, 왼쪽 귀 76dB HL
- 보청기 착용
- 농인 부모 가정에서 ㉡한국수어(자연수화)를 제1언어로 습득하고, 한국수어와 한국어를 공용어로 사용함

(나)

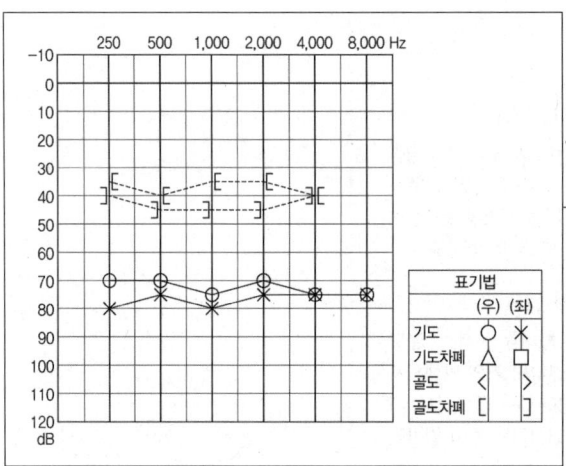

혼합성 청력 손실 → 기도청력과 골도청력이 모두 손상되었고, 그 손상의 정도는 기도가 더 큼

1) (가)의 ㉠을 6분법으로 구할 때의 장점을 1가지 쓰시오. [1점]

2) (나)에서 골도청력역치를 검사할 때 들려주는 차폐음을 1가지 쓰시오. [1점]

기본이론 51~52p

 순음청력검사 차폐

 순음청력검사
- 정의
- 기도검사
- 골도검사
- 결과(청력도)
- 차폐

 차폐
- 이간감약보다 큰 청력 차이가 있을 때 검사음이 비검사 귀에 들리는 것을 막기 위해 비검사 귀에 잡음을 들려주는 것
- 차폐가 필요한지는 검사 귀의 청력, 비검사 귀의 골도청력, 이간감약의 상호관계를 고려해 결정

 ⓔ 기도검사에서 양쪽 귀의 청력 차이가 40dB 이상이면 차폐검사를 실시하며, 이 경우에는 좌측 귀에 차폐음을 들려주고 우측 귀를 재검사한 것이다.

2019학년도 초등 B4

**09** (가)는 청각장애 학생 영희의 청력검사 결과와 특성이고, (나)는 통합학급 교사가 작성한 2015 개정 체육과 교육과정 5~6학년 건강 영역 교수·학습 과정안의 일부이다. 물음에 답하시오. [6점]

(가) 청력검사 결과와 특성

| 청력검사 결과 |||| 
|---|---|---|---|
| 검사명 || 좌 | 우 |
| 순음청력 역치검사 | 기도검사 | 19dB HL | 73dB HL |
| | 골도검사 | 19dB HL | 73dB HL |
| 어음청취역치검사(SRT) || 25dB HL | 80dB HL |
| 어음명료도검사 || 40dB HL | 70dB에서 60% 말림현상은 관찰되지 않음 |
| (청성)뇌간유발반응검사 (ABR) || 25dB nHL | 70dB nHL |

| 특성 |
|---|
| • 인지 능력과 정서 및 사회성 발달에 특이사항 없음<br>• 신체 발달상으로 이상 없으나 ㉠ 평형성이 떨어짐<br>• 발음이 부정확하나 의사소통을 하는 데는 큰 어려움이 없음<br>• 현재 우측 귀에 보청기를 착용하고 있음 |

1) (가)의 청력검사 결과에 대한 해석으로 적절하지 않은 것 2가지를 찾아 기호를 쓰고 바르게 고쳐 쓰시오. [2점]

ⓐ 우측 귀는 후미로성 난청에 해당한다.
ⓑ 청력검사 간의 결과는 모두 일반적인 오차 범위 내에 있다.
ⓒ 좌측 귀의 어음청취 능력은 정상 청력 수준에 해당한다.
ⓓ 편측성 난청으로 소리의 음원을 찾는 데에 어려움이 예측된다.
ⓔ 기도검사에서 양쪽 귀의 청력 차이가 40dB 이상이면 차폐검사를 실시하며, 이 경우에는 우측 귀에 차폐음을 들려주고 좌측 귀를 재검사한 것이다.

기본이론 52p

순음청력검사 골도검사

순음청력검사
- 정의
- 기도검사
- 골도검사
- 결과(청력도)
- 차폐

핵심개념
**골도검사**
- 외부의 소리가 두개골의 진동을 유발시켜 내이로 전달되어 소리를 듣는 과정에서의 이상 유무를 확인하고 역치를 측정하는 검사
- 외이와 중이를 거치지 않고 직접 두개골을 진동시켜 내이를 자극하기 때문에 고막과 이소골 상태에 영향을 받지 않는 청각경로(골도전도)의 기능을 살펴볼 수 있음

**골도검사 실시 방법**
- 기도검사에서 얻은 역치와 골도검사 역치를 비교하면 청각장애의 유형을 판별 가능
- 골도검사는 유양돌기에 진동자를 착용한 후 각 주파수별 역치를 찾음
- 골도 자극음의 이간감약은 0~5dB 정도이므로 검사 시 항상 차폐를 해야 함

골도의 이간감약은 0~5dB 정도이므로 검사 시 항상 차폐를 해야 한다.

---

2020학년도 초등 A6

**10** (가)는 청각장애 학생 윤서가 보청기를 착용하지 않은 상태에서 받은 순음청력검사 결과이고, (나)는 윤서의 특성이며, (다)는 윤서를 위해 작성한 2015 개정 특수학교 교육과정 중 기본 교육과정 국어과 5~6학년군 '듣기·말하기' 영역 교수·학습 활동 개요의 일부이다. 물음에 답하시오. [5점]

(가) 순음청력검사 결과

| 구분 | | 주파수(Hz) | | | | | |
|---|---|---|---|---|---|---|---|
| | | 125 | 250 | 500 | 1000 | 2000 | 4000 | 8000 |
| 좌 | ㉠골도역치 (dB HL) | | 50 | 65 | 65 | 75 | 75 | |
| | 기도역치 (dB HL) | 50 | 55 | 65 | 65 | 75 | 80 | 85 |
| 우 | 골도역치 (dB HL) | | 40 | 50 | 60 | 70 | 75 | |
| | 기도역치 (dB HL) | 40 | 45 | 50 | 65 | 70 | 75 | 85 |

기도역치와 골도역치를 구하는 주파수 범위의 차이
- 기도검사: 125~8,000Hz
- 골도검사: 250~4,000Hz

(나) 윤서의 특성

- 선천적으로 코르티 기관에 손상이 있음
- 청신경에 이상이 없음
- 중추청각처리에 이상이 없음
- 보청기를 착용한 상태에서 자음 중 마찰음과 파찰음을 정확히 듣는 데 어려움이 있음

2) (가)의 ㉠을 측정할 때 항상 차폐를 하는 이유를 이간감쇠(이간감약, interaural attenuation)의 특성과 관련지어 쓰시오. [1점]

2020학년도 중등 B11

**11** (가)는 청각장애 학생 P의 순음청력검사 결과이고, (나)는 어음청취역치검사 결과이다. (다)는 어음명료도검사 결과와 그 실시 방법이다. 〈작성방법〉에 따라 서술하시오. [4점]

(가) ㉠ 순음청력검사 청력도

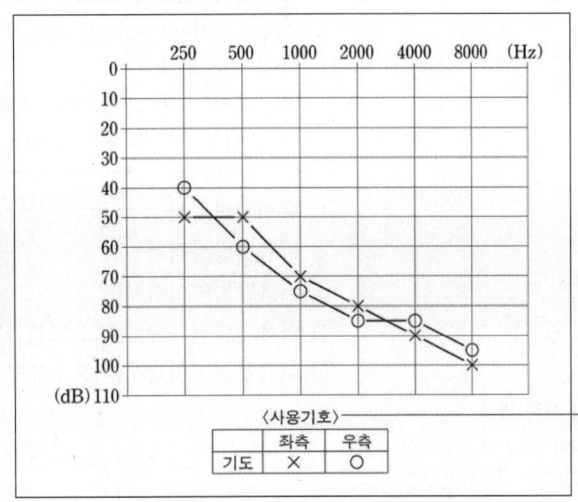

※ 청력도 사용기호는 제시될 때도 있고 그렇지 않을 때도 있으므로 외워두어야 함

(나) ㉡ 어음청취역치검사 결과

| 좌측 귀검사 | 양양격 단어 맞춤(○), 틀림(×) | | | | | 정반응률 (%) |
|---|---|---|---|---|---|---|
| 80dB | 농촌 ○ | 필요 ○ | 의견 ○ | 싸움 ○ | 육군 ○ | 100 |
| 75dB | 행복 ○ | 물건 ○ | 글씨 × | 지금 ○ | 약국 ○ | 80 |
| 70dB | 둘째 ○ | 건설 × | 느낌 ○ | 동생 ○ | 자연 × | 60 |
| 65dB | 사람 × | 신문 ○ | 종류 × | 오빠 ○ | 송곳 × | 40 |
| 60dB | 약속 × | 안녕 ○ | 물건 ○ | 통일 × | 뚜껑 × | 20 |

**작성방법**

- (가)의 청력도를 보고 학생 P의 좌측 귀 기도청력평균역치를 쓸 것. (단, 6분법으로 계산하고, 소수점 이하가 나올 때는 버릴 것)
- (가)의 ㉠과 (나)의 ㉡의 실시 목적을 비교하여 서술할 것.

---

참고자료: 기본이론 41-55p

키워드: 순음청력검사

**구조화 틀**

순음청력검사
- 정의
- 기도검사
- 골도검사
- 결과(청력도)
- 차폐

**핵심개념**

**순음청력검사**
- 전기적으로 발생시킨 순음을 사용해 가청 주파수 대역에서 각 주파수별로 음의 강도를 조절해 역치를 구하는 가장 기본적인 청력검사
- 주관적 청력검사로, 피검자의 반응이 있어야만 가능하기 때문에 최소한의 연령과 인지기능을 전제로 함
- 기도검사와 골도검사로 구성되며, 검사 결과로 얻은 기도역치와 골도역치를 기준으로 평균청력역치 및 손상 부위에 따른 청각장애 유형을 판별·진단함

**평균청력역치(청력손실 정도, PTA)**

3분법, 4분법, 6분법의 계산식을 기도역치의 평균값으로 나타냄

| 구분 | 계산식 | 활용 |
|---|---|---|
| 3분법 | $\dfrac{a+b+c}{3}$ | |
| 4분법 | $\dfrac{a+2b+c}{4}$ | 청력손실 평가 |
| 6분법 | $\dfrac{a+2b+2c+d}{6}$ | · 장애등급 판정<br>· 직업성 난청 진단 |

- a = 500Hz의 역치
- b = 1,000Hz의 역치
- c = 2,000Hz의 역치
- d = 4,000Hz의 역치

**모범답안**

- 73dB HL
- ㉠ 순음청력검사는 순음을 사용해서 주파수 대역별 최소가청역치를 구하는 검사이다.
  ㉡ 어음청취역치검사는 강강격 이음절어를 사용해 어음에 대한 최소가청역치를 구하는 검사이다.

기본이론 55-56p

어음청취역치검사

어음청취역치검사
- 개념
- 목적
- 검사음
- 검사 방법
- 검사의 실시

**어음청취역치검사 실시 과정**
- 친숙화 과정 실시 → 검사 과정에서 들은 단어가 무엇인지 몰라서 반응할 수 없는 경우를 방지함
- 피검자가 검사 방법에 대해 충분히 이해했다고 판단되면 본 검사 실시
  - 주요 회화음역대의 평균순음역치가 40dB HL인 전음성 난청을 대상으로 어음청취역치를 결정하는 과정
  - 순음청력역치 값보다 20dB 더 큰 강도에서 시작해 하강법으로 검사한 결과 50dB에서 60%, 45dB에서 40%의 정반응을 보였음
  - 따라서 50dB HL이 어음청취역치가 되며, 순음청력역치와의 차이가 10dB 미만이므로 검사 신뢰도가 있다고 볼 수 있음

| 자극강도 (dB HL) | 이음절어 맞힘(+), 틀림(−) | | | | 정반응률 (%) |
|---|---|---|---|---|---|
| 60 | 동생(+) | 사람(+) | 과일(+) | 토끼(+) | 아들(+) | 100 |
| 55 | 나무(+) | 목욕(+) | 달걀(−) | 등대(+) | 신발(+) | 80 |
| 50 | 편지(+) | 시간(−) | 안개(+) | 노래(+) | 저녁(+) | 60 |
| 45 | 그림(−) | 목표(+) | 마음(+) | 송곳(−) | 딸기(+) | 40 |
| 40 | 권투(−) | 느낌(−) | 자연(−) | 참새(−) | 논밭(+) | 30 |

⑤

---

2010학년도 중등 32

**12** 다음에서 설명하는 청력검사 방법으로 옳은 것은?

- 검사 결과를 dB로 기록한다.
- 강강격 이음절어가 검사음이다.
- 검사할 때 하강법과 상승법을 사용한다.
- 6개의 검사음 중 3개를 정확히 들을 수 있는 최저 수준을 기록한다.
- 피검사자는 헤드폰을 통해 청취한 검사음을 듣고 곧바로 반복해서 따라 말하거나 받아쓴다.

① 유희청력검사
② 이음향방사검사
③ 어음탐지역치검사
④ 어음변별검사(어음명료도검사)
⑤ 어음청취역치검사(어음수용역치검사)

**강강격의 이해**
- 어음가청역치를 진단·평가하기 위해 들려주는 말소리를 '강강격' 또는 '장장격'이라고 한다. 즉, 각각 다른 의미를 가지고 있는 두 개의 음절이 합쳐진 복합음이다.
- 두 개의 음절은 강세(악센트)가 동일(강강격)하게 구성되어 있으며, 장모음으로 길이가 동일(장장격)하다.
- 두 개의 각기 다른 의미를 가진 음절이 합쳐진 2음절의 복합음은 다른 의미를 생성한다.

**놀이청력검사**
만 2세 이상의 유아나 순음청력검사를 실시하기 전 단계에서 실시하는 검사로, 소리자극에 대해 재미있는 놀이로써 반응하도록 하는 검사

참고자료  기본이론 55-56p

 키워드  어음청취역치검사

 구조화틀
어음청취역치검사
- 개념
- 목적
- 검사음
- 검사 방법
- 검사의 실시

 핵심개념
**순음청력검사**
순음을 사용해 가청 주파수 대역에서 각 주파수별로 음의 강도를 조절해 역치를 구하는 검사

**어음청취역치검사**
제시된 이음절어 검사음을 50% 이상 바르게 인지할 수 있는 가장 작은 강도를 측정하는 검사

 모범답안
어음청력검사의 청취역치는 주파수 대역별 검사를 통한 3분법으로 측정하는 것이 아니라, 이음절 단어를 들려주고 학생이 50% 이상 바르게 반응하는 가장 작은 역치를 측정하는 것이다.

2021학년도 초등 A2

**13** (가)는 청각장애 학생 성호의 특성이고, (나)는 신임 교사와 선배 교사의 대화이며, (다)는 링의 5개음에 대한 바나나 스피치(banana speech) 영역 그래프이다. 물음에 답하시오. [5점]

(가) 성호의 특성

- 순음청력검사의 기도검사: 3분법으로 두 귀가 동일하게 평균 80dB HL
- 청력도: 고음점경형(경사형)
- 중추청각처리 장애는 없음

(나) 신임 교사와 선배 교사의 대화

선배 교사: 성호의 어음청력검사의 청취역치는 어떤가요?
신임 교사: ㉠어음청력검사의 청취역치를 기도검사와 동일한 3분법으로 산출했는데 85dB HL입니다.

…(중략)…

1) ㉠이 잘못된 이유를 쓰시오. [1점]

**어음청취역치검사 vs 순음청력검사**
- 공통점: 최소가청역치(청력역치)를 구하고자 함 → 피검자가 들을 수 있는 가장 작은 강도의 소리를 측정함
- 차이점: 순음청력검사는 순음을 들려주고 각 주파수별 최소가청역치를 구하고, 어음청취역치검사는 제시된 이음절어 검사음을 50% 이상 바르게 인지할 수 있는 가장 작은 강도(어음청취역치)를 구함

2020학년도 중등 B11

**14** (가)는 청각장애 학생 P의 순음청력검사 결과이고, (나)는 어음청취역치검사 결과이다. (다)는 어음명료도검사 결과와 그 실시 방법이다. 〈작성방법〉에 따라 서술하시오. [4점]

(가) ㉠ <u>순음청력검사</u> 청력도

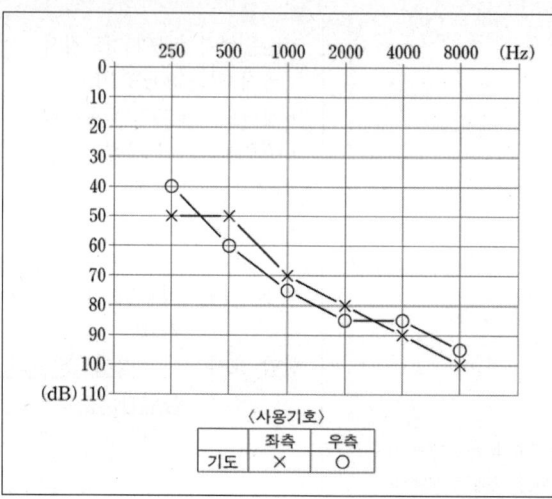

(가) 순음청력검사의 청력역치는 3분법으로 구했을 때 73dB HL임

(나) ㉡ <u>어음청취역치검사</u> 결과

| 좌측 귀검사 | 양양격 단어 맞힘(○), 틀림(×) | | | | | 정반응률 (%) |
|---|---|---|---|---|---|---|
| 80dB | 농촌 ○ | 필요 ○ | 의견 ○ | 싸움 ○ | 육군 ○ | 100 |
| 75dB | 행복 ○ | 물건 ○ | 글씨 × | 지금 ○ | 약국 ○ | 80 |
| 70dB | 둘째 ○ | 건설 × | 느낌 × | 동생 ○ | 자연 ○ | 60 |
| 65dB | 사람 × | 신문 × | 종류 × | 오빠 ○ | 송곳 ○ | 40 |
| 60dB | 약속 × | 안녕 × | 물건 ○ | 통일 × | 뚜껑 × | 20 |

(나) 어음청취역치검사 결과 학생의 어음청취역치는 70dB HL에 해당하므로 순음청력검사의 청력역치 결과와 비교했을 때 10dB 이내의 차이를 보여 두 검사 결과를 신뢰할 수 있음

---

기본이론 55-62p

**키워드**
- 어음청취역치검사
- 어음명료도검사

**어음청력검사**
- 정의
- 유형
  - 어음탐지역치검사
  - 어음청취역치검사
  - 어음명료도검사
- 쾌적역치, 불쾌역치, 역동범위
- 차폐

**어음청취역치검사의 목적**
- 어음 인지에 필요한 민감성 측정
- 어음명료도검사 및 문장인지도검사 전 기초 자료 수집
- 순음 기도청력역치 결과와 비교해 검사의 신뢰도 확인
  - 일반적으로 어음청취역치와 순음청력역치는 거의 일치하거나 10dB 이내의 차이를 보임
  - 어음청취역치와 순음청력역치가 15dB 이상의 차이를 보이면 검사 자체의 신뢰도에 문제가 있거나 위난청일 가능성이 높음
  - 이를 토대로 순음청력역치 검사가 제대로 실시되었는지 확인하고 순음청력역치를 재측정함

## 어음명료도검사 실시방법

- 주로 어음청취역치에 30~40dB을 더한 강도로 제시하지만, 청각장애인의 경우 쾌적역치가 다양하게 나타나므로 반드시 개인별로 확인해야 함
- 어음명료도는 총 제시한 단어 개수 중 옳게 인지한 단어 개수를 통해 백분율(%)로 점수를 산출함
- 10dB 혹은 20dB 간격으로 명료도를 구하고 이 점들을 연결하면 어음명료도 곡선이 됨

- ㉠ 순음청력검사는 순음을 사용해서 주파수대역별 최소가청역치를 구하는 검사이다.
- ㉡ 어음청취역치검사는 강강격 이음절어를 사용해 어음에 대한 최소가청역치를 구하는 검사이다.

- ㉢ 쾌적역치

(다) 어음명료도검사 결과

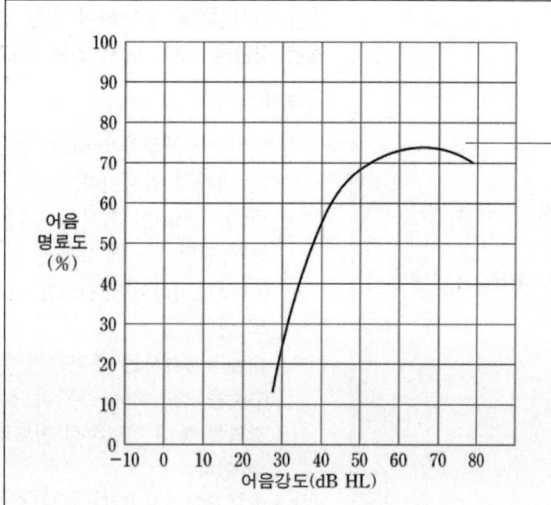

(다) 어음명료도검사 결과에 나타난 어음명료도 곡선은 미로성 난청에 해당함 → 소리 강도를 높이더라도 최대명료도가 약 80%를 넘지 못함

⟨어음명료도검사의 실시 방법⟩
① 피검자에게 어음을 들려주면서 이를 소리 내어 말하거나 받아쓰게 한다.
② 피검자가 검사 방법을 이해했는지 확인한다.
③ 청력이 좋은 쪽 귀부터 시작한다.
④ 어음청취역치보다 30~40dB 더 큰 강도 또는 ( ㉢ )(으)로 자극음을 제시한다.
⑤ 정확히 들은 검사 어음의 수를 백분율로 산출한다.

[작성방법]
- (가)의 ㉠과 (나)의 ㉡의 실시 목적을 비교하여 서술할 것.
- (다)의 괄호 안의 ㉢에 해당하는 용어를 쓸 것.

참고자료 기본이론 55-62p

 키워드
- 어음청취역치검사
- 어음명료도검사

 구조화틀

**어음명료도검사**
- 어음명료도 값
- 어음명료도검사의 활용
- 검사음
- 검사 방법
- 검사의 실시
- 어음명료도 곡선
- 말림현상

### 핵심개념

**어음명료도검사**
- 쾌적역치에서 제시된 단어나 문장을 인지할 수 있는 비율을 구하는 검사
- 피검자에게 일정한 수의 단음절 단어를 쾌적역치에서 제시하고 따라 말하기, 들리는 단어 쓰기, 그림 지적하기 등으로 반응하게 함
- 어음청취역치검사는 이음절어를 50% 인지할 수 있는 최소 어음 강도, 즉 민감성을 측정하는 반면, 어음명료도검사는 제시된 단음절어를 얼마나 잘 이해하는지 그 정확도를 평가하므로, 난청의 의사소통 정도를 파악하는 데 유용하게 활용됨

**어음명료도 곡선 해석**

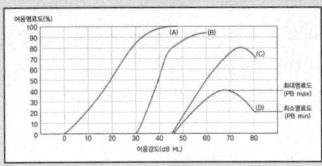

- **A(정상 청력)**: 어음강도를 40dB로 올려주면 100%에 도달함
- **B(전음성 청각장애)**: 어음강도를 60dB로 높여주면 거의 100%의 명료도를 보임. 말소리 강도를 높여주면 어음 이해력이 높아진다고 볼 수 있음
- **C(미로성 청각장애)**: 소리 강도를 높이더라도 최대명료도(PBmax)가 약 80%를 넘지 못함
- **D(후미로성 청각장애)**: 최대명료도가 매우 낮을 뿐만 아니라 말림현상이 뚜렷하게 관찰됨 → 어음명료도검사의 가장 큰 임상적 의의는 순음청력검사와 달리 미로성 난청과 후미로성 난청을 구별해준다는 점에 있음

 모범답안 ③

---

2012학년도 중등 31

**15** 청각장애를 진단하기 위한 청력검사에 대한 설명으로 옳은 것만을 〈보기〉에서 있는 대로 고른 것은?

| 보기 |

ㄱ. 뇌간유발반응검사(ABR)는 청성 초기반응을 측정하는 객관적 검사이다.

ㄴ. 링(D. Ling)이 제시한 5개음 검사는 청력력을 간단하게 진단하는 데 유용한 검사로, 검사음은 [i], [u], [ɑ], [ʃ], [s]이며, [m]를 더하여 6개음 검사를 하기도 한다.

ㄷ. 순음청력검사는 주파수별로 순음을 들려주어 청력 수준을 측정하는 주관적 검사로, 기도와 골도검사 결과를 통해 청력손실 정도와 청각장애의 유형을 알 수 있다.

ㄹ. 어음청취역치검사는 검사음의 50%를 정확히 대답하는 최대 어음 강도인 어음청취역치를 알아보는 검사로, 어음청취역치는 일반적으로 순음평균청력치와 20dB 정도 차이가 난다.

ㅁ. 어음명료도검사는 검사 어음을 얼마나 정확히 이해하는지를 측정하는 검사로 최대명료도값(PBmax)과 명료도 곡선을 구할 수 있는데, 약 60dB에서 100%의 어음명료도를 보이면 감각신경성 청각장애로 추정한다.

① ㄱ, ㄹ     ② ㄷ, ㅁ
③ ㄱ, ㄴ, ㄷ     ④ ㄱ, ㄴ, ㄷ, ㄹ
⑤ ㄴ, ㄷ, ㄹ, ㅁ

> ㄹ. 어음청취역치검사의 목적은 적절하나, 어음청취역치검사는 일반적으로 순음평균청력치와 10dB 이내로 차이가 나야 함

> ㅁ. 어음명료도검사의 정의는 적절하나, 약 60dB에서 100%의 어음명료도를 보이면 전음성 청각장애로 추정함

## 확장하기

### ✤ 어음명료도 검사(최성규 외, 2025.)

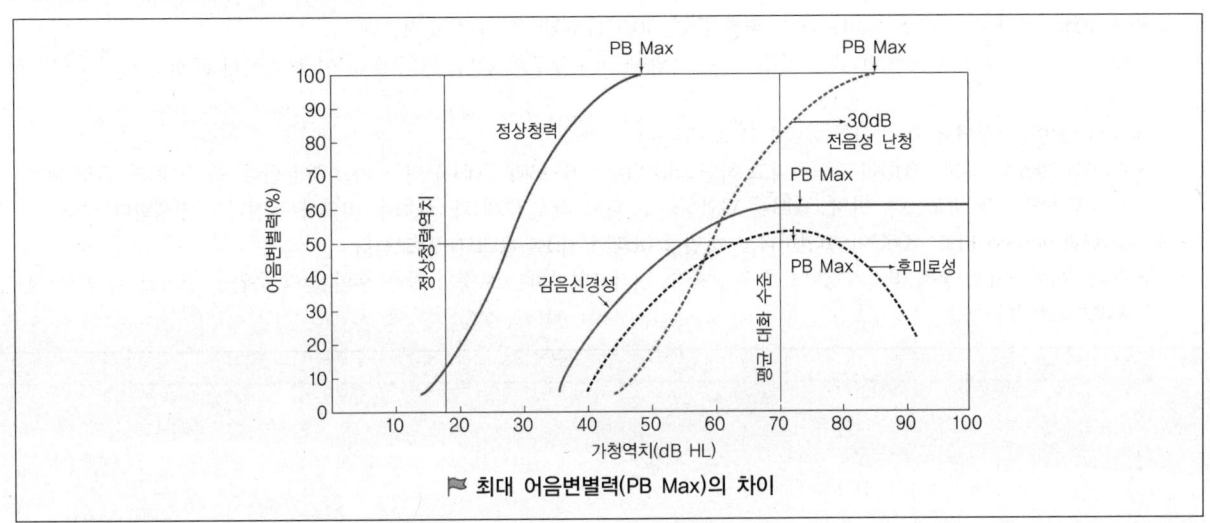

▶ 최대 어음변별력(PB Max)의 차이

1. **손상부위별 청각장애 유형에 따른 어음명료도 곡선**
   ① 가청은 약 45dB의 음압을 제공하면 가장 높은 수준인 100%의 어음변별(이해)력을 보인다.
   ② 30dB의 청력손실을 가진 전음성 청각장애의 최대 어음변별력은 약 80dB의 음압을 입력할 때, 100% 수준을 나타낸다.
   ③ 감음신경성 청각장애의 최대 어음변별력은 약 70dB 음압에서 60%의 변별력을 보이지만, 음압을 70dB 이상으로 상승시켜도 최대 어음변별력의 수치 변화가 나타나지 않는다.
   ④ 반면, 후미로성 청각장애는 약 70dB에서 55%의 정점을 보인 다음에 음압을 상승시켜도 최대 어음변별력이 낮아지는 결과를 나타낸다.

2. **최대 어음변별력(PB Max)의 차이**
   ① 가청 또는 전음성 청각장애는 음압을 올리면, 최대 어음변별력이 100%에 도달한다. 그러나 감음신경성은 일정 수준 이상의 음압에 도달하면, 최대 어음변별력은 증가하지 않는다.
   ② 또한 후미로성 난청 또는 중추신경성 장애는 일정 수준의 PB Max에 도달하면 그 이상의 음압을 제공하는 경우, 도리어 어음변별력이 낮아지는 roll-over 특성을 보인다.

### ✤ 최대가청역치

① 인간이 들을 수 있는 최고의 음압을 '최대가청역치'라고 한다. 인간의 최대가청역치는 약 130dB이지만, 개인에 따라서 ±5dB 정도의 차이가 있다.
② 보청기에서 출력되는 최대출력 음압은 일반적으로 약 125dB이다. 일반적으로 보청기를 착용하는 사람의 청각을 보호하기 위해 130−5dB=125dB로 최대출력 음압을 설정하고 있다.
③ 최대가청역치를 결정하기 위한 방법은 다음과 같다.

> ㉠ 청력검사실에서 피검사자에게 소리가 계속해서 높아질 것이라고 설명한다.
> ㉡ 소리가 너무 커서 귀가 아플 정도가 되면 손을 들거나 소리를 질러야 한다고 설명한다.
> ㉢ 피검사자에게 헤드폰을 착용시킨다.
> ㉣ 검사자는 음압을 계속해서 올리면서 "소리가 계속해서 커지고 있습니다. 귀가 아프면 손을 들어주시기 바랍니다." 등과 같이 이야기하면서 음압을 상승시킨다.
> ㉤ 피검사자가 반응을 보이면 최대가청역치가 결정된다.

## ✸ 최적가청역치

최적가청역치는 가장 편안하게 들을 수 있는 음압으로, 최적가청역치의 산출방법은 다음과 같다.

> ① 먼저 10dB 단위로 두 음압을 비교한다. 예를 들면, 70dB과 80dB을 각각 들려준다.
> ② 70dB이 편안하다고 하면 60dB을 들려주고, 두 음압을 비교하도록 한다. 만약 80dB이 편안하다고 하면 90dB과 비교한다.
> ③ 임의의 dB이 결정되면 그 수치를 기준으로 ±5dB을 비교한다.
> - 70dB과 80dB의 비교: 70dB이 편안하다고 하면 5dB 단위로 65dB과 75dB을 각각 비교해야 한다. 즉, 70dB과 65dB, 70dB과 75dB을 각각 비교한다. 만약 60dB이 편안하다고 하면 다시 60dB과 50dB을 비교하는 절차로 진행한다.
> - 80dB과 90dB의 비교: 80dB이 편안하다고 하면 75dB과 85dB을 80dB과 비교한다.
> - 이와 같은 절차를 통해 최적가청역치를 결정한다. 최적가청역치는 보청기 착용 후의 출력 음압을 결정할 때 참고하는 주요 자료이다.

2016학년도 초등 B3

**16** (가)는 ○○청각장애학교 초등학교 3학년 영어과 교수·학습 과정안의 일부이고, (나)는 특수교육지원센터의 순회교사인 김 교사가 △△초등학교 박 교사를 자문한 사례이다. 물음에 답하시오. [5점]

(나) 자문 사례

〈자문 대화 내용〉

박 교사: 김 선생님, 우리 반에 현우가 전학을 왔는데 난청이 있다고 해요. 이것이 현우의 순음청력검사 결과라고 하는데 한번 봐주시겠어요?

김 교사: (청력도를 보고) 네. 현우의 청력도를 보면 ⓒ <u>전음성 청각장애</u> 유형에 해당하고, 보청기를 착용하는 것이 좋을 것 같네요.

박 교사: 그렇군요. 제가 다른 검사 결과표도 받았는데, 이것도 이해가 잘 되지 않아요.

김 교사: (결과표를 보고) 여기 있는 어음청력검사들은 일상생활에서 실제 사용하는 말소리를 듣고 이해하는 능력을 평가한 것이에요. 그런데 선생님이 주신 ⓔ <u>순음청력검사 결과가 조금 이상하네요.</u>

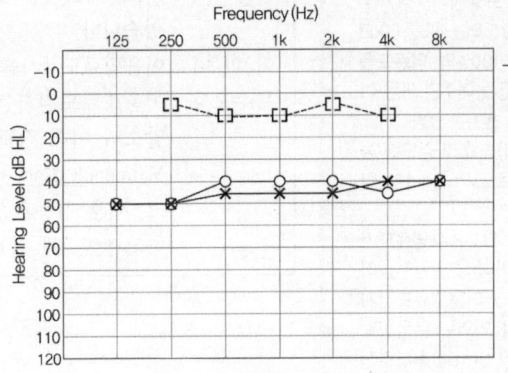

〈현우의 청력도〉

전음성 청각장애를 보임

〈현우의 청력검사 결과표〉

| 검사<br>구분 | 기도청력<br>검사(dB) | 어음청취<br>역치검사(dB) | ⓜ 어음명료도<br>검사(%) |
|---|---|---|---|
| 오른쪽 | 40 | 80 | 93 |
| 왼쪽 | 45 | 50 | 93 |

※ 기도청력 산출 방법: 4분법

전음성 난청이므로 중등도 정도의 청력손실을 보임

어음청취역치검사의 결과가 순음청력검사의 기도역치와 10dB 이상의 차이를 보이므로 검사의 신뢰에 문제가 있음 → 순음청력역치를 재측정

어음명료도검사 결과 말소리 강도를 높여주면 거의 100%에 가까운 어음 이해력을 보임 → 전음성 청각장애

4) (나)에서 김 교사가 ① ⓔ과 같이 말한 이유를 현우의 청력검사 결과표를 근거로 하여 쓰고, ② ⓜ을 실시하는 목적을 1가지 쓰시오. [2점]

---

기본이론 55-62p

- 어음청취역치검사
- 어음명료도검사

**어음명료도검사**
- 어음명료도 값
- 어음명료도검사의 활용
- 검사음
- 검사 방법
- 검사의 실시
- 어음명료도 곡선
- 말림현상

**어음명료도 곡선 해석**

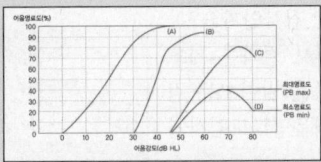

- **A(정상 청력)**: 어음강도를 40dB로 올려주면 100%에 도달함
- **B(전음성 청각장애)**: 어음강도를 60dB로 높여주면 거의 100%의 명료도를 보임. 말소리 강도를 높여주면 어음 이해력이 높아진다고 볼 수 있음
- **C(미로성 청각장애)**: 소리 강도를 높이더라도 최대명료도(PBmax)가 약 80%를 넘지 못함
- **D(후미로성 청각장애)**: 최대명료도가 매우 낮을 뿐만 아니라 말림현상이 뚜렷하게 관찰됨 → 어음명료도검사의 가장 큰 임상적 의의는 순음청력검사와 달리 미로성 난청과 후미로성 난청을 구별해준다는 점에 있음

① 어음청취역치와 순음청력검사의 기도청력역치 결과는 10dB 이내여야 신뢰할 수 있으나, 현재 현우의 오른쪽 청력은 40dB의 차이를 보이고 있기 때문이다.
② 어음명료도검사는 제시한 단음절어를 얼마나 잘 이해하는지 그 정확도를 평가하므로, 난청의 의사소통 정도를 파악할 수 있다.

참고자료 기본이론 57-61p

키워드 어음명료도검사

구조화틀

**어음명료도검사**
- 어음명료도 값
- 어음명료도검사의 활용
- 검사음
- 검사 방법
- 검사의 실시
- 어음명료도 곡선
- 말림현상

핵심개념

**어음명료도 곡선 해석**

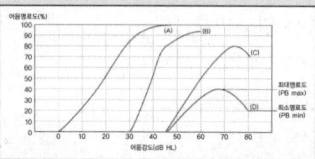

- **A(정상 청력)**: 어음강도를 40dB로 올려주면 100%에 도달함
- **B(전음성 청각장애)**: 어음강도를 60dB로 높여주면 거의 100%의 명료도를 보임. 말소리 강도를 높여주면 어음 이해력이 높아진다고 볼 수 있음
- **C(미로성 청각장애)**: 소리 강도를 높이더라도 최대명료도(PBmax)가 약 80%를 넘지 못함
- **D(후미로성 청각장애)**: 최대명료도가 매우 낮을 뿐만 아니라 말림현상이 뚜렷하게 관찰됨 → 어음명료도검사의 가장 큰 임상적 의의는 순음청력검사와 달리 미로성 난청과 후미로성 난청을 구별해준다는 점에 있음

모범답안

전음성 청각장애는 40dB 강도음을 들려주었을 때 50%의 정반응을 보이다가 어음강도를 60dB로 높여주면 거의 100%의 명료도를 보인다. 이는 전음성 난청에서 나타나는 명료도 곡선으로, 말소리의 강도를 조금 높여주면 어음 이해력이 높아진다고 볼 수 있다.
반면, 감각신경성 청각장애는 와우에 이상이 있는 미로성 난청의 전형적인 곡선으로, 소리 강도를 높이더라도 최대명료도(PBmax)가 약 80%를 넘지 못한다.

---

2017학년도 중등 A11

**17** 다음은 특수교사와 학생 E의 어머니가 나눈 대화 내용이다. 전음성 청각장애와 감각신경성 청각장애는 ⓒ에서 어떠한 차이를 보이는지 설명하시오. [4점]

어 머 니: E가 순음청력검사와 어음청력검사를 받아야 한다고 하네요. 이 검사들은 어떤 검사인가요?

특수교사: 순음청력검사는 소리 자극을 들려주고, 들을 수 있는 가장 작은 소리의 강도를 다양한 주파수에서 알아보는 검사입니다. 구체적으로는 ㉠ 125~8,000Hz 정도의 주파수 대역에서 순음을 측정하고, 기도청력검사와 골도청력검사로 구성됩니다.

···(중략)···

어 머 니: 순음청력검사를 통해 알 수 있는 것들은 무엇인가요?

특수교사: 순음청력검사를 실시한 이후 그 결과를 바탕으로 ( ㉡ )을/를 알 수 있어요.

어 머 니: 그럼, 어음청력검사는 어떤 검사인가요?

특수교사: 어음청력검사는 순음청력검사 결과를 기초로 말소리 청취와 이해 수준을 알아보는 검사로, 대표적인 것으로는 어음명료도검사가 있습니다.

어 머 니: 어음명료도검사를 설명해주시겠어요?

특수교사: 어음명료도검사는 최적의 듣기 강도에서 말소리 이해 정도를 나타내는 ⓒ 어음명료도(speech discrimination score)를 알아보고, 이후 청능훈련을 하거나 보청기를 착용하고자 할 때 활용될 수 있는 검사입니다.

> **쾌적역치**: 보통 SRT 검사 결과에서 30~40dB 더한 강도. 그러나 청각장애인의 경우 쾌적역치가 다양하게 나타나므로 반드시 개인별로 확인해야 함

2020학년도 초등 A6

**18** (가)는 청각장애 학생 윤서가 보청기를 착용하지 않은 상태에서 받은 순음청력검사 결과이고, (나)는 윤서의 특성이며, (다)는 윤서를 위해 작성한 2015 개정 특수학교 교육과정 중 기본 교육과정 국어과 5~6학년군 '듣기·말하기' 영역 교수·학습 활동 개요의 일부이다. 물음에 답하시오. [5점]

(가) 순음청력검사 결과

| 구분 | | 주파수(Hz) | | | | | | |
|---|---|---|---|---|---|---|---|---|
| | | 125 | 250 | 500 | 1000 | 2000 | 4000 | 8000 |
| 좌 | ㉠ 골도역치 (dB HL) | | 50 | 65 | 65 | 75 | 75 | |
| | 기도역치 (dB HL) | 50 | 55 | 65 | 65 | 75 | 80 | 85 |
| 우 | 골도역치 (dB HL) | | 40 | 50 | 60 | 70 | 75 | |
| | 기도역치 (dB HL) | 40 | 45 | 50 | 65 | 70 | 75 | 85 |

(나) 윤서의 특성

- 선천적으로 코르티 기관에 손상이 있음 ──── 코르티기관(ㄷ 와우)에 손상이 있고 청신경에는 문제가 없으므로 미로성 난청에 해당함
- 청신경에 이상이 없음
- 중추청각처리에 이상이 없음
- 보청기를 착용한 상태에서 자음 중 마찰음과 파찰음을 정확히 듣는 데 어려움이 있음

3) 다음은 어음명료도 곡선이다. (가)와 (나)에 근거하여 윤서와 같은 청각장애 유형이 나타내는 곡선의 기호와 어음명료도의 변화 양상을 쓰시오. [1점]

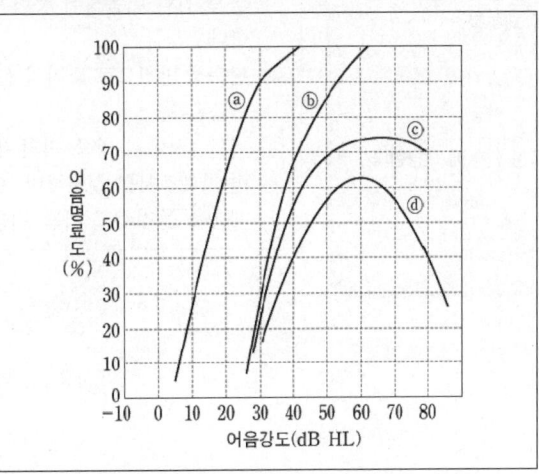

2019학년도 초등 B4

**19** (가)는 청각장애 학생 영희의 청력검사 결과와 특성이고, (나)는 통합학급 교사가 작성한 2015 개정 체육과 교육과정 5~6학년 건강 영역 교수·학습 과정안의 일부이다. 물음에 답하시오. [6점]

(가) 청력검사 결과와 특성

| 청력검사 결과 | | | |
|---|---|---|---|
| 검사명 | | 좌 | 우 |
| 순음청력역치검사 | 기도검사 | 19dB HL | 73dB HL |
| | 골도검사 | 19dB HL | 73dB HL |
| 어음청취역치검사(SRT) | | 25dB HL | 80dB HL |
| 어음명료도검사 | | 40dB HL | 70dB에서 60% 말림현상은 관찰되지 않음 |
| (청성)뇌간유발반응검사 (ABR) | | 25dB nHL | 70dB nHL |
| 특성 | | | |

- 인지 능력과 정서 및 사회성 발달에 특이사항 없음
- 신체 발달상으로 이상 없으나 ㉠ <u>평형성이 떨어짐</u>
- 발음이 부정확하나 의사소통을 하는 데는 큰 어려움이 없음
- 현재 우측 귀에 보청기를 착용하고 있음

1) (가)의 청력검사 결과에 대한 해석으로 적절하지 <u>않은</u> 것 2가지를 찾아 기호를 쓰고 바르게 고쳐 쓰시오. [2점]

ⓐ 우측 귀는 후미로성 난청에 해당한다.
ⓑ 청력검사 간의 결과는 모두 일반적인 오차 범위 내에 있다.
ⓒ 좌측 귀의 어음청취 능력은 정상 청력 수준에 해당한다.
ⓓ 편측성 난청으로 소리의 음원을 찾는 데에 어려움이 예측된다.
ⓔ 기도검사에서 양쪽 귀의 청력 차이가 40dB 이상이면 차폐검사를 실시하며, 이 경우에는 우측 귀에 차폐음을 들려주고 좌측 귀를 재검사한 것이다.

기본이론 57-61p

 어음청력검사

 어음청력검사
- 정의
- 유형 ┬ 어음탐지역치검사
       ├ 어음청취역치검사
       └ 어음명료도검사
- 쾌적역치, 불쾌역치, 역동범위
- 차폐

 어음청취역치검사의 목적
• 어음 인지에 필요한 민감성 측정
• 어음명료도검사 및 문장인지도검사 전 기초 자료 수집
• 순음 기도청력역치 결과와 비교해 검사의 신뢰도 확인
  − 일반적으로 어음청취역치와 순음청력역치는 거의 일치하거나 10dB 이내의 차이를 보임
  − 어음청취역치와 순음청력역치가 15dB 이상의 차이를 보이면 검사 자체의 신뢰도에 문제가 있거나 위난청일 가능성이 높음
  − 이를 토대로 순음청력역치 검사가 제대로 실시되었는지 확인하고 순음청력역치를 재측정함

어음명료도 값
총 제시한 단어 개수 중 옳게 인지한 단어 개수를 통해 백분율(%)로 점수를 산출함

① 어음명료도
② 어음명료도 값은 틀린 검사 어음 수가 아닌 단어를 듣고 정확하게 따라 말하는, 즉 옳은 검사 어음 수를 구해야 한다.

2021학년도 유아 A4

**20** (가)는 통합학급 김 교사와 유아특수교사 윤 교사가 4세 청각장애 유아 민기를 지도하기 위해 나눈 대화의 일부이고, (나)는 민기의 청력검사 결과의 일부이다. 물음에 답하시오. [5점]

(가)

> 김 교사: 그리고 여기에 민기 청력검사 결과가 있는데 한번 봐주시겠어요?
> 윤 교사: 오른쪽 귀 순음청력검사와 어음청력검사 결과네요. 그런데 ㉣검사 결과에 오류가 있네요.

(나)

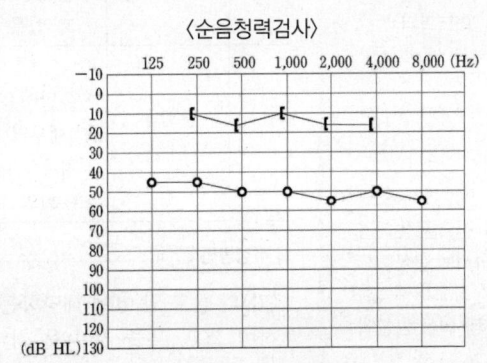

⟨어음청취역치검사⟩

| 자극강도 (dB HL) | 이음절어 맞힘(+) | | 이음절어 틀림(−) | | 정반응률 |
|---|---|---|---|---|---|
| 70 | 당근 + | 가위 + | 사과 + | 나무 + | 100% |
| 60 | 신발 − | 모자 + | 연필 − | 기차 + | 50% |
| 50 | 거울 − | 안경 + | 전화 − | 풍선 − | 25% |

⟨어음명료도검사⟩

산출공식: $\dfrac{\text{틀린 검사 어음 수}}{\text{전체 검사 어음 수}} \times 100$

산출식: $\dfrac{5}{25} \times 100 = 20$

⟨검사 결과 해석⟩

| PTA (기도순음역치)* | SRT (어음청취역치) | Speech Discrimination (어음명료도) |
|---|---|---|
| 51dB HL | 60dB HL | 20% |

* 기도순음역치는 4분법으로 산출하였음

검사 결과 분석
• PTA와 SRT 결과가 10dB 미만이므로 두 검사에 신뢰도가 있음
• 순음청력검사 결과 골도역치가 정상이고 기도역치가 손상되어 있으므로 전음성 난청에 해당함
  → 전음성 난청은 어음명료도 곡선에서 어음 강도를 높여주면 100% 명료도를 보임

3) 윤 교사가 말한 ㉣의 근거를 (나)에서 찾아 ① 오류가 있는 청력검사 유형을 쓰고, ② 그것이 오류인 이유를 쓰시오. [2점]

참고자료 기본이론 59-61p

 키워드 어음명료도검사

 구조화틀

어음청력검사
- 정의
- 유형 ┬ 어음탐지역치검사
        ├ 어음청취역치검사
        └ 어음명료도검사
- 쾌적역치, 불쾌역치, 역동범위
- 차폐

**핵심개념**

**말림현상(rollover)**
- 최대명료도에서 소리 강도를 높이면 오히려 명료도가 낮아지는 현상
- **최대명료도(PBmax)**: 강도가 계속해서 상승해도 점수가 더 이상 향상되지 않는 지점
- **최소명료도(PBmin)**: 최대명료도를 얻은 강도보다 더 높은 강도의 지점에서 나타나는, 가장 낮은 어음명료도 점수
- 말림지수(RI)가 0.45 이상이면 후미로성 난청을 의심할 수 있음

$$RI = \frac{PBmax - PBmin}{PBmax}$$

 모범답안

㉠ 후미로성 난청
㉡ '말림현상'이란 최대명료도에서 소리 강도를 높이면 오히려 명료도가 낮아지는 현상을 말한다.

---

2022학년도 중등 A12

**21** (가)는 청각장애 학생 H와 I가 보이는 특성의 일부이고, (나)는 교육실습생이 작성한 지도 계획이다. 〈작성방법〉에 따라 서술하시오. [4점]

(가) 특성

| 학생 | 유형 | 특성 |
|---|---|---|
| H | 감각신경성 난청: ( ㉠ ) | …(상략)…<br>• 어음명료도검사: 양측 귀 70dB HL에서 PBmax 40% [A]<br>• ㉡말림현상이 관찰됨<br>• 청각보조기기를 착용하고 있지 않음<br>• 현재 수어로 의사소통하는 것을 배우고 있음 |
| I | 혼합성 난청 | …(상략)…<br>• 유발이음향방사: Fail(관찰되지 않음)<br>• 4세부터 양쪽 귀에 귀걸이형 보청기를 착용하고 있음<br>• 독화와 지문자로 의사소통을 함 |

**어음명료도검사**
감각신경성 난청 중에서 말림현상이 관찰되고 최대명료도(PBmax)가 매우 낮으므로 후미로성 난청에 해당함

**이음향방사검사**
- 와우에서 방사되는 낮은 강도의 음향에너지를 외이도에서 마이크로폰으로 측정하는 검사
- 와우의 기능을 평가하고 내이나 청신경의 병변이 있는 감각신경성 청각장애의 유무를 평가할 수 있음
- 이음향방사가 나타날 경우 → 후미로성 난청
- 이음향방사가 없을 경우 → 와우 기능에 문제가 있으므로 미로성 난청 또는 후미로성 난청도 관여할 수 있음

〈작성방법〉
(가)의 괄호 안 ㉠에 해당하는 난청의 유형을 [A]를 참고하여 쓰고, 밑줄 친 ㉡을 최대명료도(PBmax)와 관련지어 설명할 것.

기본이론 57-62p

역동범위

어음청력검사
- 정의
- 유형 ─ 어음탐지역치검사
        ├ 어음청취역치검사
        └ 어음명료도검사
- 쾌적역치, 불쾌역치, 역동범위
- 차폐

**쾌적역치**
어음청취역치(SRT)에서부터 음 강도를 높이면서 들려주었을 때 피검자가 가장 편안하게 느끼는 강도

**불쾌역치**
- 쾌적역치에서 음 강도를 높이면서 들려주었을 때 피검자가 자극음으로 인해 불편함·압박감·통증 등을 느끼는 강도
- 난청 환자에게 사용할 수 있는 보청기의 최대출력 한계
- 일반적으로 불쾌역치는 120dB SPL로, 청각장애인이나 건청인이나 비슷한 불쾌역치를 가지고 있음

**역동범위**
- 불쾌역치에서 어음청취역치를 뺀 값
- 청각장애인의 경우 청력손실이 있으면서도 불쾌역치는 건청인과 비슷해 역동범위가 좁음
- 일상적인 소리 영역에서 측정하고, 각각의 귀에서 유용한 청력의 한계를 나타내므로 보청기 선택 등 청력재활 계획을 수립할 때 매우 중요한 정보를 제공함

불쾌역치

---

2013학년도 초등 A6

**22** 다음은 (가)는 영호의 특성이고, (나)는 영호를 지도하기 위해 통합학급 최 교사와 특수학급 문 교사가 나눈 대화 내용이다. 물음에 답하시오. [5점]

(가) 영호의 특성

- 생활연령 : 6세
- 선천성 청각장애를 가지고 있음
- 수술 전 평균 청력역치가 우측 90dB, 좌측 90dB임 ┐ 영호는 양측 고도 감각신경
- 2세 때 우측 귀에 인공와우 이식 수술을 받았음 ┘ 성 청각장애 유형임
- 현재 좌측 귀에는 보청기를 착용하고 있지 않음
- 현재 교정 순음청력손실 평균(교정 청력)은 35dB ㉠임
- K-WISC-Ⅲ 검사 결과 : 동작성 지능지수 90
- 사회성숙도 검사 결과 : 사회성 지수 85

(나) 대화 내용

최 교사 : 영호가 말소리를 잘 알아듣지 못하는 것 같습니다. 영호를 위해 스피커 볼륨을 높여주면 듣는 데 도움이 될까요?
문 교사 : 반드시 그렇지는 않습니다. 영호처럼 인공와우나 보청기를 착용한 아이들은 소리가 너무 크면 오히려 귀가 아프다고 할 수 있어요. 왜냐하면 청각장애 아이들도 ( ㉡ )이(가) 일반 아이들과 비슷하기 때문이에요.
최 교사 : 그러면 제가 교실에서 영호를 위해 어떤 지원을 할 수 있을까요?
문 교사 : 교실에서는 인공와우와 연결할 수 있는 ㉢FM 보청기를 사용하는 것도 좋은 방법이 될 수 있습니다.
최 교사 : 네. 그러면 다음 주에는 ㉣운동장에서 체육활동을 하려고 하는데 인공와우를 착용한 영호를 위해 특별히 주의해야 할 점이 있을까요?

2) (나)의 ㉡에 들어갈 말을 쓰시오. [1점]

### 확장하기

#### 전음성 난청과 감각신경성 난청의 역동범위 비교

- 전음성 난청은 청력역치가 높은 만큼 불쾌역치도 함께 높아지기 때문에 역동범위가 정상 청력과 크게 차이 나지 않음
  → 입력음압에 대해 출력음압의 증가 비율이 동일한 선형 증폭기가 효과적임
- 감각신경성 난청은 청력손실이 있으면서 불쾌역치는 건청인과 유사해 역동범위가 매우 좁음
  → 입력음압과 출력음압의 증가 비율을 서로 다르게 적용하는 비선형 증폭기가 효과적임. 비선형 증폭기는 작은 소리에는 이득을 크게 주고, 큰 소리에는 이득을 조금 주어 좁은 역동 범위 안에서 소리를 들을 수 있게 해줌

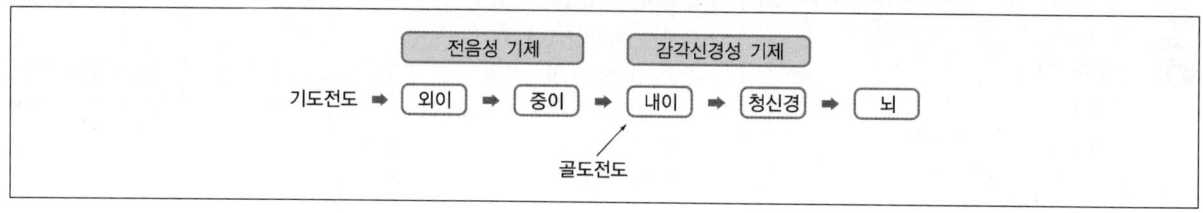

2013학년도 추가유아 A8

**23** 다음의 (가)는 지수의 청능훈련 활동이고, (나)는 지수의 청력도이다. 물음에 답하시오. [5점]

(가) 지수의 청능훈련 활동

> 지수는 인지적 문제를 동반하지 않은 만 4세 청각장애 유아이다. 현재 지수는 양쪽 귀에 보청기를 착용하고 있다. 교사는 ㉠ 링(D. Ling)의 6개음 검사를 실시한 후 다음과 같이 청능훈련을 하였다.
>
> 교사: 지수야, 선생님이 하는 말을 잘 들어보세요.
>    (입을 가리고) "엄마 어디 있어?"
> 지수: ㉡ (엄마를 가리키며) "엄마"
> 교사: (입을 가리고) "우산"
> 지수: ㉢ "우…잔"……"우잔"

(나) 지수의 청력도

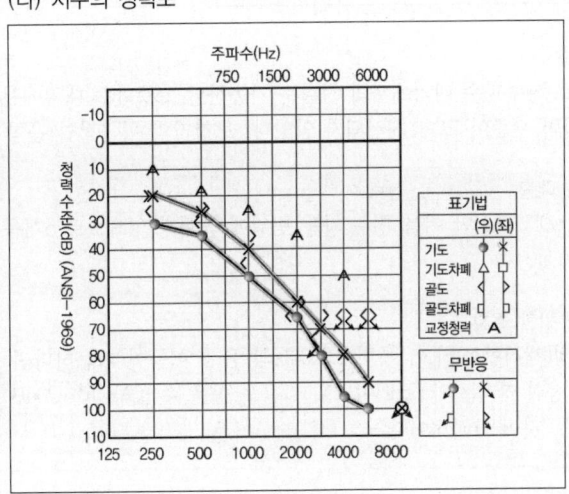

1) ㉠에서 /m/를 제외한 나머지 5개음의 음소를 쓰시오. [1점]

3) ㉢과 같이 지수가 /ㅅ/를 /ㅈ/로 듣고 반응하는 이유를 /ㅅ/의 음향음성학적 특징과 지수의 청력도를 근거로 쓰시오. [1점]

5) (나)의 청력도를 보면 500Hz, 1,000Hz, 2,000Hz의 기도 검사에서 차폐(masking)가 요구되지 않는다. 그 이유를 1가지 쓰시오. [1점]

---

**참고자료**
기본이론 52p, 63-66p

**키워드**
- 차폐
- Ling의 6개음 검사

**구조화 틀**
Ling의 6개음 검사
- 검사의 이해
- 말소리 바나나와 6개음 검사
- 보청기 재적합화

**핵심개념**
Ling의 6개음 검사
- 말소리를 검사음으로 사용하며, 피험자의 구어 반응을 요구한다는 점에서 주관적 어음청력검사의 하나로 분류
- 기본 5개음에는 ee[i]·oo[u]·ah[a]·sh[ʃ]·ss[s]가 있고, 여기에 250Hz에서 [m]을 추가해 6개음으로 실시할 수 있음
- 감각신경성 청각장애로 인해 고주파수대의 소리는 들을 수 없으나 저주파수대의 청력이 잔존하는 경우, [m]을 추가해 검사하는 것이 도움이 됨
- 많은 어음 가운데 6개의 음이 검사어음인 이유는 250~8,000Hz에 있는 대표적인 말소리로 분류되기 때문임
- 약 1.8m의 거리에서 대화할 때 나타나는 말소리의 중요한 요소를 그 음의 개략적인 강도에 따라 주파수 대역별로 청력도에 표시한 것

**모범답안**
1) [i], [u], [a], [s], [ʃ]

3) /ㅅ/음은 4,000Hz에서 30~40dB에서 분포하는데, 현재 지수의 청력 수준은 /ㅅ/의 가청범위 밖에 위치하고 있어서 /ㅅ/음을 듣는 데 어려움이 있다.

5) 양쪽 귀의 기도청력 수준 차이가 40dB 미만이기 때문이다. 또는 검사 귀의 기도청력과 비검사귀의 골도청력 수준 차이가 40dB 미만이기 때문이다.

## 확장하기

### ✦ 5개음 검사의 활용

청력도 'A-A'로 표시된 것은 보청기를 착용한 상태에서의 청력역치이며, 청력도 'b'는 보청기의 재적합과 학생의 청각 특성에 맞는 새 이어몰드로 교체한 후의 검사 결과이다.

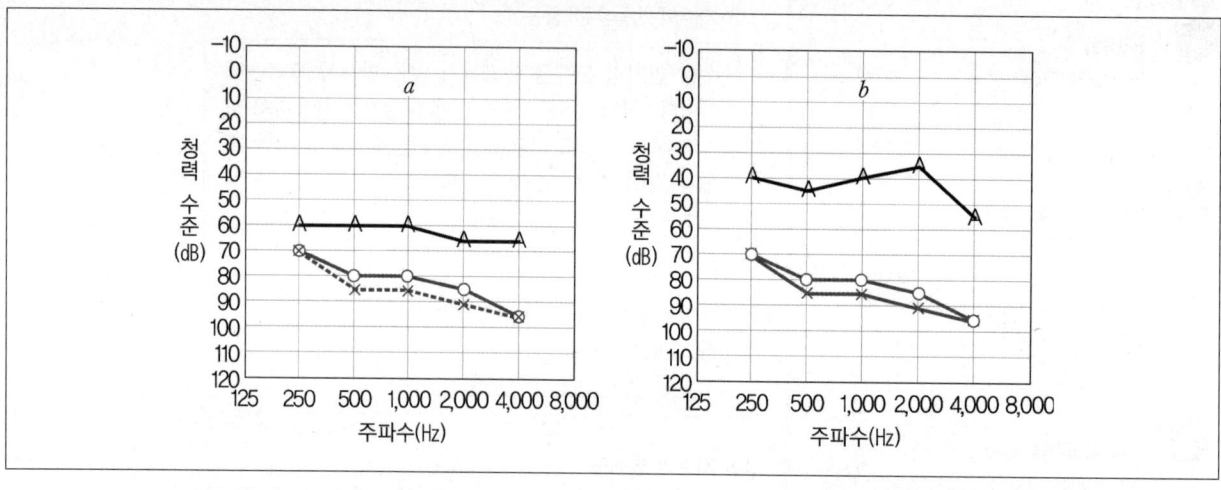

① 청력도에 의한 예측

학생은 일반적으로 저주파수 대역에서의 청취는 가능하나 고주파수 대역에서의 청취에는 곤란을 겪을 것이다. 또한 보청기를 착용한 후에도 청력 수준이 크게 개선되지 않았다. 보청기의 평균적인 음향 이득에 비해 너무 작은 증폭으로 보인다.

② 5개음 검사에 의한 예측

학생의 청력은 1,000Hz에서만 어음 청취 가능 범위에 들어가 있으므로 5개음 검사의 /a/음만 들을 수 있으며, /s/음의 청취는 곤란할 것이다.

③ 발성·발화 지도를 위한 조치
- 보청기를 재조정(재적합화)하고, 특히 2,000Hz의 음향 이득이 가능하다면 10dB 정도 낮춘다.
- 4,000Hz에서의 청취 역치는 약 55dB이므로 /s/음을 들을 수 없다. 10~20dB 정도의 음향 이득이 더 필요하며, 시각 및 촉각을 활용해 지도하는 것이 효과적이다.

기본이론 63~69p

Ling의 6개음 검사

Ling의 6개음 검사
- 검사의 이해
- 말소리 바나나와 6개음 검사
- 보청기 재적합화

**말소리 바나나 정보**
- 모든 말소리는 250~8,000Hz에 분포
- 250Hz에는 초분절적 요소(강세·억양·속도·어조)와 /ㅁ/, /ㄴ/과 같은 비음 등이 분포되어 있음
- 대부분의 모음은 1,000Hz 이하의 주파수 대역에 위치하며, 강도에 있어서도 자음에 비해 큰 특성을 가지고 있음
- 대부분의 자음은 1,000Hz 이상의 고주파수 대역에 분포

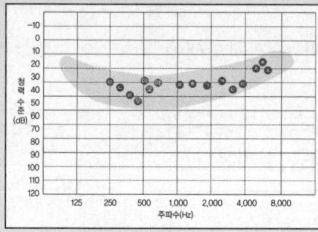

②

2010학년도 중등 33

**24** 다음의 청력도는 학생의 순음청력검사 결과이다. 이 학생의 오른쪽 귀의 청각 특성에 대해 옳은 것을 〈보기〉에서 모두 고른 것은? [2.5점]

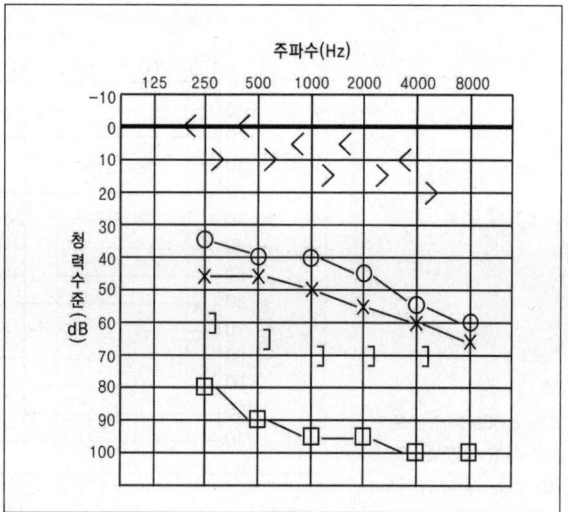

| 보기 |
ㄱ. 전음성 난청이다.
ㄴ. 인공와우 이식을 하게 되면 듣기 능력이 향상된다.
ㄷ. 남자 목소리를 여자 목소리보다 더 잘 들을 수 있다.
ㄹ. 조용한 장소에서 1.8m 떨어져 대화할 때 마찰음 말소리를 들을 수 있다.
ㅁ. 조용한 장소에서 1.8m 떨어져 대화할 때 대부분의 모음을 들을 수 없다.
ㅂ. 조용한 장소에서 두 사람이 속삭이는 소리를 1.2m 거리에서 듣는 데 어려움을 겪는다.

① ㄱ, ㄴ, ㄹ      ② ㄱ, ㄷ, ㅂ
③ ㄱ, ㄴ, ㅁ, ㅂ  ④ ㄴ, ㄷ, ㄹ, ㅁ
⑤ ㄴ, ㄷ, ㄹ, ㅁ, ㅂ

참고자료  기본이론 63-69p

 키워드  Ling의 6개음 검사

 구조화틀  Ling의 6개음 검사
- 검사의 이해
- 말소리 바나나와 6개음 검사
- 보청기 재적합화

 핵심개념  말소리 바나나 정보
- 모든 말소리는 250~8,000Hz에 분포
- 250Hz에는 초분절적 요소(강세·억양·속도·어조)와 /ㅁ/, /ㄴ/과 같은 비음 등이 분포되어 있음
- 대부분의 모음은 1,000Hz 이하의 주파수 대역에 위치하며, 강도에 있어서도 자음에 비해 큰 특성을 가지고 있음
- 대부분의 자음은 1,000Hz 이상의 고주파수 대역에 분포

모범답안 ②

2011학년도 중등 28

**25** 다음은 선천성 청각장애 학생의 순음청력검사 결과이다. 이 학생의 청력도에 근거하여 알 수 있는 내용으로 옳은 것만을 〈보기〉에서 모두 고른 것은? [2.5점]

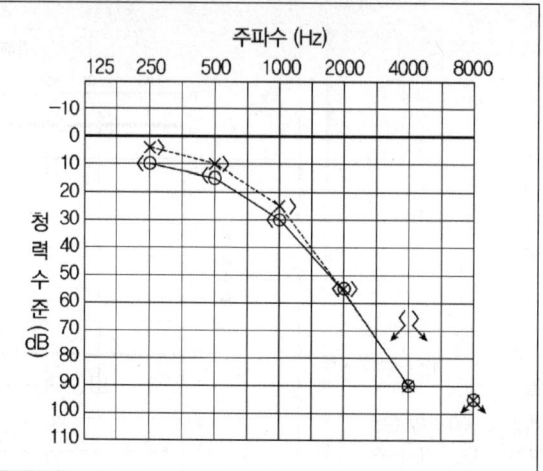

┤보기├
ㄱ. 5개음 검사 결과, '아'음을 들을 수 있다.
ㄴ. 청각장애의 원인은 중이에 의한 청력손실이다.
ㄷ. 발성 시 자음 산출에 어려움이 있고, 과대비성이 나타난다.
ㄹ. 3분법으로 계산한 왼쪽 귀의 평균 청력수준은 35dB(HL)이다.
ㅁ. 청력형은 고음장애형이며, 역동범위는 건청학생에 비하여 넓다.
ㅂ. 청능훈련을 할 때 큰 북과 캐스터네츠 소리를 각각 들려준 후, 어떤 소리에 반응하는지를 살펴본다.

① ㄱ, ㄴ, ㄹ  ② ㄱ, ㄷ, ㅂ
③ ㄱ, ㄴ, ㅁ, ㅂ  ④ ㄴ, ㄷ, ㄹ, ㅁ
⑤ ㄴ, ㄷ, ㄹ, ㅁ, ㅂ

## 확장하기

### ✦ 말소리 바나나

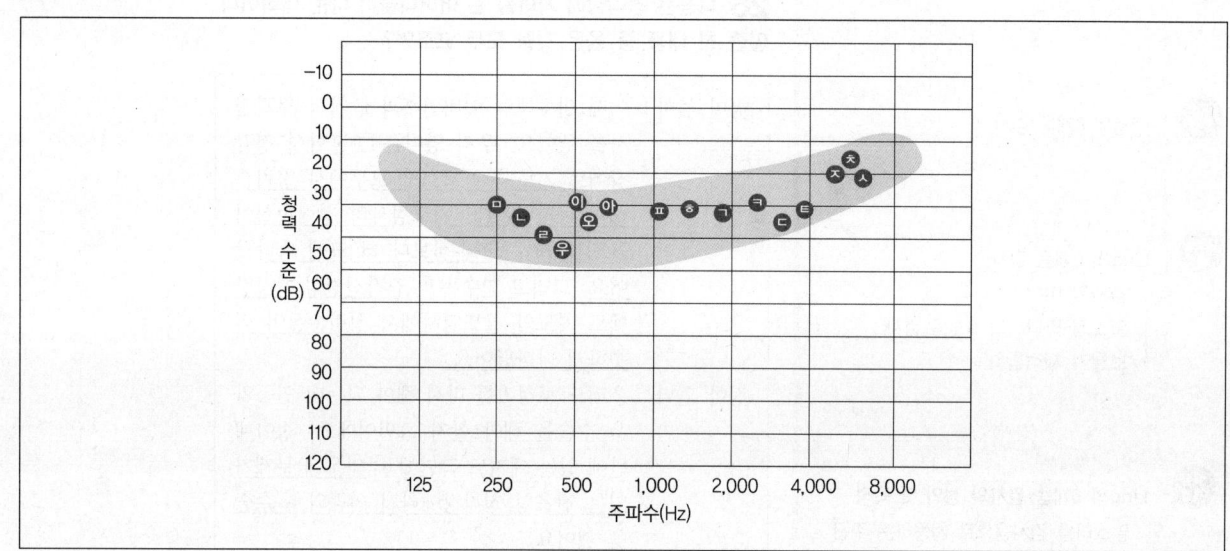

참고자료
기본이론 63~69p

 키워드
Ling의 6개음 검사

 구조화틀
Ling의 6개음 검사
- 검사의 이해
- 말소리 바나나와 6개음 검사
- 보청기 재적합화

 핵심개념
**Ling의 6개음 검사의 정의 및 목적**
- 말소리를 검사음으로 사용하는 주관적 어음청력검사
- 모든 말소리를 검사하는 대신 6개의 말소리만을 가지고 주파수 대역의 청취능력을 알 수 있는 검사로, 저주파수·중주파수·고주파수 범위에 대한 정보를 제공함
- 많은 어음 가운데 6개의 음이 검사어음인 이유는 250~8,000Hz에 있는 대표적인 말소리로 분류되기 때문임
- 기본 5개음에는 ee[i]·oo[u]·ah[a]·sh[ʃ]·ss[s]가 있고, 기본 5개음 외에 250Hz에서 [m]을 추가하여 6개음으로 실시할 수 있음. 특히, 감각신경성 청각장애로 인해 고주파수대의 소리는 들을 수 없으나 저주파수대의 청력이 잔존하는 경우, [m]을 추가해 검사하는 것이 도움이 됨

 모범답안
①

2011학년도 초등 8(유아 6)

**26** 다음은 청각장애 자녀를 둔 어머니들이 나눈 대화이다. 밑줄 친 내용 중 옳은 것을 모두 고르면?

영미 엄마: 어제 민수네랑 이비인후과에 가서 청력검사를 했어요. 우리 영미는 ㉠<u>혼합성 청각장애로 기도와 골도검사 모두에서 청력손실이 나타났는데, 기도검사의 청력손실이 골도검사의 청력손실보다 더 크게 나타났어요.</u> 그리고 민수는 ㉡<u>감각신경성 청각장애로 기도와 골도검사에서 청력손실이 비슷하게 나타났어요.</u>

정아 엄마: 우리도 보청기를 다시 해야 되는데 인공와우 수술을 해야 할지 고민이에요. 정아네 반에 있는 예지도 작년에 ㉢<u>와우에 문제가 있는 전음성 청각장애라서 인공와우 수술을 했어요.</u>

영미 엄마: 정말 인공와우 수술을 한 학생들이 점점 많아져요. 그런데 어제 인공와우를 착용한 병호가 ㉣<u>달팽이관 속에 이식한 어음처리기에 문제가 생겨 병원에 갔다고 하더군요.</u> 인공와우가 작동하지 않으면 수업을 하기 어렵죠. 그래서 영미 담임선생님은 아침마다 보청기와 인공와우를 한 아이들의 청취력을 검사하세요. ─ Ling의 6개음 검사의 목적

정아 엄마: 아, 그래야겠군요. 근데 무슨 검사를 하신대요?

영미 엄마: 대부분의 말소리가 위치하는 말소리 바나나(speech banana) 영역의 소리를 들을 수 있는지 보려고 ㉤<u>Ling이라는 학자가 제시한 '5개음 검사'를 하는데, 이 검사에서 일반적으로 사용하는 5개음은 [i], [ɔ], [a], [k], [s]이에요.</u>

① ㉠, ㉡  ② ㉠, ㉣
③ ㉡, ㉤  ④ ㉠, ㉢, ㉤
⑤ ㉡, ㉢, ㉣

참고자료: 기본이론 63-69p

 키워드: Ling의 6개음 검사

 구조화틀
**Ling의 6개음 검사**
- 검사의 이해
- 말소리 바나나와 6개음 검사
- 보청기 재적합화

 핵심개념
**Ling의 6개음 검사의 목적**
- 보청기나 인공와우 착용 후 아동이 어음을 잘 듣고 있는지를 간편하게 알 수 있음
- 발성·발화 지도를 시작하기 전에 아동의 청취력을 평가하는 데 유용함

 모범답안: ②

2012학년도 초등 8, 유아 4

**27** 다음은 특수학급 초임교사가 일반학급 교사를 대상으로 장애학생 이해 교육을 실시하기 위해 준비한 교육자료 초안의 일부이다. 청각장애 학생 이해 관련 내용으로 옳지 <u>않은</u> 것을 고르면?

---
청각장애 학생 이해

ㄱ. 청각장애의 가족력이 있는 경우, 청력손실이 점진적으로 진행될 수 있으니 소리에 대한 반응을 유심히 관찰해야 합니다.
ㄴ. 청력손실의 정도에 따라 전음성, 감각신경성, 혼합성, 중추성 청각장애로 나눌 수 있습니다.
ㄷ. 학생의 청력도를 통해 청력손실의 정도, 유형, 시기를 알 수 있습니다. — ㄷ. 청력도를 통해 청력손실 시기는 알 수 없음
ㄹ. 보청기 및 인공와우를 착용하는 학생의 상태를 점검하기 위해 교사는 5개음 검사를 실시할 수 있습니다. — ㄹ. Ling의 6개음 검사의 목적
ㅁ. 인공와우시술을 받은 학생의 경우에도 학생의 효율적인 청취를 위해 적절한 학급 환경을 조성해야 합니다.
ㅂ. 인공와우는 체내에 수신기가 있기 때문에 학생이 머리에 충격을 받지 않도록 유의하고, 부딪쳤을 때는 유양돌기 주변이 부어 있는지 확인하고 조치해야 합니다.

---

① ㄱ, ㄴ  ② ㄴ, ㄷ
③ ㄷ, ㄹ  ④ ㄹ, ㅁ
⑤ ㅁ, ㅂ

2012학년도 중등 31

**28** 청각장애를 진단하기 위한 청력검사에 대한 설명으로 옳은 것만을 〈보기〉에서 있는 대로 고른 것은?

 참고자료  기본이론 37p, 63-69p

 키워드  Ling의 6개음 검사

 구조화틀
Ling의 6개음 검사
- 검사의 이해
- 말소리 바나나와 6개음 검사
- 보청기 재적합화

 핵심개념
Ling 6개음 검사의 목적
- 보청기나 인공와우 착용 후 아동이 어음을 잘 듣고 있는지를 간편하게 알 수 있음
- 발성·발화 지도를 시작하기 전에 아동의 청취력을 평가하는 데 유용함

 모범답안  ③

┤보기├

ㄱ. 뇌간유발반응검사(ABR)는 청성 초기반응을 측정하는 객관적 검사이다.
ㄴ. 링(D. Ling)이 제시한 5개음 검사는 청취력을 간단하게 진단하는 데 유용한 검사로, 검사음은 [i], [u], [ɑ], [ʃ], [s]이며, [m]를 더하여 6개음 검사를 하기도 한다.
ㄷ. 순음청력검사는 주파수별로 순음을 들려주어 청력수준을 측정하는 주관적 검사로, 기도와 골도검사 결과를 통해 청력손실 정도와 청각장애의 유형을 알 수 있다.
ㄹ. 어음청취역치검사는 검사음의 50%를 정확히 대답하는 최대 어음 강도인 어음청취역치를 알아보는 검사로, 어음청취역치는 일반적으로 순음평균청력치와 20dB 정도 차이가 난다.
ㅁ. 어음명료도검사는 검사 어음을 얼마나 정확히 이해하는지를 측정하는 검사로 최대명료도값(PBmax)과 명료도 곡선을 구할 수 있는데, 약 60dB에서 100%의 어음명료도를 보이면 감각신경성 청각장애로 추정한다.

> 감각신경성 청각장애로 인해 고주파수대의 소리를 들을 수 없지만 저주파수대의 청력이 잔존하는 경우 [m]를 추가해 검사하면 도움이 됨

① ㄱ, ㄹ
② ㄷ, ㅁ
③ ㄱ, ㄴ, ㄷ
④ ㄱ, ㄴ, ㄷ, ㄹ
⑤ ㄴ, ㄷ, ㄹ, ㅁ

기본이론 63~69p

Ling의 6개음 검사

**Ling의 6개음 검사**
- 검사의 이해
- 말소리 바나나와 6개음 검사
- 보청기 재적합화

**Ling의 6개음 검사의 정의 및 목적**
- 말소리를 검사음으로 사용하는 주관적 어음청력검사
- 모든 말소리를 검사하는 대신 6개의 말소리만을 가지고 주파수 대역의 청취능력을 알 수 있는 검사로, 저주파수·중주파수·고주파수 범위에 대한 정보를 제공함
- 많은 어음 가운데 6개의 음이 검사 어음인 이유는 250~8,000Hz에 있는 대표적인 말소리로 분류되기 때문임
- 기본 5개음에는 ee[i]·oo[u]·ah[a]·sh[ʃ]·ss[s]가 있고, 기본 5개음 외에 250Hz에서 [m]을 추가하여 6개음으로 실시할 수 있음. 특히, 감각신경성 청각장애로 인해 고주파수대의 소리는 들을 수 없으나 저주파수대의 청력이 잔존하는 경우, [m]을 추가해 검사하는 것이 도움이 됨

많은 어음 가운데 6개의 음이 검사 어음인 이유는 250~8,000Hz에 있는 대표적인 말소리로 분류되기 때문이다. (이는 약 1.8m의 거리에서 대화할 때 나타나는 말소리의 중요한 요소를 그음의 개략적인 강도에 따라 주파수 대역별로 청력도에 표시한 것이다.)

2017학년도 초등 B5

**29** (가)는 2009 개정 영어과 교육과정 3~4학년 '듣기' 영역에 해당하는 수업 장면의 일부이다. (나)는 일반 초등학교 3학년에 재학 중인 청각장애 학생 동호의 특성이고, (다)는 일반교사와 특수교사가 동호의 특성에 적합한 교육을 하기 위해 협의한 내용의 일부이다. 물음에 답하시오. [5점]

(나)

- 동호
  - 7세 때 양쪽 귀에 인공와우 수술을 받았고, 인공와우 착용 시 좌우 청력은 각각 30dB임
  - 청인과는 구어로, 농인과는 수어로 의사소통하는 이중언어 사용자임

(다)

| 일반교사: 선생님, 수업시간에 동호가 제 말소리를 잘 들을 수 있는지 궁금합니다. 지난 협의회 때 수업시간에 동호가 어느 정도 들을 수 있는지 확인하는 방법이 있다고 하셨지요?
특수교사: 네, '링(D. Ling)의 6개음 검사'를 해보면 동호가 말소리를 듣는 정도를 간편하게 확인할 수 있습니다. 이 검사에서 사용하는 6개음은 ㉠ /a/, /u/, /i/, /s/, /ʃ/, /m/이에요.
…(하략)… |

3) 링(D. Ling)의 6개음 검사를 할 때 (다)의 ㉠을 사용하는 이유를 쓰시오. [1점]

기본이론 63-69p

Ling의 6개음 검사

Ling의 6개음 검사
- 검사의 이해
- 말소리 바나나와 6개음 검사
- 보청기 재적합화

**핵심개념**

Ling의 6개음 검사

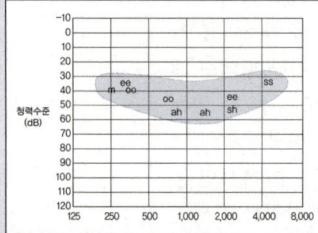

**모범답안**

6개음은 250~8,000Hz의 주파수 범위 내에서 30~60dB의 주요 회화음역대를 포함하고 있는데, 영수의 기도청력은 이 수준에 미치지 못하기 때문에 순음청력 결과만으로는 개별 6개음의 청취력을 예측하기 어렵다.

2019학년도 유아 B5

**30** (가)는 5세 청각장애 유아 영수의 특성이고, (나)는 영수의 청력도의 일부이다. 물음에 답하시오. [5점]

(가)

| 영수 특성 |
|---|
| • 혼합성 청력손실<br>• ㉠ 평균순음역치(PTA) : 오른쪽 귀 72dB HL, 왼쪽 귀 76dB HL<br>• 보청기 착용<br>• 농인 부모 가정에서 ㉡ 한국수어(자연수화)를 제1언어로 습득하고, 한국수어와 한국어를 공용어로 사용함 |

(나)

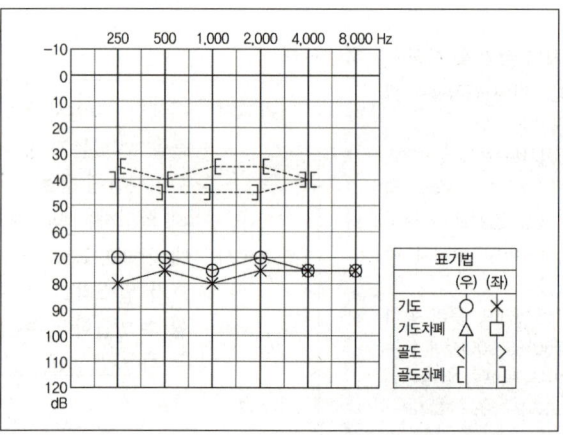

1) (가)의 ㉠과 (나)의 기도청력검사 결과로 영수의 링 6개음 검사 결과를 예측하기 어려운 이유를 1가지 쓰시오. [1점]

기본이론 57p, 63-69p

- 어음명료도 검사
- Ling의 6개음 검사

Ling의 6개음 검사
- 검사의 이해
- 말소리 바나나와 6개음 검사
- 보청기 재적합화

**어음명료도 검사의 검사음**
검사음은 일상에서 흔히 사용되는 단음절어를 사용하되, 단어의 친숙성·음소 간의 비유사성·표준어의 대표성·단어 간 가청범위의 동질성 등을 고려해 개발된 한국표준 단음절어표를 사용함

**Ling의 6개음 검사**
약 1.8m의 거리에서 나타나는 말소리의 중요한 요소를 그 음의 개략적인 강도에 따라 주파수 대역별로 청력도에 표시한 것으로, 30~60dB 영역을 'CLEAR (말소리 바나나) 영역'이라 부름

㉠ 단음절어
㉡ 30~60

2023학년도 중등 A3

**31** 다음은 청각장애 학생 A의 청능평가 결과를 바탕으로 두 교사가 나눈 대화의 일부이다. 밑줄 친 ㉠의 종류와 괄호 안의 ㉡에 해당하는 음의 강도(dB) 범위를 순서대로 쓰시오. (단, 음의 강도는 약 1.8m의 거리에서 대화할 경우를 기준으로 할 것) [2점]

| | |
|---|---|
| 통합학급 교사 : | 학생 A의 어머니가 청력검사 결과지를 보여주시면서, 학생 A가 일상생활에서 들을 수 있는 듣기 수준을 알 수 있다고 하셨어요. 어떤 검사인가요? |
| 특 수 교 사 : | 어음명료도 검사입니다. 가장 듣기 편안한 소리 강도로 제시된 말소리를 얼마나 정확히 이해하는지 측정하는 검사로, ㉠<u>검사음</u>이 들릴 때마다 소리 내어 따라 말하거나 소리 나는 대로 종이에 쓰는 검사입니다. ― 쾌적역치 |

… (중략) …

| | |
|---|---|
| 통합학급 교사 : | 그럼, 말소리를 사용해서 듣기 수준을 알 수 있는 다른 검사도 있나요? |
| 특 수 교 사 : | 네. 말소리를 사용하는 검사 중에는 모든 말소리를 검사하는 대신에 6개의 말소리만을 가지고 주파수 대역의 청취 능력을 알 수 있는 링(D. Ling)의 6개음 검사를 많이 사용합니다. |
| 통합학급 교사 : | 6개의 음이 무엇인가요? |
| 특 수 교 사 : | 6개의 말소리는 /i/, /u/, /a/, /ʃ/, /s/, /m/으로, 일반적으로 '약 250~8,000 Hz 사이의 주파수 대역'과 '약 ( ㉡ ) dB 사이의 강도'에 분포하는 대표적인 말소리입니다 |

참고자료: 기본이론 63-69p

키워드: Ling의 6개음 검사

구조화틀
**Ling의 6개음 검사**
- 검사의 이해
- 말소리 바나나와 6개음 검사
- 보청기 재적합화

핵심개념
**말소리 바나나와 6개음 검사**
- 모든 말소리는 250~8,000Hz에 놓여 있음
- 250Hz에는 초분절적 요소와 /ㅁ/, /ㄴ/와 같은 비음 등이 분포되어 있음
- 대부분의 모음은 1,000Hz 이하 주파수 대역에 위치하며, 강도에 있어서도 자음과 비교해 비교적 큰 특성을 가짐
- 대부분의 자음은 1,000Hz 이상의 고주파수 대역에 분포되어 있음

모범답안
4,000Hz 대역 이상의 고주파수 음역을 듣는 데 어려움이 있다.

---

2024학년도 초등 B4

**32** (가)는 김 교사가 메모한 청각장애 학생 영수의 특성이고, (나)는 2015 개정 특수교육 기본 교육과정 수학과 3~4학년군 '도형 영역' 교수·학습 과정안의 일부이다. 물음에 답하시오. [5점]

(가)

○ /f/, /th/, /s/ 음을 정확하게 인지하지 못함
• 모음 식별 가능                                    [B]
• /f/, /th/, /s/를 제외한 대부분의 자음 식별 가능

2) (가)의 [B]에서 확인할 수 있는 영수의 청력 특성을 주파수 측면에서 1가지 쓰시오. [1점]

## 확장하기

★ 말소리 바나나(speech banana)

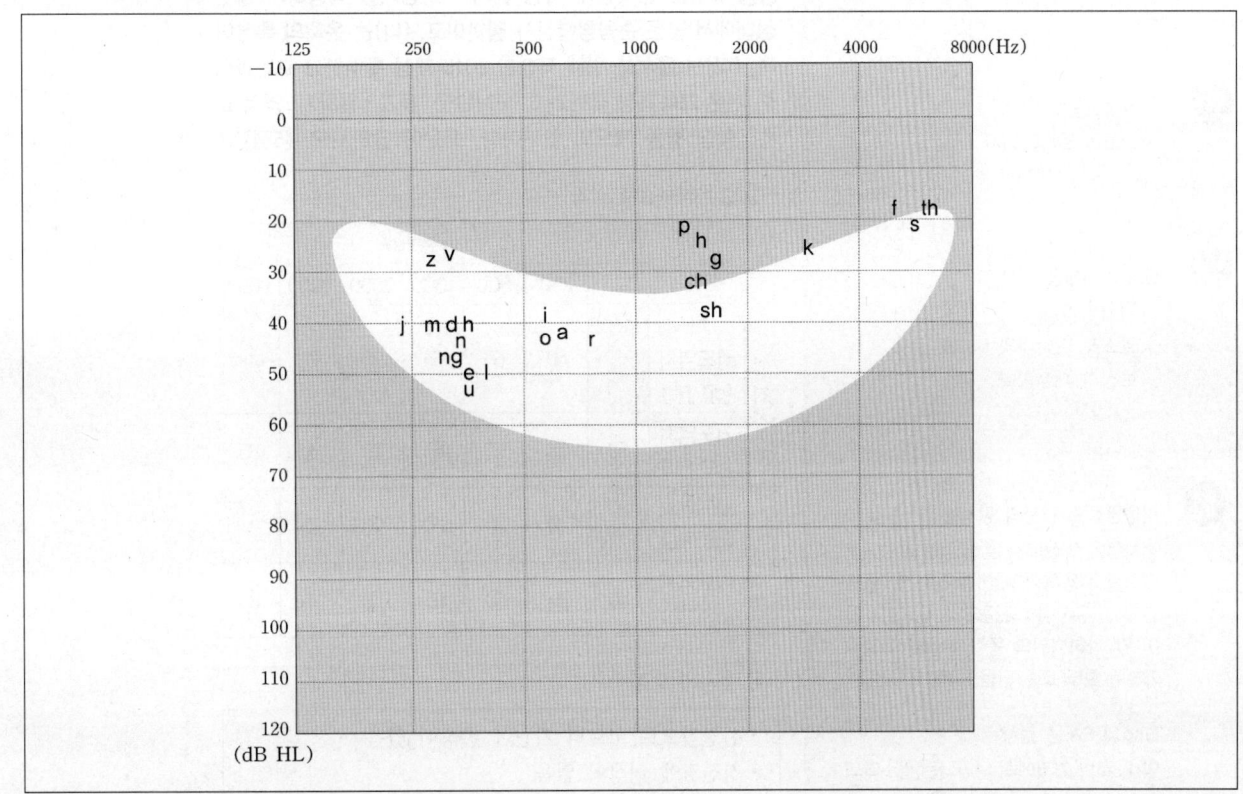

기본이론 57p, 63-69p

- 어음명료도 검사
- Ling의 6개음 검사

Ling의 6개음 검사
- 검사의 이해
- 말소리 바나나와 6개음 검사
- 보청기 재적합화

**어음명료도 검사의 검사음**
검사음은 일상에서 흔히 사용되는 단음절어를 사용하되, 단어의 친숙성·음소 간의 비유사성·표준어의 대표성·단어 간 가청범위의 동질성 등을 고려해 개발된 한국표준 단음절어표를 사용함

**Ling의 6개음 검사**
약 1.8m의 거리에서 나타나는 말소리의 중요한 요소를 그 음의 개략적인 강도에 따라 주파수 대역별로 청력도에 표시한 것으로, 30~60dB 영역을 'CLEAR(말소리 바나나) 영역'이라 부름

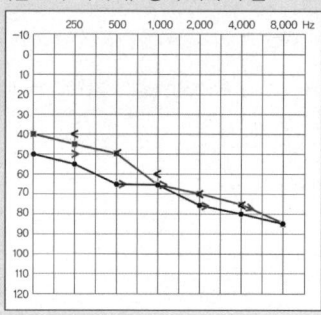

(제시문만 분석)

2020학년도 초등 A8

**33** (가)는 청각장애 학생 윤서가 보청기를 착용하지 않은 상태에서 받은 순음청력검사 결과이고, (나)는 윤서의 특성이며, (다)는 윤서를 위해 작성한 2015 개정 특수학교 교육과정 중 기본 교육과정 국어과 5~6학년군 '듣기·말하기' 영역 교수·학습 활동 개요의 일부이다. 물음에 답하시오. [5점]

(가) 순음청력검사 결과

| 구분 | | 주파수(Hz) | | | | | | |
|---|---|---|---|---|---|---|---|---|
| | | 125 | 250 | 500 | 1000 | 2000 | 4000 | 8000 |
| 좌 | ㉠ 골도역치 (dB HL) | | 50 | 65 | 65 | 75 | 75 | |
| | 기도역치 (dB HL) | 50 | 55 | 65 | 65 | 75 | 80 | 85 |
| 우 | 골도역치 (dB HL) | | 40 | 50 | 60 | 70 | 75 | |
| | 기도역치 (dB HL) | 40 | 45 | 50 | 65 | 70 | 75 | 85 |

(나) 윤서의 특성

- 선천적으로 코르티 기관에 손상이 있음
- 청신경에 이상이 없음
- 중추청각처리에 이상이 없음
- 보청기를 착용한 상태에서 자음 중 마찰음과 파찰음을 정확히 듣는 데 어려움이 있음

> Ling의 6개음 검사 결과에 따르면 학생은 4,000Hz의 30dB 음향학적 특성을 가진 마찰음(/ㅅ/)과 파찰음(/ㅈ, ㅊ, ㅉ/)을 듣기 어려움

기본이론 63-69p

 Ling의 6개음 검사

 Ling의 6개음 검사
- 검사의 이해
- 말소리 바나나와 6개음 검사
- 보청기 재적합화

 Ling의 6개음 검사

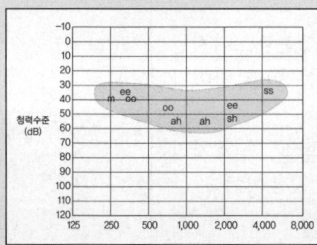

모범답안: /ㅅ/

2018학년도 중등 B7

**34** (가)는 일반학급에 통합된 학생 K의 청력도이고, (나)는 특수교사와 일반학급 교사가 나눈 대화이며, (다)는 특수교사와 학생 K의 대화이다. 〈작성방법〉에 따라 서술하시오. [5점]

(가) 학생 K의 청력도

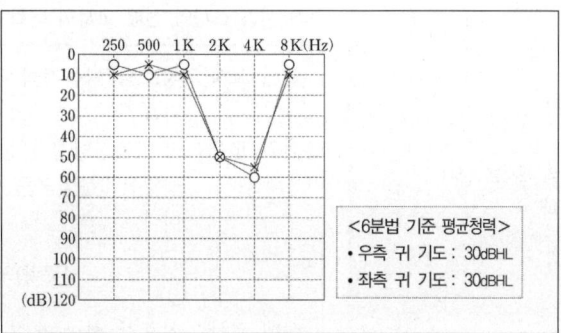

〈6분법 기준 평균청력〉
• 우측 귀 기도 : 30dBHL
• 좌측 귀 기도 : 30dBHL

─ 작성방법 ─

(가)에 근거하여 학생 K가 듣기 곤란한 한국어 음소를 1가지 쓸 것.

기본이론 63-69p

 Ling의 6개음 검사

 Ling의 6개음 검사
- 검사의 이해
- 말소리 바나나와 6개음 검사
- 보청기 재적합화

**Ling의 6개음**
- 고주파수 대역은 저주파수 대역에 비해 에너지가 약함
- 제1포먼트와 제2포먼트를 동시에 들을 수 있어야 모음의 구분이 가능함
- 청력손실로 인해 제1포먼트만 듣게 되면, 모음 /우/와 /이/를 비슷한 음으로 지각해 말소리 구분에 상당한 지장을 겪음 → 청력손실이 전체 주파수에서 같은 역치를 보인다 하더라도 에너지가 약한 제2포먼트를 들을 수 없게 되면 모음의 구분이 어려워짐

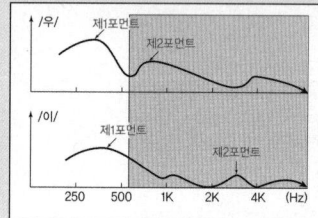

 /ee/·/ah/·/oo/는 제1형성음과 제2형성음으로 혀의 높낮이, 구개의 개방 정도에 따라 주파수의 높낮이가 달라지기 때문이다.

**35** (가)는 청각장애 학생 성호의 특성이고, (나)는 신임 교사와 선배 교사의 대화이며, (다)는 링의 5개음에 대한 바나나 스피치(banana speech) 영역 그래프이다. 물음에 답하시오. [5점]

(나) 신임 교사와 선배 교사의 대화

선배 교사: 성호의 어음청력검사의 청취역치는 어떤가요?
신임 교사: ㉠어음청력검사의 청취역치를 기도검사와 동일한 3분법으로 산출했는데 85dB HL입니다.

…(중략)…

선배 교사: 성호가 최근 보청기를 교체했던데, 보셨어요?
신임 교사: 네, 디지털 보청기로 바꾸었는데, 디지털 보청기와 아날로그 보청기는 어떤 차이가 있나요?
선배 교사: ㉡디지털 보청기의 채널 방식, 신호처리 방식, 압축 방식은 아날로그 보청기와 다릅니다.
신임 교사: 바나나 스피치 영역 그래프를 보니 자음과는 달리 모음에 해당하는 /ee/, /ah/, /oo/는 ㉢두 곳에 표시되어 있더라고요. 왜 그런가요?

(다) 링의 5개음에 대한 바나나 스피치 영역

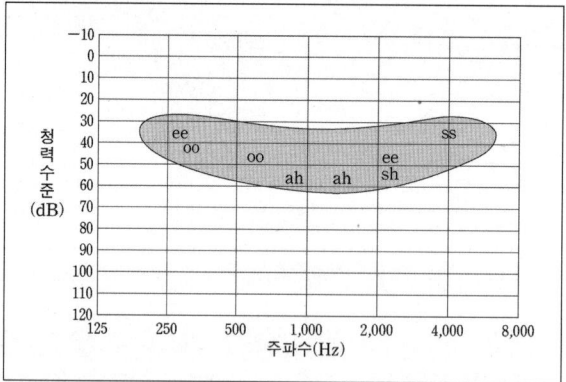

2) (다)를 참고하여 ㉢의 이유를 쓰시오. [1점]

참고자료    기본이론 63-69p

 키워드    Ling의 6개음 검사

 구조화틀

**Ling의 6개음 검사**
- 검사의 이해
- 말소리 바나나와 6개음 검사
- 보청기 재적합화

**핵심개념**

**Ling의 6개음 검사 실시**
- 저주파수·중주파수·고주파수 범위에 대한 정보를 제공하며, 자극음의 제시 거리와 강도 수준을 달리해 아동의 탐지와 확인 반응을 평가
- 아동에게 반응 방법(예 박수치기·들은 소리 따라하기 등)을 알려준 뒤 자극음의 제시 방향, 제시 거리, 강도 수준을 달리하면서 그에 따른 반응을 평가
  - 자극음의 제시 방향을 달리하는 것은 검사의 신뢰성을 높이고 잘 들리는 귀를 알 수 있게 해줌
  - 자극음의 제시 거리를 달리하는 것은 음원과의 거리가 어느 정도일 때 들을 수 있는가를 알 수 있게 해줄 뿐만 아니라 자극음을 강조해 강하게 들려주기 위함임
  - 자극음의 제시 강도는 큰 소리와 작은 소리를 제시하는 것
- **검사 방법**: 6개음이 들어 있는 그림 카드를 보여준 뒤, 입을 가린 상태에서 특정 음을 들려주고, 해당 카드를 고르도록 함 → 이때 아동은 그림을 통해 음소를 연상함

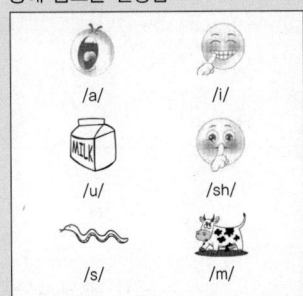

 모범답안

링의 6개음 검사는 말소리를 대표하는 6개음에 대한 청취력을 평가하는 검사로, 입모양이 단서가 되어서는 안 된다. 그러므로 교사는 검사음을 제시할 때 입을 가리고 해야 한다.

---

2021학년도 유아 A4

**36** (가)는 통합학급 김 교사와 유아특수교사 윤 교사가 4세 청각장애 유아 민기를 지도하기 위해 나눈 대화의 일부이고, (나)는 민기의 청력검사 결과의 일부이다. 물음에 답하시오. [5점]

(가)

김 교사: 새로 전학 온 민기가 청각장애가 있는데 민기를 위해 어떤 지원을 해야 할지 고민이에요. 저의 가장 큰 고민은 민기가 보청기를 끼고는 있는데 보청기가 잘 작동되고 있는지 확인하는 것과 청력검사 결과를 해석하는 것이에요. ━ Ling의 6개음 검사의 목적

윤 교사: 민기는 아직 어리기 때문에 보청기를 낀 상태에서 소리가 어떻게 들리는지 스스로 표현하는 것을 어려워해요. 그래서 교사가 수시로 보청기 상태를 확인하고 ㉠링(D. Ling)의 6개음 검사를 할 때는 교사의 입을 가리고 해야 해요.

김 교사: 그런데 민기는 주변 소음이 많거나 거리가 멀어지면 말소리를 훨씬 이해하지 못하더라고요.

윤 교사: ㉡그런 경우에는 FM 보청기를 사용하면 도움이 됩니다. 그리고 ㉢FM 보청기를 사용할 때는 유의해야 할 것이 있어요.

김 교사: 그리고 여기에 민기 청력검사 결과가 있는데 한번 봐주시겠어요?

윤 교사: 오른쪽 귀 순음청력검사와 어음청력검사 결과네요. 그런데 ㉣검사 결과에 오류가 있네요.

…(하략)…

1) ㉠의 이유를 쓰시오. [1점]

# CHAPTER 06 보청기와 인공와우

## 01 보청기

- 보청기의 기본 구조
  - 마이크로폰(송화기)
  - 증폭기
  - 수화기
- 보청기의 종류
  - 착용 위치 혹은 형태에 따른 보청기
    - 상자형
    - 귀걸이형
    - 귓속형
  - 신호처리 방식에 따른 보청기
    - 아날로그 보청기
    - 디지털 보청기
  - 압축 방식에 따른 보청기
    - 선형 보청기
    - 비선형 보청기
- 특수 보청기의 종류
  - FM 보청기
  - 크로스 보청기
  - 주파수 압축 보청기
  - 촉각 보청기
- 보청기의 선정
  - 보청기 착용 귀의 선정
  - 보청기 형태의 선택
- 보청기 관리
  - 보청기 적응
  - 건전지 교체
  - 보청기 관리

## 02 인공와우

- 인공와우의 기본 구조
  - 외부기기
    - 마이크(송화기)
    - 어음처리기
    - 송신기(헤드셋)
  - 내부기기
    - 수신기
    - 전극
- 수술 절차
  - 적격성 심사
  - 청각학적 평가
  - 수술
  - 매핑
  - 청능훈련
- 인공와우 착용 아동을 위한 교육지원

기본이론 71-72p

보청기의 기본 구조

보청기의 기본 구조
- 마이크로폰(송화기)
- 증폭기 ┬ 신호처리 방식에 따른 분류
        ├ 압축 방식에 따른 분류
        └ 채널 방식에 따른 분류
- 수화기

보청기의 종류
- 착용 위치 혹은 형태에 따른 보청기
- 신호처리 방식에 따른 보청기
- 압축 방식에 따른 보청기

다채널 증폭기
- 여러 개의 채널이 모여 주파수 대역에 따라 이득과 압축 비율 등을 자유롭게 조절하는 방식
- 장점
  - 채널의 숫자가 많을수록 주파수 영역을 더 세분화해 기능 조절 가능
  - 개인의 청력 수준에 따른 이득 조절 가능

개인의 청력 수준에 따른 이득 조절이 가능하다는 특징이 있다.

---

2021학년도 초등 A2

**01** (가)는 청각장애 학생 성호의 특성이고, (나)는 신임 교사와 선배 교사의 대화이며, (다)는 링의 5개음에 대한 바나나 스피치(banana speech) 영역 그래프이다. 물음에 답하시오. [5점]

(가) 성호의 특성

- 순음청력검사의 기도검사 : 3분법으로 두 귀가 동일하게 평균 80dB HL
- 청력도 : 고음점경형(경사형)
- 중추청각처리 장애는 없음

(나) 신임 교사와 선배 교사의 대화

…(중략)…

선배 교사 : 성호가 최근 보청기를 교체했던데, 보셨어요?

신임 교사 : 네, 디지털 보청기로 바꾸었는데, 디지털 보청기와 아날로그 보청기는 어떤 차이가 있나요?

선배 교사 : ⓒ 디지털 보청기의 채널 방식, 신호처리 방식, 압축 방식은 아날로그 보청기와 다릅니다.

신임 교사 : 바나나 스피치 영역 그래프를 보니 자음과는 달리 모음에 해당하는 /ee/, /ah/, /oo/는 ⓒ 두 곳에 표시되어 있더라고요. 왜 그런가요?

2) ⓒ의 특성을 쓰시오. [1점]

---

디지털 증폭기의 장점
- 주파수 반응 특성과 압축 비율 조정 가능
- 신호대잡음비 개선 가능
- 음향되울림 발생 억제
- 청취환경에 따라 증폭이득을 자동 적용

압축 방식에 따른 분류
- **선형 증폭기** : 모든 입력 신호에서 동일한 이득을 주어 출력하는 방식으로, 전음성 난청에 적합함 → 전음성 난청은 청력역치가 높은 만큼 불쾌역치도 함께 높아지므로 역동범위가 정상 청력과 큰 차이가 나지 않기 때문임

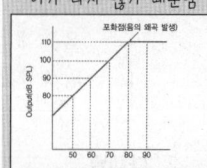

- **비선형 증폭기** : 입력음압과 출력음압의 증가 비율을 서로 다르게 적용하는 방식으로, 감각신경성 난청에 적합함 → 작은 소리는 이득을 크게 주고, 큰 소리는 이득을 작게 주어 역동범위가 좁은 감각신경성 난청이 효과적으로 청취할 수 있기 때문임

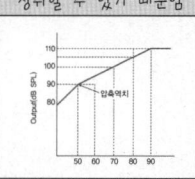

## 확장하기

### ❖ 디지털 보청기 (최성규 외, 2025.)

디지털 보청기는 아날로그 보청기와 비교했을 때 압축과 다채널이라는 크게 두 가지의 장점이 있다. 여기에 다채널을 구성하는 각 채널에는 자동 이득 장치(Automatic Gain Control; AGC)가 있는데, 다채널과 AGC의 역할로 소음을 줄일 수 있는 부가적 장점도 가지고 있다.

#### 1. 압축

- 아날로그 보청기는 절단을 통해 필요 이상의 음압을 제한한다. 디지털 보청기는 압축을 통해 필요 이상의 음압을 절단하지 않고 통제하며, 음의 왜곡현상 또한 최소화할 수 있다.
- 그러나 고도 이상의 청각장애처럼 청력손실 정도가 심할수록 압축 효과는 떨어진다. 압축은 최소가청역치보다 낮은 음압에서 시작할 필요가 없고, 최소가청역치보다 높은 음압에서 압축이 시작된다. 즉, 70dB의 청력손실이 있으면 보청기의 출력 음압이 70dB보다 높은 음압에서 압축해야 한다. 이런 점에서 90dB의 청력손실을 가진 경우는 압축 시점이 90dB 이상의 출력 음압에서 시작한다는 점에서 압축 효과가 크게 나타나지는 않는다. 90dB 이상의 최고도 청각장애 학생은 디지털 보청기의 압축 효과를 기대하기 어렵다.
- 압축을 시작하는 시점을 '압축역치'라고 한다. 아날로그 보청기의 압축 비율은 1:1로 결정되고, 필요 이상의 음압을 출력해야 할 시점에서는 절단한다. 그러나 디지털 보청기의 압축 비율은 2:1 또는 4:1로 결정할 수 있다.

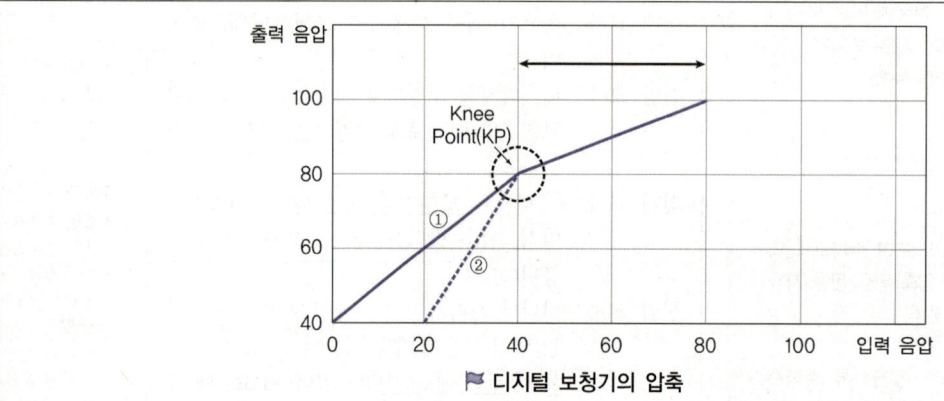

▶ 디지털 보청기의 압축

- 입력 음압의 이득이 40dB(80dB−40dB=40dB)인 반면, 출력 음압의 이득이 20dB(100dB−80dB=20dB)이다. 압축 비율은 40:20, 즉 2:1이다.
- 압축역치 이전의 입력과 출력 음압의 비율은 1:1로 나타나지만, 압축역치 이후에는 압축 비율이 2:1로 유지된다.

#### 2. 다채널

- 디지털 보청기의 다른 장점은 다채널을 통해 입력 신호의 주파수를 분류할 수 있다는 것이다. 특히 음성신호는 여러 주파수가 혼합되어 있고, 청각장애 학생의 청력손실 정도와 유형은 개인의 특성에 따라서 다양하다. 즉, 디지털 보청기는 입력신호를 청각장애인 개인에 맞춰 보청기의 다채널에 입력 음압을 조정해줄 수 있다.
- 9개 또는 13개 채널로 구성된 디지털 보청기가 일반적이다. 채널의 수가 필요 이상으로 많을 필요는 없으며, 최근에는 48개 채널까지 개발되어 있다.
- 아날로그 보청기는 두 개의 채널, 즉 저주파수와 고주파수를 조정할 수 있는 반면, 디지털 보청기는 주파수 대역별로 이득을 달리 조정할 수 있고, 각 채널에 담당할 주파수 대역을 배정한다.

참고자료 기본이론 75-77p

키워드 FM 시스템

구조화틀 **특수 보청기의 종류**
- FM 보청기
- 크로스 보청기
- 주파수 압축 보청기
- 촉각 보청기

핵심개념 **FM 보청기의 장점**
- 소음이 심한 방이나 울림이 큰 홀 등 음성을 청취하기에 부적합한 환경에서 어음 변별 및 언어 청취 명료도를 높임
- 화자의 음성만 명료하게 증폭되고 그 밖에 필요 없는 주위의 소음은 제거·억제됨
- FM 신호로 소리를 전달하기 때문에 음원과의 거리와 관계없이 명료한 소리를 전달함
- 교실이나 강당, 체육관 내의 반향효과와 무관하게 명료한 음을 전달할 수 있음
- 여러 사람이 말하는 토론 시간에도 효과적으로 활용될 수 있음

모범답안
② 한두 단어보다는 완전한 문장으로 말해줄 때 의미를 더 잘 파악할 수 있다.
④ 독화하기 좋은 자리는 교사가 임의적으로 지정하기보다는 학생과 함께 상의해서 결정한다.

---

2013학년도 추가중등 B7

**02** (가)는 청각장애 학생들의 청력 특성이고, (나)는 통합학급 박 교사의 수업방법이다. 물음에 답하시오. [6점]

(가) 청각장애 학생들의 청력 특성

| 이름 | ㉠ 평균 청력역치(㉡ dB HL) | |
|---|---|---|
| 병철 | 기도 좌측 50 | 우측 50 |
| | 골도 좌측 50 | 우측 50 |
| 수미 | 기도 좌측 35 | 우측 0 |
| | 골도 좌측 5 | ㉢ 우측 -5 |
| 지우 | 기도 좌측 70 | 우측 65 |
| | 골도 좌측 35 | 우측 35 |

(나) 박 교사의 수업방법

① 청각을 주된 의사소통 채널로 사용하는 병철이는 FM 시스템(보청기)의 수신기를 착용하고 수업에 참여한다. 교사는 FM 시스템의 마이크를 착용한 채, 교실 안을 자유롭게 움직이며 설명한다.
② 수미에게는 완전한 문장보다는 한두 단어로 말해준다.
③ 독화(말읽기)와 잔존청력을 활용하는 지우를 위해 집단 토론 상황에서는 서로 둘러앉게 하고, 말하는 학생 앞에 컵이나 작은 공(스피치 볼)을 놓고 말하도록 한다.
④ 지우가 독화(말읽기)하기 가장 좋은 자리를 교사가 임의로 지정해준다.

5) (나)의 ①~④ 중 적절하지 <u>않은</u> 수업방법 2가지를 찾아 기호를 쓰고, 그 이유를 각각 쓰시오. [2점]

## 확장하기

### ★ FM 보청기(최성규 외, 2025.)

① FM 보청기는 송신기, 수신기 그리고 보청기로 구분할 수 있다. 송신기는 교사가 착용하고 청각장애 학생은 수신기로 교사의 소리를 전달받는다. 수신기는 청각장애 학생의 보청기에 교사가 전달한 정보를 받아들이는 역할을 담당한다. 이를 통해 학생은 FM 보청기로 소음 방해 없이 직접적으로 교사의 설명을 인지할 수 있다. 최근에는 수신기가 보청기에 장착되기도 하며, 수신기가 장착된 인공와우도 있다.

② FM 보청기의 장점은 다음의 세 가지로 정리된다.

- **거리**
  - 거리는 음성신호 전달에서 소리의 약화에 영향을 미치는 주요 요인이다. 음원에서 멀어질수록 음압의 감소가 나타난다.
  - FM 보청기를 착용하면 교사와 학생 간의 거리는 말소리 지각에 영향을 미치지 못한다. 휴식 또는 점심시간이라도 거리와 관계없이 학생은 교사의 요구에 응답할 수 있다. 그러나 다른 교실에서 동시에 FM 보청기를 사용하게 된다면 각각의 주파수대가 달라야 한다. 이를 위해 FM 보청기에는 주파수를 달리 설정하는 기능이 있다.

- **소음**
  - 음성신호에서 소음 제거는 중요한 과제이다. 음성신호 전달에서 신호(음성)와 잡음(소음)의 비율은 SNR(Signal-to-Noise Ratio)로 나타낸다. 예를 들어 교사의 음성이 60dB이고 교실의 소음이 54dB이면 SNR은 60dB−54dB=+6dB이 된다. +6dB SNR은 교사의 음성이 소음보다 6dB 높음을 의미한다. 반면, −6dB SNR은 교사의 음성보다 교실의 소음이 6dB 더 높음을 의미한다.
  - 교실의 소음이 5~10dB일 때, 가청학생은 +6dB SNR만 되어도 교사의 설명을 이해할 수 있다. 청각장애 학생은 개인에 따라서 +15~+25dB SNR을 필요로 한다. 일상적으로 +24dB SNR이 바람직하다.
  - 교사의 음성과 교실 내 소음의 음압 차이를 SNR로 적용하지만, 최근에는 교사(화자)의 음성에 대한 청각장애 학생의 이해 정도를 SNR로 나타낸다. 청각장애 학생의 청력손실 정도 및 유형에 따라서 교사의 음성에 대한 이해 정도가 높으면 +24dB SNR이 가능하지만, 감음신경성 청각장애와 같이 교사의 음성에 대한 이해가 낮아지면 SNR 수치가 −6dB 등과 같이 떨어질 수 있다. 결과적으로 청각장애 학생의 음성신호에 대한 이해는 SNR 수치가 높을 때 가능하다. 또한 SNR 수치가 높다는 것은 교사의 음성에 대한 이해가 전제된다는 것으로도 설명된다.
  - 청각장애 학생에게 SNR 수치를 높게 제공하는 방안은 과거의 잡음(소음)을 줄이는 방법에서 최근에는 모음과 자음의 인지에 대한 지원의 차별성으로 설명되고 있다.

- **반향효과**
  - 반향효과는 음의 반사와 관련된다. 소리가 장애물로부터 반사되어 들리는 현상을 '반향'이라고 하며, 반사된 소리를 '반향음'이라고 한다.
  - 교사의 음성이 먼저 보청기에 전달되지만, 같은 양의 에너지를 가진 음성이 반향되어 다시 보청기에 입력된다. 이렇게 되면 최단 경로를 통해 입력된 교사의 음성과 시간적으로 늦게 수신되는 교사의 음성이 함께 보청기에 입력되어 동시에 증폭되므로 음향의 왜곡 현상에 노출된다. 반향이 심할 경우는 부딪힌 소리가 되풀이되어 반사된다. 반향이 심한 환경에서는 가청학생도 교사의 설명을 이해하는 데 어려움이 있다.
  - FM 보청기는 교사의 목소리만 전파로 전달하기에 반향효과가 없다. 교사의 음성이 교실에서 반사되어도 청각장애 학생의 보청기에 직접적으로 입력되지 않는다. 따라서 FM 보청기를 이용하면 반향효과가 나타나지 않거나 이를 최소화할 수 있다.
  - 반향효과를 줄이기 위한 환경지원으로는 방음장치 설비, 바닥에 양탄자 깔기, 창문에 커튼 달기 등이 있다.

참고자료: 기본이론 75-77p

 키워드: FM 시스템

 구조화툴

**특수 보청기의 종류**
- FM 보청기
- 크로스 보청기
- 주파수 압축 보청기
- 촉각 보청기

 핵심개념

**FM 보청기의 원리**
신호(교사의 발화)만을 명료하게 증폭시키고, 주변의 소음을 체계적으로 감소시키기 때문에 신호대잡음비(SNR)를 개선함

 모범답안

① FM 시스템
② 소음원에서 거리가 멀고, 입모양이나 시각적 단서를 활용할 수 있는 자리에 배치한다.

---

2015학년도 유아 B5

**03** 준서는 통합유치원에 다니는 5세 청각장애 유아이며, 박 교사는 유아특수교사이다. (가)는 준서의 특성이며, (나)는 활동 계획안의 일부이다. 물음에 답하시오. [5점]

(가) 준서의 특성

- 1년 전 인공와우 수술을 하였으며, 현재 청력은 45~50dB 정도임
- 구어를 주로 사용하나 상대방의 입모양이나 시각적 단서도 활용함
- 노래 부르는 것을 좋아하지만 음정이나 박자가 정확하지 않음

(나) 활동계획안

| 활동명 | 내 친구 | 활동 형태 |  | 대·소집단 활동 | 영역 | 음률 |
|---|---|---|---|---|---|---|
| 활동 목표 | • 친구에 대해 소중한 마음을 갖는다.<br>• 리듬에 맞춰 노래를 적절히 부른다.<br>• 멜로디에 맞게 친구 이름을 넣어 부른다. |||||||
| 누리과정 관련요소 | (생략) ||||||
| 활동 자료 | 반 친구들의 사진(삼각대로 제작), 노랫말판, '내 친구' 음원, 사진기 등 ||||||
| 활동 방법 | • 자유롭게 친구를 소개하면서 친구에 대한 다양한 생각을 이야기한다.<br>• 친구와 함께 손을 마주잡고 '내 친구' 노래를 감상한다.<br><br>(악보: 내 친구 - 작사/작곡 방은영)<br><br>• 친구 이름을 넣어 가사를 읽는다.<br>• '내 친구' 가사에 친구 이름을 넣어 노래를 부른다.<br>• 노래를 부른 후 생각과 느낌을 이야기한다. ||||||
| 확장 활동 | • 정리정돈을 알리는 신호로 '내 친구' 음악을 활용한다.<br>• 이야기나누기 시간에 '내 친구' 노래로 인사한다. ||||||

> 교실에서는 FM 시스템을 사용해 교사의 말을 더 잘 들을 수 있도록 함

3) ① 준서가 집단 음률활동에 참여하기 위해 필요한 청각보조장치 1가지를 쓰고, ② 음률 영역의 환경 구성 시 고려해야 할 점 1가지를 쓰시오. [2점]

참고자료

기본이론 74-77p

키워드
- FM 시스템
- 보청기 관리

구조화틀

**특수 보청기의 종류**
- FM 보청기
- 크로스 보청기
- 주파수 압축 보청기
- 촉각 보청기

**보청기 관리**
- 보청기 적응
- 건전지 교체
- 보청기 관리

핵심개념

**건전지 교체**
- 보청기는 건전지로 작동하기 때문에 정기적인 건전지 교체가 중요함
- 장애 아동의 경우, 스스로 건전지 교체 필요성을 지각하기 어렵기 때문에 보호자가 잘 관찰해야 함
- 건전지 교체 시기를 놓치면 소리가 약해지거나 정상적으로 들리지 않으며, 소리에 왜곡·잡음·음향되울림·잦은 끊김 현상이 나타남

모범답안

1) 보청기의 이어몰드가 잘 맞지 않거나, 건전지 교체 시기를 놓치면 음향되울림이 발생할 수 있기 때문이다.

2) ① '신호대잡음비'란 소음에 대한 신호음의 비율이다.
   ② 신호대잡음비를 향상시킬 수 있도록 커튼, 카펫을 깔아준다. 또는 FM 보청기를 제공해 화자의 말소리를 명료하게 전달한다.

2020학년도 유아 A3

**04** 다음은 4세 청각장애 유아 찬우를 지도하기 위하여 통합학급 김 교사와 특수학급 박 교사가 나눈 대화이다. 물음에 답하시오. [5점]

김 교사: 새로 전학 온 찬우는 청각장애가 있어요. 찬우가 보청기를 착용하는데 수업시간에 보청기에서 가끔 '삐~~' 소리가 나요.

박 교사: 음향 피드백(음향되울림)이 발생하면 ㉠ 찬우의 보청기 이어몰드나 건전지 상태를 확인해야 해요. 그리고 찬우가 소리를 최대한 잘 듣도록 ㉡ 신호대잡음비(Signal to Noise Ratio ; SNR)를 개선할 필요가 있어요.

김 교사: 찬우의 자리는 어디로 할까요?

박 교사: 수업 형태에 따라 자리 배치를 하는 것이 좋아요. ㉢ 유아들이 언어적 상호작용을 많이 하는 수업시간에는 자리 배치를 반드시 고려해야 해요.

김 교사: ㉣ 조명이나 채광도 고려해야 하지요? 그럼 찬우 자리는 어디가 좋을까요?

박 교사: 아래 [그림]과 같은 위치가 가장 좋아요.

**음향되울림**
보청기의 수화기에서 새어 나온 소리가 송화기로 되돌아가서 재증폭되는 현상
→ 보청기의 이어몰드가 외이도를 꽉 막아 공기가 들어가지 않도록 이어몰드 교체 필요
※ 이어몰드가 외이도를 꽉 막을 경우 외이도 폐쇄효과로 인해 외이도 내 음압증가 현상이 발생함
→ 환기구가 설치된 보청기를 사용함

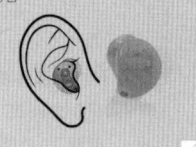

[그림]

1) ㉠과 같이 말한 이유를 1가지 쓰시오. [1점]

2) ① ㉡의 의미를 쓰고, ② 교실 수업 상황에서 ㉡을 향상시키는 방법 1가지 쓰시오. [2점]

기본이론 75-77p

FM 시스템

특수 보청기의 종류
- FM 보청기
- 크로스 보청기
- 주파수 압축 보청기
- 촉각 보청기

**FM 보청기의 원리**
신호(교사의 발화)만을 명료하게 증폭시키고, 주변의 소음을 체계적으로 감소시키기 때문에 신호대잡음비(SNR)를 개선함

**FM 보청기의 단점**
- 보안성이 없으므로, 말을 하지 않을 때는 반드시 송화기의 스위치를 꺼 놓아야 함
- 학교 현장에서 성공적으로 사용되기 위해서는 주파수 조정, 외부기기와의 연결, 소모품 교체 등에 대한 지식을 갖추고 상태를 점검하는 등 교사의 협조가 필요함
- 차폐물에 매우 약하며, 주파수 혼선 등 다른 전파의 방해로 인한 소음이 생길 수 있음

① 음원이 멀어짐에 따라 소리 감쇠 현상이 발생하지 않기 때문이다. 또는 신호대잡음비를 높여주기 때문이다.
② FM 보청기는 보안성이 없기 때문에 수업시간 이외에는 항상 무선 송화기의 스위치를 꺼야 한다.

---

2021학년도 유아 A4

**05** (가)는 통합학급 김 교사와 유아특수교사 윤 교사가 4세 청각장애 유아 민기를 지도하기 위해 나눈 대화의 일부이고, (나)는 민기의 청력검사 결과의 일부이다. 물음에 답하시오. [5점]

(가)

| 김 교사 : 새로 전학 온 민기가 청각장애가 있는데 민기를 위해 어떤 지원을 해야 할지 고민이에요. 저의 가장 큰 고민은 민기가 보청기를 끼고는 있는데 보청기가 잘 작동되고 있는지 확인하는 것과 청력검사 결과를 해석하는 것이에요.
윤 교사 : 민기는 아직 어리기 때문에 보청기를 낀 상태에서 소리가 어떻게 들리는지 스스로 표현하는 것을 어려워해요. 그래서 교사가 수시로 보청기 상태를 확인하고 ㉠ <u>링(D. Ling)의 6개음 검사를 할 때는 교사의 입을 가리고 해야 해요.</u>
김 교사 : 그런데 민기는 주변 소음이 많거나 거리가 멀어지면 말소리를 훨씬 이해하지 못하더라고요.
윤 교사 : ㉡ <u>그런 경우에는 FM 보청기를 사용하면 도움이 됩니다.</u> 그리고 ㉢ <u>FM 보청기를 사용할 때는 유의해야 할 것이 있어요.</u>
김 교사 : 그리고 여기에 민기 청력검사 결과가 있는데 한번 봐주시겠어요?
윤 교사 : 오른쪽 귀 순음청력검사와 어음청력검사 결과네요. 그런데 ㉣ <u>검사 결과에 오류가 있네요.</u>
…(하략)… |

*일반 보청기의 단점에 근거한 FM 보청기의 장점*
- 일반 보청기는 화자의 말소리뿐만 아니라 주변의 소음까지 증폭해 말소리 명료도를 감소시킴 → FM 보청기는 화자의 음성만 명료하게 증폭되고 그 밖에 필요 없는 주위의 소음은 제거되거나 억제됨
- 일반 보청기는 화자와의 거리가 멀어질수록 청취 음압도 낮아지게 됨 → FM 신호로 소리를 전달하기 때문에 음원과의 거리와 관계없이 명료한 소리를 전달함

2) ① ㉡의 이유를 FM 보청기 작동 특성에 기초하여 쓰고, ② 교사 입장에서 ㉢을 1가지 쓰시오. [2점]

참고자료
기본이론 75-77p

 키워드
FM 시스템

 구조화틀
**특수 보청기의 종류**
- FM 보청기
- 크로스 보청기
- 주파수 압축 보청기
- 촉각 보청기

 핵심개념
**신호대잡음비(SNR)**
신호와 소음의 비율로, 양수의 SNR은 신호가 소음보다 크다는 것을, 음수의 SNR은 소음이 신호보다 크다는 것을 의미함

**소음의 수준**
- 교실은 보통 상당한 소음에 둘러싸여 있는데, 일반적으로 교실의 소음은 55dB임
- 교사의 말, 즉 신호음 대 소음 수준의 비율이 청취 환경에서 중요한 요소인데, 이것은 보통 교실에서는 5dB 정도, 이는 교사의 목소리가 주위 소음보다 5dB 정도 크다는 의미임
- 말소리를 변별할 수 있는 가장 좋은 환경은 소음보다 신호음이 30dB 큰 경우로, 가능한 교실 상황에서는 20dB 이상 크게 해주는 것이 좋음

 모범답안
ⓐ 교실의 신호대잡음비(SNR)는 주변 소음보다 말소리가 최소 +20~30dB 정도 크게 유지해 말소리 이해력을 높인다.

2022학년도 중등 A12

**06** (가)는 청각장애 학생 H와 I가 보이는 특성의 일부이고, (나)는 교육실습생이 작성한 지도 계획이다. 〈작성방법〉에 따라 서술하시오. [4점]

**(가) 특성**

| 학생 | 유형 | 특성 |
|---|---|---|
| H | 감각신경성 난청: ( ㉠ ) | …(상략)…<br>• 어음명료도검사: 양측 귀 70dB HL에서 PBmax 40%  ┐ [A]<br>• ⓒ 말림현상이 관찰됨<br>• 청각보조기기를 착용하고 있지 않음<br>• 현재 수어로 의사소통하는 것을 배우고 있음 |
| I | 혼합성 난청 | …(상략)…<br>• 유발이음향방사: Fail(관찰되지 않음)<br>• 4세부터 양쪽 귀에 귀걸이형 보청기를 착용하고 있음<br>• 독화와 지문자로 의사소통을 함 |

[A] 감음기관에 문제가 있으면서 이음향방사가 나타나지 않을 경우 미로성 난청, 후미로성 난청의 가능성도 고려

귀걸이형 보청기와 귓속형 보청기의 선택에는 청력손실 정도가 가장 중요한 변인임 → 청력손실 정도가 심한 경우는 증폭량이 큰 귀걸이형 보청기가 적합하며, 경도나 중도인 경우 귓속형 보청기가 적합함

**(나) 지도 계획**

| 학생 | 지도 계획 |
|---|---|
| H | • 학생이 잘 볼 수 있도록 정면에서 수어를 한다.<br>• ⓒ 적절한 수어 표현이 없을 때에는 지문자를 사용한다.<br>• ㉣ 청능훈련 시 변별 단계에서는 소리 자극의 차이가 적은 두 개의 소리부터 시작한다. |
| I | • FM 보청기를 보조기기로 지원한다.<br>• ㉤ 학생을 부를 때는 멀리서 큰 소리로 부르기보다는 가까이 가서 부른다.<br>• ㉥ 수업에 잘 참여할 수 있도록 음성 자막 변환 애플리케이션(application)을 지원한다.<br>• ⓐ 교실의 신호대잡음비(SNR)를 최소 −10에서 −15 정도로 유지하여 말소리 이해력을 높인다. |

㉤ 교실 수업을 지원하기 위해서는 청취환경을 조성해 주어야 함

㉥ 수업 활동을 잘 이해할 수 있도록 시각적 지원을 제공함 → 활동 전에 교사의 시범을 먼저 보여주고, 영상자료는 자막이 있는 것을 선택해야 함. 중요한 전달사항이나 숙제 등은 칠판에 적어주며, 뒤돌아서서 말하지 않음

**〈작성방법〉**
(나)의 밑줄 친 ⓒ~ⓐ 중 틀린 것 2가지를 찾아 기호와 함께 바르게 고쳐 각각 서술할 것.

참고자료 기본이론 75-77p

키워드 FM 시스템

구조화틀
**특수 보청기의 종류**
- FM 보청기
- 크로스 보청기
- 주파수 압축 보청기
- 촉각 보청기

핵심개념
**FM 보청기의 원리**
신호(교사의 발화)만을 명료하게 증폭시키고, 주변의 소음을 체계적으로 감소시키기 때문에 신호대잡음비(SNR)를 개선함

**FM 보청기의 장점**
- 소음이 심한 방이나 울림이 큰 홀 등 음성을 청취하기에 부적합한 환경에서 어음 변별 및 언어 청취 명료도를 높임
- 화자의 음성만 명료하게 증폭되고 그 밖에 필요 없는 주위의 소음은 제거·억제됨
- FM 신호로 소리를 전달하기 때문에 음원과의 거리와 관계없이 명료한 소리를 전달함
- 교실이나 강당, 체육관 내의 반향효과와 무관하게 명료한 음을 전달할 수 있음
- 여러 사람이 말하는 토론 시간에도 효과적으로 활용될 수 있음

모범답안 FM 시스템(보청기)을 활용한다.

2025학년도 중등 B11

**07** (가)는 ○○ 고등학교에 재학 중인 청각장애 학생 A의 특성이고, (나)는 특수 교사와 일반 교사가 나눈 대화이다. 〈작성 방법〉에 따라 서술하시오. [4점]

(나) 특수 교사와 일반 교사의 대화

일반 교사: 선생님, 학생 A는 80dB HL보다 작은 소리는 못 듣는 것으로 알고 있어요. 그런데 저하고 개인 상담을 할 때는 제 이야기를 잘 이해하고, 답도 적절하게 했어요.

특수 교사: 학생 A가 보청기를 착용하고 있어 교정 청력 역치로 듣기 때문에 선생님과의 대화가 가능했을 거예요. 하지만 멀리서 말하거나 주변 소음이 심하거나 판서하면서 말하거나 ㉠교실 안의 반향이 심하면 듣는 데 어려움이 있어요.

…(중략)…

**작성방법**
(나)의 밑줄 친 ㉠을 개선하기 위한 방법 1가지 쓸 것.

일반 보청기의 단점에 근거한 FM 보청기의 장점
- 일반 보청기는 화자와의 거리가 멀어질수록 청취 음압도 낮아지게 됨
  → FM 보청기는 FM 신호로 소리를 전달하기 때문에 음원과의 거리와 관계없이 명료한 소리를 전달함
- 일반 보청기는 화자의 말소리뿐만 아니라 주변의 소음까지 증폭해 말소리 명료도를 감소시킴
  → FM 보청기는 화자의 음성만 명료하게 증폭되고 그 밖에 필요 없는 주위의 소음은 제거되거나 억제됨

참고자료  기본이론 78p

키워드  크로스 보청기

특수 보청기의 종류
- FM 보청기
- 크로스 보청기
- 주파수 압축 보청기
- 촉각 보청기

**크로스 보청기**
- 청력이 나쁜 쪽 귀로 소리가 입력되면, 그 소리를 좋은 쪽 귀로 보내주어 좋은 쪽 귀에서 청취할 수 있는 방식의 보청기
- 특히 편측성 청각장애의 경우 크로스 보청기를 이용해 소리 증폭 효과를 볼 수 있음 → 좌우 청력 차가 커서 한쪽만 보청기를 착용할 경우, 한쪽이 양호하더라도 잡음이 있을 때 어음이해력이 크게 떨어지고 방향 분별이 어렵기 때문에 크로스 보청기 착용이 필요함

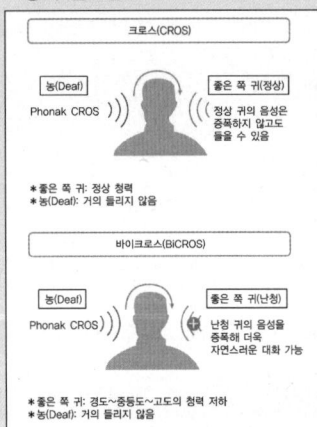

① 편측성 청각장애
② 크로스 보청기는 청력이 나쁜 쪽 귀로 들어온 소리를 좋은 쪽 귀로 전달해 청취할 수 있게 한다.

**08** (가)는 2015 개정 국어과 교육과정에 따라 청각장애 학생 연지가 포함된 통합학급 수업을 위해 일반교사가 작성한 교수·학습 과정안의 일부이고, (나)는 일반교사와 특수교사가 협의한 내용의 일부이다. 물음에 답하시오. [6점]

2018학년도 초등 B3

(나)

| | |
|---|---|
| 일반교사 : | 선생님, 요즘 우리 학급에서는 자음 음소 대치 수업을 하고 있는데 연지는 음소 대치를 어려워해요. |
| 특수교사 : | 연지는 ( ⓜ ) 난청이 있어서 ⓗ<u>크로스 보청기</u>를 착용하고 있지만 부모님이 농인이어서 수어에 익숙하고, 음성 언어를 접한 지 오래되지 않아서 소리 구조를 이해하는 것이 쉽지는 않을 거예요. |
| 일반교사 : | 그래도 지난번에 선생님이 주신 ⓢ<u>최소대립쌍을 이루는 수어 단어</u>가 많은 도움이 되었어요. |
| 특수교사 : | 그러셨어요? 수어도 음성 언어처럼 수어소 대치가 가능하니 수어소에 따른 의미 변화를 연습하도록 수어 최소대립쌍을 활용할 수 있어요. |
| 일반교사 : | 아, 궁금한 게 하나 더 있어요. 연지가 창피하다고 자꾸 보청기를 빼려고 해요. 자신이 농·난청인지 청인인지에 대한 정체성 갈등을 겪고 있는 것 같아요. |
| 특수교사 : | 그럴 수 있어요. ⓞ<u>연지가 바람직한 이중문화 정체성을 갖도록 도움을 줄 필요가 있어요.</u> |

4) ① (나)의 ⓜ에 들어갈 내용을 쓰고, ② 밑줄 친 ⓗ의 작동 원리를 쓰시오. [2점]

### 확장하기

#### ★ 크로스 보청기의 유형

① 단일 크로스: 나쁜 쪽 귀로 소리가 들어오면 유선 또는 무선 방식을 통해 좋은 쪽 귀로 송신해주는 구조이다. 이때 한쪽 귀는 농 또는 고도난청이면서 다른 한쪽은 청력이 좋아야 한다.
② 바이 크로스: 편측성이면서 좋은 쪽 귀 역시 난청의 정도가 심한 경우에 착용한다. 좋은 쪽 귀에 일반 보청기를 착용하고 나쁜 쪽 귀로 입력된 소리신호를 좋은 쪽 귀로 보내준다. 양쪽에서 입력되는 소리가 증폭되기 때문에 방향감각이 좋아진다는 장점이 있다.

| 유형 | 장점 | 단점 |
| --- | --- | --- |
| 단일 크로스 보청기 | 좋은 쪽 귀는 경도 또는 정상 귀 / 나쁜 쪽 귀는 고도난청 또는 농 | |
| | • 나쁜 쪽 귀에서 입력되는 소리신호를 좋은 귀로 전달해 듣는다.<br>• 송화기와 수화기가 따로 있어서 음향되울림이 감소한다. | • 양 귀에 수화기와 송화기를 따로 착용해야 한다.<br>• 소음이 나쁜 귀로 들어오면 말소리의 이해력이 감소된다. |
| 바이 크로스 보청기 | 좋은 귀는 중도 또는 고도 / 나쁜 귀는 고도난청 또는 농 | |
| | 좋은 귀에 일반 보청기를 착용해 양측으로 소리신호가 입력된다. | 음향되울림 현상이 발생할 수 있다. |

#### ★ 편측성 청각장애를 위한 보청기(최성규 외, 2025.)

① CROS 보청기
CROS 보청기는 청각장애가 있는 귀에 송화기를, 기능적으로 정상인 청력이 좋은 귀(정상 또는 경도, 중도)에 수화기를 착용하는 방식으로 소리를 듣게 한다. 즉, 청력이 나쁜 귀에 소리를 입력해 청력이 좋은 귀의 수화기로 신호를 보낸다. 이렇게 하면 두 귀로 분리된 송화기와 수화기의 위치 차이로 인해 음원의 방향을 인지하는 데 도움을 받을 수 있다.

② BICROS 보청기
BICROS 보청기는 두 귀 모두 청력손실이 있는 편측성 난청을 위해 개발되었다. 잔존 청력이 조금 있거나 전혀 없는 귀에 송화기를 장착하고, 상대적으로 청력이 좋은 귀에 송화기와 수화기를 장착한다. 즉, 청력이 나쁜 귀에서 보낸 신호를 청력이 좋은 귀에서 수집해 소리 정보를 함께 처리한다.

③ CROS vs BICROS
• CROS 보청기는 하나의 송화기와 하나의 수화기를 장착하지만, BICROS 보청기는 두 개의 송화기와 하나의 수화기로 구성되어 있다.
• CROS 보청기는 한쪽 귀는 정상(또는 중도/경도)인 경우 착용하는 반면, BICROS 보청기는 두 귀에 모두 청각장애가 있으며, 청력손실 정도의 차이가 심하고, 청력이 나쁜 귀는 보청기를 착용하는 데 한계가 있을 정도의 청력손실이 있을 경우 착용한다.

2024학년도 중등 A10

**09** (가)는 ○○중학교에 재학 중인 청각장애 학생 A의 특성이고, (나)는 일반 교사와 특수 교사의 대화 중 일부이다. 〈작성방법〉에 따라 서술하시오. [4점]

(가) 학생 A의 특성

- 순음청력검사 결과가 왼쪽 귀 60dB HL, 오른쪽 귀 90dB HL으로 나타남
- 오른쪽 귀만 보청기를 착용하고 있음
- 보청기 착용으로 말읽기를 통하여 수업에 참여하고 있음

(나) 일반 교사와 특수 교사의 대화

일반교사: 선생님, 학생 A는 오른쪽 귀에 보청기를 착용하고 있는데도 수업 시간에 말소리를 듣고 이해하는 것을 어려워하고, 음원의 위치 파악이 가끔씩 잘 안 될 때도 있더라고요.
특수교사: 학생 A는 특성상 양쪽 귀에 보청기를 착용하면 좋을 것 같더군요. 이런 경우에는 ( ㉠ )의 착용이 효과적일 수 있어요.

┌─ 작성방법 ─
(가)를 참고하여 (나)의 괄호 안의 ㉠에 해당하는 보청기의 유형을 쓰고, 학생 A가 ㉠을 착용했을 때의 효과를 1가지 서술할 것.

---

 참고자료 : 기본이론 78-79p

 키워드 : 크로스 보청기

 구조화틀 : 특수 보청기의 종류
- FM 보청기
- 크로스 보청기
- 주파수 압축 보청기
- 촉각 보청기

 핵심개념 : 크로스 보청기
- 청력이 나쁜 쪽 귀로 소리가 입력되면, 그 소리를 좋은 쪽 귀로 보내주어 좋은 쪽 귀에서 청취할 수 있는 방식의 보청기
- 특히 편측성 청각장애의 경우 크로스 보청기를 이용해 소리 증폭 효과를 볼 수 있음 → 좌우 청력 차가 커서 한쪽만 보청기를 착용할 경우, 한쪽이 양호하더라도 잡음이 있을 때 어음이해력이 크게 떨어지고 방향 분별이 어렵기 때문에 크로스 보청기 착용이 필요함

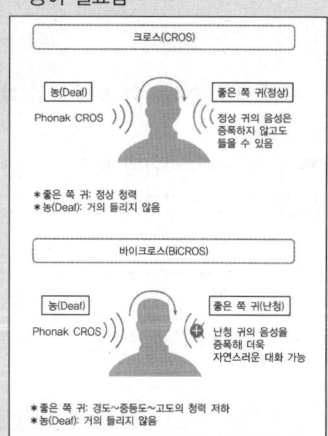

 모범답안 : ㉠ 바이 크로스 보청기

㉠을 착용했을 때의 효과는 양쪽에서 입력되는 소리가 증폭되기 때문에 방향감각이 좋아진다.

참고자료: 기본이론 81p

 키워드: 보청기의 선정

 구조화툴: 보청기
- 보청기의 기본 구조
- 보청기의 종류
- 특수 보청기의 종류
- 보청기의 선정
- 보청기 관리

 핵심개념: **보청기 착용 귀의 선정**
- 보청기의 편측 착용보다 양측 착용을 먼저 고려하는 이유는 양이 효과를 얻기 위함임. 양측 착용 시 기대되는 장점은 다음과 같음
  - 소리의 방향을 감지하기 쉬움
  - 소리의 크기가 건청인의 경우 약 3dB 증가하는 양이합산 현상이 나타남
  - 양이진압 현상으로 잡음에 대한 감소 현상이 커져 신호대잡음비가 향상됨
  - 같은 소리를 두 번 반복해서 청취하는 것과 같은 양이중복이 발생함
  - 어음명료도를 향상시킴
- 부득이하게 편측 착용을 할 경우 첫째, 역동범위가 상대적으로 넓은 귀를 선택하며, 둘째, 어음인지도가 높은 쪽 귀에 보청기를 착용하는 것이 효과적임

 모범답안: ⓒ 양이진압 현상으로 잡음에 대한 감소 현상이 커져 신호대잡음비가 향상됨

---

2025학년도 중등 B11

**10** (가)는 ○○ 고등학교에 재학 중인 청각장애 학생 A의 특성이고, (나)는 특수 교사와 일반 교사가 나눈 대화이다. 〈작성 방법〉에 따라 서술하시오. [4점]

(나) 특수 교사와 일반 교사의 대화

> 일반 교사: 학생 A는 한쪽 귀에만 보청기를 착용해도 될 것 같은데, 왜 양쪽 귀에 보청기를 착용하고 있나요?
> 특수 교사: 양쪽 귀에 보청기를 착용하면 ⓒ <u>양이 효과</u>를 얻을 수 있기 때문이에요.
>
> …(중략)…

─── 작성방법 ───
(나)의 밑줄 친 ⓒ을 소음 측면에서 1가지 서술할 것.

### 확장하기

**✤ 보청기 착용 귀의 선정**

| 조건 | 착용 위치 |
|---|---|
| 양쪽 귀의 청력역치가 55dB보다 좋을 경우 | 나쁜 쪽 귀 |
| 양쪽 귀의 청력역치가 55dB보다 나쁠 경우 | 좋은 쪽 귀 |
| 비슷한 역치를 가질 경우 | 어음인지도가 좋고 역동범위가 넓은 귀 |
| 양측 청력의 차이가 없을 경우 | 오른쪽 귀 |

**✤ 보청기 착용효과(최성규 외, 2025.)**

- 보청기는 소리를 들을 수 있도록 도와주는 장치이다. 이는 dB의 증폭과 관련되며, 주파수(Hz) 변위를 결정하는 것은 아니다.
- 전음성 난청의 경우 보청기의 증폭이 소리 인지에 도움을 준다. 그러나 내이, 즉 달팽이관에 문제가 있는 경우는 주파수(Hz)의 문제이므로, 보청기 착용으로 소리를 인지하는 데 한계가 있다. 즉, 보청기가 dB을 0큰 소리로 증폭해도 주파수 변환이 일어나는 내이의 기능을 대신할 수 없다. 달팽이관에서는 전기 생리 에너지로 변환된다.
- 전음성 청각장애는 보청기 착용 효과가 좋다. 반면, 감음신경성 청각장애는 청력손실 정도가 70dB을 초과하면서 내이에서 음의 왜곡현상(에일리어싱 현상)이 발생하므로 보청기를 통한 소리의 감지는 가능하지만, 음성신호에 대한 정보처리에 어려움을 보인다. 소리를 듣는 것과 들은 음성에 대한 의미를 파악하는 것은 별개의 기능이다. 보청기를 통해 소리를 들을 수 있지만, 무슨 소리인지에 대한 이해는 다른 차원이다.
- 감음신경성 청각장애인에게 나타나는 이와 같은 현상은 연사론의 표본화 부족으로 설명된다. 1,000Hz의 음성신호에 대한 이해는 1,000개 이상의 유모세포 협응이 전제되어야 한다. 청신경 유모세포가 1,000개보다 부족하면 표본화 수치에 도달하지 못해 음의 왜곡현상에 노출된다. 청신경의 유모세포가 표본화 처리를 위한 역할을 담당하며, 적절한 표본화가 전제되어야 음성신호에 대한 정확한 감지가 가능하다.

**✤ 양이청각(한국청각학교수협의회, 『청각학개론 제2판』, 2025.)**

- 양이청각은 사람의 청각 시스템이 두 귀를 통해 수집된 신호를 활용하는 과정이다. 양이청취를 통해 소리의 위치 및 방향 인식, 양이 정보 합산, 소음하에서의 소리 지각, 공간 청취, 자연스러운 청취 등 여러 혜택을 얻을 수 있다. 특히 양이합산, 두영효과, 양이진압 등은 소리의 지각에서 중요한 역할을 하며, 말소리 이해에 도움을 준다.
- 양이합산은 두 귀로 들어오는 소리의 강도를 합산하는 현상이다. 두 귀는 위치가 다르기 때문에, 소리가 도달하는 시간이나 강도도 미세하게 다르다. 이때 두 귀로 들어오는 소리 강도가 합쳐지면, 사람은 전체적으로 더 큰 소리 크기를 지각하게 된다. 양이청취 시 역치가 약 3~6dB 향상되며, 소리 크기는 대체로 2배 더 커지는 것으로 알려져 있다. 또한 비슷한 주파수의 소리가 양 귀에서 들릴 때, 소리는 하나로 융합되어 머리 중심에서 일관된 이미지로 지각된다.
- 두영 효과는 머리를 중심으로 한쪽 귀에 소리가 들릴 때, 파장이 짧은 고주파수의 소리가 반대편 귀로 전달되는 경로가 차단되어 감쇠되는 현상이다. 이는 긴 파장을 가진 저주파수는 반대편 귀에 도달하는 시간이 지연되고, 짧은 파장을 가진 고주파수는 머리에 의해 차단되어 음영을 생성하며 소리 강도가 감소한다. 이러한 효과는 저주파수는 양이 시간차를, 고주파수는 양이 강도차를 활용해 방향을 인식하는 데 중요한 단서를 제공한다. 두영 효과는 소리의 방향성을 인식하고, 소음이 많은 환경에서 말소리 이해를 돕는 데 중요한 역할을 한다.
- 양이진압은 두 귀에서 들리는 소리의 차이를 이용해 배경소음을 감소시키고, 중요한 신호를 강조하는 현상이다. 예를 들어, 여러 사람이 동시에 말하거나 소리가 겹치는 환경에서 두 귀는 소리의 위치, 시간 차이, 강도 차이를 바탕으로 주요 신호를 구별하고 잡음을 억제하는 능력을 발휘한다. 이와 유사한 현상으로 칵테일 파티 효과가 있다. 이는 많은 사람들이 대화하는 파티와 같은 상황에서 여러 소리 가운데 원하는 소리에 집중하고 배경소음은 무시하는 능력을 의미한다. 즉, 칵테일 파티 효과는 복잡한 소리 환경에서 특정 사람의 목소리를 구별하고 다른 잡음이나 대화를 차단하는 능력을 말한다. 양이진압은 양 귀 간 소리의 시간과 강도 차이를 활용해 배경소음을 억제하고 뇌에서 신호를 선택적으로 강조하는 현상인 반면, 칵테일 파티 효과는 인지적 처리와 주의집중을 통해 여러 음원 중 중요한 신호를 선택적으로 인식하는 과정이다. 이 두 현상은 모두 소음 속에서 중요한 정보를 선택적으로 인식하는 데 도움을 주지만, 그 기전과 적용 방식에서 차이를 보인다.
- 양이청각은 일상적인 청각 기능에서 매우 중요한 역할을 하며, 소리의 위치와 방향을 인식하고, 소음을 구별하며, 다양한 청각적 경험을 더욱 풍부하게 만든다. 특히 난청인에게 양이청각은 단순한 소리의 위치나 방향 파악을 넘어서 소음 속에서 중요한 소리를 구별하고, 의사소통능력을 향상시키며, 안전을 보장하는 데 중요한 역할을 한다.

기본이론 71-86p

- 보청기
- 인공와우

### 인공와우
- 기본 구조 ─ 외부기기
                └ 내부기기
- 수술 절차 ─ 적격성 심사
            ├ 청각학적 평가
            ├ 수술
            ├ 매핑
            └ 청능훈련
- 인공와우 착용 아동을 위한 교육지원

### 인공와우
일반 보청기가 도움이 되지 않는 양측 고도 감각성 난청이나 농 상태의 난청인을 대상으로, 와우에 전극을 삽입해 청신경을 직접적으로 자극하는 방식

### 인공와우 적격성 심사
- 청신경이 일부라도 기능해야 함
- 양측 귀 모두 고도 이상의 감각신경성 난청이어야 함
- 보청기로 적절한 기간 동안 청력 재활을 해도 효과가 없어야 함

### 인공와우의 기본 구조

| 외부기기 | |
|---|---|
| 마이크 (송화기) | 주변의 소리를 감지해 어음처리기로 보냄 |
| 어음처리기 | • 입력된 소리를 프로그램에 따라 전기신호로 변환함<br>• 1개 이상의 맵이 저장되어 있으며, 개인에게 가장 적합한 어음처리 방식을 선택할 수 있는 정보가 들어 있음 |
| 송신기 (헤드셋) | 체내부의 수신기로 전기신호를 전달함 |
| **내부기기** | |
| 수신기 | 수신기에 전달된 신호는 와우에 삽입된 전극으로 전달됨 |
| 전극 | 신호에 알맞은 전극이 청신경을 자극함 |

 ④

---

2011학년도 중등 27

**11** 보청기와 인공와우에 관한 설명으로 옳은 것만을 〈보기〉에서 모두 고른 것은?

┌ 보기 ┐
ㄱ. 보청기는 서늘하고 습기가 없는 곳에 보관한다.
ㄴ. 보청기의 기본 구조는 마이크로폰, 증폭기, 이어폰으로 이루어져 있다.
ㄷ. 인공와우는 소리를 전기에너지로 변환하여 청신경을 직접 자극하는 전자 보조장치이다.
ㄹ. 인공와우 이식은 양쪽 귀 모두 중등도(moderate) 감각신경성 청각장애인을 대상으로 한다.
ㅁ. 인공와우의 체내부 기기는 전극과 마이크로폰이며, 인공와우 수술 후 기계의 점검, 맵핑, 청능훈련 등의 재활 프로그램이 필요하다.

① ㄱ, ㄴ   ② ㄱ, ㄷ
③ ㄷ, ㄹ   ④ ㄱ, ㄴ, ㄷ
⑤ ㄴ, ㄷ, ㄹ

---

**ㄱ. 보청기 관리**
- 정전기가 발생하지 않도록 주의
- 전자레인지, X선 검사실 등과 같이 강력한 전파가 발생하는 곳에 가까이 가지 않음
- 보청기는 습기와 온도에 취약함
- 착용하지 않을 때는 건전지를 넣는 입구를 열어두어 습기가 차지 않도록 주의
- 물에 닿지 않도록 함

**ㄴ. 보청기의 기본 구조**
- 마이크로폰(송화기): 유입된 음향에너지를 전기에너지로 바꾸는 기능
- 증폭기: 송화기에서 보내준 작은 전기신호를 큰 신호로 바꾸어주는 기능
- 수화기: 증폭기에서 나온 전기신호를 음향에너지로 변환시켜 다시 소리로 들려주는 기능

**ㅁ.** 인공와우를 이식했다고 해서 바로 소리를 들을 수 있는 것은 아니며, 수술 후 맵핑과 청능훈련 과정을 거쳐야 소리를 효과적으로 들을 수 있음

## 확장하기

### 주파수 압축 보청기(고은, 2017.)

- 주파수 압축 보청기는 고주파수 대역의 에너지를 저주파수 대역으로 변환 혹은 압축시켜 증폭시키는 보청기이다.
- 고주파수 대역의 청력이 거의 없으면서 저주파수 대역에 일부 잔존청력이 남아 있는 고도 및 최고도 청각장애 아동이나, 인공와우 이식을 결정하기 전 단계에서 보청기의 효과를 검증하는 데 활용된다.

### 주파수 전위보청기(최성규 외, 2025.)

주파수 전위 보청기는 입력 신호의 주파수를 변환, 즉 변위하는 역할을 담당한다. 고도 이상의 감음신경성 청각장애와 같이 고주파수 대역에서 청력손실 정도가 심하지만, 저주파수 대역에서는 상대적으로 청력손실 정도가 경미한 경우에 효과적이다. 고주파수 대역의 주파수를 저주파수로 전위 및 압축시켜서 저주파수 대역의 잔존청력을 이용할 수 있도록 개발되었다. 그러나 최근에는 디지털 보청기가 이와 같은 역할도 대신한다.

참고자료  기본이론 83-86p

 키워드  인공와우

 구조화
인공와우
├ 기본 구조 ─┬ 외부기기
│           └ 내부기기
├ 수술 절차 ─┬ 적격성 심사
│           ├ 청각학적 평가
│           ├ 수술
│           ├ 매핑
│           └ 청능훈련
└ 인공와우 착용 아동을 위한 교육지원

**핵심개념**

**인공와우의 기본 구조**

| 외부기기 | |
|---|---|
| 마이크 (송화기) | 주변의 소리를 감지해 어음처리기로 보냄 |
| 어음 처리기 | • 입력된 소리를 프로그램에 따라 전기신호로 변환함<br>• 1개 이상의 맵이 저장되어 있으며, 개인에게 가장 적합한 어음처리 방식을 선택할 수 있는 정보가 들어 있음 |
| 송신기 (헤드셋) | 체내부의 수신기로 전기신호를 전달함 |
| 내부기기 | |
| 수신기 | 수신기에 전달된 신호는 와우에 삽입된 전극으로 전달됨 |
| 전극 | 신호에 알맞은 전극이 청신경을 자극함 |

**인공와우 착용 아동 지도 시 고려사항**
• **외부기기**: 습기, 온도, 충격, 정전기 주의(특히 어음처리기)
• **내부기기**: 충격, 정전기 주의

 모범답안 ②

2012학년도 초등 8, 유아 4

**12** 다음은 특수학급 초임교사가 일반학급 교사를 대상으로 장애학생 이해 교육을 실시하기 위해 준비한 교육자료 초안의 일부이다. 청각장애 학생 이해 관련 내용으로 옳지 않은 것을 고르면?

---

청각장애 학생 이해

ㄱ. 청각장애의 가족력이 있는 경우, 청력손실이 점진적으로 진행될 수 있으니 소리에 대한 반응을 유심히 관찰해야 합니다.
ㄴ. 청력손실의 정도에 따라 전음성, 감각신경성, 혼합성, 중추성 청각장애로 나눌 수 있습니다.
ㄷ. 학생의 청력도를 통해 청력손실의 정도, 유형, 시기를 알 수 있습니다.
ㄹ. 보청기 및 인공와우를 착용하는 학생의 상태를 점검하기 위해 교사는 5개음 검사를 실시할 수 있습니다.
ㅁ. 인공와우시술을 받은 학생의 경우에도 학생의 효율적인 청취를 위해 적절한 학급 환경을 조성해야 합니다.
ㅂ. 인공와우는 체내에 수신기가 있기 때문에 학생이 머리에 충격을 받지 않도록 유의하고, 부딪쳤을 때는 유양돌기 주변이 부어 있는지 확인하고 조치해야 합니다.

---

① ㄱ, ㄴ    ② ㄴ, ㄷ
③ ㄷ, ㄹ    ④ ㄹ, ㅁ
⑤ ㅁ, ㅂ

기본이론 83-86p

**키워드**
인공와우

**구조화 툴**
인공와우
- 기본 구조 ─ 외부기기
            └ 내부기기
- 수술 절차 ─ 적격성 심사
            ├ 청각학적 평가
            ├ 수술
            ├ 매핑
            └ 청능훈련
- 인공와우 착용 아동을 위한 교육지원

**핵심 개념**
**인공와우의 기본 구조**

| 외부기기 | |
|---|---|
| 마이크 (송화기) | 주변의 소리를 감지해 어음처리기로 보냄 |
| 어음 처리기 | • 입력된 소리를 프로그램에 따라 전기신호로 변환함<br>• 1개 이상의 맵이 저장되어 있으며, 개인에게 가장 적합한 어음처리 방식을 선택할 수 있는 정보가 들어 있음 |
| 송신기 (헤드셋) | 체내부의 수신기로 전기신호를 전달함 |
| 내부기기 | |
| 수신기 | 수신기에 전달된 신호는 와우에 삽입된 전극으로 전달됨 |
| 전극 | 신호에 알맞은 전극이 청신경을 자극함 |

④

---

2012학년도 중등 30

**13** 다음은 청각장애 학생 A를 담당하고 있는 일반교사와 특수교사의 대화이다. ㉠~㉤ 중에서 옳은 내용만을 있는 대로 고른 것은? [2.5점]

일반교사 : 우리 반의 청각장애 학생 A는 최근에 인공와우 수술을 받았다고 해요. 제가 어떻게 도와야 할까요?

특수교사 : 그 학생은 ㉠<u>귀 속에 송신기와 전극을 삽입했기 때문에 머리를 심하게 부딪히지 않도록 조심해야 해요.</u> 그리고 머리에 착용한 기기는 습기에 약해요. 특히 ㉡<u>정전기는 어음처리기(speech processor)에 있는 프로그램을 손상시킬 수 있으므로 조심해야 해요.</u>

일반교사 : 특별히 제가 신경 써야 할 게 있나요?

특수교사 : 매일 인공와우를 꼭 착용하도록 하고 제대로 작동하는지 확인해주세요. ㉢<u>인공와우 수술을 했기 때문에 매일 기기를 착용만 한다면 정상적인 청력을 가진 사람과 똑같이 말을 알아들을 수 있어요.</u> 다만 교실의 소음과 반향에는 신경 써주셔야 해요.

일반교사 : 수업시간에는 어떻게 하는 것이 좋을까요?

특수교사 : ㉣<u>학생 A에게는 단어로 말하기보다는 완전한 문장으로 말해주세요.</u> 수업시간에는 시각적 자료를 많이 제시하는 게 좋은데, ㉤<u>시각적 자료를 활용할 때는 시각적 자료를 보여준 후에 그 자료에 대해서 설명해주세요.</u>

① ㉠, ㉢       ② ㉡, ㉢
③ ㉠, ㉣, ㉤   ④ ㉡, ㉣, ㉤
⑤ ㉠, ㉡, ㉣, ㉤

㉠ 체내부 기기는 수신기와 전극임

㉡ 정전기에 노출될 경우 어음처리기의 맵이 변조될 수 있으니 플라스틱으로 된 기구들은 피하는 것이 좋음 → 플라스틱 제품보다는 목재 장난감을 제공해주며, 정전기가 불가피한 경우에는 외부기기를 빼놓도록 함

㉢ 인공와우를 이식했다고 해서 바로 소리를 들을 수 있는 것이 아니고, 수술 후 매핑과 청능훈련 과정을 거쳐야 소리를 효과적으로 들을 수 있음

㉣ 문장은 완전한 형태로 반복해서 말해주며, 학생이 이해하고 있는지를 확인함

㉤ 수업 활동을 잘 이해할 수 있도록 시각적 지원을 제공함

2017학년도 초등 B5

**14** (가)는 2009 개정 영어과 교육과정 3~4학년 '듣기' 영역에 해당하는 수업 장면의 일부이다. (나)는 일반 초등학교 3학년에 재학 중인 청각장애 학생 동호의 특성이고, (다)는 일반교사와 특수교사가 동호의 특성에 적합한 교육을 하기 위해 협의한 내용의 일부이다. 물음에 답하시오. [5점]

(나)

- 동호
  - 7세 때 양쪽 귀에 인공와우 수술을 받았고, 인공와우 착용 시 좌우 청력은 각각 30dB임
  - 청인과는 구어로, 농인과는 수어로 의사소통하는 이중언어 사용자임

(다)

···(중략)···

특수교사: 동호의 청취 환경은 어떻게 개선하셨나요?
일반교사: 네, 선생님 말씀대로 ⓒ <u>반향 시간을 늘리려고 동호를 제 가까이에 앉혔습니다.</u> 그리고 ⓒ <u>신호대잡음비(SNR)를 낮추기 위해서 FM 시스템을 사용하고 있어요.</u> 자리 배치도 중요할 것 같아서 ⓔ <u>소그룹 토론식 수업을 할 때는 책상을 'U'자 모양으로 배열하고, 동호를 제일 오른쪽이나 왼쪽에 앉혀 전체 학생을 볼 수 있도록 했습니다.</u> 그런데 동호가 조용한 환경에서도 말소리를 잘 이해하지 못할 때가 있는 것 같아요. ⓜ <u>인공와우 수술을 늦게 받은 것이 그 이유 중 하나인 것 같습니다.</u>

- 인공와우를 이식했다고 해서 바로 소리를 들을 수 있는 것은 아니고, 체계적인 매핑과 청능훈련 과정이 필요함
- 인공와우의 예후는 어릴수록, 농 기간이 길지 않을수록 좋음

4) (나)를 고려할 때 (다)의 ⓒ~ⓜ에서 틀린 것 2가지를 찾아 기호를 쓰고, 각각 바르게 고쳐 쓰시오. [2점]

---

참고자료: 기본이론 71-76p, 83-86p

키워드
- 인공와우
- FM 보청기

구조화틀

인공와우
├ 기본 구조 ─┬ 외부기기
│            └ 내부기기
├ 수술 절차 ─┬ 적격성 심사
│            ├ 청각학적 평가
│            ├ 수술
│            ├ 매핑
│            └ 청능훈련
└ 인공와우 착용 아동을 위한 교육지원

핵심개념
반향
- 소리가 공간 내의 단단한 벽에 부딪힌 후 반사되어 길게 늘어나는 현상으로, 소음 수준과 상호작용해 청각장애 학생들이 말을 인식하는 데 어려움을 주는 요소
- 교실에서의 반향 시간은 0.3 이하가 좋음

모범답안
ⓒ 반향 시간을 줄이기 위해 동호를 제 가까이 앉혔습니다.
ⓒ FM 시스템은 신호대잡음비를 개선하기 위한 것으로, 교사의 말소리(신호)는 집중적으로 증폭시키고 주변의 소음(잡음)은 감소시킨다.

2017학년도 유아 A5

**15** 다음은 5세 발달지체 유아의 부모들이 부모 참여 수업 후 나눈 대화 내용의 일부이다. 물음에 답하시오. [5점]

우리 세호는 발음이 정확하지 않아요. ㉠사탕을 [타탕], 참새를 [참떼], 풍선을 [풍턴]이라고 발음한다니까요.

우리 민지는 ㉡말이 너무 빨라서 발음이 뒤섞이고 심지어 말소리의 위치를 바꾸는 실수를 자주 해서 무슨 말을 하는지 못 알아듣겠어요.

민규는 발음은 괜찮은데 작년부터 말을 더듬기 시작하더니 요즘에는 ㉢말을 할 때 얼굴을 찌푸리기도 하고 아랫입술을 심하게 움직이기도 해서 걱정이에요. 말을 더듬고 있을 때 천천히 부드럽게 말하도록 하는 방법이 있다고 하던데 선생님께 여쭤 봐야겠어요.

우리 딸 둘은 모두 인공와우 이식 수술을 하고 꾸준히 청각훈련을 받았어요. 그랬더니 선희는 ㉣요즘 심부름도 곧잘 하고 대답도 잘해요. 며칠 전에는 선희가 언니의 어음처리기가 궁금한지 언니 것을 달아보더라고요. 그러더니 ㉤너무 시끄럽고 무슨 말인지 안 들린다고 했어요. 머리도 어지럽다고 하면서 어음처리기를 떼어버렸어요.

※ 인공와우를 이식했다고 해서 바로 소리를 들을 수 있는 것이 아니고, 수술 후 매핑과 청능훈련 과정을 거쳐야 소리를 효과적으로 들을 수 있음

4) 어음처리기 사용 시 주의해야 할 사항을 고려하여 ㉤과 같은 행동이 나타나는 이유를 쓰시오. [1점]

---

참고자료: 기본이론 83~86p

키워드: 인공와우

구조화툴: 인공와우
- 기본 구조 ─ 외부기기
              └ 내부기기
- 수술 절차 ─ 적격성 심사
              ├ 청각학적 평가
              ├ 수술
              ├ 매핑
              └ 청능훈련
- 인공와우 착용 아동을 위한 교육지원

핵심개념:

**어음처리기**
- 입력된 소리를 프로그램에 따라 전기 신호로 변환함
- 1개 이상의 맵이 저장되어 있으며, 개인에게 가장 적합한 어음처리 방식들을 선택할 수 있는 정보가 들어 있음

**매핑**
- 어음처리기에 프로그래밍하는 과정으로, 말소리가 왜곡되지 않고 편안하게 들리도록 T-level과 C-level을 찾아서 조절해주는 과정
- T-level과 C-level이 모두 결정되면 하나의 맵으로 산출되어 어음처리기에 저장됨
- 만들어진 맵에는 각각의 전극에 대한 자세한 전류 정보가 기록되어 있으므로 다른 사람이 사용할 수 없으며, 소리자극에 대한 수용능력이 변화할 때마다 교체해줘야 함
- **자극역치(T-levle)**: 반응을 일으키는 가장 작은 자극치
- **쾌적역치(C-level)**: 불쾌할 정도로 크게 느껴지지 않는 최고의 자극치
- **인공와우의 역동범위**: 작은 소리에서 큰 소리까지 소리가 변화할 수 있는 정도의 범위를 말함 → 즉, 쾌적역치에서 자극역치 사이의 범위

모범답안: 어음처리기는 매핑을 통해 각자 다른 역동범위가 설정되어 있으므로 다른 사람이 사용할 수 없기 때문이다.

### 확장하기

#### ✱ 인공와우 매핑(최성규 외, 2025.)

- 인공와우의 착용효과를 극대화하기 위해서는 '프로그래밍'이라는 매핑 과정이 중요하다. 초기 자극 제공 및 정기적인 검사와 프로그래밍 제공을 통해 인공와우 사용의 안정화를 보장받을 수 있다.
- 매핑을 위한 프로그래밍에서 결정하는 주요 과정은 'T-수준'이라는 최소가청역치와 'C-수준'이라는 쾌적역치를 찾는 것이다.
- 소리를 들은 경험이 있는 아동은 T-수준과 C-수준을 찾는 데 큰 어려움이 없지만, 인공와우를 착용하고 처음으로 소리를 듣게 되는 많은 청각장애 아동을 위한 두 수준의 역치를 찾는 것은 쉬운 일이 아니다.
- 또한 매핑 초기에 제공한 두 역치가 지속되는 것이 아니라, 계속해서 변화를 제공해야 한다. 매핑은 2주에 한 번씩, 총 6회를 받는다. 이후에는 한 달에 한 번, 2~3달에 한 번 그리고 인공와우 착용 1년차 이후에는 6개월에 한 번으로 프로그래밍이 진행된다. 인공와우 3년차 이후에는 1년에 한 번씩 역치를 확인하고 조정한다.
- 매핑은 인공와우를 착용해 부드럽고 편안하게 큰 소리를 인지하는 데 필요한 전기 자극의 한계를 결정하는 과정이다. 청각적으로 고통역치는 약 125dB이며, 쾌적역치는 40~60dB이다. 그러나 수신기의 전류 범위는 6~15dB에 불과하다. 따라서 인공와우에서 처리해야 하는 125dB의 범위를 6~15dB의 전기 에너지로 압축해야 한다.

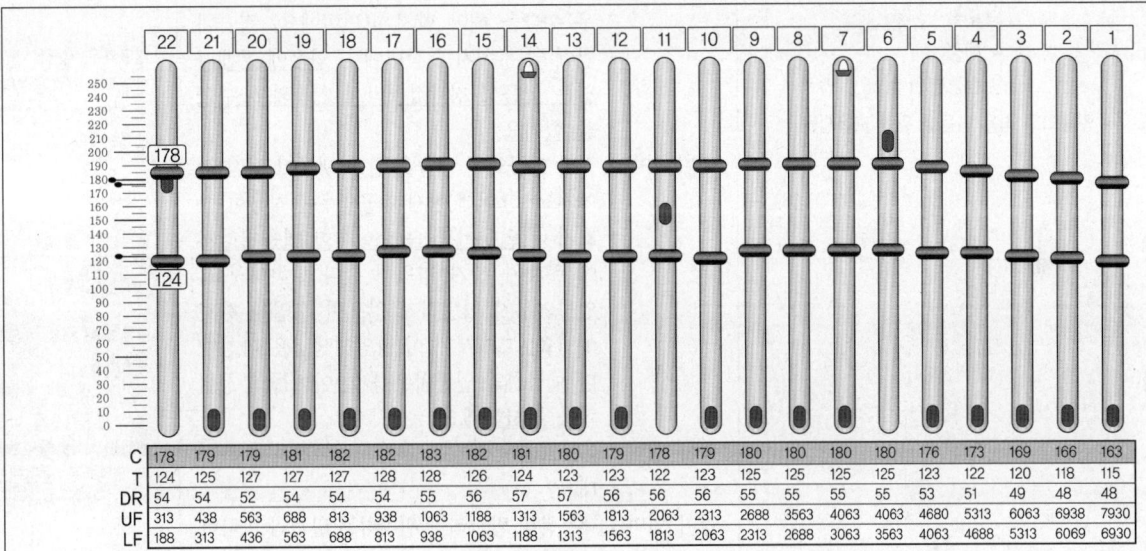

🏁 매핑 화면

- 상단에 표시된 수준은 쾌적역치이며, 하단에 표시된 수준은 매핑을 통해 찾는 최소역치이다. 음압을 증가시키면서 각 전극에서 나타나는 C-level과 T-level의 변화를 점검한다. 피검사자는 음압의 증가에 따라 귀에 입력되는 소리의 크기가 달라짐을 느낄 수 있다.
- 인공와우 착용 아동이 매핑에서 최소역치에 도달하면 소리를 인지하게 된다. 이때 손을 드는 훈련이 필요하다.

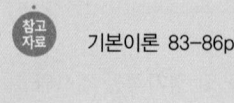

| 참고자료 | 기본이론 83-86p |
| 키워드 | 인공와우 |
| 구조화틀 | 인공와우 ─ 기본 구조 ─ 외부기기 / 내부기기<br>─ 수술 절차 ─ 적격성 심사 / 청각학적 평가 / 수술 / 매핑 / 청능훈련<br>─ 인공와우 착용 아동을 위한 교육지원 |
| 핵심개념 | |
| 모범답안 | ① |

2011학년도 초등 8(유아 6)

**16** 다음은 청각장애 자녀를 둔 어머니들이 나눈 대화이다. 밑줄 친 내용 중 옳은 것을 모두 고르면?

영미 엄마: 어제 민수네랑 이비인후과에 가서 청력검사를 했어요. 우리 영미는 ㉠혼합성 청각장애로 기도와 골도검사 모두에서 청력손실이 나타났는데, 기도검사의 청력손실이 골도검사의 청력손실보다 더 크게 나타났어요. 그리고 민수는 ㉡감각신경성 청각장애로 기도와 골도검사에서 청력손실이 비슷하게 나타났어요.

정아 엄마: 우리도 보청기를 다시 해야 되는데 인공와우 수술을 해야 할지 고민이에요. 정아네 반에 있는 예지도 작년에 ㉢와우에 문제가 있는 전음성 청각장애라서 인공와우 수술을 했어요.

영미 엄마: 정말 인공와우 수술을 한 학생들이 점점 많아져요. 그런데 어제 인공와우를 착용한 병호가 ㉣달팽이관 속에 이식한 어음처리기에 문제가 생겨 병원에 갔다고 하더군요. 인공와우가 작동하지 않으면 수업을 하기 어렵죠. 그래서 영미 담임선생님은 아침마다 보청기와 인공와우를 한 아이들의 청취력을 검사하세요.

정아 엄마: 아, 그래야겠군요. 근데 무슨 검사를 하신대요?

영미 엄마: 대부분의 말소리가 위치하는 말소리 바나나(speech banana) 영역의 소리를 들을 수 있는지 보려고 ㉤Ling이라는 학자가 제시한 '5개음 검사'를 하는데, 이 검사에서 일반적으로 사용하는 5개음은 [i], [ɔ], [a], [k], [s]이에요.

**인공와우 적격성**
인공와우 수술은 양측 귀 모두 고도 이상의 감각신경성 난청이어야 함

**㉣ 달팽이관 속에 이식된 것은 전극임**

**인공와우 착용 아동을 위한 교육지원**
매일 아침 수업을 시작하기 전에 인공와우를 바르게 착용했는지, 잘 들리는지 볼륨과 민감도를 점검해야 함

① ㉠, ㉡　　② ㉠, ㉣
③ ㉡, ㉤　　④ ㉠, ㉢, ㉤
⑤ ㉡, ㉢, ㉣

참고자료 기본이론 75-76p, 83-86p

 키워드
- FM 시스템
- 인공와우

 구조화틀

**특수 보청기의 종류**
- FM 보청기
- 크로스 보청기
- 주파수 압축 보청기
- 촉각 보청기

**인공와우**
- 기본 구조
  - 외부기기
  - 내부기기
- 수술 절차
  - 적격성 심사
  - 청각학적 평가
  - 수술
  - 매핑
  - 청능훈련
- 인공와우 착용 아동을 위한 교육지원

 핵심개념

 모범답안

1) ⓒ 인공와우를 이식했다고 해서 바로 소리를 들을 수 있는 것은 아니며, 수술 후 매핑과 청능훈련의 과정을 거쳐야 소리를 효과적으로 들을 수 있다.

2) FM 시스템을 제공한다.

---

2019학년도 유아 A1

**17** 다음은 통합학급 박 교사와 김 교사가 특수학급 윤 교사와 협의회에서 나눈 대화의 일부이다. 물음에 답하시오. [5점]

윤 교사: 유아들 지도하느라 많이 힘드시죠?
박 교사: 윤수가 최근에 인공와우 수술을 받은 거 아시죠?
윤 교사: 알죠. ㉠ 인공와우는 인간의 말소리를 잘 들을 수 있게 하는 데 초점이 맞춰져 있어요. 그리고 무엇보다도 매핑(mapping)이 중요하죠.
박 교사: 매핑이 뭔가요?
윤 교사: ㉡ 매핑은 어음처리기를 프로그래밍하는 것을 말하죠.
김 교사: 저의 조카도 인공와우 수술을 받았어요. 보청기와는 달리 ㉢ 별다른 청능훈련이 필요하지 않다고 하던데요.
박 교사: 수술을 해도 ㉣ 모두 정상적인 청력을 갖게 되지는 않는다고 알고 있어요. 그리고 윤수는 ㉤ 유아들 간 상호작용이 활발한 활동을 할 때면 소음으로 인해 지시를 잘 이해하지 못하던데, 제가 어떻게 해야 할지 모르겠어요. 다른 유아들도 있는데 윤수만 고려해서 조용한 활동만 할 수도 없잖아요.

…(중략)…

> 인공와우 수술 후 청능훈련과 매핑의 과정이 필요함

> - 신호 증가(↑): FM 보청기 사용
> - 잡음 감소(↓): 소음 줄이기

1) ㉠~㉣ 중 적절하지 않은 내용을 찾아 바르게 고쳐 쓰시오. [1점]

2) ㉤의 상황에서 박 교사가 윤수를 위해 제공할 수 있는 대안적 지원을 쓰시오. [1점]

2013학년도 초등 A6

**18** 다음은 (가)는 영호의 특성이고, (나)는 영호를 지도하기 위해 통합학급 최 교사와 특수학급 문 교사가 나눈 대화 내용이다. 물음에 답하시오. [5점]

(가) 영호의 특성

- 생활연령 : 6세
- 선천성 청각장애를 가지고 있음
- 수술 전 평균 청력역치가 우측 90dB, 좌측 90dB임
- 2세 때 우측 귀에 인공와우 이식 수술을 받았음
- 현재 좌측 귀에는 보청기를 착용하고 있지 않음
- 현재 교정 순음청력손실 평균(교정 청력)은 35dB임 ㉠
- K-WISC-Ⅲ 검사 결과 : 동작성 지능지수 90
- 사회성숙도 검사 결과 : 사회성 지수 85

(나) 대화 내용

최 교사 : 영호가 말소리를 잘 알아듣지 못하는 것 같습니다. 영호를 위해 스피커 볼륨을 높여주면 듣는 데 도움이 될까요?
문 교사 : 반드시 그렇지는 않습니다. 영호처럼 인공와우나 보청기를 착용한 아이들은 소리가 너무 크면 오히려 귀가 아프다고 할 수 있어요. 왜냐하면 청각장애 아이들도 ( ㉡ )이(가) 일반 아이들과 비슷하기 때문이에요.
최 교사 : 그러면 제가 교실에서 영호를 위해 어떤 지원을 할 수 있을까요?
문 교사 : 교실에서는 인공와우와 연결할 수 있는 ㉢FM 보청기를 사용하는 것도 좋은 방법이 될 수 있습니다.
최 교사 : 네. 그러면 다음 주에는 ㉣운동장에서 체육활동을 하려고 하는데 인공와우를 착용한 영호를 위해 특별히 주의해야 할 점이 있을까요?

- 습기와 외부의 충격에 주의해야 함 → 어음처리기와 마이크·헤드셋(송신기)에 물이 들어가지 않도록 주의하고, 격렬한 체육 활동을 할 때는 빼는 것이 좋음
- 외부의 충격과 정전기는 내부 수신기에 손상을 줄 수 있으므로 유의함
- 귀 뒷부분이 부었을 경우 부모에게 연락해 병원 검사를 받도록 함

3) (나)의 ㉢이 효과적인 이유 1가지를 쓰시오. [1점]

4) (나)의 ㉣에서 문 교사가 최 교사에게 제안할 수 있는 주의사항 2가지를 인공와우 세부 명칭과 연결지어 쓰시오. [2점]

---

기본이론 75-76p, 83-86p

- FM 시스템
- 인공와우

특수 보청기의 종류
- FM 보청기
- 크로스 보청기
- 주파수 압축 보청기
- 촉각 보청기

인공와우
- 기본 구조 ─ 외부기기
          └ 내부기기
- 수술 절차 ─ 적격성 심사
          ├ 청각학적 평가
          ├ 수술
          ├ 매핑
          └ 청능훈련
- 인공와우 착용 아동을 위한 교육지원

3) 화자의 음성만 명료하게 증폭되고 그 밖에 필요 없는 주위의 소음은 제거되거나 억제되기 때문이다.

4) • 외부의 충격은 내부 수신기에 손상을 줄 수 있으므로 유의해야 한다.
   • 습기와 땀은 외부 마이크와 헤드셋에 손상을 줄 수 있으므로 유의해야 한다.

### 확장하기

**인공와우 사용에 따른 문제점(최성규 외, 2025.)**

- 인공와우에서 방사하는 자극은 정상적인 청력에서 인지하는 소리와 차이가 있다. 인공와우에서 방사하는 음을 듣는 사람은 이를 '기계음' 또는 '디지털의 합성음'이라고 한다. 그러다 인공와우에 적응하면서 이와 같은 인공적인 음질은 느끼지 못하게 된다.
- 달팽이관에 전극 삽입으로 청신경 유모세포가 손상되면서 저주파수의 음을 예전에 비해 잘 듣지 못하는 경우도 있다.
- 인공와우는 전류를 이용해 신경을 자극하는 장치이다. 장기간 전류에 의한 신경 손상과 관련한 영향은 아직 알려지지 않았다.
- 인공와우 시술이 성공적으로 실행되어도 시술 후 음성언어의 이해에 대한 예측은 불가능하다.
- 인공와우 기기의 장애가 나타날 수 있다. 이 경우 추가 시술이 필요하며, 시술의 위험에 다시 노출될 수 있다.
- 격렬한 운동, 자동차 사고, 낙상 또는 넘어짐, 충격 등으로 인공와우가 손상될 수 있다. 이런 경우 처음의 시술에 비해 나쁜 결과가 나타날 수 있다.
- 인공와우는 전자제품이므로 금속 탐지기, 보완 시스템, 휴대전화 또는 무선 송신기, 항공기의 이착륙 등에 영향을 미칠 수 있다.
- 정전기에 주의해야 한다. 정전기는 인공와우를 일시적 또는 영구적으로 손상시킬 수 있다. 어린이 플라스틱 놀이기구, TV 화면, 컴퓨터 모니터 또는 합성 섬유와 같은 정전기 발생 물질과 접촉하기 전에 어음처리기와 송신기를 제거하는 것이 좋다.
- 인공와우는 주파수에 따라서 지원이 가능한 영역을 설정하고 있다. 이는 인공와우 착용자의 음향환경에 따라 조정이 가능하다.
- 체외부의 부품은 습기에 주의해야 한다. 목욕, 샤워, 수영 또는 수상 스포츠를 즐길 때 체외부 부품은 미리 제거해야 한다.

# CHAPTER 07 청각장애 아동 교육

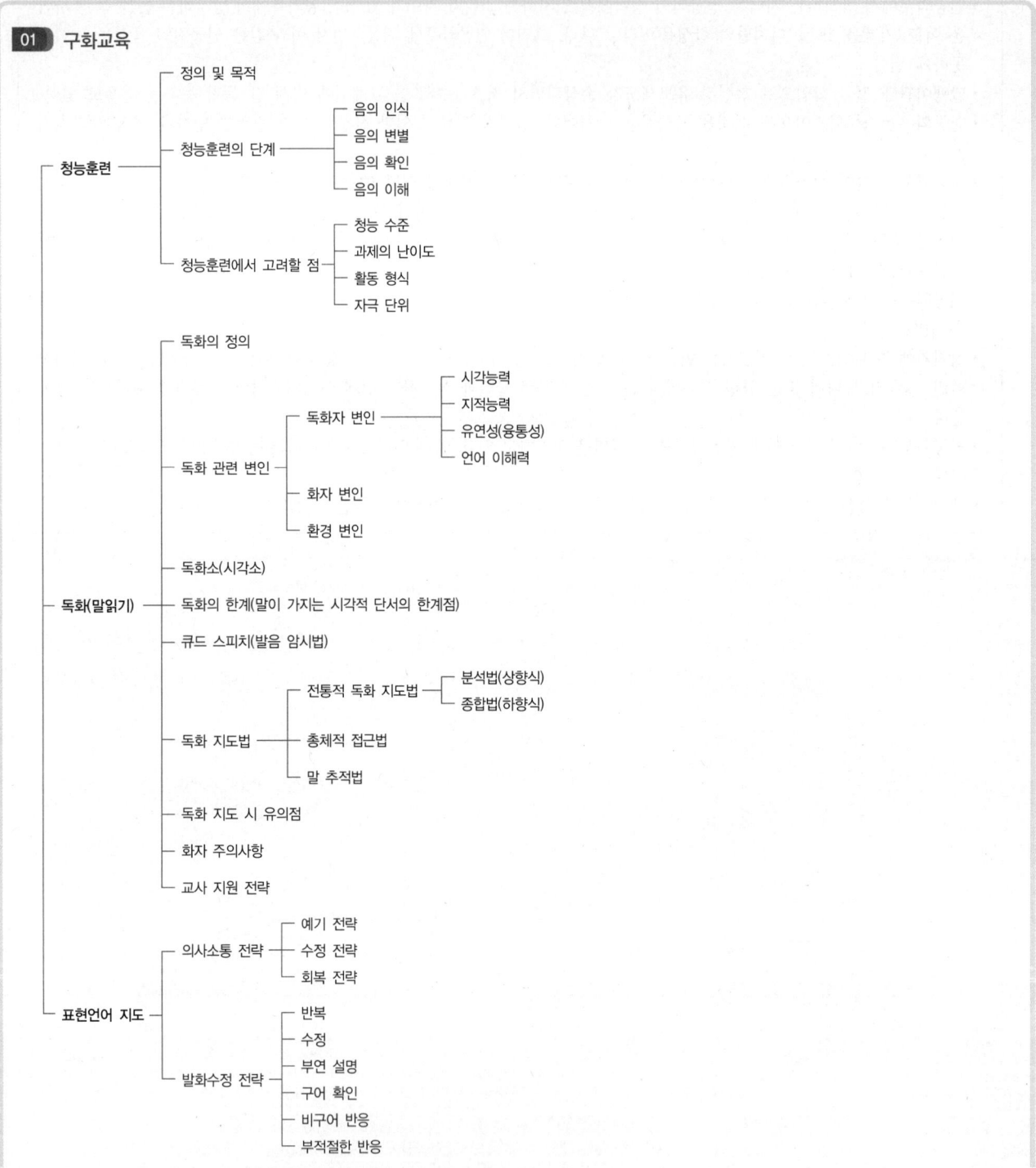

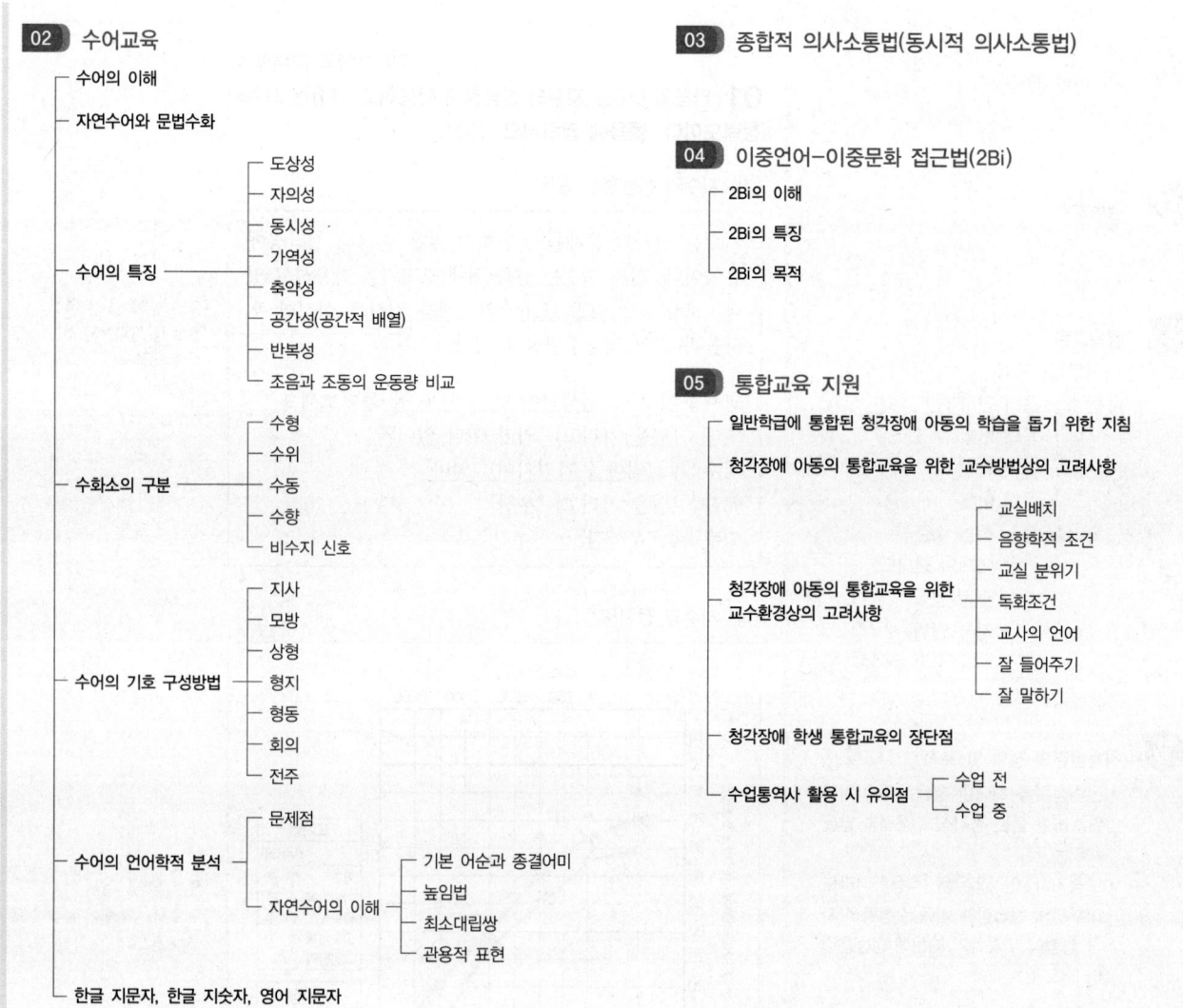

기본이론 89-93p

 청능훈련

구조화틀 청능훈련
- 정의 및 목적
- 단계 ─ 음의 인식
         ─ 음의 변별
         ─ 음의 확인
         ─ 음의 이해
- 고려할 점 ─ 청능 수준
            ─ 과제의 난이도
            ─ 활동 형식
            ─ 자극 단위

 청능훈련의 정의 및 목적
- 잔존청력을 최대한 활용해 음향이나 말소리를 듣는 청각적 수용력을 발달시키는 것
- 보청기나 인공와우를 착용했더라도 대부분의 청각장애 아동은 청각적 자극 경험이 부족하기 때문에 청능훈련이 필요함

청능훈련의 단계
(= 듣기기술의 4단계, 청각기술의 수준)

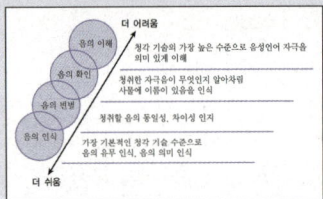

듣기기술의 4가지 단계는 연속적이면서 중복되는 성격을 가짐
예) 소리의 변별을 위해서는 인식기술이 선행되어야 함. 이해 단계에서 오류를 보일 때는 그 이전의 단계인 확인기술이 확실하게 습득되지 않았을 가능성이 많음

 음의 확인

---

2013학년도 추가유아 A8

**01** 다음의 (가)는 지수의 청능훈련 활동이고, (나)는 지수의 청력도이다. 물음에 답하시오. [5점]

(가) 지수의 청능훈련 활동

지수는 인지적 문제를 동반하지 않은 만 4세 청각장애 유아이다. 현재 지수는 양쪽 귀에 보청기를 착용하고 있다. 교사는 ㉠링(D. Ling)의 6개음 검사를 실시한 후 다음과 같이 청능훈련을 하였다.

교사 : 지수야, 선생님이 하는 말을 잘 들어보세요.
       (입을 가리고) "엄마 어디 있어?"
지수 : ㉡(엄마를 가리키며) "엄마"
교사 : (입을 가리고) "우산"
지수 : ㉢"우…잔"……"우잔"

> 링의 6개음 검사 목적
> 발성 및 발화지도 전 어음청취력 평가

(나) 지수의 청력도

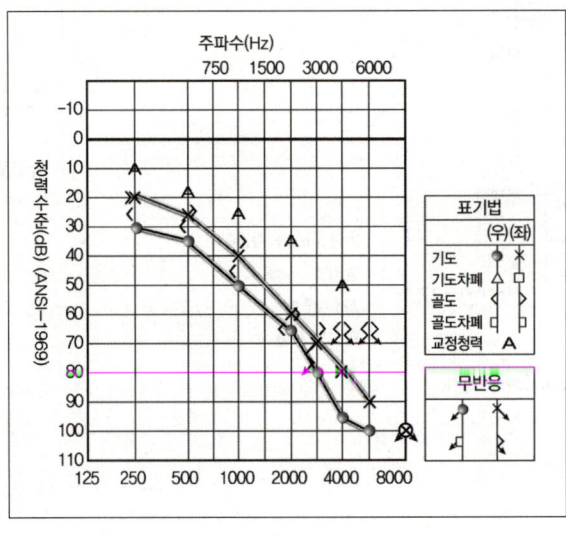

> 링의 6개음 검사
> 4,000Hz 30dB의 위치에 있는 /ㅅ/음을 듣지 못함

2) ㉡은 청능훈련 계획 시 고려할 청능기술(auditory skill)의 4단계 중 어디에 해당하는지 쓰시오. [1점]

### 확장하기

★ 청능훈련의 단계별 내용(한국청각학교수협의회, 『청각학개론 제2판』, 2025.)

**1. 청각적 감지**
- '청각적 감지' 혹은 '탐지'는 소리의 유무를 인식하고 그에 반응하는 것을 학습하는 단계다. 청각적 감지 단계의 기술 습득을 위해서는 다양한 소리 자극에 노출시키는 것이 중요하다.
- 감지 단계에서는 인식하기 쉽도록 초분절적 특징이 많은 환경음부터 시작하는 것이 좋다. 이때 환경음은 아동에게 친숙하고 아동이 자주 경험할 수 있는 소리가 가장 적절하다. 아동별로 환경음 목록을 작성하는 것도 도움이 된다. 특정 환경음에 반응이 나타나면 음원을 확인시키고 이름을 명명하며 음원을 찾도록 촉진해준다.
- 특정한 소리에 대한 반응이 나타나면 같은 반응 행동을 보거나 확인하기 위해서 반복적으로 동일한 활동을 실시하는 경우가 있다. 그러나 소리 자극에 대해 익숙해지거나 반복적으로 자극이 주어지면 아동은 더 이상 반응을 하지 않기도 한다. 활동을 지나치게 반복하는 것은 소리에 대한 아동의 흥미와 동기를 감소시킬 수 있다는 점을 기억해야 한다.

**2. 청각적 변별**
- '청각적 변별'이란 제시되는 2개 이상의 소리가 서로 같은지, 다른지를 알고 반응하는 것을 학습하는 단계다. 탐지 단계의 활동을 통해 탐지 혹은 인식 가능한 소리를 대상으로 훈련이 가능하다.
- 초기에는 변별하기 쉽도록 소리의 차이가 큰 것을 대조시켜 교육을 해야 한다. 변별적 단서가 큰 것부터 시작해 성취감을 느끼고, 동기가 지속적으로 유지되도록 배려해야 한다. 변별 교육의 과정은 보청기를 착용한 청각장애 아동의 경우 개인차가 있으며 상당히 오랜 기간이 소요되기도 한다.
- 변별교육은 대개 감지 과정의 학습과 병행해서 실시되고, 변별적 행동이 어느 정도 익숙해지면 형식적으로 새로운 장소에서 익숙하지 않은 소리 자극에 대한 감지 교육을 하지 않아도 아동 스스로 변별하고 행동하게 된다. 이때 변별이 가능한 소리에 대해서는 감지 단계와 마찬가지로 반드시 이름을 붙여주고 발성 혹은 발화를 촉진할 수 있도록 해준다.

**3. 청각적 확인**
- '청각적 확인'은 소리를 듣고 음원이 무엇인지 맞히는 것을 말한다. 변별 단계의 학습과정이 충분히 이루어지면 그 속에서 아동은 확인 가능한 소리들을 저장하고 기억하게 된다. 이렇게 아동의 기억에 저장된 소리에 대해 청각적 자극을 제시하면 아동은 소리와 연결된 사물이나 행동을 가리키거나 선택할 수 있다. 사물이 없는 경우는 소리를 모방하게 된다.
- 언어음을 사용한 확인 과정의 학습은 초분절적 자질에 대한 확인인 '패턴 지각'과 분절적 자질에 대한 확인인 '분절적 지각'으로 나뉜다. 초분절적 단서를 기초로 확인하는 패턴 지각은 확인하기 쉬운 과제이고, 분절적 지각은 상대적으로 어려운 과제다. 따라서 확인 단계에서는 패턴 지각을 먼저 학습한다. 장단, 고저, 강약, 리듬 및 억양이 풍부하게 들어 있는 소리를 우선 학습하고 자음과 모음 등의 분절적 지각은 나중에 실시한다. 이는 특히 보청기를 착용하는 청각장애 아동의 청능훈련에서 매우 중요하다.
- 확인 단계도 아동에게 익숙하고 자주 경험할 수 있는 소리와 사물을 이용해 교육하고, 이후에는 아동 스스로 소리와 사물을 연결하도록 지원하는 것이 바람직하다. 과제의 난이도나 자극 단위를 세분화해 교육이 이루어지기 때문에 확인 단계 역시 상당히 장기간 실시된다. 또한 확인 단계의 교육에서 언어 단위, 즉 단어나 구·문장 등을 사용한 교육은 언어지도의 과정과 통합되어 이루어지므로 획득한 듣기 기술을 활용해 말할 수 있도록 촉진하는 것이 매우 중요하다.

**4. 청각적 이해**
- '청각적 이해'는 대답하기, 질문하기, 지시에 따르기, 다른 문장으로 바꾸어 말하기, 대화하기 등을 통해 말소리에 담긴 의미를 이해하는 능력을 말한다.
- 초기에는 상황 단서 혹은 문맥적 단서, 시각적 단서 등을 활용해 의미를 빨리 파악할 수 있도록 해주는 것이 좋다. 처음부터 말의 분석적 요소까지 변별하고 확인해 의미에 맞게 반응하는 것이 학습되는 것은 아니기 때문이다. 따라서 청각적 이해 학습 과제는 아동이 잘 알고 있는 어휘나 관용적 표현, 문장 구조를 자료로 구성해야 한다. 언어 자극 전체를 말소리로 제시하기 전에 단서가 될 수 있는 단어를 먼저 제시해주거나 내용에 대한 단서를 제공하고 점차 단서를 소거해나간다.
- 청각적 이해 학습은 즐거운 경험이 되도록 해야 한다. 청각적 이해는 많은 하위 듣기 기술이 통합된 매우 어려운 과제이므로, 아동의 입장에서 재미있고 즐거운 경험이 되지 않으면 교육으로 끝나기 쉽고 청능훈련의 의미가 감소하는 경우가 흔히 발생한다.
- 청각적 이해 학습에서 흔히 사용되는 활동으로는 주제에 맞추어 담화하기, 역할극하기, 언어 게임 및 퀴즈 맞히기, 반대말·같은 말 빨리 말하기, 수수께끼 등이 있다.

## 청능훈련 (한국청각학교수협의회, 『청각학개론 제2판』, 2025.)

### 1. 탐지(detection)
- 소리 듣기 발달단계의 가장 기본적인 단계는 탐지 단계이다.
- 소리의 탐지는 소리가 있고 없음을 구분하는 것이다.
- 이때는 단순한 어음, 악기, 환경음 등을 사용해 소리가 있고 없음을 구분하도록 하는 훈련을 할 수 있다.
- 아동의 경우, 탐지 단계에서는 정확한 보장구의 처방과 적합을 위해 순음청력검사의 또 다른 방법인 놀이검사를 시행할 수 있도록 소리를 듣고 반응하는 방법을 훈련한다.

### 2. 변별(discrimination)
- 변별은 2개의 소리가 같고 다름을 구분하는 것이다.
- 쉬운 단계에서는 두 소리의 성질이 다름을 구분하는 훈련을 시행하며, 어려운 단계로 진행할수록 두 소리의 성질이 비슷한 짝을 구분하는 훈련을 시행할 수 있다. 예를 들어, 쉬운 단계에서는 일음절, 이음절 혹은 삼음절의 단어가 같고 다름을 구분하는 훈련을 시행할 수 있다(예 사과 vs 토마토, 콩 vs 보리 등). 어려운 단계에서는 '달'과 '발' 등 음절 수가 같고 초성만 다른 단어들을 훈련자극으로 이용한다.
- 패터닝 단계는 소리의 리듬을 인지하는 단계다. 예를 들어, 소리의 빠르고 느림, 크고 작음, 높고 낮음을 변별하는 훈련을 한다. 패터닝 단계에서 어음 자극을 이용할 때는 짧은 구 혹은 문장을 사용할 수 있다.
- 변별 단계와 패터닝 단계를 구분하기도 하고, 패터닝 단계를 변별의 한 단계로 포함시키기도 한다.

### 3. 확인(identification)
주로 변별 단계와 혼동하기 쉬우나, 변별 단계에서 소리가 같고 다름을 구분했다면 확인 단계에서는 소리가 어떠한 소리인지 알 수 있어야 한다. 예를 들어, 단어를 듣고 그것을 그림카드와 짝지을 수 있어야 하고, 악기를 사용할 때는 들은 소리가 어떤 악기의 소리인지 알 수 있도록 훈련한다.

### 4. 이해(comprehension)
- 이해 단계는 가장 복잡한 단계로, 탐지·변별·확인 단계가 모두 가능해야 수행할 수 있다.
- 이해 단계에서는 대화 혹은 이야기 등의 자극을 이용하고, 대화 혹은 이야기를 듣고 이해해 답변이나 질문을 하도록 하는 훈련을 실시한다.

### 🏁 소리 듣기 발달단계에 따른 청능훈련의 예

| 단계 | 훈련의 예 |
| --- | --- |
| 탐지 | • 소리 나는 장난감 가지고 소리에 대한 흥미 유발하기<br>• 다양한 악기 소리가 들릴 때마다 블록 넣기(블록을 넣을 수준이 아니라면 다양하게 반응할 수 있도록 유도).<br>• Ling 6개 음(/음/, /아/, /우/, /이/, /쉬/, /스/) 듣고 블록 넣기 |
| 변별 | • 동물 소리 변별하기(응애 vs 엉엉, 야옹 vs 꿀꿀)<br>• 음절의 수가 다른 단어를 듣고, 같고 다름을 변별하기(사람 vs 사과나무, 바나나 vs 바지 등)<br>• 최소변별자질을 가진 단어 짝을 듣고, 같고 다름을 변별하기(발 vs 달, 손 vs 솔 등) |
| 패터닝 | • 빠른 음악과 느린 음악을 변별해 활동하기<br>• 높은 소리와 낮은 소리를 변별해 활동하기<br>• 긴 소리와 짧은 소리를 변별해 활동하기<br>• 작은 소리와 큰 소리를 변별해 활동하기 |
| 확인 | • 들은 단어를 그림카드에서 찾기<br>• 숫자를 듣고, 알맞은 숫자카드 찾기 |
| 이해 | • 이야기 듣고 질문에 답하기<br>• 명령에 따라 수행하기("빨간 크레용을 집어 꽃을 그리세요.")<br>• 스무고개<br>• 단어가 빠진 문장을 듣고, 문맥에 맞게 알맞은 단어 채우기 |

| 참고자료 | 기본이론 89-93p |

| 키워드 | 청능훈련 |

| 구조화틀 | 청능훈련
─ 정의 및 목적
─ 단계 ┬ 음의 인식
       ├ 음의 변별
       ├ 음의 확인
       └ 음의 이해
─ 고려할 점 ┬ 청능 수준
           ├ 과제의 난이도
           ├ 활동 형식
           └ 자극 단위 |

| 핵심개념 | 청능훈련의 단계
(= 듣기기술의 4단계, 청각기술의 수준)

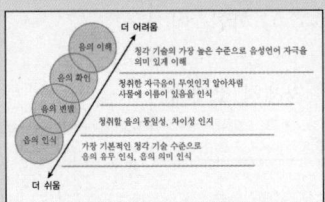 |

| 모범답안 | 음의 이해 |

2017학년도 유아 A5

**02** 다음은 5세 발달지체 유아의 부모들이 부모 참여 수업 후 나눈 대화 내용의 일부이다. 물음에 답하시오. [5점]

민규는 발음은 괜찮은데 작년부터 말을 더듬기 시작하더니 요즘에는 ⓒ 말을 할 때 얼굴을 찌푸리기도 하고 아랫입술을 심하게 움직이기도 해서 걱정이에요. 말을 더듬고 있을 때 천천히 부드럽게 말하도록 하는 방법이 있다고 하던데 선생님께 여쭈어 봐야겠어요.

우리 딸 둘은 모두 인공와우 이식 수술을 하고 꾸준히 청능훈련을 받았어요. 그랬더니 선희는 ㉣ 요즘 심부름도 곧잘 하고 대답도 잘해요. 며칠 전에는 선희가 언니의 어음처리기가 궁금한지 언니 것을 달아보더라고요. 그러더니 ㉤ 너무 시끄럽고 무슨 말인지 안 들린다고 했어요. 머리도 어지럽다고 하면서 어음처리기를 떼어버렸어요.

4) ㉣에 해당하는 청각기술(auditory skill)의 단계를 쓰시오. [1점]

2023학년도 중등 B8

**03** (가)는 청각장애 학생 A의 특성이고, (나)는 교수·학습 지원에 대해 두 교사가 나눈 대화의 일부이다. 〈작성방법〉에 따라 서술하시오. [4점]

(가) 학생 A의 특성

- 음성언어를 사용하여 의사소통함
- 보청기를 착용하고 있으며, 청능훈련을 지속적으로 하고 있음
- 어음명료도가 70% 정도임
- 말읽기(독화)를 함
- 지문자를 사용함

(나) 교수·학습 지원에 대한 대화

| | |
|---|---|
| 통합학급 교사: | 학생 A는 /ㅅ/를 듣지 못합니다. 혹시 개선시킬 수 있는 방법은 없을까요? |
| 특 수 교 사: | 청능훈련을 통해 개선시키고 있습니다. |
| 통합학급 교사: | 그럼, 청능훈련은 어떻게 합니까? |
| 특 수 교 사: | 청능훈련은 청각 발달에 맞춰 단계적으로 실시합니다. |
| 통합학급 교사: | 어떤 단계가 있나요? |
| 특 수 교 사: | 일반적으로 탐지, ( ⓒ ), 확인, 이해가 있습니다. |
| 통합학급 교사: | 그렇군요. 시간이 되면 자세히 소개해 주세요. |

【작성방법】

(나)의 괄호 안의 ⓒ에 해당하는 용어를 쓰고, '탐지'와 괄호 안의 ⓒ과의 차이점을 1가지 서술할 것.

---

참고자료: 기본이론 89~93p

키워드: 청능훈련

구조화풀:
청능훈련
- 정의 및 목적
- 단계
  - 음의 인식
  - 음의 변별
  - 음의 확인
  - 음의 이해
- 고려할 점
  - 청능 수준
  - 과제의 난이도
  - 활동 형식
  - 자극 단위

핵심개념: 청능훈련의 단계
(= 듣기기술의 4단계, 청각기술의 수준)

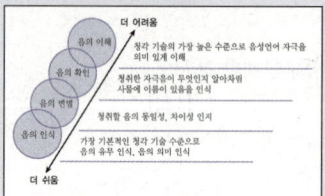

모범답안: ⓒ 변별

탐지는 소리의 유무를 확인하는 것이고, 변별은 소리의 공통점과 차이점을 지각하는 능력이다.

2020학년도 초등 A6

**04** (가)는 청각장애 학생 윤서가 보청기를 착용하지 않은 상태에서 받은 순음청력검사 결과이고, (나)는 윤서의 특성이며, (다)는 윤서를 위해 작성한 2015 개정 특수학교 교육과정 중 기본 교육과정 국어과 5~6학년군 '듣기·말하기' 영역 교수·학습 활동 개요의 일부이다. 물음에 답하시오. [5점]

(가) 순음청력검사 결과

| 구분 | | 주파수(Hz) | | | | | | |
|---|---|---|---|---|---|---|---|---|
| | | 125 | 250 | 500 | 1000 | 2000 | 4000 | 8000 |
| 좌 | ㉠골도역치 (dB HL) | | 50 | 65 | 65 | 75 | 75 | |
| | 기도역치 (dB HL) | 50 | 55 | 65 | 65 | 75 | 80 | 85 |
| 우 | 골도역치 (dB HL) | | 40 | 50 | 60 | 70 | 75 | |
| | 기도역치 (dB HL) | 40 | 45 | 50 | 65 | 70 | 75 | 85 |

(나) 윤서의 특성

- 선천적으로 코르티 기관에 손상이 있음
- 청신경에 이상이 없음
- 중추청각처리에 이상이 없음
- 보청기를 착용한 상태에서 자음 중 마찰음과 파찰음을 정확히 듣는 데 어려움이 있음

> 말소리 바나나의 정보
> 4,000Hz 30dB 위치에 있는 파찰음(ㅈ·ㅉ·ㅊ), 마찰음(ㅅ·ㅆ)을 듣기 어려움

(다) 교수·학습 활동 개요

| 단계 | 활동 내용 | 자료 및 유의점 |
|---|---|---|
| ( ㉡ ) | /사/, /자/, /차/ 중에서 2개(예 /사/-/사/, /사/-/자/)를 듣고, 서로 같은 소리로 들리면 'O' 카드, 다른 소리로 들리면 'X' 카드 들기 | • O × 카드<br>• 글자 카드: 사, 자, 차 |
| 확인 | • /사/, /자/, /차/ 중 1개를 듣고, ( ㉢ )<br>• /사/, /자/, /차/ 중 1개를 듣고 들리는 소리를 글자로 쓰기<br>• /기사/, /기자/, /기차/ 중 1개를 듣고, 들리는 대로 따라 말하기 | • 양쪽 귀에 보청기를 착용하도록 함<br>• 소리 자극은 청각적으로만 제시함 |

> 보청기 양이 착용 시 장점
> • 소리의 방향을 감지하기 쉬움
> • 양이합산, 양이진압, 양이 중복이 나타남
> • 어음명료도를 향상시킴

> 구화교육에서는 엄격하게 음성언어만을 활용하도록 지도함

4) 듣기기술(청각기능) 단계에 근거하여, ① (다)의 ㉡이 어느 단계에 해당하는지 쓰고, ② (다)의 ㉢에 들어갈 내용을 '자료 및 유의점'에 제시된 '글자 카드'를 활용하여 1가지 쓰시오. [2점]

---

참고자료: 기본이론 89-93p

키워드: 청능훈련

구조화틀:
청능훈련
- 정의 및 목적
- 단계 ─ 음의 인식
       ─ 음의 변별
       ─ 음의 확인
       ─ 음의 이해
- 고려할 점 ─ 청능 수준
          ─ 과제의 난이도
          ─ 활동 형식
          ─ 자극 단위

핵심개념: 청능훈련의 단계 (=듣기기술의 4단계, 청각기술의 수준)

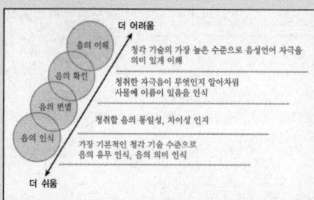

모범답안:
① 변별
② /사/, /자/, /차/ 중 1개를 듣고 해당하는 글자 카드를 선택하기

2016학년도 중등 A8

**05** (가)는 청각장애 학생 A의 특성이고, (나)는 특수학급 교사의 국어과 지도 계획이다. 청능훈련 4단계를 순서대로 제시하고, ㉠이 그중에서 어느 단계에 해당하는지 쓰시오. [2점]

(가) 학생 A의 특성

- 오른쪽 귀에는 보청기를 착용하고, 왼쪽 귀에는 초등학교 5학년 때부터 인공와우를 착용하고 있음
- ○○중학교 일반학급에 통합되어 있으며, 구어로 의사소통하고 있음
- 학급에서 교사와 또래 친구의 말을 알아듣는 데 약간 어려움이 있고, 말의 명료도가 낮은 편임

(나) 듣기·말하기 지도 계획

| 내용 영역 | | 지도 내용 |
|---|---|---|
| 듣기 | 청능 훈련 | ㉠ 학급의 소음 속에서 교사의 질문을 듣고 대답할 수 있는 훈련을 한다. |
| | 말읽기 지도 | 가시도가 낮은 자음을 반복하여 학습하게 하고, 문맥을 통하여 다양한 소재에 대해 친숙해지도록 한다. |
| 말하기 | 말·언어 지도 | 말의 명료도에 영향을 주는 ㉡ <u>초분절적 (suprasegmental) 요소</u>를 지도한다. |

독화 지도법에는 '분석법'과 '종합법'이 있음

'말 명료도'는 화자의 의도를 표현한 것에서 청자가 이해한 정도를 의미하며, 말소리의 정확도가 크게 영향을 미침

---

참고자료: 기본이론 89~93p

키워드: 청능훈련

구조화 틀

청능훈련
├ 정의 및 목적
├ 단계 ┬ 음의 인식
│      ├ 음의 변별
│      ├ 음의 확인
│      └ 음의 이해
└ 고려할 점 ┬ 청능 수준
            ├ 과제의 난이도
            ├ 활동 형식
            └ 자극 단위

핵심개념: 청능훈련 과제 난이도

청능훈련에서 사용되는 듣기 과제나 자극은 일반적으로 쉬운 자극에서 시작해 점차 어려운 자극으로 과제의 난이도를 조절해야 함

| 변인 | 저난도 | 고난도 |
|---|---|---|
| 과제 구조 | 구조적 | 자발적 |
| 자극 단위 | 단어 | 완전한 문장 |
| 자극의 유사성 | 상이함 | 유사함 |
| 맥락 | 높음 | 낮음 |
| 신호대 잡음비 | 양호함 | 열악함 |

모범답안: 음의 인식 – 음의 변별 – 음의 확인 – 음의 이해

㉠ 음의 이해

2022학년도 중등 A12

06 (가)는 청각장애 학생 H와 I가 보이는 특성의 일부이고, (나)는 교육실습생이 작성한 지도 계획이다. 〈작성방법〉에 따라 서술하시오. [4점]

(가) 특성

| 학생 | 유형 | 특성 |
|---|---|---|
| H | 감각신경성 난청: ( ㉠ ) | …(상략)…<br>• 어음명료도검사: 양측 귀 70dB HL에서 PBmax 40%  [A]<br>• ㉡ 말림현상이 관찰됨<br>• 청각보조기기를 착용하고 있지 않음<br>• 현재 수어로 의사소통하는 것을 배우고 있음 |

(나) 지도 계획

| 학생 | 지도 계획 |
|---|---|
| H | • 학생이 잘 볼 수 있도록 정면에서 수어를 한다.<br>• ㉢ 적절한 수어 표현이 없을 때에는 지문자를 사용한다.<br>• ㉣ 청능훈련 시 변별 단계에서는 소리 자극의 차이가 적은 두 개의 소리부터 시작한다. |

┌ 작성방법 ┐
(나)의 밑줄 친 ㉢~㉥ 중 틀린 것 2가지를 찾아 기호와 함께 바르게 고쳐 각각 서술할 것.

---

기본이론 89-93p

키워드: 청능훈련

구조화틀
청능훈련
├ 정의 및 목적
├ 단계 ┬ 음의 인식
│      ├ 음의 변별
│      ├ 음의 확인
│      └ 음의 이해
└ 고려할 점 ┬ 청능 수준
            ├ 과제의 난이도
            ├ 활동 형식
            └ 자극 단위

핵심개념
청능훈련 과제의 난이도
청능훈련에서 사용되는 듣기 과제나 자극은 일반적으로 쉬운 자극에서 시작해 점차 어려운 자극으로 과제의 난이도를 조절해야 함

| 변인 | 저난도 | 고난도 |
|---|---|---|
| 과제 구조 | 구조적 | 자발적 |
| 자극 단위 | 단어 | 완전한 문장 |
| 자극의 유사성 | 상이함 | 유사함 |
| 맥락 | 높음 | 낮음 |
| 신호대 잡음비 | 양호함 | 열악함 |

모범답안
㉣ 청능훈련의 변별 단계에서는 소리의 차이가 큰 대상부터 점차 유사한 소리로 난이도를 조절한다.

기본이론 100-101p

독화 지도 시 유의점

독화(말읽기)
- 정의
- 독화 관련 변인
- 독화소(시각소)
- 독화의 한계
- 큐드 스피치(발음 암시법)
- 지도법 ┬ 전통적 독화 지도법
         ├ 총체적 접근법
         └ 말 추적법
- 독화 지도 시 유의점
- 화자 주의사항
- 교사 지원 전략

독화 지도 시 유의점(화자 주의사항)
- 말하면서 판서를 하지 않음
- 교사 및 학생의 위치를 고려해 좌석을 배치함 → U형이나 O형은 집단토의 시 독화를 좀 더 용이하게 함
- 교과서를 읽을 때 입을 가리지 않음
- 말할 때 교사의 위치를 고정시켜 독화를 하는 학생들이 독화를 할 때의 방해요인을 최소화해야 함

③

2012학년도 초등 35

**07** 다음은 청각장애 학생 철수가 통합된 일반학급 5학년의 영어과 지도계획이다. 철수는 3학년 때 인공와우이식 수술을 받았으나 듣기에 어려움이 있고 구어발달에 지체를 보인다. 철수를 위한 교육적 지원으로 적절한 것을 〈보기〉에서 모두 고르면?

| Objectives | • 간단한 말이나 대화를 듣고 상황을 이해한다.<br>• 쉽고 간단한 대화를 듣고 주요 내용을 말한다. | |
|---|---|---|
| Instruction | ㉠ 이야기에 관련된 질문으로 동기유발하기 | |
| Development | Story time | ㉡ 이야기를 듣고 내용 이해하기 |
| | Activity 1 | ㉢ 대본을 보면서 등장인물처럼 짝과 대화하기 |
| | Activity 2 | ㉣ 역할놀이하기 |
| Consolidation | ㉤ 이야기 속 문장 기억해서 말하기 | |

⊢ 보기 ⊢
ㄱ. ㉠ 활동에서는 철수의 영어 말하기 능력 향상을 위해 전신반응법(Total Physical Response)을 적극 활용한다.
ㄴ. ㉡ 활동에서는 철수를 위해 교사가 이야기를 말로 하면서 동시에 판서를 한다.
ㄷ. ㉢의 대본과 ㉤의 문장을 철수의 수준으로 조정해 준다.
ㄹ. ㉣ 활동에서 철수가 대화에 집중할 수 있도록 등장인물의 이름표를 붙이고 역할놀이를 하게 한다.

ㄴ. 말하면서 판서를 하지 않아야 함

① ㄱ, ㄴ  ② ㄴ, ㄷ
③ ㄷ, ㄹ  ④ ㄱ, ㄴ, ㄹ
⑤ ㄱ, ㄷ, ㄹ

2015학년도 유아 B5

 기본이론 100p

 독화 지도 시 유의점

 독화(말읽기)
- 정의
- 독화 관련 변인
- 독화소(시각소)
- 독화의 한계
- 큐드 스피치(발음 암시법)
- 지도법 ─ 전통적 독화 지도법
           ─ 총체적 접근법
           ─ 말 추적법
- 독화 지도 시 유의점
- 화자 주의사항
- 교사 지원 전략

 독화 지도 시 유의점(화자 주의사항)
- 입 모양이나 조음기관의 움직임을 지나치게 과장해 지도하면 실제 독화 상황에서 말을 이해하는 데 어려움을 초래할 수 있음
- 처음에는 아동의 눈높이에서 구형을 볼 수 있도록 지도하되, 점차 변화시켜 다양한 각도에서 연습하도록 함
- 항상 동일한 위치와 방향에서 독화하지 않도록 함. 다양한 각도에서 구형을 익혀야 실생활에서 접하는 회화 장면에 도움이 됨
- 처음에는 가까운 거리에서 시작하되, 점차 멀리 떨어져서 구형을 익히게 함

ⓔ 활동 목표에 적절하지 않다.
ⓜ 입 모양이나 조음기관의 움직임을 지나치게 과장해 지도하면 실제 독화 상황에서 말을 이해하는 데 어려움을 초래할 수 있다.

**08** 준서는 통합유치원에 다니는 5세 청각장애 유아이며, 박 교사는 유아특수교사이다. (가)는 준서의 특성이며, (나)는 활동 계획안의 일부이다. 물음에 답하시오. [5점]

(가) 준서의 특성

- 1년 전 인공와우 수술을 하였으며, 현재 청력은 45~50dB 정도임
- 구어를 주로 사용하나 상대방의 입모양이나 시각적 단서도 활용함
- 노래 부르는 것을 좋아하지만 음정이나 박자가 정확하지 않음

(나) 활동계획안

| 활동명 | 내 친구 | 활동 형태 | 대·소집단 활동 | 영역 | 음률 |
|---|---|---|---|---|---|
| 활동<br>목표 | • 친구에 대해 소중한 마음을 갖는다.<br>• 리듬에 맞춰 노래를 적절히 부른다.<br>• 멜로디에 맞게 친구 이름을 넣어 부른다. ||||||
| 누리과정<br>관련요소 | (생략) |||||
| 활동<br>자료 | 반 친구들의 사진(삼각대로 제작), 노랫말판, '내 친구' 음원, 사진기 등 |||||
| 활동<br>방법 | • 자유롭게 친구를 소개하면서 친구에 대한 다양한 생각을 이야기한다.<br>• 친구와 함께 손을 마주잡고 '내 친구' 노래를 감상한다.<br><br>(악보: 내 친구 / 작사·작곡 방은영)<br><br>• 친구 이름을 넣어 가사를 읽는다.<br>• '내 친구' 가사에 친구 이름을 넣어 노래를 부른다.<br>• 노래를 부른 후 생각과 느낌을 이야기한다. |||||
| 확장<br>활동 | • 정리정돈을 알리는 신호로 '내 친구' 음악을 활용한다.<br>• 이야기나누기 시간에 '내 친구' 노래로 인사한다. |||||

1) 박 교사는 준서에게 '내 친구' 노래를 익힐 수 있도록 다음과 같이 지도하였다. 적절하지 <u>않은</u> 지도방법 2가지를 찾아 기호와 이유를 각각 쓰시오. [2점]

㉠ 유아가 부른 노래를 녹음하여 들려준다.
㉡ 그림악보를 사용하여 멜로디를 지도한다.
㉢ 리듬을 익히도록 코다이 손기호를 사용한다.
㉣ 신체를 이용한 동작으로 노랫말을 표현하게 한다.
㉤ 가사를 익히도록 교사는 입 모양을 최대한 크게 한다.

2015학년도 초등 B7

**09** (가)는 통합학급 박 교사가 2학년 청각장애 학생 소망이의 국어 수업 계획을 위해 특수학급 김 교사에게 자문을 구하는 대화이다. (나)는 '2009 개정 교육과정' 국어과(듣기·말하기) 교수·학습 과정안의 일부이다. 물음에 답하시오. [5점]

**(가) 대화 내용**

| | |
|---|---|
| 박 교사: | 다음 주에 있을 국어과 수업 중에 '낱말 알아맞히기' 활동이 있어요. 소망이는 ㉠자신이 궁금한 점을 질문하거나 질문에 대답도 잘하고, 지시 따르기를 잘할 수도 있으니까 활동에 참여하는 데 별 어려움은 없겠지요? |
| 김 교사: | 소망이는 의사소통 수단으로 구어를 주로 사용하지만, 독화에 의존하는 경향이 있으니 ㉡'말추적법(speech tracking)'이라는 의사소통 보충 전략을 미리 가르쳐주시면, 소망이가 수업에 참여하는 데 도움이 될 것 같아요. 저도 소망이가 알아듣기 어려워하는 말소리를 중심으로 ㉢청지각 훈련을 해주도록 할게요. |
| 박 교사: | 네, 알겠어요. 그런데 국어 수업에 대한 형성평가를 할 때 소망이는 어떻게 해야 할까요? |
| 김 교사: | 소망이가 청각중복장애 학생이 아니라서 특별히 유의할 사항은 없어요. 소망이가 의사소통 전략을 활용하는 정도에 따라서 형성평가 방법을 계획하시면 될 것 같아요. |

• 구화교육: 청각장애 아동이 자신의 잔존청력을 활용하고, 말하는 사람의 입술 움직임과 표정 등을 통해 말을 이해하며, 발화훈련을 통해 음성언어를 학습하는 방법
• 보청기나 인공와우를 착용한 아동의 성공적인 구어 사용을 위해 수화와 같은 다른 의사소통 방법은 허용하지 않고, 엄격한 말소리 교육을 통한 전형적인 구어 발달을 강조함

**(나) 교수·학습 과정안**

| 단원 | 알고 싶어요. | 제재 | 낱말 알아맞히기 |
|---|---|---|---|
| 학습 목표 | 설명하는 말을 듣고 낱말을 알아맞힐 수 있다. | | |
| 학습 단계 | 교수·학습 활동 | | 유의사항 |
| 도입 | …(생략)… | | |
| 전개 | 〈활동 1〉<br>설명하는 말을 들을 때 주의할 점 알아보기<br>…(중략)…<br>〈활동 2〉<br>'사람 찾기 놀이'<br>• 짝을 지어 '사람 찾기 놀이'하기<br>  - 그림에서 설명하고 싶은 사람의 특징을 친구에게 설명하기<br>  - 친구가 설명하는 사람이 누구인지 말하기<br>  - 설명하는 사람과 듣는 사람의 역할을 바꾸기<br>〈활동 3〉<br>'낱말 알아맞히기' | | • 소망이를 고려하여 ㉣판서 시 유의해야 함<br>• 소망이가 짝 활동을 할 때 의사소통 전략을 활용할 수 있도록 함 |

1) 음의 이해

2) 이 사람은... 채... 가게?
   이 사람 다음에 뭐라고 하셨죠?

4) 교사는 판서를 하면서 동시에 말을 하지 않는다.

1) (가)의 ㉠을 고려할 때, 소망이는 청능기술(청각기술, auditory skill)의 4단계 중 어디에 해당하는지 쓰시오. [1점]

2) (가)의 ㉡을 (나)의 〈활동 2〉에서 활용했을 때, 다음 밑줄 친 곳에 들어갈 수 있는 소망이의 말을 쓰시오. [1점]

| 친  구 : 이 사람은 채소 가게에서 상추를 삽니다.
| 소망이 : (친구의 말을 듣고 머뭇거리다가)
|          이 사람은..... 채.... 가게...?
| 선생님 : 소망아, 친구의 말을 잘 못 들었을 때 어떻게 해야 한다고 했지?
| 소망이 : _____

4) 독화에 의존하는 소망이를 고려할 때, (나)의 ㉣에서 유의해야 할 사항을 1가지 쓰시오. [1점]

2021학년도 중등 A11

**10** (가)는 청각장애 학생 G, H의 특성이고, (나)는 학생 G의 통합학급 수업 지원을 위한 대화이다. (다)는 학생 H의 특수학급 수업 계획과 관련한 대화의 일부이다. 〈작성방법〉에 따라 서술하시오. [4점]

(가) 학생 특성

| 학생 | 특성 |
|---|---|
| G | • 중추청각처리장애 없음<br>• 5세경 오른쪽 귀 인공와우 수술, 왼쪽 귀 보청기 착용(착용 후 좌: 40dB HL, 우: 45dB HL)<br>• 기본적인 구어 의사소통은 가능하나 성취 수준이 낮음<br>• 수업시간에 독화와 잔존청력에 의존함 |
| H | • 중추청각처리장애 없음<br>• 6세부터 보청기 착용(착용 후 좌: 40dB HL, 우: 65dB HL)<br>• 지적장애가 있음<br>• 기본적인 구어 의사소통에 어려움이 있음 |

구화교육에서는 보청기나 인공와우를 착용한 아동의 성공적인 구어 사용을 위해 청능훈련과 독화능력을 지도함

만 4세를 기준으로 선천성 난청과 후천성 난청으로 구분
• **선천성 난청**: 소리의 탐지와 변별훈련 지도
• **후천성 난청**: 확인, 인지, 이해 지도

(나) 학생 G의 수업 지원 관련 대화

특수교사: 말읽기에 좋은 환경을 어떻게 구성해야 할지 선생님의 생각을 말씀해보세요.
교육실습생: ㉠ 학생을 선생님의 얼굴이 잘 보이는 자리에 앉게 합니다. 학생이 말읽기를 잘할 수 있도록 ㉡ 교사는 칠판 앞에서 학생의 눈을 마주치고 움직임을 최소화하여 수업하는 것이 좋다고 생각합니다.
특수교사: 그 외에 어떤 점을 고려해야 할까요?
교육실습생: ㉢ 판서를 할 때 교사가 말하면서 그 내용을 칠판에 적어주는 것이 좋습니다. 그리고 ㉣ 교실에 커튼이나 카펫 등을 활용하여 반향음을 줄여주는 것이 좋습니다.
특수교사: 자료 활용 측면에서 어떤 것을 고려해야 할까요?
교육실습생: ㉤ 말읽기에 집중하도록 시각적 보조 자료의 사용을 제한하는 것이 도움이 될 것 같아요.

### 청능훈련 과제 난이도

청능훈련에서 사용되는 듣기 과제나 자극은 일반적으로 쉬운 자극에서 시작해 점차 어려운 자극으로 과제의 난이도를 조절해야 함

| 변인 | 저난도 | 고난도 |
|---|---|---|
| 과제 구조 | 구조적 | 자발적 |
| 자극 단위 | 단어 | 완전한 문장 |
| 자극의 유사성 | 상이함 | 유사함 |
| 맥락 | 높음 | 낮음 |
| 신호대 잡음비 | 양호함 | 열악함 |

- ㉢ 판서하면서 동시에 말하지 않아야 한다.
- ㉤ 시각적 보조 자료를 제공해 학생의 이해를 돕는다.

- ㉥ 음의 확인
  ㉦ /마/와 /바/ 소리를 듣고 따라 말하기(또는 가리키기, 받아쓰기 등)

(다) 학생 H의 수업 계획 관련 대화

이 교 사: 학생 H에게 /마/-/바/가 같은지 다른지를 구별하는 활동을 했는데 아주 잘하더라구요. ― 청능훈련 단계 중 '음의 변별'에 해당함

최 교 사: 그렇다면 다음 단계의 활동으로 들어가는 게 좋겠습니다.

이 교 사: 다음 단계의 활동을 계획할 때 어떤 점을 고려하면 좋을까요? ― 청능훈련 시 고려사항
  • 청능수준(청각 기술의 단계)
  • 과제의 난이도★
  • 활동 형식
  • 자극 단위

최 교 사: 우선 아동의 듣기 능력이 파악되면 자극 수준과 과제 난이도를 고려하여 활동을 계획해야 합니다.

※ 구화교육에서는 잔존청력을 적극 활용하기 위해 인공와우나 보청기 사용을 고려하므로, 문제에서 인공와우 또는 보청기 유의사항과 독화지도 유의사항이 함께 제시될 수 있음

| 단계 | 내용 | 활동의 예 |
|---|---|---|
| ( ㉥ ) | 청취한 자극음이 무엇인지 알기 | ( ㉦ ) |
| 이해 | 음성언어 자극을 의미 있게 이해 | "마주 보아요."를 듣고 마주 본다. |

**[작성방법]**

- (가)의 학생 G의 특성을 참고하여 (나)의 밑줄 친 ㉠~㉤ 중 틀린 곳 2가지를 찾아 바르게 고쳐 쓸 것.
- (가)의 학생 H의 특성을 참고하여 (다)의 괄호 안의 ㉥에 들어갈 단계의 명칭을 쓰고, 괄호 안의 ㉦에 해당하는 활동의 예를 학생이 이미 구별할 수 있는 음소를 포함하여 1가지 서술할 것.

기본이론 96p

 독화소

 독화(말읽기)
- 정의
- 독화 관련 변인
- 독화소(시각소)
- 독화의 한계
- 큐드 스피치(발음 암시법)
- 지도법 ─ 전통적 독화 지도법
         ─ 총체적 접근법
         ─ 말 추적법
- 독화 지도 시 유의점
- 화자 주의사항
- 교사 지원 전략

**독화소**
- 시각적으로 유사한 음소들을 하나로 묶어 동일한 시각적 변별자질로 보는 음성의 가장 작은 시각적 단위
- 예를 들어 /ㅍ/, /ㅂ/, /ㅁ/, /ㅃ/, 그리고 /ㅌ/, /ㄷ/, /ㄴ/, /ㄸ/ 음의 경우 말소리는 다르지만 시각적으로 입술 모양은 매우 유사하기 때문에 이들은 하나의 독화소가 됨

| 동일 시각소 자음 | /ㅂ, ㅍ, ㅃ, ㅁ/, /ㄷ, ㅌ, ㄸ, ㄹ, ㄴ/, /ㄱ, ㅋ, ㄲ/ |
|---|---|
| 동일 시각소 모음 | /오, 우/, /이, 으/, /에, 애/, /아, 어/ |

- 독화소의 분류는 연구자마다 약간의 차이가 있지만, 자음보다 모음은 음향학적으로 차이가 크고, 조음 방법적으로도 구형이 같은 모음이 적기 때문에 독화소군이 더 많이 나누어짐

 /ㅍ/

**11** 다음은 일반 학교에 재학하는 청각장애 학생 5학년 미희의 담임 교사와 특수교사가 음악 수업 준비를 위해 나눈 대화의 일부이다. 물음에 답하시오. [5점]

(가) 준서의 특성

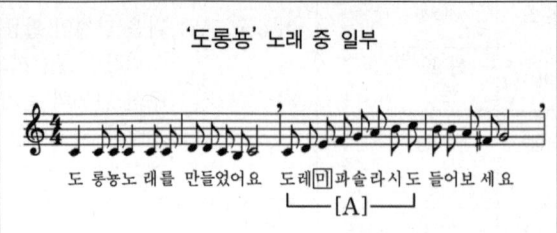

1) [A]에서 ⃞미⃞의 /ㅁ/와 동일한 독화소인 자음자를 찾아 쓰시오.

기본이론 96-97p

 독화의 한계

 독화(말읽기)
- 정의
- 독화 관련 변인
- 독화소(시각소)
- 독화의 한계
- 큐드 스피치(발음 암시법)
- 지도법 ─ 전통적 독화 지도법
          ─ 총체적 접근법
          ─ 말 추적법
- 독화 지도 시 유의점
- 화자 주의사항
- 교사 지원 전략

 독화 지도 시 유의점(화자 주의사항)
- 입 모양이나 조음기관의 움직임을 지나치게 과장해 지도하면 실제 독화 상황에서 말을 이해하는 데 어려움을 초래할 수 있음
- 처음에는 아동의 눈높이에서 구형을 볼 수 있도록 지도하되, 점차 변화시켜 다양한 각도에서 연습하도록 함
- 항상 동일한 위치와 방향에서 독화하지 않도록 함. 다양한 각도에서 구형을 익혀야 실생활에서 접하는 회화 장면에 도움이 됨
- 처음에는 가까운 거리에서 시작하되, 점차 멀리 떨어져서 구형을 익히게 함

3) '발-팔', '날아-달아'와 같이 소리와 철자는 다르지만 입 모양이 비슷한 동형 이음어는 독화만으로 의미 파악이 어렵기 때문이다.

4) ㉡ 처음에는 아동의 눈높이에서 구형을 볼 수 있도록 지도하되, 점차 변화시켜 다양한 각도에서 연습하도록 한다.

---

2016학년도 유아 A7

**12** 다음은 청각장애 유아의 특성과 담임교사의 수업 행동을 관찰한 결과이다. 물음에 답하시오. [5점]

| 유아 | 특성 | 교사의 수업 행동 |
|---|---|---|
| 영희 | • 혼합성 청각장애<br>• 부모 모두 건청인<br>• '사자-가자'를 말읽기하여 변별하지만, ㉠'발-팔', '날아-달아'를 말읽기만으로는 변별하지 못함<br>• 말읽기(독화)를 통해 들은 내용을 보충함 | ㉡말읽기를 지도할 때, 자연스러운 입 모양으로 말하고, 영희가 항상 동일한 위치와 방향에서 화자를 보게 함 |
| 승규 | • 전음성 청각장애<br>• 부모 모두 건청인 | ㉢승규가 지시를 이해했다고 추측하지 않고, 이해했는지 여부를 구체적으로 질문하거나 지시 내용을 승규에게 말해보게 함 |
| 진수 | • 감각신경성 청각장애<br>• 부모 모두 농인<br>• 한국수어와 한국어를 모국어로 습득함 | ㉣수화통역사를 진수 옆 자리에 배치함 |
| 민지 | • 중추청각처리장애<br>• 부모 모두 건청인<br>• 소음 속에서 대화할 때 어려움을 경험함 | ㉤민지가 알아듣지 못했을 때, 반복하거나 말을 바꾸어서 다시 말해줌 |

3) ㉠과 같은 현상이 나타나는 이유를 쓰시오. [1점]

4) ㉡~㉤ 중 적절하지 <u>않은</u> 행동 2가지를 찾아 기호를 쓰고, 각각 바르게 수정하여 쓰시오. [2점]

기본이론 96-98p

- 독화의 한계점
- 큐드 스피치

 독화(말읽기)
- 정의
- 독화 관련 변인
- 독화소(시각소)
- 독화의 한계
- 큐드 스피치(발음 암시법)
- 지도법 ─ 전통적 독화 지도법
          ├ 총체적 접근법
          └ 말 추적법
- 독화 지도 시 유의점
- 화자 주의사항
- 교사 지원 전략

 말이 가지는 시각적 단서의 한계점
- **말소리의 낮은 가시도**: 치조음, 경구개음, 연구개음 등의 조음운동은 시각적으로 확인하기 어려움
- **동형 이음어**: /바, 파, 마/와 같이 소리와 철자는 다르지만 입 모양이 비슷한 동형 이음어는 독화만으로 의미 파악이 어려움
- **빠른 구어 속도**: 일반적으로 회화 속도가 빠르기 때문에 눈으로 보는 것은 매우 어려움
- **음운환경에 따른 전이효과**: 한국어는 발음의 편의성을 위해 음운변동을 허용하고 있는데, 이 경우 지각에 어려움을 초래함
- **조음운동의 개인차**: 동일한 음소를 말하더라도 사람마다 조음의 차이가 있음
- **환경적 제약**: 독화자가 화자의 얼굴이나 입을 계속 주시하기 어렵고, 화자나 독화자가 등을 돌리거나 조명 상태가 좋지 않거나, 물체 등에 의해 시야가 방해받으면 정보를 부분적으로 놓칠 수 있음

**큐드 스피치**
독화 외에 음성언어의 시각단서를 활용하는 것으로, 뺨 근처에서 자음과 모음을 나타내는 수신호를 추가함

㉠ 말소리의 낮은 가시도, 동구형 이음어, 빠른 구어 속도, 음운환경에 따른 전이효과, 조음운동의 개인차, 환경적 제약

'큐드 스피치'란 뺨 근처에서 자음과 모음을 나타내는 수신호를 추가해 독화의 제한점인 낮은 가시도와 변별의 어려움을 보완해주는 것이다.

---

2014학년도 중등 A5

**13** 다음은 청력손실도가 높은 청각장애 학생 A에 대해 일반학급 김 교사와 특수학급 최 교사가 나눈 대화 내용이다. 밑줄 친 ㉠이 무엇인지 〈조건〉에 맞게 2가지만 쓰고, ㉠을 보완하기 위해 사용할 수 있는 방법인 큐드 스피치(cued speech)에 대해 설명하시오. [3점]

> 김 교사: 선생님께서 알려주신 대로 학생 A가 제 입 모양을 잘 볼 수 있도록 가까이 앉히고, 다른 물리적 환경도 수정했어요. 그리고 수업을 할 때 말을 천천히 했는데도 학생 A가 여전히 제 말을 잘 이해하지 못할 때가 있는 것 같아요. 왜 그럴까요?
> 최 교사: 학생 A가 말읽기(독화)를 통해 선생님의 말을 좀 더 많이 이해할 수 있겠지만, ㉠<u>말이 지닌 시각적 단서의 한계</u> 때문에 때에 따라서는 선생님의 말을 제대로 이해하기가 어려울 거예요.

― 조건 ―
음소를 구체적으로 제시하지 말 것.

― 독화 지도 시 유의점

― ※ 예시를 쓰기보다 한계점의 용어를 정확히 쓸 것을 요구하고 있음

참고자료  기본이론 98p

 키워드  큐드 스피치

 구조화를

독화(말읽기)
- 정의
- 독화 관련 변인
- 독화소(시각소)
- 독화의 한계
- 큐드 스피치(발음 암시법)
- 지도법 ─ 전통적 독화 지도법
         ├ 총체적 접근법
         └ 말 추적법
- 독화 지도 시 유의점
- 화자 주의사항
- 교사 지원 전략

 핵심개념  큐드 스피치

- 독화로 구별하기 어려운 음소들을 인식할 수 있게 함으로써 구어의 시각적 단서를 제공하는 수신호로, 수화도 아니고 지문자도 아니며 혼자서는 쓰임이 없음
- 독화의 제한점인 낮은 가시도와 변별의 어려움을 보완해 청각적 메시지를 보다 정확하게 시각적으로 전달해줌
- 구어 언어를 음소 단위로 변환해 전달
  예) '꽃잎' 전달 시 발음 나는 대로 /꼰닙/으로 전달하게 되며, 화자는 이때 최소한 '꼰닙'으로 입 모양을 지어야 함. 청자는 입 모양과 손 모양 그리고 손의 위치를 동시에 코딩해 '꼰닙'의 음소를 해독함

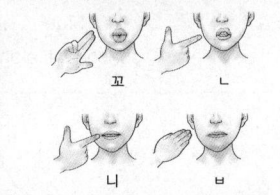

모범답안  큐드 스피치는 독화로 구별하기 어려운 음소들을 인식할 수 있게 함으로써 구어의 시각적 단서를 제공하기 때문에 유용하다. 또는 낮은 가시도와 변별의 어려움을 보완해 청각적 메시지를 보다 정확하게 시각적으로 전달해준다.

---

2022학년도 중등 B11

**14** 다음은 청각장애학교에 근무하는 초임 교사가 경력 교사에게 학생 J의 언어지도에 관해 자문하는 내용의 일부이다. 〈작성방법〉에 따라 쓰시오. [4점]

초임 교사 : 선생님, 며칠 전에 일반학교에서 전학 온 학생 J에게 어떻게 언어지도를 해야 할지 잘 모르겠어요.

경력 교사 : 학생 J는 지금 어떤 방법으로 의사소통을 하나요?

초임 교사 : 독화를 사용해서 어느 정도 말을 이해하는 것 같기는 해요. 하지만 쉽지는 않아요. 얼마 전에는 잘못 읽어서 ㉠과 함께 입 모양을 크게 하여 보여주었어요.

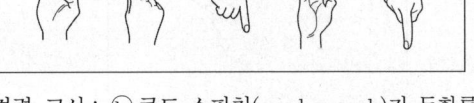 ㉠

발음지시법 : 발음될 음성에 해당하는 문자를 지문자 형태로 제시함

경력 교사 : ㉡큐드 스피치(cued speech)가 독화를 하는 데에 보조 단서로 유용하다고 들었어요.

초임 교사 : 아, 그렇군요. 게다가 학생 J는 수어를 배워본 적이 없어서 친구들과 의사소통이 안 되어 걱정입니다.

경력 교사 : 노래를 부르면서 수어로 표현해보는 것도 방법이 될 수 있어요.

─〈작성방법〉─

밑줄 친 ㉡의 이유를 1가지 서술할 것.

### 확장하기

**★ 큐드 스피치(최성규 외, 2025.)**

- 음성언어의 청각적 수용에서 청능훈련이 가장 보편적인 방법이지만, 청각과 시각을 함께 사용하는 다감각법도 있다. 다감각법의 대표적인 방법이 큐드 스피치이다.
- 큐드 스피치는 지문자 중심의 수화언어가 아닌, 발음 수준의 언어를 표현하기 위한 손동작 양식이다.
- 큐드 스피치는 음성언어(청각)와 함께 손동작(시각)을 제시한다. 음성언어가 자음과 모음의 합성으로 발성되는 것과 마찬가지로, 큐드 스피치의 조합도 자음과 모음의 합성으로 구성된다. 큐드 스피치의 형태소는 손 모양 및 손 위치이다.
- 자음을 지칭하는 손 모양은 여덟 개의 손가락 모양을 통해 구분하고 있으며, 모음을 지칭하는 손 위치는 입술과 가까운 얼굴을 중심으로 4개의 조음점을 가진다. 입, 턱 그리고 목을 중심으로 ① 입(뺨 근처)에서 정면 방향으로 움직이기와 ② 입에서 하향으로 움직이기, ③ 뺨 오른쪽 앞에서 목으로 사선(45도 각도) 이동 그리고 ④ 턱에서 목으로 이동하는 손 위치를 가진다.
- 자음과 모음의 조음점은 군으로 구성된다. 자음의 한 조음점에는 3개에서 4개의 자음으로 구성되고, 모음의 한 조음점에는 2개에서 3개의 모음으로 구성된다. /b/와 /p/는 동일한 입술 모양의 발성이지만, 큐드 스피치에서는 /b/와 /p/를 다른 자음군으로 배치하고 있다. 시각적으로 구분이 어려운 자음의 음소는 배치를 달리해 손 모양으로 구분할 수 있도록 했다.
- 큐드 스피치를 음성언어로 대화하는 것과 같이 부드럽고 자연스럽게 활용하기 위해서는 지속적인 연습과 사용이 전제된다.

| Handshape 1<br>/d, p, zh/<br>deep treasure | Handshape 2<br>/TH, k, v, z/<br>the caves | Handshape 3<br>/s, h, r/<br>sea horse | Handshape 4<br>/wh, b, n/<br>white bone |
|---|---|---|---|
| Handshape 5<br>/m, t, f/ & vowel alone<br>my taffy | Handshape 6<br>/w, sh, l/<br>wet shell | Handshape 7<br>/th, j, g/<br>thin jogger | Handshape 8<br>/y, ng, ch/<br>young child |
| Mouth<br>/ee, ur/<br>leisure | Chin<br>/aw, ue, e/<br>tall blue tent | Throat<br>/oo, i, a/<br>Look, big crabs! | Side<br>consonant alone |
| Side Forward<br>/oe, ah/<br>boat dock | Side Down<br>/uh/<br>sun | Chin to 5 Throat<br>/oi, ay/<br>moist snails | Side to 5 Throat<br>/ie, ou/<br>light house |

2023년도 중등 B8

**15** (가)는 청각장애 학생 A의 특성이고, (나)는 교수·학습 지원에 대해 두 교사가 나눈 대화의 일부이다. 〈작성방법〉에 따라 서술하시오. [4점]

(가) 학생 A의 특성

- 음성언어를 사용하여 의사소통함
- 보청기를 착용하고 있으며, 청능훈련을 지속적으로 하고 있음
- 어음명료도가 70% 정도임
- 말읽기(독화)를 함
- 지문자를 사용함

(나) 교수·학습 지원에 대한 대화

통합학급 교사: 학생 A는 수업 중 제 얼굴만 계속 쳐다보는 것 같습니다.
특 수 교 사: 그것은 선생님의 입술 모양을 통해 듣지 못하는 정보를 얻으려고 하는 것입니다. 이를 말읽기 또는 독화라고 합니다.
통합학급 교사: 수업 중에 학생 A에게 도움이 될 수 있도록 말읽기에 대해 설명해주세요.
특 수 교 사: 말읽기는 ( ㉠ ) 능력을 사용합니다. 학생 A는 선생님의 입술 모양을 보며 낱낱의 부분들을 의미 있게 연결하여 전체적으로 의미를 구성하게 됩니다.
통합학급 교사: 그렇군요. 그럼 ( ㉠ ) 능력만으로 모든 음성언어를 이해할 수 있나요?
특 수 교 사: 그렇지 않습니다. 시각적으로 유사한 음소들이 많아 이를 정확하게 구분하기 어렵기 때문에 학생 A는 자신이 받아들인 잘못된 정보를 상황에 따라 수정해나가게 됩니다.

─┤작성방법├─

(나)의 괄호 안의 ㉠에 공통으로 해당하는 용어를 쓸 것.

---

 **참고자료**
기본이론 94-95p

 **키워드**
독화자 변인

**구조화틀**
독화(말읽기)
― 정의
― 독화 관련 변인
― 독화소(시각소)
― 독화의 한계
― 큐드 스피치(발음 암시법)
― 지도법 ─ 전통적 독화 지도법
          ─ 총체적 접근법
          ─ 말 추적법
― 독화 지도 시 유의점
― 화자 주의사항
― 교사 지원 전략

 **핵심개념**
독화자 변인

| 시각 능력 | 시각능력이 우수하다는 것은 시력이 좋다는 것만을 의미하는 것이 아닌 시지각, 지각의 속도, 시각적 주의집중, 주변시력 등의 하위 요소가 중요함 |
|---|---|
| 지적 능력 | • 지적능력은 종합능력으로 대표되는데, '종합능력'이란 낱낱의 부분들을 의미 있게 연결해 전체적인 의미를 구성하는 능력임<br>• 입모양 하나하나를 단순히 결합시킨다고 말을 완전히 이해할 수 있는 것이 아니고, 추측과 사고를 통해 누락된 요소를 보충·종결·추리해야만 말을 이해할 수 있음 |
| 유연성 | 처음에 내린 판단으로는 의미가 통하지 않거나 내용이 적절하지 못한 경우 잠정적인 종결을 수정하는 능력 |
| 언어 이해력 | 어휘력과 관용적 표현의 이해력이 높을수록 독화가 용이함 |

 **모범답안**
종합

## 확장하기

### ★ 독화자 변인

#### 1. 시각능력
시각능력이 우수하다는 것은 시력이 좋다는 것만을 의미하지 않는다. 오히려 시지각, 지각의 속도, 시각적 주의집중, 주변시력과 같은 하위요소가 더 중요하다.

| 시지각 | 시각정보를 처리하는 능력으로서, 눈으로 보는 능력뿐만 아니라 시각자극을 두뇌에서 해석하는 것을 말한다. |
|---|---|
| 지각의 속도 | 독화를 하는 데 매우 중요한 요소로서 잘 보되, 신속하게 보아야 한다. 순간 놓치면 상대방이 전하는 메시지도 놓치게 된다. |
| 시각적 주의집중 | 관찰력과도 같으며, 소리를 변별하는 데 특히 영향을 미친다. |
| 주변시력 | 입뿐만 아니라 얼굴이나 주변으로부터 정보를 얻는 능력으로서, 독화에 매우 중요한 기초적 기능에 해당한다. |

#### 2. 지적능력
- 독화는 조음기관의 움직임을 하나하나 독립적으로 수용하는 것이 아니라 전체적인 형태로 인식하고 해석해야 하는데, 이를 위해 최소한의 지능이 요구된다.
- 지적능력은 종합능력으로 대표되는데, '종합능력'이란 낱낱의 부분들을 의미 있게 연결해 전체적인 의미를 구성하는 능력이다. 종합능력이 성공적인 독화의 전제조건이 되는 이유는 입모양 하나하나를 단순히 결합시킨다고 말을 완전히 이해할 수 있는 것이 아니기 때문이다. 추측과 사고를 통해 누락된 요소를 보충하고 종결하고 추리해야만 말을 이해할 수 있다. 종합능력은 지각종결과 개념종결로 구성된다.

| 지각종결 | 받아들인 시각정보에 추측한 내용을 보충해 이해하는 것을 말한다. |
|---|---|
| 개념종결 | 지각된 내용을 조직하고 분류하며, 빠진 단어를 채워 넣어가면서 전달된 내용을 전체적으로 받아들이는 것을 말한다. |

- 지각종결과 개념종결은 거의 동시에 이루어지는데, 지각종결은 형식과 형태를 연상하는 능력에 가깝고, 개념종결은 낱말과 사물을 연상하는 능력과 더 밀접하다.

> 화자: 새삼스럽게 선물을 주고 그래?
>   → (청각적 정보) 애암으러게 어무을 우오 ×래?
>   → (시각 정보) 애암으럽게 전물을 우고 흐래?
>   → (지각종결) 애암으럽게-새삼스럽게, 전물-선물, 우고-수고, 흐래-그래
>   → (개념종결) 새삼스럽게 선물을 주고 그래?

#### 3. 유연성(융통성)
- '유연성'이란 처음에 내린 판단으로는 의미가 통하지 않거나 내용이 적절하지 못한 경우에 잠정적인 종결을 수정하는 능력을 말한다.
- 독화에서 구형은 많은 경우 비슷하거나 혹은 시각적으로 지각할 수 없기 때문에, 독화자는 재빨리 자신이 받아들인 정보를 상황에 따라 수정해 주어야 한다.
- 예 "난 개가 좋아.", "난 해가 좋아.", "난 애가 좋아."는 구형만으로 구분하기 어렵기 때문에, 다음 문장 또는 상황에 맞추어 자신이 받아들인 정보가 부정확하거나 적절하지 못하다고 생각되었을 때는 수정이 이루어져야 한다.

#### 4. 언어 이해력
- 독화는 알고 있는 언어의 말소리를 읽는 것이기 때문에, 알지 못하는 외국어를 독화로 이해하는 것은 불가능하다.
- 어휘력과 관용적 표현의 이해력이 높을수록 독화가 용이하다.

기본이론 75p, 100-101p

 청각장애 학생 통합교육 지원

 **청각장애 학생 통합교육 지원**
- 청각장애 아동의 좌석
  - 소음으로부터는 멀고 교육 활동이 진행되는 곳과는 가까워야 함
  - 교사를 정면으로 바라볼 수 있도록 배치되어야 함
- 교사는 말할 때 청각장애 아동에게 등을 돌리지 않도록 주의
- 게시판이나 도표·그림·컴퓨터 그래픽 등 가능한 한 시각적 교수방법을 최대한 활용
- 완전한 문장으로 말해줘야 하며, 알아듣지 못했을 때도 한두 단어만 말해주지 말고 전체 문장을 다시 반복하거나 말을 바꾸어 해줌 → 문장 형태에서 내용과 의미를 파악하기 더 쉽기 때문
- 토론 활동 시 한 번에 한 사람씩 말하게 하고, 누가 말하는지 알려줘 학생이 누구를 봐야 하는지 알 수 있도록 함

 ② 한두 단어보다는 완전한 문장으로 말해줄 때 의미를 더 잘 파악할 수 있다.
④ 독화하기 좋은 자리는 교사가 임의적으로 지정하기보다 학생과 함께 상의해서 결정한다.

2013학년도 추가중등 B7

**16** (가)는 청각장애 학생들의 청력 특성이고, (나)는 통합학급 박 교사의 수업방법이다. 물음에 답하시오. [6점]

(가) 청각장애 학생들의 청력 특성

| 이름 | ㉠ 평균 청력역치(㉡ dB HL) ||
|---|---|---|
| 병철 | 기도 좌측 50<br>골도 좌측 50 | 우측 50<br>우측 50 |
| 수미 | 기도 좌측 35<br>골도 좌측 5 | 우측 0<br>㉢ 우측 -5 |
| 지우 | 기도 좌측 70<br>골도 좌측 35 | 우측 65<br>우측 35 |

(나) 박 교사의 수업방법

① 청각을 주된 의사소통 채널로 사용하는 병철이는 FM 시스템(보청기)의 수신기를 착용하고 수업에 참여한다. 교사는 FM 시스템의 마이크를 착용한 채, 교실 안을 자유롭게 움직이며 설명한다.
② 수미에게는 완전한 문장보다는 한두 단어로 말해 준다.
③ 독화(말읽기)와 잔존청력을 활용하는 지우를 위해 집단 토론 상황에서는 서로 둘러앉게 하고, 말하는 학생 앞에 컵이나 작은 공(스피치 볼)을 놓고 말하도록 한다.
④ 지우가 독화(말읽기)하기 가장 좋은 자리를 교사가 임의로 지정해준다.

5) (나)의 ①~④ 중 적절하지 않은 수업방법 2가지를 찾아 기호를 쓰고, 그 이유를 각각 쓰시오. [2점]

2020학년도 중등 A8

**17** (가)는 청각장애 학생 G의 특성이고, (나)는 학생 G의 의사소통 증진을 위해 일반교사와 특수교사가 나눈 대화의 일부이다. (다)는 학생 G의 발화 수정 전략이다. 〈작성방법〉에 따라 서술하시오. [4점]

(가) 학생 G의 특성

- 초등학교 1학년 때부터 보청기를 착용함
- 음성언어(구어)로 주로 의사소통함
- ⓐ 독화로 음성언어를 수용하나, 독화의 시각적 한계로 인한 어려움을 보임
  - ㉠ /ㅁ, ㅂ, ㅍ/를 구분하지 못함
- 말 명료도가 낮음
  - ㉡ [i] 발음 시 [a]에 가깝게 발음함

구화교육에서 잔존청력으로 충분히 구어를 듣기 어려울 경우, 독화(말읽기)를 통해 상대방의 입 모양이나 움직임을 시각적으로 받아들이고 해석해 음성언어를 이해함

(나) 대화

일반교사 : 학생 G가 발음은 정확하지 않지만, 적극적으로 말을 하려고 해요. 그런데 가끔씩 학생 G의 발음이 분명하지 않아서 무슨 말을 하는지 제가 알아듣지 못해요. 그래서 대화가 끊어질 때가 있어요. 그럴 땐 어떻게 하면 좋을까요?

특수교사 : 네. 학생 G가 스스로 수정해서 말하도록 대화에 적절한 반응을 보여주세요. 그러면 학생 G가 계속해서 말하려고 시도할 겁니다.

(다) 발화 수정 전략

| 유형 | 내용 | 예시 | 목표 발화 |
|---|---|---|---|
| 반복 | 이전 발화 내용을 똑같이 반복함 | 학생: 다당면 먹어서요.<br>교사: 뭐라고?<br>학생: 다당면 먹어서요. | 짜장면 먹었어요. |
| 수정 | ( ㉢ ) | 학생: 비수가 겨서해서요.<br>교사: 뭐라고?<br>학생: 비수가 아와서요. | 지수가 결석했어요. |
| 부연 설명 | 이전 발화를 자세히 설명함 | 학생: 저바 저워서요.<br>교사: 뭐라고?<br>학생: 제가 아가 저바 저 워서요. | 칠판 지웠어요. |

---

참고자료: 기본이론 96~97p, 102p

키워드
- 독화의 한계
- 발화수정 전략

구조화틀

독화(말읽기)
- 정의
- 독화 관련 변인
- 독화소(시각소)
- 독화의 한계
- 큐드 스피치(발음 암시법)
- 지도법 ─ 전통적 독화 지도법
         ├ 총체적 접근법
         └ 말 추적법
- 독화 지도 시 유의점
- 화자 주의사항
- 교사 지원 전략

표현언어 지도
- 의사소통 전략
- 발화수정 전략

핵심개념

독화소(시각소)
- 시각적으로 유사한 음소들을 하나로 묶어 동일한 시각적 변별 자질로 보는 음성의 가장 작은 시각적 단위
  예) /ㅍ・ㅂ・ㅃ・ㅁ/, /ㄷ・ㅌ・ㄸ・ㄴ/ 음들은 말소리는 다르지만 시각적으로 입술 모양이 매우 유사하기 때문에 하나의 독화소가 됨
- 음소보다 개수가 적고, 음소와 달리 모음의 개수가 더 많음(독화소군이 더 많이 나누어짐)
  - 모음은 자음보다 음향학적으로 차이가 큼
  - 조음방법적으로도 구형이 같은 모음이 적음

동형 이음어(동구형 이음어)
/바, 파, 마/와 같이 소리와 철자는 다르지만 입 모양이 비슷한 것

### 발화수정 전략
(청각장애 학생이 '화자' 입장)

**반복**
이전 발화의 내용을 똑같이 반복
예) A: 칭찬 받았어요.
　　B: 뭐라고?
　　A: 칭찬 받았어요.

**수정**
발화를 새로운 단어나 구문으로 반복
예) A: 오늘 영화는 다 매진이래.
　　B: 뭐라고?
　　A: 오늘 영화는 자리가 없대.

**부연 설명**
이전 발화를 자세히 설명
예) A: 홍준이 봤어?
　　B: 뭐라고?
　　A: 아까 모임에서 홍준이 봤냐고.

---

【작성방법】
- (가)의 밑줄 친 ⓐ와 같은 특징을 고려하여, 독화에서 ㉠에 해당하는 용어를 쓰고, 그 의미를 서술할 것.
- (나)의 대화를 참고하여 (다)의 ㉢에 해당하는 수정 내용을 서술할 것.

---

 **모범답안**

- ㉠ /ㅁ, ㅂ, ㅍ/는 시각적으로 동일하게 인식되는 독화소로, 말소리는 다르지만 시각적으로 입술 모양이 매우 유사하기 때문에 하나의 독화소이다.

- ㉢ 이전 발화를 새로운 단어나 구문으로 반복함

2018학년도 중등 B7

**18** (가)는 일반학급에 통합된 학생 K의 청력도이고, (나)는 특수교사와 일반학급 교사가 나눈 대화이며, (다)는 특수교사와 학생 K의 대화이다. 〈작성방법〉에 따라 서술하시오. [5점]

(가) 학생 K의 청력도

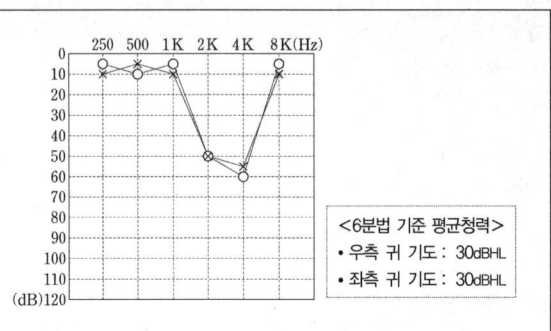

(나) 특수교사와 일반학급 교사의 대화

| | |
|---|---|
| 일반교사 : | 선생님, 학생 K가 청력은 괜찮다고 하는데 수업시간에 가끔 제가 하는 말을 잘 듣지 못하는 것 같아요. 왜 그런가요? |
| 특수교사 : | 예, 학생 K의 ㉠청력도를 해석하면 그 이유를 알 수 있습니다. |
| | …(생략)… |
| 일반교사 : | 학생 K가 의사소통을 잘할 수 있는 방법이 있을까요? |
| 특수교사 : | 예. 여러 방법이 있지만 그중 ㉡회복전략을 참조하면 좋겠네요. |

〈작성방법〉

밑줄 친 ㉡ 중에서 학생 K가 사용할 수 있는 방법을 2가지 서술할 것.

---

참고자료: 기본이론 102-103p

키워드: 의사소통 전략

구조화틀: 표현언어 지도
- 의사소통 전략
- 발화수정 전략

핵심개념: 회복 전략의 예시

**반복**
화자가 다시 한번 말을 들려줄 것을 요구하는 전략
예) 화자: 주말에 연습 열심히 하고 오세요.
청자: 다시 한번 이야기 해주시겠어요?
화자: 주말에 연습 열심히 하고 오세요.

**바꾸어 말하기**
다른 단어를 사용해서 유사한 의미를 갖는 문장으로 재구조화해 들려주는 것
예) 화자: 내가 생각했던 것과는 너무 상이한 결과였어.
청자: 다른 단어로 말해주시겠어요?
화자: 내가 생각했던 것과 결과가 많이 달랐어.

**간략화**
쉬운 단어를 사용하거나 단어의 수를 적게 해 들려주도록 요구하는 것
예) 화자: 차라리 그 인간이 황홀한 지경이 되도록 칭찬을 해주는 거야.
청자: 쉬운 말로 해줄래?
화자: 그 인간에게 칭찬을 많이 해주라고.

모범답안: 학생 K가 사용할 수 있는 의사소통 전략에는 반복 요구하기, 바꾸어 말하기, 간략화 요구하기 등이 있다.

기본이론 89~94p, 102~103p

- 청능훈련
- 의사소통 전략

 표현언어 지도
- 의사소통 전략
- 발화수정 전략

**의사소통 전략**
(청각장애 학생이 '청자' 입장)

| 예기 전략 | • 다가올 의사소통 상황에서 필요한 내용이나 상호작용을 미리 준비하는 것<br>• 사용 가능한 어휘, 질문, 의사소통에서 예측되는 어려움을 미리 검토하고 준비해 실제 의사소통 환경을 쉽게 느끼도록 함 |
|---|---|
| 수정 전략 | • 화자의 부적절한 행동이나 바람직하지 못한 환경이 구어 인식을 방해할 때 이를 수정하려고 노력하는 것<br>• 화자의 말이 지나치게 빠르거나 입을 가리는 행동을 하는 경우, 혹은 주변의 소음이 너무 크거나, 조명이 너무 어두워 화자의 얼굴을 제대로 볼 수 없는 경우 등 |
| 회복 전략 | • 대화의 메시지를 놓쳤거나 낮은 언어 이해력으로 인해 상대방의 말을 이해하지 못했을 때 사용하는 것<br>• 반복 요구하기, 바꾸어 말하기, 간략화 요구하기 등의 전략을 사용함 |

① 수정 전략
② 음의 이해

---

2022학년도 초등 B4

**19** (가)는 청각장애 학생 미라의 특성이고, (나)는 2015 개정 특수교육 교육과정 중 기본 교육과정 과학과 5~6학년군에 따른 교수·학습 과정안의 일부이다. 물음에 답하시오. [5점]

(가) 미라의 특성 — 구화교육이 필요한 학생임

| 특성 | 미라가 사용할 의사소통 전략 | |
|---|---|---|
| • 보청기를 사용함<br>• 구어 위주의 의사소통 방법을 선호함<br>• /ㅅ/ 음을 잘 듣지 못함<br>• 지적장애가 있음 | 예기 전략 | 수업 장면에서 나올 /ㅅ/가 들어가는 말을 미리 생각해본다. |
| | ( ㉠ ) | • 수업 중 교실 밖 소음으로 인해 듣기에 방해가 되어 창문을 닫는다.<br>• 교사의 말이 잘 들리지 않아서 보청기의 볼륨이 적절한지 점검하여 조정한다.<br>• 교사의 말이 잘 들리지 않아서 교사와 가까운 자리로 옮겨 앉는다. |
| | 회복 전략 | 교사의 말을 이해하지 못하면 중요한 단어를 다시 말해달라고 요청한다. |

(나) 교수·학습 과정안

| 성취기준 | [6과학02-04] 생활 주변의 소리를 듣고 큰 소리와 작은 소리, 높은 소리와 낮은 소리로 구분한다. | |
|---|---|---|
| 학습목표 | 북을 치며 큰 소리와 작은 소리를 비교할 수 있다. | 차시 5/12 |
| 단계 | 활동 | 자료(㉳) 및 유의점(㉴) |
| 전개 | 〈활동 1〉<br>• 여러 가지 소리 내어보기<br>　- ㉡수업에 사용할 물건이나 악기의 설명을 듣고, 해당되는 물건이나 악기를 가져와 책상 위에 올려놓기<br>　- 책상 위의 악기로 소리 내어보기<br>　- 북과 북채를 가지고 소리 내어보기<br><br>〈활동 2〉<br>• 북 소리를 크게 또는 작게 내는 방법 알아보기<br>　- 북 소리를 크게 또는 작게 내는 방법 말해보기<br>　- 북 소리를 크게 또는 작게 소리 내어보기<br>• 소리의 크기에 따른 콩의 떨림 살펴보기<br>　- 북 위에 콩 뿌리기 ⎤<br>　- 북을 세게 또는 여리게 두드리며 콩의 떨림 살펴보기 ⎦ [A] | ㉳북, 탬버린 등<br>ⓒ 소리가 나는 물건이나 악기<br><br>㉴ 미라가 잘 듣지 못하는 음소를 지문자로 전달<br><br>㉴ ㉢'북소리는 북을 세게 칠수록 높은 소리가 난다.'라는 오개념 형성에 유의하여 지도하기 |

1) ① (가)의 ㉠에 들어갈 청각장애 학생의 구어 지도를 위해 사용하는 의사소통 전략을 쓰고, ② (나)의 ㉡에 해당하는 청능학습(청능훈련)의 단계를 쓰시오. [2점]

2024학년도 중등 A10

**20** (가)는 ○○중학교에 재학 중인 청각장애 학생 A의 특성이고, (나)는 일반 교사와 특수 교사의 대화 중 일부이다. 〈작성방법〉에 따라 서술하시오. [4점]

(가) 학생 A의 특성

- 순음청력검사 결과가 왼쪽 귀 60dB HL, 오른쪽 귀 90dB HL으로 나타남
- 오른쪽 귀만 보청기를 착용하고 있음
- 보청기 착용으로 말읽기를 통하여 수업에 참여하고 있음

(나) 일반 교사와 특수 교사의 대화

일반 교사 : 학생 A는 친구들과 대화하는 데 어려움을 느끼는 것 같아요. 학생 A가 어떻게 하면 대화에 적극적으로 참여할 수 있을까요?

특수 교사 : 듣는 정보가 부족하고 알고 있는 어휘 수도 적은 편이어서 의사소통이 잘 되지 않을 수 있어요. 학생 A가 ⓒ <u>예상하는 전략</u>과 ⓒ <u>회복하는 전략</u>을 사용할 수 있도록 지도하면 됩니다.

일반 교사 : 그렇군요. 그럼 다음 주에 '박물관 학예사 체험하기 활동'을 하면서 ⓔ <u>학예사의 활동 알아보기</u>와 ⓜ <u>학예사 역할 체험</u>을 계획하였는데, 학생 A에게 적용해 보면 좋겠습니다.

**작성방법**

(나)의 밑줄 친 ⓒ을 ⓔ 활동에 적용하는 예와 ⓒ을 ⓜ 활동에 적용하는 예를 1가지씩 각각 서술할 것. (단, ⓒ은 '언어 정보 전체를 이해하지 못한 경우'에 한하여 작성할 것)

---

 참고자료 : 기본이론 102-103p

 키워드 : 의사소통 전략

구조화틀 : 표현언어 지도
 ├ 의사소통 전략
 └ 발화수정 전략

 핵심개념 : 의사소통 전략
(청각장애 학생이 '청자' 입장)

| | |
|---|---|
| 예기 전략 | • 다가올 의사소통 상황에서 필요한 내용이나 상호작용을 미리 준비하는 것<br>• 사용 가능한 어휘, 질문, 의사소통에서 예측되는 어려움을 미리 검토하고 준비해 실제 의사소통 환경을 쉽게 느끼도록 함 |
| 수정 전략 | • 화자의 부적절한 행동이나 바람직하지 못한 환경이 구어 인식을 방해할 때 이를 수정하려고 노력하는 것<br>• 화자의 말이 지나치게 빠르거나 입을 가리는 행동을 하는 경우, 혹은 주변의 소음이 너무 크거나, 조명이 너무 어두워 화자의 얼굴을 제대로 볼 수 없는 경우 등 |
| 회복 전략 | • 대화의 메시지를 놓쳤거나 낮은 언어 이해력으로 인해 상대방의 말을 이해하지 못했을 때 사용하는 것<br>• 반복 요구하기, 바꾸어 말하기, 간략화 요구하기 등의 전략을 사용함 |

 모범답안

ⓒ 학예사의 활동과 관련된 어휘목록을 미리 준비해 연습한다.

ⓒ 학예사 역할 체험 시 잘 듣지 못한 경우 반복해 전체를 다시 말해줄 것을 요구한다.

기본이론 105-110p

- 자연수어와 문법수화
- 수어의 특징
- 수화소

수어교육
- 수어의 이해
- 자연수어 vs 문법수화
- 수어의 특징
- 수화소의 구분
- 수어의 기호 구성방법
- 수어의 언어학적 분석
- 한글 지문자, 한글 지숫자, 영어 지문자

**핵심개념**

**수어**
- 손의 움직임과 비수지 신호(얼굴 표정과 몸짓)를 사용해 공간적 차원에서 표현하는 시각언어인 동시에 문법체계를 갖춘 농인의 1차 언어
- 다른 언어와 마찬가지로 분명한 체계를 가지고 있으므로, 하나의 완전한 언어로 인정받음

**수화소의 구분**
- 손몸짓 수어: 수형, 수위, 수동, 수향
- 비수지 신호: 얼굴 표정, 입 모양, 상체 이동 등

**수어의 특징**
- **공간성**: 음성언어는 순차적·연속적으로 음소를 배열하지만, 수어는 공간에서 메시지가 이루어짐. 또한, 어떤 공간에서 수어가 만들어지느냐에 따라 의미와 문법이 달라짐
- **동시성**: 음성언어의 분절성과 반대되는 개념으로, 수어는 공간에서 표현되는 언어이기 때문에 여러 가지 요소가 동시에 산출되는 '동시성'을 가짐

③

2013학년도 중등 15

**21** 수화(자연수화)에 대한 설명으로 옳은 것만을 〈보기〉에서 있는 대로 고른 것은?

┌ 보기 ┐
ㄱ. 수화를 구성하는 요소인 수화소는 음성언어의 형태소에 해당한다.
ㄴ. 음운론, 형태론, 통사론 등 규칙과 문법체계를 가지고 있는 언어이다.
ㄷ. 수화 단어의 형태와 의미 사이에는 도상성(사상성)이 강하지만, 자의성(규약성)이 있는 단어도 많다.
ㄹ. 공간성과 동시성이라는 특성은 단어 구성 시에 나타나는 것으로 문장 수준에서는 나타나지 않는다.
ㅁ. 건청아동이 말을 습득하는 것과 마찬가지로 농아동도 수화 환경에 노출되면 자연스럽게 수화를 습득한다.

① ㄴ, ㄹ
② ㄱ, ㄷ, ㄹ
③ ㄴ, ㄷ, ㅁ
④ ㄱ, ㄴ, ㄷ, ㅁ
⑤ ㄱ, ㄴ, ㄹ, ㅁ

ㄱ. 수화소는 음성언어의 음소에 해당함

참고자료 기본이론 105-110p

 키워드 수어의 특징

 구조화틀 **수어교육**
- 수어의 이해
- 자연수어 vs 문법수화
- 수어의 특징
- 수화소의 구분
- 수어의 기호 구성방법
- 수어의 언어학적 분석
- 한글 지문자, 한글 지숫자, 영어 지문자

 핵심개념 **수어의 특징**
- **도상성**: 실제로 지시하는 대상이 언어에 투영되어 있는 것
- **자의성**: 낱말과 대상 간에 직접적인 관계가 없는 것
- **공간성**: 음성언어는 순차적·연속적으로 음소를 배열하지만, 수어는 공간에서 메시지가 이루어짐. 또한, 어떤 공간에서 수어가 만들어지느냐에 따라 의미와 문법이 달라짐
- **동시성**: 음성언어의 분절성과 반대되는 개념으로, 수어는 공간에서 표현되는 언어이기 때문에 여러 가지 요소가 동시에 산출되는 '동시성'을 가짐

 모범답안
㉠ 아니요, 못 먹어서 배고파요.

- 도상성은 실제로 지시하는 대상이 언어에 투영되어 있다는 것으로, '먹다' 등은 도상성의 수준이 강하다.
- 자의성은 낱말과 대상 간에 직접적인 관계가 없다는 것으로, '안녕'은 사회적 약속으로 만들어진 추상적인 표현이다.

2015학년도 중등 B2

**22** 다음은 청각장애 학생과 교사가 대화한 내용이다. ㉠을 한국어로 해석하고, 수화(수어, Korean sign language)의 도상성과 자의성을 전체 대화에서 사용된 단어 1가지씩을 선택하여 각각 설명하시오. [5점]

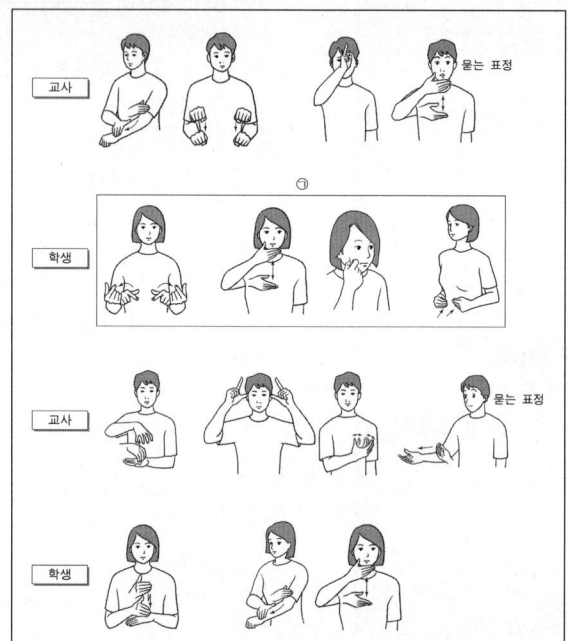

기본이론 105-106p

자연수어와 문법수화

수어교육
- 수어의 이해
- 자연수어 vs 문법수화
- 수어의 특징
- 수화소의 구분
- 수어의 기호 구성방법
- 수어의 언어학적 분석
- 한글 지문자, 한글 지숫자, 영어 지문자

자연수어와 문법수화

| | |
|---|---|
| 자연수어 | • 축약해 표현함<br>• 구조와 어순 등이 음성언어와 매우 다름<br>• 지화를 거의 활용하지 않음<br>• 국어에 대한 이해가 필요 없음<br>• 문법형태소를 생략함 |
| 문법수화 | • 말이나 문장을 그대로 표현함<br>• 구조와 어순이 음성언어와 유사함<br>• 지화를 적극 활용함<br>• 국어 문법지식을 필요로 함<br>• 문법형태소를 지문자나 수화 어휘로 표현함 |

① 한국수어는 농인들의 자연발생적 수화이지만, 문법수화는 필요에 의해 인위적으로 만들어낸 수화이다.
② 자연수어는 독자적인 문법체계를 가지고 있지만, 문법수화는 국어 문법체계를 따른다.

2019학년도 유아 B5

**23** (가)는 5세 청각장애 유아 영수의 특성이고, (나)는 영수의 청력도의 일부이다. 물음에 답하시오. [5점]

(가)

| 영수 특성 |
|---|
| • 혼합성 청력손실<br>• ㉠평균순음역치(PTA): 오른쪽 귀 72dB HL, 왼쪽 귀 76dB HL<br>• 보청기 착용<br>• 농인 부모 가정에서 ㉡한국수어(자연수화)를 제1언어로 습득하고, 한국수어와 한국어를 공용어로 사용함 |

(나)

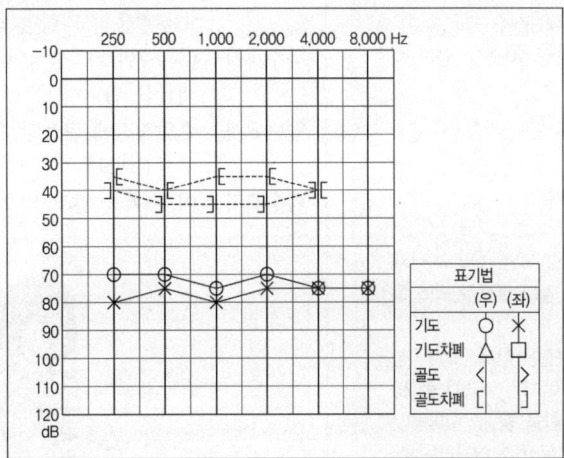

3) (가)의 ㉡과 문법수화(국어대응식 수화)와의 차이점을 ① 발생의 기원과 ② 문법 측면에서 각각 1가지 쓰시오. [2점]

2019학년도 중등 B3

**24** (가)는 ○○중학교에 재학 중인 청각장애 학생 G의 정보이고, (나)는 일반교사와 특수교사의 대화 내용 일부이다. 〈작성 방법〉에 따라 서술하시오. [4점]

(가) 학생 G의 정보

- 부모 모두 농인이며, 수어를 1차 언어로 사용함
- 수어통역사를 배치하여 수업을 진행함

(나) 대화 내용

…(상략)…

일반교사 : 수어에서도 음성언어의 고저나 장단 같은 초분절음의 역할을 하는 특성이 있나요?

특수교사 : ( ⓒ )이/가 음성언어의 초분절음과 같은 역할을 합니다.

일반교사 : 수업시간에 활용할 수 있는 수어 하나 알려 주시겠어요?

특수교사 : 이 수어를 알고 있으면 좋을 것 같아요.

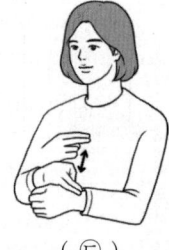

( ⓒ )

※ 수형 설명 : 오른 주먹의 1·2지를 펴서 2지 옆면으로 모로 세운 왼 주먹의 손목을 두 번 두드린다.

〈작성방법〉

- 괄호 안의 ⓒ에 해당하는 용어를 쓰고, ⓒ이 가지는 수어에서의 기능을 1가지 서술할 것. (단, (나)에서 제시한 내용은 제외할 것)
- 괄호 안의 ⓒ에 해당하는 수어의 의미를 쓸 것.

---

참고자료 : 기본이론 110~111p

키워드 : 수화소

구조화틀

**수어교육**
- 수어의 이해
- 자연수어 vs 문법수화
- 수어의 특징
- 수화소의 구분
- 수어의 기호 구성방법
- 수어의 언어학적 분석
- 한글 지문자, 한글 지숫자, 영어 지문자

핵심개념

**비수지 신호**
- 얼굴 표정이나 입 모양, 머리와 상체의 움직임 등과 같이 손동작 외의 몸짓이 주는 신호
- 음성언어의 초분절음(강세·고저·장단에 의해 만들어지는 소리)처럼 뜻을 구별하는 역할을 함 → 수어에서 비수지 기호는 문장을 이해하는 데 중요한 역할을 하며, 문법적 기능을 담당함

모범답안

- ⓒ 비수지 신호
  비수지 신호는 문장을 이해하는 데 중요한 역할을 하며 문법적 기능을 담당한다.
- ⓒ 교사(선생님)

기본이론 106p, 112p

- 수화소
- 자연수어와 문법수화

수어교육
- 수어의 이해
- 자연수어 vs 문법수화
- 수어의 특징
- 수화소의 구분
- 수어의 기호 구성방법
- 수어의 언어학적 분석
- 한글 지문자, 한글 지숫자, 영어 지문자

자연수어와 문법수화

| | |
|---|---|
| 자연수어 | • 축약해 표현함<br>• 구조와 어순 등이 음성언어와 매우 다름<br>• 지화를 거의 활용하지 않음<br>• 국어에 대한 이해가 필요 없음<br>• 문법형태소를 생략함 |
| 문법수화 | • 말이나 문장을 그대로 표현함<br>• 구조와 어순이 음성언어와 유사함<br>• 지화를 적극 활용함<br>• 국어 문법지식을 필요로 함<br>• 문법형태소를 지문자나 수화 어휘로 표현함 |

비수지 신호
- 얼굴 표정이나 입 모양, 머리와 상체의 움직임 등과 같이 손동작 외의 몸짓이 주는 신호
- 음성언어의 초분절음(강세·고저·장단에 의해 만들어지는 소리)처럼 뜻을 구별하는 역할을 함 → 수어에서 비수지 기호는 문장을 이해하는 데 중요한 역할을 하며, 문법적 기능을 담당함

- 자연수어는 축약해 표현하는 반면, 문법수화는 말이나 문장을 그대로 표현한다.
  자연수어의 구조와 어순은 음성언어와 매우 다르나, 문법수화는 구조와 어순이 음성언어와 유사하다.
- 표정, 몸짓, 입 모양, 머리와 상체의 움직임 등

---

2021학년도 중등 B11

**25** 다음은 문법수화를 배운 특수교사가 수어통역사와 함께 있는 농학생을 만나 수어로 나눈 대화 내용의 일부이다. 〈작성방법〉에 따라 서술하시오. [4점]

(특수교사는 구어와 수어를 동시에 하며, 수어통역사는 수어로만 대화한다.)

특수교사: 여기는 왜 왔습니까?

농학생: … (수어통역사를 바라본다.)

수어통역사:

농학생:

※ '특수교사'와 '수어통역사'가 사용하는 수어의 차이는 해당 그림에 근거해 분석해야 함

문법수어 해석
'이', '곳', '왜', '오다', '(?)'

자연수어 해석
'오다', '왜(궁금한 표정)'

〈작성방법〉
- 위 대화에서 수어통역사가 사용하는 자연수어와 특수교사가 사용하는 문법수화의 차이점을 2가지 서술할 것.
- 수어에서 의문문을 표현하기 위해 사용하는 비수지 기호를 2가지 쓸 것.

기본이론 107-110p

- 수어의 특징
- 한글 지문자

수어교육
- 수어의 이해
- 자연수어 vs 문법수화
- 수어의 특징
- 수화소의 구분
- 수어의 기호 구성방법
- 수어의 언어학적 분석
- 한글 지문자, 한글 지숫자, 영어 지문자

수어의 특징 - 공간성(공간적 배열)
수어의 중요한 특성 중 하나는 바로 공간성임. 음성언어는 순차적·연속적으로 음소를 배열하지만, 수어는 공간에서 메시지가 이루어짐. 뿐만 아니라 어떤 공간에서 수어가 만들어지느냐에 따라 의미와 문법이 달라짐

예 대화에서 "A와 B가 경기를 했는데 A는 이기고 B는 졌다."를 수어로 표현할 때 공간을 둘로 나누어 의미를 전달함

한글 지문자

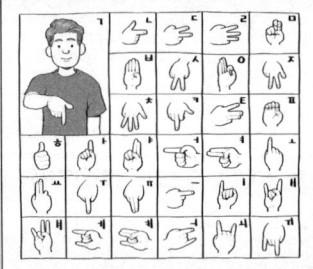

ⓒ 공간성
ⓔ 강준

2025학년도 중등 B11

**26** (가)는 ○○ 고등학교에 재학 중인 청각장애 학생 A의 특성이고, (나)는 특수 교사와 일반 교사가 나눈 대화이다. 〈작성 방법〉에 따라 서술하시오. [4점]

(가) 학생 A의 특성

- 평균 순음청력역치 : 왼쪽 85 dB HL, 오른쪽 80 dB HL
- 양쪽 귀에 보청기를 착용하고 있음.
- 제1언어로 한국어를 사용함.
- 한국수어를 배워 사용함.

(나) 특수 교사와 일반 교사의 대화

일반 교사 : 학생 A에게 9월 23일 세계 수어의 날을 기념해서 수어로 축하 영상을 보냈는데, 답장을 보내왔어요. 한번 봐 주세요.

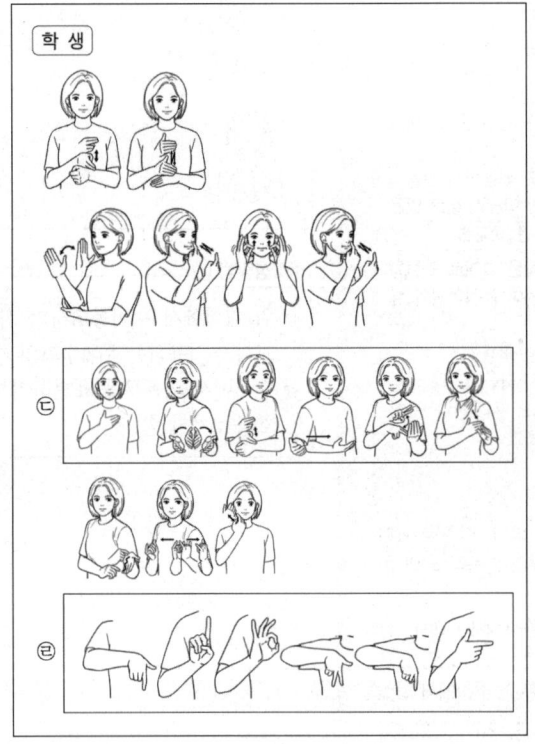

작성방법

(가)를 참고하여 (나)의 수어 문장 ⓒ에서 목적어를 나타내는 데 사용된 수어의 구성 특성을 1가지 쓰고, (나)의 ⓔ을 한글로 쓸 것.

2023학년도 초등 A3

**27** 다음은 청각장애 특수학교 교육현장실습 중 예비교사와 지도교사가 나눈 대화이다. 물음에 답하시오. [5점]

> 예비 교사: 총체적 의사소통법으로 수업을 할 수 있도록 수어를 배우고 있습니다. 그런데 농학생과 의사소통이 잘 안 되는 경우가 있습니다.
>
> 지도 교사: 국어대응식수화로 의사소통해서 그럴 수 있습니다. 국어대응식수화는 문법수화로 불리기도 합니다. 한국수어는 자연수어라고도 하지요.
>
> 예비 교사: 한국어 단어마다 수어 단어를 대응시키면 한국수어 문장이 되는 것 아닌가요?
>
> 지도 교사: 아닙니다. 국어대응식수화는 한국수어를 사용하는 농학생은 이해하기 어렵습니다. 예를 들면 다음과 같습니다. (자료를 보여주며)
>
> > 한국어: 나는 친절한 친구가 좋다.
> > 국어대응식수화: [나] [친절하다] [친구] [좋다]
>
> 위와 같은 국어대응식수화 문장은 한국수어를 사용하는 농학생이 "나는 친절하다. 친구가 좋아한다."라고 해석할 수 있습니다.
>
> 예비 교사: 아! 한국수어의 문법 체계는 한국어 문법 체계와 다른 거군요.
>
> 지도 교사: 예. 한국수어는 음성언어와 ⓒ <u>언어적 특성</u> 측면에서 차이가 있습니다. 수어 단어뿐만 아니라 한국수어 문법도 공부하고 연습해야 합니다.

2) ⓒ 측면에서 한국수어와 음성언어의 차이점을 2가지 쓰시오. [2점]

---

기본이론 106p, 116p

자연수어와 문법수화

수어교육
- 수어의 이해
- 자연수어 vs 문법수화
- 수어의 특징
- 수화소의 구분
- 수어의 기호 구성방법
- 수어의 언어학적 분석
- 한글 지문자, 한글 지숫자, 영어 지문자

자연수어와 문법수화

| | |
|---|---|
| 자연<br>수어 | • 축약해 표현함<br>• 구조와 어순 등이 음성언어와 매우 다름<br>• 지화를 거의 활용하지 않음<br>• 국어에 대한 이해가 필요 없음<br>• 문법형태소를 생략함 |
| 문법<br>수화 | • 말이나 문장을 그대로 표현함<br>• 구조와 어순이 음성언어와 유사함<br>• 지화를 적극 활용함<br>• 국어 문법지식을 필요로 함<br>• 문법형태소를 지문자나 수화 어휘로 표현함 |

- 구조와 어순 등이 음성언어와 매우 다르다.
- 문법형태소를 생략한다.
- 수어는 구어와 달리 하나의 동작이 품사의 구별 없이 동일하게 사용된다.

## 확장하기

### ✤ 수어의 언어학적 분석(고은, 2017.)

**1. 자연수어를 국어대응식의 문법양식에 맞추어 언어학적 특징을 분석할 때의 문제점**
- 수어에서는 하나의 어휘에 하나의 형태만 있는 것이 아니다.
  - 예 '없다'의 수어는 오른손 2, 3지를 펴서 턱 밑에 붙이는 형태도 있지만, 관용적으로 사용되는 표현으로는 상황에 따라 '손 털기' 또는 '손 벌리기' 형태로도 나타난다. 특히 관용적 표현의 경우에는 한 언어 안에서도 지역이나 관습 등에 따라 나타나기도 하고 나타나지 않기도 하기 때문에, 자연수어를 하나로 표준화하는 것은 매우 어렵다.
- 수어는 문장에서 결합되는 명사에 따라 차이가 있기도 한다.
  - 예 자연수어에서는 '주다'라는 동사가 단독으로 쓰일 경우 다섯 손가락 모두를 붙여 편 상태에서 한 지점에서 다른 지점으로 이동하지만, '돈을 주다'의 수어는 엄지와 검지 끝을 서로 붙여 돈처럼 손의 모양을 만들고, '컵을 주다'는 다섯 손가락을 구부려 컵을 잡았을 때의 손 모양을 만든다.
- 음성언어는 기본적으로 '주어+동사' 또는 '주어+목적어+동사' 등의 일정한 어순이 있지만, 수어는 오랜 세월 동안 농문화 속에서 자연발생적으로 만들어진 언어이기 때문에 그 구조나 표현양식에서 하나의 공식을 제시하는 것이 매우 어렵다.

**2. 자연수어의 이해**
- 기본 어순과 종결어미
  - 국어대응식 수어에서는 종결어미의 경우 손바닥이 위로 향하게 편 왼 손바닥에 오른 손바닥을 댔다가 떼어 내린다.
  - 반면에 자연수어는 과거시제 '끝'이라는 수어기호를 사용해 종결어미까지 국어의 모든 문법 정보를 전달한다.
- 높임법: 자연수어에서는 '몸을 숙이는 자세'와 같은 비수지 신호를 사용해 높임을 표현한다.
- 최소대립쌍: 수어에서 '최소대립쌍'이란 수형, 수위, 수동, 수향에 해당하는 수어소 가운데 하나에서만 대조를 보임으로써 의미가 달라지는 것을 말한다.
- 관용적 표현: 자연수어에서 관용적 표현은 매우 빈번하게 나타나는 특성이다.
  - 예 귓불을 잡아당기는 것은 '귀가 얇다'라는 의미의 관용적 표현이고, '깨끗하다'와 '주다'가 합해 '솔직히 말하다'로 사용되는 것도 수어에서 나타나는 관용적 표현에 해당한다.

**3. 수어의 언어적 특성**
- 수어는 구어와 달리 하나의 동작이 품사의 구별 없이 동일하게 사용된다. 예를 들면, 명사인 '건강'과 동사로서의 '건강하다' 그리고 형용사 '건강한'을 표현할 때도 구분이 없다.
- 동작의 반복은 강조의 기능을 갖는다. 예를 들면, '또'는 오른손 2, 3지를 오른쪽에서 왼쪽으로 이동하면서 한 번만 펴는 반면에, '자주'는 이 동작을 두세 번 반복한다.
- 지화를 쓸 경우에는 오른손을 사용해 천천히 한 음절씩 또박또박 써야 하며, 손의 위치와 모양 그리고 방향을 정확히 해야 한다.
- 수어를 할 때는 하나의 음뿐만 아니라 표정과 제스처를 풍부하게 표현해야 한다.
- 윗사람과 대화를 할 때는 몸의 자세나 표정을 공손하게 해 존대의 의미를 나타낸다.
- 수어에는 '~은', '~가', '~에게' 등의 조사가 대부분 생략된다.
- 생략과 축약이 많다.
- 과거형인 '했다', '먹었다' 등의 동사는 '끝'의 수화를 함께 사용함으로써 과거형이 된다.
- 수어는 음성언어와 비교해 어휘가 다양하지 않다. 한 가지 수어가 여러 가지 뜻으로 사용되는 경우가 많은데, 예를 들면 사계절의 경우 '봄'은 '따뜻하다'라는 동사로 함께 쓰이며, '여름'은 '덥다', '가을'은 '바람'과 '불다', '겨울'은 '춥다'로 함께 사용된다.
- 수어 표현이 없거나 고유명사의 경우는 지화를 사용하기도 한다.

### ✤ 수어의 언어적 특성(이필상, 2020.)

- 수어는 시각언어로, 시각적 단서가 주요 문법적 자질을 내포하고 있다. 구체적으로 평서문은 수어를 종결할 때 얼굴 표정에 변화가 없고, 의문문은 눈과 눈썹이 올라가면서 종결하게 되며, 부정문은 얼굴을 찌푸린다.
- 의미의 차이의 경우 한국어에서는 어휘에 의미가 내포되지만, 수어는 의미 중심의 어휘를 전달하는 차이를 보인다.
  - 예 한글 중심의 문법수화는 '{식사} {하다} {-까?}(말을 함께 함)'로, 자연수어는 '{식사} {끝}(눈썹이 올라감)'으로 차이를 보인다.
- 수어의 능동문과 수동문은 수동의 방향과 얼굴 표정으로 구분한다.
  - 예 '개가 고양이를 물다.'는 '{개}(얼굴 표정 밝음) {고양이}(무표정) {물다}(얼굴 표정 밝음)'으로, '개가 고양이한테 물리다.'는 '{개}(얼굴 표정 어두움) {고양이}(무표정) {물리다}(얼굴 표정 어두움)'으로 차이를 구분한다.
- 한국어 문법구조에는 조사가 활용되지만 수어에는 조사가 없다. 그러나 수어도 주격과 목적격을 구분하기도 하는데, 예를 들어 몸통 안에서 인칭을 지칭할 때는 주격이 되고, 목적격을 표시할 때는 몸을 앞으로 숙이거나 팔을 바깥 방향으로 빼는 형태를 취한다.

기본이론 111-112p

수화소

수어교육
- 수어의 이해
- 자연수어 vs 문법수화
- 수어의 특징
- 수화소의 구분
- 수어의 기호 구성방법
- 수어의 언어학적 분석
- 한글 지문자, 한글 지숫자, 영어 지문자

⑤

2009학년도 중등 29

**28** 청각장애 학생을 위한 의사소통 지도 요소에 관한 설명으로 옳지 <u>않은</u> 것은?

① 국어 음운론상의 최소 단위를 음소라 한다.
② 수화의 시각적 최소 단위를 수화소라 한다.
③ 말읽기의 시각적 최소 단위를 독화소라 한다.
④ 한국수화소의 수는 국어 음소의 수보다 많다.
⑤ 국어독화소의 수는 한국수화소의 수보다 많다.

기본이론 111-112p

 수화소

 수어교육
- 수어의 이해
- 자연수어 vs 문법수화
- 수어의 특징
- 수화소의 구분
- 수어의 기호 구성방법
- 수어의 언어학적 분석
- 한글 지문자, 한글 지숫자, 영어 지문자

 수화소의 구분
- **수형**: 수어를 할 때 손의 모양
- **수위**: 수어를 하는 손의 위치 → 수어를 표현하는 공간과 손이 접촉하는 신체 부위의 두 가지로 나눌 수 있음
- **수동**: 수형의 움직임
- **수향**: 손바닥과 손가락의 방향이 어디를 향하는지에 따라 분류

 ③

2009학년도 유아 7

**29** 한글 지문자의 수형과 수향에 대한 바른 설명은?

① 'ㄱ'과 'ㅋ'은 수형이 같으나 수향은 다르다.
② 'ㅂ'과 'ㅈ'은 수향이 같으나 수형은 다르다.
③ 'ㅏ'와 'ㅡ'는 수형이 같으나 수향은 다르다.
④ 'ㅣ'와 'ㅢ'는 수형이 같으나 수향은 다르다.
⑤ 'ㅐ'와 'ㅟ'는 수향이 같으나 수형은 다르다.

2018학년도 초등 B3

**30** (가)는 2015 개정 국어과 교육과정에 따라 청각장애 학생 연지가 포함된 통합학급 수업을 위해 일반교사가 작성한 교수·학습 과정안의 일부이고, (나)는 일반교사와 특수교사가 협의한 내용의 일부이다. 물음에 답하시오. [6점]

(가)

| 단원 | 재미있게 ㄱㄴㄷ | | 학년·반 | 1-3 |
|---|---|---|---|---|
| 학습 목표 | • 자음자 소리를 말하고 읽을 수 있다.<br>• 자음 음소를 대치하여 말하고 읽을 수 있다.<br>• 자음 변화에 따라 의미가 변하는 낱말을 구별할 수 있다.<br>• 수어의 최소대립쌍을 이용하여 수화소를 대치할 수 있다. (연지의 추가 학습 목표) | | | |
| 단계 | 교수·학습 활동 | | | |
| | 모든 학생 | | 연지 | |
| 전개 | 〈활동 1〉<br>• 자음자 소리의 차이 알아보기<br>• 자음자를 소리 내어 읽기 | | | |
| | 〈활동 2〉<br>㉠ 자음 음소 대치에 따라 낱말의 의미 구별하기<br>– 낱말 카드의 예<br>사과 | | 〈추가 활동〉<br>수화소 변화에 따른 수어의 의미 구별하기<br>– ㉡ 수어 그림자료의 예 | |
| 정리 | 연지를 위해 듣기, 말하기, 말읽기를 활용하여 평가하기 | | 연지를 위해 ( ㉢ )와/과 ( ㉣ )을/를 활용하여 평가하기 | |

(나)

일반교사: 선생님, 요즘 우리 학급에서는 자음 음소 대치 수업을 하고 있는데 연지는 음소 대치를 어려워해요.
특수교사: 연지는 ( ㉤ ) 난청이 있어서 ㉥ <u>크로스 보청기</u>를 착용하고 있지만 부모님이 농인이어서 수어에 익숙하고, 음성 언어를 접한 지 오래되지 않아서 소리 구조를 이해하는 것이 쉽지는 않을 거예요.
일반교사: 그래도 지난번에 선생님이 주신 ⓐ<u>최소대립쌍을 이루는 수어 단어</u>가 많은 도움이 되었어요.
특수교사: 그러셨어요? 수어도 음성 언어처럼 수화소 대치가 가능하니 수화소에 따른 의미 변화를 연습하도록 수어 최소대립쌍을 활용할 수 있어요.
일반교사: 아, 궁금한 게 하나 더 있어요. 연지가 창피하다고 자꾸 보청기를 빼려고 해요. 자신이 농·난청인인지 청인인지에 대한 정체성 갈등을 겪고 있는 것 같아요.
특수교사: 그럴 수 있어요. ㉦<u>연지가 바람직한 이중 문화 정체성을 갖도록 도움을 줄 필요가 있어요.</u>

2) (가)의 밑줄 친 ㉡은 '괜찮다'와 '웃다'의 의미를 가진 수어이다. 밑줄 친 ㉡이 (나)의 밑줄 친 ⓐ에 해당하는 이유를 쓰시오. [1점]

참고자료  기본이론 115p, 117p

 키워드
- 수어의 최소대립쌍
- 지문자

 구조화 툴

**수어교육**
- 수어의 이해
- 자연수어 vs 문법수화
- 수어의 특징
- 수화소의 구분
- 수어의 기호 구성방법
- 수어의 언어학적 분석
- 한글 지문자, 한글 지숫자, 영어 지문자

**핵심개념**

**수어의 최소대립쌍**

수형·수위·수동·수향에 해당하는 수화소 가운데 하나에서만 대조를 보임으로써 의미가 달라지는 것

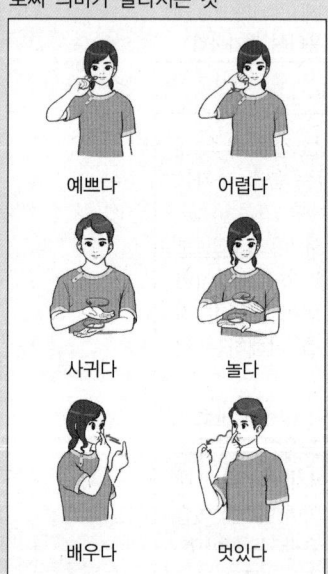

 모범답안

- ㉠ 폭우
- 하나의 수화소, 즉 수형의 차이로 두 수어의 의미가 달라지기 때문에 두 수어는 최소대립쌍 관계이다.
  ㉢ 비수지 신호

---

2022학년도 중등 B11

**31** 다음은 청각장애학교에 근무하는 초임 교사가 경력 교사에게 학생 J의 언어지도에 관해 자문하는 내용의 일부이다. 〈작성방법〉에 따라 쓰시오. [4점]

초임 교사: 선생님, 며칠 전에 일반학교에서 전학 온 학생 J에게 어떻게 언어지도를 해야 할지 잘 모르겠어요.

경력 교사: 학생 J는 지금 어떤 방법으로 의사소통을 하나요?

초임 교사: 독화를 사용해서 어느 정도 말을 이해하는 것 같기는 해요. 하지만 쉽지는 않아요. 얼마 전에는 잘못 읽어서 ㉠과 함께 입 모양을 크게 하여 보여주었어요.

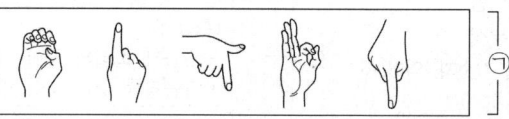 ㉠

경력 교사: ㉡ <u>큐드 스피치(cued speech)</u>가 독화를 하는 데에 보조 단서로 유용하다고 들었어요.

초임 교사: 아, 그렇군요. 게다가 학생 J는 수어를 배워본 적이 없어서 친구들과 의사소통이 안 되어 걱정입니다.

경력 교사: 노래를 부르면서 수어로 표현해보는 것도 방법이 될 수 있어요.

 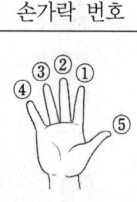

양말: 왼손 ①②③④지를 펴서 손등이 위로 향하게 하고, 오른손 바닥을 손등에 올렸다가 뒤집어 손등에 댄다.

선물: 왼손 ①②지를 펴서 손등이 위로 향하게 하고, 오른손 ①②지를 그 위에 올렸다가 뒤집어 손가락 위에 댄다.

초임 교사: '양말'과 '선물' 단어를 함께 가르치면 최소대립쌍 개념을 알게 되고, ㉢ <u>얼굴 표정에 따라 수어의 뜻이 달라지는 것</u>도 자연스럽게 배울 수 있겠네요.

**작성방법**

- ㉠의 지문자를 한글 단어로 옮겨 적을 것.
- 그림 ㉢과 ㉣이 최소대립쌍인 이유를 서술하고, 밑줄 친 ㉢에 해당하는 수어의 구성요소를 쓸 것.

기본이론 117p

 지문자

 수어교육
- 수어의 이해
- 자연수어 vs 문법수화
- 수어의 특징
- 수화소의 구분
- 수어의 기호 구성방법
- 수어의 언어학적 분석
- 한글 지문자, 한글 지숫자, 영어 지문자

 솜사탕

2018학년도 중등 B7

**32** (가)는 일반학급에 통합된 학생 K의 청력도이고, (나)는 특수교사와 일반학급 교사가 나눈 대화이며, (다)는 특수교사와 학생 K의 대화이다. 〈작성방법〉에 따라 서술하시오. [5점]

(가) 학생 K의 청력도

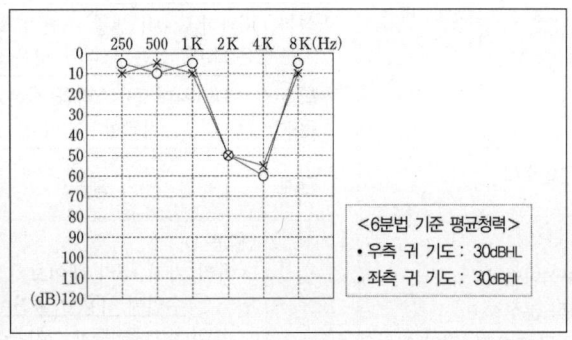

(나) 특수교사와 일반학급 교사의 대화

> 일반교사: 선생님, 학생 K가 청력은 괜찮다고 하는데 수업시간에 가끔 제가 하는 말을 잘 듣지 못하는 것 같아요. 왜 그런가요?
> 특수교사: 예, 학생 K의 ㉠ 청력도를 해석하면 그 이유를 알 수 있습니다.
> …(생략)…
> 일반교사: 학생 K가 의사소통을 잘할 수 있는 방법이 있을까요?
> 특수교사: 예. 여러 방법이 있지만 그중 ㉡ 회복전략을 참조하면 좋겠네요.

(다) 특수교사와 학생 K의 대화

> 학 생 K: 선생님, 저 손 모양 그림은 지문자이지요?
> 특수교사: 그래, 잘 알고 있구나. 그럼, 우리 차례대로 손 모양과 함께 소리 내어 읽어볼까?
> 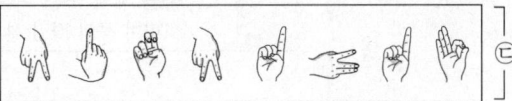 ㉢

┌ 작성방법 ┐
㉢의 지문자를 한글 자모로 쓸 것.

참고자료  기본이론 117p

 키워드  한글 지문자

 구조화툴  수어교육
- 수어의 이해
- 자연수어 vs 문법수화
- 수어의 특징
- 수화소의 구분
- 수어의 기호 구성방법
- 수어의 언어학적 분석
- 한글 지문자, 한글 지숫자, 영어 지문자

핵심개념  한글 지문자

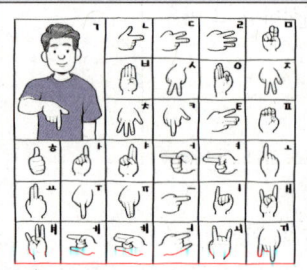

 모범답안  소고

2022학년도 초등 B4

**33** (가)는 청각장애 학생 미라의 특성이고, (나)는 2015 개정 특수교육 교육과정 중 기본 교육과정 과학과 5~6학년군에 따른 교수 학습 과정안의 일부이다. 물음에 답하시오. [5점]

(나) 교수 학습 과정안

| 성취 기준 | [6과학02-04] 생활 주변의 소리를 듣고 큰 소리와 작은 소리, 높은 소리와 낮은 소리로 구분한다. | | |
|---|---|---|---|
| 학습 목표 | 북을 치며 큰 소리와 작은 소리를 비교할 수 있다. | 차시 | 5/12 |
| 단계 | 활동 | 자료(재) 및 유의점(유) | |
| 전개 | 〈활동 1〉<br>• 여러 가지 소리 내어보기<br> - ⓒ 수업에 사용할 물건이나 악기의 설명을 듣고, 해당되는 물건이나 악기를 가져와 책상 위에 올려놓기<br> - 책상 위의 악기로 소리 내어보기<br> - 북과 북채를 가지고 소리 내어보기<br>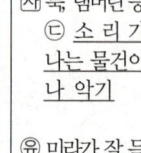<br>〈활동 2〉<br>• 북 소리를 크게 또는 작게 내는 방법 알아보기<br> - 북 소리를 크게 또는 작게 내는 방법 말해보기<br> - 북 소리를 크게 또는 작게 소리 내어보기<br>• 소리의 크기에 따른 콩의 떨림 살펴보기<br> - 북 위에 콩 뿌리기 ⎤<br> - 북을 세게 또는 여리게 두 ⎬ [A]<br>   드리며 콩의 떨림 살펴보기 ⎦ | 재 북, 탬버린 등<br>ⓒ 소리가 나는 물건이나 악기<br><br>유 미라가 잘 듣지 못하는 음소를 지문자로 전달<br><br>유 ② '북소리는 북을 세게 칠수록 높은 소리가 난다.'라는 오개념 형성에 유의하여 지도하기 | |

2) 다음은 (나)의 ⓒ 중 하나를 지문자로 나타낸 것이다. 지문자가 의미하는 바를 순서대로 쓰시오(단, 지문자는 교사가 보는 방향임). [1점]

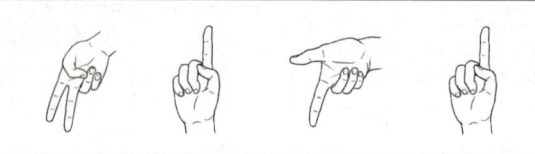

2023학년도 중등 B8

**34** (가)는 청각장애 학생 A의 특성이고, (나)는 교수·학습 지원에 대해 두 교사가 나눈 대화의 일부이다. 〈작성방법〉에 따라 서술하시오. [4점]

(가) 학생 A의 특성

- 음성언어를 사용하여 의사소통함
- 보청기를 착용하고 있으며, 청능훈련을 지속적으로 하고 있음
- 어음명료도가 70% 정도임
- 말읽기(독화)를 함
- 지문자를 사용함

(나) 교수·학습 지원에 대한 대화

통합학급 교사 : 학생 A를 위해 필요한 것은 없을까요?
특 수 교 사 : 지문자를 배우면 좋습니다. 학생 A가 듣지 못하는 음소가 들어 있는 단어들을 지문자로 제시하면 그것들을 보다 정확하게 이해할 것입니다. 예를 들면 다음과 같습니다.

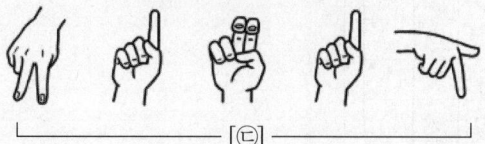

[ⓒ]

⎡ 작성방법 ⎤
(나)의 ⓒ에 해당하는 지문자를 한글 단어로 쓸 것.

---

 참고자료: 기본이론 117p

 키워드: 한글 지문자

 구조화틀: 수어교육
- 수어의 이해
- 자연수어 vs 문법수화
- 수어의 특징
- 수화소의 구분
- 수어의 기호 구성방법
- 수어의 언어학적 분석
- 한글 지문자, 한글 지숫자, 영어 지문자

핵심개념: 한글 지문자

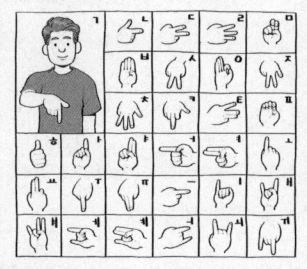

 모범답안: 사막

참고자료  기본이론 117p

 키워드  한글 지문자

 구조화틀
수어교육
- 수어의 이해
- 자연수어 vs 문법수화
- 수어의 특징
- 수화소의 구분
- 수어의 기호 구성방법
- 수어의 언어학적 분석
- 한글 지문자, 한글 지숫자, 영어 지문자

 핵심개념  한글 지문자

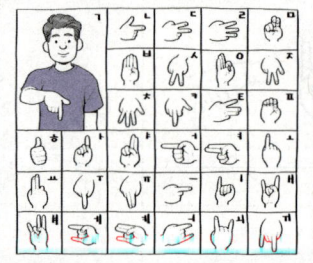

모범답안  상자

**35** (가)는 김 교사가 메모한 청각장애 학생 영수의 특성이고, (나)는 2015 개정 특수교육 기본 교육과정 수학과 3~4학년군 '도형 영역' 교수·학습 과정안의 일부이다. 물음에 답하시오. [5점]

(가)

○ 개념 지도 시 지문자를 활용하면 효과적임
  └ • 부모와 학생도 지문자 사용을 선호함

2) (나)의 ⓒ에 해당하는 다음의 지문자를 2음절의 한글 단어로 쓰시오. [2점]

2025학년도 초등 B5

**36** 다음은 일반 학교에 재학하는 청각장애 학생 5학년 미희의 담임 교사와 특수교사가 음악 수업 준비를 위해 나눈 대화의 일부이다. 물음에 답하시오. [5점]

(가)

> 담임 교사: 선생님, 제가 다음 주에 음악 공개수업을 준비하고 있어요. 얼마 전에 우리 반으로 전학 온 미희를 위해 제가 특별히 알아야 할 것이 있을까요?
> 특수 교사: 미희는 인공와우 이식 수술을 받은 지 얼마 되지 않아서 아직 독화에 많이 의존하는 편이에요. 그리고 음악 수업에서 자주 사용되는 ( ㉠ )과/와 같은 단어는 지문자로 알려 주시면 미희가 수업을 이해하는 데 많은 도움이 될 겁니다.

1) ① 다음은 ㉠에 들어갈 단어를 지문자로 나타낸 것이다. 이를 2음절 단어로 쓰시오.

---

참고 자료: 기본이론 117p

키워드: 한글 지문자

구조화틀: 수어교육
- 수어의 이해
- 자연수어 vs 문법수화
- 수어의 특징
- 수화소의 구분
- 수어의 기호 구성방법
- 수어의 언어학적 분석
- 한글 지문자, 한글 지숫자, 영어 지문자

핵심개념: 한글 지문자

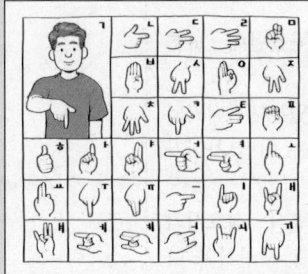

모범답안: 리듬

참고자료 기본이론 118p

키워드 지숫자

구조화 툴
수어교육
― 수어의 이해
― 자연수어 vs 문법수화
― 수어의 특징
― 수화소의 구분
― 수어의 기호 구성방법
― 수어의 언어학적 분석
― 한글 지문자, 한글 지숫자, 영어 지문자

핵심개념 지숫자

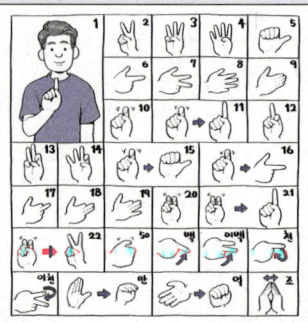

모범답안 9

2021학년도 초등 A2

**37** (가)는 청각장애 학생 성호의 특성이고, (나)는 신임 교사와 선배 교사의 대화이며, (다)는 링의 5개음에 대한 바나나 스피치(banana speech) 영역 그래프이다. 물음에 답하시오. [5점]

(가) 성호의 특성

- 순음청력검사의 기도검사 : 3분법으로 두 귀가 동일하게 평균 80dB HL
- 청력도 : 고음점경형(경사형)
- 중추청각처리 장애는 없음

(나) 신임 교사와 선배 교사의 대화

선배 교사 : 성호의 어음청력검사의 청취역치는 어떤가요?
신임 교사 : ㉠어음청력검사의 청취역치를 기도검사와 동일한 3분법으로 산출했는데 85dB HL입니다.

…(중략)…

선배 교사 : 성호가 최근 보청기를 교체했던데, 보셨어요?
신임 교사 : 네, 디지털 보청기로 바꾸었는데, 디지털 보청기와 아날로그 보청기는 어떤 차이가 있나요?
선배 교사 : ㉡디지털 보청기의 채널 방식, 신호처리 방식, 압축 방식은 아날로그 보청기와 다릅니다.
신임 교사 : 바나나 스피치 영역 그래프를 보니 자음과는 달리 모음에 해당하는 /ee/, /ah/, /oo/는 ㉢두 곳에 표시되어 있더라고요. 왜 그런가요?

3) 다음 지숫자가 나타내는 의미를 아라비아 숫자로 쓰시오. [1점]

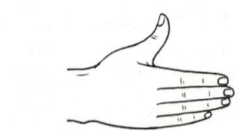

2014학년도 초등 A5

**38** (가)는 청각장애 학생 영희의 특성이고, (나)는 국어(언어)과 '여러 가지 방법으로 말해요' 단원의 지도 내용이다. 물음에 답하시오. [5점]

(가) 영희의 특성

- 어렸을 때 고열로 인하여 달팽이관이 손상되었으며, 만성중이염으로 중이에도 손상을 입었음
- 현재 기도청력손실 정도는 양쪽 귀 모두 85dB이며, 기도청력손실 정도가 골도청력손실 정도보다 높게 나타남

(나) 지도 내용

| 차시 | 지도 내용 |
|---|---|
| 1 | 모음 지문자 따라하며 익히기(ㅏ, ㅑ, ㅓ, ……) |
| 2 | 자음 지문자 따라하며 익히기(ㄱ, ㄴ, ㄷ, ……) |
| 3 | 사물의 이름을 말하고, 지문자로 쓰기(학교, 연필, ㉠기차 등) |
| 4 | 지숫자 따라하며 익히기(1, 2, 3,……) |
| 지도 시 유의점 | 개별 학생의 수준을 고려하여 말하기(말·수화하기), 듣기(수화 읽기·말읽기), 읽기, 쓰기를 유기적으로 지도하고 평가한다. |

3) ㉠ '기차'를 한국수화 지문자로 표현할 때, 이 지문자에 사용된 수형으로 표현할 수 있는 숫자(1~9)를 3가지 쓰시오. [1점]

---

기본이론 118p

- 지문자
- 지숫자

수어교육
- 수어의 이해
- 자연수어 vs 문법수화
- 수어의 특징
- 수화소의 구분
- 수어의 기호 구성방법
- 수어의 언어학적 분석
- 한글 지문자, 한글 지숫자, 영어 지문자

1, 6, 8

기본이론 117-118p

- 한글 지문자
- 지숫자

수어교육
- 수어의 이해
- 자연수어 vs 문법수화
- 수어의 특징
- 수화소의 구분
- 수어의 기호 구성방법
- 수어의 언어학적 분석
- 한글 지문자, 한글 지숫자, 영어 지문자

⑤

2012학년도 중등 32

**39** 다음은 청각장애 학생이 지문자와 지숫자를 사용하여 수화로 자기소개를 한 것이다. ㉠과 ㉡의 수형과 수향에 대한 설명을 보고, ㉠에 들어갈 한글 자음과 ㉡에 들어갈 숫자를 바르게 묶은 것은?

> "내 이름은 김 ㉠ㅐ현입니다."
> "내 생일은 ㉡월 6일입니다."

- ㉠의 수형은 지숫자 7과 같으며, 수향은 지문자 ㄱ과 같다.
- ㉡의 수형은 지문자 ㅊ과 같으며, 수향은 지숫자 9와 같다.

| | ㉠ | ㉡ |
|---|---|---|
| ① | ㄷ | 2 |
| ② | ㄷ | 4 |
| ③ | ㅌ | 8 |
| ④ | ㅈ | 4 |
| ⑤ | ㅈ | 8 |

기본이론 118p

 영어 지문자

 수어교육
- 수어의 이해
- 자연수어 vs 문법수화
- 수어의 특징
- 수화소의 구분
- 수어의 기호 구성방법
- 수어의 언어학적 분석
- 한글 지문자, 한글 지숫자, 영어 지문자

**영어 지문자**

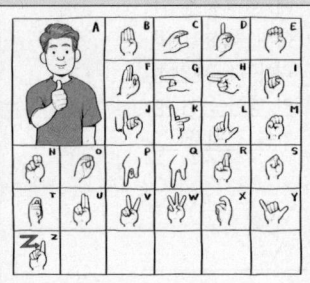

 head

2017학년도 초등 B5

**40** (가)는 2009 개정 영어과 교육과정 3~4학년 '듣기' 영역에 해당하는 수업 장면의 일부이다. (나)는 일반 초등학교 3학년에 재학 중인 청각장애 학생 동호의 특성이고, (다)는 일반교사와 특수교사가 동호의 특성에 적합한 교육을 하기 위해 협의한 내용의 일부이다. 물음에 답하시오. [5점]

(가)

| | |
|---|---|
| 교사 : | Listen carefully. The letter 'f' makes the /f/ sound. |
| 학생 : | (교사에게 집중한다.) |
| 교사 : | Raise your hand when you hear the word starting with the /f/ sound. Park, fish, star. |
| 학생 : | (해당하는 낱말에 손을 든다.) |
| 교사 : | Listen carefully. The letter 'g' makes the /g/ sound. |
| 학생 : | (교사에게 집중한다.) |
| 교사 : | Raise your hand when you hear the word starting with the /g/ sound. Tape, rain, goat. |
| 학생 : | (해당하는 낱말에 손을 든다.) |
| 교사 : | Listen carefully. The letter 'h' makes the /h/ sound. |
| 학생 : | (교사에게 집중한다.) |
| 교사 : | Raise your hand when you hear the word starting with the /h/ sound. Head, bike, lake. |
| 학생 : | (해당하는 낱말에 손을 든다.) |

(나)

- 동호
  - 7세 때 양쪽 귀에 인공와우 수술을 받았고, 인공와우 착용 시 좌우 청력은 각각 30dB임
  - 청인과는 구어로, 농인과는 수어로 의사소통하는 이중언어 사용자임

2) 다음은 (가)에서 동호가 교사의 말소리를 잘 듣지 못하여 교사가 동호에게 보여준 알파벳 지문자이다. 알파벳 지문자에 해당하는 영어 알파벳을 순서대로 쓰시오. [1점]

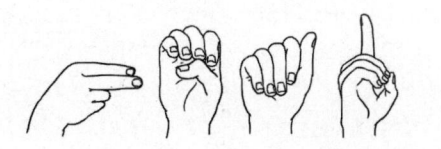

참고 자료  기본이론 117-118p

 키워드
- 한글 지문자
- 영어 지문자

 구조화 틀  수어교육
- 수어의 이해
- 자연수어 vs 문법수화
- 수어의 특징
- 수화소의 구분
- 수어의 기호 구성방법
- 수어의 언어학적 분석
- 한글 지문자, 한글 지숫자, 영어 지문자

 핵심개념

모범답안  ㅂ

2016학년도 초등 B3

**41** (가)는 ○○청각장애학교 초등학교 3학년 영어과 교수·학습 과정안의 일부이고, (나)는 특수교육지원센터의 순회교사인 김 교사가 △△초등학교 박 교사를 자문한 사례이다. 물음에 답하시오. [5점]

(가) 교수·학습 과정안

| 단원 | Hello, I'm Sora. |
|---|---|
| 차시 목표 | 만날 때 하는 인사말과 자신을 소개하는 말을 듣고 말할 수 있다. |

| 단계 | 교수·학습 활동 | 유의사항 |
|---|---|---|
| 전개 | 〈활동 1〉<br>Listen and Say<br>• 교사가 들려주는 대화문을 듣고 따라 말하기<br><br>〈대화문〉<br>Sora : Hello, I'm Sora.<br>Boram : Hello, I'm Boram<br><br>〈알파벳 지문자〉<br>Sora<br><br>Boram<br>ⓐ | • 대화문을 들려줄 때 이름을 말하면서 알파벳 지문자도 함께 사용한다.<br>• 듣기 평가를 할 때 청각장애 학생의 특성을 고려하여 ⓑ대안적인 영어 듣기 평가를 실시한다. |

1) (가)의 ⓐ에서 'B'의 지문자와 수형(handshape)이 동일한 한국수화언어의 자문자를 한글 자모로 쓰시오. [1점]

2022학년도 중등 A12

**42** (가)는 청각장애 학생 H와 I가 보이는 특성의 일부이고, (나)는 교육실습생이 작성한 지도 계획이다. 〈작성방법〉에 따라 서술하시오. [4점]

(가) 특성

| 학생 | 유형 | 특성 |
| --- | --- | --- |
| H | 감각신경성 난청 : ( ㉠ ) | …(상략)…<br>• 어음명료도검사 : 양측 귀 70dB HL에서 PBmax 40%  [A]<br>• ㉡말림현상이 관찰됨<br>• 청각보조기기를 착용하고 있지 않음<br>• 현재 수어로 의사소통하는 것을 배우고 있음 |
| I | 혼합성 난청 | …(상략)…<br>• 유발이음향방사 : Fail(관찰되지 않음)<br>• 4세부터 양쪽 귀에 귀걸이형 보청기를 착용하고 있음<br>• 독화와 지문자로 의사소통을 함 |

(나) 지도 계획

| 학생 | 지도 계획 |
| --- | --- |
| H | • 학생이 잘 볼 수 있도록 정면에서 수어를 한다.<br>• ㉢적절한 수어 표현이 없을 때에는 지문자를 사용한다.<br>• ㉣청능훈련 시 변별 단계에서는 소리 자극의 차이가 적은 두 개의 소리부터 시작한다. |
| I | • FM 보청기를 보조기기로 지원한다.<br>• ㉤학생을 부를 때는 멀리서 큰 소리로 부르기보다는 가까이 가서 부른다.<br>• ㉥수업에 잘 참여할 수 있도록 음성 자막 변환 애플리케이션(application)을 지원한다.<br>• ㉦교실의 신호대잡음비(SNR)를 최소 −10에서 −15 정도로 유지하여 말소리 이해력을 높인다. |

〈작성방법〉

(나)의 밑줄 친 ㉢~㉦ 중 틀린 것 2가지를 찾아 기호와 함께 바르게 고쳐 각각 서술할 것.

---

기본이론 89~118p

수어교육

**수어의 언어적 특성(고은, 2017.)**
• 수어는 구어와 달리 하나의 동작이 품사의 구별 없이 동일하게 사용됨. 예를 들면, 명사인 '건강'과 동사로서의 '건강하다' 그리고 형용사 '건강한'을 표현할 때도 구분이 없음
• 동작의 반복은 강조의 기능을 가짐. 예를 들어 '또'는 오른손 2, 3지를 오른쪽에서 왼쪽으로 이동하면서 한 번만 펴는 반면, '자주'는 이 동작을 두세 번 반복함
• 지화를 쓸 경우 오른손을 사용해 천천히 한 음절씩 또박또박 써야 하며, 손의 위치와 모양 그리고 방향을 정확히 해야 함
• 수어를 할 때는 하나의 음뿐만 아니라 표정과 제스처를 풍부하게 표현해야 함
• 윗사람과 대화를 할 때는 몸의 자세나 표정을 공손하게 해 존대의 의미를 나타냄
• 수어에는 '~은', '~가', '~에게' 등의 조사가 대부분 생략됨
• 생략과 축약이 많음
• 과거형인 '했다', '먹었다' 등의 동사는 '끝'의 수어를 함께 사용함으로써 과거형이 됨
• 수어는 음성언어와 비교해 어휘가 다양하지 않음. 한 가지 수어가 여러 가지 뜻으로 사용되는 경우가 많은데, 예를 들어 사계절에서 '봄'은 '따뜻하다'라는 동사로 함께 쓰이며, '여름'은 '덥다', '가을'은 '바람'과 '불다', '겨울'은 '춥다'로 함께 사용됨
• 수어 표현이 없거나 고유명사의 경우 지화를 사용하기도 함

(제시문만 분석)

---

(주석)
- 수어교육이 필요함
- 동시적 의사소통
- 고정된 위치에서 청각장애 아동을 마주보고 수어를 제시함
- 일반적으로 적절한 내용임

기본이론 89-119p

청각장애 아동 교육 복합형 문제

**청각장애 아동 교육**
- 구화교육
- 수어교육
- 종합적 의사소통법
- 이중언어-이중문화 접근법

**종합적 의사소통법**
- 효과적인 의사소통을 위해 청각적·구화적·수어적 의사소통 양식을 모두 활용하도록 하는 접근법
- 의사소통에 사용할 수 있는 모든 수단, 즉 말 읽기·발화·수어·지문자·몸짓 등을 동시에 사용하거나, 이 중 의사소통에 적절한 어떤 하나의 수단을 사용하는 것

**동시적 의사소통법**
- 기본적으로 구화를 1차 언어로 지지하고, 교사는 수업 상황에서 수어와 구화를 동시에 사용하는데, 이때 사용하는 수어는 문법수화임
- **로체스터법**: 구화법과 지문자를 병용하는 방법

③

**43** 다음은 청각장애학교가 채택한 의사소통 방법에 따른 교육적 접근법에 대한 기술이다. 각각의 교육적 접근법에 대한 설명으로 옳은 것은?

- A 학교: 농문화를 존중하며 자연수화를 사용하여 수업을 한다. — 이중언어-이중문화 접근법 (2Bi)
- B 학교: 말과 함께 수화와 지문자 등을 사용하여 수업을 한다. — 종합적 의사소통법
- C 학교: 청능훈련을 통해 잔존 청력을 최대한 활용하여 음성언어를 사용하여 수업을 한다. — 구화교육

① A 학교 교육적 접근법의 구체적인 실천 방법은 로체스터법이다.
    **로체스터법**: 문법적 어순에 따라 문법수화 중에서도 지문자의 사용을 제안한 것으로, 구화법과 지문자를 병용하는 방법
② A 학교의 교육적 접근법에서는 이차언어로 자연수화를 가르치므로 국어 교육과정에 수화 관련 내용을 추가한다.
③ B 학교 교육적 접근법의 구체적인 실천 방법은 동시적 의사소통법이다.
④ B 학교의 교육적 접근법에서는 음성언어보다 문자언어의 사용을 더 강조한다.
⑤ C 학교의 교육적 접근법에서는 말소리의 이해를 돕기 위해 수화를 함께 사용한다.

2023학년도 초등 A3

**44** 다음은 청각장애 특수학교 교육현장실습 중 예비 교사와 지도 교사가 나눈 대화이다. 물음에 답하시오. [5점]

> 예비 교사 : ㉠<u>총체적 의사소통법</u>으로 수업을 할 수 있도록 수어를 배우고 있습니다. 그런데 농학생과 의사소통이 잘 안 되는 경우가 있습니다.
> 지도 교사 : 국어대응식수화로 의사소통해서 그럴 수 있습니다. 국어대응식수화는 문법수화로 불리기도 합니다. 한국수어는 자연수어라고도 하지요

1) ① ㉠의 도입 목적을 1가지 쓰고, ② ㉠에서 사용되는 의사소통 유형을 1가지 쓰시오(단, 수어는 제외할 것). [2점]

---

 기본이론 119p

 종합적 의사소통법

 종합적 의사소통법(TC)
　┌ 정의
　└ 장점

 **종합적 의사소통법**
- 효과적인 의사소통을 위해 청각적·구화적·수어적 의사소통 양식을 모두 활용하도록 하는 접근법
- 의사소통에 사용할 수 있는 모든 수단, 즉 말 읽기·발화·수어·지문자·몸짓 등을 동시에 사용하거나, 이 중 의사소통에 적절한 어떤 하나의 수단을 사용하는 것

**동사적 의사소통법**
- 기본적으로 구화를 1차 언어로 지지하고, 교사는 수업 상황에서 수어와 구화를 동시에 사용하는데, 이때 사용하는 수어는 문법수화임
- **로체스터법** : 구화법과 지문자를 병용하는 방법

 ① 효과적인 의사소통을 하기 위함이다.
② 독화, 발화, 지문자, 몸짓 등

참고자료: 기본이론 120p

키워드: 이중언어-이중문화 접근법(2Bi)

구조화틀: 이중언어-이중문화 접근법(2Bi)
- 이해
- 특징
- 목적

핵심개념: 이중언어-이중문화 접근법(2Bi)
- 교실에서 교수를 위한 1차 언어로 청각장애인들의 모국어인 수어를 채택하고, 국어는 읽기와 쓰기를 위한 2차 언어로 가르침 → 청각장애 학생의 자아실현과 학업성취도 및 언어발달을 촉진시킬 수 있음
- 청각장애인의 농문화를 제1문화로 보고, 농문화를 이해하려는 노력을 강조하며, 청각장애인의 문화를 건청인의 문화와 동등한 것으로 인정함 → 농아동이 농문화를 받아들이고 건강한 자아정체감을 형성할 수 있음

모범답안: 농문화

---

2016학년도 유아 A7

**45** 다음은 청각장애 유아의 특성과 담임교사의 수업 행동을 관찰한 결과이다. 물음에 답하시오. [5점]

| 유아 | 특성 | 교사의 수업 행동 |
|---|---|---|
| 영희 | • 혼합성 청각장애<br>• 부모 모두 건청인<br>• '사자-가자'를 말읽기하여 변별하지만, ㉠ '발-팔', '날아-달아'를 말읽기만으로는 변별하지 못함<br>• 말읽기(독화)를 통해 들은 내용을 보충함 | ㉡ 말읽기를 지도할 때, 자연스러운 입 모양으로 말하고, 영희가 항상 동일한 위치와 방향에서 화자를 보게 함 |
| 승규 | • 전음성 청각장애<br>• 부모 모두 건청인 | ㉢ 승규가 지시를 이해했다고 추측하지 않고, 이해했는지 여부를 구체적으로 질문하거나 지시 내용을 승규에게 말해보게 함 |
| 진수 | • 감각신경성 청각장애<br>• 부모 모두 농인<br>• 한국수어와 한국어를 모국어로 습득함 | ㉣ 수화통역사를 진수 옆 자리에 배치함 |
| 민지 | • 중추청각처리장애<br>• 부모 모두 건청인<br>• 소음 속에서 대화할 때 어려움을 경험함 | ㉤ 민지가 알아듣지 못했을 때, 반복하거나 말을 바꾸어서 다시 말해줌 |

2) 교사는 진수의 특성을 고려하여 진수의 교육에는 이중언어·이중문화의 접근이 적절하다고 판단했다. 다음 ( ) 안에 공통으로 들어갈 말을 쓰시오. [1점]

> ( )은/는 농인들이 농사회의 구성원으로서 습득한 지식, 가치관, 도덕, 삶의 방식, 신념 등의 총체를 말한다. 이중언어·이중문화 접근은 농아동이 ( )을/를 받아들여 자아정체감을 형성하게 할 수 있다.

참고자료 기본이론 120p

키워드 이중언어-이중문화 접근법(2Bi)

구조화틀 이중언어-이중문화 접근법(2Bi)
- 이해
- 특징
- 목적

핵심개념 이중언어-이중문화 접근법(2Bi)의 기본적인 교수전략
- 농아동이 자신의 농문화를 받아들여 자아정체감을 형성하도록 하는 것
- 그들의 모국어인 자연수어에 접근하도록 유도해 학습방법을 개선하는 것
- 궁극적으로 사회통합을 실현하는 것

모범답안 ⓑ 이중언어-이중문화 접근법에서는 교실에서 교수를 위한 1차 언어로 청각장애인들의 모국어인 자연수어를 채택하고, 국어는 읽기와 쓰기를 위한 2차 언어로 가르친다.

2018학년도 초등 B3

**46** (가)는 2015 개정 국어과 교육과정에 따라 청각장애 학생 연지가 포함된 통합학급 수업을 위해 일반교사가 작성한 교수·학습 과정안의 일부이고, (나)는 일반교사와 특수교사가 협의한 내용의 일부이다. 물음에 답하시오. [6점]

(나)

| | |
|---|---|
| 일반교사: | 선생님, 요즘 우리 학급에서는 자음 음소 대치 수업을 하고 있는데 연지는 음소 대치를 어려워해요. |
| 특수교사: | 연지는 ( ⑩ ) 난청이 있어서 ⑪<u>크로스 보청기</u>를 착용하고 있지만 부모님이 농인이어서 수어에 익숙하고, 음성 언어를 접한 지 오래되지 않아서 소리 구조를 이해하는 것이 쉽지는 않을 거예요. |
| 일반교사: | 그래도 지난번에 선생님이 주신 ⓐ<u>최소대립쌍을 이루는 수어 단어</u>가 많은 도움이 되었어요. |
| 특수교사: | 그러셨어요? 수어도 음성 언어처럼 수어소 대치가 가능하니 수어소에 따른 의미 변화를 연습하도록 수어 최소대립쌍을 활용할 수 있어요. |
| 일반교사: | 아, 궁금한 게 하나 더 있어요. 연지가 창피하다고 자꾸 보청기를 빼려고 해요. 자신이 농·난청인지 청인지에 대한 정체성 갈등을 겪고 있는 것 같아요. |
| 특수교사: | 그럴 수 있어요. ⓞ<u>연지가 바람직한 이중문화 정체성을 갖도록 도움을 줄 필요가 있어요.</u> |

5) 다음은 (나)의 밑줄 친 ⓞ에 해당하는 지원 방안이다. 적절하지 <u>않은</u> 방안을 찾아 기호로 쓰고, 바르게 고쳐 쓰시오. [1점]

| |
|---|
| ⓐ 정기적으로 수어 단어를 학급 친구들에게 가르쳐줄 기회를 준다. |
| ⓑ 하나의 언어를 집중적으로 교육하여 단일 언어 사용자가 되도록 지도한다. |
| ⓒ 본받고 싶은 청인과 농인 사례를 골고루 접할 수 있는 기회를 갖게 해준다. |
| ⓓ 학교 친구들뿐만 아니라 다른 학교에 있는 농인 친구와도 만날 수 있는 기회를 갖게 해준다. |

Ⅲ 초·중등학교 교육과정 편성·운영의 기준(공통교육과정)
학교는 필요한 경우 교과(군)별 증감 시수를 활용해 '시각장애인 자립생활' 또는 '농인의 생활과 문화' 등을 창의적 체험활동에 포함해 편성·운영할 수 있음

2019학년도 중등 B3

**47** (가)는 ○○중학교에 재학 중인 청각장애 학생 G의 정보이고, (나)는 일반교사와 특수교사의 대화 내용 일부이다. 〈작성방법〉에 따라 서술하시오. [4점]

(가) 학생 G의 정보

- 부모 모두 농인이며, 수어를 1차 언어로 사용함
- 수어통역사를 배치하여 수업을 진행함

(나) 대화 내용

일반교사: 학생 G는 수어통역 지원으로 수업을 잘 받고 있어요. 선생님께서 지난번에 읽기와 쓰기 지도도 중요하다고 하셨지요?
특수교사: 네. 수어를 1차 언어로 하고, 읽기나 쓰기를 위한 한국어를 2차 언어로 가르치는 이중언어 접근법으로 지도하고 있어요. 학교에서 이중언어 접근법을 강조하는 이유는 학생 G의 ( ㉠ )을/를 목표로 하기 때문이지요.

…(중략)…

> 농아동의 낮은 언어수행 능력과 낮은 학업성취도의 원인을 제1언어로서의 수어가 정착되지 않았기 때문이라고 보는 관점

┌ 작성방법 ┐
괄호 안의 ㉠에 해당하는 내용을 1가지 서술할 것.

---

 참고자료: 기본이론 120p

 키워드: 이중언어-이중문화 접근법(2Bi)

 구조화 틀: 이중언어-이중문화 접근법(2Bi)
- 이해
- 특징
- 목적

 핵심개념: 이중언어-이중문화 접근법(2Bi)의 기본적인 교수전략
- 농아동이 자신의 농문화를 받아들여 자아정체감을 형성하도록 하는 것
- 그들의 모국어인 자연수어에 접근하도록 유도해 학습방법을 개선하는 것
- 궁극적으로 사회통합을 실현하는 것

모범답안: 이중언어 접근법에서 1차 언어로 청각장애인들의 모국어인 자연수어를 강조해 청각장애 학생들의 자아실현과 학업성취도 및 언어발달을 촉진할 수 있기 때문이다.

2017학년도 초등 B5

**48** (가)는 2009 개정 영어과 교육과정 3~4학년 '듣기' 영역에 해당하는 수업 장면의 일부이다. (나)는 일반 초등학교 3학년에 재학 중인 청각장애 학생 동호의 특성이고, (다)는 일반교사와 특수교사가 동호의 특성에 적합한 교육을 하기 위해 협의한 내용의 일부이다. 물음에 답하시오. [5점]

(나)

- 동호
  - 7세 때 양쪽 귀에 인공와우 수술을 받았고, 인공와우 착용 시 좌우 청력은 각각 30dB임
  - 청인과는 구어로, 농인과는 수어로 의사소통하는 이중언어 사용자임

(다)

…(중략)…

특수교사: 동호의 청취 환경은 어떻게 개선하셨나요?
일반교사: 네, 선생님 말씀대로 ⓒ 반향 시간을 늘리려고 동호를 제 가까이에 앉혔습니다. 그리고 ⓒ 신호대잡음비(SNR)를 낮추기 위해서 FM 시스템을 사용하고 있어요. 자리 배치도 중요할 것 같아서 ㉢ 소그룹 토론식 수업을 할 때는 책상을 'U'자 모양으로 배열하고, 동호를 제일 오른쪽이나 왼쪽에 앉혀 전체 학생을 볼 수 있도록 했습니다. 그런데 동호가 조용한 환경에서도 말소리를 잘 이해하기 못할 때가 있는 것 같아요. ㉣ 인공와우 수술을 늦게 받은 것이 그 이유 중 하나인 것 같습니다.

> 소그룹 토론식 수업 시 자리 배치
> 책상을 'U'자 모양으로 배열하고, 가장자리에 앉혀 전체 학생을 볼 수 있도록 함

4) (나)를 고려할 때 (다)의 ⓒ~㉣에서 틀린 것 2가지를 찾아 기호를 쓰고, 각각 바르게 고쳐 쓰시오. [2점]

---

참고자료: 기본이론 75-77p, 121-124p

키워드:
- FM 시스템
- 청각장애 학생을 위한 통합수업 지원

구조화틀:

**특수 보청기의 종류**
- FM 보청기
- 크로스 보청기
- 주파수 압축 보청기
- 촉각 보청기

**통합수업 지원(환경 개선)**
- 교실배치
- 음향학적 조건
- 교실 분위기
- 독화조건
- 교사의 언어
- 잘 들어주기
- 잘 말하기

핵심개념

모범답안: (제시문 분석)

참고자료 기본이론 121-124p

 키워드 청각장애 학생을 위한 통합수업 지원

 구조화를 통합수업 지원(환경 개선)
- 교실배치
- 음향학적 조건
- 교실 분위기
- 독화조건
- 교사의 언어
- 잘 들어주기
- 잘 말하기

핵심개념 환경 개선
- 모둠 수업 시 책상의 위치를 쉽게 변형할 수 있는 구조가 좋음
- 교실에서 사용되는 의자는 방향을 쉽게 바꿔 앉을 수 있는 회전의자가 좋음
- 학생이 가급적 창문을 등지고 있도록 함
- 학생 자리와 교탁의 거리는 3m를 넘지 않아야 함
- 책상 배치는 반원이나 L자형과 같은 형태가 적절함
- 모든 학급 구성원은 말소리의 크기와 억양·속도·발음 등에 주의할 뿐만 아니라, 여러 사람이 동시에 말하는 상황을 피할 수 있는 규칙을 만드는 것이 좋음

 모범답안
- ⓒ 어떤 유아가 말하는지 확인할 수 있고 모든 유아의 입 모양을 넓은 시야로 볼 수 있다.
- ⓔ 창문을 등지는 자리에 배치해 눈부심을 방지하고 화자를 잘 볼 수 있도록 해야 한다.

**49** 다음은 4세 청각장애 유아 찬우를 지도하기 위하여 통합학급 김 교사와 특수학급 박 교사가 나눈 대화이다. 물음에 답하시오. [5점]

2020학년도 유아 A3

김 교사: 새로 전학 온 찬우는 청각장애가 있어요. 찬우가 보청기를 착용하는데 수업시간에 보청기에서 가끔 '삐~~' 소리가 나요.
박 교사: 음향 피드백(음향되울림)이 발생하면 ⊙ 찬우의 보청기 이어몰드나 건전지 상태를 확인해야 해요. 그리고 찬우가 소리를 최대한 잘 듣도록 ⓒ 신호대잡음비(Signal to Noise Ratio ; SNR)를 개선할 필요가 있어요.
김 교사: 찬우의 자리는 어디로 할까요?
박 교사: 수업 형태에 따라 자리 배치를 하는 것이 좋아요. ⓒ 유아들이 언어적 상호작용을 많이 하는 수업시간에는 자리 배치를 반드시 고려해야 해요.
김 교사: ⓔ 조명이나 채광도 고려해야 하지요? 그럼 찬우 자리는 어디가 좋을까요?
박 교사: 아래 [그림]과 같은 위치가 가장 좋아요.

[그림]

3) 찬우가 [그림]의 위치에 앉으면 좋은 이유를 ⓒ과 ⓔ을 고려하여 각각 쓰시오. [2점]

---

### 확장하기

**★ 하울링 관리(최성규 외, 2025.)**

- 보청기의 송화기와 수화기의 거리가 가까워지면 '삐~~~~' 소리가 나는 하울링 현상이 발생한다.
- 송화기와 수화기의 거리가 가까운 귀걸이형 보청기, 고막형 보청기 등에서 자주 발생한다.
- 교사는 보청기의 하울링 소리가 들리면 보청기를 찾아서 전원을 꺼야 한다.

기본이론 121-124p

 청각장애 학생을 위한 통합수업 지원

**통합수업 지원(환경 개선)**
- 교실배치
- 음향학적 조건
- 교실 분위기
- 독화조건
- 교사의 언어
- 잘 들어주기
- 잘 말하기

2) 특수교육 관련 서비스의 제공이 더 용이하며, 청각장애 학생들도 일반 학생들과 상호작용하며 동시에 원한다면 수어를 사용하는 작은 사회를 경험할 수도 있다.

3) ㉣ 발표를 할 때는 손을 들고 발표하도록 한다.

2025학년도 유아 A4

**50** 다음은 청각장애 거점 특수교육지원센터 유아 특수교사 윤 교사와 유아교사 박 교사의 대화이다. 물음에 답하시오. [5점]

> 윤 교사 : 청각장애 유형을 파악해서 특성에 맞게 교육하는 것이 중요해요. 다음에 제가 청력평가 결과를 해석하는 방법을 알려 드릴게요. 그리고 청각장애 유아를 교육적으로 적절하게 배치하는 것도 중요해요. 한 학급에 청각장애 유아를 한 명만 배치하지 않고 두 명 이상 배치하는 ㉢ 동반 입학(co-enrollment)도 시도해 보면 좋아요.
>
> 박 교사 : 네. 그런데 이야기 나누기 시간에 두 사람 이상이 동시에 말할 때, 은수가 듣고자 하는 소리를 선택해서 듣는 것을 많이 어려워하더라고요. 이때는 어떻게 지원하면 좋을까요?
>
> 윤 교사 : 이런 상황에서는 '친구가 말할 때 동시에 말하지 않는다.', '한 사람씩 순서대로 말한다.'와 같은 ㉣ 학급 규칙을 더 만들어 보세요.
>
> …(하략)…

2) ② 밑줄 친 ㉢의 장점을 청각장애 유아의 정서 측면에서 1가지 쓰시오. [2점]

3) 밑줄 친 ㉣의 학급 규칙에 해당하는 예를 1가지 쓰시오. [1점]

## 확장하기

### 학급 내 규칙(이필상 외)

| | |
|---|---|
|  | 어떤 특별한 활동을 할 때 손가락 인형 등을 활용해 주의를 집중시킨다. |
|  | 청각장애 학생은 상대방의 말을 이해하지 못했거나 본인이 발언을 해야 할 때 카드를 제시할 수 있다. |
|  | 이 카드를 받은 사람만이 발언권을 갖는다. |
| 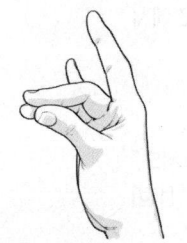 | 조용히 하라는 신호로 사용된다. 입은 다물고 귀는 열자는 신호이다. |
| 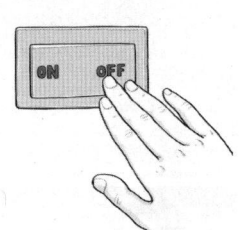 | 주변이 소음으로 시끄러워지거나 분위기를 바꾸기 위한 목적으로 불을 껐다가 다시 켠다. |

## 청각장애 학생 통합교육의 장단점

### 1. 특수학교의 장단점

| 장점 | 단점 |
| --- | --- |
| • 청각사나 상담가가 제공하는 특수교육 관련 서비스 이용 용이<br>• 다양한 학업적·직업적·사회적 프로그램 제공<br>• 청각장애 동료와의 다양한 활동을 통해 긍정적인 감정 발달<br>• 장애 낙인 없이 다양한 과외 활동 가능 | • 가청 또래에 비해 낮은 사회적 기술<br>• 졸업 후 사회적응을 위한 학업, 의사소통 기술면에서의 제한성 |

### 2. 통합교육의 장단점

| 장점 | 단점 |
| --- | --- |
| • 가청아동 교육 프로그램에 참여함으로써 더 다양한 경험 가능<br>• 직업 선택의 폭이 다양함<br>• 가청 또래와의 상호작용을 통해 협동심과 의사소통능력 향상<br>• 가청 또래와의 교류를 통한 사회 소속감과 정서적 안정<br>• 연령에 맞는 사회성과 적응능력 향상<br>• 다양한 친구들과의 상호작용을 통해 사회성, 독립심, 자존감 향상 | • 가청아동들과 의사소통의 어려움으로 인해 외로움, 거부, 사회적 고립 경험<br>• 자아정체성 형성에 부정적인 영향<br>• 가청아동과 동일한 기회를 부여받지 못함<br>• 수업 내용 이해 곤란<br>• 교사와의 상호작용이 어려움 |

통합교육의 문제점 등을 보완하기 위한 방법 중 하나로 청각장애 학생들을 그룹 지어 일반학교에 배치하는 모델을 제안할 수 있다(Higgins, 1992). 이 경우 일정한 수의 청각장애 학생들을 모아 교육함으로써 필요한 특수교육 관련 서비스의 제공이 더 용이하며, 청각장애 학생들도 일반학생들과 상호작용하며 동시에 원한다면 수어를 사용하는 작은 사회를 경험할 수도 있다.

참고자료 기본이론 127p

키워드 수화통역사 활용 시 유의점

구조화툴 **수화통역사 활용 시 유의점**
- 수업 전
- 수업 중

핵심개념

모범답안 ③

2013학년도 중등 13

**51** 일반학급에 통합된 청각장애 학생들의 효과적인 수업을 위해 교사가 고려해야 할 사항으로 (가)~(바) 중에서 옳은 것만을 있는 대로 고른 것은?

| 구분 | 고려해야 할 사항 |
|---|---|
| 보청기를 착용한 경우 | (가) 수업시간에 친구가 필기한 노트를 청각장애 학생이 빌릴 수 있도록 한다.<br>(나) 청각장애 학생에게 말할 때는 입 모양을 크게 하여 한 음절씩 또박또박 말한다.<br>(다) 교사의 말을 잘 청취하도록 하기 위해서 FM 시스템(FM 보청기)을 활용할 수 있다. |
| 교실에 수화통역사가 배치된 경우 | (라) 수업시간에 수화통역사가 청각장애 학생의 옆 자리에 앉아서 통역을 하게 한다.<br>(마) 수업 전에 수화통역사가 통역을 준비할 수 있도록 수업 내용이나 교재를 제공한다.<br>(바) 청각장애 학생에게 질문을 할 때는 수화통역사를 보고 말하여 그 질문을 전달하도록 한다. |

① (나), (라)  ② (가), (나), (마)
③ (가), (다), (마)  ④ (가), (다), (마), (바)
⑤ (나), (다), (라), (바)

(가) 수업이 강의식으로 진행될 때는 다른 친구 두 명 정도의 노트를 빌릴 수 있게 함 → 독화하면서 동시에 필기하기가 불가능하기 때문임

(나) 교사나 또래들이 청각장애 아동과 이야기할 때, 자연스럽게 이야기하고 몸짓도 자연스럽게 하되 얼굴을 마주 보며 말하도록 함

(다) FM 시스템을 활용함

(라) 가능한 한 고정된 위치에서 청각장애 아동을 마주 보고 수업함 → 수화통역사가 있어도 교사의 말을 독화하거나 제스처 등을 보아야 하기 때문임

(마) 수화통역사는 수업 내용에 대해 익숙하지 않으므로 사전에 교안, 주요 단어, 교재 등을 제공해 학습내용 중 어려운 수화나 개념 등을 미리 준비할 수 있게 하고, 토론을 하거나 기자재를 이용하게 될 때는 자리 배치에 대해 미리 생각하도록 함

(바) 교사나 또래 모두 질문을 할 때는 아동에게 직접하고, 수화통역사에게는 하지 않음

2016학년도 유아 A7

**52** 다음은 청각장애 유아의 특성과 담임교사의 수업 행동을 관찰한 결과이다. 물음에 답하시오. [5점]

| 유아 | 특성 | 교사의 수업 행동 |
|---|---|---|
| 영희 | • 혼합성 청각장애<br>• 부모 모두 건청인<br>• '사자-가자'를 말읽기하여 변별하지만, ㉠ '발-팔', '날아-달아'를 말읽기만으로는 변별하지 못함<br>• 말읽기(독화)를 통해 들은 내용을 보충함 | ㉡ 말읽기를 지도할 때, 자연스러운 입 모양으로 말하고, 영희가 항상 동일한 위치와 방향에서 화자를 보게 함 |
| 승규 | • 전음성 청각장애<br>• 부모 모두 건청인 | ㉢ 승규가 지시를 이해했다고 추측하지 않고, 이해했는지 여부를 구체적으로 질문하거나 지시 내용을 승규에게 말해보게 함 |
| 진수 | • 감각신경성 청각장애<br>• 부모 모두 농인<br>• 한국수어와 한국어를 모국어로 습득함 | ㉣ 수화통역사를 진수 옆 자리에 배치함 |
| 민지 | • 중추청각처리장애<br>• 부모 모두 건청인<br>• 소음 속에서 대화할 때 어려움을 경험함 | ㉤ 민지가 알아듣지 못했을 때, 반복하거나 말을 바꾸어서 다시 말해줌 |

수화통역사는 가능한 한 고정된 위치에서 청각장애 아동을 마주 보고 수업해야 함

4) ㉡~㉤ 중 적절하지 않은 행동 2가지를 찾아 기호를 쓰고, 각각 바르게 수정하여 쓰시오. [2점]

---

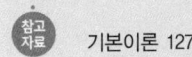
기본이론 127p

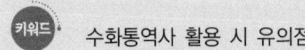
수화통역사 활용 시 유의점

**수화통역사 활용 시 유의점**
- 수업 전
- 수업 중

㉣ 진수가 교사와 수화통역사를 번갈아가며 보기가 용이하도록 자리 배치를 한다.

기본이론 127p

 수화통역사 활용 시 유의점

 **수화통역사 활용 시 유의점**
- 수업 전
- 수업 중

ⓢ 학생의 수업 내용에 대한 이해 여부는 수화통역사에게 물어보는 것이 아니라 학생에게 직접 질문해야 한다.
ⓞ 보청기 혹은 인공와우 착용 사실을 숨기기보다는 주위에 알려 효과적으로 상호작용할 수 있도록 한다.

2016학년도 중등 A12

**53** 다음은 특수교사 교육연구회에서 제공한 청각장애 연수 자료 중 일부이다. (나)에서 적절하지 못한 것의 기호를 2가지 쓰고, 그 이유를 쓰시오. [4점]

(나) 청각장애 학생의 통합학급 지원 사항

> ⓜ 청각장애 학생의 자리 배치는 독화하기 좋은 자리로 하되, 학생과 상의하여 결정한다.
> ⓑ 수화통역사를 활용하는 경우, 학생이 교사와 통역사를 동시에 볼 수 있는 자리에 배치한다.
> ⓢ 수화통역사를 활용하는 경우, 학생이 수업 내용을 이해했는지 교사가 통역사에게 물어보고 확인한다.
> ⓞ 일반학급 교사와 급우들에게 보청기 혹은 인공와우 착용 사실을 알리지 않는다.
> 
> …(하략)…

ⓞ 학급동료와 효과적으로 상호작용할 수 있도록 함
→ 인공와우에 대한 영상물이나 만화 등을 이용해 학급동료들이 서로 이야기할 수 있는 시간을 가짐

# CHAPTER 08 청각장애 특수교육 교육과정

**01** 2022 특수교육 교육과정 총론
- 'Ⅲ. 학교급별 교육과정 편성·운영의 기준' - 기본사항
- 공통 교육과정 및 선택중심 교육과정
  - 초등학교·중학교 교육과정 편성·운영 기준
  - 고등학교

**02** 국어

**03** 농인의 생활과 문화

**04** 수어

# 김은진
## 스페듀 기출분석집
### Vol. 3

Ch 01. 시각장애의 이해
Ch 02. 안질환과 교육적 조치
Ch 03. 저시력 학생을 위한 교육적 중재
Ch 04. 맹 학생을 위한 교육적 중재
Ch 05. 시각장애 특수교육 교육과정
Ch 06. 교과별 지도
Ch 07. 시각중복장애 학생을 위한 교육 접근

PART

# 02

시각장애

# CHAPTER 01 시각장애의 이해

**01** 시각장애의 법적 정의
- 「장애인복지법(2024년 개정)」
- 「장애인 등에 대한 특수교육법」

**02** 시각장애와 관련된 시각능력
- 시력
  - 시력의 개념
  - 시력의 분류
  - 시력의 교정
  - 객관적 시력검사
    - 원거리 시력검사 ─ 목적 및 특징 / 단계
    - 근거리 시력검사 ─ 목적 및 특징 / 단계
- 시야
  - 시야의 개념
  - 시야의 분류 ─ 중심시야 / 주변시야
  - 주변시야검사
    - 원판 시야검사
    - 1.2m 띠 시야검사
    - 대면법
  - 중심시야검사
    - 시계보기 검사
    - A4용지 검사
    - 암슬러 격자 검사
    - 탄젠트 스크린검사
    - 안면관찰법
- 대비감도
  - 대비감도의 개념
  - 대비감도 검사
  - 대비감도 이상 학생의 지도
- 색각
- 광감도
- 안운동
- 조절

**03** 기능시각 평가
- 기능시각 평가의 개념
- 기능시각 검목표 소개
  - 원거리 검목표
  - 근거리 검목표
  - 시야 검목표
  - 대비 검목표
  - 조명 검목표

**04** 학습매체 평가
- 학습매체 평가의 이해
  - 개념
  - 사용 유형에 따른 분류
- 학습매체 평가의 법적 근거와 절차
  - 학습매체 평가의 법적 근거
  - 학습매체 평가의 2단계
- 학습매체 평가 방법
  - 읽기매체 평가
  - 쓰기매체 평가
  - 그림매체 평가

**05** 눈의 구조
- 각막
- 홍채
- 수정체
- 망막 ─ 추체 세포 / 간체 세포
- 방수
- 시신경과 시로
- 외안근

기본이론 137-138p

원거리 시력검사

시력
- 개념
- 분류
- 교정
- 객관적 시력검사 ─ 원거리 시력검사
              └ 근거리 시력검사

**시력**
- 물체의 존재 유무를 판단하는 것뿐 아니라 물체의 세부를 판별하는 능력
- 원거리 시력과 근거리 시력으로 분류

**원거리 시력검사**
- 3m 또는 6m 정도에서 보는 능력을 측정하고, 검사결과를 바탕으로 망원경과 원거리용 확대독서기를 추천함
- 광범위한 시력을 측정 가능함
- **원거리 시력 측정**
  - 원거리 시력표의 기준거리에 맞게 시력을 측정함
  - 표준검사 거리에서 가장 큰 시표조차 읽지 못하면 1m 간격으로 시력표에 다가서서 읽도록 하고, 공식에 따라 시력을 계산함

  $$시력 = 마지막으로~읽은~라인의~시력 \times \frac{실제~검사~거리}{표준~검사~거리(m)}$$

  - 아동이 시력표 앞 1m(0.02)까지 다가가서도 가장 큰 시표를 읽지 못하는 경우 기능적인 방법(안전지수, 안전수동, 광각)으로 나타냄

②

---

2011학년도 중등 10

**01** D중학교에 재학 중인 학생 A는 미숙아망막증으로 양안의 교정시력이 0.04이다. 담당 체육교사가 학생 A를 위한 체육 수업에 대해 조언을 요청하여, 특수교사는 다음과 같은 안내문을 만들었다. ㉠~㉣에서 옳은 내용만을 모두 고른 것은?
[2.5점]

체육 선생님께
A의 체육 지도를 위해 힘써주셔서 감사드립니다.
A를 위한 체육 수업에 도움이 되고자 몇 가지 적어보았습니다. 참고가 되셨으면 합니다.

- 교수 방법
  - ㉠ 학생 A의 시력은 한천석 시시력표를 읽을 때, 4m 앞에서 시력 기준 0.1에 해당하는 숫자를 읽을 수 있는 수준이므로, 시각적 지표는 확대해주시면 좋습니다.
  - ㉡ 공간에 대한 이해를 돕기 위해 확대 자료 또는 촉지도를 활용하시면 되는데, 제작에 도움을 드리겠습니다.
  - 신체 동작에 대한 이해를 돕기 위해 관절의 움직임이 가능한 인형을 사용하시면 좋습니다.

- 시각장애학교 체육과 교사용 지도서 참조
  - 학생 A를 지도할 때, ㉢ 시각장애학교 체육과 교과서 및 지도서를 사용하시면 도움이 되는데, 일반 중학교 체육교과와는 달리 표현활동 영역이 제외되어 있습니다.

- 대표적인 시각장애인 스포츠
  - ㉣ 골볼은 모든 선수가 안대를 하고 공의 소리를 들으면서 경기하는 구기 종목이므로 일반학생들과 함께 경기할 수 있지만, 학생 A는 망막박리의 위험이 있을 수 있으니 조심하셔야 합니다.

㉠ $0.1 \times \frac{2}{5} = 0.04$

방향정위 보조기구로는 입체모형판, 지도(촉각/확대), 점자 및 음성자료, 인공위성 자동위치 측정 시스템(GPS)을 활용할 수 있음

- 공통교육과정 체육과 (2016)
  5가지 영역: 건강, 도전, 경쟁, 표현, 안전
- 공통교육과정 체육과 (2022)
  3가지 영역: 운동, 스포츠, 표현

① ㉠, ㉡  ② ㉡, ㉣
③ ㉠, ㉡, ㉣  ④ ㉠, ㉢, ㉣
⑤ ㉡, ㉢, ㉣

참고자료 기본이론 137-139p

 키워드 원거리 시력검사

 구조화틀
시력
　┌ 개념
　├ 분류
　├ 교정
　└ 객관적 시력검사 ┬ 원거리 시력검사
　　　　　　　　　　└ 근거리 시력검사

 핵심개념
**기능적 시력**
- **안전지수(FC)**: 학생이 50cm, 30cm 떨어진 거리에서 검사자가 편 손가락의 수를 맞힐 수 있는 시력
- **안전수동(HM)**: 학생이 50cm, 30cm 떨어진 거리에서 검사자가 손을 좌우로 흔들고 있는지, 멈추고 있는지를 맞힐 수 있는 시력
- **광각(LP)**: 학생의 눈앞에서 검사자가 전등이나 플래시를 켰는지 껐는지를 맞힐 수 있는 시력으로, 빛의 유무를 지각하면 '광각', 지각하지 못하면 '광각무(전맹)'로 기록함

모범답안
학생 A의 우세안은 우안으로 30cm 앞에 있는 손가락의 수를 셀 수 있고, 학생 C의 우세안은 우안으로 50cm 앞에 있는 손가락의 수를 셀 수 있다. 즉, 학생 C가 학생 A보다 더 좋은 시력을 갖고 있다.

2023학년도 중등 A10

**02** (가)는 시각장애 학생의 시력이고, (나)는 과학 교사가 학생에게 제공한 피드백의 일부이다. (다)는 교사와 학부모가 나눈 대화의 일부이다. 〈작성방법〉에 따라 서술하시오. [4점]

(가) 학생의 시력

| 구분 | 학생 A | 학생 B | 학생 C |
|---|---|---|---|
| 시력 | 좌안: LP<br>우안: 30cm FC | 좌안: LP<br>우안: 30cm HM | 좌안: NLP<br>우안: 50cm FC |

─ 작성방법 ─
(가)를 바탕으로 학생 A와 C의 시력 차이를 우세안 기준으로 서술할 것.

기본이론 135p, 158p

- 시각장애 의학적 정의
- 망막의 시세포(광수용체)

 시각장애 법적 정의
- 의학적 정의(장애인복지법)
- 교육적 정의(장애인 등에 대한 특수교육법)

눈의 구조
- 외막 – 각막, 공막
- 중막 – 홍채, 모양체, 맥락막
- 내막 – 망막
- 안 내용물 – 수정체, 방수, 초자체
- 외안근
- 시신경과 시로

 시각장애 장애등급기준

| 1급 1호 | 좋은 눈의 시력이 0.02 이하인 사람 |
|---|---|
| 2급 1호 | 좋은 눈의 시력이 0.04 이하인 사람 |
| 3급 1호 | 좋은 눈의 시력이 0.06 이하인 사람 |
| 3급 2호 | 두 눈의 시야가 각각 모든 방향에서 5도 이하로 남은 사람 |
| 4급 1호 | 좋은 눈의 시력이 0.1 이하인 사람 |
| 4급 2호 | 두 눈의 시야가 각각 모든 방향에서 10도 이하로 남은 사람 |
| 5급 1호 | 좋은 눈의 시력이 0.2 이하인 사람 |
| 5급 2호 | 두 눈의 시야가 각각 정상시야의 50% 이상 감소한 사람 |
| 6급 | 나쁜 눈의 시력이 0.02 이하인 사람 |

 ②

2012학년도 중등 27

**03** 다음은 시각장애 학생 A에 대한 정보이다. 이 정보를 통해 교사가 파악한 사항 중 적절한 것을 〈보기〉에서 고른 것은? [2.5점]

- 장애 정도 : 시각장애 3급 ①호
- 손잡이형 확대경 : 3X(안경 착용하지 않음)
- 손잡이형 단안 망원경 : 보행 시 활용함
- 의료적 사항 : 망막 간상체의 문제가 있음

┤ 보기 ├
ㄱ. 야맹증의 가능성이 있을 것이다.
ㄴ. 좋은 눈의 시력이 0.04 정도일 것이다.
ㄷ. 두 눈의 시야가 각각 주시점에서 10도 이하로 남았을 것이다.
ㄹ. 확대경의 배율을 고려하여 물체와 확대경 간의 초점 거리를 8cm 정도 유지할 것이다.
ㅁ. 근거리 시력검사의 결과를 바탕으로 처방받은 단안 망원경을 사용하고 있을 것이다.

① ㄱ, ㄴ  ② ㄱ, ㄹ
③ ㄴ, ㄷ  ④ ㄷ, ㅁ
⑤ ㄹ, ㅁ

ㄱ. 망막 간상체에 문제가 있어 암순응 문제로 야맹증을 보일 가능성이 있음

ㄴ, ㄷ. '시각장애 3급'은 좋은 눈의 시력이 0.06 이하인 경우임

※ 현재는 장애인복지법의 등급제가 폐지되었음

참고자료 기본이론 158p

 키워드 망막의 시세포(광수용체)

 구조화틀
**눈의 구조**
- 외막 - 각막, 공막
- 중막 - 홍채, 모양체, 맥락막
- 내막 - 망막
- 안 내용물 - 수정체, 방수, 초자체
- 외안근
- 시신경과 시로

 핵심개념
**망막의 시세포(광수용체)**
- 추체세포
  - 망막 중심부에 많이 분포
  - 물체의 형태·색깔 식별 기능
  - 높은 조도에서 기능
  - 추체세포 손상 시: 명순응('어두운 곳 → 밝은 곳' 이동 시 눈의 순응) 문제 발생

- 간체세포
  - 망막 주변부에 많이 분포
  - 어두운 곳에서 물체를 감지하는 역할(명암의 기능)
  - 낮은 조도에서 기능
  - 간체세포 손상 시: 암순응('밝은 곳 → 어두운 곳' 이동 시 눈의 순응) 문제 발생

 모범답안
ⓒ 학생은 색각 기능을 담당하는 시세포의 추체 기능을 상실한 상태이다. 따라서 다양한 색상의 시각단서는 학생에게 도움이 되지 않는다.

2018학년도 중등 B4

**04** (가)는 중도에 실명한 시각장애 학생의 보행훈련 계획이고, (나)는 보행훈련을 위한 점자 노선도이다. 〈작성방법〉에 따라 서술하시오. [4점]

(가) 보행훈련 계획

| 학생특성 | 시력 | • 초기: 직선이 휘어져 보였다고 함<br>• 현재: 망막 중심부(황반부)에 커다란 암점이 생겼고, 추체의 기능을 상실한 상태임 |
|---|---|---|
| | 읽기 | 묵자와 점자를 병행하여 활용함 |
| 보행훈련 | 목표 | 방향정위와 다양한 이동기법 이해하기 |
| | 방향정위 | • 선별된 감각적 자료를 기초로 노선도를 설계함<br>- ㉠ 랜드마크와 번호체계 등을 활용함<br>- ㉡ 다양한 색상의 시각단서와 여러 가지 촉각단서를 활용함 |
| | 이동 - 안내법 | • 계단을 이용할 때에 안내자가 '잠깐 멈춤'을 통해 계단의 시작과 끝을 알게 함<br>• ㉢ 문을 통과할 때에 안내자가 문을 열고 닫게 함 |
| | 이동 - 보호법 | ㉣ 상부보호법, 하부보호법을 이용하여 실내 보행훈련을 실시함 |
| | 이동 - 지팡이 보행 | ㉤ 2점촉타법에서 지팡이 끝이 왼쪽 지점을 칠 때 오른발이 지면에 닿게 함 |
| | 이동 - 안내견 보행 | ㉥ 위험한 상황에서 안내견이 '지적 불복종'이라는 것을 인식하게 함 |
| | 유의점 | • 안내법 보행 시 안내자가 시각장애인에게 환경적 정보를 제공해야 함<br>• ⓐ 지팡이는 너무 단단하거나 약해서는 안 됨<br>• 주인 이외의 사람이 안내견을 만지거나 먹을 것을 주는 행동을 절대 하지 않도록 해야 함 |

**작성방법**

밑줄 친 ㉠~㉥ 중에서 적절하지 <u>않은</u> 것 2가지의 기호를 적고, 그 이유를 각각 서술할 것.

---

• 황반변성 초기에는 직선이 흔들려 보이고, 글자를 읽을 때 군데군데 보이지 않거나, 그림을 볼 때 특정 부분이 지워진 것처럼 보임
• 진행성 질병으로 심한 시각장애를 초래해 중앙부가 보이지 않게 되며, 색각·대비·민감도 등에 영향을 미침
• 질환을 비교적 초기에 발견하면 레이저 시술 등으로 진행을 막을 수 있으므로 조기 진단이 중요함
→ 황반변성의 초기 증상을 가장 효과적으로 확인할 수 있는 검사는 암슬러 격자법임

### ➕ 확장하기

#### ✨ 시각장애의 정의

시력과 시야를 법적 기준으로 판단해 시각장애로 선정하는 것은 법적·의학적 정의이고, 학업과 일상생활 속 주요하고도 의미 있는 과제들을 배우고 수행할 때 시각을 활용하는 능력을 보고 시각장애 여부를 결정하는 것은 기능적·교육적 정의임

| | |
|---|---|
| **의학적 정의** | 「장애인복지법(2024 개정)」에 따르면 시각장애인의 장애 기준·정도는 의학적 기준인 시력·시야의 손상 정도에 따라 판정<br>• 장애의 정도가 심한 시각장애인<br>　- 좋은 눈의 시력(공인된 시력표로 측정한 것을 말하며, 굴절이상이 있는 사람은 최대 교정시력을 기준으로 함)이 0.06 이하인 사람<br>　- 두 눈의 시야가 각각 모든 방향에서 5도 이하로 남은 사람<br>• 장애의 정도가 심하지 않은 시각장애인<br>　- 좋은 눈의 시력이 0.2 이하인 사람<br>　- 두 눈의 시야가 각각 모든 방향에서 10도 이하로 남은 사람<br>　- 두 눈의 시야가 각각 정상 시야의 50% 이상 감소한 사람<br>　- 나쁜 눈의 시력이 0.02 이하인 사람<br>　- 두 눈의 중심시야에서 20도 이내에 겹보임(복시)이 있는 사람 |
| **기능적 정의** | 「장애인 등에 대한 특수교육법」은 기능적 관점에 따라 시각 문제로 인한 교육 활동에서의 어려움을 기준으로 정의함. 이에 따르면 시각장애란 시각계의 손상이 심해 시각 기능을 전혀 이용하지 못하거나, 보조공학기기의 지원을 받아야 시각적 과제를 수행할 수 있는 사람을 의미함<br><br>| 장애 정도 | 조문 | 해석 |<br>|---|---|---|<br>| 교육적 저시력 | 시각에 의한 학습이 곤란해 특정 광학기구·학습매체 등으로 학습하는 사람 | 학습 활동에 주로 잔존 시각을 활용하되, 이를 위해 확대자료·확대기기 등이 필요한 학생 |<br>| 교육적 맹 | 촉각 또는 청각을 학습의 주요 수단으로 사용하는 사람 | 학습 활동에 시각이 아닌 청각과 촉각 같은 다른 감각을 주로 사용하되, 이를 위해 점자 및 촉각자료·보조공학기기 등이 필요한 학생 |<br><br>• 시각장애 학생을 장애 정도에 따라 분류할 때는 위와 같은 교육적 정의를 근거로 하는 것이 바람직함<br>• '교육적 맹'이나 '교육적 저시력'이라는 용어가 특수교육 장면에서 학생의 시각 능력에 필요한 특수교육 지원 사항에 대해 더 유용한 정보를 나타낼 수 있음<br>　예 민수가 '맹 학생'이라는 표현은 민수가 학습에 촉각이나 청각을 주로 사용하는 학생으로, 점자 사용·양각자료와 교구 지원·상세한 구어 설명과 안내 등이 필요하다는 것을 나타낼 수 있음<br>　예 유진이가 '저시력 학생'이라는 표현은 유진이가 학습에 잔존 시각을 활용할 수 있고, 유진이에게 적합한 확대자료나 확대기기 등의 지원이 필요하다는 것을 나타낼 수 있음 |

참고자료 기본이론 139-140p

 키워드 근거리 시력검사

 구조화툴

시력
- 개념
- 분류
- 교정
- 객관적 시력검사 ─ 원거리 시력검사
                  └ 근거리 시력검사

핵심개념

**근거리 시력검사의 정의 및 목적**
40cm 정도 거리에서 보는 능력(독서시력)을 측정하고, 검사 결과에 의해 확대경과 근거리용 확대독서기를 추천하는 데 목적이 있음

**근거리 시력 측정**
- 학생의 눈과 근거리 시력표 간에 표준검사 거리를 유지함
- 학생이 표준검사 거리에서 가장 큰 시표를 읽지 못하는 경우, 학생이 볼 수 있는 거리까지 다가가서 읽도록 하고, 검사거리와 마지막에 읽은 숫자의 글자 크기를 기록함
  예 10cm에서 2.0M

 모범답안 근거리 시력검사

---

2019학년도 중등 A10

**05** (가)는 학생 B의 특성이고, (나)는 특수교사의 자료 요청 계획 및 지도 계획의 일부이다. 〈작성방법〉에 따라 서술하시오. [4점]

(가) 학생 B의 특성

- 교통사고로 인한 뇌손상 및 안구 손상으로 시각장애를 갖게 됨
- 현재 확대 자료를 활용하나 시력이 점점 나빠질 예후가 있어 점자 교육이 요구됨

(나) 자료 요청 계획 및 지도 계획

〈자료 요청 계획〉
○○시 시각장애 특성화 특수교육지원센터에 요청할 사항
- '점자 익히기' 교과서/지도서 및 점자 쓰기 도구
- ㉠ 읽기(교과서, 지필평가 자료)를 위한 시력검사

┌ 작성방법 ┐
밑줄 친 ㉠에 해당하는 검사 유형을 쓸 것.

'시력검사'로 제시되었으므로 답안으로는 '근거리 시력검사'가 적절하나, (가)에 제시된 학생의 특성 중 변화하는 시력의 특성을 고려해 매년 '학습매체 평가'가 이루어져야 함
※ '학습매체 평가'의 정의와 실시 목적에 대해 확장해둘 것

## + 확장하기

### ✦ 학습매체 평가(이태훈, 2024.)

① 학습매체 평가는 '문해매체 평가'로도 불리며, 시각장애 학생에게 적합한 교수·학습자료의 유형과 도구, 읽기·쓰기 방법과 도구 등을 결정하는 데 목적이 있다.
② 기능시각 평가가 시각 활용 능력에 초점을 두는 반면에 학습매체 평가는 시각, 청각, 촉각 중 어떠한 감각기관과 감각자료 및 기기를 학습에 사용하는 것이 효율적인가에 초점을 둔다.
③ 일반적으로 학습매체(문해매체) 평가는 2단계로 이루어진다.

> ㉠ 최초 문해매체 선정 평가: 처음으로 문해 교육과 사용을 위해 적합한 매체를 선정하는 것으로, 선천성 시각장애 학생의 경우 형식적 문해(한글 읽기와 쓰기) 교육을 시작하는 유치원이나 늦어도 초등학교 1학년에 실시해야 한다. 평가 과정 중에는 학습과 생활 환경에서 학생이 선호해 사용하는 감각기관의 유형, 과제를 수행하는 눈과 자료 간 작업 거리, 학생이 읽을 수 있는 글자 크기, 읽기 정확성과 속도, 안질환의 진행성 여부와 진행 속도, 다른 장애의 수반 여부, 학생과 학부모의 선호와 태도 등을 종합적으로 고려한다.
> ㉡ 문해매체 계속 평가: 이 평가는 최초 문해매체 결정의 적합성 여부를 확인한다. 학생 면담과 관찰, 읽기 유창성 평가 등을 통해 최초 선정한 문해매체로 학생이 편안하고 효율적으로 읽기와 쓰기 등의 학습과제를 수행하는지, 현재 사용 중인 문해매체가 적합한지, 현재 사용 중인 매체를 통해 적절한 학업 성취에 도달하고 있는지를 확인한다. 그리고 현재와 미래의 문해 관련 과제를 수행하기 위해 추가적인 문해 도구의 사용이나 다른 문해매체로의 변경 필요성 등을 확인한다.

### ✦ 읽기매체 평가

① 읽기매체 평가는 우선 학생에게 적합한 확대글자의 크기를 찾는 데 목적이 있다. 이는 시각장애 학생이 가장 편안하고 빠르게 읽을 수 있는 글자 크기를 결정하고, 이를 기초로 확대경 배율을 추천할 수 있다. 이때 학생이 오독 없이 편안하고 빠르게 읽을 수 있는 가장 작은 확대글자의 크기를 '결정적 글자 크기(critical print size)'라고 부르고, 오독이 있더라도 읽을 수 있는 가장 작은 글자의 크기를 '임계 읽기시력(read acuity threshold, 임계 글자 크기)'이라고 부른다.

> ┃ 시각장애 학생의 읽기 활동을 위한 최소 확대글자 크기(결정적 글자 크기)를 확인하는 3가지 방법(Whittaker et al, 2016.)
> • 읽기 속도가 저하되기 직전의 글자 크기
> • 임계 글자 크기의 2배 글자 크기
> • 학생에게 "어느 글자 크기부터 읽기가 어렵니?"라고 질문했을 때 학생이 어렵다고 말한 글자 크기보다 한 라인 위의 글자 크기
>
> 📌 일반적으로 읽기 속도가 저하되기 직전의 글자 크기를 학생에게 적합한 최소 확대글자 크기로 보고, 학생이 선호하는 확대글자 크기 등의 다른 정보를 종합해 최종 확대글자 크기를 결정하는 것이 바람직하다.

② 또한, 읽기매체 평가는 최종적으로 학생에게 적합한 읽기매체로 점자, 확대글자, 음성 중 어떤 것이 가장 적합한지를 결정하는 데 목적이 있다. 이를 위해 학생에게 가장 적합한 확대글자 크기나 확대경 배율로 읽기 속도를 평가해 같은 학년의 점자 사용 학생의 평균 속도와 객관적으로 비교하거나, 확대글자로 현재 학년의 학습자료를 효율적으로 공부할 수 있는지를 교사가 주관적으로 판단해 학생에게 적합한 읽기매체를 결정할 수 있다.

참고자료 기본이론 141-145p

키워드 시야검사

구조화틀
시야검사
├ 주변시야검사
└ 중심시야검사

핵심개념
**시야**
눈으로 전방의 한 점을 주시하고 있을 때 볼 수 있는 주변의 범위

**중심시야**
• 단안 시야 기준으로 주 시점에서 25° 또는 30° 이내의 범위
• 시야 범위 내에 있는 물체를 선명하게 보는 역할
• **중심시야 검사**: 암슬러 격자 검사, 탄젠트 스크린 검사, 안면관찰법, 시계보기 검사, A4 용지 검사 등

**주변시야**
• 단안 시야 기준으로 주 시점에서 30°를 넘는 시야
• 물체의 움직임이나 공간과 사물 간의 상호 관계를 신속하게 파악하는 역할
• **주변시야 검사**: 1.2m 띠 검사, 원판 시야검사, 대면법 등

모범답안 시야

---

2022학년도 유아 A5

**06** 다음은 유아특수교사 장 교사와 시각장애 거점 특수교육지원 센터에 근무하는 민 교사가 5세 유아 진서에 대해 나눈 대화의 일부이다. 물음에 답하시오. [5점]

○월 ○일
장 교사: 선생님, 우리 반 진서는 선천성 녹내장이 있는데 진행성이다보니 어머니께서 개별화교육계획에 ( ㉠ )을/를 포함한 시각 특성을 반영해달라고 하셨어요. 검사를 통해 그 특성을 파악해야 할 것 같은데, 어떤 검사가 좋을까요?
민 교사: ( ㉠ )을/를 측정하는 대표적인 검사로는 시계보기 검사, 대면법, 암슬러 격자 검사, 1.2m 띠를 활용한 검사 등이 있어요. 진서의 특성을 감안할 때 1.2m 띠를 활용한 검사를 추천해요. 시력, 대비 감도, 조명 선호 등 다른 시각적인 특성도 고려할 부분이 있는지 함께 확인해보세요. 그리고 진서의 행동도 주의 깊게 관찰하면서 종합적으로 판단하는 것이 좋아요. 특히 진서와 같은 경우에는 병원에서 하는 검사뿐만 아니라, ㉡유치원에서도 시각 평가를 자주 할 필요가 있어요.

— 진서는 선천성 녹내장으로 주변시야 검사가 필요함

— 시각은 '눈을 통해 대상을 보는 능력'으로, 시력과 시야가 있음
• 시력: 사물을 선명하게 볼 수 있는 정도
• 시야: 전방의 한 점을 바라볼 때 볼 수 있는 주변의 범위

1) 괄호 안의 ㉠에 공통으로 들어갈 말을 쓰시오. [1점]

### 확장하기

#### ✱ 주변시야 검사

- **주변시야**: 단안 시야 기준으로 주 시점에서 30°를 넘는 시야로, 물체의 움직임이나 공간과 사물 간의 상호 관계를 신속하게 파악하는 역할
- **주변시야 검사**: 망막색소변성증, 녹내장, 시로장애 등의 안질환을 가진 학생은 주변부 시야검사를 실시하는 것이 필요함

| | |
|---|---|
| 원판<br>시야검사 | ① 학생이 원판의 손잡이를 잡고 파인 부분을 눈 아래에 대도록 함<br>② 학생이 원판 맞은편 중앙의 표식 1을 응시하도록 하고, 교사는 학생의 맞은편에서 학생의 눈동자를 움직이지 말고 중앙 표식 1만 계속 바라보도록 함<br>③ 교사는 긴 투명판을 오른쪽 가장자리에서 중앙으로 천천히 이동시킬 때 학생이 투명판의 표식 2를 보면 말하도록 함. 학생이 "보여요."라고 말하는 지점의 우측 시야각을 기록함<br>④ 긴 투명판을 왼쪽 가장자리에서 중앙으로 천천히 이동시킬 때 학생이 "보여요."라고 말하는 지점의 좌측 시야각을 기록함<br><br>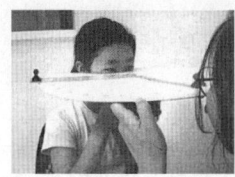  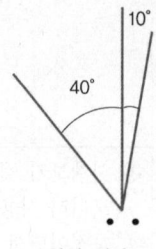<br>원판 시야검사                  양안 시야 |
| 1.2m 띠<br>시야검사 | ① 학생은 1.2m 띠의 중앙에 섬<br>② 교사 1은 학생으로부터 2~3m 떨어진 전방에 서서 학생에게 교사 1의 코를 계속 응시하도록 함<br>③ 교사 2가 띠의 우측 끝에서 전방을 향해 직선으로 걸어갈 때 학생은 교사 2가 보이면 말하도록 함. 학생이 보인다고 말하는 지점의 시야각을 재어 우측 시야각으로 기록함<br>④ 교사 2가 띠의 좌측 끝에서 전방을 향해 직선으로 걸어갈 때 학생이 교사가 보인다고 말하는 지점의 시야각을 재고 좌측 시야각으로 기록함<br><br>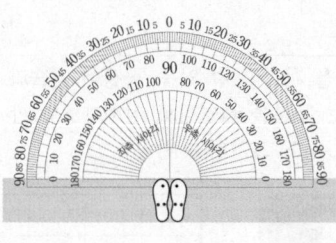 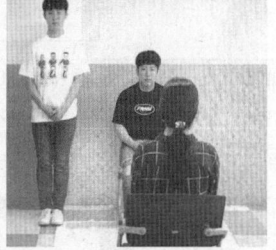 <br>1.2m 띠 시야검사       우측 시야검사       좌측 시야검사 |
| 대면법 | ① 교사와 학생이 80~100cm 거리에서 마주봄<br>② 학생이 검사자와 같은 쪽 눈을 바라보도록 하고, 검사자는 학생이 눈동자를 움직이지 않도록 함<br>③ 교사가 3시, 1시 반, 4시 반, 9시, 10시 반, 7시 반 방향에서 손가락이나 막대를 중앙으로 이동시킬 때 보이면 말하도록 함<br>④ 학생이 "보여요."라고 말한 지점의 바깥 부분이 시야가 손상된 부위이고, 안쪽 부분이 남아 있는 부위임<br>⑤ 시야검사지에 잔존 시야를 대략 그려서 표시함<br><br>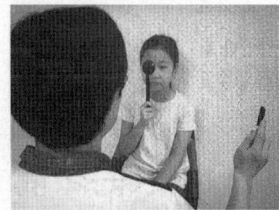 <br>대면법 시야검사 |

## ✱ 중심시야 검사

- **중심시야**: 단안 시야 기준으로 주 시점에서 25° 또는 30° 이내의 범위이며, 시야 범위 내에 있는 물체를 선명하게 보는 역할
- **중심시야 검사**: 황반부 변성, 시신경 위축 등의 안질환을 가진 학생은 시야 중심부에 암점이 있는지를 검사하는 것이 필요함

| | |
|---|---|
| 시계보기 검사 | ① 빈 종이에 시계 그림을 그린 후 시계의 가운데에 학생이 볼 수 있는 크기로 숫자·글자·도형을 적음. 양안-좌안-우안 순서로 검사하거나 양안으로만 검사할 수 있음<br>② 교사는 학생에게 12시-1시-2시-3시-4시-5시-6시-7시-8시-9시-10시-11시-12시 방향 순서로 바라보도록 하면서 어느 방향을 볼 때 가운데 글자가 가장 잘 보이는지 말하도록 함<br>③ 학생이 중앙의 글자가 가장 잘 보인다고 말하는 시계 방향이 중심외 보기 방향<br>　**예** 암점이 중앙에서 2시 방향으로 약간 치우쳐 존재한다면 2시 방향을 바라볼 때 가운데 글자가 가장 잘 보이는 것<br>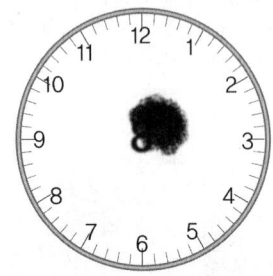 |
| A4 용지 검사 | ① 시계보기 검사를 어려워하는 학생은 좀 더 쉽고 간편한 A4 용지 검사를 실시할 수 있음(A4 용지 대신 컴퓨터 모니터 사용 가능). 교사는 학생이 A4 용지 중앙의 숫자 또는 단어를 바라보도록 한 후, 고개를 좌우로 천천히 움직이면서 어느 방향을 볼 때 단어가 잘 보이는지 말하도록 함<br>② 다시 고개를 위아래로 천천히 움직이면서 어느 방향으로 볼 때 잘 보이는지 말하도록 함<br>③ 단어가 가장 잘 보이는 방향이 중심외 보기 방향 |
| 암슬러 격자 검사 | ① 암점의 크기나 위치를 대략 파악해 적합한 중심외 보기 방향을 확인할 수 있음. 학생이 암슬러 격자의 중앙을 바라보도록 한 후, 검사지의 선이 안 보이거나 끊어져 보이는 부분을 색연필로 칠해보도록 함<br>② 학생이 색칠한 부분이 중앙을 기준으로 어디에 있는지, 어느 정도 크기인지 확인함<br>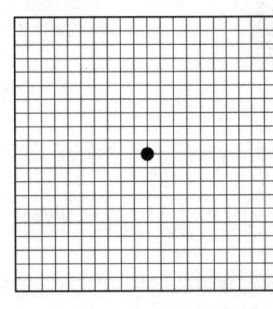 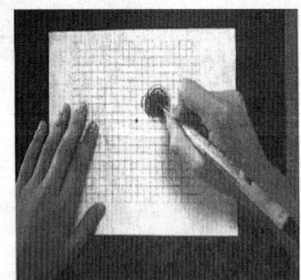 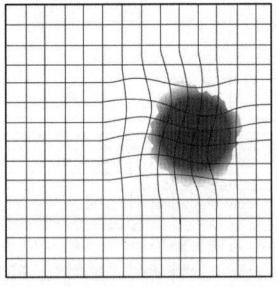<br>　암슬러 격자 검사지　　　암슬러 격자 검사　　　검사 결과 |

## 시야 손상 유형에 따른 어려움과 중재 방법

| 시야 손상 | 어려움 | 중재 방법 |
| --- | --- | --- |
| 중심부 암점 | • 정면으로 보면 보이지 않음<br>• 읽기에서 글자나 단어를 빠뜨리고 읽음 | • 가장 적합한 주변시야로 보는 중심외 보기 기술을 지도<br>• 중심외 보기 방향을 고려해 자리 배치 |
| 우측 시야 손상 | • 우측편의 대상을 확인하지 못하거나 부딪힘<br>• 문장을 우측으로 읽을 때 느리게 읽거나 멈칫멈칫 읽음<br>• 읽기에서 문장의 마지막 단어를 빼고 다음 줄로 넘어감<br>• 중앙에 앉으면 칠판의 우측이 잘 보이지 않음 | • 안구나 고개를 우측으로 돌려 보는 시각기술(추시, 추적, 주사)을 지도<br>• 페이지의 문장 끝에 수직 라인을 긋고 수직 라인이 보일 때까지 읽음<br>• 교실 중앙으로부터 조금 우측 자리에 배치하고 교재교구를 학생의 좌측에 배치 |
| 좌측 시야 손상 | • 좌측편의 대상을 확인하지 못하거나 부딪힘<br>• 읽기에서 다음 줄의 처음을 잘 찾지 못하거나 줄을 건너뜀<br>• 중앙에 앉으면 칠판의 좌측이 잘 보이지 않음 | • 안구나 고개를 좌측으로 돌려 보는 시각기술을 지도<br>• 문장을 읽을 때 각 줄의 처음을 손으로 짚거나 라인 가이드를 활용함<br>• 교실 중앙으로부터 조금 좌측에 자리를 배치하고 교재교구는 학생의 우측에 배치 |
| 하측 시야 손상 | • 단차가 있거나 계단 같은 아래쪽 물체를 확인하기 어려움<br>• 책상의 안측 자료나 낮은 높이에 있는 교구를 보기 어려움 | • 고개나 안구를 아래쪽 방향으로 응시하여 보는 시각기술을 지도<br>• 학습 자료나 확대독서기 등이 좀 더 상단에 위치하도록 높낮이 조절 책상의 높이를 올림 |
| 상측 시야 손상 | • 드리워진 나뭇가지, 머리 높이의 설치물과 같은 위쪽 물체를 확인하기 어려움<br>• 높은 위치에 있는 교구를 보기 어려움 | • 고개나 안구를 위쪽 방향으로 응시해 보는 시각기술을 지도<br>• 학습 자료나 확대독서기 등이 좀 더 하단에 위치하도록 높낮이 조절 책상의 높이를 낮춤 |
| 터널 시야 | • 사물의 중심부를 제외하고는 주변부가 보이지 않음<br>• 교실 가장자리에 앉으면 칠판의 중앙을 찾아보기 어려움 | • 안구나 고개를 좌우로 돌려 확인하는 시각기술을 지도<br>• 교실 중앙에 자리를 배치 |

## 자리 배치의 예(이태훈, 2024.)

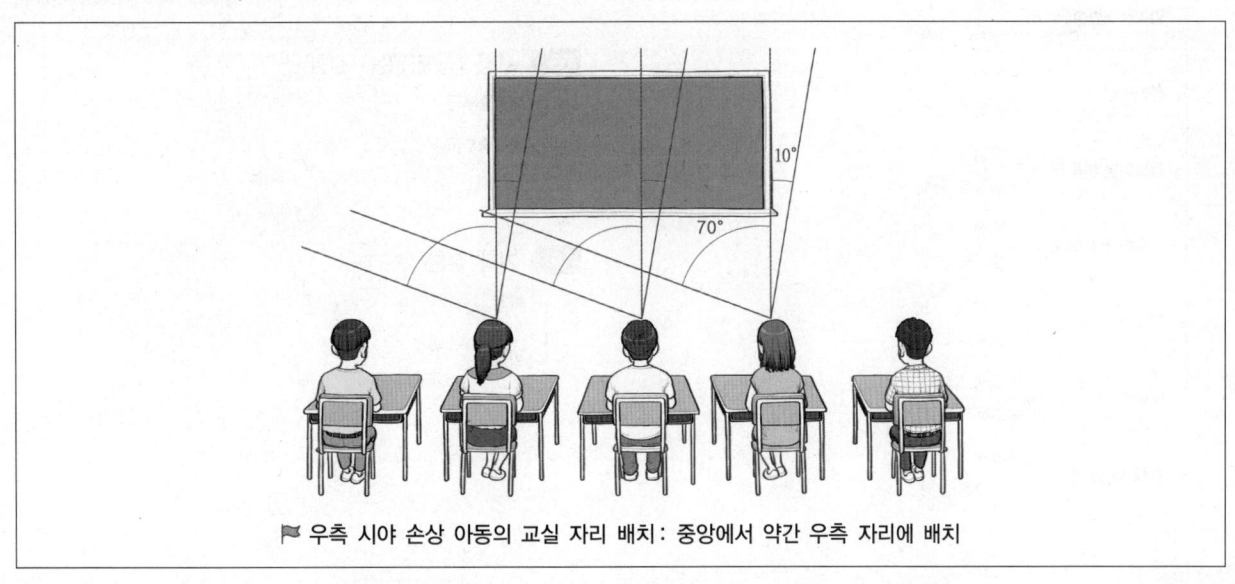

▶ 우측 시야 손상 아동의 교실 자리 배치: 중앙에서 약간 우측 자리에 배치

# CHAPTER 02 안질환과 교육적 조치

**01 외막 질환**
- 각막 혼탁 — 특성 / 교육적 조치
- 원추 각막 — 특성 / 교육적 조치

**02 중막 질환**
- 무홍채증 — 특성 / 교육적 조치

**03 수정체 질환**
- 선천성 백내장 — 특성 / 교육적 조치
- 무수정체안 — 특성 / 교육적 조치

**04 방수 질환**
- 선천성 녹내장 — 특성 / 교육적 조치

**05 망막 질환**
- 망막색소변성 — 특성 / 교육적 조치
- 황반변성 — 특성 / 교육적 조치
- 당뇨망막병증 — 특성 / 교육적 조치
- 미숙아 망막병증 — 특성 / 교육적 조치
- 망막박리 — 특성 / 교육적 조치
- 백색증 — 특성 / 교육적 조치
- 추체 이영양증 — 특성 / 교육적 조치

**06 시신경 질환**
- 시신경 위축 — 특성 / 교육적 조치
- 시로장애 — 특성 / 교육적 조치
- 대뇌 피질 시각장애 — 특성

**07 외안근 이상**
- 사시 — 특성 / 교육적 조치
- 안구진탕 — 특성 / 교육적 조치

**08 굴절 이상**
- 근시 — 특성 / 교육적 조치
- 원시 — 특성 / 교육적 조치
- 난시 — 특성 / 교육적 조치

**09 시청각장애(맹농) 질환**
- 어셔증후군
- 차지증후군

**10 기타 질환**
- 복시
- 약시 — 특성 / 교육적 조치

## 확장하기

### ✦ 시각계의 구조(이태훈, 『시각장애 학생 교육의 이론과 실제 2판』, 2024.)

우리가 눈으로 보게 되는 물체의 상은 빛을 통해 '각막 → 동공 → 수정체 → 유리체 → 망막 → 시신경 → 시로 → 뇌의 시각피질'에 도달함으로써 비로소 물체가 무엇인지 인식할 수 있게 된다. 따라서 이들 경로에 문제가 생기면 시력, 시야, 시각 정보의 인식 및 해석에 문제가 발생해 물체를 제대로 보지 못하게 된다.

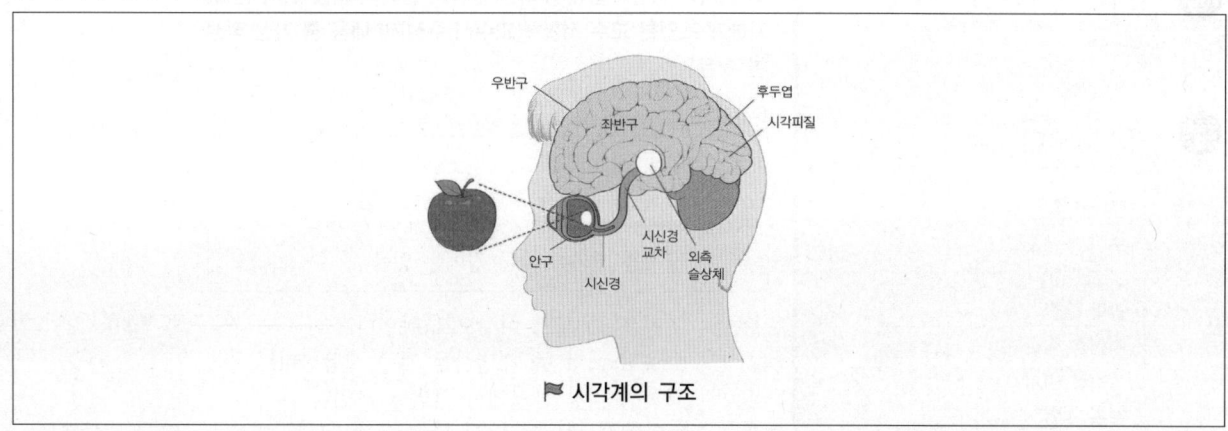

🚩 시각계의 구조

### ✦ 특수교사가 알아야 할 눈의 주요 부위와 관련 안질환(이태훈, 『시각장애 학생 교육의 이론과 실제 2판』, 2024.)

| 눈의 주요 부위 | | 주요 기능 | 대표 안질환 | 시력과 시야장애 |
|---|---|---|---|---|
| 외막 | 각막 | 창의 기능, 굴절 기능 | 각막 궤양, 각막 외상, 원추 각막 | 각막 혼탁으로 시력 저하 |
| 중막 | 홍채 | 빛의 양 조절 기능 | 무홍채증, 홍채염 | 눈부심으로 시력 저하 |
| 내막 | 망막 | 물체의 상이 맺히는 필름 기능 | 망막색소변성 | • 초기 주변부 시야 손상<br>• 중심부 시야 손상으로 진행하면 심각한 시력 저하 동반 |
| | | | 황반변성 | 중심부 시야 손상으로 인한 심각한 시력 저하 동반 |
| | | | 당뇨병성 망막병증 | • 불규칙적 시야 손상<br>• 중심부 시야 손상이 있으면 심각한 시력 저하 동반 |
| | | | 미숙아 망막병증 | • 주변부 시야 손상<br>• 중심부 시야 손상이 있으면 심각한 시력 저하 동반 |
| 안내용물 | 수정체 | 굴절 기능 | 근시, 원시, 난시 | 굴절 이상으로 시력 저하 |
| | | 창의 기능 | 백내장 | 수정체 혼탁으로 시력 저하 |
| | 방수 | 안구 내압 유지 | 녹내장 | 녹내장을 일으키는 원인 |
| 시신경과 시로 | 시신경 | 망막에 맺힌 시각 정보를 뇌로 전달 | 녹내장 | • 주변부 시야 손상<br>• 중심부 시야 손상으로 진행하면 심각한 시력 저하 동반 |
| | | | 시신경 위축 | 시신경 위축 위치에 따라 시야 손상과 시력 저하 |
| | 시로 | 망막에 맺힌 시각 정보를 뇌로 전달 | 시로 장애 | • 1/2 반맹 시야 손상<br>• 1/4 반맹 시야 손상 |
| 안부속기 | 외안근 | 안구 운동 | 사시 | 양안 시 어려움으로 시력 저하 |
| | | | 안진 | 초점 유지의 어려움으로 시력 저하 |
| 대뇌(시각) 피질 | 배쪽/등쪽 시각 경로 | 대상(사물)의 올바른 인식과 해석의 어려움 | 피질 시각장애 | CVI의 고유한 10가지 시각 특성과 뇌의 시각 정보 처리 문제 발생 |

기본이론 164-165p

 백내장

 안질환과 교육적 조치
── 외막 질환
── 중막 질환
── 수정체 질환
── 방수 질환
── 망막 질환
── 시신경 질환
── 외안근 이상
── 굴절 이상
── 시청각장애(맹농) 질환
── 기타 질환

 백내장
수정체가 혼탁해지는 질환

**백내장 교육적 조치**
- 시력은 백내장의 위치·크기·정도에 따라 다르므로 백내장이 수정체 가장자리에 있는 아동에게는 고도 조명을, 중심부에 혼탁이 있는 아동에게는 낮은 조명을 사용함
- 직사광선이나 광택이 있는 표면으로부터 눈부심을 피하게 함
- 각 아동에게 알맞은 글자의 크기나 대비를 파악하기 위해 학습매체평가를 실시함

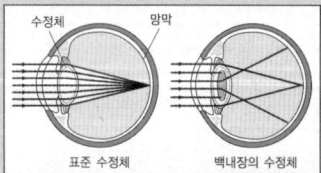

 ⑤

**2011학년도 초등 36**

**01** (가)는 통합학급 신 교사가 사물의 위치 표현을 가르치기 위해 작성한 초등영어 지도 계획이고, (나)는 특수학급 최 교사가 4학년 시각장애 학생 현아에 대해 작성한 내용이다. 최 교사가 통합학급에 배치된 현아의 영어 수업을 위해 신 교사에게 조언한 교수 적합화(교수적 수정)의 내용 중 가장 적절한 것은?

(나)

- 시각장애 3급임
- 수정체 중심 부위가 뿌옇게 흐려짐
- 4배율(1X = 4D) 손잡이형 확대경을 사용함
- 시각장애를 제외한 다른 장애는 없음

① ⓐ: 조명은 700룩스 이상으로 높인다.
② ⓑ: this, that, it 등 대명사를 자주 사용한다.
③ ⓒ: 교실 유리창 근처에서 시범을 보인다.
④ ⓓ: 현아에게 광택이 많이 나는 그림카드를 별도로 제공한다.
⑤ ⓔ: 확대경과 그림카드 간의 초점거리를 6cm 정도 유지하여 사용하게 한다.

① 학생의 안질환은 수정체 혼탁으로 인한 백내장이며 중심 부위에 혼탁이 있으므로 낮은 조도가 필요함
→ 700Lx 조도는 고도 조명으로 학생의 안질환에 부적절함
※ 조명은 일상적인 환경의 경우 400Lx가 표준이며, 최고조도 수준은 600Lx임

2010학년도 중등 30

**02** 녹내장을 가진 시각장애 학생의 특성 및 교육적 조치로서 가장 거리가 먼 것은?

① 터널시야와 야맹 증세가 나타난다.
② 책을 읽을 때 빛의 조도를 높여준다.
③ 안구가 늘어나고 각막이 커지기 때문에 거대각막이라고도 한다.
④ 시야가 좁은 학생은 보행에 어려움이 있으므로 보행지도를 한다.
⑤ 약물을 복용하는 학생은 감각이 둔해질 수 있으므로 감각훈련을 실시한다.

참고자료: 기본이론 166-167p
키워드: 녹내장
구조화 틀:
핵심개념:
모범답안: ⑤

### 확장하기

**★ 녹내장 교육적 조치**(이태훈, 『시각장애 학생 교육의 이론과 실제 2판』, 2024.)

- 선천성 녹내장은 시야 장애와 이로 인한 시력 저하를 동반할 수 있으므로 시야·시력·대비감도·대비 선호·조명 선호 및 눈부심 등 시각 평가를 실시해야 함
- 녹내장은 진행성 질환이어서 지속적인 시야 손상과 시력 저하로 인한 특수교육 지원 요구가 변할 수 있으므로, 정기적인 시각 평가와 학습매체 평가가 필요함
- 녹내장으로 진단되면 시신경이 더 이상 손상되지 않도록 약물이나 수술 등을 통해 관리하는 것이 중요하므로, 학생이 처방에 따라 안압을 낮추는 약물과 안약을 정해진 시간에 투약하고 있는지 확인해야 함
- 안압 상승으로 각막이 늘어나 안구가 커지면서(우안증) 각막 혼탁과 굴절 이상이 생길 수 있으므로 확대 자료, 확대 기기, 고대비 자료를 제공하는 것이 도움이 될 수 있음
- 보통보다 밝은 조명 밝기를 선호하지만 눈부심을 느낄 수 있으므로 개인용 스탠드의 광원이 눈에 직접 비춰지지 않도록 하며, 착색 렌즈를 착용할 수 있음
- 암순응에 적응하는 데 어려움이 있을 수 있어 밝은 곳에서 어두운 곳으로 들어갈 때 조명 변화에 적응할 시간을 줌
- 시신경 손상으로 야맹증이 있을 수 있으므로, 야맹증이 심한 경우에는 야간에 흰지팡이를 사용하도록 보행 교육을 할 수 있음
- 안압으로 인한 안피로를 호소하면 읽기나 과제 수행을 멈추고 주기적인 휴식을 취하는 것을 허용함
- 주변부 시야 손상이 심해지면 물체가 시야에 모두 들어오지 않아 무엇인지 확인하기 어려우므로, 사물과 눈 간의 거리를 좀 더 멀게 해 사물 전체가 시야에 들어오도록 함
- 주변부 시야 손상 정도에 따라 추시·추적·주사 등의 시기능 훈련을 실시함
- 주변부 시야 손상이 큰 경우 가운데 자리가 적절하고, 좌·우측의 시야 손상 차이가 큰 경우는 잔존 시야를 보다 효율적으로 활용할 수 있는 쪽에 자리 배치를 하는 것이 필요함
- 중심부 시야까지 손상되어 심한 시력 저하를 겪으면 확대 자료나 확대 기기를 사용하도록 하고, 확대해도 읽기가 어려워지면 점자를 익히도록 함

기본이론 166-167p

키워드: 녹내장

**안질환과 교육적 조치**
- 외막 질환
- 중막 질환
- 수정체 질환
- 방수 질환
- 망막 질환
- 시신경 질환
- 외안근 이상
- 굴절 이상
- 시청각장애(맹농) 질환
- 기타 질환

**핵심개념 녹내장 교육적 조치**
- 정상 안압을 유지하기 위해 안약을 사용함. 그러나 동공이 팽창되어 심한 눈부심을 느낄 수도 있으므로 세심한 관찰이 필요함
- 약물을 복용하는 아동은 감각이 둔해질 수 있으므로 감각훈련을 실시함
- 피로와 스트레스로 안압이 상승할 수 있으므로 스트레스를 받지 않도록 주의해야 함
- 잠영, 물구나무 서기, 중량 들기 등 안구의 압력을 높이는 운동에 주의해야 함
- 녹내장이 진행되어 시야가 좁아진 아동은 독서할 때 글줄을 자주 잃으므로 타이포스코프를 사용하도록 함
- 시야가 좁은 경우, 보행에 어려움이 있으므로 보행 지도를 실시함
- 밝은 빛에는 눈부심을 호소하므로 책을 읽을 때 아동에게 맞게 빛의 양을 조절함

**모범답안**
ⓒ의 역할을 담당할 학생은 민수이다. 그 이유는 녹내장은 방수가 유출되지 않아 안압이 상승되는 안질환이므로 잠영과 같이 안압을 높이는 운동을 조심해야 하기 때문이다.

---

2014학년도 초등 B6

**03** (가)는 학생의 특성이고, (나)는 초등학교 3학년 체육과 '물놀이' 단원 교수·학습 과정안의 일부이다. 물음에 답하시오. [6점]

(가) 학생 특성

| 이름 | 시력 정도 | 원인 | 이름 | 시력 정도 | 원인 |
|---|---|---|---|---|---|
| 민수 | 저시력 | 녹내장 | 미진 | 저시력 | 백내장 |
| 정배 | 저시력 | 미숙아망막변성 | 영희 | 맹 | 시신경위축 |
| 설희 | 저시력 | 망막색소변성 | 성우 | 맹 | 망막모세포종 |
| 현옥 | 저시력 | 추체이영양증 | | | |

(나) 교수·학습 과정안

| 단원 | 물놀이 | 제재 | 누가 더 잘 뜨나 |
|---|---|---|---|
| 학습 목표 | 여러 가지 자세로 물에 뜰 수 있다. | | |

| 교수·학습 활동 | 자료 및 유의점 |
|---|---|
| …(중략)… | |
| • 물에서 중심 잡고 일어서기<br>- 수영장 가장자리 벽면을 잡고 엎드려 몸 띄우기<br>- 보조기구를 이용한 몸 띄우기 | - ㉠계단을 이용한 안전한 입수 지도(다이빙 입수 금지) |
| • 물에서 뜨기<br>- 4가지 뜨기 자세에 대한 시범과 연습하기 | - 촉각을 통한 시범<br>- ㉡뜨기 연습 중 머리가 부딪치지 않도록 지도 |
| • 물 속의 카드 찾기 게임하기<br>- 3명씩 2팀으로 나누고, 장애 특성상 게임에 직접 참여하기 힘든 1명은 ㉢진행 보조를 맡김<br>- 잠수(잠영)하여 수영장 바닥에 있는 카드를 건진 후, 카드에 적힌 '뜨기 자세'를 따라 한 횟수가 많은 팀이 승리(단, 맹 학생을 위해 ㉣점자 카드 제공) | - 진행 보조 학생은 팀별로 획득한 카드의 개수를 점수판에 묵자로 기재<br>- 수영장 가장자리로부터 2m 지점의 바닥에서 기포를 발생시켜 학생들이 벽에 부딪치지 않도록 조치 |
| • 실기 평가<br>- 다양한 뜨기 자세를 취할 수 있는가? | ㉤충분한 연습기회 제공 |

2) (가)의 학생 특성과 (나)의 교수·학습 활동에 기초하여 ㉢의 역할을 담당할 학생 이름과 그 이유를 각각 쓰시오. [2점]

기본이론 166-167p

녹내장

구조화틀
**안질환과 교육적 조치**
- 외막 질환
- 중막 질환
- 수정체 질환
- 방수 질환
- 망막 질환
- 시신경 질환
- 외안근 이상
- 굴절 이상
- 시청각장애(맹농) 질환
- 기타 질환

**녹내장 교육적 조치**
- 선천성 녹내장은 시야 장애와 이로 인한 시력 저하를 동반할 수 있으므로 시야, 시력, 대비감도, 대비 선호, 조명 선호 및 눈부심 등 시각 평가를 실시할 필요가 있음
- 녹내장은 진행성 질환이어서 지속적인 시야 손상과 시력 저하로 인한 특수교육 지원 요구가 변할 수 있으므로, 정기적인 시각 평가와 학습매체 평가를 실시하는 것이 필요함
- 녹내장으로 진단되면 약물이나 수술 등을 통해 더 이상 시신경이 손상되지 않도록 관리하는 것이 중요하므로, 학생이 처방에 따라 안압을 낮추는 약물과 안약을 정해진 시간에 투약하고 있는지 확인하는 것이 필요함

1) 녹내장은 진행성 질환이므로 지속적인 시야 손상과 시력 저하로 인한 특수교육적 지원 요구가 변할 수 있기 때문에 정기적인 시각 평가와 학습매체 평가를 실시하는 것이 필요하다.

2) 진서의 눈과 자료의 거리를 멀게 조절해 시야 범위 내에 최대한 자료의 많은 부분이 들어오도록 한다.

3) 동화책을 볼 때 왼쪽에서 오른쪽으로 줄을 따라 읽도록 지도한다.

---

2022학년도 유아 A5

**04** 다음은 유아특수교사 장 교사와 시각장애 거점 특수교육지원 센터에 근무하는 민 교사가 5세 유아 진서에 대해 나눈 대화의 일부이다. 물음에 답하시오. [5점]

○월 ○일
장 교사: 선생님, 우리 반 진서는 선천성 녹내장이 있는데 진행성이다 보니 어머니께서 개별화교육계획에 ( ㉠ )을/를 포함한 시각 특성을 반영해달라고 하셨어요. 검사를 통해 그 특성을 파악해야 할 것 같은데, 어떤 검사가 좋을까요?

민 교사: ( ㉠ )을/를 측정하는 대표적인 검사로는 시계보기 검사, 대면법, 암슬러 격자 검사, 1.2m 띠를 활용한 검사 등이 있어요. 진서의 특성을 감안할 때 1.2m 띠를 활용한 검사를 추천해요. 시력, 대비 감도, 조명 선호 등 다른 시각적인 특성도 고려할 부분이 있는지 함께 확인해보세요. 그리고 진서의 행동도 주의 깊게 관찰하면서 종합적으로 판단하는 것이 좋아요. 특히 진서와 같은 경우에는 병원에서 하는 검사뿐만 아니라, ㉡유치원에서도 시각 평가를 자주 할 필요가 있어요.

○월 □일
민 교사: 진서의 시각 특성을 고려해서 교육활동에 적용해보셨어요?
장 교사: 네, 자료를 제시할 때 ㉢진서의 눈과 자료의 거리를 조절하여 자료 전체의 모습을 볼 수 있도록 했어요. 교실 창문으로 햇살이 들어오니 진서가 눈부심을 많이 느껴 커튼을 치고 실내등을 조절해주었어요. 진서가 동화책을 볼 때에는 개인 조명을 사용하도록 하고 있어요. 또 진서가 동화책을 볼 때 ㉣추시하기(tracing)를 가르치기 시작했어요.

(우측 주석)
선천성 녹내장은 진행성 질환임

시각평가: 가장 대표적으로 시력과 시야를 평가함

1) 민 교사가 ㉡과 같이 말한 이유를 쓰시오. [1점]

2) ㉢의 구체적인 방법을 쓰시오. [1점]

3) ㉣의 구체적인 지도내용을 1가지 쓰시오.

기본이론 167-168p

망막색소변성

안질환과 교육적 조치
- 외막 질환
- 중막 질환
- 수정체 질환
- 방수 질환
- 망막 질환
- 시신경 질환
- 외안근 이상
- 굴절 이상
- 시청각장애(맹농) 질환
- 기타 질환

망막색소변성
- 유전성 질환으로, 망막의 시세포 중 간체에서 시작되어 모든 시세포 장애를 일으킴
- 처음에는 주변시력만 저하되어 야맹증과 터널시야가 나타나고, 점차 중심시력까지 저하되어 실명에 이르게 됨

망막색소변성 교육적 조치
- 야맹증이 심한 경우 휴대용 조명기구를 사용하거나 야간 이동 및 어두운 장소에서 흰지팡이를 선택적으로 사용하도록 보행 교육을 실시함
- 망막박리의 위험이 있으므로 과격한 신체활동을 자제해야 함

망막색소변성은 망막의 주변부부터 손상되기 때문에 망막의 주변부에 많이 분포하고 있는 간체를 사용하기 어렵다. 따라서 잔존하는 추체를 활용할 수 있도록 적절한 조도의 조명을 제공해야 한다.

---

2016학년도 초등 B5

**05** (가)는 시각장애 특수학교 체육 담당 교사가 지도하는 6학년 학생들의 특성이고, (나)는 '간이 시각배구 게임하기'를 제재로 작성한 교수·학습 과정안의 일부이다. 물음에 답하시오. [5점]

(가) 학생 특성

| 이름 | 원인 질환 | 시력 정도 | 시야 특성 | 인지 특성 |
|---|---|---|---|---|
| 영수 | 망막색소변성 | 양안 교정시력 0.06 | 양안 주시점에서 10° | 정상 |
| 미현 | 시신경위축 | 전맹 | - | 정상 |

> 망막의 시세포 중 간체에서 시작되어 모든 시세포에 장애를 일으킴

(나) 교수·학습 과정안

| 단원 | ㉠배구형 게임 | 제재 | 간이 시각배구 게임하기 |
|---|---|---|---|
| 학습 목표 | 규칙에 맞게 간이 시각배구 게임을 할 수 있다. | | |

> 체육교과 지도
> 맹학생을 위해 일반 공 대신 소리 나는 공을 사용할 수 있으며, 부저 또는 종을 목표물이나 목표 장소에 설치하면 목표 위치에 대한 청각적 단서를 줄 수 있음

| 단계 | 교수·학습 활동 | 자료(자) 및 유의사항(유) |
|---|---|---|
| 도입 | • 준비 운동하기<br>• 전시 학습 확인하기<br>• 학습 동기 유발하기<br> - 시각배구 대회 소개하기<br> - 시각배구 선수 소개하기 | 자 ㉢ 점자 읽기 자료, 묵자 읽기 자료 |
| 전개 | 〈활동 2〉<br>㉡간이 시각배구 게임하기<br>• 2인제 시각배구 게임하기<br> - 영수: 교사가 굴려주는 공을 보면서 공격(수비)하기<br> - 미현: 교사가 굴려주는 공소리를 듣고 공격(수비)하기 | 자 소리 나는 배구공, 네트<br>유 ㉣ 영수는 야맹증이 있고, 낮은 조도에서 학습 활동을 하는 데 어려움이 있기 때문에 적절한 조도 환경을 제공한다.<br>유 ㉤ 여가 시간에 시각배구를 활용할 수 있는 다양한 방법을 지도한다. |

> 야맹증
> 밝은 곳에서 어두운 곳으로 들어갈 때 적응을 하지 못하거나, 희미한 불빛 아래 또는 어두운 곳에서 사물을 분간하기 어려운 증상

> 배드민턴·테니스·배구·탁구와 같은 네트형 종목은 경기장의 크기를 작게 만들고, 대비가 높고 크기가 더 큰 공을 사용하며, 스펀지 공이나 풍선으로 대체해 공의 속도를 낮추고, 네트의 높이를 기준보다 더 낮추고, 경기 테이블 주변에 장벽을 설치해 공이 밖으로 멀리 나가지 않도록 하는 방법을 사용함

3) (가)에 제시된 영수의 특성을 고려할 때, (나)의 ㉣이 필요한 이유를 망막의 시세포(광수용체)와 관련지어 쓰시오. [1점]

참고자료: 기본이론 167-168p

 키워드: 망막색소변성

 구조화 틀: 안질환과 교육적 조치
- 외막 질환
- 중막 질환
- 수정체 질환
- 방수 질환
- 망막 질환
- 시신경 질환
- 외안근 이상
- 굴절 이상
- 시청각장애(맹농) 질환
- 기타 질환

 핵심개념

**망막색소변성**
- 유전성 질환으로, 망막의 시세포 중 간체에서 시작되어 모든 시세포 장애를 일으킴
- 처음에는 주변시력만 저하되어 야맹증과 터널시야가 나타나고, 점차 중심시력까지 저하되어 실명에 이르게 됨

**망막색소변성 교육적 조치**
- 망막색소변성증은 진행성 질환이므로 지속적인 시야 손상과 시력 저하로 특수교육 지원 요구가 변화할 수 있어, 정기적인 시각 평가와 학습매체 평가를 실시하는 것이 필요함
- 주변부 시야 손상이 계속 진행되면 터널 시야가 나타나며, 효율적인 잔존시각 활용을 위해 추시·추적·주사 등의 시기능 훈련이 필요함
- 주변부 시야 손상이 심해지면 커다란 사물의 경우 전체가 보이지 않을 수 있으므로, 눈과 사물 간의 거리를 더 멀게 조절해 먼저 전체 모양을 보도록 지도함
- 중심부까지 시야 손상이 진행되어 시력 저하가 일어나면 확대 자료, 확대경 같은 확대 기기를 사용함. 다만, 시야가 좁기 때문에 너무 큰 확대 자료나 고배율 확대경을 사용하게 되면 잔존시야 내에 목표물이 들어올 수 없으므로 잔존 시야를 고려한 최소 확대글자 크기나 확대경 배율을 추천해야 함

 모범답안

학생 A, 터널시야로 시야가 좁지만 양호한 중심시력을 활용해 글을 읽을 수 있도록 최소 글자 크기나 최소 확대배율을 선택한다.

---

2021학년도 중등 B3

**06** (가)는 교육실습생이 담당하는 학급의 학생 특성이고, (나)는 지도 교사가 교육실습생에게 제공한 연수 자료의 일부이다. 〈작성방법〉에 따라 서술하시오. [4점]

(가) 학생 특성

| 학생 | 원인 | 특성 |
|---|---|---|
| A | 망막색소변성 | • 시력: 우안(0.2) / 좌안(0.1)<br>• 터널시야 |
| B | 황반변성 | • 시력: 우안(0.1) / 좌안(0.1)<br>• 중심외보기 전략 사용<br>• 읽기 활동 시 ㉠ 손잡이형 확대경(+10D)을 사용 |
| C | 백색증 | • 시력: 우안(0.1) / 좌안(0.1)<br>• 안구진탕<br>• 대비감도 감소 |
| D | 당뇨망막병증 | 시력: 양안 광각(Light Perception) |
| E | 선천성 백내장 | • 시력: 우안(0.05) / 좌안(0.05)<br>• 시각중복장애(지적장애)<br>• 수정체 중심부 혼탁 |

※ 학생 D의 시력상태는 '교육적 맹'으로, 일반 활자를 활용할 수 없으므로 촉각 또는 청각 자료로의 수정이 필요함

※ 수정체 중심부 혼탁 → 낮은 조명을 제공해야 함

(나) 학습자료

• 고려사항
 - 수업시간에 광학기구 사용방법을 함께 지도해야 함
 - ㉡ 읽기 활동을 위해 학생이 필요로 하는 최소 글자 크기나 최소 확대 배율을 선택해야 함

**작성방법**

(나)의 밑줄 친 ㉡을 고려하여 읽기 지도를 해야 하는 학생을 (가)의 A~E에서 찾아 쓰고, 그 이유를 학생 특성과 관련지어 서술할 것.

참고자료: 기본이론 164-165p, 167-168p, 169p

 키워드:
- 망막색소변성
- 백내장
- 황반변성

구조화 틀

**안질환과 교육적 조치**
- 외막 질환
- 중막 질환
- 수정체 질환
- 방수 질환
- 망막 질환
- 시신경 질환
- 외안근 이상
- 굴절 이상
- 시청각장애(맹농) 질환
- 기타 질환

 핵심개념

 모범답안
①

2009학년도 중등 16

**07** 저시력학생을 위한 적절한 교육 환경 및 처치로 가장 거리가 먼 것은?

① 약시학급의 경우, 교실환경을 전체적으로 더 밝게 해준다.
② 망막색소변성의 경우, 대부분 진행성이므로 점자를 배우게 한다.
③ 백내장이 수정체 가장자리에 있는 경우, 고도 조명을 제공한다.
④ 독서할 때에 글줄을 자주 잃을 경우, 타이포스코프를 제공한다.
⑤ 황반변성의 경우, 글자와 종이의 대비가 선명한 자료를 제공한다.

① 시각장애 학생 대부분은 눈부심이 있으므로 교실환경을 전체적으로 밝게 해주는 것은 적절하지 않음

2016학년도 중등 A13

 기본이론 170p

 당뇨망막병증

 안질환과 교육적 조치
- 외막 질환
- 중막 질환
- 수정체 질환
- 방수 질환
- 망막 질환
- 시신경 질환
- 외안근 이상
- 굴절 이상
- 시청각장애(맹농) 질환
- 기타 질환

 당뇨망막병증
- 당뇨병의 합병증으로, 망막의 미세순환에 장애가 생겨 모세혈관이 부풀어 오르면서 시력을 상실하는 안질환
- 초기에는 소출혈이 망막 중심부에 나타나고, 점차 망막에 널리 나타나면서 대출혈이 생겨 유리체 내부로 들어가 시력 저하는 물론 합병증으로 망막박리와 녹내장을 초래할 수 있음

당뇨망막병증 교육적 조치
- 인슐린 의존형일 경우 매일 인슐린을 맞도록 격려함
- 촉각이 점차 둔해지므로 듣기 교재를 사용하도록 함
- 화면 읽기 프로그램을 익혀 사용할 수 있도록 지도함
- 감각이 둔해져 발에 감각이 없을 경우, 신발을 신을 때 이물질이 없는지를 살펴본 후 신도록 함

 ㉠을 활용해 지도하기에 적합하지 않은 학생은 정동기 학생이다. 왜냐하면 당뇨망막병증은 당뇨병으로 인해 촉각이 둔화되어 점자를 사용하기 어렵기 때문이다.

**08** (가)는 일반학교에 재학 중인 저시력 학생들의 정보이고, (나)는 그에 따른 교육 계획이다. 〈작성방법〉에 따라 순서대로 서술하시오. [4점]

(가) 학생 정보

| 학생 | 안질환 | 유형 |
|---|---|---|
| 이영수 | 시신경 위축 | 단순 시각장애 |
| 박근화 | 망막색소변성 | 단순 시각장애 |
| 정동기 | 당뇨망막병증 | 단순 시각장애 |
| 김영철 | 추체이영양증 | 단순 시각장애 |
| 김창운 | 미숙아망막병증 | 시각중복장애 (경도 정신지체) |
| 김영진 | 선천성 녹내장 | 단순 시각장애 |

(나) 교육 계획

| 교육적 조치 | • 교실 바닥과 다른 색의 책상 제공<br>• 학생에게 굵은 선이 그어진 공책 제공<br>• 휴식 시간을 자주 제공<br>• 독서대 제공<br>• 교실의 제일 앞줄에 자리 제공<br>• 일반 교과서의 150% 크기인 확대교과서 제공<br>• 판서 내용을 볼 수 있게 망원경 제공<br>• 보행 훈련 제공 | |
|---|---|---|
| 국어과 지도 계획 | 교육과정 수정 | 읽기와 쓰기 영역에 묵자를 효율적으로 사용하는 데 필요한 학습 내용을 추가함 |
| | 교수·학습 운영 | 학생의 시력 변화와 요구에 기초하여 한 가지 문자 매체만을 강조하기보다는 필요에 따라 ㉠묵자와 점자를 병행하여 사용하게 함 |
| | 평가 방법 | • 자료를 확대하거나 (비)광학기구를 활용하여 실시함<br>• 지문의 양을 조절하고, 시력 정도에 따라 적정 평가 시간을 제공함<br>*김창운(시각중복장애)<br>• 단편적인 지식보다 활동에 초점을 두고 영역별 성취도를 종합적으로 평가함<br>• (　　㉡　　) |

〔작성방법〕

밑줄 친 ㉠을 활용하여 지도하기에 적합하지 않은 학생을 (가)에서 찾아 이름을 쓰고 그 이유를 기술할 것.

참고자료 기본이론 169p, 170p

키워드
- 황반변성
- 당뇨망막병증

구조화틀

안질환과 교육적 조치
- 외막 질환
- 중막 질환
- 수정체 질환
- 방수 질환
- 망막 질환
- 시신경 질환
- 외안근 이상
- 굴절 이상
- 시청각장애(맹농) 질환
- 기타 질환

핵심개념

황반변성
- 진행성 질병으로 심한 시각장애를 초래하며 망막 중심부에 발병해 암점이 나타나고, 색각·대비·민감도 등에 영향을 미침
- 초기에는 직선이 흔들려 보이고, 글자를 읽을 때 군데군데 보이지 않거나 그림을 볼 때 특정 부분이 지워진 것처럼 보임
- 초기 증상을 가장 효과적으로 확인할 수 있는 검사는 암슬러 격자법

황반변성 교육적 조치
- 암점이 발달하고 확대되므로 중심외보기 방법을 지도함
- 대비를 높이기 위해 글자와 종이의 대비가 선명한 자료를 사용하고, 필기할 때 굵고 진한 선이 있는 종이와 검정색 사인펜을 사용하도록 함
- 독서할 때 글줄을 잃지 않도록 타이포스코프를 사용함
- 색각 기능을 상실하므로 컬러 CCTV보다는 흑백 CCTV가 더 유용함

모범답안

2) 한영, 황반변성의 경우 중심 암점으로 인해 색각을 담당하는 추체세포가 손상되었기 때문이다.

3) 민수, 당뇨망막병증의 경우 당뇨병으로 인해 촉각이 둔감해져 점자 활용에 어려움이 있기 때문이다.

---

2020학년도 초등 A5

**09** (가)는 시각장애 학생별 시력 특성이고, (나)는 2015 개정 특수교육 교육과정 중 공통 교육과정 체육과 5~6학년군 '응급 상황 이렇게 행동해요.' 단원 지도 계획의 일부이다. 물음에 답하시오. [6점]

(가) 학생별 시력 특성

| 이름 | 시력 특성 | 이름 | 시력 특성 |
|---|---|---|---|
| 한영 | • 황반변성<br>• 큰 암점 | 세희 | • 녹내장<br>• 시야 15도 |
| 영철 | • 망막색소변성<br>• 시야 10도 | 지유 | • 미숙아망막병증<br>• 광각(LP) |
| 민수 | • 당뇨망막병증<br>• 안전수동(HM/50cm) | 연우 | • 시신경위축<br>• 광각(LP) |

> 망막 중심부 손상(추체손상)으로 색각에 문제가 생기는 안질환은 황반변성과 당뇨망막병증임 → 그러나 당뇨망막병증을 보이는 민수는 수동이므로 묵자를 활용하기보다는 정보 제시 방법으로 촉각이나 청각의 활용이 요구됨

(나) 단원 지도 계획

| 단원 | 응급 상황 이렇게 행동해요. | |
|---|---|---|
| 차시 | 주요 학습 내용 | 자료(㉳) 및 유의점(㉴) |
| 3 | 응급처치 이해하기 | ㉳ 관련 ㉠유인물<br>㉴ 묵자 자료의 대비 수준 고려 |
| 4 | 상해별 처치법 알아보기 | ㉳ 모둠 활동용 처치 ㉡안내판<br>㉴ 점자 자료의 점역자주 주의 |
| 5 | 상황알기 | ㉳ 상황별(심정지, 무호흡 등) 동영상 콘텐츠<br>㉴ 화면해설서비스(DVS) 확인 |
| 6 | ( ㉢ ) 순서 익히기 | ㉳ 순서 카드<br>1단계 반응확인 → 2단계 도움요청과 119 신고 → 3단계 가슴압박 → 4단계 ㉣인공호흡 → 5단계 가슴압박과 인공호흡의 반복<br>㉴ 점자 자료 제작 시 가로로 내용 제시 |
| 7 | 실습하기 | ㉳ 실습용 인쇄 모형 |

2) 묵자 자료 읽기가 가능한 (가)의 학생 중에서 ㉠을 제작할 때 정보 제시 방법으로 색상 차이를 활용하는 것이 적절하지 않은 학생을 찾아 이름과 그 이유를 쓰시오. [1점]

3) ㉡의 내용을 반드시 듣기 자료로 제공해주어야 하는 학생을 (가)에서 찾아 이름과 그 이유를 쓰시오. [1점]

기본이론 171-172p, 266-269p

- 미숙아 망막병증
- 망막박리
- 시각장애 체육과 지도

 안질환과 교육적 조치
- 외막 질환
- 중막 질환
- 수정체 질환
- 방수 질환
- 망막 질환
- 시신경 질환
- 외안근 이상
- 굴절 이상
- 시청각장애(맹농) 질환
- 기타 질환

 미숙아 망막병증
- 미숙아는 주변부 망막에 혈관이 정상적으로 형성되지 않은 상태로 출생해 심한 경우 전맹이 되고 시력이 매우 약하며, 근시·녹내장·망막박리 또는 안구진탕을 수반함
- 망막박리가 예상되는 아동은 얼굴이나 머리에 충격을 받지 않도록 주의해야 함

망막박리
- 고도 근시일 경우 망막박리의 위험이 높으므로 충격을 주는 체육활동은 피하고, 의사와 상의해 안정을 취함
- 덜컹거리는 움직임, 접촉이 있는 스포츠, 다이빙과 같은 충격이 가해지는 운동은 망막을 박리시키는 원인이므로 주의해야 함
- 학습매체 평가를 실시해 학생에게 적합한 읽기매체를 선정함
- 시야검사를 실시해 남은 시야로 학습할 수 있도록 지도함

 정배, 미숙아망막변성은 2차적으로 망막박리가 예상되는 안질환이므로 다이빙이나 머리에 충격을 주는 활동 시 주의해야 하기 때문이다.

2014학년도 초등 B6

**10** (가)는 학생의 특성이고, (나)는 초등학교 3학년 체육과 '물놀이' 단원 교수·학습 과정안의 일부이다. 물음에 답하시오. [6점]

(가) 학생 특성

| 이름 | 시력 정도 | 원인 | 이름 | 시력 정도 | 원인 |
|---|---|---|---|---|---|
| 민수 | 저시력 | 녹내장 | 미진 | 저시력 | 백내장 |
| 정배 | 저시력 | 미숙아망막변성 | 영희 | 맹 | 시신경위축 |
| 설희 | 저시력 | 망막색소변성 | 성우 | 맹 | 망막모세포종 |
| 현옥 | 저시력 | 추체이영양증 | | | |

(나) 교수·학습 과정안

| 단원 | 물놀이 | 제재 | 누가 더 잘 뜨나 |
|---|---|---|---|
| 학습 목표 | 여러 가지 자세로 물에 뜰 수 있다. | | |

| 교수·학습 활동 | 자료 및 유의점 |
|---|---|
| …(중략)… | |
| • 물에서 중심 잡고 일어서기<br>- 수영장 가장자리 벽면을 잡고 엎드려 몸 띄우기<br>- 보조기구를 이용한 몸 띄우기 | - ㉠계단을 이용한 안전한 입수 지도(다이빙 입수 금지) |
| • 물에서 뜨기<br>- 4가지 뜨기 자세에 대한 시범과 연습하기 | - 촉각을 통한 시범<br>- ㉡뜨기 연습 중 머리가 부딪치지 않도록 지도 |
| • 물 속의 카드 찾기 게임하기<br>- 3명씩 2팀으로 나누고, 장애 특성상 게임에 직접 참여하기 힘든 1명은 ㉢진행 보조를 맡김<br>- 잠수(잠영)하여 수영장 바닥에 있는 카드를 건진 후, 카드에 적힌 '뜨기 자세'를 따라 한 횟수가 많은 팀이 승리(단, 맹 학생을 위해 ㉣점자 카드 제공) | - 진행 보조 학생은 팀별로 획득한 카드의 개수를 점수판에 묵자로 기재<br>- 수영장 가장자리로부터 2m 지점의 바닥에서 기포를 발생시켜 학생들이 벽에 부딪치지 않도록 조치 |
| • 실기 평가<br>- 다양한 뜨기 자세를 취할 수 있는가? | - ㉤충분한 연습기회 제공 |

2) (가)의 학생 특성과 (나)의 교수·학습 활동에 기초하여 ㉠과 ㉡의 유의점을 특별히 고려해야 할 학생 이름과 그 이유를 쓰시오. [1점]

### 확장하기

★ 시각장애아동을 위한 체육교과 지도 시 활용할 수 있는 단서(박순희, 2022.)

| | |
|---|---|
| 시각적 단서 주기 | • 수영장 윗면 바닥에 그려진 밝은 노란색 유도선(10cm)을 따라 이동하기<br>• 배경과 대비가 되는 밝은 색의 공, 매트, 필드 마커(바닥선), 골대 등을 사용하기<br>• 장비와 배경이 대비가 되도록 색 테이프 등을 사용하기(예 높이뛰기 지주와 가로대, 평균대의 가장자리) |
| 언어적 단서 주기 | • 달리기 경기에서 시각장애학생 옆에서 달리면서 지속적으로 언어 단서 제공하기<br>• 수영장의 길이와 깊이에 대한 정보를 수영장 벽면에 점자로 제시하기<br>• 글씨가 적힌 카드 등을 통해 수행해야 할 움직임 확인하기 |
| 청각 단서 주기 | • 여러 가지 크기와 형태의 공(탁구공, 축구공, 골볼공 등)에 벨 넣기<br>• 축구·농구 골대나 볼링 핀에서 지속적으로 음향 신호를 제공해 소리로 목표물 확인하기<br>• 높이뛰기 바(또는 고무줄)에 작은 종을 매달아 수행 결과 확인하기<br>• 자전거 바퀴살에 종이를 대고 지속적으로 소리가 나도록 해 운동 수행 돕기<br>• 소리를 듣고 여러 가지 공(가죽 공, 테니스공, 농구공, 케이지 볼 등)의 튀어오르는 소리 구분하기<br>• 소리를 듣고 농구공 리바운드 높이 판단하기<br>• 자신이 튀긴 공 또는 다른 학생이 튀겨준 공 받기<br>• 공의 방향을 지각하고 자신의 왼쪽 또는 중앙으로 굴러오는 공을 잡거나 치기<br>• 볼링에서 레인 위 또는 거터로 굴러가는 공, 핀 넘어가는 소리(한 개·여러 개·스트라이크) 구분하기<br>• 트램펄린 중앙과 가장자리 아랫부분에 부착한 종소리를 듣고 위치 파악하기<br>• 숲길을 걸으며 곳곳에 설치된 카세트 소리를 활용해 보물찾기<br>• 방울이 달린 줄넘기 아래로 달리거나 줄넘기하기 |
| 촉각적 단서 주기 | • 청각장애를 중복으로 가진 학생을 위해 수영장 윗면 바닥(데크)에 그려진 유도선 안에 전자 감응 장치를 내장시켜 인식하게 하기<br>• 출발선 5m 정도의 풀 바닥에서 올라오는 기포를 느껴서 벽과 가까워짐을 알기 |

기본이론 171-172p, 266-269p

- 미숙아망막증
- 망막박리
- 시각장애 체육과 지도

**안질환과 교육적 조치**
- 외막 질환
- 중막 질환
- 수정체 질환
- 방수 질환
- 망막 질환
- 시신경 질환
- 외안근 이상
- 굴절 이상
- 시청각장애(맹농) 질환
- 기타 질환

**골볼**
- 소리가 나는 공을 상대 팀 골대에 넣는 시각장애인 스포츠
- 전맹과 약시의 구분 없이 통합 등급 경기로 진행되며, 선수 모두 눈가리개를 착용함
- 각 3명의 선수들로 이루어진 두 팀이 맞붙어 경기하며, 센터라인으로 크게 두 구역으로 분리된 경기장에서 진행됨
- 경기장 라인은 너비 5cm의 테이프로 표시하며, 3mm 굵기의 실을 넣어 선수들이 돌출되어 있는 실을 만져 촉각으로 자신의 위치를 파악하면서 경기를 진행할 수 있도록 함
- 아이쉐이드(눈가리개)는 경기 시작부터 종료 시까지 반드시 코트 위 모든 선수가 착용하고 있어야 함. 교체되는 선수는 교체가 선언되고 코트를 나갈 때 아이쉐이드를 벗을 수 있음. 이를 위반할 시 아이쉐이드 반칙으로 판정됨

②

---

2011학년도 중등 10

**11** D중학교에 재학 중인 학생 A는 미숙아망막증으로 양안의 교정시력이 0.04이다. 담당 체육교사가 학생 A를 위한 체육 수업에 대해 조언을 요청하여, 특수교사는 다음과 같은 안내문을 만들었다. ㉠~㉣에서 옳은 내용만을 모두 고른 것은?
[2.5점]

> 체육 선생님께
> A의 체육 지도를 위해 힘써주셔서 감사드립니다.
> A를 위한 체육 수업에 도움이 되고자 몇 가지 적어보았습니다. 참고가 되셨으면 합니다.
>
> • 교수 방법
> - ㉠ 학생 A의 시력은 한천석 시시력표를 읽을 때, 4m 앞에서 시력 기준 0.1에 해당하는 숫자를 읽을 수 있는 수준이므로, 시각적 지표는 확대해주시면 좋습니다.
> - ㉡ 공간에 대한 이해를 돕기 위해 확대 자료 또는 촉지도를 활용하시면 되는데, 제작에 도움을 드리겠습니다.
> - 신체 동작에 대한 이해를 돕기 위해 관절의 움직임이 가능한 인형을 사용하시면 좋습니다.
>
> • 시각장애학교 체육과 교사용 지도서 참조
> - 학생 A를 지도할 때, ㉢ 시각장애학교 체육과 교과서 및 지도서를 사용하시면 도움이 되는데, 일반 중학교 체육교과와는 달리 표현활동 영역이 제외되어 있습니다.
>
> • 대표적인 시각장애인 스포츠
> - ㉣ 골볼은 모든 선수가 안대를 하고 공의 소리를 들으면서 경기하는 구기 종목이므로 일반학생들과 함께 경기할 수 있지만, 학생 A는 망막박리의 위험이 있을 수 있으니 조심하셔야 합니다.

① ㉠, ㉡　　② ㉡, ㉣
③ ㉠, ㉡, ㉢　　④ ㉠, ㉢, ㉣
⑤ ㉡, ㉢, ㉣

**체육교과 지도 방법**
- 체육 활동별 자세와 동작을 지도할 때는 순서에 따라 설명해주면서 손 위 손 안내법, 촉각적 모델링, 공동 운동 같은 촉각 교수법을 사용함
- 교사가 동작을 시범 보일 때 저시력 학생이 눈부심을 느끼지 않도록 태양이 비치는 쪽에 서서 하지 않아야 하고, 이때 주변 배경과 대비되는 색의 옷을 입으면 학생이 동작을 구분하기 쉬움

㉣ 미숙아망막증은 망막박리의 위험이 있으므로 얼굴이나 머리에 충격을 주지 않도록 주의해야 함

2022학년도 초등 B6

**12** (가)는 시각장애 학생의 주요 특성이고, (나)는 2015 개정 특수교육 교육과정 중 공통 교육과정 체육과 3~4학년군 '골볼형 게임을 해요.' 단원 지도 계획의 일부이다. 물음에 답하시오. [5점]

(가) 학생 주요 특성

| 학생 | 주요 특성 | 비고 |
|---|---|---|
| 민수 | • 학습매체 : 묵자와 점자 병행 사용 | 장애학생 건강체력평가 (PAPS-D)에서 4명 모두 ( ㉠ ) 영역에서만 낮은 등급을 받음<br>↓<br>기초 체력 증진 계획 수립 필요 |
| 한나 | • 보행 : 시각, 촉각, 청각적 정보 활용 | |
| 정기 | • 시야 : 터널시야와 야맹증 | |
| 병수 | • 시력 : FC/50 cm<br>• 청력 : 110dB HL | |

(나) 단원 지도 계획

| 단원 | 골볼형 게임을 해요. | |
|---|---|---|
| 차시 | 교수 · 학습 활동 | 자료(㉧) 및 유의점(㉨) |
| 1 | • 기초 체력 증진과 골볼형 게임의 이해<br>– ㉡ 기초 체력 증진 : 오래달리기 실시<br>– 골볼의 역사와 장비 알아보기 | ㉨ ㉢ 보조 인력 없이 운동장 트랙 달리기 지도<br>㉧ 골볼, 안대, 보호대 등 |
| 2 | • 안전한 게임 방법 익히기<br>– ㉣ 경기장 라인 알기<br>• 페널티 규정 익히기<br>– 반칙 카드 놀이 게임을 통한 규정 습득 | ㉨ 경기장을 직접 돌며 구조와 기능 파악<br>㉧ 경기 규정집, 종류별<br>㉤ 반칙 카드 |
| 3 | • ㉥ 기초 체력 증진 : 줄넘기 놀이<br>• 공격기능 익히기 : ㉦ 볼 굴리기<br>• 굴러오는 공 소리 듣고 수비하기 : 쪼그려 자세, 허들 자세, 무릎 자세 등 | ㉧ 줄넘기<br>㉨ 정확한 자세와 동작을 단계별로 지도<br>㉨ 병수를 위한 대안적인 참여 방법 마련 |

1) ① 심폐지구력
   ② 트랙 옆에 매끄러운 로프를 설치해 줄을 접촉하며 뛰도록 한다.

2) ① 경기장 라인에 돌출된 선을 만들어 촉각으로 만져 파악할 수 있도록 한다.
   ② 아이쉐이드 반칙

1) ① (나)의 ⓒ과 ⓗ을 고려하여 (가)의 ㉠에 들어갈 '장애학생 건강체력평가(PAPS-D)'의 하위 영역을 쓰고, ② 병수에게 적합한 ㉢의 방법을 쓰시오. [2점]

2) ① 게임에 참여할 학생을 고려한 ㉣의 제작 방법을 쓰고, ② ⓜ의 종류 중 하나인 다음의 점자 카드를 묵자로 쓰시오(단, 검은 점이 튀어나온 점이며, 2017 개정 한국 점자 규정에 의거할 것). [2점]

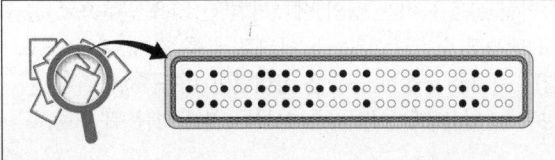

### 확장하기

#### 장애학생 건강체력평가 시스템(PAPS-D)

① 검사목적: 비장애학생을 대상으로 한 PAPS를 장애학생에게 적용하는 데 어려움이 있어 2012년 특수학교(급)에서 장애 유형별로 장애학생들에게 사용할 수 있도록 개발된 것으로, 장애 유형별 특성과 기능수준을 고려해 장애학생의 건강체력을 평가하고, 평가결과를 토대로 장애 유형에 맞는 맞춤형 신체활동 처방이 주어지는 종합평가 시스템
② 검사방법: 건강수준을 확인할 수 있는 준거참조기준과 함께 상대적인 체력수준을 확인할 수 있는 규준참조기준을 사용
③ 검사항목
- 근력: 큰 외력을 발휘하거나 무거운 중량을 들어올릴 수 있는 능력
- 근지구력: 근육 운동을 지속적으로 반복하거나 유지하는 능력
- 심폐지구력: 지속적인 운동을 하는 동안 에너지원(산소)을 근육으로 공급하기 위한 심장, 혈관, 혈액, 호흡계의 능력
- 유연성: 관절에서 행해질 수 있는 운동의 범위로 근육 길이, 관절 구조, 인대, 건의 영향
- 신체구성(체지방량): 신체를 구성하고 있는 상대적인 비율(%)

④ 평가기준: 최소건강기준, 일상생활능력 기준, PAPS 기준, 백분위 기준, 5등급 규준

#### PAPS와 PAPS-D의 비교(교육부)

| 구분 | | PAPS | PAPS-D |
|---|---|---|---|
| 측정 종목 | 심폐지구력 (심폐기능) | 페이서, 스텝검사, 오래달리기-걷기 | 페이서, 스텝검사, 휠체어 오래달리기, **6분 걷기**, **폐활량** |
| | 근력·근지구력 (근기능) | 윗몸 말아올리기, 악력, (무릎 대고) 팔굽혀펴기 | 윗몸 말아올리기, 악력, (무릎 대고) 팔굽혀펴기, **휠체어 경사로 오르기**, **암컬** |
| | 유연성 | 종합유연성, 앉아 윗몸 앞으로 굽히기 | 종합유연성, 앉아 윗몸 앞으로 굽히기, **응용유연성** |
| | 순발력 | 50m 달리기, 제자리 멀리뛰기 | 제자리 멀리뛰기, **제자리 공 멀리 던지기** |
| | 체지방 | 체지방률, 체질량지수, 허리-엉덩이 둘레비 | 체질량지수, 허리-엉덩이 둘레비, **피부두겹 검사** |
| | 자세평가 (선택) | 자세평가 | 자세평가 |
| | 자기신체평가 (선택) | 자기신체평가 | 자기신체평가 |
| 평가 | 평가기준 | - 5등급 규준<br>- 최소건강기준 | - 5등급 규준<br>- 최소건강기준<br>- 일상생활능력 기준<br>- PAPS 기준<br>- 백분위 기준 |

## ✤ 시각장애를 위한 체육교과 지도(이태훈, 『시각장애 학생 교육의 이론과 실제 2판』, 2024.)

- 체육 활동 공간은 전반적인 대비를 높여주고, 적정 밝기를 유지하며, 태양 빛으로 인한 눈부심을 줄여주는 것이 필요하다. 또한, 체육관에서 안전사고가 일어나지 않도록 체육 설비를 잘 정돈하고 각 설비의 위치를 숙지시켜야 한다.
- 체육 활동별로 자세와 동작을 지도할 때는 순서에 따라 설명해 주면서 손 위 손 안내법, 촉각적 모델링, 공동 운동 같은 촉각 교수법을 사용한다.
- 교사가 동작 시범을 보일 때 저시력 학생이 눈부심을 느끼지 않도록 태양이 비치는 쪽에 서지 않아야 한다. 또한, 주변 배경과 대비되는 색의 옷을 입으면 학생이 동작을 구별하기 쉽다.
- 실외 체육 활동에서 교사나 특수교육 보조원 또는 학급 또래 도우미 학생이 신체 활동 중에 구어 설명, 청각 단서, 신체적 지원 등을 적절히 제공하도록 한다.
- 경기장 라인은 바닥과 대비가 잘 되는 색으로 굵게 칠하거나, 다른 질감의 바닥재 등을 사용해 맹 학생이 촉각 단서로 구분할 수 있도록 한다.
- 일반 장비나 기구를 조금만 변경하면 저시력 학생도 쉽고 안전하게 사용할 수 있다. 배경과 대조되는 밝은 색의 공, 매트 등을 사용할 수 있다.
- 맹 학생을 위해 일반 공 대신 소리 나는 공을 사용할 수 있으며, 부저 또는 종을 목표물이나 목표 장소에 설치하면 목표 위치에 대한 청각 단서를 줄 수 있다.
- 체조 수업에서 교사의 신체 자세와 동작 시범을 저시력 학생이 가까운 위치에서 보고 따라 하도록 한다. 맹 학생의 경우 교사가 체조 동작을 과제분석을 통해 한 단계씩 취한 후 학생이 교사의 자세를 만져보는 '촉각적 모델링'과, 교사가 자신의 손으로 학생의 해당 신체 부위를 접촉해 바른 자세를 만들어주는 '신체적 안내법'을 이용해 지도한다.
- 댄스는 맹 학생이 자신의 파트너의 위치를 알고 따라갈 수 있도록 하는 소리 나는 팔찌를 사용할 수 있다.
- 육상 경기는 개인 종목이기 때문에 최소한의 조정만으로 시각장애 학생도 참여할 수 있다. 저시력 학생은 트랙 라인을 고대비 색으로 선명하게 그려주거나, 트랙 라인에 고대비의 트래픽 콘을 놓아주고 트랙에 친숙해질 시간을 미리 주면 혼자서 뛰는 데 큰 문제가 없다. 맹 학생은 트랙 옆에 매끄러운 로프를 설치해 줄을 접촉하며 뛰게 하거나, 친구나 특수교육 보조원을 가이드 러너로 선정해 함께 뛰게 할 수 있다. 허들 경기의 경우 밝은 색상의 허들을 사용하고 허들의 높이를 낮추는 것 등이 도움이 된다.
- 투창, 원반, 투포환 같은 던지기 종목도 시각장애 학생에게 상대적으로 접근성이 높은 종목이다. 던지기 동작은 촉각 교수법과 반복적인 연습을 통해 가능하며, 안전을 확보하고 바른 방향으로 던지기 위해 방향을 안내하는 청각이나 촉각 단서를 제공할 수 있다.
- 멀리뛰기나 높이뛰기 같은 도약 경기는 많은 조정이 필요하지 않다. 달려가면서 뛰기보다 제자리에서 서서 뛰기, 도약 지점을 나타내는 다른 질감의 바닥 재질이나 고대비 색의 발판 사용하기, 위치를 알려주는 음향이나 말소리 같은 청각 단서 제공하기 등을 통해 참여할 수 있다.
- 농구·축구·핸드볼 같은 구기 종목은 경기 참여 학생의 수, 빠른 속도, 선수 간의 많은 접촉 등으로 어려움이 크다. 그러나 경기 참여 학생의 수를 줄이고, 경기장의 크기를 더 작게 만들고, 잔존 감각으로 식별하기 쉬운 경기 라인을 그려주고, 공의 크기와 색상 대비를 높여주고 경기 규칙을 단순화하는 등의 방법을 통해 시각장애 학생도 참여할 수 있다.
- 배드민턴·테니스·배구·탁구와 같은 네트형 종목은 경기장의 크기를 작게 만들고, 대비가 높고 크기가 더 큰 공을 사용하고, 스펀지 공이나 풍선으로 대체해 공의 속도를 낮추고, 네트의 높이를 기준보다 더 낮추고, 경기 테이블 주변에 장벽을 설치해 공이 밖으로 멀리 나가지 않도록 하는 등의 방법을 통해 시각장애 학생도 참여할 수 있다.
- 소프트볼·야구 같은 타격 경기는 안전이나 잔존 시각을 고려해 얼굴 보호대를 착용하고, 음향으로 타격 위치를 알려주는 타격 지원 스탠드를 사용하고, 경기 상황을 안내해주거나 대신 베이스까지 뛰어줄 주자로 특수교육 보조원이나 친구를 활용하는 등의 방법을 통해 시각장애 학생도 참여할 수 있다.
- 시각장애인이 매우 선호하는 생활 체육인 볼링은 맹학생을 위한 볼링 라인을 따라 이동하면서 공을 던질 수 있도록 안내하는 가이드 레일이나 핀의 위치를 알리는 음향기 등이 있으면 좋지만, 상황에 따라 구두 설명이나 안내만으로도 볼링에 참여 가능하다.
- 시각장애의 원인 질환을 고려해 수업 참여 내용과 정도를 조정할 필요도 있다. 예를 들어 망막 박리와 관련된 안질환이 있는 학생은 외부 충격을 받을 경우 망막이 떨어질 수 있으므로 과격한 활동을 자제해야 한다.

 신체적 안내법으로 배팅 자세 지도
 가이드 레일을 이용한 시각장애인 볼링
 댄스용 소리 나는 팔찌
 시각장애인 탁구
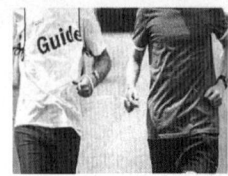 가이드 러너와 함께 줄을 잡고 달리기
 타격 스탠드와 소리 나는 큰 야구공
 로프를 이용해 원형 달리기
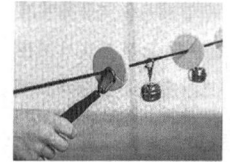 가이드 와이어(러닝 로프)를 잡고 달리기
 촉각 단서를 활용한 던지기 동작 지도

2013학년도 초등 B6

**13** 다음의 (가)는 시각장애 특수학교 체육 담당 교사가 지도하는 학급 학생 현황이고, (나)는 '안전하게 달리기'를 제재로 작성한 교수·학습 계획의 일부이다. 물음에 답하시오. [5점]

(가) 학급 학생 현황

| 학생 | 안질환 | 시각장애 정도 | 학생 | 안질환 | 시각장애 정도 |
|---|---|---|---|---|---|
| 준수 | 선천성 녹내장 | 전맹 | 경호 | 선천성 백내장 | 저시력 |
| 현미 | 무홍채증 | 저시력 | 수진 | 망막색소변성 | 저시력 |

(나) 교수·학습 계획

| 학습 목표 | 시각장애 정도에 따라 올바른 방법으로 달리기를 할 수 있다. | |
|---|---|---|
| 단계 | 교수·학습 활동 | 자료 및 유의점 |
| 도입 | 시각장애인 육상 올림픽 경기 동영상 시청하기 | |
| 전개 활동 1 | 트랙 등 육상 활동 장소에 친숙해지도록 보행지도 하기 | |
| 전개 활동 2 | • 시각장애 정도에 따른 달리기 방법 지도하기<br>– 저시력 학생: 출발 위치 확인하기, 자기 레인 유지하며 달리기 등을 위해 ㉠<u>추시하기와 주사하기</u> 기술 활용하기<br>– 전맹 학생: ㉡<u>안내인(가이드 러너)과 함께 달리기</u> | 자기 기록을 점자 스티커에 적어 '나의 기록판'에 붙이기<br><br>예: ㉢<br>●○ ●○ ●○ ●○<br>●○ ●○ ●○ ●○<br>●○ ○○ ○○ ●○ |

2) (나)의 ㉡을 하기 위해 사용할 수 있는 바람직한 방법 2가지를 쓰시오. [2점]

---

참고자료: 기본이론 266-269p

키워드: 시각장애 체육과 지도

핵심개념: 육상 경기
- **저시력 학생**: 트랙 라인을 고대비 색으로 선명하게 그려주거나, 트랙 라인에 고대비의 트래픽 콘을 놓아 주고, 트랙에 친숙해질 시간을 미리 제공함
- **맹 학생**: 트랙 옆에 매끄러운 로프를 설치해 줄을 접촉하며 뛰게 하거나, 친구나 특수교육 보조원을 가이드 러너로 선정해 함께 뛸 수 있음

모범답안:
- 안내인이 옆에서 달리면서 지속적으로 언어 단서 또는 청각적 단서(종 등)를 제공하기
- 안내인의 신체(팔꿈치, 어깨, 손 등)나 줄을 함께 잡고 달리기

2023학년도 중등 A9

**14** (가)는 ○○중학교에 배치된 특수교육대상 학생에 대한 정보이고, (나)는 체육교사가 작성한 수업 계획의 일부이다. (다)는 두 교사가 나눈 대화의 일부이다. 〈작성방법〉에 따라 서술하시오. [4점]

(가) 학생의 정보

| 학생 A | • 시각장애 학생<br>• 활발하고 도전정신이 강하고, 급우들과의 관계가 원만함 |
| --- | --- |
| 학생 B | • 지체장애 학생으로 휠체어를 사용함<br>• 자신감은 부족하지만 급우들과 어울리고 싶어함 |

(나) 체육 수업 계획

| 과목 | 체육 | 영역 | 경쟁 | 장소 | 운동장 |
| --- | --- | --- | --- | --- | --- |
| 주제 | 티볼을 활용한 팀 경기하기 ||||||
| 절차 | 사전 학습 ||| 본 수업 |||
| 내용 | • 티볼 경기 영상 시청<br>• 팀 경기 전략 생각하기 ||| • 팀별 역할 및 전략 토론<br>• 팀 경기 실시 |||
| 준비 사항 | • 티볼 경기 영상(시각장애인을 위한 화면해설 포함)<br>• 티볼 경기 규칙과 기술에 대한 학습지 ||| • 변형 경기장 조성 및 팀 구성<br>• ㉠준비물: 티볼 공, 배트, 탬버린 |||

(다) 특수 교사와 체육 교사의 대화

…(중략)…

체육 교사: 학생 A와 B가 체육 수업에 원활히 참여하기 위해 어떻게 지원하면 좋을까요?

특수 교사: 팀의 감독 역할을 할 수 있는 기회를 주시면 좋겠습니다. 경기 시 넓은 공간을 확보하여 이동을 원활하게 해주면 좋겠어요. 그리고 ㉡'타격' 동작을 가르칠 때, 다른 학생들보다 과제를 더욱 세분화하거나 구체적으로 가르쳐주세요. 더 자세한 사항은 학년도 교사, 담임 교사, 진로담당 교사 등이 참여하여 실시한 ( ㉢ ) 협의 결과를 확인하여 지원해주시면 좋겠습니다.

**[작성방법]**

학생 A의 수업 참여를 위한 물리적 환경 수정의 예시 1가지를 서술할 것. [단, (나)의 밑줄 친 ㉠을 활용할 것]

---

 기본이론 266-269p

 키워드: 시각장애 체육과 지도

 구조화 틀

 핵심 개념

**타격 경기**
- 소프트볼, 야구, 티볼 등
- 안전이나 잔존 시각을 고려해 얼굴 보호대 착용
- 음향으로 타격 위치를 알려주는 타격 지원 스탠드를 사용하고, 경기 상황을 안내해주거나 대신 베이스까지 뛰어줄 주자로 특수교육 보조원이나 친구를 활용하는 등의 방법으로 참여 가능함

 모범답안

탬버린 소리를 내어 학생 A가 티볼 공과 배트의 위치를 파악하고 수업에 참여할 수 있도록 경기장 내 불필요한 소음을 줄인다.

기본이론 266-269p

 시각장애 체육과 지도

 심폐지구력

2023학년도 초등 B6

**15** (가)는 건강장애 학생과 지체장애 학생의 특성이고, (나)는 체육 전담교사와 특수교사가 나눈 대화의 일부이다. 물음에 답하시오. [4점]

(가) 학생 특성

| 학생 | 특성 |
|---|---|
| 주호 | • 만성적인 심장 질환을 가지고 있음<br>• 추운 날씨에는 청색증이 나타남<br>• 호흡기 계통 질환이 잦아 현장 체험 등에서 주의가 필요함<br>• 최근 병원에서 퇴원하여 계속적인 통원 치료를 받고 있음 |

(나) 대화 내용

 다음 주에 유산소 운동 중심 수업을 계획하고 있는데, 제가 주호를 위해 주의해야 할 점이 있나요?

과격한 운동은 피하게 하고, 중간에 쉴 수 있도록 해주세요. 주호에게는 ⓒ <u>걷기나 가볍게 달리기</u> 등의 유산소 운동이 도움이 됩니다.

2) (나)의 ⓒ을 통해 주호에게 중점적으로 향상시키고자 하는 건강 체력 요소 1가지를 쓰시오.

참고자료 기본이론 173p

 키워드 백색증

 구조화틀
안질환과 교육적 조치
- 외막 질환
- 중막 질환
- 수정체 질환
- 방수 질환
- 망막 질환
- 시신경 질환
- 외안근 이상
- 굴절 이상
- 시청각장애(맹농) 질환
- 기타 질환

 핵심개념
**백색증**
- 색소 결핍 또는 멜라닌 색소의 감소가 함께 나타나는 열성 유전 질환
- 백색증 아동은 머리나 피부가 희고, 홍채·동공·안저는 적색을 띰
- 만성 안검경련, 눈부심, 안진, 시력장애 등이 나타나며 눈부심이 심함
- 백색증 아동은 피부가 매우 희므로 강한 햇빛이나 자외선에 노출되었을 때 심한 화상을 입기 쉬움

**백색증 교육적 조치**
- 햇빛이 비치는 실외로 나갈 때, 빛을 흡수해 여과시키는 안경을 착용하고 차양이 있는 모자를 쓰도록 함
- 교실의 자연조명을 조절해야 함
  예 직사광선을 차단하기 위해 커튼이나 블라인드 설치
- 광택이 있는 표면은 표면이 반사되어 눈이 부실 수 있으므로 교실의 전체 조명보다 조도가 낮은 조명을 선택해야 함

 모범답안
실외 활동을 할 때 색안경을 착용하고 차양이 있는 모자를 쓰게 한다.

---

2015학년도 유아 A3

**16** 다음은 통합학급 김 교사와 특수학급 박 교사 간의 대화이다. 물음에 답하시오. [5점]

> 김 교사: 선생님, 지난주에 백색증을 가진 저시력 유아 진수가 입학했는데 여러 가지 어려움이 있네요.
> 박 교사: 대개 저시력 유아들이 환경이 바뀌면 어려움이 있을 수 있어요. 그래서 진수를 지도할 때 여러 가지를 고려해야 해요. 진수에게 잔존 시력이 있긴 하지만 필요에 따라서는 ㉠보행 훈련을 해야 할 수도 있어요. 그래서 실내 활동과 ㉡실외 활동을 할 때 잘 살펴보세요.
> …(중략)…

2) ㉡을 할 때 진수의 시효율성을 높이기 위해서 교사가 취해야 할 적절한 조치 1가지를 쓰시오. [1점]

2010학년도 초등(유아) 5

**17** 백색증(albinism)으로 인한 시각장애가 있는 학생의 교육을 위해 교사가 해야 할 조치로 가장 적절한 것은?

① 백색증은 안압 상승을 초래하므로 학생에게 정기적으로 안약을 넣도록 지도한다.
② 백색증은 망막박리를 초래하므로 학생에게 신체적인 운동을 줄이도록 권장한다.
③ 백색증은 점진적으로 시력 저하를 초래하므로 학생에게 점자를 미리 익히도록 지도한다.
④ 백색증은 눈부심을 초래하므로 학생에게 햇빛이 비치는 실외에서 차양이 넓은 모자를 착용하도록 지도한다.
⑤ 백색증은 암순응 곤란을 초래하므로 교실의 전체 조명보다 높은 수준의 조명을 학생에게 개별적으로 제공한다.

① 해당 교육적 조치는 녹내장과 관련됨
② 해당 교육적 조치는 미숙아망막증과 관련됨
③ 해당 교육적 조치는 진행성 안질환인 망막색소변성과 관련됨
⑤ 해당 교육적 조치는 망막색소변성, 녹내장 등 간체가 손상된 안질환과 관련됨
→ 손상된 간체로 인해 낮은 조도에서 학습활동을 하는 데 어려움이 있으므로 적절한 조도 환경을 제공해야 함. 높은 조명은 학생의 눈부심을 야기할 수 있으므로 주의해야 함

 참고자료
기본이론 173p

 키워드
백색증

구조화틀
안질환과 교육적 조치
　├ 외막 질환
　├ 중막 질환
　├ 수정체 질환
　├ 방수 질환
　├ 망막 질환
　├ 시신경 질환
　├ 외안근 이상
　├ 굴절 이상
　├ 시청각장애(맹농) 질환
　└ 기타 질환

 핵심개념
**백색증**
- 색소 결핍 또는 멜라닌 색소의 감소가 함께 나타나는 열성 유전 질환
- 백색증 아동은 머리나 피부가 희고, 홍채·동공·안저는 적색을 띰
- 만성 안검경련, 눈부심, 안진, 시력장애 등이 나타나며 눈부심이 심함
- 백색증 아동은 피부가 매우 희므로 강한 햇빛이나 자외선에 노출되었을 때 심한 화상을 입기 쉬움

**백색증 교육적 조치**
- 햇빛이 비치는 실외로 나갈 때, 빛을 흡수해 여과시키는 안경을 착용하고 차양이 있는 모자를 쓰도록 함
- 교실의 자연조명을 조절해야 함
  예 직사광선을 차단하기 위해 커튼이나 블라인드 설치
- 광택이 있는 표면은 표면이 반사되어 눈이 부실 수 있으므로 교실의 전체 조명보다 조도가 낮은 조명을 선택해야 함

 모범답안
④

참고자료 기본이론 175-177p

키워드 피질 시각장애

구조화틀
**안질환과 교육적 조치**
- 외막 질환
- 중막 질환
- 수정체 질환
- 방수 질환
- 망막 질환
- 시신경 질환
- 외안근 이상
- 굴절 이상
- 시청각장애(맹농) 질환
- 기타 질환

핵심개념

모범답안
① ⓒ 복잡한 패턴의 자료는 수정해 복잡성을 낮춰준다.

2025학년도 유아 A5

**18** (가)는 4세 지체장애 유아 민정이에 대한 교사들의 대화와 민정이와의 놀이 장면이고, (나)는 3세 지체장애 유아 은지에 대한 부모 상담과 은지와의 놀이 장면이다. 물음에 답하시오. [5점]

(가)

〈지체장애학교 유치원 교사들의 대화〉

김 교사: 선생님, 작년에 민정이 담임이셨죠? 민정이가 뇌병변장애와 대뇌피질형시각장애(Cortical Visual Impairment: CVI)를 중복으로 가지고 있어서 시각적 정보 처리 과정에 어려움이 있더라고요.

박 교사: 네, 민정이가 시각적 복잡성이 있는 곳에서 그 시각을 사용해 사물을 바라보거나 [A] 인식하는 것을 어려워해요.

김 교사: 그러면 시각적 주의 집중을 위해 자료를 어떻게 제시해야 할까요?

박 교사: 민정이에게 시각적 자료를 제시할 때 ㉠검은색 배경판에 노란색 사물 제시하기, ㉡책상 주변에 검은색 칸막이 설치해 주기, ㉢복잡한 패턴의 자료를 순차적으로 제시하기, ㉣사물을 한 개씩 순차적으로 제시하기 등의 방법을 활용해서 지도했어요.

1) ① (가)의 [A]를 고려하여 밑줄 친 ㉠~㉣ 중 잘못된 자료 제시 방법의 기호를 찾아 쓰고, 이를 적절한 내용으로 고쳐 쓰시오.

## 확장하기

### ✸ 대뇌 피질 시각장애(이태훈, 『시각장애 학생 교육의 이론과 실제 2판』, 2024.)

① 대뇌 피질 시각장애(Cortical Visual Impairment ; CVI)는 외국에서 학령기 시각장애 아동 중 가장 많은 원인 질환에 속하며 뇌 기형, 외상성 뇌손상, 뇌수종 등 뇌와 관련된 질환에 의해 발생한다.

② 안구의 외형이나 기능에는 문제가 없으나, 뇌에 병소가 있어 안구에서 뇌로 전달된 시각 정보를 제대로 처리하고 해석하지 못해 시각 문제가 일어난다. 또한 뇌의 병소로 인해 지적장애, 간질, 뇌성마비 등을 동반하는 경우가 많으므로 수반 장애가 있는지를 확인할 필요가 있다.

③ 학생이 CVI로 진단되려면 다음 3가지 기준을 충족해야 한다(이태훈, 2023).
  ㉠ 안과 검사 결과가 아동의 현재 시각 문제를 적절히 설명하지 못한다(안과 검사 결과가 정상이지만, 학습 및 일상 활동에서 시각을 사용하는 데 어려움이 있다).
  ㉡ CVI의 원인과 관련된 신경학적 병력이나 질환이 있다.
  ㉢ CVI의 고유한 10가지 시각 특성(시각적 행동)이 관찰된다.

④ CVI 학생이 바라보는 세상은 마치 무의미한 색상과 무늬로 이루어진 '만화경(일종의 기하학적 문양)'처럼 보일 수 있다. 세상과 환경이 무수한 시각 정보로 가득 차 있더라도 이들 정보가 무엇인지 제대로 인식하고 이해하지 못한다면 시각 정보는 학생에게 아무런 의미가 없으며, 자연스러운 학습(우연 학습)이 일어날 수도 없다.

만화경

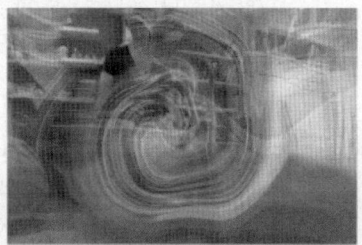
CVI 아동이 식탁에서 간식을 준비하는 어른을 바라볼 때 보이는 상태

또래 아동이 바라보는 알파벳 자료

CVI 아동이 바라보는 알파벳 자료

⑤ 모든 CVI 학생에게 10가지 시각 특성이 공통적으로 나타난다. CVI의 고유한 10가지 시각 특성은 시기능에 문제를 일으키며, CVI의 중증도에 따라 시기능을 방해하는 정도도 다르다.

| 특성 | 내용 | 중재의 예 |
|---|---|---|
| 특정 색상 선호 | 빨간색, 노란색 등 특정 색상에 시각적으로 끌린다(시각적 주의가 일어난다). 아동의 시각적 주의를 위해 학습 자료에 선호하는 색상을 사용한다. | • 시각적 주의를 위해 아동이 선호하는 빨간색 사용하기<br>• 알파벳 글자에 빨간색 윤곽선을 그려 알파벳의 모양과 특징에 대한 시각적 주의 촉진하기 |
| 움직임에 대한 요구(끌림) | 움직임에 시각적 주의와 끌림이 일어난다. 아동의 시각적 주의를 유도하기 위해 보아야 하는 대상(물체)을 움직여준다. 한편, 주변 사람이나 사물의 움직임은 시각적 과제에 대한 주의 집중과 유지를 방해할 수 있으므로 이를 최소화한다. | 움직이는 것처럼 보이는 반짝이는 재질을 사용하거나 물체를 직접 움직여 시각적 주의 유도하기 |
| 시각적 (반응) 지연 | 대상을 제시하면 이것을 보고 반응하는 데 오랜 시간이 걸린다. 또래와 비교해 시각 자극에 대한 즉각적인 반응이 일어나지 않는다. | • 시각적으로 반응할 때까지 기다려주기<br>• 선호하는 색상이나 움직임 등을 통해 시각적 반응을 촉진하기 |
| 특정 시야 선호 | 좌측이나 우측 시야처럼 선호하는 주변 시야 영역(방향)이 있다. 일반적으로 하측 시야 영역(방향)을 잘 인식하지 못하는 경향이 있다. 자료를 책상에 두기보다 수직보드나 경사대에 부착해 제시한다. | • 선호하는 시야 방향에 자료 제시하기<br>• 하측 시야의 결함을 고려해 수직보드를 이용해 자료 제시하기 |
| 시각적 복잡성의 어려움 | 시각적 복잡성이 있는 곳에서 대상을 바라보거나 인식하지 못한다. 이때 복잡성은 대상(사물) '표면(외형)의 복잡성', '배경(배열)의 복잡성', '감각 환경의 복잡성', '사람 얼굴의 복잡성'으로 구분한다. 시각적 복잡성이 높은 학습 환경이나 학습 자료를 수정해 복잡성을 낮춰준다. | • 배경의 복잡성을 줄이고 시각적 주의를 위해 가림판으로 주변 배경을 가리기<br>• 배경의 복잡성을 줄이기 위해 검은색 단색 배경에 제시하기<br>• 한 번에 보이는 정보의 양을 줄여주기<br>• 시각적 혼란을 줄이기 위해 많은 시각 자극이나 정보를 한꺼번에 제시하지 않기<br>• 시각·청각·촉각 같은 여러 감각 정보를 동시에 제공하지 말고 한 번에 1개의 감각 정보를 순차적으로 제공하기 |
| 빛에 대한 요구(끌림) | 광원(빛)에 끌려 오랜 시간 바라본다. 아동이 바라보아야 하는 대상 주변에 광원이 있으면 시각적 과제에 주의집중하는 것을 방해한다. 다른 측면에서 대상을 바라보도록 유도하기 위해 대상을 빛(라이트 박스, 손전등 등)과 함께 제시하는 것이 도움이 된다. | • 빛을 이용해 시각적 주의 유도하기<br>• 라이트 박스로 여러 가지 모양과 그림 지도하기 |
| 원거리 보기의 어려움 | 멀리 떨어져 있는 대상을 인식하기 어렵다. 이는 시력의 문제가 아니라 멀리 떨어져 있을수록 아동의 시야에 주변 배경 요소들이 더 많이 보이게 되어 (배경의 복잡성이 증가) 배경과 대상(물체)을 분리해 확인하기 어렵기 때문이다.<br>예 거리가 멀어질수록 아동이 찾는 컵의 주변 배경이 시야에 더 많이 들어옴에 따라 시각적 복잡성이 증가해 컵을 찾거나 식별하는 데 어려움을 보인다. | • 대상(자료·물체 등)을 근거리에서 제시하되, 단계적으로 대상을 제시하는 거리를 증가시키기<br>• 학습 자료나 교구를 학생 가까이 제시하기 |
| 비전형적 시각 반사 | 아이의 콧대를 가볍게 건드리거나 얼굴에 손바닥을 갖다 대는 위협적 행동에 대한 반응으로 '눈 깜빡임 반사'가 일어나지 않는다. 이 특성은 전반적인 시각 기능이 발달하면서 자연스럽게 해결되기 때문에 별도로 중재하지 않는다. | |

| | | |
|---|---|---|
| 시각적 새로움의 어려움 | 친숙한 대상(사물)에 대해서는 시각적 주의가 일어나지만, 새로운(낯선) 대상에는 시각적 호기심이나 시각적 주의가 부족하거나 일어나지 않는다. 새로운 대상에 대한 반복적인 노출을 통해 친숙화하는 중재가 필요하며, 이미 알고 있는 친숙한 대상과 유사성이 있는 새로운 대상부터 먼저 제시한다. | 새로운 자료와 교구를 반복적으로 노출(워밍업)해 친숙해질 시간을 제공하기 |
| 시각적으로 안내된 신체 도달의 어려움 | 또래처럼 물체를 보면서 동시에 손으로 물체를 접촉하지 못한다. 물체를 눈으로 바라보고, 다시 시선을 다른 곳으로 돌린 후, 물체에 손을 뻗어 접촉한다. | • 아동이 선호하는 색상의 물체, 빛이 나는 물체, 단순한 배경에 물체 제시 등을 통해 대상을 보면서 동시에 손으로 접촉하는 행위를 촉진하기<br>• 사물을 보면서 동시에 조작하는 활동에 어려움이 있으므로 이들 과제를 순차적으로 수행하도록 허용하기 |

참고자료: 기본이론 175-177p

 키워드: 피질 시각장애

 구조화툴: 
**안질환과 교육적 조치**
- 외막 질환
- 중막 질환
- 수정체 질환
- 방수 질환
- 망막 질환
- 시신경 질환
- 외안근 이상
- 굴절 이상
- 시청각장애(맹농) 질환
- 기타 질환

 핵심개념

 모범답안: ⓒ, 대상을 제시한 후 시각적으로 반응할 때까지 기다려주기

2025학년도 중등 A7

**19** (가)는 ○○ 특수학교 시각장애 학생의 특성이고, (나)는 학생별 교육적 고려 사항이고, (다)는 학생 C의 시기능 훈련이다. 〈작성 방법〉에 따라 서술하시오. [4점]

(가) 학생 특성

| 이름 | 원인 | 특성 |
|---|---|---|
| 학생 A | • 대뇌피질시각장애 | • 빛을 응시하는 경향이 있음. |
| 학생 B | • 황반변성 | • 황반부에 암점이 있음. |
| 학생 C | • 망막색소변성 | • 터널 시야가 나타남. |

(나) 학생별 교육적 고려 사항

| 이름 | 교육적 고려 사항 |
|---|---|
| 학생 A | • ㉠ 단순한 수업 환경 제공하기<br>• ㉡ 대상을 제시한 후 시각적으로 바로 반응하게 지도하기<br>• ㉢ 교육 자료를 주기적으로 움직여 학생의 시각적 주의력 높이기 |

**작성방법**

(나)의 밑줄 친 ㉠~㉢ 중 틀린 내용을 2가지 찾아 기호를 쓰고, 바르게 고쳐 서술할 것.

2022학년도 초등 B1

**20** (가)는 세희의 특성이고, (나)는 통합학급 교사와 시각장애거점 특수교육지원센터 특수교사의 협의 내용이다. 물음에 답하시오. [6점]

(가) 세희의 특성

- 초등학교 6학년 저시력 학생임
- 피질시각장애(Cortical Visual Impairment ; CVI)로 인해 낮은 시기능과 협응능력의 부조화를 보임
- 눈부심이 있음
- 글씨나 그림 등은 검은색 배경에 노란색으로 제 시했을 때에 더 잘 봄    [A]
- 원근 조절이 가능한 데스크용 확대독서기를 사용하지만 읽는 속도가 느림
- 기초학습능력검사(읽기) 결과, ㉠학년등가점수는 4.4임

기본이론 175-177p

피질 시각장애

안질환과 교육적 조치
- 외막 질환
- 중막 질환
- 수정체 질환
- 방수 질환
- 망막 질환
- 시신경 질환
- 외안근 이상
- 굴절 이상
- 시청각장애(맹농) 질환
- 기타 질환

(나) 특수교사의 순회교육 시, 협력교수를 위한 통합학급 교사와 특수교사의 협의 내용

| 협의 내용 요약 | | 점검사항 공통사항: ⓒ 세희지원: ⓢ |
|---|---|---|
| 통합학급 교사 | 특수교사 | |
| • 전체 수업 진행<br>- 구체적인 교과 내용을 지도함<br>• 팀별 학습 활동<br>- 팀의 학생들은 상호작용을 하며 과제를 해결함 | • 학급을 순회하며 전체 학생 관찰 및 지원<br>- 학생들에게 학습 전략을 개별 지도함<br>- 원거리 판서를 볼 때 세희에게 확대독서기의 초점 조절법을 개별 지도함 | ⓒ팀별 활동 자료 [원거리 확대독서기] |
| • 팀 활동 후 평가 실시<br>- 평가지는 ㉡평가문항들이 단원의 목표와 내용을 충실하게 대표하는지를 같은 학년 교사들이 전문성을 바탕으로 이원분류표를 활용해서 비교 분석하여 확인함 | • 학급을 순회하며 학생 요구 지원<br>- 세희가 평가지를 잘 볼 수 있게 ㉢확대독서기 기능 설정을 확인함<br>- 시험시간을 1.5배 연장함 | ⓒ이원분류표 ⓢ ㉣수정된 답안지와 필기구 제공 [검은색 배경에 노란색 글씨로 답안지를 제공함] |
| • 팀 점수 산출<br>• 팀 점수 게시 및 우승팀 보상 | • 팀 점수 산출 시 오류 확인<br>- 학급을 순회하며 필요한 도움을 제공함 | |

① 색상 대비 조절
② 낮은 시기능과 협응능력의 부조화를 보이므로 답안지의 줄 간격을 넓혀준다.

2) ① (가)의 [A]를 고려하여 특수교사가 확인해야 할 (나)의 ㉢을 쓰고, ② (가)를 고려하여 (나)의 ㉣의 예를 1가지 쓰시오. [2점]

참고자료: 기본이론 179-180p

키워드: 안구진탕

구조화틀: 안질환과 교육적 조치
- 외막 질환
- 중막 질환
- 수정체 질환
- 방수 질환
- 망막 질환
- 시신경 질환
- 외안근 이상
- 굴절 이상
- 시청각장애(맹농) 질환
- 기타 질환

핵심개념

**안구진탕**
- 안구가 규칙적·반복적·불수의적으로 움직이는 것 → 고시능력(정지한 한 물체에 초점을 맞추는 능력)에 어려움을 초래하며, 어떤 자세를 취해도 안구를 고정하기 어려움
- 아동이 스트레스를 받으면 안구진탕이 더 악화되기도 함

**안구진탕 교육적 조치**
- 한 지점을 주시하는 훈련을 실시함
- 초점을 맞추기 위해 머리를 돌리거나 몸을 기울일 때, 꾸중을 하거나 자세를 교정해서는 안 됨
- 책을 읽을 때 읽는 줄을 표시하면서 읽도록 함
- 글씨가 깨끗하고 대비가 선명한 자료를 사용하도록 지도함

모범답안
ⓒ 초점을 맞추기 위해 머리를 돌리거나 몸을 기울일 때, 꾸중을 하거나 자세를 교정해서는 안 된다.

---

2017학년도 중등 A10

**21** (가)는 시각장애 중학생 C를 위한 단원 지도 계획이고, (나)는 점자 읽기 및 쓰기평가 자료이다. 〈작성방법〉에 따라 ㉠~㉣ 중에서 바르지 않은 것 2가지를 찾아 그 이유를 쓰시오. [4점]

(가) 단원 지도 계획

| 학생 특성 | 시력 | • 수업시간에 머리를 돌리거나 몸을 기울임<br>• 고시 능력에 문제가 있음<br>• 피로하거나 과도한 스트레스를 받으면 안질환의 증상이 심해짐 — 학생의 안질환은 안구진탕에 해당함 |
|---|---|---|
| | 학업 | • 묵자와 점자를 병행하여 학습함<br>• 인지 및 운동 기능에는 어려움이 없음 |
| 영어과 지도 계획 | 목표 | 영어 단어가 포함된 문장 읽고 쓰기 |
| | 묵자 활용 — 교수·학습 자료 | 수업 자료 제작 시 명암 대비를 고려함 |
| | 묵자 활용 — 교수·학습 방법 | • ㉠ 교실 앞쪽에 창을 등지고 앉도록 자리를 배치함<br>• ㉡ 머리를 돌리거나 몸을 기울이지 않도록 자세를 교정함 |
| | 묵자 활용 — 평가 방법 | ㉢ 시험지를 확대하여 제공함 |
| | 점자 활용 — 교수·학습 자료 | 실물, 모형, 입체복사자료 등의 대체 자료를 제공함 |
| | 점자 활용 — 교수·학습 방법 | • 점자타자기로 쓰기 지도를 함<br>• ㉣ 옵타콘을 활용하여 점자 읽기를 지도함 |
| | 점자 활용 — 평가 방법 | ㉤ 영어 약자 점자의 사용 규칙을 포함한 점자 활용 수준, 읽기 속도, 쓰기 정확도를 고려함 |

〈작성방법〉
㉠~㉣ 중에서 바르지 않은 것 2가지의 기호를 쓰고, 그 이유를 각각 제시할 것.

### 확장하기

#### ★ 안구진탕 교육적 조치(이태훈, 2024.)

- 안구의 불수의적 움직임은 시력 저하와 안구 피로 등을 가져올 수 있으므로 시력, 읽기 지속성 등의 시각 평가를 실시할 필요가 있음
- 읽기 활동에서 글줄을 잃어버리는 현상을 보이면 타이포스코프나 라인 가이드를 사용하도록 함
- 시력 저하와 같은 영향이 있으므로 적절한 조명, 고대비의 선명한 자료, 확대 자료의 사용이 도움이 될 수 있음
- 안구의 불수의적 움직임이 계속되면 눈의 피로감과 어지러움을 느낄 수 있으므로 주기적인 휴식을 허용함
- 과도한 긴장과 스트레스 역시 불수의적 안구 움직임을 심화시킬 수 있으므로 심리적으로 편안함을 느끼도록 학습 분위기를 조성함
- 시력표, 읽기 자료 등을 사용해 안진이 줄어들고 가장 잘 보이는 눈의 응시 방향 및 자료와 적정 거리를 찾아 사용하는 정지점 훈련(null point training)을 실시함
- 안구의 불수의적 움직임으로 인해 일정 시간 동안 안정적으로 고시를 유지하는 능력이 부족하므로, 전방의 한 점을 계속 주시하는 훈련을 실시함
- 줄무늬 같은 특정 무늬가 안구의 불수의적 움직임을 증가시킬 수 있으므로 학습 자료나 환경에서 이를 피하도록 함

타이포스코프

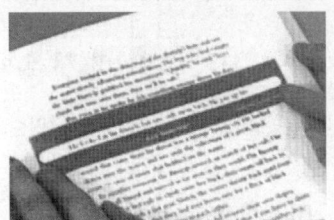
아세테이트지가 부착된 라인 가이드

#### ★ 고시(이태훈, 2024.)

- 고시는 한 지점을 눈으로 계속 응시하는 기술이다.
- 목표물을 일정 시간 동안 계속 고시를 할 수 있어야 눈으로 초점을 맞추고 그 목표물이 무엇인지 확인할 수 있다. 따라서 시야가 좁거나 안구진탕이나 사시가 있는 학생은 목표물을 찾아 응시를 유지하는 데 어려움을 보일 수 있다.

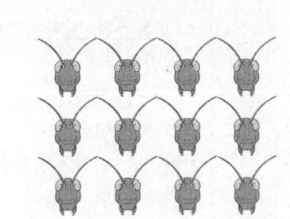
근거리 고시(코에 점 찍기)

망원경으로 원거리 고시(시계 보기)

2017학년도 초등 A4

 기본이론 179-180p

 안구진탕

 안질환과 교육적 조치
- 외막 질환
- 중막 질환
- 수정체 질환
- 방수 질환
- 망막 질환
- 시신경 질환
- 외안근 이상
- 굴절 이상
- 시청각장애(맹농) 질환
- 기타 질환

 안구진탕
- 안구가 규칙적·반복적·불수의적으로 움직이는 것 → 고시능력(정지한 한 물체에 초점을 맞추는 능력)에 어려움을 초래하며, 어떤 자세를 취해도 안구를 고정하기 어려움
- 아동이 스트레스를 받으면 안구진탕이 더 악화되기도 함

안구진탕 교육적 조치
- 한 지점을 주시하는 훈련을 실시함
- 초점을 맞추기 위해 머리를 돌리거나 몸을 기울일 때, 꾸중을 하거나 자세를 교정해서는 안 됨
- 책을 읽을 때 읽는 줄을 표시하면서 읽도록 함
- 글씨가 깨끗하고 대비가 선명한 자료를 사용하도록 지도함

독서보조판(타이포스코프)의 기능
- 대비를 증가시킴
- 반사로부터 눈부심을 줄여줌
- 읽을 줄이 제시되므로, 읽던 줄을 놓치지 않고 독서를 할 수 있음

 안구진탕이 있는 학생의 경우 읽던 줄을 쉽게 놓칠 수 있다. 독서보조판은 독서할 때 읽을 줄이 제시되어 보다 쉽게 독서할 수 있도록 도와 읽기 속도 및 시기능을 향상시킬 수 있다.

**22** (가)는 시각장애 특수학교에 다니는 학생들의 특성이고, (나)는 2011 개정 특수교육 교육과정(교육과학기술부 고시 제2012-32호) 중 공통 교육과정 국어과 5~6학년 '견문과 감상을 나타내어요.' 단원 지도 계획이다. 물음에 답하시오. [5점]

(가)

- 혜미(단순 시각장애)
  - 원인 : 망막박리
  - 현재 시각 정도 : 맹
  - 점자를 읽기 수단으로 사용함

- 수지(단순 시각장애)
  - 원인 : 안구진탕(안진)
  - 현재 시각 정도 : 저시력
  - 묵자 읽기 속도가 느리고, 시기능(시효율)이 낮음

- 민수(단순 시각장애)
  - 원인 : 망막색소변성
  - 현재 시각 정도 : 양안 중심시력 0.2
    시야는 주시점에서 10도(터널시야)
  - 묵자 읽기 속도가 느림

(나)

| 차시 | 주요 학습 내용 및 활동 | 유의사항 |
|---|---|---|
| 1~2 | • 단원 도입<br>• 견문과 감상이 드러나는 글의 특성 알기 | • ㉠점역된 읽기 자료를 제공한다.<br>• ㉡독서보조판(typoscope)을 제공한다.<br>• 안전한 현장체험학습을 위해 개별 학생의 특성을 고려한 ㉢보행교육을 실시한다.<br>• ㉣시각장애로 인하여 습득하기 어려운 어휘(예 바다, 산, 구름, 푸르다, 검다, 붉다 등) 학습에 유의하여 지도한다. |
| 3~4 | • 견문과 감상이 드러나는 글 읽기<br>• 견문과 감상이 드러나는 글 쓰는 방법 알기 | |
| 5~7 | • 견문과 감상이 드러나는 글 쓰기<br>• 문장 성분의 호응 관계에 주의하며 고쳐 쓰기 | |
| 8~9 | • 현장체험학습을 통해 우리 지역의 자랑거리 조사하기<br>• 우리 지역의 자랑거리가 잘 드러나게 여행 안내서 만들기 | |

2) (가)의 수지의 특성을 고려할 때 (나)의 ㉡이 수지의 읽기 속도 및 시기능(시효율)을 향상시킬 수 있는 이유 1가지를 쓰시오. [1점]

기본이론 180-181p

 근시

안질환과 교육적 조치
- 외막 질환
- 중막 질환
- 수정체 질환
- 방수 질환
- 망막 질환
- 시신경 질환
- 외안근 이상
- 굴절 이상
- 시청각장애(맹농) 질환
- 기타 질환

### 근시
가까운 곳이 잘 보이고 먼 곳이 잘 보이지 않는 눈의 상태 → 눈에 들어오는 평행 광선이 각막이나 수정체를 통과해 망막까지 도달하지 못하고 바로 앞의 유리체 내에 초점을 맺는 것

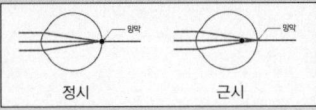

### 근시 교육적 조치
- 책을 읽을 때 오목렌즈를 사용함
- 칠판의 글씨를 잘 보지 못하기 때문에 앞좌석에 앉도록 배치함
- 일정 시간 동안 책을 읽은 후에는 5~10분 정도 눈을 쉬게 하는 것이 좋음
- 학생에게 주는 인쇄물은 글자 크기가 적당하고 선명한 대비가 이루어진 것이어야 함. 각 아동에게 알맞은 글자의 크기나 대비를 파악하기 위해 학습매체 평가를 실시함
- 고도근시 아동의 경우 신체적 운동(권투·레슬링 등)에 참여하기 전 의사와 상의가 필요함

 ③

2009학년도 초등 23

**23** 다음 (가)는 초등학교 4학년 사회과 '우리 시·도의 자연과 생산활동' 단원의 수업 계획이고, (나)는 일반학급에 통합된 시각장애 학생 정호의 특성이다. 정호의 특성을 고려할 때, 가장 적절한 지도사항은?

(가)

| 단계 | 교수·학습 활동 |
|---|---|
| 탐구 문제 파악 | 여러 지역의 특산물에 대한 영상물 상영 및 탐구 문제 제시 |
| 가설 설정 | 지역의 자연환경과 특산물 간의 관계를 가설로 설정 |
| 탐색 | 주요 지역의 특산물에 대한 모둠별 조사계획 |
| 정보 수집 및 처리 | 자료 조사 및 조사 결과를 모둠별로 정리 |
| 결과 제시 | 모둠별로 발표 개요를 칠판에 적고, 조사 결과를 발표 |

(나)

정호의 특성
- 대비감도가 낮다.
- 좋은 쪽 눈의 교정시력이 0.08이다.
- 학업성취도 수준은 학급 내에서 보통이다.
- 가까이 있는 사물은 볼 수 있지만 멀리 있는 사물은 거의 보지 못한다.

① 색깔 단서가 적은 자료를 제공한다. — ① 대비가 높은 자료를 제공해야 함
② 모둠 활동에 참여시키지 않고 개별과제를 하도록 한다. — ② 모둠활동에 참여시키지 않는 것은 부적절함
③ 사회 교과서를 읽을 때 오목렌즈 안경을 사용하도록 지도한다.
④ 주요 특산물을 표시한 우리나라 지도를 점자지도로 제작해준다. — ④ 정호는 저시력 학생이므로 점자지도를 제공하는 것은 적절하지 않음
⑤ 정호가 자리에 앉아서 칠판에 적힌 모둠별 발표 개요를 읽을 수 있게 확대경을 제공한다. — ⑤ 앉은 자리에서 칠판에 적힌 글씨를 보기 위해 필요한 보조기기는 확대경이 아닌 망원경임

### 확장하기

#### ☀ 기타 질환 – 복시(이태훈, 2024.)

- 복시는 1개의 물체가 2개로 보이는 현상을 의미한다. 한 눈으로 볼 때 사물이 2개로 보이는 현상을 한눈 복시(단안 복시), 양 눈의 정렬이 잘못되어 생기는 복시는 두눈 복시(양안 복시)라고 한다.
- 한눈 복시의 원인은 각막 손상, 난시, 수정체 탈구, 백내장, 원추 각막, 익상편 등이 있다. 안구는 외안근에 의해 움직이는데, 하나의 안근에 이상이 발생하면 두 눈의 초점이 달라지는 두눈 복시가 발생한다. 두눈 복시의 원인은 외안근 염증 및 손상, 신경 마비, 중증 근무력증 등이 있다.
- 두눈 복시는 한쪽 눈을 감았을 때 복시가 사라지는지를 기준으로 진단할 수 있다. 이때 물체의 상이 위아래로 생기는지, 옆으로 생기는지, 상이 기울어져 보이는지 확인한다. 성인의 경우 보이는 것을 잘 묘사할 수 있으므로 복시를 쉽게 진단할 수 있지만, 어린 아동의 복시를 진단하는 것은 어렵다. 아동이 눈을 많이 비비거나, 손으로 가리거나, 곁눈질을 하거나, 머리를 한쪽으로 기울이는 등의 행동을 한다면 복시를 의심할 수 있다.
- 복시 치료 방법은 그 원인에 따라 차이가 있다. 근육 이상, 백내장이나 익상편에 의해 생긴 복시는 수술을 통해 교정하고, 난시로 인해 생긴 복시는 특수 콘택트 렌즈나 안경을 사용해 교정한다. 사시가 있는 아이에게는 안경을 착용시키거나 눈을 올바르게 정렬시키는 훈련을 위한 프리즘 치료를 시행하되, 복시 증상이 심하면 사시 교정 수술이 필요할 수 있다.
- 사시를 동반한 시각장애 학생을 위한 교육적 고려사항은 다음과 같다.

  - 눈의 피로감이나 현기증을 느낄 수 있으므로 잦은 휴식 시간을 허용한다.
  - 고대비의 라인 마커를 사용해 주요 정보나 내용에 표시한다.
  - 고대비 자료를 사용하고 눈부심(빛 반사)을 감소시킨다.
  - 새로운 환경에 친숙해질 수 있도록 보행에서 친숙화 교육을 실시한다.

# CHAPTER 03 저시력 학생을 위한 교육적 중재

**01** Corn의 시기능 모델

- 시기능 모델
  - 아동 능력
  - 시각 능력
  - 환경 요인
- 시기능 향상 접근법
  - 시각 자극 접근(인식 돕기)
  - 시각 효율 접근(해석 돕기)
  - 시각 활용 접근(적극적 참여 돕기)

**02** 시각 활용 기술 훈련(시각전략)

- 중심시야 상실에 따른 시각기술
  - 중심외 보기 기술
  - 저시각 학생과 물체 사이의 거리를 가깝게 조절
- 주변시야 상실에 따른 시각기술
  - 잔존시야를 활용하는 시각기술
    - 추시
    - 추적
    - 주사
  - 저시각 학생과 물체 사이의 거리를 멀게 조절
  - 시야 확대 보조구
    - 리버스 망원경
    - 프레넬 프리즘

**03** 저시력 학생을 위한 학습자료 수정(확대법)

- 상대적 거리 확대법
- 상대적 크기 확대법
- 각도 확대법
- 투사 확대법

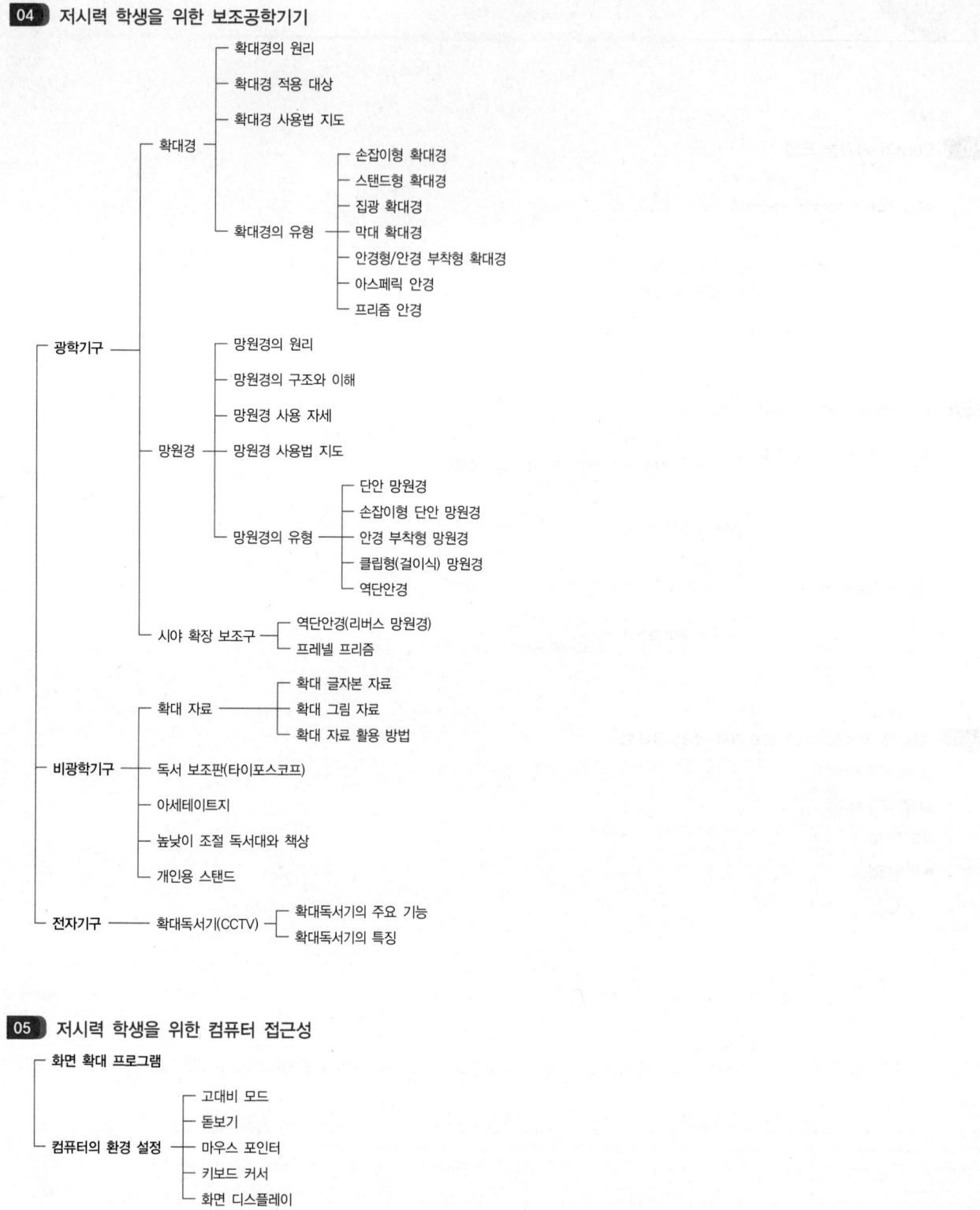

기본이론 186-189p

- 시기능 모델
- 시각 활용 기술 훈련(시각전략)

 Corn의 시기능 모델
┌ 시기능 모델
└ 시기능 향상 접근법
　(저시력을 위한 교육 접근)

시각 활용 기술 전략(시각전략)
┌ 중심시야 상실에 따른 시각기술
└ 주변시야 상실에 따른 시각기술

 Corn의 시기능 모델
- 시기능은 시각을 이용해 과제를 수행하는 능력으로, 시기능의 수준은 아동의 시력, 과거 시각적 경험, 시각을 사용하려는 동기와 욕구, 주변의 기대에 좌우됨
- 시효율을 높이기 위한 시기능 요인
  - 아동 능력: 인지, 지각, 심리적·신체적 구성, 감각통합
  - 시각 능력: 시력, 시야, 안구운동, 뇌기능, 빛 지각과 색각
  - 환경 요인: 색상, 대비, 시간, 공간, 조명

망막색소변성 교육적 조치
- 주변부 간체 손상부터 점차 중심시력까지 저하되어 실명에 이름
- 좁아진 시야를 효율적으로 활용할 수 있도록 시각기술을 지도함

 ⑤

2011학년도 중등 32

**01** 학생 A는 최근에 나타난 망막색소변성으로 시각장애 2급 판정을 받았다. 특수교사는 학생 A가 통합학급에서 효율적으로 교육받을 수 있도록 다음에 제시한 콘(Corn)의 모델을 활용하여 시기능을 평가·훈련하고자 한다. 교사의 평가 및 훈련 계획으로 적절하지 <u>않은</u> 것은?

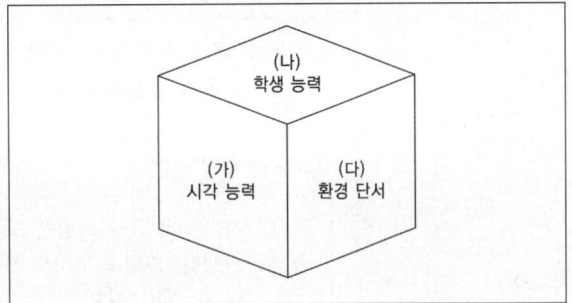

① 시지각은 학생의 경험 및 지식과 관련이 있으므로, 시기능 훈련 시 인지적 요인을 고려한다.
② (가)에는 시력, 시야, 안구운동, 뇌기능, 빛지각과 색각이 포함되므로, 이러한 능력을 고려하여 시기능 훈련을 계획한다.
③ (나)에는 감각발달통합 능력이 포함되므로, 다양한 감각 정보를 조직화하고 해석하는 능력을 시기능 훈련에 포함시킨다.
④ (다)를 참고하여, 학생 A가 광학 및 비광학기구를 활용할 때, 색상, 대비, 시간, 공간 및 조명의 효과성을 다양한 환경에서 평가한다.
⑤ 학생 A는 지속적인 시기능 저하가 나타날 수 있으므로 심리적 안정을 고려하며, 중심외보기를 통해 주변시야를 활용하는 시기능 훈련을 한다.

⑤ 망막색소변성은 주변시야 상실에 따른 시각기술이 필요함. '중심외보기'는 손상된 중심시야 대신 주변시야를 활용하는 시기능 훈련임

참고자료: 기본이론 187-188p

 키워드: 중심시야 상실에 따른 시각기술

구조화틀 **시각 활용 기술 전략(시각전략)**
- 중심시야 상실에 따른 시각기술
- 주변시야 상실에 따른 시각기술

 **중심외 보기**
- 시야 중심부에 손상이 있으면 시력이 저하되고, 목표물을 똑바로 바라볼 때 물체의 가운데가 보이지 않아 물체를 알아보기 어려울 수 있음 → 따라서 황반변성, 시신경 위축, 망막박리 등으로 시야 중심부의 손상이나 암점이 있는 학생은 시야 중심부에서 비교적 가까운 주변부 시야로 보는 중심외 보기 기술을 익혀야 함
- 중심외 보기를 하는 학생은 정면에 위치한 물체를 보기 위해 안구나 고개가 정면을 향하지 않고, 안구나 고개를 돌려 주변부로 봐야 하는데, 학생마다 시야 중심부의 손상 위치와 크기에 따라 중심외 보기 방향이 다를 수 있음
- 중심외 보기 방향과 위치를 확인할 수 있는 검사 : A4용지 검사, 시계보기검사

🚩 중심부 암점(좌)과 12시 방향으로 중심외 보기(우)

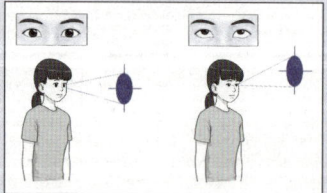

 모범답안: 중심외 보기

**02** 다음의 (가)는 저시력학생 A의 시각 특성이고, (나)는 시각장애 특수학교 교사가 미술 수업을 하고 있는 장면이다. 특수교사가 학생 A에게 가르치고 있는 시각 활용 기술에 해당하는 용어를 쓰시오. [2점]

2014학년도 중등 A9

(가) 학생 A의 시각 특성

- 교정시력 : 좌안 광각, 우안 0.08
- 시야 : 우안 중심(부) 암점

(나) 미술 수업 장면

교사 : 자, 책에 있는 그림을 보세요.
학생 : 선생님, 그림을 똑바로 보면 그림 전체가 오히려 더 잘 안 보여요.
교사 : 그러면 그림의 약간 위쪽, 오른쪽, 아래쪽, 왼쪽을 한 번씩 보세요. 그림의 어느 쪽을 볼 때 가장 잘 보이나요?
학생 : 그림의 약간 오른쪽을 볼 때가 가장 잘 보이는 것 같아요.
교사 : 그러면 책에 있는 다른 그림들을 볼 때도 그림의 약간 오른쪽을 보도록 하세요.

기본이론 187-188p

중심시야 상실에 따른 시각기술

시각 활용 기술 전략(시각전략)
- 중심시야 상실에 따른 시각기술
- 주변시야 상실에 따른 시각기술

**핵심 개념**

**중심외 보기**
- 시야 중심부에 손상이 있으면 시력이 저하되고, 목표물을 똑바로 바라볼 때 물체의 가운데가 보이지 않아 물체를 알아보기 어려울 수 있음 → 따라서 황반변성, 시신경 위축, 망막박리 등으로 시야 중심부의 손상이나 암점이 있는 학생은 시야 중심부에서 비교적 가까운 주변부 시야로 보는 중심외 보기 기술을 익혀야 함
- 중심외 보기를 하는 학생은 정면에 위치한 물체를 보기 위해 안구나 고개가 정면을 향하지 않고, 안구나 고개를 돌려 주변부로 봐야 하는데, 학생마다 시야 중심부의 손상 위치와 크기에 따라 중심외 보기 방향이 다를 수 있음
- 중심외 보기 방향과 위치를 확인할 수 있는 검사: A4용지 검사, 시계보기검사

🚩 중심부 암점(좌)과 12시 방향으로 중심외 보기(우)

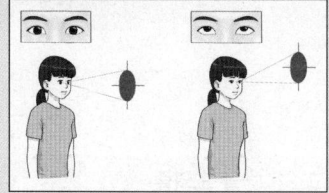

ⓑ 중심외 보기

**2025학년도 중등 A7**

**03** (가)는 ○○ 특수학교 시각장애 학생의 특성이고, (나)는 학생별 교육적 고려 사항이고, (다)는 학생 C의 시기능 훈련이다. 〈작성 방법〉에 따라 서술하시오. [4점]

(가) 학생 특성

| 이름 | 원인 | 특성 |
|---|---|---|
| 학생 A | • 대뇌피질시각장애 | • 빛을 응시하는 경향이 있음. |
| 학생 B | • 황반변성 | • 황반부에 암점이 있음. |
| 학생 C | • 망막색소변성 | • 터널 시야가 나타남. |

(나) 학생별 교육적 고려 사항

| 이름 | 교육적 고려 사항 |
|---|---|
| 학생 B | • ㉣필기 시 굵고 진한 선이 있는 종이와 검정색 사인펜을 사용하기<br>• ㉤상대적 크기 확대법을 적용하여 확대 독서기로 학습자료 접근성 높이기<br>• 중심부 시야가 손상이 되면 암점의 위치와 크기를 확인하여 ( ㉥ ) 방법 지도하기 |

> 황반부 변성이 심해지면 색지각과 대비감도도 저하될 수 있으므로 고대비 자료를 제공

**작성방법**
(나)의 괄호 안의 ㉥에 해당하는 내용을 쓸 것.

2022학년도 유아 A5

**04** 다음은 유아특수교사 장 교사와 시각장애 거점 특수교육지원센터에 근무하는 민 교사가 5세 유아 진서에 대해 나눈 대화의 일부이다. 물음에 답하시오. [5점]

○월 ○일
장 교사: 선생님, 우리 반 진서는 선천성 녹내장이 있는데 진행성이다보니 어머니께서 개별화교육계획에 ( ㉠ )을/를 포함한 시각 특성을 반영해달라고 하셨어요. 검사를 통해 그 특성을 파악해야 할 것 같은데, 어떤 검사가 좋을까요?
민 교사: ( ㉠ )을/를 측정하는 대표적인 검사로는 시계보기 검사, 대면법, 암슬러 격자 검사, 1.2m 띠를 활용한 검사 등이 있어요. 진서의 특성을 감안할 때 1.2m 띠를 활용한 검사를 추천해요. 시력, 대비 감도, 조명 선호 등 다른 시각적인 특성도 고려할 부분이 있는지 함께 확인해보세요. 그리고 진서의 행동도 주의 깊게 관찰하면서 종합적으로 판단하는 것이 좋아요. 특히 진서와 같은 경우에는 병원에서 하는 검사뿐만 아니라, ㉡유치원에서도 시각 평가를 자주 할 필요가 있어요.

○월 □일
민 교사: 진서의 시각 특성을 고려해서 교육활동에 적용해보셨어요?
장 교사: 네, 자료를 제시할 때 ㉢진서의 눈과 자료의 거리를 조절하여 자료 전체의 모습을 볼 수 있도록 했어요. 교실 창문으로 햇살이 들어오니 진서가 눈부심을 많이 느껴 커튼을 치고 실내등을 조절해주었어요. 진서가 동화책을 볼 때에는 개인 조명을 사용하도록 하고 있어요. 또 진서가 동화책을 볼 때 ㉣추시하기(tracing)를 가르치기 시작했어요.

2) ㉢의 구체적인 방법을 쓰시오. [1점]

3) ① ㉣의 구체적인 지도내용을 1가지 쓰고, ② ㉣을 도와줄 수 있는 비광학기구를 1가지 쓰시오. [2점]

## 확장하기

### ✤ 거리와 시야 간 관계(이태훈, 2021.)

- **주변부 시야 손상**: 물체의 전체가 보이지 않을 때 물체로부터 더 멀리 떨어지면 물체의 상이 작아져 시야가 넓어지면서 전체가 보일 수 있음. 다만, 거리가 멀어지면 시력이 감소해 세부 요소를 정확히 확인하기 어려워지므로, 물체의 전체 윤곽을 확인한 후에 물체에 다시 가까이 다가가서 세부 요소를 살펴보는 단계적 보기 전략을 사용할 필요가 있음
- **중심부 시야 손상**: 물체를 바라볼 때 물체의 중심부가 보이지 않아 물체를 확인하기 어렵다면, 물체에 더 가까이 다가가는 것이 도움이 됨. 물체에 다가가면 눈의 암점의 크기는 변함이 없으나 물체가 커지는 효과가 있어 암점의 영향이 감소됨에 따라 물체의 더 많은 부분을 볼 수 있음

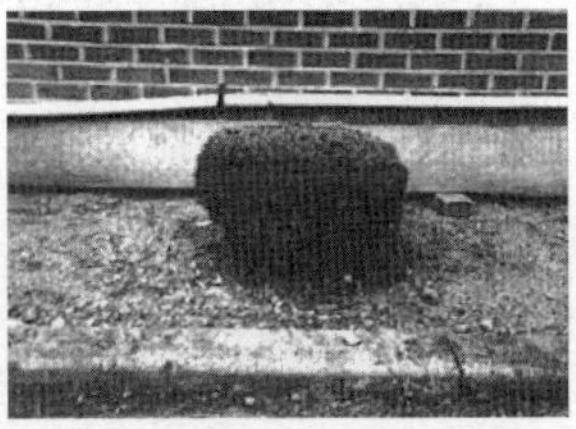

| 떨어져서 나무 보기 | 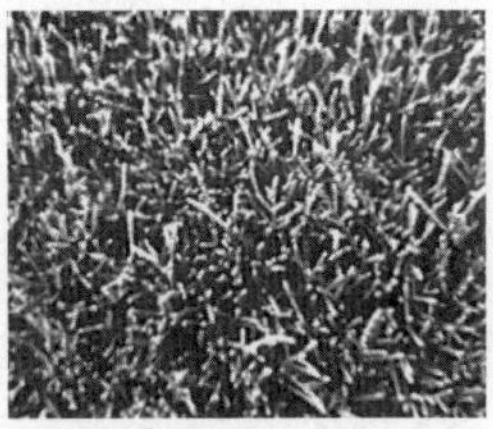 다가가서 나무 보기 |
|---|---|

### ✤ 시기능 훈련(이태훈, 2024.)

| | | |
|---|---|---|
| **고시** | 한 지점을 눈으로 계속 응시하는 기술 | |
| | 근거리 고시(코에 점 찍기) | 망원경으로 원거리 고시(시계 보기) |
| **중심외 보기** | 시야 중심부에서 비교적 가까운 주변 시야로 보는 기술 | |
| **추시** | 움직이지 않는 목표물을 눈으로 따라가며 목표물 전체를 보는 기술 | |
| | 근거리 추시 | 원거리 추시 |
| **추적** | 움직이는 목표물을 눈으로 따라가며 보는 기술 | |
| | 풍선 주고받기 | 망원경으로 움직이는 교사가 들고 있는 카드 읽기 |

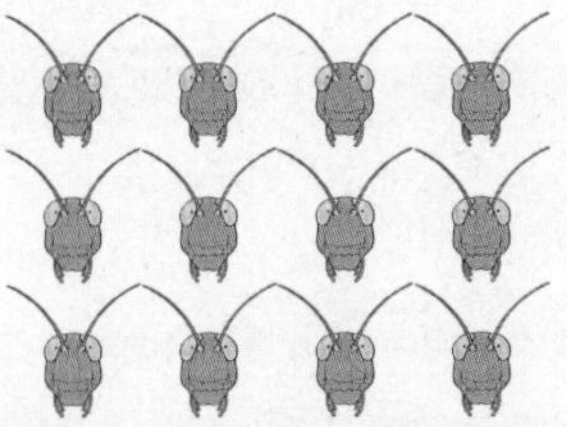

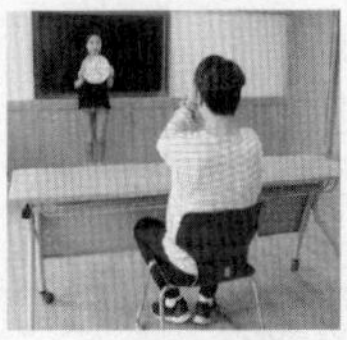

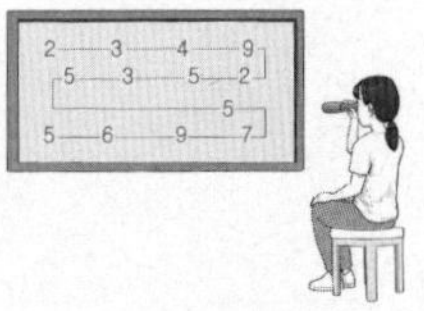

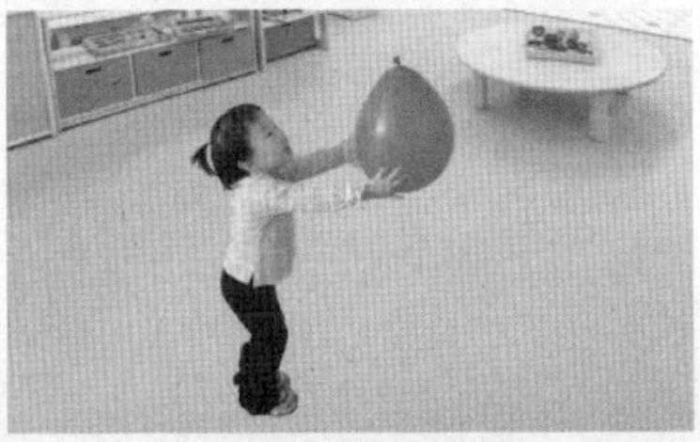

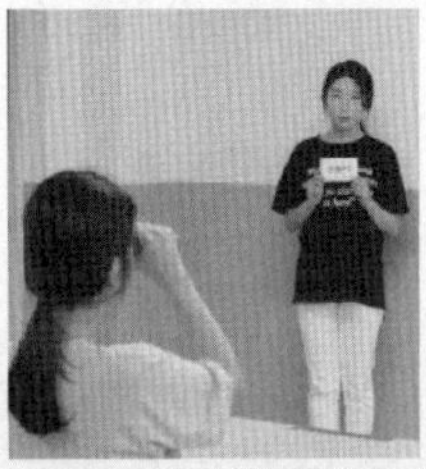

| 주사 | 특정 공간이나 장소를 눈이나 머리를 체계적으로 빠르게 움직이면서 빠뜨리지 않고 훑어보는 기술 ||
|---|---|---|
| | 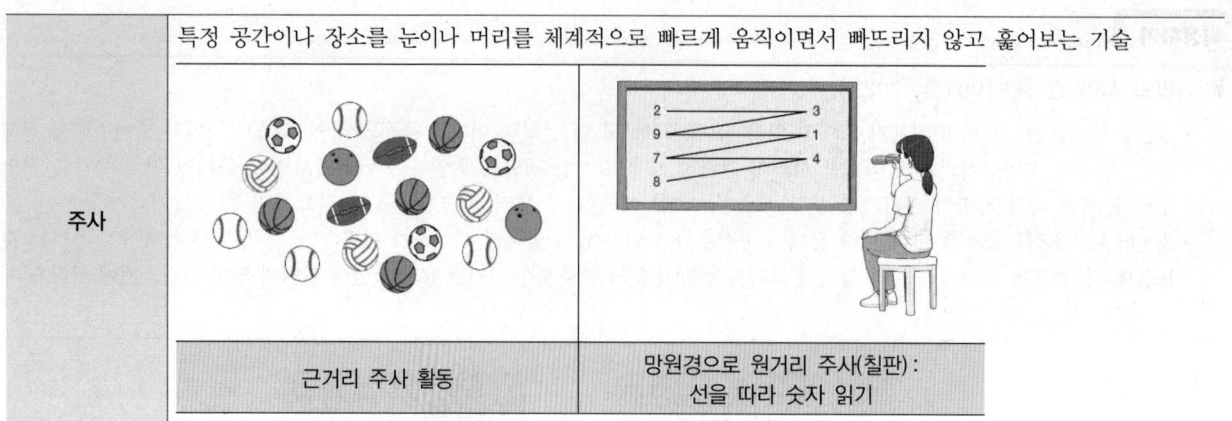 ||
| | 근거리 주사 활동 | 망원경으로 원거리 주사(칠판):<br>선을 따라 숫자 읽기 |

참고자료: 기본이론 188-189p

 키워드: 주변시야 상실에 따른 시각기술

 구조화툴: **시각 활용 기술 전략(시각전략)**
- 중심시야 상실에 따른 시각기술
- 주변시야 상실에 따른 시각기술

 핵심개념: **잔존시야를 활용하는 시각기술**

| 추시 | • 움직이지 않는 목표물을 눈으로 따라가며 목표물 전체를 보는 기술<br>• 시야가 좁은 학생은 목표물의 전체를 한 번에 보기 어렵기 때문에 전체를 확인하기 위해 목표물의 시작부터 끝부분까지 눈으로 따라가면서 보는 것이 필요함<br>• 문장 읽기, 표지판 읽기, 인도에서 펜스나 연석을 따라 걷기 등의 활동 시 유용 |
|---|---|
| 추적 | • 움직이는 목표물을 눈으로 따라가며 보는 기술<br>• 시야 손상이 있는 학생은 마우스 커서의 움직임 따라가기, 공 주고받기, 이동하던 택시가 멈춰 서는 위치 확인하기, 움직이는 버스의 노선 번호 확인하기 등의 활동 시 유용 |
| 주사 | • 특정 공간이나 장소를 눈과 머리를 체계적으로 움직이면서 빠뜨리지 않고 훑어보는 기술<br>• 시야 손상이 있는 학생은 특정 장소에서 목표물을 찾는 데 어려움이 있음<br>• 바닥에 떨어진 물건 찾기, 책 페이지에서 특정 줄이나 단어 찾기, 운동장에서 사람 찾기, 상가 지역에서 특정 상점 찾기 등의 활동 시 유용 |

 모범답안: 추적

---

2025학년도 중등 A7

**05** (가)는 ○○ 특수학교 시각장애 학생의 특성이고, (나)는 학생별 교육적 고려 사항이고, (다)는 학생 C의 시기능 훈련이다. 〈작성 방법〉에 따라 서술하시오. [4점]

(가) 학생 특성

| 이름 | 원인 | 특성 |
|---|---|---|
| 학생 A | • 대뇌피질시각장애 | • 빛을 응시하는 경향이 있음. |
| 학생 B | • 황반변성 | • 황반부에 암점이 있음. |
| 학생 C | • 망막색소변성 | • 터널 시야가 나타남. |

(나) 학생별 교육적 고려 사항

| 이름 | 교육적 고려 사항 |
|---|---|
| 학생 C | • 독서를 할 때 줄을 따라 읽도록 타이포스코프 사용하기<br>• 시야 확대기구 제공하기<br>• 효율적인 잔존 시각 활용을 위한 시기능 훈련하기 |

**망막색소변성-터널시야**
- 읽기 활동에서 글 줄을 잃어버리는 현상이 나타나면 타이포스코프, 라이 읽기 가이드 드을 사용
- 시야확대보조기: 역단안경, 프레넬 프리즘
- 잔존시야 활용: 추시, 추적, 주사

(다) 학생 C의 시기능 훈련

〈움직이는 공 주고받기〉  〈움직이는 단어 카드 읽기〉

**작성방법**
(다)의 시기능 훈련에 나타난 시각 활용 기술의 명칭을 쓸 것.

참고자료 기본이론 188-189p

 키워드 주변시야 상실에 따른 시각기술

 구조화틀 시각 활용 기술 전략(시각전략)
- 중심시야 상실에 따른 시각기술
- 주변시야 상실에 따른 시각기술

**핵심개념** 잔존시야를 활용하는 시각기술

| | | |
|---|---|---|
| 추시 | • 움직이지 않는 목표물을 눈으로 따라가며 목표물 전체를 보는 기술<br>• 시야가 좁은 학생은 목표물의 전체를 한 번에 보기 어렵기 때문에 전체를 확인하기 위해 목표물의 시작부터 끝부분까지 눈으로 따라가면서 보는 것이 필요함<br>• 문장 읽기, 표지판 읽기, 인도에서 펜스나 연석을 따라 걷기 등의 활동 시 유용 | |
| 추적 | • 움직이는 목표물을 눈으로 따라가며 보는 기술<br>• 시야 손상이 있는 학생은 마우스 커서의 움직임 따라가기, 공 주고받기, 이동하던 택시가 멈춰 서는 위치 확인하기, 움직이는 버스의 노선 번호 확인하기 등의 활동 시 유용 | |
| 주사 | • 특정 공간이나 장소를 눈이나 머리를 체계적으로 움직이면서 빠뜨리지 않고 훑어보는 기술<br>• 시야 손상이 있는 학생은 특정 장소에서 목표물을 찾는 데 어려움이 있음<br>• 바닥에 떨어진 물건 찾기, 책 페이지에서 특정 줄이나 단어 찾기, 운동장에서 사람 찾기, 상가 지역에서 특정 상점 찾기 등의 활동 시 유용 | |

 모범답안 수진, 망막색소변성은 터널형 시야를 보이므로 주사와 추시를 통해 잔존시야를 활용할 수 있도록 한다.

---

2013학년도 초등 B6

**06** 다음의 (가)는 시각장애 특수학교 체육 담당 교사가 지도하는 학급 학생 현황이고, (나)는 '안전하게 달리기'를 제재로 작성한 교수·학습 계획의 일부이다. 물음에 답하시오. [5점]

(가) 학급 학생 현황

| 학생 | 안질환 | 시각장애 정도 | 학생 | 안질환 | 시각장애 정도 |
|---|---|---|---|---|---|
| 준수 | 선천성 녹내장 | 전맹 | 경호 | 선천성 백내장 | 저시력 |
| 현미 | 무홍채증 | 저시력 | 수진 | 망막색소변성 | 저시력 |

> 선천성 녹내장을 가진 학생 역시 주변시야 상실에 따른 시각기술 중재가 필요하지만, 준수의 시각장애 정도는 '전맹'이므로 잔존시야를 활용한 시각기술 중재가 필요하지 않음

(나) 교수·학습 계획

| 학습 목표 | 시각장애 정도에 따라 올바른 방법으로 달리기를 할 수 있다. | |
|---|---|---|
| 단계 | 교수·학습 활동 | 자료 및 유의점 |
| 도입 | 시각장애인 육상 올림픽 경기 동영상 시청하기 | |
| 전개 | 활동 1: 트랙 등 육상 활동 장소에 친숙해지도록 보행지도하기 | |
| | 활동 2:<br>• 시각장애 정도에 따른 달리기 방법 지도하기<br>- 저시력 학생: 출발 위치 확인하기, 자기 레인 유지하며 달리기 등을 위해 ⊙ 추시하기와 주사하기 기술 활용하기<br>- 전맹 학생: ⓒ 안내인(가이드 러너)과 함께 달리기 | 자기 기록을 점자 스티커에 적어 '나의 기록판'에 붙이기<br><br>예: ⓒ<br>●● ●○ ●○ ○●<br>●● ○● ○○ ○●<br>●● ○○ ●○ ○● |

1) (가)에서 (나)의 ⊙의 기술을 지도 받을 필요가 있는 학생의 이름을 쓰고, 이 학생을 선정한 이유를 쓰시오. [2점]

기본이론 190-191p

 저시력 학생을 위한 학습자료 수정

 확대법
- 상대적 거리 확대법
- 상대적 크기 확대법
- 각도 확대법
- 투사 확대법

 확대법

| 상대적 거리 확대법 | 물체가 눈에 가까울수록 망막상의 크기도 확대된다는 원리를 이용하는 방법 |
|---|---|
| 상대적 크기 확대법 | 물체의 실제 크기를 확대하는 방법 |
| 각도 확대법 | 렌즈의 굴절력을 사용해 확대하는 방법 |
| 투사 확대법 | 스크린에 투영해 확대하는 방법 |

모범답안 ③

2013학년도 중등 20

**07** 저시력 학생을 위한 확대법과 확대경에 대한 두 교사의 대화이다. ㉠~㉣ 중 옳은 것만을 있는 대로 고른 것은?

> 박 교사: 선생님, 저시력 학생을 위해 자료를 확대하는 방법 중 상대적 거리 확대법에 대하여 설명해주세요.
> 이 교사: 예. ㉠교과서나 교육 자료를 큰 문자로 인쇄하거나 확대 복사하는 것이 상대적 거리 확대법의 예입니다. —— ㉠ 상대적 크기 확대법에 해당함
> 박 교사: 각도 확대법은 무엇인가요?
> 이 교사: 각도 확대법은 광학기구를 이용하여 확대하는 방법입니다. 확대경을 이용하는 것이 좋은 예입니다. —— 각도 확대법의 정의

① ㉠, ㉣  ② ㉡, ㉢
③ ㉢, ㉣  ④ ㉠, ㉡, ㉢
⑤ ㉠, ㉡, ㉣

기본이론 190-191p

저시력 학생을 위한 학습자료 수정

확대법
- 상대적 거리 확대법
- 상대적 크기 확대법
- 각도 확대법
- 투사 확대법

확대법

| 상대적 거리 확대법 | 물체가 눈에 가까울수록 망막상의 크기도 확대된다는 원리를 이용하는 방법 |
|---|---|
| 상대적 크기 확대법 | 물체의 실제 크기를 확대하는 방법 |
| 각도 확대법 | 렌즈의 굴절력을 사용해 확대하는 방법 |
| 투사 확대법 | 스크린에 투영해 확대하는 방법 |

ⓜ 투사 확대법을 적용해 확대독서기로 학습자료 접근성 높이기

2025학년도 중등 A7

**08** (가)는 ○○ 특수학교 시각장애 학생의 특성이고, (나)는 학생별 교육적 고려 사항이고, (다)는 학생 C의 시기능 훈련이다. 〈작성 방법〉에 따라 서술하시오. [4점]

(가) 학생 특성

| 이름 | 원인 | 특성 |
|---|---|---|
| 학생 A | • 대뇌피질시각장애 | • 빛을 응시하는 경향이 있음. |
| 학생 B | • 황반변성 | • 황반부에 암점이 있음. |
| 학생 C | • 망막색소변성 | • 터널 시야가 나타남. |

(나) 학생별 교육적 고려 사항

| 이름 | 교육적 고려 사항 |
|---|---|
| 학생 B | • ㉣필기 시 굵고 진한 선이 있는 종이와 검정색 사인펜을 사용하기<br>• ㉤상대적 크기 확대법을 적용하여 확대 독서기로 학습자료 접근성 높이기<br>• 중심부 시야가 손상이 되면 안점의 위치와 크기를 확인하여 ( ㉥ ) 방법 지도하기 |

**작성방법**

(나)의 밑줄 친 ㉠~㉤ 중 틀린 내용을 2가지 찾아 기호를 쓰고, 바르게 고쳐 서술할 것.

기본이론 191p

- 대비감도
- 저시력 학생을 위한 학습자료 수정

 확대법
- 상대적 거리 확대법
- 상대적 크기 확대법
- 각도 확대법
- 투사 확대법

 확대법

학생의 잔존 시각과 학습 상황에 따라 확대법을 조합해 사용하는 것이 필요함
- 판서가 보이지 않는 학생을 상대적 거리 확대법을 적용해 교실 맨 앞줄에 앉도록 했으나 여전히 잘 보지 못한다면, 교사가 칠판의 글자 크기를 원래보다 2배 이상 크게 쓰는 상대적 크기 확대법을 함께 적용할 수 있음
- 각도 확대법에 따라 확대경을 사용해야 하는 학생이 확대경의 배율이 너무 높아 눈의 피로나 어지러움을 호소한다면, 확대경 배율을 낮추는 대신 학습 자료를 확대복사로 더 크게 확대해주는 상대적 크기 확대법을 함께 사용할 수 있음
- 고배율의 확대가 필요한 중도 저시력 학생에게는 두 가지 이상의 확대법을 함께 사용하는 것이 도움이 됨

 확대독서기(CCTV)

2020학년도 중등 A9

**09** (가)는 시각장애 학생 H와 I의 특성이고, (나)는 특수교사가 작성한 보조공학 지원 계획의 일부이다. 〈작성방법〉에 따라 서술하시오. [4점]

(가) 학생 H와 I의 특성

| 학생 I | |
|---|---|
| 시야 | 정상 |
| 대비감도 | 낮은 대비의 자료를 볼 때 어려움이 있음 |
| 근거리 시력 | 근거리 자료를 읽기 위해서 고배율 확대가 필요함 |

→ 대비감도가 낮음, 고배율의 확대가 필요함 → CCTV

(나) 보조공학 지원 계획

| 학생 | 보조공학 지원 내용 |
|---|---|
| I | ⓒ 책을 읽기 위해 투사확대법을 적용한 보조공학기기 지원이 필요함 |

[작성방법]

(가)의 학생 I의 특성에 근거하여 (나)의 밑줄 친 ⓒ에 적합한 보조공학기기를 1가지 쓸 것.

2016학년도 중등 A13

**10** (가)는 일반학교에 재학 중인 저시력 학생들의 정보이고, (나)는 그에 따른 교육 계획이다. 〈작성방법〉에 따라 순서대로 서술하시오. [4점]

(가) 학생 정보

| 학생 | 안질환 | 유형 |
|---|---|---|
| 이영수 | 시신경 위축 | 단순 시각장애 |
| 박근화 | 망막색소변성 | 단순 시각장애 |
| 정동기 | 당뇨망막병증 | 단순 시각장애 |
| 김영철 | 추체이영양증 | 단순 시각장애 |
| 김창운 | 미숙아망막병증 | 시각중복장애 (경도 정신지체) |
| 김영진 | 선천성 녹내장 | 단순 시각장애 |

(나) 교육 계획

| | | |
|---|---|---|
| 교육적 조치 | • 교실 바닥과 다른 색의 책상 제공 — 대비를 높이기 위함<br>• 학생에게 굵은 선이 그어진 공책 제공 —<br>• 휴식 시간을 자주 제공<br>• 독서대 제공 — 상대적 거리 확대법<br>• 교실의 제일 앞줄에 자리 제공<br>• 일반 교과서의 150% 크기인 확대교과서 제공 — 상대적 크기 확대법<br>• 판서 내용을 볼 수 있게 망원경 제공 — 상대적 각도 확대법<br>• 보행 훈련 제공 | |
| 국어과 지도 계획 | 교육과정 수정 | 읽기와 쓰기 영역에 묵자를 효율적으로 사용하는 데 필요한 학습 내용을 추가함 |
| | 교수·학습 운영 | 학생의 시력 변화와 요구에 기초하여 한 가지 문자 매체만을 강조하기보다는 필요에 따라 ㉠묵자와 점자를 병행하여 사용하게 함 |
| | 평가 방법 | • 자료를 확대하거나 (비)광학기구를 활용하여 실시함<br>• 지문의 양을 조절하고, 시력 정도에 따라 적정 평가 시간을 제공함<br>*김창운(시각중복장애)<br>• 단편적인 지식보다 활동에 초점을 두고 영역별 성취도를 종합적으로 평가함<br>• (    ㉡    ) |

[작성방법]

(나)의 '교육적 조치'에서 4가지 확대법 중 사용되지 않은 방법 1가지의 명칭과 이것을 수업에 활용할 때 예를 쓸 것.

참고자료: 기본이론 192-195p

키워드: 확대경(근거리용 저시각 기구)

구조화틀:
광학기구
├ 확대경 ─┬ 원리
│        ├ 적용 대상
│        ├ 사용법 지도
│        └ 유형
├ 망원경 ─┬ 원리
│        ├ 구조와 이해
│        ├ 사용 자세
│        ├ 사용법 지도
│        └ 유형
└ 시야 확장 보조구 ─┬ 역단안경(리버스)
                   └ 프레넬 프리즘

핵심개념

모범답안
㉠ 확대경을 통한 글자가 흐릿하게 보일 때는 확대경과 읽기 자료 사이의 거리를 초점거리에 맞춰준다.
또, 렌즈를 통해 보이는 글자 수가 적을 때는 눈과 확대경 사이의 거리를 가깝게 해 시야를 넓혀준다.

2014학년도 중등 B2

**11** 다음은 특수학교 최 교사가 보조공학 전문가와 함께 다양한 안질환 유형을 지닌 시각장애 학생들을 상담 및 관찰한 후, 이를 바탕으로 작성한 보조공학기기 중재 계획이다. ㉠~㉤ 중 상담 및 관찰 평가 결과에 적합하지 않은 중재 계획 2가지를 찾아 기호를 쓰고, 각각의 중재 계획을 바르게 수정하시오. [4점]

| 안질환 | 학생 상담 및 관찰 평가 결과 | 보조공학기기 중재 계획 |
|---|---|---|
| 선천성 녹내장 | 손잡이형 확대경을 올바르게 사용하지 못하여 독서할 때 글자가 흐릿하게 보이고 렌즈를 통해 보이는 글자 수가 적다고 호소함 | ㉠ 눈과 확대경 간의 거리를 멀게 하고, 확대경과 읽기 자료 간의 거리도 멀게 하여 보도록 지도함 |
| 선천성 백내장 | 낮은 대비감도로 인해 저대비 자료를 보거나 교구를 사용하는 데 어려움을 보임 | ㉡ 저대비 자료를 볼 때는 확대경 대신 전자독서확대기를 사용하게 하고, 교구의 색은 배경색과 대비가 높은 것을 활용함 |
| 망막색소변성증 | 점자교과서 외에 다양한 참고서의 점자 인쇄 자료와 전자 파일을 구하는 데 어려움을 보임 | ㉢ 광학문자 인식 시스템을 사용하여 묵자 인쇄 자료를 텍스트 파일로 변환시키는 방법을 지도함 |
| 시신경 위축 | 컴퓨터 화면에서 커서의 위치를 찾거나 마우스 포인터의 움직임을 따라 가는 데 어려움을 보임 | ㉣ 제어판에서 커서의 너비를 '넓게'로 조정하고, 마우스 포인터의 움직임 속도를 '느림'으로 조정함 |
| 미숙아 망막증 | 원거리의 물체나 표지판을 확인하는 데 어려움을 가지고 있어 단안 망원경 사용법을 배우기를 희망함 | ㉤ 양안 중 시력이 더 나쁜 쪽 눈으로 망원경을 보게 하고, 훈련 초기에는 목표물의 위치를 찾기 쉽도록 처방된 배율보다 높은 배율의 망원경을 사용하여 지도함 |

글자가 흐릿하게 보이는 것은 '초점거리'와 관련이 있고, 렌즈를 통해 보이는 글자 수가 적은 것은 '시야'와 관련이 있음

## 확장하기

### ❋ 확대경의 원리

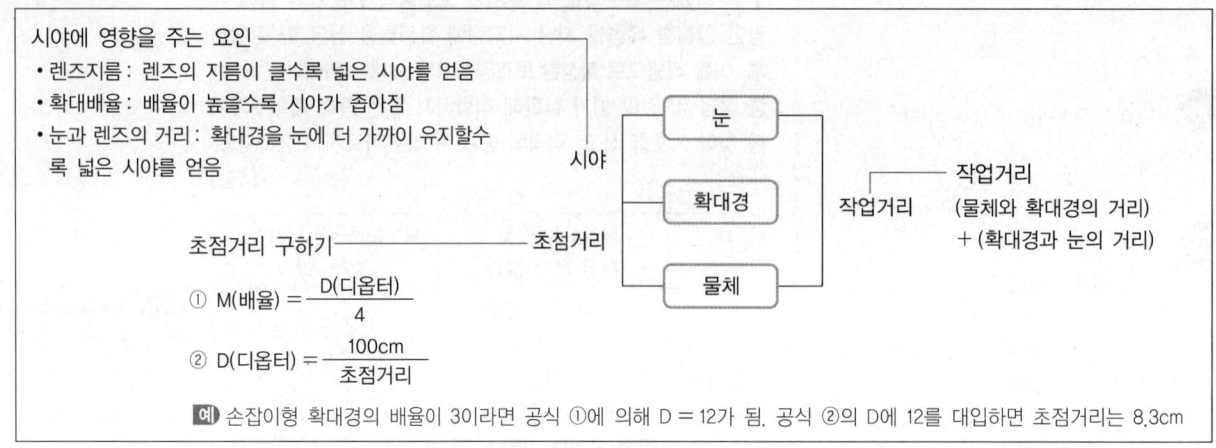

시야에 영향을 주는 요인
- 렌즈지름: 렌즈의 지름이 클수록 넓은 시야를 얻음
- 확대배율: 배율이 높을수록 시야가 좁아짐
- 눈과 렌즈의 거리: 확대경을 눈에 더 가까이 유지할수록 넓은 시야를 얻음

초점거리 구하기 —— 초점거리

① $M(배율) = \dfrac{D(디옵터)}{4}$

② $D(디옵터) = \dfrac{100cm}{초점거리}$

예) 손잡이형 확대경의 배율이 3이라면 공식 ①에 의해 D = 12가 됨. 공식 ②의 D에 12를 대입하면 초점거리는 8.3cm

작업거리 (물체와 확대경의 거리) + (확대경과 눈의 거리)

2021학년도 중등 B3

**12** (가)는 교육실습생이 담당하는 학급의 학생 특성이고, (나)는 지도 교사가 교육실습생에게 제공한 연수 자료의 일부이다. 〈작성방법〉에 따라 서술하시오. [4점]

(가) 학생 특성

| 학생 | 원인 | 특성 |
|---|---|---|
| A | 망막색소변성 | • 시력: 우안(0.2) / 좌안(0.1)<br>• 터널시야 |
| B | 황반변성 | • 시력: 우안(0.1) / 좌안(0.1)<br>• 중심외보기 전략 사용<br>• 읽기 활동 시 ㉠ 손잡이형 확대경 (+10D)을 사용 |
| C | 백색증 | • 시력: 우안(0.1)/ 좌안(0.1)<br>• 안구진탕<br>• 대비감도 감소 |
| D | 당뇨망막병증 | 시력: 양안 광각(Light Perception) |
| E | 선천성 백내장 | • 시력: 우안(0.05)/ 좌안(0.05)<br>• 시각중복장애(지적장애)<br>• 수정체 중심부 혼탁 |

학생 A의 경우 터널시야를 가지고 있으므로 '확대'의 원리가 아닌 좁은 시야 내 전체 상을 볼 수 있도록 하는 '축소'의 원리가 필요함
→ 사용할 수 있는 광학기구는 역단안경, 프레넬 프리즘, 확대독서기(축소)

학생 B의 경우 중심시야에 암점이 있으므로 암점을 피해서 물체를 볼 수 있도록 '확대'의 원리가 적용된 중재가 필요함

(나) 학습자료

고려사항
- 수업시간에 광학기구 사용방법을 함께 지도해야 함
- ㉡ 읽기 활동을 위해 학생이 필요로 하는 최소 글자 크기나 최소 확대 배율을 선택해야 함

〈작성방법〉

(가)의 밑줄 친 ㉠의 사용 방법을 지도할 때, 읽기 자료와 렌즈 사이의 거리를 쓰고, 읽기 자료와 렌즈 사이의 거리를 일정하게 유지해야 하는 이유를 1가지 서술할 것.

---

 기본이론 192-195p

 확대경

구조화 틀
광학기구
├ 확대경 ┬ 원리
│        ├ 적용 대상
│        ├ 사용법 지도
│        └ 유형
├ 망원경 ┬ 원리
│        ├ 구조와 이해
│        ├ 사용 자세
│        ├ 사용법 지도
│        └ 유형
└ 시야 확장 보조구 ┬ 역단안경(리버스)
                  └ 프레넬 프리즘

 확대경의 원리

• 확대경의 배율은 근거리 시력검사 결과에 기초해 결정하며, 좋은 쪽 눈으로 사용함 → 시력이 나쁠수록 높은 배율이 필요한데, 확대경의 배율이 높아지면 시야는 감소하고 렌즈의 주변부에서 상의 왜곡이 생겨 읽기 효율성이 떨어지기 때문임
• 확대경 사용을 위한 목표물·확대경·눈 간의 거리 관계 이해
  - 작업거리: 물체와 눈의 거리
  - 초점거리: 자료와 확대경의 거리로, 선명한 상을 얻기 위해 조절되는 거리 → 확대경의 배율에 맞게 거리를 일정하게 유지해야 함
  - 시야: 확대경과 눈의 거리는 시야에 영향을 미침

 10cm
초점거리를 맞추고 유지해야 해당 배율에 맞게 크고 선명하게 볼 수 있기 때문이다.

참고자료 기본이론 192-195p

키워드 확대경

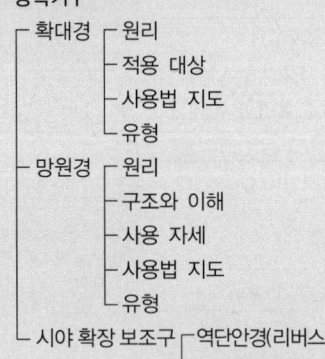
구조화툴 광학기구
- 확대경 — 원리
         — 적용 대상
         — 사용법 지도
         — 유형
- 망원경 — 원리
         — 구조와 이해
         — 사용 자세
         — 사용법 지도
         — 유형
- 시야 확장 보조구 — 역단안경(리버스)
                   — 프레넬 프리즘

핵심개념 확대경의 원리
- 확대경의 배율은 근거리 시력검사 결과에 기초해 결정하며, 좋은 쪽 눈으로 사용함 → 시력이 나쁠수록 높은 배율이 필요한데, 확대경의 배율이 높아지면 시야는 감소하고 렌즈의 주변부에서 상의 왜곡이 생겨 읽기 효율성이 떨어지기 때문임
- 확대경 사용을 위한 목표물·확대경·눈 간의 거리 관계 이해
  – 작업거리: 물체와 눈의 거리
  – 초점거리: 자료와 확대경의 거리로, 선명한 상을 얻기 위해 조절되는 거리 → 확대경의 배율에 맞게 거리를 일정하게 유지해야 함
  – 시야: 확대경과 눈의 거리는 시야에 영향을 미침

모범답안
① 확대경 렌즈와 글자 간 거리를 5cm로 일정하게 유지한다.
② 눈과 확대경 렌즈 간 거리를 최대한 가깝게 한다. 또는 확대경 렌즈의 직경이 큰 것을 사용한다.

---

2024학년도 초등 B3

**13** (가)는 특수학교에 재학 중인 시각장애 학생들의 특성이고, (나)는 2015 개정 특수교육 교육과정 중 공통 교육과정 체육과 5~6학년군 '쇼다운형 게임을 해요' 단원의 교수·학습 과정안 일부이다. 물음에 답하시오. [5점]

(가)

| 학생 | 특성 |
|---|---|
| 민호 | • 원인: 시신경위축<br>• ㉠읽기를 위해 5배율(X)의 손잡이형 확대경을 사용함<br>(단, $X = \dfrac{D(디옵터)}{4}$, 볼록 렌즈임) |
| 현아 | • 원인: 망막색소변성<br>• 시력: NLP(No Light Perception) |
| 영미 | • 원인: 녹내장<br>• 확대경 사용 방법 지도가 필요함<br>  – 확대 배율 ┐<br>  – 확대경 렌즈의 지름  [A]<br>  – 눈과 확대경 렌즈 간 거리 ┘ |

(나)

| 단원 | 1. 쇼다운형 게임을 해요. | 차시 | 1/4 |
|---|---|---|---|
| 학습 목표 | 쇼다운형 게임의 특성을 이해하고, 기본 자세를 익힐 수 있다. | | |
| 확대 핵심 교육 과정 (ECC) | • 점자<br>  – 현아: 점자 읽기 지도<br>• 확대경 사용<br>  – 영미: ㉡확대경을 사용할 때 넓은 시야로 자료를 볼 수 있도록 지도 | | |

1) ① (가)의 ㉠에 근거하여 민호가 글자를 가장 크고 선명하게 읽게 하는 교사의 지도 방법 1가지를 쓰고(단, 확대경 렌즈와 글자 간 거리를 관련지을 것), ② (가)의 [A]를 고려하여 (나)의 ㉡의 방법 1가지를 쓰시오. [2점]

기본이론 192-195p

 확대경(근거리용 저시각 기구)

 광학기구
```
광학기구
 ├ 확대경 ─┬ 원리
 │        ├ 적용 대상
 │        ├ 사용법 지도
 │        └ 유형
 ├ 망원경 ─┬ 원리
 │        ├ 구조와 이해
 │        ├ 사용 자세
 │        ├ 사용법 지도
 │        └ 유형
 └ 시야 확장 보조구 ─┬ 역단안경(리버스)
                    └ 프레넬 프리즘
```

**확대경의 적용 대상**
- 확대경은 중심시력을 상실한 경우에는 효과적임 → 중심 암점이 있는 학생은 상대적으로 높은 배율을 사용하면 암점의 영향을 감소시킬 수 있음
- 주변시야를 상실한 아동이 확대경을 사용하면 아동의 시야보다 더 좁은 시야를 갖게 됨 → 만약 주변시야를 상실한 아동이 확대경을 사용해야 할 경우 상대적으로 낮은 배율을 사용하면 시야 감소 문제를 줄일 수 있음

**초점거리 관련 문제의 유형**
- 배율이 주어지는 경우
- 렌즈의 굴절력(디옵터)이 주어지는 경우
- 초점거리가 주어지고 배율을 구하는 경우

 ㉠ -20
㉡ 암점

2015학년도 중등 A4

**14** 다음은 저시력 학생의 보조공학기기에 대한 설명이다. 괄호 안의 ㉠, ㉡에 들어갈 말을 순서대로 쓰시오. [2점]

> 저시력 학생의 보조공학기기는 크게 나누어 광학기구와 비광학기구, 그리고 전자보조기구 등이 있다. 광학기구에는 확대경과 망원경, 안경 등이 있으며, 각각에 사용되는 렌즈는 굴절력을 갖고 있다. 렌즈의 도수는 디옵터(Diopter : D)로 표시한다. 오목렌즈를 사용하는 학생이 초점거리가 5cm인 렌즈를 사용한다면 이 학생의 렌즈 도수는 ( ㉠ ) D가 된다.
> 확대경은 중심시야에 ( ㉡ )이/가 있는 학생에게 도움이 되며, 중심시력을 상실하지 않았을 경우에는 크게 도움이 되지 않는다.

- 오목렌즈의 도수는 (-)로 표시
- 볼록렌즈의 도수는 (+)로 표시

2017학년도 중등 B6

**15** (가)는 학생 S의 특성이고, (나)는 사회과 '도시의 위치와 특징' 단원의 전개 계획이다. ㉠을 이용하여 가장 큰 배율과 넓은 시야로 지도 보는 방법을 서술하시오. [5점]

(가) 학생 S의 특성

- 황반변성증으로 교정시력이 0.1이며, 눈부심이 있음
- 묵자와 점자를 병행하여 학습하고, 컴퓨터 사용을 많이 함
- 주의집중력이 좋으나, 지체·중복장애로 인해 상지의 기능적 사용에 어려움이 있고, 빛에 매우 민감하게 반응함
- 키보드를 통한 자료 입력 시 손이 계속 눌려 특정 음운이 연속해서 입력되는 경우가 자주 있음(예 ㄴㄴㄴ나)

※ 황반변성은 중심시력을 상실한 경우이므로 확대경 적용 대상에 해당함

(나) '도시의 위치와 특징' 단원 전개 계획

| 차시 | 주요 학습 내용 | 학생 S를 위한 고려사항 |
|---|---|---|
| 1 | 세계의 여러 도시 위치 확인하기 | ㉠손잡이형 확대경(+20D)을 활용하여 지도를 보게 함 |
| 2~4 | 인터넷을 통해 유명하거나 매력적인 도시 찾아보기 | • 컴퓨터 환경 설정 수정(윈도우용)<br>- ㉡고대비 설정을 통해 눈부심을 줄이고 대비 수준을 높임<br>- ㉢토글키 설정을 통해 키보드를 한 번 눌렀을 때 누르는 시간에 관계없이 한 번만 입력되게 함 |
| 5~6 | 도시별 특징을 찾고 보고서 작성하기 | ㉣키보드를 누를 때 해당 키 값의 소리가 나게 '음성인식' 기능을 설정함 |
| 7 | 관련 웹 콘텐츠를 통해 단원 평가하기 | • ㉤색에 관계없이 인식될 수 있는 콘텐츠를 활용함<br>• ㉥깜빡이거나 번쩍이는 콘텐츠가 없는 사이트를 활용함 |

[작성방법]

㉠의 사용 방법을 작성할 때, 렌즈와 사물과의 거리, 렌즈와 눈과의 거리를 포함하여 서술할 것.

| | |
|---|---|
| 참고자료 | 기본이론 192-195p |
| 키워드 | 확대경(근거리용 저시각 기구) |
| 구조화틀 | 광학기구<br>┌ 확대경 ┬ 원리<br>│         ├ 적용 대상<br>│         ├ 사용법 지도<br>│         └ 유형<br>├ 망원경 ┬ 원리<br>│         ├ 구조와 이해<br>│         ├ 사용 자세<br>│         ├ 사용법 지도<br>│         └ 유형<br>└ 시야 확장 보조구 ┬ 역단안경(리버스)<br>                    └ 프레넬 프리즘 |
| 핵심개념 | |
| 모범답안 | ⑤ |

2011학년도 초등 36

**16** (가)는 통합학급 신 교사가 사물의 위치 표현을 가르치기 위해 작성한 초등영어 지도 계획이고, (나)는 특수학급 최 교사가 4학년 시각장애 학생 현아에 대해 작성한 내용이다. 최 교사가 통합학급에 배치된 현아의 영어 수업을 위해 신 교사에게 조언한 교수 적합화(교수적 수정)의 내용 중 가장 적절한 것은?

(가)

Objective : Students will be able to ask and answer questions about the position of objects.
Place : ⓐ regular classroom

| Steps | Procedures | Teaching-Learning Activities | |
|---|---|---|---|
| | | Teacher | Students |
| Introduction | | (생략) | |
| Development | Look and Listen | ⓑ puts a set of picture cards on the blackboard and describes the position of each object in English. | look at the picture cards and listen to what the teacher says. |
| | Listen and Do | • ⓒ demonstrates what he/she says (for example, putting a pencil on the desk).<br>• asks students to act as he/she says (for example, putting your pencil case on the chair). | listen to the teacher and act out what he/she asks them to do. |
| | Let's Practice | • ⓓ distributes a set of picture cards to students.<br>• directs them to choose their partner and practice asking and answering about the position of the objects in the picture cards. | ⓔ ask and answer the question with the picture cards the partner shows. |
| Consolidation | | (생략) | |

(나)

- 시각장애 3급임
- 수정체 중심 부위가 뿌옇게 흐려짐
- 4배율(1X = 4D) 손잡이형 확대경을 사용함 ──── → $16 = \dfrac{100}{\text{초점거리}}$
- 시각장애를 제외한 다른 장애는 없음 ────── → $\text{초점거리} = \dfrac{100}{16} = 6.2\text{cm}$

① ⓐ: 조명은 700룩스 이상으로 높인다.
② ⓑ: this, that, it 등 대명사를 자주 사용한다.
③ ⓒ: 교실 유리창 근처에서 시범을 보인다.
④ ⓓ: 현아에게 광택이 많이 나는 그림카드를 별도로 제공한다.
⑤ ⓔ: 확대경과 그림카드 간의 초점거리를 6cm 정도 유지하여 사용하게 한다.

기본이론 192-195p

 확대경(근거리용 저시각 기구)

 광학기구
- 확대경
  - 원리
  - 적용 대상
  - 사용법 지도
  - 유형
- 망원경
  - 원리
  - 구조와 이해
  - 사용 자세
  - 사용법 지도
  - 유형
- 시야 확장 보조구
  - 역단안경(리버스)
  - 프레넬 프리즘

 확대경의 실제 사용(초점거리 맞추기) 방법
① 확대경 렌즈를 자료에 갖다 댄 후 천천히 멀어지면서 가장 크고 선명한 상이 보일 때 멈춤
② 확대경 렌즈를 눈 가까이에 댄 후 천천히 자료에 다가가면서 가장 크고 선명한 상이 보일 때 멈춤
③ 자료와 눈의 거리를 20~25cm 정도 유지한 상태에서 자료로부터 확대경 거리를 증감시키면서 가장 크고 선명한 상이 보일 때 멈춤

확대경의 유형

| | |
|---|---|
| 손잡이형 확대경 | • 배율에 따라 초점거리를 자유롭게 조절할 수 있음<br>• 수전증이나 상지에 근육운동 장애가 있는 학생의 경우 사용에 어려움이 있고, 초점거리에 대한 이해가 부족한 어린 아동이나 중도의 지적장애 아동도 사용하기 어려움 |
| 스탠드형 확대경 | • 확대경과 물체의 거리가 일정하게 유지됨<br>• 초점거리가 고정되어 있어 수전증이나 상지근육 운동장애가 있는 아동, 나이가 어린 아동 등에게도 효과적임 |
| 플랫베드 확대경 | • 빛을 모으는 성질이 있어 높은 조명을 요구하는 저시각인에게 효과적임<br>• 시야가 좁고 무거움 |
| 막대 확대경 | 긴 막대 모양의 확대경으로, 확대 배율은 낮은 편이지만 독서 시 글줄을 자주 놓칠 때 도움이 됨 |
| 안경 장착형 확대경 | • 안경에 확대경을 부착해 두 손을 자유롭게 사용할 수 있어 읽기와 쓰기를 동시에 할 수 있음<br>• 확대경과 책의 거리를 일정하게 유지하며 사용할 수 있음 |

모범답안 ①

2012학년도 초등 7

**17** 다음은 시각장애 특수학교의 초임교사가 저시력 학생의 시기능 향상을 위한 저시력 기구 사용과 지도방법에 대해 경력교사와 나눈 대화이다. 경력교사의 설명 중 옳지 <u>않은</u> 것은?

① ㉠
② ㉡
③ ㉢
④ ㉣
⑤ ㉤

㉠ 확대경 적용 대상은 중심시력을 상실한 경우임
→ 주변시야를 상실한 경우 확대경을 사용하면 아동의 시야보다 더 좁은 시야를 갖게 되므로 부적절함

기본이론 192-195p

키워드: 확대경(근거리용 저시각 기구)

구조화틀 광학기구
- 확대경 ─ 원리
  ├ 적용 대상
  ├ 사용법 지도
  └ 유형
- 망원경 ─ 원리
  ├ 구조와 이해
  ├ 사용 자세
  ├ 사용법 지도
  └ 유형
- 시야 확장 보조구 ─ 역단안경(리버스)
  └ 프레넬 프리즘

핵심개념

모범답안
③

2013학년도 중등 20

**18** 저시력 학생을 위한 확대법과 확대경에 대한 두 교사의 대화이다. ㉠~㉣ 중 옳은 것만을 있는 대로 고른 것은?

박 교사 : 선생님, 저시력 학생을 위해 자료를 확대하는 방법 중 상대적 거리 확대법에 대하여 설명해주세요.

이 교사 : 예. ㉠<u>교과서나 교육 자료를 큰 문자로 인쇄하거나 확대 복사하는 것이 상대적 거리 확대법의 예입니다.</u>

박 교사 : 각도 확대법은 무엇인가요?

이 교사 : 각도 확대법은 광학기구를 이용하여 확대하는 방법입니다. 확대경을 이용하는 것이 좋은 예입니다. ㉡<u>주변시야를 상실한 저시력 학생이 확대경을 사용하면 학생의 시야보다 넓은 시야를 가지게 됩니다.</u>

㉡ 확대경은 중심시야를 상실한 경우에는 효과적이지만, 주변시야를 상실한 경우에는 효과적이지 않음

박 교사 : 스탠드 확대경도 각도 확대법에 이용되는 광학기구인가요?

이 교사 : 예. ㉢<u>스탠드 확대경을 이용하면 확대경과 자료의 거리가 일정하게 유지되는 장점이 있습니다.</u>

박 교사 : 안경 장착형 확대경은 어떤 장점이 있나요?

이 교사 : 저시력 학생이 ㉣<u>안경 장착형 확대경을 이용하면 읽기와 쓰기를 동시에 할 수 있습니다.</u>

① ㉠, ㉣  ② ㉡, ㉢
③ ㉢, ㉣  ④ ㉠, ㉡, ㉢
⑤ ㉠, ㉡, ㉣

참고자료: 기본이론 192-195p

 키워드: 확대경(근거리용 저시각 기구)

 구조화틀:
광학기구
- 확대경
  - 원리
  - 적용 대상
  - 사용법 지도
  - 유형
- 망원경
  - 원리
  - 구조와 이해
  - 사용 자세
  - 사용법 지도
  - 유형
- 시야 확장 보조구
  - 역단안경(리버스)
  - 프레넬 프리즘

 핵심개념

 모범답안:
3) ① 주변시력이 손상되어 중심시력만을 사용하는 경우이다.
② 주변시야를 상실한 아동이 확대경을 사용하면 아동의 시야보다 더 좁은 시야를 갖게 되기 때문이다.

4) 스탠드형 확대경

---

2019학년도 유아 A1

**19** 다음은 통합학급 박 교사와 김 교사가 특수학급 윤 교사와 협의회에서 나눈 대화의 일부이다. 물음에 답하시오. [5점]

> 윤 교사: 김 선생님은 어떠세요?
> 김 교사: 저는 그림책을 보거나 사물을 관찰하는 활동을 할 때, 경호에게 확대경을 제공하고 있어요. 그런데 확대경이 모든 저시력 유아에게 도움이 되는 것은 아니라고 하던데 맞나요?
> 윤 교사: 맞아요. 확대경 사용이 대부분의 저시력 유아들에게는 도움이 되지만, ⓗ <u>어떤 유아들은 사용하면 안 되는 경우가 있어요.</u>
> 김 교사: 그래요? 저는 모두 도움이 되는 것으로 알고 있는데 아니었군요. 그런데 경호가 손잡이형 확대경을 사용할 때 손이 흔들려서 많이 힘들어 해요.
> 윤 교사: 그렇군요. 그러면 ( Ⓐ )을/를 사용하게 해 보세요.

손잡이형 확대경의 단점을 보완하는 스탠드형 확대경의 장점
- 확대경과 물체의 거리가 일정하게 유지되므로 수전증이나 상지의 근육 운동 장애가 있는 학생들도 효과적으로 활용할 수 있음
- 초점거리가 고정되어 있기 때문에 초점거리에 대한 이해 없이도 쉽게 사용할 수 있음

3) ① ⓗ에 해당하는 시각장애의 발생 원인을 1가지 쓰고, ② 이 유아들이 확대경을 사용하면 안 되는 이유를 쓰시오. [2점]

4) Ⓐ에 들어갈 확대경의 종류를 쓰시오. [1점]

참고자료: 기본이론 192-195p

 키워드: 확대경(근거리용 저시각 기구)

**구조화틀** 광학기구
- 확대경
  - 원리
  - 적용 대상
  - 사용법 지도
  - 유형
- 망원경
  - 원리
  - 구조와 이해
  - 사용 자세
  - 사용법 지도
  - 유형
- 시야 확장 보조구
  - 역단안경(리버스)
  - 프레넬 프리즘

**핵심개념** 확대경의 유형

| | |
|---|---|
| 손잡이형 확대경 | • 배율에 따라 초점거리를 자유롭게 조절할 수 있음<br>• 수전증이나 상지에 근육운동 장애가 있는 학생의 경우 사용에 어려움이 있고, 초점거리에 대한 이해가 부족한 어린 아동이나 중도의 지적장애 아동도 사용하기 어려움 |
| 스탠드형 확대경 | • 확대경과 물체의 거리가 일정하게 유지됨<br>• 초점거리가 고정되어 있어 수전증이나 상지근육 운동장애가 있는 아동, 나이가 어린 아동 등에게도 효과적임 |
| 플랫베드 확대경 | • 빛을 모으는 성질이 있어 높은 조명을 요구하는 저시각인에게 효과적임<br>• 시야가 좁고 무거움 |
| 막대 확대경 | 긴 막대 모양의 확대경으로, 확대 배율은 낮은 편이지만 독서 시 글줄을 자주 놓칠 때 도움이 됨 |
| 안경 장착형 확대경 | • 안경에 확대경을 부착해 두 손을 자유롭게 사용할 수 있어 읽기와 쓰기를 동시에 할 수 있음<br>• 확대경과 책의 거리를 일정하게 유지하며 사용할 수 있음 |

 **모범답안**

㉠이 적합한 이유: 손떨림이 있기 때문에 읽기 자료에 대고 사용하는 스탠드형 확대경이 유용하다.

㉠의 장점: 초점거리가 고정되어 있어 렌즈와 자료 간 초점거리를 일정하게 유지할 수 있다.

---

2024학년도 중등 B6

**20** (가)는 시각장애 ○○특수학교 음악과 교수·학습 지도안의 일부이고, (나)는 구음 장단의 점자 자료이다. 〈작성방법〉에 따라 서술하시오. [4점]

(가) 음악과 교수·학습 지도안

| 학습목표 | 사물놀이 악기를 연주하는 바른 자세와 연주법을 익혀 흥겹게 연주할 수 있다. | | | | |
|---|---|---|---|---|---|
| 지도계획 | 교수·학습 활동 | | | | 자료㉾ 및 유의점㉿ |
| 활동지도계획 | 도입 | 이전 차시 수업 상기<br>- 지난 시간에 배운 민요의 형식을 학생이 상기하도록 이야기하기 | | | |
| | 전개 | [활동 1] 사물놀이 악기를 연주하는 바른 연주 자세와 연주법 알기 | | | ㉾ 꽹과리, 장구, 징, 북 |
| | | 맹 학생 | 저시력 학생 | 시각중복 장애 학생 | |
| | | 사물놀이 악기의 연주 자세와 연주법에 대해 교사의 '신체적 안내법'과 설명을 병행하여 지도한다. | 배경이 단순한 곳에서 교사는 사물놀이 악기 연주 자세와 연주법을 시범 보이고, 학생이 이를 가까이에서 보도록 지도한다. | '손 아래 손 안내법'으로 사물놀이 악기를 탐색하는 활동에서 ㉡촉각 단서(touch cue)를 제공하여 지도한다. | ㉿ 저시력 학생은 손떨림이 있으므로 악기 지도 시 유의한다. |
| | | ※ ㉠ 스탠드형 확대경 제공 | | | |
| | | [활동 2] 제재곡 영남 가락 중 '별달거리' 악보를 보고 사물놀이 연주하기 | | | ㉾ 제재곡 악보 |

┌─ **작성방법** ─
│ (가)의 저시력 학생에게 밑줄 친 ㉠이 적합한 이유를 기기의 특성에 근거하여 1가지 쓰고, ㉠의 장점을 1가지 서술할 것.
└─

## 참고자료
기본이론 192-195p, 196-198p

## 키워드
- 확대경(근거리용 저시각 기구)
- 망원경(원거리용 저시각 기구)

## 구조화 툴
광학기구
- 확대경 ─ 원리
         ─ 적용 대상
         ─ 사용법 지도
         ─ 유형
- 망원경 ─ 원리
         ─ 구조와 이해
         ─ 사용 자세
         ─ 사용법 지도
         ─ 유형
- 시야 확장 보조구 ─ 역단안경(리버스)
                    ─ 프레넬 프리즘

## 핵심개념

## 모범답안
②

---

2012학년도 중등 27

**21** 다음은 시각장애 학생 A에 대한 정보이다. 이 정보를 통해 교사가 파악한 사항 중 적절한 것을 〈보기〉에서 고른 것은? [2.5점]

- 장애 정도: 시각장애 3급 호
- 손잡이형 확대경: 3X(안경 착용하지 않음)
- 손잡이형 단안 망원경: 보행 시 활용함
- 의료적 사항: 망막 간상체의 문제가 있음

┤ 보기 ├
ㄱ. 야맹증의 가능성이 있을 것이다.
ㄴ. 좋은 눈의 시력이 0.04 정도일 것이다.
ㄷ. 두 눈의 시야가 각각 주시점에서 10도 이하로 남았을 것이다.
ㄹ. 확대경의 배율을 고려하여 물체와 확대경 간의 초점 거리를 8cm 정도 유지할 것이다.
ㅁ. 근거리 시력검사의 결과를 바탕으로 처방받은 단안 망원경을 사용하고 있을 것이다.

① ㄱ, ㄴ     ② ㄱ, ㄹ
③ ㄴ, ㄷ     ④ ㄷ, ㅁ
⑤ ㄹ, ㅁ

ㄹ. 3X 배율이 주어져 있으므로 초점거리 공식에 대입 → 약 8cm의 초점거리를 유지해야 함

ㅁ. 망원경은 원거리 시력 개선용 보조기기로, 망원경의 배율은 원거리 시력검사 결과를 바탕으로 결정됨

참고자료
기본이론 196-198p

 키워드
망원경(원거리용 저시각 기구)

구조화틀
광학기구
├ 확대경 ─┬ 원리
│         ├ 적용 대상
│         ├ 사용법 지도
│         └ 유형
├ 망원경 ─┬ 원리
│         ├ 구조와 이해
│         ├ 사용 자세
│         ├ 사용법 지도
│         └ 유형
└ 시야 확장 보조구 ─┬ 역단안경(리버스)
                    └ 프레넬 프리즘

 핵심개념
**망원경 훈련을 위한 고려사항**
- 망원경의 배율은 저배율에서 점차 적정한 고배율로 단계적으로 적용해야 함. 망원경의 배율이 높을수록 시야가 좁아지기 때문에 초보 망원경 사용자는 공간에서 목표물을 찾기가 더욱 어려워짐
- 초기에는 망원경을 사용하지 않는 쪽의 눈을 차폐한 상태에서 훈련함. 처음부터 양 눈을 모두 뜬 상태로 망원경을 사용하면 시각적 혼란이 일어나 목표물을 찾거나 인식하는 데 어려움이 있을 수 있음
- 훈련 시간은 초기에는 짧게 자주 하고, 익숙해지면 점차 시간을 늘려감
- 훈련 목표물은 단순한 장소에서 대비가 잘 되는 큰 대상물로 시작해 점차 복잡한 장소에서 대비가 낮은 작은 대상물로 발전시킴
- 먼저 저시각인이 제자리에 서서 정지된 목표물을 사용해 실시하고, 점차 익숙해지면 움직이는 목표물을 사용해 훈련함

 모범답안
ⓜ 양안 중 시력이 더 좋은 쪽 눈으로 보게 한다.
망원경의 배율은 저배율에서 점차 적정한 고배율로 단계적으로 적용해야 한다. 망원경의 배율이 높을수록 시야가 좁아지기 때문에 초보 망원경 사용자는 공간에서 목표물을 찾기가 더욱 어려워진다.

2014학년도 중등 B2

**22** 다음은 특수학교 최 교사가 보조공학 전문가와 함께 다양한 안질환 유형을 지닌 시각장애 학생들을 상담 및 관찰한 후, 이를 바탕으로 작성한 보조공학기기 중재 계획이다. ㉠~㉤ 중 상담 및 관찰 평가 결과에 적합하지 않은 중재 계획 2가지를 찾아 기호를 쓰고, 각각의 중재 계획을 바르게 수정하시오. [4점]

| 안질환 | 학생 상담 및 관찰 평가 결과 | 보조공학기기 중재 계획 |
|---|---|---|
| 선천성 녹내장 | 손잡이형 확대경을 올바르게 사용하지 못하여 독서할 때 글자가 흐릿하게 보이고 렌즈를 통해 보이는 글자 수가 적다고 호소함 | ㉠ 눈과 확대경 간의 거리를 멀게 하고, 확대경과 읽기 자료 간의 거리도 멀게 하여 보도록 지도함 |
| 선천성 백내장 | 낮은 대비감도로 인해 저대비 자료를 보거나 교구를 사용하는 데 어려움을 보임 | ㉡ 저대비 자료를 볼 때는 확대경 대신 전자독서확대기를 사용하게 하고, 교구의 색은 배경색과 대비가 높은 것을 활용함 |
| 망막색소변성증 | 점자교과서 외에 다양한 참고서의 점자 인쇄 자료와 전자 파일을 구하는 데 어려움을 보임 | ㉢ 광학문자 인식 시스템을 사용하여 묵자 인쇄 자료를 텍스트 파일로 변환시키는 방법을 지도함 |
| 시신경 위축 | 컴퓨터 화면에서 커서의 위치를 찾거나 마우스 포인터의 움직임을 따라 가는 데 어려움을 보임 | ㉣ 제어판에서 커서의 너비를 '넓게'로 조정하고, 마우스 포인터의 움직임 속도를 '느림'으로 조정함 |
| 미숙아 망막증 | 원거리의 물체나 표지판을 확인하는 데 어려움을 가지고 있어 단안 망원경 사용법을 배우기를 희망함 | ㉤ 양안 중 시력이 더 나쁜 쪽 눈으로 망원경을 보게 하고, 훈련 초기에는 목표물의 위치를 찾기 쉽도록 처방된 배율보다 높은 배율의 망원경을 사용하여 지도함 |

> ㉤ 망원경과 확대경은 모두 좋은 쪽 눈을 기준으로 배율을 결정함 → 배율이 높을수록 시야가 좁아지므로 좋은 쪽 눈을 기준으로 배율을 처방받으면 더 넓은 시야를 확보할 수 있기 때문임

참고자료  기본이론 196-198p

키워드  망원경(원거리용 저시각 기구)

구조화틀
광학기구
─ 확대경 ─ 원리
           ─ 적용 대상
           ─ 사용법 지도
           ─ 유형
─ 망원경 ─ 원리
           ─ 구조와 이해
           ─ 사용 자세
           ─ 사용법 지도
           ─ 유형
─ 시야 확장 보조구 ─ 역단안경(리버스)
                   ─ 프레넬 프리즘

핵심개념

모범답안
ⓒ 칠판에 사진 자료를 제시할 때 경민이에게 망원경을 제공한다.
ⓔ 촉진을 제공한 후 반응하기까지의 시간을 늘리는 것이 아니라, 자극을 제시하고 촉진을 제공하기까지의 시간을 점차 늘린다.

2020학년도 유아 B3

**23** (가)는 통합학급 5세 반 특수교육대상 유아들의 특성이고, (나)는 활동계획안이며, (다)는 교사들의 평가회 장면이다. 물음에 답하시오. [5점]

(가)

| 민지 | • 자신감이 부족함<br>• 지혜를 좋아하고 지혜의 행동을 모방함<br>• 워커를 이용하여 이동함 |
|---|---|
| 경민 | • 1세 때 선천성 백내장 수술로 인공수정체를 삽입하였음<br>• 가까운 사물은 잘 보이지만 5m 이상 떨어진 사물은 흐릿하게 보임 ─ 근시<br>• 눈이 쉽게 피로하며 안구건조증이 심함 |
| 정우 | • 자발적으로 활동에 참여하려고 하지 않음<br>• 다른 사람과 눈맞춤은 하지 않지만 상대방의 말을 듣고 이해함<br>• 불편한 점이 있을 때 "아" 소리만 내고 아직 말을 못함 |

(나)

| 활동명 | 동물들의 움직임 표현하기 |
|---|---|
| 활동 목표 | …(생략)… |
| 활동 자료 | 생상스의 '동물의 사육제' 중 제 1~3곡의 음원, 광택이 없는 동물 사진자료(사자, 닭, 당나귀), 스카프 |
| 활동 방법 | • 생상스의 '동물의 사육제'를 듣는다.<br>• 동물 사진자료를 보며 이야기를 나눈다.<br>• 음악을 들으며 자신이 표현하고 싶은 동물들의 움직임을 자유롭게 표현한다.<br>…(중략)… |
| 활동 상의 유의점 | ⓐ 동물들의 움직임을 표현하는 활동 시 민지를 지혜와 짝지어준다.<br>ⓑ 민지에게 수시로 잘할 수 있다는 격려와 응원을 해준다.<br>ⓒ 칠판에 사진 자료를 제시할 때 경민이에게 확대경을 줘서 볼 수 있게 한다.<br>ⓓ 경민이가 눈을 깜빡이거나 비비는 등 힘든 모습을 보이면, 인공 눈물을 넣어 주고 잠시 쉬게 한 후 활동에 참여하게 한다.<br>ⓔ 동물의 움직임을 표현할 때, 촉진을 준 후 정우가 반응하기까지의 시간을 점차 늘린다.<br>ⓕ 정우가 활동에 대한 생각과 느낌을 그림카드로 표현할 수 있도록 해준다. |
| 연계 활동 | • 동물 머리띠 만들기<br>• '사자 왕의 생일잔치' 동극하기 |

ⓒ 확대경은 근거리 시력 개선용(35cm 이내), 망원경은 원거리 시력 개선용(1m 이상)

ⓔ 자극을 제시하고 촉진을 제공하기까지의 시간을 점차 늘려가고, 촉진의 빈도와 강도는 점차 줄여야 함
※ 자극을 제시하고 학생이 반응하기까지의 지연시간은 점차 감소되어야 함

1) (가)에 근거하여 (나)의 활동상의 유의점 ⓐ~ⓕ 중 적절하지 않은 것을 2가지 찾아 그 기호를 쓰고, 각각 바르게 고쳐 쓰시오. [2점]

2020학년도 중등 A9

**24** (가)는 시각장애 학생 H와 I의 특성이고, (나)는 특수교사가 작성한 보조공학 지원 계획의 일부이다. 〈작성방법〉에 따라 서술하시오. [4점]

(가) 학생 H와 I의 특성

학생 H

| 시야 | 정상 | |
|---|---|---|
| 대비감도 | 정상 | |
| 원거리 시력 (나안 시력) | 좌안(왼쪽 눈) | 우안(오른쪽 눈) |
| | 0.02 | 0.06 |

숫자가 높을수록 좋은 쪽 눈 시력임 → 0.02보다 0.06 시력이 더 좋음

(나) 보조공학 지원 계획

| 학생 | 보조공학 지원 내용 |
|---|---|
| H | • 원거리에 있는 도로 표지판을 보기 위해 적합한 배율의 단안 망원경 추천이 필요함<br> - 단안 망원경을 어느 쪽 눈에 사용할지 결정: ( ㉠ )<br> - 적합한 단안 망원경 배율: ( ㉡ ) |

망원경은 원거리 시력 개선용 보조공학

**작성방법**

• (가)의 학생 H의 특성에 근거하여 (나)의 괄호 안의 ㉠에 들어갈 내용을 쓰고, 그 이유를 1가지 서술할 것. (단, 배율과 시야를 고려할 것)
• (가)의 학생 H의 특성에 근거하여 (나)의 괄호 안의 ㉡에 해당하는 배율을 쓸 것. [단, 목표(필요한) 원거리 시력은 0.3임]

---

기본이론 196-198p

망원경(원거리용 저시각 기구)

**구조화**

광학기구
- 확대경
  - 원리
  - 적용 대상
  - 사용법 지도
  - 유형
- 망원경
  - 원리
  - 구조와 이해
  - 사용 자세
  - 사용법 지도
  - 유형
- 시야 확장 보조구
  - 역단안경(리버스)
  - 프레넬 프리즘

**핵심개념**

망원경의 원리

망원경 배율 =
원거리 활동을 위해 필요한 시력
―――――――――――――――
볼 수 있는 시력(원거리 시력검사 결과)

• 망원경은 원거리 시력 개선용 보조기기로, 망원경의 배율은 볼 수 있는 원거리 시력과 필요한 원거리 시력으로 결정됨
• 양안 시력이 동일한 수준인 경우에는 양안 망원경을, 양안 시력이 서로 다른 경우에는 양쪽 눈 중 좋은 눈을 사용하므로, 이를 기준으로 망원경 배율을 결정함 → 망원경의 배율이 높을수록 시야가 감소하기 때문

• 우안
좋은 눈은 낮은 배율을 적용해 보다 넓은 시야를 확보할 수 있기 때문이다.

• 5배율

참고자료 기본이론 199p

 키워드
- 시야확장보조구
- 독서보조판

 구조화틀

광학기구
- 확대경 ─ 원리
  ├ 적용 대상
  ├ 사용법 지도
  └ 유형
- 망원경 ─ 원리
  ├ 구조와 이해
  ├ 사용 자세
  ├ 사용법 지도
  └ 유형
- 시야 확장 보조구 ─ 역단안경(리버스)
  └ 프레넬 프리즘

 핵심개념

**역단안경(리버스 망원경)**
- 중심시력은 양호하나 주변시력에 손상이 있어 보는 범위가 적은 경우에 대상물을 축소시켜 시야를 확장해줌
- 반맹 아동에게는 효과적이지 않음

**프레넬 프리즘**
- 투명하고 두꺼운 플라스틱 막으로, 안경의 렌즈에 부착해서 사용함
- 필요한 정보를 받아들일 수 없는 정도로 시야가 매우 좁은 경우, 안전하고 효율적인 이동을 위해 프레넬 프리즘을 사용해 80~90° 범위에 있는 대상을 볼 수 있음
- 중심시력을 활용하는 경우와 반맹 아동 모두에게 효과적임

 모범답안

2) 안구진탕이 있는 수지의 경우 읽던 줄을 쉽게 놓칠 수 있다. 독서보조판은 독서할 때 읽을 줄이 제시되어 보다 쉽게 독서할 수 있도록 도와, 읽기 속도 및 시기능을 향상시킬 수 있다.

3) 민수는 망막색소변성으로 터널형 시야를 가지고 있으므로 역단안경 또는 프레넬 프리즘을 활용해 보행 시 시야 확장에 이용할 수 있다.

---

2017학년도 초등 A4

**25** (가)는 시각장애 특수학교에 다니는 학생들의 특성이고, (나)는 2011 개정 특수교육 교육과정(교육과학기술부 고시 제 2012-32호) 중 공통 교육과정 국어과 5~6학년 '견문과 감상을 나타내어요.' 단원 지도 계획이다. 물음에 답하시오. [5점]

(가)

- 혜미(단순 시각장애)
  - 원인: 망막박리
  - 현재 시각 정도: 맹
  - 점자를 읽기 수단으로 사용함
- 수지(단순 시각장애)
  - 원인: 안구진탕(안진)
  - 현재 시각 정도: 저시력
  - 묵자 읽기 속도가 느리고, 시기능(시효율)이 낮음
- 민수(단순 시각장애)
  - 원인: 망막색소변성
  - 현재 시각 정도: 양안 중심시력 0.2 ─── 주변시야(간체)가 손상된 망막색소변성으로 인해 터널시야를 보이므로 시야확장보조구가 필요함
    시야는 주시점에서 10도(터널시야)
  - 묵자 읽기 속도가 느림

(나)

| 차시 | 주요 학습 내용 및 활동 | 유의사항 |
|---|---|---|
| 1~2 | • 단원 도입<br>• 견문과 감상이 드러나는 글의 특성 알기 | • ⊙점역된 읽기 자료를 제공한다.<br>• ⓒ독서보조판(typoscope)을 제공한다.<br>• 안전한 현장체험학습을 위해 개별 학생의 특성을 고려한 ⓒ보행교육을 실시한다.<br>• ⓔ시각장애로 인하여 습득하기 어려운 어휘(예 바다, 산, 구름, 푸르다, 검다, 붉다 등) 학습에 유의하여 지도한다. |
| 3~4 | • 견문과 감상이 드러나는 글 읽기<br>• 견문과 감상이 드러나는 글 쓰는 방법 알기 | |
| 5~7 | • 견문과 감상이 드러나는 글 쓰기<br>• 문장 성분의 호응 관계에 주의하며 고쳐 쓰기 | |
| 8~9 | • 현장체험학습을 통해 우리 지역의 자랑거리 조사하기<br>• 우리 지역의 자랑거리가 잘 드러나게 여행 안내서 만들기 | |

**독서보조판의 기능**
- 한 줄 단위로 문장을 제시해 글줄을 잃어버리지 않도록 함
- 바탕색과 글자색 간의 대비를 더 높여줌
- 책의 흰색 바탕보다 독서보조판의 검은색 바탕이 빛 반사를 낮추어 눈부심을 줄여줌

2) (가)의 수지의 특성을 고려할 때 (나)의 ⓒ이 수지의 읽기 속도 및 시기능(시효율)을 향상시킬 수 있는 이유를 1가지 쓰시오. [1점]

3) (가)의 민수의 특성을 고려하여 (나)의 ⓒ을 실시하고자 할 때, 민수의 시야를 개선하기 위해 사용할 수 있는 광학기구의 예 1가지를 쓰시오. [1점]

참고자료: 기본이론 201p

 키워드: 아세테이트지

 구조화틀: 비광학기구
- 확대 자료
- 독서 보조판(타이포스코프)
- 아세테이트지
- 높낮이 조절 독서대와 책상
- 개인용 스탠드

 핵심개념: 노란색 아세테이트지
노란색 아세테이트지와 같은 노란색 필터는 청색, 회색, 자주색을 검정색으로 보이게 해 대비를 증가시켜줌

 모범답안: ①

2010학년도 중등 31

**26** 다음의 (가)와 (나)에 들어갈 명칭으로 옳은 것은?

일반적으로 전경과 배경과의 대비가 높을수록 시감도는 증가된다. 따라서 저시력학생에게 굵은 선을 그은 종이를 제공하면 대비가 증가되어 읽고 쓰기가 쉬워진다. 특히, 책 지면 위에 ( 가 )를 올려놓으면 대비가 증가되어 컬러 인쇄물이나 묵자(墨字)가 더 잘 보이는 효과가 있다.

( 나 )는 반사로 인한 눈부심을 막아주고 읽을 글줄을 제시해주기 때문에 저시력학생의 읽기에 도움을 준다.

시감도 = 대비감도
→ 대비감도를 높이는 방법
- 명암과 색의 대비 증가시키기
- 조도를 증가시키되 빛반사 감소시키기
- 높은 배율의 확대경을 처방하되 시야가 좁아지는 것에 주의하기
- 대비감도가 매우 낮은 경우 독서 시 확대경보다는 전자독서확대기(CCTV)를 사용하기

|   | ( 가 ) | ( 나 ) |
|---|---|---|
| ① | 노란색 아세테이트지 | 타이포스코프 |
| ② | 타이포스코프 | 노란색 아세테이트지 |
| ③ | 노란색 아세테이트지 | 마이크로스코프 |
| ④ | 마이크로스코프 | 초록색 아세테이트지 |
| ⑤ | 노란색 아세테이트지 | 타이포스코프 |

기본이론 201p

아세테이트지

비광학기구
- 확대 자료
- 독서 보조판(타이포스코프)
- 아세테이트지
- 높낮이 조절 독서대와 책상
- 개인용 스탠드

노란색 아세테이트지
노란색 아세테이트지와 같은 노란색 필터는 청색, 회색, 자주색을 검정색으로 보이게 해 대비를 증가시켜줌

⑤

**27** 다음은 초등학교 3학년 미술과 '여러 가지 색' 단원 수업 계획의 일부이다. 전맹 학생인 영희에게 이 단원을 가르치려고 할 때 필요한 교수적합화(교수수정)를 〈보기〉에서 고른 것은?

2009학년도 초등 31

- 학습 목표: 여러 가지 색 알기
- 학습활동: 기본 5색(빨강, 노랑, 초록, 파랑, 보라) 알기
- 학습자료: 기본 5색 물감

┤보기├
ㄱ. 개인용 조명기구를 설치한다.
ㄴ. 아세테이트지로 덮어 색의 대비를 높인다.
ㄷ. 언어를 통하여 색에 대한 연상이 이루어지도록 한다.
ㄹ. 질감이 다른 물질을 물감에 혼합하여 색의 차이를 표현한다.

① ㄱ, ㄷ　　② ㄱ, ㄹ
③ ㄴ, ㄷ　　④ ㄴ, ㄹ
⑤ ㄷ, ㄹ

해당 문제는 전맹과 저시력 학생을 위한 교육적 중재의 차이를 묻는 문제임
- ㄱ, ㄴ → 저시력 학생을 위한 중재
- ㄷ, ㄹ → 맹 학생을 위한 중재

ㄴ. 아세테이트지의 기능 → 색 대비 증가

참고자료: 기본이론 201-202p

 키워드: 개인용 스탠드

 구조화툴: 비광학기구
- 확대 자료
- 독서 보조판(타이포스코프)
- 아세테이트지
- 높낮이 조절 독서대와 책상
- 개인용 스탠드

 핵심개념: 개인용 스탠드
- 개인 조명기구는 조명 선호 검사 결과에 따라 밝은 조명을 선호하는 학생에게 제공함. 조명은 일상적인 환경의 경우 400Lx가 표준이며, 최고 조도 수준은 600Lx임
- 전체 조명은 집중 조명보다는 빛이 고루 퍼지는 조명(산광 또는 확산광)을 사용함
- 학생들의 조명 선호도가 다양하므로, 교실 조명은 기본적으로 적정 밝기를 유지하되, 밝은 조명을 선호하는 학생에게는 개인용 스탠드를 지원하고, 밝기를 낮추는 것이 필요한 학생은 창가나 형광등에서 떨어진 자리에 배치할 수 있음
- 개인용 스탠드는 밝기와 방향 조절이 되는 제품으로 구입함
- 조명등은 형광등, 백열등 외에도 자연광에 가까우면서 눈에 편안함을 제공하는 다양한 할로겐등을 사용함
- 명순응이나 암순응에 어려움을 보이는 학생을 위해 교실, 복도, 계단, 화장실의 밝기 수준은 비슷하게 유지되는 것이 좋음

 모범답안: ⑤

---

2011학년도 초등 36

**28** (가)는 통합학급 신 교사가 사물의 위치 표현을 가르치기 위해 작성한 초등영어 지도 계획이고, (나)는 특수학급 최 교사가 4학년 시각장애 학생 현아에 대해 작성한 내용이다. 최 교사가 통합학급에 배치된 현아의 영어 수업을 위해 신 교사에게 조언한 교수 적합화(교수적 수정)의 내용 중 가장 적절한 것은?

(가)

Objective: Students will be able to ask and answer questions about the position of objects.
Place: ⓐ regular classroom

| Steps | Proce-dures | Teaching-Learning Activities | |
|---|---|---|---|
| | | Teacher | Students |
| Intro-duction | | (생략) | |
| Develop-ment | Look and Listen | ⓑ puts a set of picture cards on the blackboard and describes the position of each object in English. | look at the picture cards and listen to what the teacher says. |
| | Listen and Do | • ⓒ demonstrates what he/she says (for example, putting a pencil on the desk).<br>• asks students to act as he/she says (for example, putting your pencil case on the chair). | listen to the teacher and act out what he/she asks them to do. |
| | Let's Practice | • ⓓ distributes a set of picture cards to students.<br>• directs them to choose their partner and practice asking and answering about the position of the objects in the picture cards. | ⓔ ask and answer the question with the picture cards the partner shows. |
| Consoli-dation | | (생략) | |

(나)
- 시각장애 3급임
- 수정체 중심 부위가 뿌옇게 흐려짐
- 4배율(1X = 4D) 손잡이형 확대경을 사용함
- 시각장애를 제외한 다른 장애는 없음

① ⓐ: 조명은 700룩스 이상으로 높인다.
② ⓑ: this, that, it 등 대명사를 자주 사용한다.
③ ⓒ: 교실 유리창 근처에서 시범을 보인다.
④ ⓓ: 현아에게 광택이 많이 나는 그림카드를 별도로 제공한다.
⑤ ⓔ: 확대경과 그림카드 간의 초점거리를 6cm 정도 유지하여 사용하게 한다.

② 행동 지시를 구체적으로 해야 함 → '여기, 저기'라는 지시어보다는 '앞, 뒤, 왼쪽, 오른쪽, 시계 방향'이라는 표현으로 지시해 정확히 이동하도록 도움

③ 교사가 창문 앞에 있으면 햇빛 때문에 분명하게 보기 어려우므로 교사는 시범을 보이거나 설명을 할 때 창문 쪽을 피해야 함

④ 빛이 비치면 광택이 나는 칠판이나 화이트보드는 눈부심을 유발하고 피로를 일으킴 → 무광의 칠판을 사용해 판서 내용을 잘 볼 수 있도록 해야 함

참고자료  기본이론 201-202p

키워드  개인용 스탠드

구조화틀  비광학기구
— 확대 자료
— 독서 보조판(타이포스코프)
— 아세테이트지
— 높낮이 조절 독서대와 책상
— 개인용 스탠드

핵심개념  **시각장애 학생을 위한 조명 활용 지침**
- 방 전체를 위한 조명을 설치하면서 아동에게 조명을 따로 제공함. 방을 어둡게 한 상태에서 부분 조명을 사용하는 것은 피해야 함
- 과제 활동을 할 때 아동 가까이에 조명을 두거나 얼굴을 향해 정면으로 비추면 눈부심을 유발할 수 있으므로 아동의 측면에서 빛을 제공함
- 그림자가 지지 않도록 아동의 양쪽에서 조명을 비춰줌
- 쓰기를 할 때는 그림자가 지지 않도록 사용하는 손의 반대편에서 조명을 제공함
- 눈부심을 방지하기 위해서 전등에 덮개를 씌우고, 창문을 통해 들어오는 빛의 양을 줄이기 위해 창문에 블라인드 혹은 얇은 커튼을 사용함. 또한 햇빛이 들어오는 창문을 향해 책상을 배치하지 않아야 함
- 빛의 반사로 인한 눈부심을 줄이기 위해 바닥이나 책상에는 유광 자재를 피해야 함
- 복도와 계단에 조명을 설치해 벽, 바닥, 계단, 난간 등의 위치를 파악할 수 있도록 함
- 건물 내 모든 방은 같은 조도를 유지하도록 해 장소 이동과 빛 적응에 불편함이 없도록 함

모범답안  ④

2012학년도 초등 23

**29** 다음은 시각장애 특수학교의 강 교사가 시각·중복장애 학생 광수를 지도하기 위해 기본교육과정 사회과의 '학교 공동 시설 바르게 이용하기'를 제재로 준비한 수업계획이다. 학생의 특성에 따른 지도 및 지원 전략으로 적절하지 <u>않은</u> 것은?

〈수업 계획서〉

| 학생 특성 | 미숙아망막병증, 시력(좌안: 0.05, 우안: 광각), 중등도 정신지체 |
|---|---|
| 학습 목표 | 함께 공부하는 주요 교실을 혼자서 찾아갈 수 있다. |
| 교수·학습 활동 | |

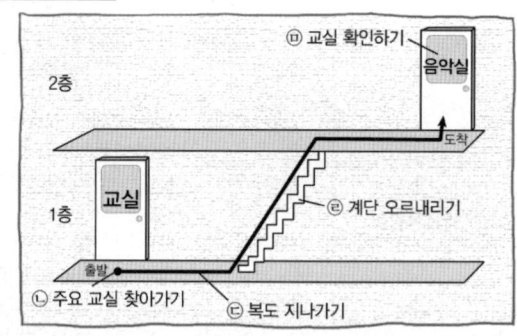

㉠ 주요 교실 위치도

① ㉠을 학생의 특성에 맞게 사진 및 그림자료로 수정·확대하여 보여주고, '우리 교실 어디 있지?' 노래를 부르며 교실 위치에 대한 기억을 촉진한다.
② ㉡활동을 위해 학생이 식별할 수 있는 물체나 색깔을 보행 단서로 정하고, 이동 경로에 대한 과제분석을 하여 단계적으로 반복 지도한다.
③ ㉢활동에서 학생의 우측 상단에 장애물이 있을 경우, 모델링과 신체적·언어적 촉진을 활용하여 학생이 머리나 상체를 보호할 수 있게 왼손을 들어 상부보호법 자세를 바르게 취하도록 지도한다.
④ ㉣활동을 위해 계단에서 넘어지지 않도록 복도보다 밝은 고도 조명을 설치하여 조도 차이를 증가시킨다.
⑤ ㉤활동을 위해 교실(음악실) 문과 대비되는 색으로 피아노 건반 그림을 크게 그린 후 문 가운데 부착한다.

① 광수는 저시력 시각장애인이므로 확대 자료를 제공하는 것은 적절함

② 광수는 저시력 시각장애인이므로 물체나 색깔 단서를 활용하는 것은 적절함

③ 광수의 우측 시력은 광각 수준이므로 빛의 유무 정도만 판단할 수 있는 교육적 맹에 해당함 → 맹에 준하는 중재인 상부보호법 등을 지도하는 것은 적절함

④ 저시각인의 경우 안질환으로 순응에 문제가 있는 경우가 있어 생활 환경에서 조도 차이가 나지 않도록 조명을 설치하는 것이 필요함

⑤ 광수는 저시력 시각장애인이므로 대비되는 색을 이용한 중재는 적절함

참고자료

기본이론 199-200p

키워드

확대 글자본 자료

구조화틀

비광학기구
- 확대 자료
- 독서 보조판(타이포스코프)
- 아세테이트지
- 높낮이 조절 독서대와 책상
- 개인용 스탠드

핵심개념

확대 글자본 자료(가독성 높이기)
- A4 정도의 크기가 적절함
- 학생의 읽기 효율성을 향상시키기 위해 반사가 적은 종이를 사용하는 것이 좋음. 흰색 종이에 눈부심을 느끼는 경우에는 옅은 담황색 종이를 사용함
- 확대 글자의 크기는 보통 16~18pt 이상이며, 24pt를 넘지 않는 것이 좋음
- 글자체의 경우 한글은 명조체, 필기체, 장식적인 서체를 피하고 굴림체, 돋움체, 고딕체를 사용함
- 일반 본문의 줄 간격은 대략 180~200% 정도면 적당함. 다만 제목, 문단, 인용 같은 페이지의 중요한 부분을 강조하기 위해 줄 간격 띄우기, 들여쓰기, 정렬 등을 활용할 수 있음
- 글자와 기호 간의 자간이 너무 좁으면 읽기 어려우므로 자간 설정을 조정하거나 띄어쓰기를 통해 자간을 띄울 수 있음.
- 단어·어구·문장 등을 강조할 때 두꺼운 글자체를 사용하거나, 글자를 진하게 설정하거나, 고대비의 형광펜 기능을 사용하는 것이 밑줄선보다 적절함. 다만, 글자 두께가 너무 두꺼우면 글자 획 간의 간격이 좁아 오독할 수 있음.
- 배경과 글자 색 간의 대비가 낮으면 확대하더라도 읽기가 어렵기 때문에, 가능하면 배경과 글자색을 고대비로 수정하는 것이 좋음
- 정렬 방법은 가운데 정렬이나 우측 정렬보다는 좌측 정렬이 다음 줄을 더 쉽게 찾고 읽을 수 있도록 함

모범답안

① 확대문자와 종이의 대비를 높인다.
② 무광 재질의 종이를 사용해 눈부심을 줄인다.

2021학년도 초등 A3

**30** (가)는 특수교사와 자원봉사자의 대화이고, (나)는 교실 모습의 일부이며, (다)는 지우의 보행 모습이다. 물음에 답하시오. [5점]

(가) 특수교사와 자원봉사자의 대화

특 수 교 사 : 지우가 지금은 22포인트 정도의 글자를 읽을 수 있지만, 시력이 급격하게 낮아지고 있어서 점자교육이 필요한 상황이에요.
자원봉사자 : 아, 그렇군요.
특 수 교 사 : 마침 '확대문자-점자 병기판'을 만드는 데 도움을 주시겠다고 하셔서 감사해요.
자원봉사자 : 아직은 배우는 중이지만 지난번에 교육받은 대로 점자 스티커를 붙여서 만들어볼게요.
특 수 교 사 : 확대문자는 50포인트 볼드타입으로 만들어주시는데요, 확대 이외에 ㉠가독성을 높일 수 있는 다른 방법도 고려하시고, 지우가 ㉡눈부심이 심하다는 점도 감안해서 만들어주세요.
자원봉사자 : 네, 알겠습니다.
특 수 교 사 : 그리고 쉬는 시간에 지우가 화장실을 잘 찾는지 살펴봐주세요.

㉠ 글자체는 50pt 볼드체로 만들어져 있으므로 확대 이외에 가독성을 높이는 방법으로는 색상 대비가 필요함

㉡ '확대문자-점자 병기판' 제작 시 학생의 눈부심을 방지하기 위해 광택 재질을 피해야 함

(나) 교실 속 '확대문자-점자 병기판' 모습

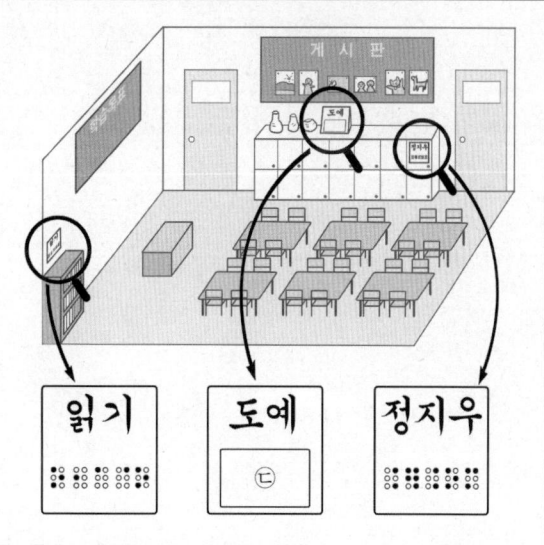

1) (나)의 '확대문자-점자 병기판'을 보고, ① ㉠을 고려한 개선방안을 쓰고, ② ㉡을 고려한 개선방안을 쓰시오. [2점]

### 확장하기

🌟 확대 자료 제작과 활용(이태훈, 2024.)

- 글자의 두께는 표제, 단어, 문장을 강조하고자 할 때 효과적으로 사용될 수 있다. 글자의 두께가 너무 가늘면 보기 어렵고, 너무 두꺼우면 글자 획 간의 간격이 좁아 오독할 수 있다(예 눌린/늘린). 특정 단어나 어구를 강조할 때 글자를 진하게 하거나 글자 두께가 좀 더 두꺼운 글자체를 선택할 수 있다.
- 글자는 가로 쓰기로 배열하는 것이 읽기에 도움이 되므로, 원본 자료가 세로 쓰기로 되어 있더라도 가로 쓰기로 수정할 수 있다.
- 모양을 식별하기 어려운 주석이나 강조 표시 문양은 눈에 잘 띄는 색상과 문양으로 변경할 수 있다.

기본이론 202-203p

 전자기구

 저시력 학생을 위한 보조공학기기
- 광학기구
- 비광학기구
- 전자기구 — 확대독서기(CCTV)

 확대독서기(CCTV)
- 화면의 상을 선택할 수 있고, 컬러·흑백·역상 모드·대비 조절·색상 조절·밝기 조절 등의 기능을 지원함
- 확대가 기본 기능이지만 축소도 가능함 → 망막색소변성과 같이 중심 시력을 활용하는 경우 시야확장용 도구로도 활용할 수 있음
- 황반변성 아동에게는 컬러 CCTV보다 흑백 CCTV가 더 유용하고, 망막색소변성 아동은 검은색 배경에 흰색 글자를 사용할 때 더 편안함을 느낌

 확대독서기(CCTV)

2020학년도 중등 A9

**31** (가)는 시각장애 학생 H와 I의 특성이고, (나)는 특수교사가 작성한 보조공학 지원 계획의 일부이다. 〈작성방법〉에 따라 서술하시오. [4점]

(가) 학생 H와 I의 특성

- 학생 H

| 시야 | 정상 | |
|---|---|---|
| 대비감도 | 정상 | |
| 원거리 시력 (나안 시력) | 좌안(왼쪽 눈) | 우안(오른쪽 눈) |
| | 0.02 | 0.06 |

- 학생 I

| 시야 | 정상 |
|---|---|
| 대비감도 | 낮은 대비의 자료를 볼 때 어려움이 있음 |
| 근거리 시력 | 근거리 자료를 읽기 위해서 고배율 확대가 필요함 |

(나) 보조공학 지원 계획

| 학생 | 보조공학 지원 내용 |
|---|---|
| H | 원거리에 있는 도로 표지판을 보기 위해 적합한 배율의 단안 망원경 추천이 필요함<br>- 단안 망원경을 어느 쪽 눈에 사용할지 결정: ( ㉠ )<br>- 적합한 단안 망원경 배율: ( ㉡ ) |
| I | ㉢ 책을 읽기 위해 투사확대법을 적용한 보조공학기기 지원이 필요함 |

[작성방법]

(가)의 학생 I의 특성에 근거하여 (나)의 밑줄 친 ㉢에 적합한 보조공학기기를 1가지 쓸 것.

기본이론 202-203p

 전자기구

 저시력 학생을 위한 보조공학기기
- 광학기구
- 비광학기구
- 전자기구 - 확대독서기(CCTV)

 확대독서기의 주요 기능
- **배율 조절**: 확대(+) 및 축소(-) 버튼을 이용해 책의 글자를 불편 없이 읽을 수 있는 최소 배율로 조절
- **모니터 밝기 조절**: 모니터 밝기 조절 버튼을 이용해 자신의 조명 선호도와 눈부심 여부에 따라 자신에게 맞는 모니터의 밝기로 조절
- **색상 대비 조절**: 색상 대비 버튼을 사용해 자신이 선호하는 바탕색과 글자색을 찾음. 낮은 대비 자료를 볼 때 대비 조절 기능을 적극적으로 사용하도록 하고, 눈부심이 심한 학생은 검은색 바탕에 흰색 글자가 도움이 될 수 있음
- **마커 기능**: 화면에 줄을 표시하거나 불필요한 영역을 가려 원하는 부분만을 볼 수 있음. 시야가 좁아 줄을 놓치거나 문장을 따라가며 읽는 능력이 부족한 학생에게 도움이 됨
- **화면 캡처**: 시간 내에 보기 어려운 내용은 스마트폰의 사진 촬영이나 캡처 기능을 이용해 화면 내용을 저장했다가 다시 불러내어 확대해 볼 수 있음

① 색상 대비 조절
② 낮은 시기능과 협응능력의 부조화를 보이므로 답안지의 줄 간격을 넓혀준다.

2022학년도 초등 B1

**32** (가)는 세희의 특성이고, (나)는 통합학급 교사와 시각장애거점 특수교육지원센터 특수교사의 협의 내용이다. 물음에 답하시오. [6점]

(가) 세희의 특성

- 초등학교 6학년 저시력 학생임
- 피질시각장애(Cortical Visual Impairment ; CVI)로 인해 낮은 시기능과 협응능력의 부조화를 보임
- 눈부심이 있음
- 글씨나 그림 등은 검은색 배경에 노란색으로 제시했을 때에 더 잘 봄 ┐ [A]
- 원근 조절이 가능한 데스크용 확대독서기를 사용하지만 읽는 속도가 느림
- 기초학습능력검사(읽기) 결과, ㉠학년등가점수는 4.4임

(나) 특수교사의 순회교육 시, 협력교수를 위한 통합학급 교사와 특수교사의 협의 내용

| 협의 내용 요약 | | 점검사항 |
|---|---|---|
| 통합학급 교사 | 특수교사 | 공통사항: ㉢<br>세희지원: ㉣ |
| • 전체 수업 진행<br>- 구체적인 교과 내용을 지도함<br>• 팀별 학습 활동<br>- 팀의 학생들은 상호작용을 하며 과제를 해결함 | • 학급을 순회하며 전체 학생 관찰 및 지원<br>- 학생들에게 학습 전략을 개별 지도함<br>- 원거리판서를 볼 때 세희에게 확대독서기의 초점 조절법을 개별 지도함 | ㉢팀별 활동 자료 |
| • 팀 활동 후 평가 실시<br>- 평가지는 ㉡ 평가 문항들이 단원의 목표와 내용을 충실하게 대표하는지를 같은 학년 교사들이 전문성을 바탕으로 이원분류표를 활용해서 비교 분석하여 확인함 | • 학급을 순회하며 학생 요구 지원<br>- 세희가 평가지를 잘 볼 수 있게 ㉢확대독서기 기능 설정을 확인함<br>- 시험시간을 1.5배 연장함 | ㉢이원분류표<br>㉣㉤ 수정된 답안지와 필기구 제공 |
| • 팀 점수 산출<br>• 팀 점수 게시 및 우승팀 보상 | • 팀 점수 산출 시 오류 확인<br>- 학급을 순회하며 필요한 도움을 제공함 | |

2) ① (가)의 [A]를 고려하여 특수교사가 확인해야 할 (나)의 ㉢을 쓰고, ② (가)를 고려하여 (나)의 ㉣의 예를 1가지 쓰시오. [2점]

기본이론 202-203p, 204p

- 전자기구
- 저시력 학생을 위한 컴퓨터 접근성

**저시력 학생을 위한 보조공학기기**
- 광학기구
- 비광학기구
- 전자기구 ─ 확대독서기(CCTV)

**저시력 학생을 위한 컴퓨터 접근성**
- 화면 확대 프로그램
- 컴퓨터의 환경 설정

**윈도우 OS 기능 조정**

- **고대비 설정**: 배경과 글자색을 조절

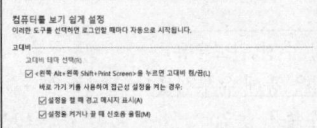

- **마우스 포인터**: 포인터의 크기를 크고 대비가 높은 색으로, 포인터의 이동 속도를 느리게 조절

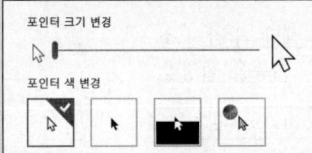

㉠ 확대경을 통한 글자가 흐릿하게 보일 때는 확대경과 읽기 자료 사이의 거리를 초점거리에 맞춰준다. 렌즈를 통해 보이는 글자 수가 적을 때는 눈과 확대경 사이의 거리를 가깝게 해 시야를 넓혀준다.

㉤ 양안 중 시력이 더 좋은 쪽 눈으로 보게 한다. 망원경의 배율은 저배율에서 점차 적정한 고배율로 단계적으로 적용해야 한다. 망원경의 배율이 높을수록 시야가 좁아지기 때문에 초보 망원경 사용자는 공간에서 목표물을 찾기가 더욱 어려워지기 때문이다.

---

**33** 다음은 특수학교 최 교사가 보조공학 전문가와 함께 다양한 안질환 유형을 지닌 시각장애 학생들을 상담 및 관찰한 후, 이를 바탕으로 작성한 보조공학기기 중재 계획이다. ㉠~㉤ 중 상담 및 관찰 평가 결과에 적합하지 <u>않은</u> 중재 계획 2가지를 찾아 기호를 쓰고, 각각의 중재 계획을 바르게 수정하시오. [4점]

2014학년도 중등 B2

| 안질환 | 학생 상담 및 관찰 평가 결과 | 보조공학기기 중재 계획 |
|---|---|---|
| 선천성 녹내장 | 손잡이형 확대경을 올바르게 사용하지 못하여 독서할 때 글자가 흐릿하게 보이고 렌즈를 통해 보이는 글자 수가 적다고 호소함 | ㉠ 눈과 확대경 간의 거리를 멀게 하고, 확대경과 읽기 자료 간의 거리도 멀게 하여 보도록 지도함 |
| 선천성 백내장 | 낮은 대비감도로 인해 저대비 자료를 보거나 교구를 사용하는 데 어려움을 보임 | ㉡ 저대비 자료를 볼 때는 확대경 대신 전자독서확대기를 사용하게 하고, 교구의 색은 배경색과 대비가 높은 것을 활용함 |
| 망막색소변성증 | 점자교과서 외에 다양한 참고서의 점자 인쇄 자료와 전자 파일을 구하는 데 어려움을 보임 | ㉢ 광학문자 인식 시스템을 사용하여 묵자 인쇄 자료를 텍스트 파일로 변환시키는 방법을 지도함 |
| 시신경 위축 | 컴퓨터 화면에서 커서의 위치를 찾거나 마우스 포인터의 움직임을 따라가는 데 어려움을 보임 | ㉣ 제어판에서 커서의 너비를 '넓게'로 조정하고, 마우스 포인터의 움직임 속도를 '느림'으로 조정함 |
| 미숙아 망막증 | 원거리의 물체나 표지판을 확인하는 데 어려움을 가지고 있어 단안 망원경 사용법을 배우기를 희망함 | ㉤ 양안 중 시력이 더 나쁜 쪽 눈으로 망원경을 보게 하고, 훈련 초기에는 목표물의 위치를 찾기 쉽도록 처방된 배율보다 높은 배율의 망원경을 사용하여 지도함 |

㉡ **대비감도를 높이는 방법**
- 명암과 색의 대비 증가시키기
- 조도를 증가시키되 빛반사 감소시키기
- 높은 배율의 확대경을 처방하되 시야가 좁아지는 것에 주의하기
- 대비감도가 매우 낮은 경우 독서 시 확대경보다는 전자독서확대기(CCTV)를 사용하기

㉣ [제어판] - [접근성 센터] - [마우스를 사용하기 쉽게 설정] - [마우스 설정]에서 마우스 포인터의 크기, 색상 반전, 마우스 포인터 속도, 스크롤 양 등을 설정할 수 있음

참고자료 기본이론 203-204p

 키워드 저시력 학생을 위한 컴퓨터 접근성

 구조화를

**저시력 학생을 위한 컴퓨터 접근성**
- 화면 확대 프로그램
- 컴퓨터의 환경 설정

핵심개념

**윈도우 OS 기능 조정**

- **고대비 설정**: 배경과 글자색을 조절

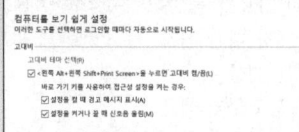

- **마우스 포인터**: 포인터의 크기를 크고 대비가 높은 색으로, 포인터의 이동 속도를 느리게 조절

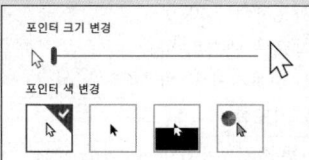

- **돋보기 설정**

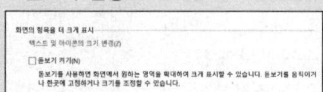

 모범답안

ⓒ, 내용은 필터키에 대한 설명이다.

ⓔ, 음성인식은 음성을 통한 입력과 제어를 하는 기능이고 ⓔ은 내레이터 기능에 대한 설명이다.

2017학년도 중등 B6

**34** (가)는 학생 S의 특성이고, (나)는 사회과 '도시의 위치와 특징' 단원의 전개 계획이다. ⓒ~ⓗ 중에서 바르지 <u>않은</u> 것 2가지를 찾아 그 이유를 제시하시오. [5점]

(가) 학생 S의 특성

- 황반변성증으로 교정시력이 0.1이며, 눈부심이 있음
- 묵자와 점자를 병행하여 학습하고, 컴퓨터 사용을 많이 함
- 주의집중력이 좋으나, 지체·중복장애로 인해 상지의 기능적 사용에 어려움이 있고, 빛에 매우 민감하게 반응함
- 키보드를 통한 자료 입력 시 손이 계속 눌려 특정 음운이 연속해서 입력되는 경우가 자주 있음(예 ㄴㄴㄴ나)

(나) '도시의 위치와 특징' 단원 전개 계획

| 차시 | 주요 학습 내용 | 학생 S를 위한 고려사항 |
|---|---|---|
| 1 | 세계의 여러 도시 위치 확인하기 | ㉠손잡이형 확대경(+20D)을 활용하여 지도를 보게 함 |
| 2~4 | 인터넷을 통해 유명하거나 매력적인 도시 찾아보기 | • 컴퓨터 환경 설정 수정(윈도우용)<br>- ㉡고대비 설정을 통해 눈부심을 줄이고 대비 수준을 높임<br>- ㉢토글키 설정을 통해 키보드를 한 번 눌렀을 때 누르는 시간에 관계없이 한 번만 입력되게 함 |
| 5~6 | 도시별 특징을 찾고 보고서 작성하기 | ㉣키보드를 누를 때 해당 키 값의 소리가 나게 '음성인식' 기능을 설정함 |
| 7 | 관련 웹 콘텐츠를 통해 단원 평가하기 | • ㉤색에 관계없이 인식될 수 있는 콘텐츠를 활용함<br>• ㉥깜빡이거나 번쩍이는 콘텐츠가 없는 사이트를 활용함 |

ⓒ [제어판] - [접근성 센터] - [고대비 설정]

┌ 작성방법 ┐
ⓒ~ⓗ 중에서 바르지 <u>않은</u> 것 2가지의 기호를 쓰고, 그 이유를 제시할 것.

# CHAPTER 04 맹 학생을 위한 교육적 중재

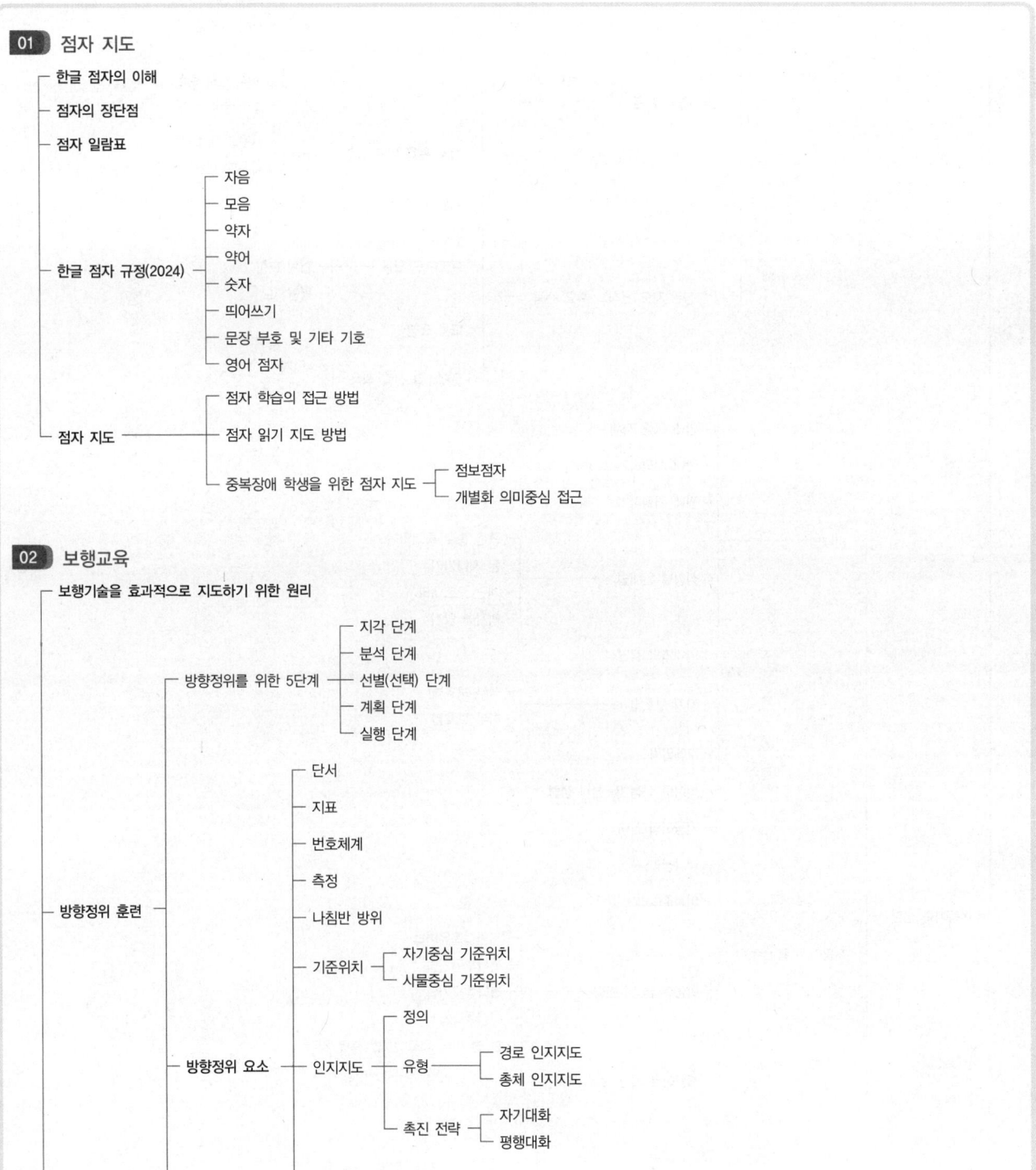

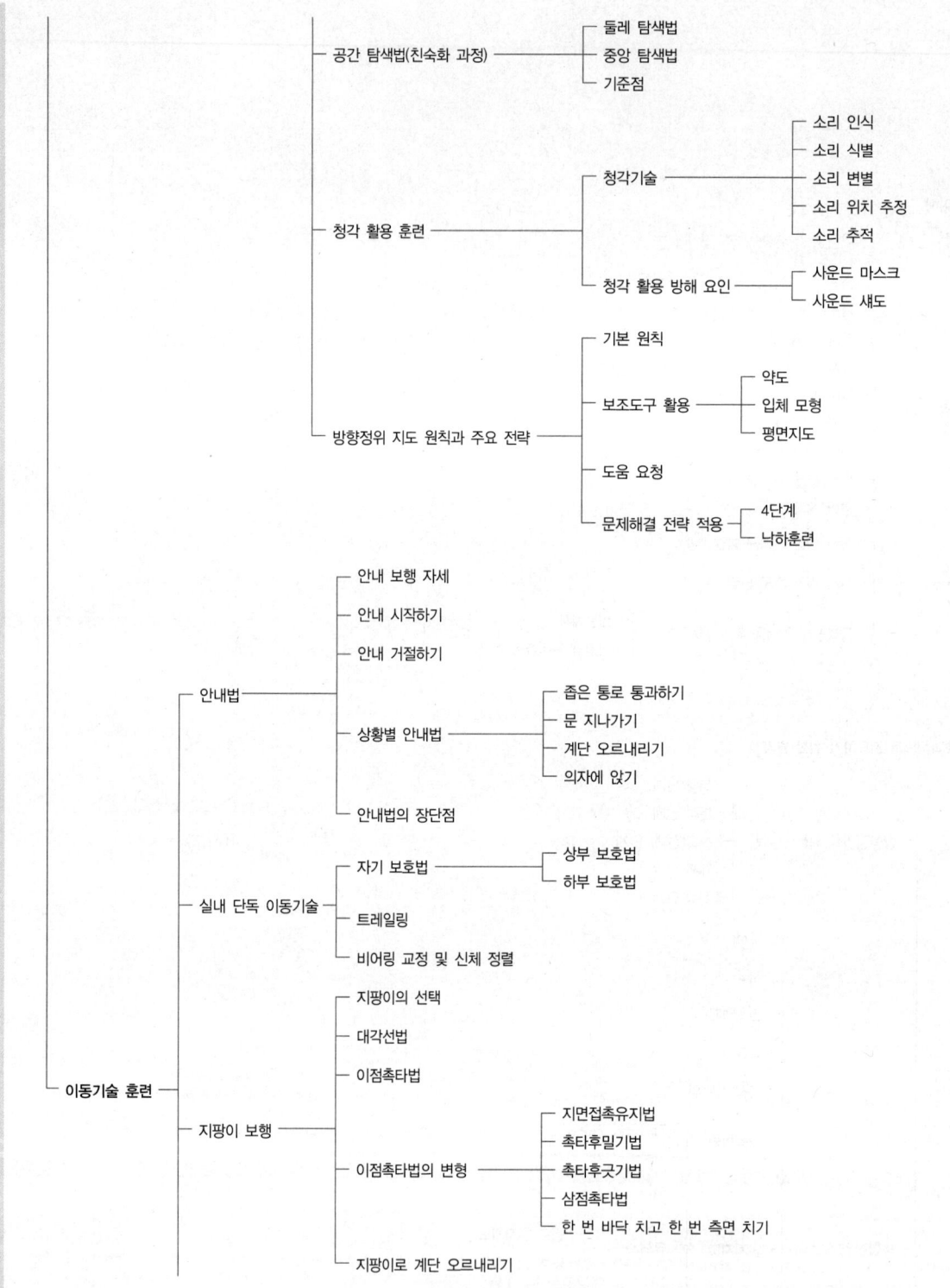

```
                    ┌─ 안내견 보행을 위한 전제
      ┌─ 안내견 보행 ─┼─ 안내견 보행의 장단점
      │              │                          ┌─ 기본 훈련
      │              └─ 안내견 훈련 프로그램 내용 ─┤
      │                                         └─ 기초 보행 훈련
      │                              ┌─ 가위기법
      ├─ 전자보행보조구를 활용한 이동 ─┤
      │                              └─ 전방수직기법
      │                         ┌─ 인도 보행과 비어링 수정
      │                         │                  ┌─ 개념
      └─ 지역사회 보행 기술 ─────┼─ 기준선 보행 ────┼─ 장점
                                │                  └─ 유형
                                └─ 도로 횡단
```

## 03 맹 학생을 위한 학습 자료 수정

```
                            ┌─ 점자 자료
   ┌─ 양각 자료 제작과 활용 ─┤
   │                        └─ 양각 그림 자료
   │                        ┌─ 음성 자료의 이해
   └─ 음성 자료 제작과 활용 ─┼─ 육성 녹음 자료를 제작하는 방법 및 유의점
                            └─ 청독의 장단점
```

## 04 맹 학생을 위한 보조공학기기

```
                          ┌─ 점자정보단말기
                          ├─ 전자점자기
                          ├─ 점자타자기
   ┌─ 촉각 활용 보조공학기기 ─┼─ 전자 점자 패드
   │                      ├─ 옵타콘
   │                      ├─ 점역 프로그램과 점자 프린터
   │                      └─ 입체 복사기
   │                      ┌─ 화면 읽기 프로그램
   │                      ├─ 광학문자 인식 시스템
   └─ 청각 활용 보조공학기기 ─┼─ 보이스아이
                          ├─ 데이지 플레이어
                          └─ 화면 해설 서비스
```

## 05 맹 학생을 위한 컴퓨터 접근성(컴퓨터의 환경 설정)

```
   ┌─ [접근성]-[음성인식]
   ├─ [접근성]-[내레이터]
   └─ [접근성]-[키보드]-[토글 키]
```

참고자료  기본이론 210-215p

 키워드  점자 읽고 쓰기

 구조화틀

 핵심개념

 모범답안
ⓒ 원예실
ⓔ 56-1346-1246-1

2025학년도 중등 B7

**01** (가)는 시각장애 특수학교 교사가 작성한 보행 지도 계획이고, (나)는 안내 보행에 대한 지도 교사와 예비 교사가 나눈 대화이고, (다)는 예비 교사의 메모이다. 〈작성 방법〉에 따라 서술하시오. [4점]

(다) 예비 교사의 메모

- 안내 보행의 표준 자세 확인하기
- 좁은 길(통로) 통과하는 방법 숙지하기
- ⓒ ▨▨▨▨▨ 위치 확인하기
- ⓔ 촉각 활용 보조공학 기기 알아보기
  …(하략)…

┌ 작성방법 ┐

(다)의 ⓒ의 점자를 묵자로 쓰고, 밑줄 친 ⓔ을 점자로 표기할 때, 각 점형의 점번호를 읽기 기준 순서대로 쓸 것. [단, 한국 점자규정(문화체육관광부 고시 제2024-5호, 2024. 1. 29)에 근거할 것]

| ※점형의 구분은 '-'로 표시할 것 |
|---|
| 답안 예시  124 - 5 - 24 - 1234 |

2023학년도 중등 A10

**02** (가)는 시각장애 학생의 시력이고, (나)는 과학 교사가 학생에게 제공한 피드백의 일부이다. (다)는 교사와 학부모가 나눈 대화의 일부이다. 〈작성방법〉에 따라 서술하시오. [4점]

(가) 학생의 시력

| 구분 | 학생 A | 학생 B | 학생 C |
|---|---|---|---|
| 시력 | 좌안 : LP<br>우안 : 30㎝ FC | 좌안 : LP<br>우안 : 30㎝ HM | 좌안 : NLP<br>우안 : 50㎝ FC |

(나) 과학 교사가 학생에게 제공한 피드백

```
…(상략)…

㉠그러므로 학생 ㉡B가
㉢소화액을
㉣잘 이해하고
㉤있군요 ㉥!
```

⇩ 점역 후

〔 점자 이미지 〕

참고자료: 기본이론 210-215p

키워드: 점자 읽고 쓰기

모범답안:
㉠ 1-26
㉥ 235

┌─작성방법─┐
(나)의 밑줄 친 ㉠을 약자로 표기할 때, 점형의 번호를 읽기 기준 순서대로 쓰고, (나)의 밑줄 친 ㉡~㉥ 중 점자가 틀린 것 1가지를 찾아 점형의 번호를 읽기 기준 순서대로 바르게 고쳐 쓸 것. [단, 개정 한국 점자 규정(문화체육관광부 고시 제2020-38호)에 근거할 것]

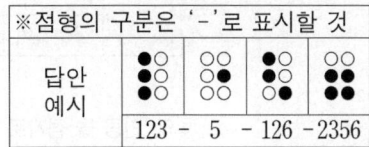

※점형의 구분은 '-'로 표시할 것

| 답안<br>예시 | ●○<br>○○<br>●○ | ○○<br>●○<br>○○ | ●○<br>●○<br>○● | ○○<br>●●<br>●● |
|---|---|---|---|---|
| | 123 | - 5 | - 126 | -2356 |

2020학년도 초등 A5

**03** (가)는 시각장애 학생별 시력 특성이고, (나)는 2015 개정 특수교육 교육과정 중 공통 교육과정 체육과 5~6학년군 '응급 상황 이렇게 행동해요' 단원 지도 계획의 일부이다. 물음에 답하시오. [6점]

(가) 학생별 시력 특성

| 이름 | 시력 특성 | 이름 | 시력 특성 |
|---|---|---|---|
| 한영 | • 황반변성<br>• 큰 암점 | 세희 | • 녹내장<br>• 시야 15도 |
| 영철 | • 망막색소변성<br>• 시야 10도 | 지유 | • 미숙아망막병증<br>• 광각(LP) |
| 민수 | • 당뇨망막병증<br>• 안전수동(HM/50cm) | 연우 | • 시신경위축<br>• 광각(LP) |

(나) 단원 지도 계획

| 단원 | 응급 상황 이렇게 행동해요. | |
|---|---|---|
| 차시 | 주요 학습 내용 | 자료(㉧) 및 유의점(㉮) |
| 3 | 응급처치 | 응급처치 이해하기 | ㉧ 관련 ㉠유인물<br>㉮ 묵자 자료의 대비 수준 고려 |
| 4 | | 상해별 처치법 알아보기 | ㉧ 모둠 활동용 처치 ㉡안내판<br>㉮ 점자 자료의 점역자주 주의 |
| 5 | | 상황알기 | ㉧ 상황별(심정지, 무호흡 등) 동영상 콘텐츠<br>㉮ 화면해설서비스(DVS) 확인 |
| 6 | | (㉢)<br>순서 익히기 | ㉧ 순서 카드<br>1단계 반응확인 → 2단계 도움요청과 119 신고 → 3단계 가슴압박 → 4단계 ㉣인공호흡 → 5단계 가슴압박과 인공호흡의 반복<br>㉮ 점자 자료 제작 시 가로로 내용 제시 |
| 7 | | 실습하기 | ㉧ 실습용 인쇄 모형 |

4) ㉣의 '인공'을 점자로 쓰시오. (단, 아래의 예시와 같이 각 점형의 점번호를 답으로 제시할 것) [2점]

| 묵자 | 점자(●은 튀어나온 점임) | 답안(예시) |
|---|---|---|
| 나이 | ●● ●○ ●○<br>○○ ●○ ○●<br>○○ ○● ●○<br>(읽을 때 기준임) | ⇨ 14-126-135 |

---

참고자료: 기본이론 210-215p

키워드: 점자 읽고 쓰기

구조화

핵심개념

모범답안: 12345-4-123456

2019학년도 중등 A10

**04** (가)는 학생 B의 특성이고, (나)는 특수교사의 자료 요청 계획 및 지도 계획의 일부이다. 〈작성방법〉에 따라 서술하시오. [4점]

(나) 자료 요청 계획 및 지도 계획

〈자료 요청 계획〉
- ○○시 시각장애 특성화 특수교육지원센터에 요청할 사항
  - '점자 익히기' 교과서/지도서 및 점자 쓰기 도구
  - ㉠ 읽기(교과서, 지필평가 자료)를 위한 시력검사

〈지도 계획〉
- 문자나 그림자료를 활용할 때 보조기기를 활용하여 지도한다.
- 점자 교육의 효율성을 위하여 잔존시력이 있는 상태에서 점자를 지도한다.
- 촉각지도를 통해 학교 건물 내부를 오리엔테이션 하도록 지도한다(보건실 촉각 표시에 점자 라벨을 붙여서 활용함).
- ㉡ 대각선법과 ㉢ 핸드 트레일링법을 함께 활용하여 보건실까지 독립보행할 수 있도록 지도한다.

[촉각지도]

〔작성방법〕

㉣을 점자로 표기할 때 각 점형의 점번호를 순서대로 쓸 것. [아래의 예시 참조(점형의 구분은 '-'로 표시할 것)]

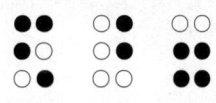

[1246 – 45 – 2356]

---

참고자료: 기본이론 210-215p

키워드: 점자 읽고 쓰기

구조화틀:

핵심개념:

모범답안: 45-136-4-23456-6-135-2

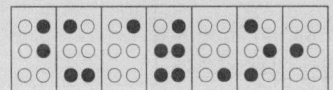

참고자료 기본이론 210-215p

 키워드 점자 읽고 쓰기

 구조화틀

 모범답안 어린 무용수

2019학년도 초등 B5

**05** 다음은 시각장애 특수학교 김 교사와 미술관 담당자가 주고받은 휴대전화 문자 대화의 일부이다. 물음에 답하시오. [6점]

김 교 사: 우리 학생들이 조각품을 직접 만져볼 수 있게 해주신다니 감사합니다.
미술관 담당자: 별말씀을요. 우리 미술관은 오래 전부터 시각장애인을 위한 프로그램을 운영하고 있습니다. 학생들이 조각품을 직접 손으로 만져야 하니 미술관에서 ㉠면 소재의 흰 장갑을 준비해놓겠습니다. 그리고 작품 설명을 들을 수 있도록 ㉡녹음 자료도 제작해놓겠습니다.
김 교 사: 세심하게 배려해주셔서 감사합니다.
미술관 담당자: 혹시 우리 미술관에서 더 준비해야 할 것이 있나요?
김 교 사: 네. 감상할 작품의 설명 자료를 미리 보내주시면 제가 ㉢점자 자료로 변환하여 준비하겠습니다.
미술관 담당자: 알겠습니다. 아무쪼록 이번 견학이 시각장애 학생들에게 유익한 시간이 되길 바랍니다.
김 교 사: 저도 이번 조각품 감상을 통해 학생들에게 ㉣자신의 느낌과 상상을 이해하고 표현하며 미적 경험에 반응하면서 미적 가치를 느끼고 내면화할 수 있는 능력을 길러주고 싶습니다.

3) 다음은 ㉢의 일부이다. 점자를 묵자로 쓰시오. (단, 검은 점은 볼록하게 튀어나온 것임) [1점]

참고자료 기본이론 210-215p

 키워드 점자 읽고 쓰기

 구조화틀

 핵심개념

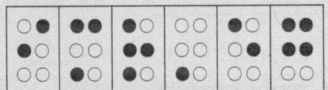 모범답안 24-134-1235-3-15-1245

2018학년도 중등 B4

**06** (가)는 중도에 실명한 시각장애 학생의 보행훈련 계획이고, (나)는 보행훈련을 위한 점자 노선도이다. 〈작성방법〉에 따라 서술하시오. [4점]

(가) 보행훈련 계획

| 학생특성 | 시력 | • 초기: 직선이 휘어져 보였다고 함<br>• 현재: 망막 중심부(황반부)에 커다란 암점이 생겼고, 추체의 기능을 상실한 상태임 |
|---|---|---|
| | 읽기 | 묵자와 점자를 병행하여 활용함 |
| 보행훈련 | 목표 | 방향정위와 다양한 이동기법 이해하기 |
| | 방향정위 | • 선별된 감각적 자료를 기초로 노선도를 설계함<br>  – ⓐ 랜드마크와 번호체계 등을 활용함<br>  – ⓑ 다양한 색상의 시각단서와 여러 가지 촉각단서를 활용함 |
| | 이동 - 안내법 | • 계단을 이용할 때에 안내자가 '잠깐 멈춤'을 통해 계단의 시작과 끝을 알게 함<br>• ⓒ 문을 통과할 때에 안내자가 문을 열고 닫게 함 |
| | 이동 - 보호법 | ⓓ 상부보호법, 하부보호법을 이용하여 실내 보행훈련을 실시함 |
| | 이동 - 지팡이 보행 | ⓔ 2점촉타법에서 지팡이 끝이 왼쪽 지점을 칠 때 오른발이 지면에 닿게 함 |
| | 이동 - 안내견 보행 | ⓕ 위험한 상황에서 안내견이 '지적 불복종'한다는 것을 인식하게 함 |
| | 유의점 | • 안내법 보행 시 안내자가 시각장애인에게 환경적 정보를 제공해야 함<br>• ⓢ 지팡이는 너무 단단하거나 약해서는 안 됨<br>• 주인 이외의 사람이 안내견을 만지거나 먹을 것을 주는 행동을 절대 하지 않도록 해야 함 |

(나) 점자 노선도

3학년 3반 교실 ⓞ 뒷문에서 출발 → (트레일링을 통해) 4개의 교실 문을 지나감 → 바닥에 카펫이 밟히면 우회전 후 15보 직진 → 멀티미디어실 앞문으로 입장

〈작성방법〉

밑줄 친 ⓞ을 점자로 읽을 때 각 점형의 점번호를 순서대로 쓸 것. [아래의 예시 참조(점형의 구분은 '-'로 표시할 것)]

| 묵자 | 점자(●은 튀어나온 점임) | 답안(예시) |
|---|---|---|
| 모기 | 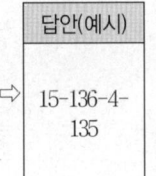 (읽을 때 기준임) | 15-136-4-135 |

2018학년도 초등 A6

**07** (가)는 특수교육 관련 사이트의 질의·응답 게시판에 올라온 글의 일부이고, (나)는 시각장애인용 축구장을 설명하기 위해 시각장애 학교 교사가 학생에게 제공한 입체복사자료이다. 물음에 답하시오. [5점]

(나)

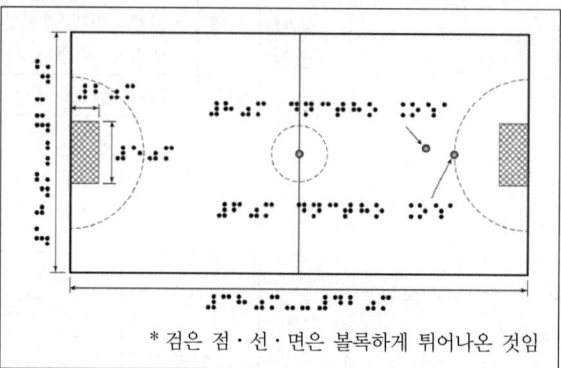

* 검은 점·선·면은 볼록하게 튀어나온 것임

4) 다음은 (나)의 입체복사자료에 표기된 점자의 일부이다. 점자를 묵자로 쓰시오. (단, 검은 점은 볼록하게 튀어나온 것임) [1점]

---

참고자료: 기본이론 210-215p

키워드: 점자 읽고 쓰기

구조화 틀:

핵심개념:

모범답안: 페널티 지역

2017학년도 중등 A10

**08** (가)는 시각장애 중학생 C를 위한 단원 지도 계획이고, (나)는 점자 읽기 및 쓰기평가 자료이다. ⓑ의 'A에게'를 점자로 읽을 때 각 점형의 점 번호를 순서대로 제시하시오. [4점]

(가) 단원 지도 계획

| 학생특성 | 시력 | • 수업시간에 머리를 돌리거나 몸을 기울임<br>• 고시 능력에 문제가 있음<br>• 피로하거나 과도한 스트레스를 받으면 안질환의 증상이 심해짐 |
|---|---|---|
| | 학업 | • 묵자와 점자를 병행하여 학습함<br>• 인지 및 운동 기능에는 어려움이 없음 |
| 영어과 지도 계획 | 목표 | 영어 단어가 포함된 문장 읽고 쓰기 |
| | 묵자 활용 | 교수·학습 자료: 수업 자료 제작 시 명암 대비를 고려함 |
| | | 교수·학습 방법: • ㉠ 교실 앞쪽에 창을 등지고 앉도록 자리를 배치함<br>• ㉡ 머리를 돌리거나 몸을 기울이지 않도록 자세를 교정함 |
| | | 평가 방법: ㉢ 시험지를 확대하여 제공함 |
| | 점자 활용 | 교수·학습 자료: 실물, 모형, 입체복사자료 등의 대체 자료를 제공함 |
| | | 교수·학습 방법: • 점자타자기로 쓰기 지도를 함<br>• ㉣ 옵타콘을 활용하여 점자 읽기를 지도함 |
| | | 평가 방법: ㉤ 영어 약자 점자의 사용 규칙을 포함한 점자 활용 수준, 읽기 속도, 쓰기 정확도를 고려함 |

(나) 점자 읽기 및 쓰기 평가 자료

길음역(Gireum Station)에서 친구 ⓑA에게 전화했다.

**작성방법**

ⓑ은 아래의 예와 같이 각 점형의 점번호를 답으로 제시할 것. (점형의 구분은 '-'로 표시할 것)

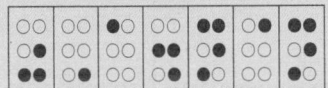

(읽을 때 기준임) ⇒ 답안(예시): 6-136-5-135

참고자료 기본이론 210-215p

 키워드 점자 읽고 쓰기

 구조화 틀

 모범답안 '석탑'

2017학년도 초등 A4

**09** (가)는 시각장애 특수학교에 다니는 학생들의 특성이고, (나)는 2011 개정 특수교육 교육과정(교육과학기술부 고시 제2012-32호) 중 공통 교육과정 국어과 5~6학년 '견문과 감상을 나타내어요.' 단원 지도 계획이다. 물음에 답하시오. [5점]

(가)

- 혜미(단순 시각장애)
  - 원인 : 망막박리
  - 현재 시각 정도 : 맹
  - 점자를 읽기 수단으로 사용함

- 수지(단순 시각장애)
  - 원인 : 안구진탕(안진)
  - 현재 시각 정도 : 저시력
  - 묵자 읽기 속도가 느리고, 시기능(시효율)이 낮음

- 민수(단순 시각장애)
  - 원인 : 망막색소변성
  - 현재 시각 정도 : 양안 중심시력 0.2
                    시야는 주시점에서 10도(터널시야)
  - 묵자 읽기 속도가 느림

(나)

| 차시 | 주요 학습 내용 및 활동 | 유의사항 |
|---|---|---|
| 1~2 | • 단원 도입<br>• 견문과 감상이 드러나는 글의 특성 알기 | • ⓐ<u>점역된 읽기 자료</u>를 제공한다.<br>• ⓑ<u>독서보조판(typoscope)</u>을 제공한다.<br>• 안전한 현장체험학습을 위해 개별 학생의 특성을 고려한 ⓒ<u>보행교육</u>을 실시한다.<br>• ⓓ<u>시각장애로 인하여 습득하기 어려운 어휘</u> (예) 바다, 산, 구름, 푸르다, 검다, 붉다 등) 학습에 유의하여 지도한다. |
| 3~4 | • 견문과 감상이 드러나는 글 읽기<br>• 견문과 감상이 드러나는 글 쓰는 방법 알기 | |
| 5~7 | • 견문과 감상이 드러나는 글 쓰기<br>• 문장 성분의 호응 관계에 주의하며 고쳐 쓰기 | |
| 8~9 | • 현장체험학습을 통해 우리 지역의 자랑거리 조사하기<br>• 우리 지역의 자랑거리가 잘 드러나게 여행 안내서 만들기 | |

1) 다음은 (가)의 혜미에게 제공하고자 하는 (나)의 ⓐ의 예이다. 점자를 묵자로 쓰시오. (단, 검은 점은 볼록하게 튀어나온 것임) [1점]

2016학년도 초등 B5

**10** (가)는 시각장애 특수학교 체육 담당 교사가 지도하는 6학년 학생들의 특성이고, (나)는 '간이 시각배구 게임하기'를 제재로 작성한 교수·학습 과정안의 일부이다. 물음에 답하시오. [5점]

(가) 학생 특성

| 이름 | 원인 질환 | 시력 정도 | 시야 특성 | 인지 특성 |
|---|---|---|---|---|
| 영수 | 망막색소변성 | 양안 교정시력 0.06 | 양안 주시점에서 10° | 정상 |
| 미현 | 시신경위축 | 전맹 | - | 정상 |

(나) 교수·학습 과정안

| 단원 | ㉠ 배구형 게임 | 제재 | 간이 시각배구 게임하기 |
|---|---|---|---|

| 학습 목표 | 규칙에 맞게 간이 시각배구 게임을 할 수 있다. |
|---|---|

| 단계 | 교수·학습 활동 | 자료(㉯) 및 유의사항(㉺) |
|---|---|---|
| 도입 | • 준비 운동하기<br>• 전시 학습 확인하기<br>• 학습 동기 유발하기<br> - 시각배구 대회 소개하기<br> - 시각배구 선수 소개하기 | ㉯ⓒ 점자 읽기 자료, 묵자 읽기 자료 |
| 전개 | <활동 2><br>ⓛ 간이 시각배구 게임하기<br>• 2인제 시각배구 게임하기<br> - 영수: 교사가 굴려주는 공을 보면서 공격(수비)하기<br> - 미현: 교사가 굴려주는 공소리를 듣고 공격(수비)하기 | ㉯ 소리 나는 배구공, 네트<br>㉺㉣ 영수는 야맹증이 있고, 낮은 조도에서 학습 활동을 하는 데 어려움이 있기 때문에 적절한 조도 환경을 제공한다.<br>㉺ 여가 시간에 시각배구를 활용할 수 있는 다양한 방법을 지도한다. |

2) 다음은 (나)의 ⓒ의 일부이다. 점자를 묵자로 쓰시오. (검은 점이 볼록하게 튀어나온 점임) [1점]

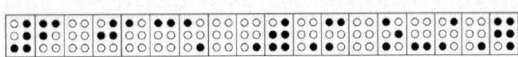

---

 기본이론 210-215p

 점자 읽고 쓰기

 6학년 선수 이예성

기본이론 210-215p

 점자 읽고 쓰기

 해파리 뜨기

2014학년도 초등 B6

**11** (가)는 학생의 특성이고, (나)는 초등학교 3학년 체육과 '물놀이' 단원 교수·학습 과정안의 일부이다. 물음에 답하시오. [6점]

(가) 학생 특성

| 이름 | 시력 정도 | 원인 | 이름 | 시력 정도 | 원인 |
|---|---|---|---|---|---|
| 민수 | 저시력 | 녹내장 | 미진 | 저시력 | 백내장 |
| 정배 | 저시력 | 미숙아망막변성 | 영희 | 맹 | 시신경위축 |
| 설희 | 저시력 | 망막색소변성 | 성우 | 맹 | 망막모세포종 |
| 현옥 | 저시력 | 추체이영양증 | | | |

(나) 교수·학습 과정안

| 단원 | 물놀이 | 제재 | 누가 더 잘 뜨나 |
|---|---|---|---|
| 학습 목표 | 여러 가지 자세로 물에 뜰 수 있다. | | |
| 교수·학습 활동 | | 자료 및 유의점 | |

…(중략)…

| 교수·학습 활동 | 자료 및 유의점 |
|---|---|
| • 물에서 중심 잡고 일어서기<br>- 수영장 가장자리 벽면을 잡고 엎드려 몸 띄우기<br>- 보조기구를 이용한 몸 띄우기 | - ㉠<u>계단을 이용한 안전한 입수 지도(다이빙 입수 금지)</u> |
| • 물에서 뜨기<br>- 4가지 뜨기 자세에 대한 시범과 연습하기 | - 촉각을 통한 시범<br>- ㉡<u>뜨기 연습 중 머리가 부딪치지 않도록 지도</u> |
| • 물 속의 카드 찾기 게임하기<br>- 3명씩 2팀으로 나누고, 장애 특성상 게임에 직접 참여하기 힘든 1명은 ㉢<u>진행 보조</u>를 맡김<br>- 잠수(잠영)하여 수영장 바닥에 있는 카드를 건진 후, 카드에 적힌 '뜨기 자세'를 따라 한 횟수가 많은 팀이 승리(단, 맹학생을 위해 ㉣<u>점자 카드</u> 제공) | - 진행 보조 학생은 팀별로 획득한 카드의 개수를 점수판에 묵자로 기재<br>- 수영장 가장자리로부터 2m 지점의 바닥에서 기포를 발생시켜 학생들이 벽에 부딪치지 않도록 조치 |
| • 실기 평가<br>- 다양한 뜨기 자세를 취할 수 있는가? | ㉤<u>충분한 연습기회 제공</u> |

3) 다음은 ㉣의 하나이다. 점자를 묵자로 쓰시오. (검은 점이 볼록하게 튀어나온 것임) [1점]

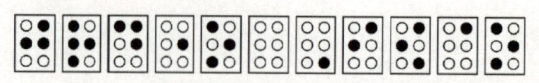

| | |
|---|---|
| 참고자료 | 기본이론 210-215p |
| 키워드 | 점자 읽고 쓰기 |
| 구조화틀 | |
| 핵심개념 | |
| 모범답안 | 예절실 |

2013학년도 추가중등 B4

**12** 다음은 일반학급에서 통합교육을 받고 있는 경호의 특성과 학교생활 모습을 나타낸 글이다. 물음에 답하시오. [7점]

시각장애 학생 경호는 점자를 주된 학습매체로 사용하며, 익숙한 공간에서는 단독 보행이 가능하다. 평상시에는 화장실이나 다른 교실로 이동할 때, 지팡이를 몸의 앞쪽에서 가로질러 잡고 지팡이 끝(tip)을 지면에서 약간 들면서 보행하는 ( ㉠ )을(를) 사용한다.

하지만 오늘은 자기보호법과 트레일링(trailing) 기법을 사용하여 미술실로 향했다. 경호는 미술실로 가기 위해서 ㉡친구들이 지나다니는 발자국 소리와 계단 앞의 점자블록을 이용해 ㉢계단 난간을 찾았다.

계단을 지나 ㉣ ⠨⠝ (이)라고 적힌 곳에서 정안인 친구 희수가 와서 함께 가자고 했다. ㉤희수는 경호의 팔꿈치 조금 위를 잡고 반보 뒤에서 걸었다. ㉥희수는 2층으로 올라가는 계단 앞에서 잠깐 멈추었다가 올라갔다. 미술실 앞에서 ㉦여닫이로 된 출입문을 열고 들어간 후, 경호가 문을 닫았다. ㉧희수는 경호의 손을 의자 등받이에 얹어준 후 자기 자리로 가서 앉았다.

3) ㉣의 점자를 읽고 쓰시오. [1점]

2013학년도 중등 21

**13** 시각장애 학생에게 점역하여 준 현장체험학습 안내문 중 일부이다. 밑줄 친 ㉠~㉣의 점자 표기로 옳은 것만을 <보기>에서 있는 대로 고른 것은?

<현장체험학습 안내>

1) 날짜 : 10월 ㉠18일
2) 장소 : ㉡청소년 ㉢문화 회관
3) 유의사항 : 가을에는 아침저녁으로 날씨가 ㉣쌀쌀하니, 여벌의 긴 옷을 준비해주세요.

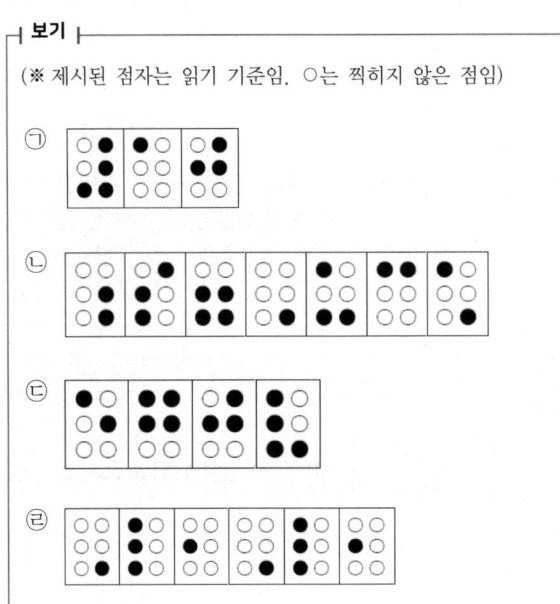

① ㉠, ㉣  ② ㉡, ㉢
③ ㉢, ㉣  ④ ㉠, ㉡, ㉢
⑤ ㉠, ㉡, ㉣

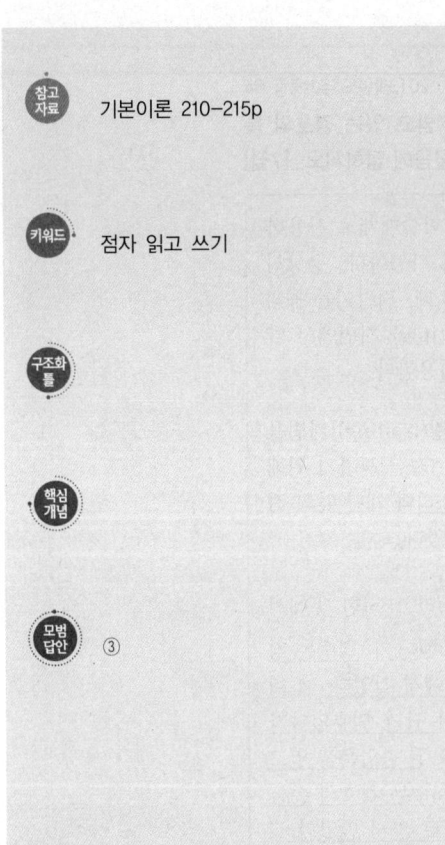

참고자료: 기본이론 210-215p

키워드: 점자 읽고 쓰기

모범답안: ③

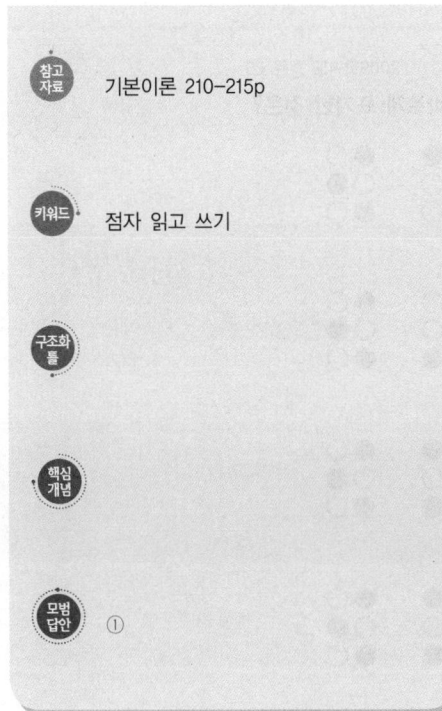

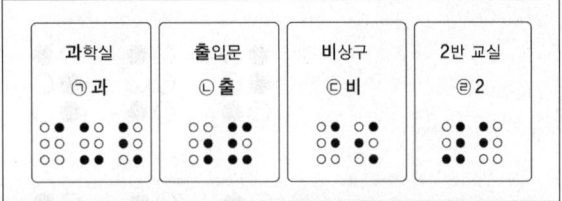

**14** 특수학급 최 교사는 시각장애 학생 A가 이용할 시설 입구에 편의상 시설 명칭의 앞 글자를 점자 라벨로 만들어 붙여 확인할 수 있도록 하였다. ㉠~㉣에서 점자 표기가 옳은 것만을 모두 고른 것은? [1.5점]

① ㉡, ㉣
② ㉠, ㉡, ㉢
③ ㉠, ㉢, ㉣
④ ㉡, ㉢, ㉣
⑤ ㉠, ㉡, ㉢, ㉣

2009학년도 중등 25

**15** 한글 점자로 읽을 때 '아버지'를 바르게 표기한 것은?

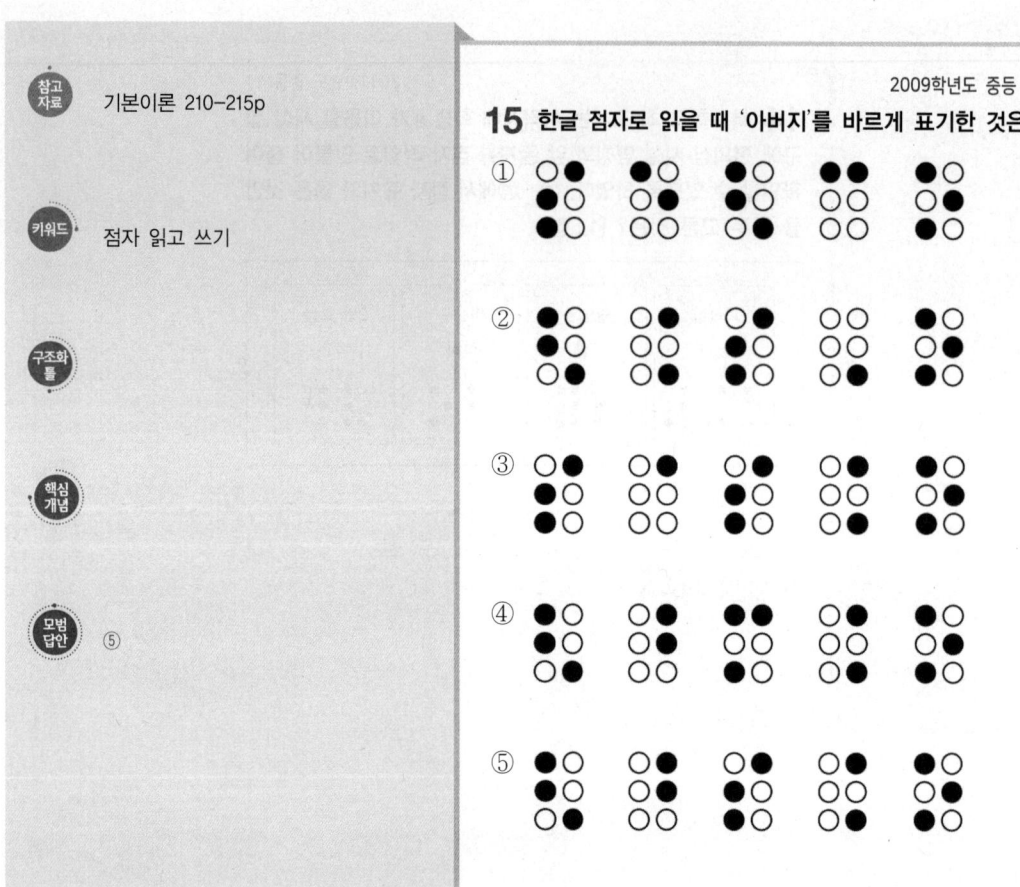

2013학년도 초등 B6

**16** 다음의 (가)는 시각장애 특수학교 체육 담당 교사가 지도하는 학급 학생 현황이고, (나)는 '안전하게 달리기'를 제재로 작성한 교수·학습 계획의 일부이다. 물음에 답하시오. [5점]

(가) 학급 학생 현황

| 학생 | 안질환 | 시각장애정도 | 학생 | 안질환 | 시각장애정도 |
|---|---|---|---|---|---|
| 준수 | 선천성 녹내장 | 전맹 | 경호 | 선천성 백내장 | 저시력 |
| 현미 | 무홍채증 | 저시력 | 수진 | 망막색소변성 | 저시력 |

(나) 교수·학습 계획

| 학습 목표 | 시각장애 정도에 따라 올바른 방법으로 달리기를 할 수 있다. | |
|---|---|---|
| 단계 | 교수·학습 활동 | 자료 및 유의점 |
| 도입 | 시각장애인 육상 올림픽 경기 동영상 시청하기 | |
| 전개 / 활동 1 | 트랙 등 육상 활동 장소에 친숙해지도록 보행지도하기 | |
| 전개 / 활동 2 | 시각장애 정도에 따른 달리기 방법 지도하기<br>- 저시력 학생: 출발 위치 확인하기, 자기 레인 유지하며 달리기 등을 위해 ㉠초시하기와 주사하기 기술 활용하기<br>- 전맹 학생: ㉡안내인(가이드 러너)과 함께 달리기 | 자기 기록을 점자 스티커에 적어 '나의 기록판'에 붙이기<br><br>예: ㉢<br>⬤⬤ ⬤○ ⬤⬤ ⬤○<br>⬤⬤ ○⬤ ○⬤ ○○<br>⬤○ ○○ ○○ ⬤○ |

3) (나)의 ㉢의 점자를 읽고 쓰시오. [1점]

---

 참고자료 : 기본이론 210-215p

 키워드 : 점자 읽고 쓰기

 구조화틀

 핵심개념

 모범답안 : 25초

2020학년도 중등 B5

**17** (가)는 중도 실명한 학생 F가 국어 시간에 필기한 내용이고 (나)는 교육실습생이 수업을 마친 후 지도교사와 나눈 대화의 일부이다. 〈작성방법〉에 따라 서술하시오. [4점]

(가) 필기 내용

| 필기 내용 | 영희야, 배가 많이 아팠지? |
|---|---|
| 밑줄 친 부분에 해당하는 점자 | 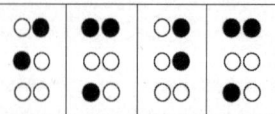 |

＊제시된 점형은 읽기 기준이며, ●은 볼록 튀어나온 것임

(나) 대화

교육실습생: 선생님, 학생 F가 국어 시간에 필기한 내용이에요. 점자를 잘 찍은 것 같아요.
지 도 교 사: 어디 봅시다. 그런데 학생 F가 ㉠<u>점자를 잘못 찍은 부분</u>이 있군요.
교육실습생: 그런가요? 제가 한글 점자 규정에 대한 공부가 부족했던 것 같아요.
지 도 교 사: 교사는 한글 점자 규정을 잘 알고 있어야 해요. 그래야만 학생이 점자를 잘못 찍으면 바로 교정해줄 수 있어요.

…(중략)…

교육실습생: 한글 점자 규정을 공부하면서 잘 모르는 것이 있었는데, 질문해도 될까요?
지 도 교 사: 네, 어떤 것이 궁금한가요?
교육실습생: '힘껏'의 '껏'은 어떻게 찍어야 하나요?
지 도 교 사: '껏'을 찍을 때에는 '것'의 약자 표기 앞에 ( ㉡ )을/를 덧붙여서 찍어요.
교육실습생: 아, 그렇군요, 선생님. 한글 점자 규정의 '약어' 관련 부분도 어려웠어요. 지금도 잘 모르겠어요. ㉢<u>그러면서</u>는 점자로 어떻게 찍나요?

〈작성방법〉

• (나)의 밑줄 친 ㉠에 해당하는 것을 (가)에서 2가지 찾아 쓰고, 각각의 이유를 서술할 것.
• (나)의 괄호 안의 ㉡에 들어갈 용어를 쓸 것.
• (나)의 밑줄 친 ㉢을 점자로 표기할 때, 각 점형의 점 번호를 순서대로 쓸 것. [아래의 예시 참조(점형의 구분은 '-'로 표시할 것)]

[24 - 134 - 45 - 134]

참고자료: 기본이론 210-215p

 키워드: 한글 점자 규정

 구조화틀:
한글 점자 규정(2024)
- 자음
- 모음
- 약자
- 약어
- 숫자
- 띄어쓰기
- 문장 부호 및 기타 기호
- 영어 점자

 핵심개념

모범답안
①

2009학년도 초등 9

**18** 〈보기〉에서 한글 점자에 관한 바른 설명을 모두 고른 것은?

┌ 보기 ┐
ㄱ. 모음 앞에 오는 이응(ㅇ)을 항상 생략한다.
ㄴ. 점자를 읽을 때 점칸 내 왼쪽 위의 점은 1점이다.
ㄷ. 모든 첫소리 자음 다음에 오는 모음 'ㅏ'를 생략한다.
ㄹ. 첫소리에 오는 된소리를 쓸 때 자음 앞에 된소리 기호 5점을 표기한다.

① ㄱ, ㄴ
② ㄴ, ㄷ
③ ㄷ, ㄹ
④ ㄱ, ㄴ, ㄷ
⑤ ㄴ, ㄷ, ㄹ

ㄷ. 'ㅏ' 생략 예외 법칙
- '가'와 '사'는 따로 제자되어 있음
- '라'와 '차'는 'ㅏ'를 생략하지 않음
- 한 어절 안에서 'ㅏ'를 생략한 약자에 받침 글자가 없고 다음 음절이 모음으로 시작될 때에는 'ㅏ'를 생략하지 않음
- '팠'은 받침 'ㅆ'과 모음 'ㅖ'의 혼동을 피하기 위해 'ㅏ'를 생략하지 않고 풀어씀

ㄹ. 첫소리에 오는 된소리를 쓸 때에는 된소리 기호 6점을 표기함

기본이론 210-215p

 한글 점자 규정

 한글 점자 규정(2024)
- 자음
- 모음
- 약자
- 약어
- 숫자
- 띄어쓰기
- 문장 부호 및 기타 기호
- 영어 점자

 ⑤

2011학년도 초등 7

**19** 김 교사는 점자익히기 교과서의 '〈자음자+ㅏ〉에서〈ㅏ〉를 생략한 약자' 단원을 지도한 후, 다음과 같이 평가하고자 한다. 각 문장의 밑줄 친 낱말 중〈ㅏ〉생략 약자를 써야 하는 것은?

〈평가 계획〉

- 평가 대상 : 점자를 주된 문해 매체로 사용하는 시각장애 학생 3명
- 평가 시점 : 정리 단계
- 평가 방법 : 받아쓰기 수행평가
- 자료 : 점(자)판, 점자(용)지, 점필
- 유의사항 : 각 문장을 점자(판) 줄의 첫 번째 칸부터 쓰게 할 것

① <u>기차</u> 여행이 재미있어요.
② <u>라디오</u>는 책상 위에 있어요.
③ <u>마을</u> 입구에 과수원이 있어요.
④ <u>사과</u>와 배와 귤은 모두 과일이지요.
⑤ <u>자전거</u> 노래를 부르면서 첫 박자에 손뼉을 쳐요.

2021학년도 초등 A3

**20** (가)는 특수교사와 자원봉사자의 대화이고, (나)는 교실 모습의 일부이며, (다)는 지우의 보행 모습이다. 물음에 답하시오. [5점]

(가) 특수교사와 자원봉사자의 대화

특 수 교 사: 지우가 지금은 22포인트 정도의 글자를 읽을 수 있지만, 시력이 급격하게 낮아지고 있어서 점자교육이 필요한 상황이에요.
자원봉사자: 아, 그렇군요.
특 수 교 사: 마침 '확대문자-점자 병기판'을 만드는 데 도움을 주시겠다고 하셔서 감사해요.
자원봉사자: 아직은 배우는 중이지만 지난번에 교육받은 대로 점자 스티커를 붙여서 만들어볼게요.
특 수 교 사: 확대문자는 50포인트 볼드타입으로 만들어주시는데요, 확대 이외에 ㉠<u>가독성</u>을 높일 수 있는 다른 방법도 고려하시고, 지우가 ㉡<u>눈부심</u>이 심하다는 점도 감안해서 만들어주세요.
자원봉사자: 네, 알겠습니다.
특 수 교 사: 그리고 쉬는 시간에 지우가 화장실을 잘 찾는지 살펴봐주세요.

(나) 교실 속 '확대문자-점자 병기판' 모습

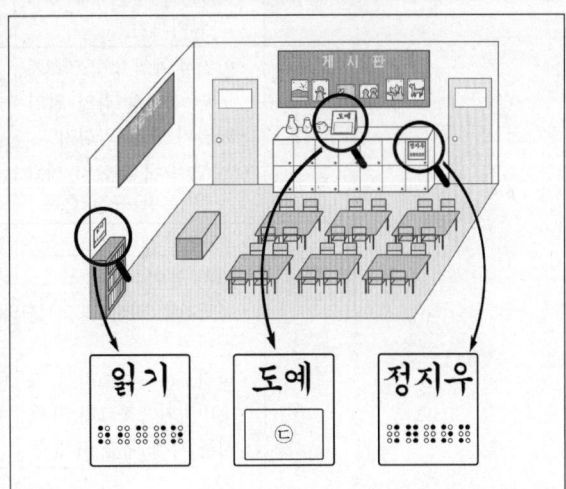

2) (나)의 ㉢에 해당하는 점자를 쓰시오. (단, 아래의 예시와 같이 각 점형의 점번호를 답으로 제시할 것) [1점]

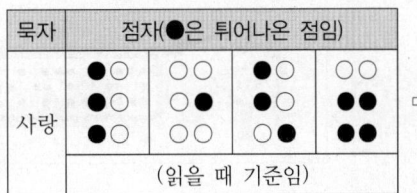
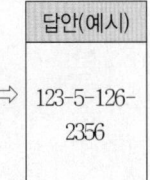

2022학년도 초등 B6

**21** (가)는 시각장애 학생의 주요 특성이고, (나)는 2015 개정 특수교육 교육과정 중 공통 교육과정 체육과 3~4학년군 '골볼형 게임을 해요.' 단원 지도 계획의 일부이다. 물음에 답하시오. [5점]

(가) 학생 주요 특성

| 학생 | 주요 특성 | 비고 |
|---|---|---|
| 민수 | 학습매체: 묵자와 점자 병행 사용 | 장애학생 건강체력평가 (PAPS-D)에서 4명 모두 ( ㉠ ) 영역에서만 낮은 등급을 받음 ↓ 기초 체력 증진 계획 수립 필요 |
| 한나 | 보행: 시각, 촉각, 청각적 정보 활용 | |
| 정기 | 시야: 터널시야와 야맹증 | |
| 병수 | • 시력: FC/50 cm<br>• 청력: 110 dB HL | |

(나) 단원 지도 계획

| 단원 | 골볼형 게임을 해요. | |
|---|---|---|
| 차시 | 교수·학습 활동 | 자료(㉯) 및 유의점(㉰) |
| 1 | • 기초 체력 증진과 골볼형 게임의 이해<br>– ㉡기초 체력 증진: 오래달리기 실시<br>– 골볼의 역사와 장비 알아보기 | ㉰ ㉢보조 인력 없이 운동장 트랙 달리기 지도<br>㉯ 골볼, 안대, 보호대 등 |
| 2 | • 안전한 게임 방법 익히기<br>– ㉣경기장 라인 알기<br>• 페널티 규정 익히기<br>– 반칙 카드 놀이 게임을 통한 규정 습득 | ㉰ 경기장을 직접 돌며 구조와 기능 파악<br>㉯ 경기 규정집, 종류별 ㉤반칙 카드 |
| 3 | • ㉥기초 체력 증진: 줄넘기 놀이<br>• 공격기능 익히기: ㉦볼 굴리기<br>• 굴러오는 공 소리 듣고 수비하기: 쪼그려 자세, 허들 자세, 무릎 자세 등 | ㉯ 줄넘기<br>㉰ 정확한 자세와 동작을 단계별로 지도<br>㉰ 병수를 위한 대안적인 참여 방법 마련 |

2) ㉤의 종류 중 하나인 다음의 점자 카드를 묵자로 쓰시오. (단, 검은 점이 튀어나온 점이며, 2017 개정 한국 점자규정에 의거할 것) [2점]

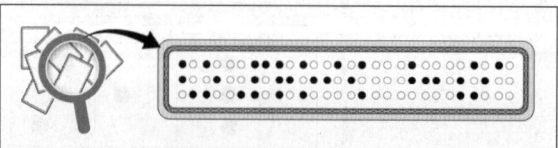

참고 자료: 기본이론 210-215p

 키워드: 한글 점자 규정

 구조화 틀
한글 점자 규정(2024)
- 자음
- 모음
- 약자
- 약어
- 숫자
- 띄어쓰기
- 문장 부호 및 기타 기호
- 영어 점자

핵심 개념

 모범답안: 지름 6cm 공

2024학년도 초등 B3

**22** (가)는 특수학교에 재학 중인 시각장애 학생들의 특성이고, (나)는 2015 개정 특수교육 교육과정 중 공통 교육과정 체육과 5~6학년군 '쇼다운형 게임을 해요' 단원의 교수·학습 과정안 일부이다. 물음에 답하시오. [5점]

(나)

| 단원 | 1. 쇼다운형 게임을 해요. | 차시 | 1/4 |
|---|---|---|---|
| 학습 목표 | 쇼다운형 게임의 특성을 이해하고, 기본 자세를 익힐 수 있다. | | |
| 확대 핵심 교육 과정 (ECC) | • 점자<br>- 현아: 점자 읽기 지도<br>• 확대경 사용<br>- 영미: ⓒ확대경을 사용할 때 넓은 시야로 자료를 볼 수 있도록 지도 | | |

| 단계 | 교수·학습 활동 | | 자료(재) 및 유의점(유) |
|---|---|---|---|
| | 교사 | 학생 | |
| 도입 | ⓒ안전사고 예방을 위한 사전 활동하기 | | 재 ②쇼다운 테이블, 쇼다운 라켓, 쇼다운 공, 손등 보호 장갑 |
| 전개 | <활동 1> 쇼다운형 게임 알아보기 | | 재 확대경, 게임 규칙 읽기 자료 (묵자 자료, ⓜ점자 자료) |
| | 시설 및 용구 설명하기 | 쇼다운 라켓 특징 이야기하기 | |
| | <활동 2> 쇼다운형 게임 경기 방법 알아보기 | | 유 ⓑ시범적 지도 방법(Braille-me method)을 활용하여 자세 지도 |
| | • 게임 규칙 설명하기<br>• 기본 자세 설명하기 | • 게임 방법 익히기<br>• 라켓 잡는 법 익히기 | |

2) (나)의 ⓜ에 해당하는 다음의 점자를 묵자로 쓰시오. [단, 검은 점이 튀어 나온 점이며, 한국 점자 규정(문화체육관광부고시 제2020-38호)에 의거할 것] [1점]

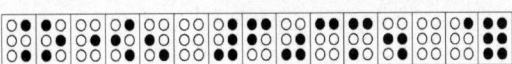

2024학년도 중등 B6

**23** (가)는 시각장애 ○○특수학교 음악과 교수·학습 지도안의 일부이고, (나)는 구음 장단의 점자 자료이다. 〈작성방법〉에 따라 서술하시오. [4점]

(나) 구음 장단의 점자 자료

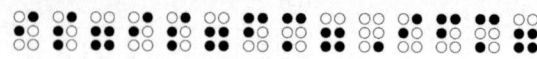

(제시된 점형은 읽기 기준이며, ●은 볼록 튀어 나온 점임.)

┌ **작성방법** ─────────────
(나)에 제시된 점자를 묵자로 쓸 것. [단, 한국 점자 규정 (문화체육관광부 고시 제2020-38호)에 근거할 것]

---

**참고자료** 기본이론 210-215p

**키워드** 한글 점자 규정

**구조화틀** 한글 점자 규정(2024)
- 자음
- 모음
- 약자
- 약어
- 숫자
- 띄어쓰기
- 문장 부호 및 기타 기호
- 영어 점자

**핵심개념**

**모범답안** 덩덩쿵따쿵

2016학년도 중등 B2

**24** (가)는 맹 학생 영수가 필기한 내용이고, (나)는 필기 내용에 대해 김 교사와 영수가 나눈 대화이다. 밑줄 친 ㉠에 해당하는 내용 2가지를 쓰고, ㉡에 들어갈 약자를 묵자로 적으시오. 그리고 밑줄 친 ㉢에 해당하는 내용 2가지를 점자의 특성에 기초하여 쓰시오. [4점]

(가) 영수의 필기 내용

| 필기 내용 | 땅 1평은 33㎡이고, 땅 1,000평은 약 3,300㎡이다. |
|---|---|
| 밑줄 친 부분에 해당하는 점자 |  |

\* 제시된 점형은 읽기 기준이며, ●은 볼록 튀어나온 점임

(나) 김 교사와 영수의 대화 내용

김 교사 : 영수야, 네가 찍은 점자를 보니 약자까지 다 익힌 것 같구나. 그런데 문법에는 좀 더 신경을 쓰면 좋을 것 같아. ㉠'땅 1,000'을 점자로 찍은 것에 문법적인 오류가 있어.

영　　수 : 숫자는 매번 헷갈려요. 그런데 정말 이해가 안 되는 것은 '1,000평'처럼 묵자에서 숫자 다음에 한글이 이어 나올 때요. 점자에서는 어떤 경우에 한 칸을 띄는지 궁금해요.

김 교사 : 그건 숫자 다음에 바로 초성 'ㄴ, ㄷ, ㅁ, ㅋ, ㅌ, ㅍ, ㅎ'과 약자 ( ㉡ )이/가 오는 경우란다.

영　　수 : 감사합니다. 한 가지 더 궁금한 것이 있어요. 약자를 다 외우긴 했는데 ㉢약자를 사용하는 이유를 잘 모르겠어요.

---

**참고자료**: 기본이론 210-215p

**키워드**: 한글 점자 규정

**구조화 틀**: 한글 점자 규정(2024)
- 자음
- 모음
- 약자
- 약어
- 숫자
- 띄어쓰기
- 문장 부호 및 기타 기호
- 영어 점자

**모범답안**:
㉠ 숫자를 쓸 때는 숫자 앞에 수표(3456)를 적어야 한다.
　쉼표는 5점이나 수의 자릿점을 표시할 때는 2점으로 적어야 한다.

㉡ 운

㉢ 점자 읽기와 찍기 속도를 증가시킬 수 있다.
　점자책의 부피를 줄일 수 있다.

2022학년도 중등 A10

**25** (가)는 시각장애학교의 초임 교사가 체육 수업 후 작성한 수업 성찰 일지의 일부이고, (나)는 중도 실명한 학생이 수업시간에 작성한 필기 내용이며, (다)는 퍼킨스(Perkins) 스타일의 점자 키보드가 적용된 점자정보단말기의 일부이다. 〈작성방법〉에 따라 서술하시오. [4점]

(가) 수업 성찰 일지

- 주제: 건강관리(이론 수업)
- 대상: 중학교 1학년
- 수업 성찰 내용
  - 학생과의 상호작용이 다소 부족하였음
  - 학생과 효과적인 상호작용을 위한 방법을 모색할 필요가 있음
  - 중도 실명한 학생의 점자 필기 내용을 확인하고, ㉠<u>잘못 표기한 점자 부분</u>을 교정해주었음
  - 점자정보단말기 사용에 익숙하지 않은 학생이 '㉡<u>가슴둘레</u>' 어휘를 입력할 때 어려움을 겪고 있었음
  - 점자정보단말기로 점자를 입력하는 방법을 추가하여 지도할 필요가 있음

(나) 필기 내용

| 필기 내용 | 비만을 진단할 때 <u>BMI</u>를 활용한다. |
|---|---|
| 밑줄 친 부분에 해당하는 점자 | 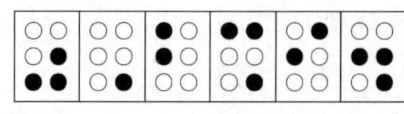 |

(다) 점자정보단말기

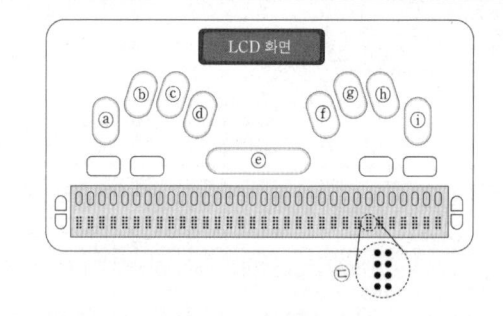

┌─ 작성방법 ─
- (가)의 밑줄 친 ㉠에 해당하는 것을 (나)에서 2가지 찾아 각각의 이유를 서술할 것. [단, 개정 한국 점자 규정(문화체육관광부 고시 제2020-38호)에 근거할 것]
- (가)의 밑줄 친 ㉡을 한글 점자의 약자로 점자정보단말기에 입력할 때, 동시에 눌러야 할 점자키를 (다)의 ⓐ~ⓘ에서 찾아 해당 기호를 모두 쓸 것.

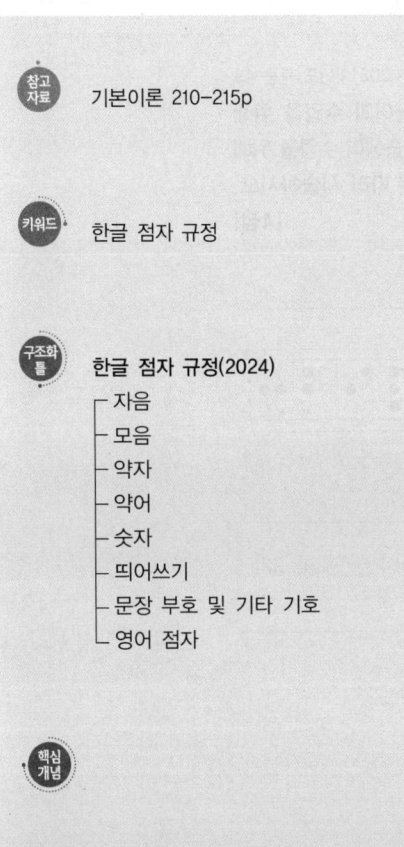

2010학년도 중등 38

**26** 건물에 설치된 승강기에 한글점자로 '개폐'가 표기되어 있다. 다음 중 '폐'에 해당하는 것은?

참고자료 기본이론 210-215p

 키워드 한글 점자 규정

 구조화 틀
한글 점자 규정(2024)
- 자음
- 모음
- 약자
- 약어
- 숫자
- 띄어쓰기
- 문장 부호 및 기타 기호
- 영어 점자

 핵심개념

모범답안
- 숫자 뒤에 오는 'ㄴ, ㄷ, ㅁ, ㅍ, ㅌ, ㅋ, ㅎ, 운'은 숫자 뒤에 한 칸을 띄어 쓴다.
- 숫자 9는 2, 4점으로 적는다.

2021학년도 중등 A5

**27** (가)는 시각장애학교 교육실습생이 국어과 수업을 위해 작성한 수업 계획의 일부이고, (나)는 교육실습생이 수업을 위해 준비한 학습자료의 일부이다. 〈작성방법〉에 따라 서술하시오. [4점]

(나) 학습자료

| 묵자 | 3학년 9반 |
|---|---|
| 점자 | (점자 이미지) |

*제시된 점형은 읽기 기준이며, ●은 볼록 튀어나온 점임

[작성방법]
(나)의 묵자를 점자로 점역한 부분 중에서 틀린 곳 2가지를 찾아 쓰고, 각각의 이유를 서술할 것.

기본이론 210-215p

 한글 점자 규정

 한글 점자 규정(2024)
- 자음
- 모음
- 약자
- 약어
- 숫자
- 띄어쓰기
- 문장 부호 및 기타 기호
- 영어 점자

 (나) 바위, (라) 찡그리고

① '밥그릇'의 '바'는 약자를 사용해 적는다.
② '바위'와 같이 한 단어 안에서 'ㅂ'에 뒤이어 모음이 올 때는 'ㅏ'를 생략하지 않는다.
③ 약어 뒤에 다른 글자가 붙는 경우에는 약어를 사용해 적는다.
④ 약어 앞에 다른 글자가 붙는 경우에는 약어를 사용해 적지 않는다.

2015학년도 중등 A1

**28** 다음은 중도에 실명하여 점자를 익히고 있는 학생의 점자 받아쓰기 결과이다. (가)~(라) 중에서 <u>잘못 받아쓴 단어</u>를 찾아 쓰고, 점자를 쓸 때 적용해야 하는 점자의 문법적 내용 요소 ①~④를 예시와 같이 쓰시오. [5점]

| 문항 | 단어 | 점자 | 문법적 내용 요소 |
|---|---|---|---|
| 예시 | 깍두기 | | '까'는 '가'의 약자 앞에 된소리표를 사용하여 쓴다. |
| (가) | 밥그릇 | | ① |
| (나) | 바위 | | ② |
| (다) | 그리고는 | | ③ |
| (라) | 찡그리고 | | ④ |

＊제시된 점자는 읽기 기준이고, ●은 볼록 나온 점임

참고자료 기본이론 210-215p

 키워드 한글 점자 규정

 구조화틀 한글 점자 규정(2024)
- 자음
- 모음
- 약자
- 약어
- 숫자
- 띄어쓰기
- 문장 부호 및 기타 기호
- 영어 점자

 핵심개념

모범답안 우수, 차로, 구애

- 우수: 초성 'ㅇ'은 생략한다.
- 차로: '차'를 쓸 때는 'ㅏ'를 생략하지 않고 풀어 적는다.
- 구애: 모음겹글자 'ㅟ'와의 오독을 피하기 위해 'ㅜ'와 'ㅐ' 사이에 구분표(36점)를 적는다.

2014학년도 중등 A2

**29** 다음은 중도에 실명한 학생 A의 한글점자 받아쓰기 결과이다. 학생 A가 잘못 받아쓴 단어 3개를 찾아 쓰고, 잘못 받아쓴 각각의 단어에 대해 교사가 지도해야 할 점자 문법 요소를 쓰시오. [3점]

| 문항 | 학생 A의 점자 답안지 |
|---|---|
| 1. 우수 | ●● ●● ○○ ●●<br>●● ○○ ○○ ○○<br>○○ ●○ ○● ●○ |
| 2. 떡 | ○○ ○● ●●<br>○○ ●○ ○○<br>○● ○○ ○● |
| 3. 차로 | ○○ ○○ ●○<br>○○ ○● ○●<br>○● ○○ ●● |
| 4. 나사 | ●● ●○<br>○○ ●○<br>○○ ●○ |
| 5. 구애 | ○● ●● ●○<br>○○ ○○ ●●<br>○○ ●○ ●○ |

＊제시된 점자는 읽기 기준이고, ●은 볼록 나온 점임

참고자료 기본이론 220p

 키워드 보행훈련 요소

 구조화틀

핵심개념 **보행훈련**
단순히 걷는 것만을 의미하는 것이 아니라 방향정위와 이동성이라는 개념을 포함하고 있음
- **방향정위**: 잔존감각을 활용해 주어진 환경에서 자신의 위치를 설정하는 능력
- **이동성**: 잔존감각을 활용해 한 장소에서 자신의 목적 장소까지 안전하고 효율적으로 품위 있게 이동하는 것

 모범답안 방향정위, 이동성

2015학년도 유아 A3

**30** 다음은 통합학급 김 교사와 특수학급 박 교사 간의 대화이다. 물음에 답하시오. [5점]

> 김 교사: 선생님, 지난주에 백색증을 가진 저시력 유아 진수가 입학했는데 여러 가지 어려움이 있네요.
> 박 교사: 대개 저시력 유아들이 환경이 바뀌면 어려움이 있을 수 있어요. 그래서 진수를 지도할 때 여러 가지를 고려해야 해요. 진수에게 잔존시력이 있긴 하지만 필요에 따라서는 ㉠<u>보행훈련</u>을 해야 할 수도 있어요. 그래서 실내 활동과 ㉡<u>실외 활동</u>을 할 때 잘 살펴보세요.
>
> …(중략)…

1) ㉠에 포함되는 요소 2가지를 쓰시오. [2점]

참고자료 기본이론 221p

 키워드 시각장애인의 인지과정 모델

구조화틀

핵심개념 **시각장애인의 인지과정 모델**
시각장애인이 환경에 대해 방향정위를 하기 위해서는 지각-분석-선별-계획-실행의 순환 과정을 주기적으로 반복함

| 지각 | 잔존감각을 최대한 활용해 환경으로부터 냄새, 소리, 촉감, 운동지각, 밝기 변화 등에 대한 자료를 수집해 동화하는 과정 |
|---|---|
| 분석 | 일관성, 의존 가능성, 친숙성, 자료원, 감각 유형 및 강도 등을 기준으로 지각한 자료를 범주화하는 과정 |
| 선별 | 현재 환경의 방향정위를 하는 데 가장 적절한 정보를 선택하는 과정 |
| 계획 | 현재 환경과 가장 관련성이 높은 감각 정보를 선택해 보행계획을 설계하는 과정 |
| 실행 | 계획한 보행경로를 따라 실제로 보행하는 과정 |

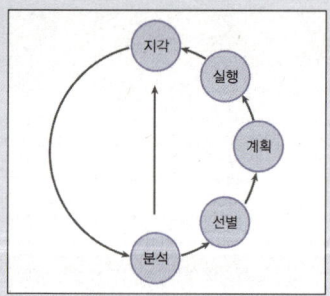

 모범답안
㉠ 선별
현재 환경을 방향정위하는 데 가장 적절한 정보를 선택할 수 있도록 지도한다.

---

2022학년도 중등 B8

**31** 다음은 중도 실명한 시각장애 학생 G를 위하여 교육실습생이 작성한 보행 교육 계획의 일부이다. 〈작성방법〉에 따라 서술하시오. [4점]

| 학생 특성 | • 학년: 중학교 1학년<br>• 시력: 양안 광각 |
|---|---|
| 목표 | 방향정위와 이동기술을 사용하여 학교 정문에서 기숙사까지 찾아갈 수 있다. |
| 내용 | |
| | • 학생이 실행한 방향정위 인지과정의 각 요소를 확인하고 피드백 제공 |

| | 방향정위 인지과정 |
|---|---|
| 방향정위 | - 학교 정문에서 기숙사까지 이동하는 데 필요한 정보를 촉각, 후각, 청각, 근육 감각 등을 사용하여 수집한다.<br>- 지각한 정보를 일정한 기준으로 범주화하고 분류한다. ㉠<br>- 학교 정문에서 기숙사까지 보행 계획을 수립한다.<br>- 계획한 보행 경로를 따라 보행한다. |
| 이동 | 지팡이 보행 | 학교 정문에서 기숙사까지 갈 때 ㉡촉타후긋기 기술(touch-and-drag technique)을 사용하여 학교 정문에서 기숙사까지 연결된 점자블록의 경계선을 따라가며 보행하는 방법 지도 |

**방향정위**
잔존감각을 활용해 주어진 환경에서 자신의 위치를 설정하는 능력

지각단계
분석단계
계획단계
실행단계

〔작성방법〕
㉠에 포함되지 않은 방향정위 인지과정의 요소를 쓰고, 이 요소를 위해 교사가 학생에게 지도해야 할 내용 1가지를 서술할 것. [단, 힐과 폰더(E. Hill & P. Ponder)의 방향정위 인지과정에 근거할 것]

기본이론 222p

- 지표
- 단서

방향정위 요소
- 단서
- 지표
- 번호체계
- 측정
- 나침반 방위
- 기준위치
- 인지지도
- 공간갱신
- 공간 탐색법(친숙화 과정)
- 청각 활용 훈련

**단서와 지표(이태훈, 2024.)**
- **단서**: 주변 정보 중 방향정위에 도움이 되는 잔존 시각, 청각, 후각, 촉각으로 지각할 수 있는 정보를 말함. 이를 청각 단서, 후각 단서, 촉각 단서 등으로 세분화할 수 있음
- **랜드마크**: 단서들 중 잔존 감각으로 보다 쉽게 지각되고 그 자리에 영속적으로 존재하며 방향을 판단하는 데 결정적인 역할을 하는 단서를 랜드마크로 설정함. 예를 들어, 주유소의 기름 냄새는 주유소 인근을 지날 때면 쉽게 후각으로 지각되고, 주유소를 이전하지 않는 한 계속 그 장소에 있음

ⓒ 단서, ⓓ 지표
단서와 지표의 가장 큰 차이점은 지표는 고정되어 있어 항상 활용할 수 있지만, 단서는 변화가 심해 항상 활용할 수 없다는 점이다.

2013학년도 추가중등 B4

**32** 다음은 일반학급에서 통합교육을 받고 있는 경호의 특성과 학교생활 모습을 나타낸 글이다. 물음에 답하시오. [7점]

시각장애 학생 경호는 점자를 주된 학습매체로 사용하며, 익숙한 공간에서는 단독 보행이 가능하다. 평상시에는 화장실이나 다른 교실로 이동할 때, 지팡이를 몸의 앞쪽에서 가로질러 잡고 지팡이 끝(tip)을 지면에서 약간 들면서 보행하는 ( ㉠ )을(를) 사용한다.

하지만 오늘은 자기보호법과 트레일링(trailing) 기법을 사용하여 미술실로 향했다. 경호는 미술실로 가기 위해서 ㉡친구들이 지나다니는 발자국 소리와 계단 앞의 점자블록을 이용해 ㉢계단 난간을 찾았다.

계단을 지나 [점자] (이)라고 적힌 곳에서 정안인 친구 희수가 와서 함께 가자고 했다. ㉤희수는 경호의 팔꿈치 조금 위를 잡고 반보 뒤에서 걸었다. ㉥희수는 2층으로 올라가는 계단 앞에서 잠깐 멈추었다가 올라갔다. 미술실 앞에서 ㉦여닫이로 된 출입문을 열고 들어간 후, 경호가 문을 닫았다. ㉧희수는 경호의 손을 의자 등받이에 얹어준 후 자기 자리로 가서 앉았다.

**단서**
- 보행 도중 특정 순간, 공간에 대한 정보를 알려주는 감각자극
- 지표와 달리 변화가 심해 항상 활용할 수는 없음
- 예 실외 환경에서 건물 입구를 찾는 경우, 화단 끝을 기준점으로 삼아 위치를 확인한다면 '지표'임. 이에 비해 시각장애인이 건물 입구를 찾고 있는 순간, 사람들이 건물에서 구두 소리를 내며 나오는 소리를 활용한다면 '단서'임

2) ㉡과 ㉢에 해당되는 방향정위(orientation)의 기본 요소를 쓰고, 두 요소 간의 가장 큰 차이점을 쓰시오. [3점]

참고자료: 기본이론 222p

 키워드: 지표

 구조화틀

**방향정위 요소**
- 단서
- 지표
- 번호체계
- 측정
- 나침반 방위
- 기준위치
- 인지지도
- 공간갱신
- 공간 탐색법(친숙화 과정)
- 청각 활용 훈련

 핵심개념

**지표(랜드마크)**
- 단서들 중 잔존 감각으로 보다 쉽게 지각되고 그 자리에 영속적으로 존재하며, 방향을 판단하는 데 결정적인 역할을 하는 단서를 랜드마크로 설정함
- 보행자에게 환경 내의 특정 위치를 알려주는 지각적 특징
- **지표의 특징 및 조건**
  - 일정 기간 고정되어 있어야 함
  - 특정 환경의 고유한 특징을 드러내야 함
  - 쉽게 인지되어야 함
- **인지의 용이성에 따른 분류**
  - **1차 랜드마크**: 환경 내에 항상 존재하며, 보행경로에서 반드시 인지하게 되는 랜드마크
  - **2차 랜드마크**: 쉽게 인지되고, 영속적이며, 환경 내 위치를 분명하게 알려주기는 하지만 시각장애인 보행자가 놓칠 수 있는 랜드마크

 모범답안

㉠ 지표

---

2025학년도 중등 B7

**33** (가)는 시각장애 특수학교 교사가 작성한 보행 지도 계획이고, (나)는 안내 보행에 대한 지도 교사와 예비 교사가 나눈 대화이고, (다)는 예비 교사의 메모이다. 〈작성 방법〉에 따라 서술하시오. [4점]

(가) 보행 지도 계획

| 학습 단원 | 학습 내용 및 활동 |
|---|---|
| 보행 구간과 생활 공간 탐색하기 | • 보행 구간 탐색과 정보 수집<br>• 보행 구간 기록하기(급식실 찾아가기) : 교실 문을 나가 우회전 → 5m 직진 → 복도 끝에서 우회전하면 ㉠ <u>내리막길(경사로)</u> → 4m 직진하면 급식실 |
| 안내 보행 | • 표준 자세 익히기<br>• 안내 보행 시작하기 |

**작성방법**

(가)의 밑줄 친 ㉠이 나타내는 방향정위의 요소를 쓸 것.

참고자료 기본이론 224-226p

 키워드
- 인지지도
- 친숙화 과정(자기익숙화)

구조화틀 **방향정위 요소**
- 단서
- 지표
- 번호체계
- 측정
- 나침반 방위
- 기준위치
- 인지지도
- 공간갱신
- 공간 탐색법(친숙화 과정)
- 청각 활용 훈련

 **인지지도**
- 환경의 공간 구조나 사물의 위치와 공간 관계에 대한 정신적 이미지로, 사물중심 기준위치에 따라 지표·보행경로·사물 간의 거리와 방향을 표상화한 것
- 시각장애인이 환경 내에서 독립적으로 보행한다면 그 환경에 대한 인지지도를 형성하고 있다는 것을 의미함

**인지지도의 유형**
- 경로 인지지도: 출발지점과 목표지점 두 지점을 연결하는 경로에 대한 방향과 거리 및 경로 중의 지표 등에 대한 정신적 표상
- 총체 인지지도: 특정 환경 전체 및 환경 내 사물들 간의 위치 관계 등에 대한 인지적인 표상. 특정 환경에 대한 총체 인지지도를 형성하고 있다면, 해당 환경 내에서는 항상 같은 경로를 따라 보행하는 대신 상황에 따라 다양한 경로를 선택할 수 있음

2015학년도 초등 A5

**34** (가)는 3월에 전학 온 시각장애 학생 근우의 특성이고, (나)는 통합학급 교사가 '2009 개정 교육과정' 사회과 3~4학년군 '위치의 개념 알기'라는 제재로 근우의 방향정위를 고려하여 작성한 교수·학습 과정안의 일부이다. 물음에 답하시오. [5점]

(가) 근우의 특성

- 양안 교정시력이 0.03임
- 교실에서 자신과 사물의 위치를 파악하고 이동하는 데 어려움을 보임 ─ 자기중심 기준위치가 부족함
- 학습에는 큰 문제가 없고 또래 관계도 원만하여 일반학급에 완전통합되어 있음

(나) 교수·학습 과정안

| 단원 | 우리가 살아가는 곳 | 제재 | 위치의 개념 알기 | ─ 위치 훈련 필요 |
|---|---|---|---|---|
| 학습목표 | 무엇이 어디에 있는지 찾아보는 활동을 통해 위치가 무엇인지 말할 수 있다. | | | |
| 단계 | 교수·학습 활동 | | | |
| 도입 | (생략) | | | |
| 전개 | 〈활동 1〉<br>한별이네 교실에서 친구나 물건이 어디에 있는지 말하기<br><br>〈활동 2〉<br>㉠우리 교실에서 친구나 물건이 어디에 있는지 말하기<br>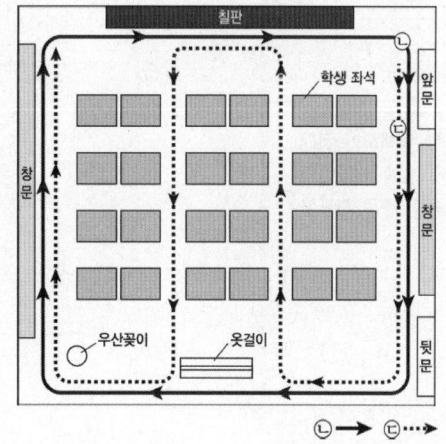<br>- 특정한 친구를 기준으로 위치 말하기<br>- 교실 내에서 자리를 이동한 후 자신의 위치 말하기<br>- 근우가 교실 내에서 이동하며 교실환경 익히기<br>  - ㉡과 같이 사방 벽면을 따라 이동하며 사물의 위치 익히기<br>  - ㉢과 같이 친구들의 좌석 사이를 이동하며 친구들의 위치 익히기<br><br>〈활동 3〉<br>학교 안내도를 보고 여러 교실의 위치 말하기 | | | |

### 친숙화 과정(자기익숙화)
새로운 환경에 대해 보행자와 사물 간의 관계 및 사물들 간의 관계를 파악하는 과정

### 친숙화 과정(자기익숙화)의 유형
- **주변탐색(둘레파악법)**: 손 스쳐가기와 상부 보호법을 사용해 방의 출입문을 기준점으로 방의 네 벽을 순차적으로 돌면서 네 벽의 거리와 벽의 부착물 등을 확인함으로써 방의 둘레 이미지를 그려나감

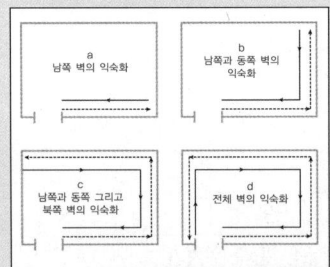

- **격자탐색(중앙탐색법)**: 하부 보호법이나 상·하부 보호법을 사용해 벽의 한쪽 끝에서 방의 내부를 바둑판 모양으로 탐색하면서 가구나 설비 등을 확인함으로써 방의 내부 이미지를 그려나감

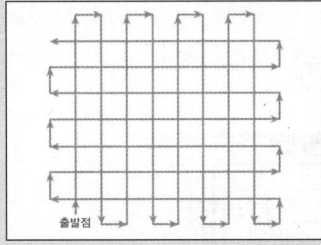

- **기준점**: 환경 전체를 탐색하기 위해 어느 지점에 있든지 쉽게 되돌아와 활용할 수 있는 기준 → 주로 지표를 활용함

---

1) (나)의 ⊙과 관련하여 다음 괄호 안에 들어갈 용어를 쓰시오. [1점]

> 새로운 교실환경에서 방향정위를 습득한 근우는 친구들과 사물들의 위치, 사물들 간의 거리를 인지적으로 형상화하게 됨으로써 교실에서 독립적이고 안전하게 이동할 수 있게 된다. 이때 근우는 교실환경에 대한 (    )을/를 형성한 것으로 볼 수 있다.

- 친구들과 사물들의 위치, 사물과 사물들 간의 거리를 인지적으로 형상화 → 사물중심 기준위치
- 사물중심 기준위치는 사물과 사물 간의 관계로, 자기중심 기준위치에 따른 공간 관계에 대한 인지는 점차 사물중심 기준위치에 따른 공간 관계 인지 능력으로 발달함
- 사물중심 기준위치로 방향정위를 할 경우 장소나 사물의 관계는 변하지 않고 보행자의 이동에 영향을 받지 않으므로, 보행경로를 다양하게 계획하고 선택하는 데 유용함

2) 근우가 새로운 교실환경을 탐색할 때, (나)의 교실 배치도에서 참고점으로 활용하기에 ⓐ <u>적절한 지표(landmarks)</u>를 1가지 찾아 쓰고, 그 ⓑ <u>이유</u>를 2가지 쓰시오. [2점]

3) (나)의 ⓒ과 ⓒ에 해당하는 환경 탐색 기법의 명칭을 각각 쓰시오. [2점]

---

**모범답안**

1) 인지지도

2) ⓐ 칠판
   ⓑ 칠판은 고정되어 있고, 교실의 고유한 특성을 나타낼 수 있기 때문이다.

3) ⓒ 둘레파악법(주변탐색)
   ⓒ 중앙탐색법(격자탐색)

2023학년도 중등 B6

**35** (가)는 시각장애 학생 A의 보행 모습이고, (나)는 학생 A의 보행수업을 위한 사전 평가 결과이다. (다)는 학생 A를 위한 개별화 교육계획의 일부이다. 〈작성방법〉에 따라 서술하시오. [4점]

(다) 학생 A를 위한 개별화교육계획

| 교육목표 | 보행의 기초적인 기술을 익힐 수 있다. | 직선 독립 보행을 할 수 있다. |
|---|---|---|
| 교육내용 | ○ 자기 익숙화 전략<br>　- 교실 공간 탐색하기<br>　• ⓛ 교실 둘레 탐색하기<br>　• 교실 중심부 탐색하기<br>○ 점자블록의 종류와 기능<br><br>\| 종류 \| 기능 \|<br>\|---\|---\|<br>\| 점형<br>블록 \| 보행 동선의 분기점, 대기점, 시발점, 목적지점 등의 위치를 표시하며 위험 지역을 둘러막을 때 쓰임 \|<br>\| 선형<br>블록 \| ( ⓒ ) \| | ○ 이점 촉타법 활용하기<br>　- 이점 촉타법의 변형<br>○ ( ㉠ ) 수정 방법 실습하기<br>　- ( ㉠ ) 인식하기 →<br>　　멈춰서기 → 진로 방<br>　　향과 평행하게 서기<br>　　→ 자세 정렬하기 →<br>　　직선 보행하기<br>○ 기준선 보행 실습하기<br>　- ㉢ 벽 기준선 보행<br>　- 화단 기준선 보행<br>　- 점자블록 기준선 보행 |

┌─ 작성방법 ─
│ (다)의 밑줄 친 ⓛ의 기준점으로 활용할 수 있는 것을 1가지
│ 쓸 것.

---

 참고자료: 기본이론 225-226p

 키워드: 친숙화 과정(자기익숙화)

**구조화틀**

**방향정위 요소**
- 단서
- 지표
- 번호체계
- 측정
- 나침반 방위
- 기준위치
- 인지지도
- 공간갱신
- 공간 탐색법(친숙화 과정)
- 청각 활용 훈련

 **핵심개념**

**공간 탐색 방법**(Hill, 1986.)
- 공간에서 시작 지점이자 도착 지점이 될 수 있는 포인트를 정함(일반적으로 출입문이 선택됨)
- 공간 파악을 위해 이동할 때는 실내 이동기술인 트레일링과 자기보호법을 사용함
- 환경 파악을 위해서는 둘레파악법 혹은 수직횡단파악법을 사용함
- 복도와 같은 좁은 공간이라면 둘레파악법이 적당하고, 탐색하려는 곳이 '방'과 같은 넓은 공간이라면 수직횡단파악법을 사용함. 필요한 경우 두 가지 방법을 함께 사용함

 **모범답안**

기준점으로 활용할 수 있는 것은 칠판 또는 출입문 등이다.

참고자료 기본이론 222p

키워드 지표

구조화틀
방향정위 요소
- 단서
- 지표
- 번호체계
- 측정
- 나침반 방위
- 기준위치
- 인지지도
- 공간갱신
- 공간 탐색법(친숙화 과정)
- 청각 활용 훈련

핵심개념
지표(랜드마크)
- 단서들 중 잔존 감각으로 보다 쉽게 지각되고 그 자리에 영속적으로 존재하며, 방향을 판단하는 데 결정적인 역할을 하는 단서를 랜드마크로 설정함
- 보행자에게 환경 내의 특정 위치를 알려주는 지각적 특징
- 지표의 특징 및 조건
  - 일정 기간 고정되어 있어야 함
  - 특정 환경의 고유한 특징을 드러내야 함
  - 쉽게 인지되어야 함
- 인지의 용이성에 따른 분류
  - 1차 랜드마크: 환경 내에 항상 존재하며, 보행경로에서 반드시 인지하게 되는 랜드마크
  - 2차 랜드마크: 쉽게 인지되고, 영속적이며, 환경 내 위치를 분명하게 알려주기는 하지만 시각장애인 보행자가 놓칠 수 있는 랜드마크

모범답안
ⓒ 학생은 색각 기능을 담당하는 시세포의 추체의 기능을 상실한 상태이다. 따라서 다양한 색상의 시각단서는 학생에게 도움이 되지 않는다.

2018학년도 중등 B4

**36** (가)는 중도에 실명한 시각장애 학생의 보행훈련 계획이고, (나)는 보행훈련을 위한 점자 노선도이다. 〈작성방법〉에 따라 서술하시오. [4점]

(가) 보행훈련 계획

| 학생특성 | 시력 | • 초기: 직선이 휘어져 보였다고 함<br>• 현재: 망막 중심부(황반부)에 커다란 암점이 생겼고, 추체의 기능을 상실한 상태임 | 황반변성 |
|---|---|---|---|
| | 읽기 | 묵자와 점자를 병행하여 활용함 | |
| 보행훈련 | 목표 | 방향정위와 다양한 이동기법 이해하기 | |
| | 방향정위 | • 선별된 감각적 자료를 기초로 노선도를 설계함<br> - ㉠ 랜드마크와 번호체계 등을 활용함<br> - ㉡ 다양한 색상의 시각단서와 여러 가지 촉각단서를 활용함 | 시각장애인의 인지과정 모델의 단계 중 계획 단계에 해당함 |
| | 이동 안내법 | • 계단을 이용할 때에 안내자가 '잠깐 멈춤'을 통해 계단의 시작과 끝을 알게 함<br>• ㉢ 문을 통과할 때에 안내자가 문을 열고 닫게 함 | |
| | 이동 보호법 | ㉣ 상부보호법, 하부보호법을 이용하여 실내 보행훈련을 실시함 | |
| | 이동 지팡이 보행 | ㉤ 2점촉타법에서 지팡이 끝이 왼쪽 지점을 칠 때 오른발이 지면에 닿게 함 | |
| | 이동 안내견 보행 | ㉥ 위험한 상황에서 안내견이 '지적 불복종'한다는 것을 인식하게 함 | |
| | 유의점 | • 안내법 보행 시 안내자가 시각장애인에게 환경적 정보를 제공해야 함<br>• ㉦ 지팡이는 너무 단단하거나 약해서는 안 됨<br>• 주인 이외의 사람이 안내견을 만지거나 먹을 것을 주는 행동을 절대 하지 않도록 해야 함 | |

〈작성방법〉
밑줄 친 ㉠~㉥ 중에서 적절하지 않은 것 2가지의 기호를 적고, 그 이유를 각각 서술할 것.

2024학년도 중등 A6

**37** (가)는 시각장애 학생 A의 안내견 학교 체험 활동 노트이고, (나)는 학생 B의 보행 수업 노트이다. 〈작성방법〉에 따라 서술하시오. [4점]

(나) 학생 B의 보행 수업 노트

> 오늘은 선생님과 청각을 활용한 보행 수업을 했음
> - ( ㉢ ) : 사거리 신호등의 신호에 따라 대기하고 있는 자동차 소리와 출발하는 자동차 소리의 차이를 들었음
> - 소리 추적 : 학교로 돌아가기 위해, 인도와 평행한 도로를 지나는 차량의 소리를 들으며 따라갔음
> - 사운드 섀도(sound shadow) : ( ㉣ )

〈작성방법〉

(나)의 괄호 안의 ㉢에 해당하는 용어를 쓰고, 괄호 안의 ㉣의 내용에 해당하는 예를 1가지 서술할 것. (단, ㉣은 버스 정류장을 찾는 상황으로 제시할 것)

---

 참고자료
기본이론 226-227p

 키워드
- 청각 활용 훈련
- 청각 활용 방해 요인

구조화틀
방향정위 요소
- 단서
- 지표
- 번호체계
- 측정
- 나침반 방위
- 기준위치
- 인지지도
- 공간갱신
- 공간 탐색법(친숙화 과정)
- 청각 활용 훈련

 핵심개념

 모범답안
㉢ 소리 변별
㉣ 인도에서 버스 정류장을 지나치는 동안 버스 정류장 유리벽으로 인해 차도의 차량 소리가 작아지는 것을 통해 버스 정류장을 찾을 수 있다.

## 확장하기

### ★ 방향정위 훈련-청각 활용 훈련

- 맹학생은 방향정위를 위해 흰지팡이나 발과 손을 통해 수집되는 촉각 정보와 더불어 청각 정보를 주로 활용한다. 독립보행을 위해 청각기술 훈련은 매우 중요하다.

#### ▶ 청각기술

| | |
|---|---|
| 소리 인식 | 보행 환경 주변에서 나는 소리를 들을 수 있는 것을 말한다. 현재 보행 환경에 다양한 청각 단서가 있으나, 주변 소음이 크거나 청력에 문제가 있으면 소리를 듣지 못하고 청각 단서를 그냥 지나칠 수 있다. |
| 소리 식별 | 수돗물 소리, 체육관에서 공 튀기는 소리, 엘리베이터 소리, 오토바이 소리 등처럼 소리의 정체가 무엇인지 아는 것이다. 학생과 자주 이용하는 보행 장소를 다니면서 소리 식별 훈련을 실시해야 한다. |
| 소리 변별 | 소리가 나는 여러 사물 중에 같은 소리, 다른 소리, 특정 사물이 내는 소리를 구분해내는 것을 말한다. 교차로에서 차량의 흐름이 직진인지, 좌회전인지, 우회전인지를 구분하는 훈련 등이 해당된다. 소리 식별 훈련이 이루어지면 비슷한 소리들을 구별할 수 있는 소리 변별 훈련을 실시해야 한다. |
| 소리 위치 추정 | 소리가 나는 곳을 알고 그에 도달할 수 있는 것을 말한다. 소리의 방향과 크기를 통해 거리를 가능한 한 정확하게 판단하는 것이 중요하다. 탁 트인 공간에서 소리 나는 물체를 학생 주변에 떨어뜨리고 학생이 소리 나는 물체를 찾도록 하는 훈련 등이 해당된다. |
| 소리 추적 | 사람이나 차량처럼 소리 나는 대상을 따라가는 것을 말한다. 보행교사가 박수를 치면서 앞서가면 학생이 박수 소리를 듣고 따라가기 등이 해당된다. 소리 추적 기술은 인도에서 직선 보행을 하기 위해 앞서가는 사람을 따라가거나 인도와 평행한 도로를 지나가는 차량의 소리를 따라갈 때 활용된다. |

- 보행 중에 방향정위를 위해 설정한 청각 단서를 들을 수 없게 되면 방향정위에 어려움을 겪을 수밖에 없다. 따라서 보행 중에 청각 단서를 이용하는 것을 방해하는 주요 원인들을 알고, 적절히 대처하는 방법을 익히는 것이 필요하다.

| | |
|---|---|
| 사운드 마스크 | 청각 단서가 주변의 소음으로 인해 들리지 않는 현상으로, 인도 보행 중에 주변 공사 소음으로 인해 차량의 진행음·카페 음악·횡단보도 신호음 등을 들을 수 없는 경우다. 소음이 일시적(응급 구조 사이렌 소리)인 것이면 소음이 사라질 때까지 기다리거나, 촉각이나 후각 같은 다른 감각 정보를 이용해 천천히 이동하거나, 행인에게 도움을 요청할 수 있다. |
| 사운드 섀도 | 보행 도중 청각 단서가 나오는 곳(음원)과 시각장애 학생 사이에 큰 물체나 구조물이 있어서 청각 단서가 차단되어 잘 들리지 않는 현상이다. 인도를 걷는 도중 음원과 시각장애 학생 사이에 공사를 위한 대형 칸막이가 있는 경우가 해당된다. 청각 단서를 차단하는 것이 일시적인 것(잠시 정차한 대형 트럭 등)이면 지나갈 때까지 기다리거나, 촉각이나 후각 같은 다른 감각 정보를 이용해 천천히 이동하거나, 행인에게 도움을 요청할 수 있다. |

### ★ 사운드 섀도

- 사운드 섀도는 버스 정류장 등을 찾을 때 활용할 수 있는데, 인도에서 버스 정류장을 지나치는 동안 버스 정류장 유리벽으로 인해 차도의 차량 소리가 잠시 작아지기 때문이다.
- 시각장애인은 사운드 섀도를 통해 음원과 자신 사이에 놓인 사물을 인지할 수 있다. 사운드 섀도를 활용하면 도로나 모퉁이에 있는 기둥이나 주차된 자동차를 구별할 수 있다.

> **| 지도 단계**
> ① 교육생을 준상가 지역의 실외로 데리고 간다.
> ② 교육생을 도로 가장자리에 서 있는 트럭이나 자동차 앞에서 도로를 향해 서게 한다.
> ③ 다른 차량이 지나갈 때 트럭이나 자동차에 의해 소리가 막히는 것을 듣도록 지도한다.
> ④ 보도보다 더 넓은 공간에 교육생을 서게 한 다음, 지나가는 차량 소리를 듣고 구체적으로 알 수는 없지만 어떤 사물이 놓여 있다는 것을 아는지 표시하게 한다.
> ⑤ 처음에는 울타리와 같이 폭이 넓은 사물, 나중에는 신호등과 같이 폭이 좁은 사물을 활용하여, 교육생이 사운드 섀도를 인지할 수 있을 때까지 위와 같은 절차로 연습을 반복한다.
> ⑥ 교육생을 교차로 근처 보도에 서 있게 한 다음, 기둥이나 주차된 차량이 있는지 여부를 말하게 한다.
> ⑦ 교육생을 보도로 혼자 걸어가게 하면서 사운드 섀도를 활용해 기둥, 주차된 자동차, 버스정류장 등을 지나가면 그것을 말하게 한다.

참고자료
기본이론 231-244p

키워드
- 이동성
- 실내 단독 이동기술
- 지팡이 보행
- 안내견 보행

구조화를
**실내 단독 이동기술**
- 자기 보호법
- 트레일링(손 스쳐가기)
- 비어링 교정 및 신체 정렬

**지팡이 보행**
- 지팡이의 선택
- 대각선법
- 이점촉타법
- 이점촉타법의 변형
- 지팡이로 계단 오르내리기

**안내견 보행**
- 안내견 보행을 위한 전제
- 장단점
- 안내견 훈련 프로그램 내용

핵심개념
**이동성**
잔존감각을 활용해 한 장소에서 자신의 목적 장소까지 안전하고 효율적으로 품위 있게 이동하는 것

**안내견 보행**
- 시각장애인이 안내견을 사용하기 위해서 갖춰야 할 기술(조건)
  - 방향정위와 이동기술을 익혀야 함
  - 만 16세 이상
- 안내견 보행의 장점
  - 안전하지 못한 상황에서 지적으로 불복종해 시각장애인을 보호함
  - 속도감 있고 안전한 이동이 가능함
  - 안내견은 훈련을 통해 머리 높이나 통로에 있는 장애물도 인식할 수 있음

모범답안
①

---

2012학년도 중등 28

**38** 다음은 대학 입학을 앞둔 19세 중도실명 학생 A가 보행훈련에 관해 특수교사, 복지관의 사회복지사와 나눈 대화이다. ㉠~㉤ 중에서 적절한 것만을 있는 대로 고른 것은?

특수교사: ㉠보행훈련의 목적은 잔존감각과 인지기능을 최대한 활용하여 자신의 목적지까지 안정성, 효율성, 품위를 갖추어 독립적으로 이동할 수 있도록 하는 것이라서 대학생활에서 무척 중요해. 그런데 아직 방향정위가 안되니까 ㉡안내견을 사용하면 방향정위에 신경 쓰지 않아도 되니 좋을 것 같아.

학생 A: 저는 ㉢만 20세가 안되어서 안내견을 사용할 수 없다고 생각했어요.

…(중략)…

사회복지사: 지팡이를 활용하여 캠퍼스 보행을 지도해주실 수도 있어. 방향정위를 포함하여 ㉣실내에서 사용하는 트레일링, 대각선법 그리고 실내·외에서 사용 가능한 이점촉타법 등을 보행지도사가 지도해주실 거야. 그리고 대학 복도에서 ㉤지팡이 끝을 바닥에서 떼지 않고 양쪽으로 이동시키는 '터치앤슬라이드' 방법도 가르쳐주실 거야.

㉡, ㉢ 안내견 보행 시 시각장애인이 갖춰야 할 기술

㉣
- 실내 단독 이동기술: 자기보호법, 트레일링, 대각선법(지팡이 보행 중 실내에서 단독으로 이동할 때 사용함)
- 실·내외 이동 시 사용: 이점촉타법, 이점촉타법의 변형 등

㉤ 지팡이 끝을 바닥에서 떼지 않고 양쪽으로 이동시키는 전략 → 지면접촉유지법

① ㉠, ㉣
② ㉠, ㉤
③ ㉠, ㉡, ㉣
④ ㉡, ㉢, ㉣
⑤ ㉢, ㉣, ㉤

기본이론 231-244p

- 안내법
- 실내 단독 이동기술
- 지팡이 보행
- 안내견 보행

안내법
- 개념
- 안내 보행 자세
- 안내 시작하기·거절하기
- 상황별 안내법
- 장단점

실내 단독 이동기술
- 자기 보호법
- 트레일링(손 스쳐가기)
- 비어링 교정 및 신체 정렬

지팡이 보행
- 지팡이의 선택
- 대각선법
- 이점촉타법
- 이점촉타법의 변형
- 지팡이로 계단 오르내리기

안내견 보행
- 안내견 보행을 위한 전제
- 장단점
- 안내견 훈련 프로그램 내용

안내법
시각장애인이 정안인의 도움을 받아 이동하는 기초적인 보행 방법으로, 시각장애인이 정안인의 팔을 잡고 걷는 방법

- ⓒ 안내인이 시각장애인과 함께 문을 통과할 때에는 안내인이 문을 열고 시각장애인이 문을 닫게 한다.

- ⓢ 지팡이는 충격이나 압력에 견딜 수 있어야 하며, 오래 사용해도 변질되거나 왜곡되지 않아야 한다.

2018학년도 중등 B4

**39** (가)는 중도에 실명한 시각장애 학생의 보행훈련 계획이고, (나)는 보행훈련을 위한 점자 노선도이다. 〈작성방법〉에 따라 서술하시오. [4점]

(가) 보행훈련 계획

| 학생 특성 | 시력 | · 초기: 직선이 휘어져 보였다고 함<br>· 현재: 망막 중심부(황반부)에 커다란 암점이 생겼고, 추체의 기능을 상실한 상태임 |
|---|---|---|
| | 읽기 | 묵자와 점자를 병행하여 활용함 |
| 보행 훈련 | 목표 | 방향정위와 다양한 이동기법 이해하기 |
| | 방향정위 | 선별된 감각적 자료를 기초로 노선도를 설계함<br>— ㉠ 랜드마크와 번호체계 등을 활용함<br>— ㉡ 다양한 색상의 시각단서와 여러 가지 촉각단서를 활용함 |
| | 이동 — 안내법 | · 계단을 이용할 때에 안내자가 '잠깐 멈춤'을 통해 계단의 시작과 끝을 알게 함<br>· ㉢ 문을 통과할 때에 안내자가 문을 열고 닫게 함 |
| | 이동 — 보호법 | ㉣ 상부보호법, 하부보호법을 이용하여 실내 보행훈련을 실시함 |
| | 이동 — 지팡이 보행 | ㉤ 2점촉타법에서 지팡이 끝이 왼쪽 지점을 칠 때 오른발이 지면에 닿게 함 |
| | 이동 — 안내견 보행 | ㉥ 위험한 상황에서 안내견이 '지적 불복종'한다는 것을 인식하게 함 |
| | 유의점 | · 안내법 보행 시 안내자가 시각장애인에게 환경적 정보를 제공해야 함<br>· ⓢ 지팡이는 너무 단단하거나 약해서는 안 됨<br>· 주인 이외의 사람이 안내견을 만지거나 먹을 것을 주는 행동을 절대 하지 않도록 해야 함 |

'잠깐 멈춤'의 기능
환경변화를 미리 예측할 수 있음

ⓢ 지팡이는 충격이나 압력에 견딜 수 있어야 하며, 오래 사용해도 변질되거나 왜곡되지 않아야 함

안내견 보행의 단점
· 안내견을 돌보는 데 시간·노력·경비가 소요됨
· 안내견을 사용하지 않을 때 기다리게 하기 어려움
· 시각장애인보다 안내견이 주위의 주목을 더 끌 수 있음

〈작성방법〉
· 밑줄 친 ㉠~㉥ 중에서 적절하지 않은 것 2가지의 기호를 적고, 그 이유를 각각 서술할 것.
· 지팡이의 역할을 고려하여 밑줄 친 ⓢ의 이유를 1가지 서술할 것.

### ➕ 확장하기

#### ✤ 안내법

| | | |
|---|---|---|
| 표준 자세 | • 시각장애 학생은 안내인의 반보 뒤, 반보 안쪽 측면에 선 후 안내인의 팔꿈치 바로 위를 손 전체로 감아 잡는다.<br>• 두 사람 모두 양 팔을 몸에 가볍게 붙인다(팔을 몸통에 붙이지 않으면 팔에서 느끼는 정보에 혼란을 줄 수 있으므로 유의). | 안내 보행 표준 자세 |
| 안내<br>시작 · 거절<br>하기 | • 안내 시작하기: 안내인이 시각장애 학생의 손등에 자신의 손등을 가볍게 대면, 시각장애 학생은 안내인의 손등에서 팔꿈치까지 스쳐 올라가 팔꿈치 위를 잡는다.<br>• 안내 거절하기: 시각장애 학생은 다른 손으로 안내인의 팔목을 잡아 정중하게 떼어내면서 혼자서 갈 수 있음을 이야기한다. | 안내 시작    안내 거절 |
| 좁은 통로<br>통과하기 | • 표준 자세: 안내인이 안내하던 손의 손등을 허리에 대면 시각장애 학생은 안내인의 손목까지 내려 잡고 안내인의 등 뒤에 서서 통과한다.<br>• 안내 위치 부분 전환 자세 활용: 시각장애 학생은 안내인의 팔만 자신의 다른 쪽 손으로 바꿔 잡고, 안내인의 등 뒤에 서서 장애물이나 위험물을 통과한 후 원래 자세로 되돌아온다. | 좁은 통로 지나가기 표준 자세    안내 위치 부분 전환 |
| 문 지나가기 | • 안내인의 역할: 문을 지나갈 때 앞에 선 안내인은 문을 여는 역할을 한다.<br>• 시각장애인의 역할: 문 손잡이를 잡고 있는 안내인의 팔을 손가락 끝으로 가볍게 트레일링해서 내려가 문 손잡이를 찾고 문을 닫는 역할을 한다. | 문 통과하기    문 손잡이를 찾기 위한 트레일링법 |
| 의자에 앉기 | • 안내인은 시각장애인이 스스로 의자에 앉을 수 있도록 단서를 제공하는 역할을 한다.<br>• 안내인이 시각장애인의 손을 의자 등받이에 대주면, 시각장애인은 앉을 자리에 물건이 있는지 확인한 후 의자에 앉는다. | 책상 있는 의자에 앉기 |

| 계단 오르내리기 | • 계단 올라가기: 안내인이 계단 앞에 서서 올라가는 계단임을 말하면 시각장애 학생은 안내인 옆에 나란히 서서 난간을 잡는다. 안내인이 한 계단 앞서 올라가되, 처음 두세 계단은 천천히 올라가서 계단의 높이와 형태를 파악하도록 하고 그 이후의 계단은 정상적인 속도로 올라간다. 시각장애 학생은 안내인의 움직임, 팔의 위치 변화, 난간 곡선 변화 등을 통해 계단의 시작과 끝을 예측하도록 한다.<br>• 계단 내려가기: 안내인이 계단 앞에 서서 내려가는 계단임을 말하면 시각장애 학생은 안내인 옆에 나란히 서서 난간을 잡는다. 안내인이 한 계단 앞서 내려간다. 나머지 절차는 계단 올라가기와 동일하다. |    <br>계단 올라가기와 내려가기　　원형 계단 올라가기 |
|---|---|---|

2025학년도 중등 B7

**40** (가)는 시각장애 특수학교 교사가 작성한 보행 지도 계획이고, (나)는 안내 보행에 대한 지도 교사와 예비 교사가 나눈 대화이고, (다)는 예비 교사의 메모이다. 〈작성 방법〉에 따라 서술하시오. [4점]

(나) 안내 보행에 대한 지도 교사와 예비 교사의 대화

> 예비 교사: 선생님, 안내 보행 중에 시각장애 학생과 좁은 통로를 통과해야 할 경우에 어떻게 하나요?
> 지도 교사: 그럴 경우에는 ( ⓒ ).
> 예비 교사: 감사합니다.

**작성방법**

(나)의 괄호 안의 ⓒ을 안내인이 해야 할 동작으로 서술할 것.

---

 참고자료: 기본이론 231-244p

 키워드: 안내법

 구조화 틀
**안내법**
- 개념
- 안내 보행 자세
- 안내 시작하기·거절하기
- 상황별 안내법
- 장단점

 핵심개념
**안내법**
시각장애인이 정안인의 도움을 받아 이동하는 기초적인 보행 방법으로, 시각장애인이 정안인의 팔을 잡고 걷는 방법

**모범답안**
ⓒ 안내인은 안내하던 손의 손등을 허리에 대 시각장애 학생이 손목까지 내려 잡고 안내인의 등 뒤에 서서 통과할 수 있도록 한다.

참고자료 기본이론 238-240p, 241p

키워드
- 촉타후긋기
- 기준선 보행

구조화틀
지팡이 보행
― 지팡이의 선택
― 대각선법
― 이점촉타법
― 이점촉타법의 변형
― 지팡이로 계단 오르내리기

핵심개념
촉타후긋기법
- 흰지팡이로 따라가고자 하는 기준선의 반대쪽을 두드린 후 기준선 쪽으로 흰지팡이 팁을 바닥에 댄 채 끌어당기는 기술
- 보도와 차도의 경계석, 보도와 잔디, 보도의 점자블록 등 지면이 서로 다른 경계선을 따라 기준선 보행을 하거나 인도 연석처럼 측면의 떨어지는 곳을 탐지할 때 유용함

모범답안
- ⓒ 기준선 보행
- 지팡이로 점자블록의 반대쪽을 촉타하고 점자블록의 경계선 쪽으로 지팡이 팁을 바닥에 댄 채 호를 그리며 끌어당기도록 지도한다.

2022학년도 중등 B8

**41** 다음은 중도 실명한 시각장애 학생 G를 위하여 교육실습생이 작성한 보행 교육 계획의 일부이다. 〈작성방법〉에 따라 서술하시오. [4점]

| 학생 특성 | · 학년 : 중학교 1학년<br>· 시력 : 양안 광각 |
|---|---|
| 목표 | 방향정위와 이동기술을 사용하여 학교 정문에서 기숙사까지 찾아갈 수 있다. |
| 내용 | |
| 방향정위 | 학생이 실행한 방향정위 인지과정의 각 요소를 확인하고 피드백 제공<br><br>방향정위 인지과정<br>― 학교 정문에서 기숙사까지 이동하는 데 필요한 정보를 촉각, 후각, 청각, 근육 감각 등을 사용하여 수집한다.<br>― 지각한 정보를 일정한 기준으로 범주화하고 분류한다. ㉠<br>― 학교 정문에서 기숙사까지 보행 계획을 수립한다.<br>― 계획한 보행 경로를 따라 보행한다. |
| 이동 / 지팡이 보행 | 학교 정문에서 기숙사까지 갈 때 ⓒ촉타후긋기 기술(touch-and-drag technique)을 사용하여 학교 정문에서 기숙사까지 연결된 점자블록의 경계선을 따라가며 보행하는 방법 지도 |

〈작성방법〉
- 밑줄 친 ⓒ의 보행 방법을 쓸 것.
- 밑줄 친 ⓒ에서 촉타후긋기 기술을 지도할 때 교사가 학생에게 지도해야 할 내용 1가지를 서술할 것. (단, 지팡이 끝을 지면에서 어떻게 움직여야 하는지를 서술할 것)

## 확장하기

### 이점촉타법의 변형(정인욱 복지재단, 2013.)

| | | |
|---|---|---|
| 지면접촉유지법 | • 좌·우측으로 이동할 때, 지팡이 끝을 계속해서 지면 위에 유지하는 방법이다.<br>• 중복장애인이나 지형의 변화를 탐지하는 데 어려움을 겪는 시각장애인에게 유용하다.<br>• 지팡이를 지면과 계속 접촉함으로써 내려가는 계단이나 연석 등을 가장 빠르게 탐지할 수 있고, 지면의 정보를 가장 많이 입수할 수 있으며, 지팡이로 바닥이나 지면을 두드리는 소리로 인해 교육생이 다른 사람의 주의를 끄는 일이 없다는 장점이 있다.<br>• 표면이 거친 지역에서는 지팡이 끝에 금이 가서 갈라질 수 있어 사용하기 곤란하고, 손의 힘이 약한 교육생의 경우 오랜 시간 동안 이 기술을 사용하기 어렵다는 단점이 있다.<br>• 교육생들이 지면에 지팡이를 두드려서 얻을 수 있는 촉각적·청각적 단서가 없기 때문에 보조를 유지하기 어려울 수 있다. | |
| 촉타후밀기법<br>(터치앤슬라이드) | • 이점촉타법을 사용하지만, 지팡이 끝이 지면을 접촉할 때마다 지면을 따라 전방으로 약 10cm 정도 이동 방향으로 미끄러지도록 하는 방법이다.<br>• 연석이나 내림 계단 등을 발견하고 인도·흙길·자갈길과 같은 지면의 변화를 판단하는 데 사용될 수 있다.<br>• 사용 시 호의 폭을 평상시보다 줄여서 사용한다. | |
| 촉타후긋기법<br>(터치앤드래그) | • 기준선을 활용하되, 지팡이 끝으로 기준선 반대쪽 측면의 지면을 우선 터치한 후 지팡이 끝을 바닥에 유지한 채 바닥에 끌어 기준선에 닿게 한다.<br>예 기준선이 자신의 왼쪽에 있다면 기준선 반대쪽, 즉 오른쪽은 이점촉타법과 같이 지팡이로 공중에서 호를 그리며 지면을 터치한다. 그런 다음 지팡이 끝을 바닥에서 떼지 않고 호를 그리며 왼쪽으로 이동시키면 기준선에 닿게 된다. 이 절차를 필요할 때까지 반복한다.<br>• 기준선을 따라 걸어가는 동안 계단의 난간이나 점자블록과 같은 실외의 기준선을 따라가기에 적합한 방법이다. | |
| 삼점촉타법 | • 터치해야 할 포인트가 세 군데인데, 포인트 1과 포인트 2는 이점촉타법에서 터치하는 지점과 동일하고 포인트 3은 벽·연석·정원수 등이 된다.<br>• 리듬감이 가장 중요하다. → 첫 번째 터치는 한 박자이지만 두 번째와 세 번째 터치는 합쳐서 한 박자가 된다.<br>• 벽이나 연석과 같이 수평면보다 위쪽에 위치한 환경물을 이용해 보행할 때 활용하는 방법이다. | |
| 한 번 바닥 치고<br>한 번 측면 치기 | • 삼점촉타법과 동일한 목적으로 사용되나, 삼점촉타법에서 포인트 2를 생략하는 방법 → 즉, 바닥을 한 번 터치한 후 바로 포인트 3에 해당하는 위쪽 측면을 터치하는 것이다.<br>• 삼점촉타법보다 배우기 쉽지만, 바닥에 대한 충분한 정보를 제공하지 못한다는 단점이 있다. | |

## ✦ 이점촉타법의 변형 기술(이태훈, 2024.)

| | |
|---|---|
| 지면접촉유지법 | • 성인은 이점촉타법을 먼저 익힌 후에 지면접촉유지법을 사용하지만, 이점촉타법의 사용이 어려운 시각장애 유아나 아동은 지면접촉유지법을 먼저 익혀 사용할 수 있다.<br>• 지면접촉유지법은 이점촉타법과 유사하며, 다른 점은 팁이 바닥을 계속 접촉한 상태에서 어깨너비만큼 좌우를 슬라이딩한다는 것이다.<br>• 지면접촉유지법은 바닥이 미끄러운 곳에서 사용할 수 있다. |
| 촉타후밀기법 | • 이점촉타법처럼 흰지팡이로 좌우 바닥면을 두드릴 때마다 팁을 전방으로 5~10cm 정도 미는 동작이 추가된 기술이다.<br>• 도로의 연석이나 경계석, 내려가는 계단, 현관 입구, 단차 등 전방의 떨어지는 곳을 탐지할 때 유용하며, 눈 덮인 보도에서 지면을 확인할 때 사용할 수 있다. |
| 촉타후긋기법 | • 흰지팡이로 따라가고자 하는 기준선(면)의 반대쪽을 두드린 후, 기준선(면) 쪽으로 지팡이 팁을 바닥에 댄 채로 끌어당기는 기술이다.<br>• 보도와 차도의 경계석, 보도와 잔디, 보도의 점자블록 등 지면이 서로 다른 경계선을 따라 기준선 보행을 하거나 인도 연석처럼 측면의 떨어지는 곳을 탐지할 때도 유용하다. |
| 삼점촉타법 | • 흰지팡이로 좌우 바닥면을 두드리는 것에 더해 벽, 잔디 같은 기준선(면)을 한 번 더 두드리는 동작을 추가한 기술이다.<br>• 삼점촉타법은 실외의 담벼락·펜스·연석 등을 따라갈 때 사용할 수 있으며, 건물 외벽을 따라 이동하다 출입문을 찾을 때도 효과적으로 사용할 수 있다. |

촉타후밀기법 　　　　촉타후긋기법 　　　　　　　　삼점촉타법

## ✦ 지역사회 보행 기술(이태훈, 2024.)

### 1. 인도 보행과 비어링 수정

인도에서 직선 이동을 하지 못해 방향이 틀어지는 비어링이 일어나면 차도로 들어갈 위험이 있으며, 이 경우 방향을 다시 정렬하는 비어링 수정 기술을 사용하는 것이 필요하다.

| | |
|---|---|
| 인도 직선 보행 | 인도에서 직선 이동이 이루어지려면 먼저 바른 자세로 이동해야 하며, 팁이 신체 좌우를 균등한 거리로 두드려야 한다. 긴 거리를 직선으로 계속 이동하기 위해서는 이동 중에 차도의 차량 진행 방향이나 앞서가는 사람들의 소리를 활용하는 것이 필요하다. |
| 비어링 수정 | 인도 보행 중에 차량 소리가 가까워지거나 지팡이 팁이 인도 아래로 떨어지는 느낌이 든다면 인도 중앙에서 차도 쪽으로 비어링한 것임을 알고 멈춰 서야 한다. 비어링을 수정하려면 연석에서 평행 서기를 한 후 인도 중앙을 향해 옆으로 3~4걸음 이동한 후 차량 소리를 이용해 방향과 자세를 정렬해야 한다. |

인도에서 비어링 수정하기(평행 서기 후 인도 중앙으로 이동)

## 2. 기준선 보행

- 보행자의 진행 방향과 같은 방향으로 뻗어 있는 벽, 펜스(울타리), 화단, 담벼락 등이 있을 때 이를 기준선으로 활용해 따라가는 기술이다.
- 장점: 보행자가 방향을 잃지 않고 심리적 안정감을 갖도록 할 수 있다는 장점이 있다.
- 방법 및 유형: 대각선법, 이점촉타법, 촉타후긋기법, 삼점촉타법 등을 이용해 기준선과 기준선 반대쪽으로 번갈아 접촉하며 따라가게 된다.

| 복도 벽 기준선 보행 | 실내에서는 흰지팡이를 두드리는 소리가 시끄러울 수 있어 대각선법이나 지면접촉유지법을 이용해 기준선 보행을 한다. |
|---|---|
| 화단이나 펜스 | 화단이나 펜스를 따라갈 때는 이점촉타법, 삼점촉타법을 사용할 수 있다. 지면 상태가 좋지 않아 바닥 상태까지 확인하며 따라가야 할 때는 이점촉타법보다는 삼점촉타법을 사용하는 것이 좋다. |
| 점자블록 | 이점촉타법을 사용하면 점자블록을 감지하기 어려우므로, 촉타후긋기법이나 지면접촉유지법을 사용해 점자블록을 따라가는 것이 좋다. |

화단 기준선 보행: 이점촉타법

점자블록 기준선 보행: 촉타후긋기법

## 3. 도로 횡단

- 교차로의 형태와 횡단 거리가 다양하고, 도로 횡단은 생명과 직결되므로 바르고 안전하게 횡단할 때까지 충분히 실습하는 것이 중요하다.
- 삼거리, 사거리, 오거리 등의 구조와 형태를 익히기 위해 2020년 국립특수교육원에서 개발·보급한 '보행 촉지도 제작 키트'를 사용할 수 있다. 이 교구는 벨크로보드에 인도, 횡단보도, 중앙선 등의 형태 틀을 부착해 도로와 교차로를 나타낼 수 있다.
- 횡단보도는 횡단보도 근처의 점자블록과 인도 경사면, 횡단보도 앞의 사람 소리나 차량 정차 소리, 횡단보도 인근 지형 지물(상가 건물 등) 등을 종합적으로 이용해 찾아야 한다. 횡단보도를 찾으면 횡단보도 앞의 연석과 지나가는 차량 소리를 이용해 직각 서기를 하고 지팡이 팁을 연석에 수직으로 세워 놓아야 한다. 신호등의 보행자 신호음, 다른 보행자의 움직임, 차량의 정차 소리 등을 이용해 횡단 시점을 파악하고 직선으로 건너서 반대쪽 연석을 확인한 후 인도로 올라서야 한다.

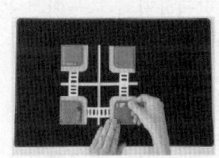

보행 촉지도 제작 키트    횡단보도 찾아 건너기

참고자료 기본이론 237-238p, 247-248p

 키워드
- 기준선 보행
- 트레일링
- 비어링

 구조화틀
**지팡이 보행**
- 지팡이의 선택
- 대각선법
- 이점촉타법
- 이점촉타법의 변형
- 지팡이로 계단 오르내리기

**실내 단독 이동기술**
- 자기 보호법
- 트레일링(손 스쳐가기)
- 비어링 교정 및 신체 정렬

 핵심개념
**비어링**
- 직선보행을 할 때 자신도 모르게 왼쪽이나 오른쪽으로 굽어져 걷는 현상
- 촉각을 이용해 신체를 보다 정확하게 정렬하는 기술이 필요함
- 신체 정렬
  - 직각서기(직각 정렬): 진행 방향으로부터 직각으로 방향을 틀어 이동해야 할 때 사용함. 발뒤꿈치, 엉덩이, 어깨를 벽에 대어 수직으로 섬
  - 평행 서기(평행 정렬): 진행 방향과 같은 방향을 계속 유지하며 이동할 때 사용함

---

2023학년도 중등 B6

**42** (가)는 시각장애 학생 A의 보행 모습이고, (나)는 학생 A의 보행 수업을 위한 사전 평가 결과이다. (다)는 학생 A를 위한 개별화 교육계획의 일부이다. 〈작성방법〉에 따라 서술하시오. [4점]

(가) 학생 A의 보행 모습

(나) 학생 A의 보행 수업을 위한 사전 평가 결과

| 사전 체크리스트 | 예 | 아니오 |
|---|---|---|
| • 공간의 모양과 크기를 평가할 수 있다. | | √ |
| • 공간에 익숙해지기 위한 전략을 알고 있다. | | √ |
| • 방향을 잃지 않고 목적지에 도착한다. | | √ |
| • 좌·우로 틀어지지 않고 목표 진행 방향으로 걷는다. | | √ |
| • 점자블록을 정보로 활용할 수 있다. | | √ |
| 결과 분석 | • 공간에 대한 인지와 익숙화 전략이 부족함<br>• ( ㉠ )이/가 심함<br>• 점자블록을 정보로 파악하지 못함 | |

(다) 학생 A를 위한 개별화 교육계획

| 교육목표 | 보행의 기초적인 기술을 익힐 수 있다. | 직선 독립 보행을 할 수 있다. |
|---|---|---|
| 교육내용 | ○자기 익숙화 전략<br>　- 교실 공간 탐색하기<br>　• ㉡교실 둘레 탐색하기<br>　• 교실 중심부 탐색하기<br>○점자블록의 종류와 기능 | ○이점 촉타법 활용하기<br>　- 이점 촉타법의 변형<br>○( ㉠ ) 수정 방법 실습하기<br>　- ( ㉠ ) 인식하기 → 멈춰서기 → 진로 방향과 평행하게 서기 → 자세 정렬하기 → 직선 보행하기<br>○기준선 보행 실습하기<br>　- ㉣벽 기준선 보행<br>　- 화단 기준선 보행<br>　- 점자블록 기준선 보행 |

| 종류 | 기능 |
|---|---|
| 점형 블록 | 보행 동선의 분기점, 대기점, 시발점, 목적지점 등의 위치를 표시하며 위험 지역을 둘러막을 때 쓰임 |
| 선형 블록 | ( ㉢ ) |

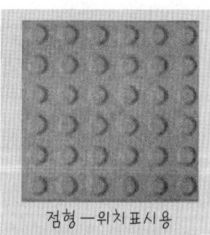
점형-위치표시용

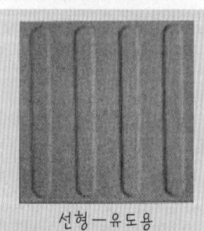
선형-유도용

- ㉠ 비어링

- ㉡, ㉣에서 공통적으로 활용할 수 있는 독립 보행 방법은 트레일링이다. 트레일링은 벽과 가까운 쪽 팔을 45도 각도로 뻗은 후 손의 측면이나 손등을 가볍게 벽에 대고 이동한다.

- ㉢ 보행 분기점, 대기점, 시발점에서 목적 방향으로 일정한 거리까지 설치해 정확한 방향을 알 수 있도록 해준다.

**작성방법**

- (가)를 보고 (나)와 (다)의 괄호 안의 ㉠에 공통으로 해당하는 용어를 쓸 것.
- 밑줄 친 ㉡과 ㉣에서 공통적으로 활용할 수 있는 독립 보행 방법을 서술할 것. (단, 신체를 활용할 것)
- (다)의 괄호 안의 ㉢에 해당하는 기능을 서술할 것.

기본이론 238-245p

- 지팡이 보행
- 안내견 보행

**지팡이 보행**
- 지팡이의 선택
- 대각선법
- 이점촉타법
- 이점촉타법의 변형
- 지팡이로 계단 오르내리기

**안내견 보행**
- 안내견 보행을 위한 전제
- 장단점
- 안내견 훈련 프로그램 내용

**이점촉타법**
- 실외 이동에 주로 사용되며, 발을 내디딜 곳의 지면을 지팡이가 먼저 탐색하도록 하는 방법
- 이때 지팡이는 보행경로에 있는 지면 및 장애물의 높이·특성·구조에 대한 중요한 정보를 시각장애인에게 제공함

| 지팡이 잡는 법 | - 지팡이를 잡은 손은 몸 중앙에 둠<br>- 두 번째 손가락을 아래쪽으로 뻗는데, 이는 지팡이 끝으로 전달되는 진동과 느낌을 잘 받기 위해서임 |
|---|---|
| 손목 운동 | - 손등은 측면을 향하도록 하고, 손은 몸 중앙에 오도록 해 양쪽에 똑같은 너비로 호를 그림<br>- 호의 넓이는 어깨 너비보다 약 5cm 정도 넓게 함<br>- 호의 높이는 2~5cm 정도로 함 |
| 보조와 리듬 맞추기 | - 지팡이의 끝이 왼쪽 지점을 칠 때, 오른쪽 발이 지면에 닿게 함<br>- 지팡이 사용자에게는 지팡이가 팔의 역할을 함 |

④

---

2011학년도 중등 33

**43** A는 중도에 실명한 K고등학교 3학년 학생이다. 대학 입학 후 안내견을 사용하고자 하여 순회교사를 통해 특수교육 관련서비스로 보행훈련을 받고 있다. 다음은 순회교사가 학생 A를 위해 작성한 지도 계획서의 일부이다. ㉠~㉤에서 옳은 것만을 모두 고른 것은?

---

( 10 )월 ( 학생 A )의 지도 계획서

〈지도 내용〉
○ 이동성의 지도 요소
 ㉠ 이동성 지도 요소에는 지표와 단서, 번호 체계, 친숙화 과정이 포함된다.

○ 지팡이 보행 방법
 • 이점촉타법
  - ㉡ 지팡이 호의 넓이 : 어깨 너비보다 5~6cm 정도 넓게 유지한다.
  - 계단 오르기 : ㉢ 지팡이 손잡이 아래 부분을 연필 쥐듯이 잡고 팔을 앞으로 뻗어 한두 계단 위쪽 끝 부분을 지팡이 끝으로 스치듯 치면서 올라간다.
 • 안내견 보행의 장점
  - ㉣ 주로 시각장애인의 방향정위를 지원한다.
  - ㉤ 허리 위쪽의 장애물을 피하도록 도움을 준다.

---

① ㉠, ㉡
② ㉡, ㉤
③ ㉠, ㉢, ㉣
④ ㉡, ㉢, ㉤
⑤ ㉢, ㉣, ㉤

---

장애인 등에 대한 특수교육법 시행령 제29조(기타 특수교육 관련 서비스의 제공) 교육부장관 또는 교육감은 제23조부터 제28조까지의 규정에서 정한 특수교육 관련서비스 외에 보행훈련, 심리·행동 적응훈련 등 특정한 장애유형의 특수교육 대상자에게 필요한 특수교육 관련서비스를 제공해야 함

㉠ 지표, 단서, 번호 체계, 친숙화 과정은 방향정위 요소에 해당함

㉢ 지팡이로 계단 이용하기

계단 오르기

계단 내려오기

㉣ 안내견 보행에서 시각장애인은 위험 정보를 파악하기 위한 노력을 덜 기울이는 대신 방향정위에 집중할 수 있음. 특히 안내견 보행은 낯설고 익숙하지 않은 지역을 보행할 때 효과적임

㉤ 안내견 보행에서 안내견은 훈련을 통해 머리 높이나 통로에 있는 장애물도 인식할 수 있음

기본이론 244-245p

안내견 보행

**안내견 보행**
- 안내견 보행을 위한 전제
- 장단점
- 안내견 훈련 프로그램 내용

**안내견 보행의 장점**
- 안내견은 안전하지 않은 상황에서 지적으로 불복종해 시각장애인을 보호함. '지적 불복종 훈련'이란 장애물이나 위험 상황을 인지해 주인의 명령에 불복종하고 안전한 방향으로 유도하게 하는 훈련임
- 시각장애인은 위험 정보를 파악하기 위한 노력을 덜 기울이는 대신 방향정위에 집중할 수 있음
- 안내견 보행은 특히 시각장애인에게 낯설고 익숙하지 않은 지역을 보행할 때 효과적임
- 안내견은 스스로 장애물을 인식해 적절한 판단을 내리므로 속도감 있고 안전한 이동이 가능함. 뿐만 아니라 훈련을 통해 머리 높이나 통로에 있는 장애물도 인식할 수 있음

**안내견 보행의 유의사항**
안내견이 시각장애인을 안내하기 위해서는 높은 집중력과 판단력이 필요하므로, 안내견이 안내하는 동안 허락 없이 만지거나 먹을 것을 주거나 부르는 등 집중력을 떨어뜨리는 행위를 절대로 해서는 안 됨. 안내견 이용자는 자신의 안내견이 어떠한 유혹에 노출되고 있는지를 쉽게 알 수 없으므로, 예상치 못한 안내견의 돌발행동은 자칫 시각장애인과 안내견 모두에게 큰 위험을 초래할 수 있음

- ㉠ 목적지 보행
- ㉡ '지적 불복종'이란 장애물이나 위험 상황을 인지해 주인의 명령에 불복종하고 안전한 방향으로 유도하는 것이다.

---

2024학년도 중등 A6

**44** (가)는 시각장애 학생 A의 안내견 학교 체험 활동 노트이고, (나)는 학생 B의 보행 수업 노트이다. 〈작성방법〉에 따라 서술하시오. [4점]

(가) 학생 A의 안내견 학교 체험 활동 노트

[안내견 학교에 다녀온 날]
- 안내견과 보행을 하게 되면 내가 빠르고 안전한 보행을 할 수 있음
- 안내견이 시각장애인과 보행하기 위해, 여러 가지 보행 프로그램 훈련을 받고 있었음
  - ㉠ <u>내가 자주 가거나 정기적으로 가는 곳은 안내견이 보행을 주도하는 경우도 있다고 함</u>
  - 안내견 학교 선생님의 "엎드려!", "앉아!", "앞으로 가!", "기다려!" 등의 명령에 안내견이 복종하는 훈련 내용과 ㉡ <u>지적 불복종</u>의 훈련 내용도 있었음

┌─ 작성방법 ─
- (가)의 밑줄 친 ㉠과 같은 안내견 훈련 방법을 쓸 것.
- (가)의 밑줄 친 ㉡의 개념을 서술할 것.

## 확장하기

★ 안내견 훈련 프로그램의 내용(정인욱 복지재단, 2013.)

### 1. 기초 보행 훈련

| 견줄 보행 | 하네스를 하고 보행하기 전에 보행의욕을 높이고 보행속도를 일정하게 유지하며, 유혹체에 반응하지 않고 안정되게 일괄적인 행동이 유지되기까지 견줄만을 가지고 훈련한다. |
|---|---|
| 직선 보행 | 한 지점에서 시작해 다음의 방향 전환 시까지 계속되는 보행을 훈련하는 것으로, 단순히 일직선상으로 나아가는 것을 의미하지는 않는다. 즉, 장애물 등을 피하면서 방향 전환 명령이 있기 전까지 안전하게 길을 따라 걷는 훈련을 받는다. 이는 사용자의 방향 정위를 수월하게 하는 효과를 가져온다. |
| 유혹 억제 | 유혹에 대해 적절한 통제력을 갖고, 흥분하지 않고 안전한 보행이 가능하도록 인위적 환경을 조성해 훈련한다. 개, 사람, 동물, 냄새 등의 유혹에 강한 반응을 보이지 않고 자연스럽게 지나치도록 하는 훈련이다. |
| 연석 인지 | 하나의 직선 인도가 끝나는 지점인 건널목이나 각종 건물 등의 진입로에 위치하는 내림 연석에 이르면, 안내견은 그 연석 위에 정확히 정지한다. 연석은 목적지 방향으로 가기 위한 방향 전환 위치이며, 발을 헛디디지 않게 함과 동시에 지나는 차량이 없는지의 여부를 확인케 하고 방향정위를 지원하는 효과도 있다. |
| 장애물 인지 | 보행 시 보행에 해를 끼치는 모든 형태의 비정상적인 것들을 만났을 때 멈추거나 피하는 등 효과적으로 대처할 수 있도록 하는 훈련이다. 훈련견이 대처해야 하는 장애물로는 지상 장애물, 돌출 장애물, 움직이는 물체, 인도의 전면을 막고 있는 장애물 등이 있다. |
| 타켓팅 | 정확한 목적체로 유도하기 위해 실시하는 훈련방법으로, 지하철 매표기·개찰구·의자 등에서 안내견의 턱을 목적체에 접촉하도록 하고, 지하철 개찰구의 경우 안내견의 왼쪽 볼을 개찰구 입구에 접촉하도록 해 목적체를 정확하게 찾도록 한다. |
| 계단 | 계단 시작점의 첫 단에 안내견이 멈춰 서서 계단임을 알려주는 훈련이다. 아울러 계단을 보행할 때 계단 도중에 멈춰 서지 않게 하고, 계단참(계단과 계단 사이의 공간)을 인지하게 하고, 측대로 보행하지 않고 직선으로 리듬 있게 진행하도록 한다. |
| 에스컬레이터 | 에스컬레이터까지의 이동 및 에스컬레이터 승하차 시 안정적으로 유도하도록 한다. 아울러 승차 시 역방향의 에스컬레이터는 타지 않도록 훈련한다. |
| 엘리베이터 | 엘리베이터까지의 유도 및 엘리베이터 안에서의 자세들을 훈련한다. |
| 차도 왼쪽 보행 | 차도와 인도의 구별이 없는 도로에서 도로의 왼쪽을 걷는 훈련이다. 도로 왼쪽에 차량 등의 장애물에 있는 경우 이를 회피한 다음, 다시 도로의 왼쪽으로 유도하도록 한다. |
| 목적지 보행 | 안내견 보행에 있어서 기본적인 방향 설정과 방향정위는 사람의 몫이다. 그러나 자주 혹은 정기적으로 다니는 보행 목적지의 경우 안내견이 좀 더 주도적으로 보행할 수 있으며, 목적지 보행은 목적지 근처에 이르렀을 때 출입문과 같은 최종 포인트를 찾아주는 훈련이다. |
| 지적 불복종 훈련 | 진행해서는 안 되는 환경이나 물체에(통과가 어렵거나 좁은 장애물, 자동차 등) 사용자가 오판해 명령을 내렸을 때 이를 거부하고 안전하고 올바른 행동을 취하는 것을 말한다. |

### 2. 응용 보행 훈련

| 교통 훈련 | 시각장애인이 횡단보도를 이용하거나 특정 교통 상황에 대처하기란 잠재적으로 매우 위험하므로, 안전을 위해 다양한 환경을 조성해 훈련한다. 길을 건너거나 인도나 차도의 구분이 없는 환경에서 차량의 움직임을 감지하고 판단을 내리는 것은 일차적으로 사람의 책임이다. 그러나 사람의 판단이 실수일 경우를 대비해 안전책으로 안내견의 교통 인지 및 대처 능력을 훈련시킨다. 이는 인공적·자연적인 환경에서 움직이거나 엔진 소리가 나는 차량의 존재를 개가 조심하게 하고, 필요할 때 정지하도록 한다. |
|---|---|
| 대중교통 적응 훈련 | 버스나 전철 등의 승하차 시 행동 요령을 익히며, 차량 내 에티켓 훈련을 한다. |
| 다양한 환경에서의 보행 | 훈련견에게 다양한 장소에서 많은 경험을 제공하는 것 역시 안내견 활동 준비에 큰 도움을 준다. 예를 들어 복잡한 번화가, 주거 지역, 쇼핑센터 등 복잡한 지역에서의 에티켓 훈련을 한다. |

참고자료: 기본이론 235-237p

키워드: 실내 단독 이동기술

구조화틀

**실내 단독 이동기술**
- 자기 보호법
- 트레일링(손 스쳐가기)
- 비어링 교정 및 신체 정렬

핵심개념

**상부 보호법**
- 보행 보조기구를 사용하지 않고 공간 내의 반쯤 열린 문이나 모서리 등과 같은 물체로부터 두 팔을 사용해 자신의 몸을 보호하기 위한 방법
- 복도의 왼쪽으로 보행할 때는 오른쪽 팔을, 오른쪽으로 보행할 때는 왼쪽 팔을 사용하는 것이 좋음 → 보통 장애물이 벽 쪽에 많고 장애물을 접했을 때 탄력이 많은 손바닥이 장애물에 부딪히게 하기 위한 것

**상부 보호법의 자세**
- 팔은 어깨 높이 정도로 지면과 평행하게 뻗음
- 팔꿈치는 약 120° 정도 굽힘
- 손가락은 함께 붙이고 반대편 어깨선보다 약 3cm 정도 밖으로 뻗고, 손바닥은 바깥쪽으로 향함

모범답안: ④

---

2012학년도 초등 23

**45** 다음은 시각장애 특수학교의 강 교사가 시각·중복장애 학생 광수를 지도하기 위해 기본교육과정 사회과의 '학교 공동 시설 바르게 이용하기'를 제재로 준비한 수업계획이다. 학생의 특성에 따른 지도 및 지원 전략으로 적절하지 <u>않은</u> 것은?

〈수업 계획서〉

| 학생 특성 | 미숙아망막병증, 시력(좌안: 0.05, 우안: 광각), 중등도 정신지체 |
|---|---|
| 학습 목표 | 함께 공부하는 주요 교실을 혼자서 찾아갈 수 있다. |

교수·학습 활동

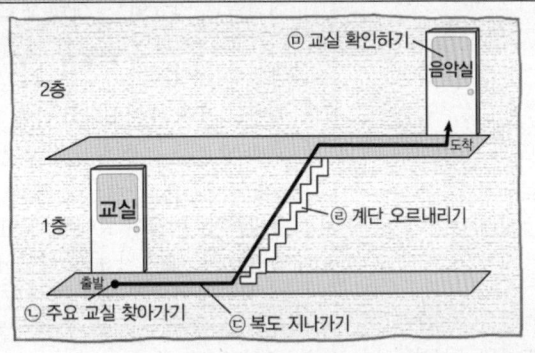

ⓐ 주요 교실 위치도

① ㉠을 학생의 특성에 맞게 사진 및 그림자료로 수정·확대하여 보여주고, '우리 교실 어디 있지?' 노래를 부르며 교실 위치에 대한 기억을 촉진한다.
② ㉡활동을 위해 학생이 식별할 수 있는 물체나 색깔을 보행 단서로 정하고, 이동 경로에 대한 과제분석을 하여 단계적으로 반복 지도한다.
③ ㉢활동에서 학생의 우측 상단에 장애물이 있을 경우, 모델링과 신체적·언어적 촉진을 활용하여 학생이 머리나 상체를 보호할 수 있게 왼손을 들어 상부보호법 자세를 바르게 취하도록 지도한다.
④ ㉣활동을 위해 계단에서 넘어지지 않도록 복도보다 밝은 고도 조명을 설치하여 조도 차이를 증가시킨다.
⑤ ㉤활동을 위해 교실(음악실) 문과 대비되는 색으로 피아노 건반 그림을 크게 그린 후 문 가운데 부착한다.

③ 우측 상단에 장애물이 있을 때 상부보호법 자세를 취하고자 할 경우 왼쪽 팔을 사용해 벽 쪽에 있는 장애물을 접했을 때 탄력이 많은 손바닥이 장애물에 가장 먼저 부딪히게 함

기본이론 231-243p

- 안내법
- 실내 단독 이동기술
- 지팡이 보행

구조화틀

**안내법**
- 개념 및 장단점
- 기본 안내법

**실내 단독 이동기술**
- 자기 보호법
- 트레일링(손 스쳐가기)
- 비어링 교정 및 신체 정렬

**지팡이 보행**
- 지팡이의 선택
- 대각선법
- 이점촉타법
- 이점촉타법의 변형
- 지팡이로 계단 오르내리기

**대각선법**
- 주로 익숙한 실내에서 독립보행을 위해 사용되는 지팡이 활용 기법
- 이점촉타법보다 제한이 있으나, 자기보호법이나 트레일링보다는 더 많은 보호를 하기 때문에 익숙한 실내에서 편리하게 사용할 수 있음
- 실내에서 벽을 따라 기준선 보행을 할 때도 사용할 수 있음

**대각선법의 자세**
- 흰지팡이를 잡은 손의 팔을 뻗고 흰지팡이가 대각선 방향이 되도록 조정한 후, 바닥으로부터 5cm 이하의 간격을 두고 팁을 유지함으로써 이동할 때 장애물과 턱을 확인할 수 있음
- 흰지팡이를 잡은 손의 팔을 펴야 하며, 팁은 항상 한 발 앞에 위치해 있어야 함
- 흰지팡이의 양 끝은 어깨보다 약 5cm 정도 더 나와야 함

1) 대각선법
대각선법은 실내보행 시 신체를 보호하는 역할을 한다. 또는 실내에서 벽을 따라 기준선 보행을 할 때 사용할 수 있다.

4) ⓜ 안내법에서 시각장애인은 안내인의 반보 뒤, 반보 옆에 서서 안내인의 팔꿈치 조금 위를 잡고 이동한다.

---

2013학년도 추가중등 B4

**46** 다음은 일반학급에서 통합교육을 받고 있는 경호의 특성과 학교생활 모습을 나타낸 글이다. 물음에 답하시오. [7점]

시각장애 학생 경호는 점자를 주된 학습매체로 사용하며, 익숙한 공간에서는 단독 보행이 가능하다. 평상시에는 화장실이나 다른 교실로 이동할 때, 지팡이를 몸의 앞쪽에서 가로질러 잡고 지팡이 끝(tip)을 지면에서 약간 들면서 보행하는 ( ㉠ )을(를) 사용한다.

하지만 오늘은 자기보호법과 트레일링(trailing) 기법을 사용하여 미술실로 향했다. 경호는 미술실로 가기 위해서 ㉡친구들이 지나다니는 발자국 소리와 계단 앞의 점자블록을 이용해 ㉢계단 난간을 찾았다.

계단을 지나 ㉣ ⠿⠿ (이)라고 적힌 곳에서 정안인 친구 희수가 와서 함께 가자고 했다. ㉤희수는 경호의 팔꿈치 조금 위를 잡고 반보 뒤에서 걸었다. ㉥희수는 2층으로 올라가는 계단 앞에서 잠깐 멈추었다가 올라갔다. 미술실 앞에서 ㉦여닫이로 된 출입문을 열고 들어간 후, 경호가 문을 닫았다. ㉧희수는 경호의 손을 의자 등받이에 얹어준 후 자기 자리로 가서 앉았다.

- 실내 지팡이 보행
  → 대각선법
- 실내 단독 이동기술
  → 자기보호법, 트레일링

1) ㉠에 들어갈 지팡이 사용 기법의 용어를 쓰고, 이 기법에 해당되는 지팡이의 주된 기능을 1가지만 쓰시오. [2점]

4) ㉤~㉧의 상황에서 적절하지 않은 것을 1가지 찾아 그 기호를 쓰고, 바르게 고쳐 쓰시오. [1점]

기본이론 238-241p

 지팡이 보행

 **지팡이 보행**
— 지팡이의 선택
— 대각선법
— 이점촉타법
— 이점촉타법의 변형
— 지팡이로 계단 오르내리기

 ③

2009학년도 중등 39

**50** A는 시각이 급격히 저하되어 지팡이를 사용하여야 독립 보행이 가능한 중학교 1학년 학생이다. 김 교사는 재량활동 시간을 활용하여 A에게 기본적인 지팡이 기법을 지도하려고 한다. 김 교사가 가르치고자 하는 지팡이 기법의 내용 중 적절한 것을 〈보기〉에서 모두 고른 것은?

┌ 보기 ┐
ㄱ. 계단을 오를 때에는 대각선법으로 지팡이를 잡는다.
ㄴ. 지팡이를 움직여서 그리는 호의 넓이는 신체 부위에서 가장 넓은 어깨넓이를 유지한다.
ㄷ. 지팡이를 잡은 손은 몸 앞 중앙에 오도록 유지하고, 손목을 좌우로 움직여 호를 그린다.
ㄹ. 지팡이로 신체 왼쪽 바닥면을 두드리는 동시에 왼쪽 발을 리듬에 맞추어 앞으로 내딛는다.
ㅁ. 2점촉타법 응용기법으로는 터치앤슬라이드(touch & slide), 터치앤드래그(touch & drag) 방법 등이 있다.
ㅂ. 2점촉타법은 주로 실외 보행을 위해 사용하도록 지도하고, 익숙한 학교 복도에서는 주로 대각선법을 사용하도록 지도한다.

① ㄱ, ㄷ, ㅁ　　　　② ㄱ, ㄹ, ㅂ
③ ㄷ, ㅁ, ㅂ　　　　④ ㄱ, ㄹ, ㅁ, ㅂ
⑤ ㄴ, ㄷ, ㄹ, ㅁ

> ㄱ. 계단을 오를 때는 지팡이를 수직으로 세워 앞으로 뻗고, 계단을 내려올 때는 대각선법으로 지팡이를 잡음

> ㄴ, ㄷ. 지팡이 호의 넓이는 어깨 너비보다 약 5cm 정도 더 넓게 함. 손목을 몸 중심에 두고 양 옆으로 손만 움직여 양 어깨에서 각각 2.5cm씩 더 넓게 지팡이를 쳐줌

> ㄹ. 지팡이의 끝이 왼쪽 지점을 칠 때, 오른쪽 발이 지면에 닿게 함

참고자료

기본이론 251-253p

 키워드

- 육성 녹음 자료
- 청독의 장단점

 구조화 틀

**맹 학생을 위한 학습 자료 수정**
- 양각 자료 제작과 활용
  - 점자 자료
  - 양각 그림 자료
- 음성 자료 제작과 활용
  - 전자 음성 도서(TTS)
  - 육성 녹음 자료
  - 청독의 장단점

 핵심개념

**청각 자료**
제시된 자료를 청각화하기 위해 녹음도서를 제작하거나, 전자파일로 만들거나, 낭독을 제공할 수 있음

**청독의 장점**
- 말하기, 읽기, 쓰기의 발달에 도움을 줌
- 중복장애 학생과 묵독이나 점독에 어려움이 있는 학생에게 듣기는 중요한 학습 수단임
- 점독에 비해 속도가 빠름
- 자료를 구하고 처리하는 데 점자보다 효과적임

**청독의 단점**
- 그림, 차트, 그래프, 도형 등 일부 내용을 전달하기 어려움
- 참조하는 데 어려움 → 학생은 듣기를 통해 앞의 내용을 다시 듣거나, 건너뛰거나, 자세히 분석하거나, 원하는 장이나 페이지를 찾기 어려움
- 자료를 통제하기 어려움 → 듣기에서 속도·억양·고저·간격 등은 낭독자가 결정함
- 녹음도서는 가만히 앉아서 듣기 때문에 수동적이기 쉬움
- 듣기 자료를 구하기 어려움

 모범답안

④

---

2013학년도 중등 19

**51** 시각장애 학생을 위한 듣기 지도와 녹음 도서 제작에 대한 두 교사의 대화이다. ㉠~㉣ 중 옳은 것만을 있는 대로 고른 것은?

> 이 교사: 김 선생님, 시각장애 학생에게 듣기 지도를 하려고 해요. 듣기를 이용해서 교육을 하면 어떤 장점이 있나요?
> 김 교사: ㉠<u>듣기는 묵자나 점자를 읽는 데 어려움이 있는 학생에게 중요한 학습 수단입니다.</u> 그리고 ㉡<u>시각장애 학생은 듣기를 이용하여 학습자료를 자세히 분석하거나 원하는 페이지를 쉽게 찾아갈 수 있습니다.</u>
> 이 교사: 듣기 지도를 위해 녹음 도서를 제작하려고 합니다. 그런데 교과서에 있는 영어로 된 용어나 이름은 어떻게 녹음해야 하는지 궁금해요.
> 김 교사: ㉢<u>영어로 된 용어나 이름은 발음과 철자를 함께 녹음해야 합니다.</u>
> 이 교사: 이 밖에 주의해야 할 내용은 무엇이 있나요?
> 김 교사: ㉣<u>녹음 도서를 제작할 때에는 책 전체의 위계를 알 수 있도록 책의 장, 절, 순서를 나타내는 숫자 등의 내용을 함께 녹음하는 것도 필요합니다.</u>

① ㉠
② ㉠, ㉡
③ ㉡, ㉢
④ ㉠, ㉢, ㉣
⑤ ㉡, ㉢, ㉣

## 확장하기

### 대각선법

대각선법 표준 자세

- 흰지팡이를 잡은 손의 팔을 뻗고 흰지팡이가 대각선 방향이 되도록 조정한 후, 바닥으로부터 5cm 이하의 간격을 두고 팁을 유지함으로써 이동할 때 장애물과 턱을 확인할 수 있다.
- 유아나 시각중복장애 학생이 흰지팡이를 바닥에서 들어올리기 어렵다면 팁을 지면에 대고 이동하도록 할 수 있으며, 표준 팁 대신 볼 팁을 사용할 수도 있다.

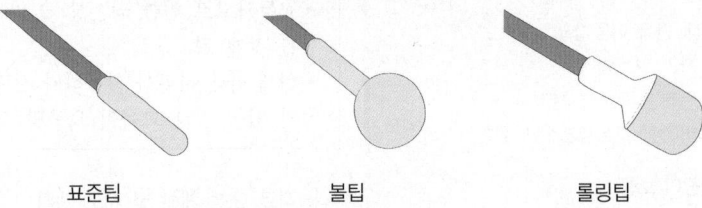

표준팁     볼팁     롤링팁

- 지팡이를 잡은 손의 팔을 펴야 하며, 팁은 항상 한 발 앞에 위치해 있어야 한다.
- 지팡이의 양 끝은 어깨보다 약 5cm 정도 더 나와야 한다.
- 지팡이 잡는 방법에는 엄지손가락 잡기, 집게손가락 잡기, 연필 잡는 식 잡기가 있다. 어린 아동은 흰지팡이를 견고하게 잡고 유지할 수 있도록 집게손가락 잡기나 엄지손가락 잡기를 추천한다.

엄지손가락 잡기     집게손가락 잡기     연필 잡는 식 잡기

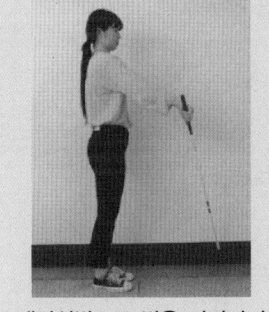

대각선법으로 벽을 따라가기

대각선법은 실내에서 벽을 따라 기준선 보행을 할 때도 사용할 수 있으며, 이때 벽과 반대쪽 손으로 흰지팡이를 잡고 지팡이 팁을 벽 걸레받이에 대고 이동한다.

2019학년도 중등 A10

**47** (가)는 학생 B의 특성이고, (나)는 특수교사의 자료 요청 계획 및 지도 계획의 일부이다. 〈작성방법〉에 따라 서술하시오. [4점]

(가) 학생 B의 특성

- 교통사고로 인한 뇌손상 및 안구 손상으로 시각장애를 갖게 됨
- 현재 확대 자료를 활용하나 시력이 점점 나빠질 예후가 있어 점자 교육이 요구됨

(나) 자료 요청 계획 및 지도 계획

〈자료 요청 계획〉
- ○○시 시각장애 특성화 특수교육지원센터에 요청할 사항
  - '점자 익히기' 교과서/지도서 및 점자 쓰기 도구
  - ㉠ 읽기(교과서, 지필평가 자료)를 위한 시력검사

〈지도 계획〉
- 문자나 그림자료를 활용할 때 보조기기를 활용하여 지도한다.
- 점자 교육의 효율성을 위하여 잔존시력이 있는 상태에서 점자를 지도한다.
- 촉각지도를 통해 학교 건물 내부를 오리엔테이션 하도록 지도한다(보건실 촉각 표시에 점자 라벨을 붙여서 활용함).
- ㉡ 대각선법과 ㉢ 헨드 트레일링법을 함께 활용하여 보건실까지 독립보행할 수 있도록 지도한다.

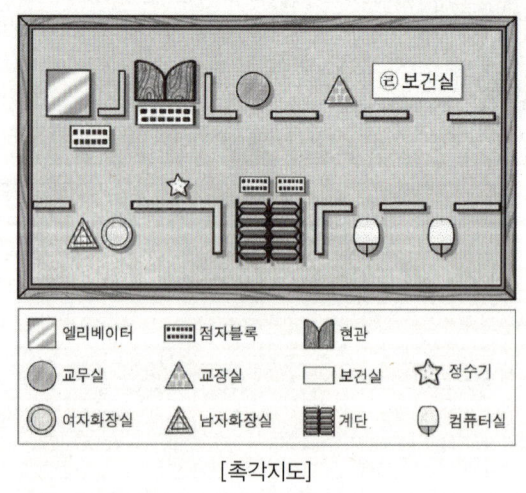

[촉각지도]

〈작성방법〉

밑줄 친 ㉡과 ㉢에서 학생이 취해야 할 자세를 순서대로 서술할 것. (단, 우측 보행상황에서 양팔 및 손의 위치와 모양 그리고 지팡이의 위치를 포함하여 서술할 것)

기본이론 236p, 238-240p

• 대각선법
• 트레일링

 실내 단독 이동기술
 ┌ 자기 보호법
 ├ 트레일링(손 스쳐가기)
 └ 비어링 교정 및 신체 정렬

지팡이 보행
 ┌ 지팡이의 선택
 ├ 대각선법
 ├ 이점촉타법
 ├ 이점촉타법의 변형
 └ 지팡이로 계단 오르내리기

핵심 개념

**트레일링**
• 벽이나 가구 등을 활용해 평행 또는 직선보행을 유지하고, 복도의 문을 지표로 삼아 원하는 장소를 찾기 위해 사용하는 방법
• 실내에서 흰지팡이 없이 벽을 따라 이동할 때 자주 사용하는 기술로, 벽 주변에 장애물이 있으면 자기보호법과 함께 사용할 수 있음

**트레일링 방법**
• 손의 자세: 손등 또는 손의 측면을 벽에 대는 것이 가장 일반적이며, 벽의 재질이나 매끄러움 정도에 따라 선택할 수 있음
• 손 스쳐가기: 벽과 반보 떨어져 나란히 서서 벽과 가까운 쪽 팔을 전방 45도 각도로 뻗은 후 손의 측면이나 손등을 가볍게 벽에 대고 이동함 → 벽을 따라 이동할 때 벽에 댄 손이 몸통보다 항상 앞에 있어야 단서나 장애물을 먼저 확인할 수 있음

손 자세(손의 옆면 대기 / 손등 대기)

 트레일링(손 스쳐가기)
지우가 있는 곳은 실내이기 때문에 소음이 발생하는 이점촉타법보다는 대각선법을 더 선호하기 때문이다.

2021학년도 초등 A3

**48** (가)는 특수교사와 자원봉사자의 대화이고, (나)는 교실 모습의 일부이며, (다)는 지우의 보행 모습이다. 물음에 답하시오. [5점]

(다) 지우의 보행 모습

3) (다)의 지우가 대각선법과 함께 사용한 오른손 활용 방법의 명칭을 쓰고, 교사가 지우에게 이점촉타법보다 대각선법을 활용하게 한 이유를 1가지 쓰시오. [2점]

**이점촉타법의 단점**
이점촉타법은 실내에서도 사용 가능하지만, 시각장애인에게 익숙한 실내에서 몸 양편을 두드리는 것은 불필요한 에너지를 낭비하는 것이며, 지팡이를 두드리는 것이 소음을 만들어낼 수 있으므로 사용 여부를 주의 깊게 결정해야 함

기본이론 236p, 238-240p

- 대각선법
- 트레일링

실내 단독 이동기술
- 자기 보호법
- 트레일링(손 스쳐가기)
- 비어링 교정 및 신체 정렬

지팡이 보행
- 지팡이의 선택
- 대각선법
- 이점촉타법
- 이점촉타법의 변형
- 지팡이로 계단 오르내리기

2010학년도 중등 29

**49** 다음은 시각장애 학생의 보행훈련에서 사용하는 기법들이다. (가)와 (나)의 기법으로 옳은 것은?

(가) 기준선(벽 등)과 가까운 팔을 진행 방향과 평행되게 하고, 그 팔을 약 45도 아래쪽 정면으로 뻗쳐서 손을 허리 높이 정도로 들고, 새끼손가락 둘째 마디 바깥 부분을 기준선에 가볍게 대면서 이동한다.

(나) 흰지팡이를 자신의 몸 전면에 가로질러 뻗치게 하고 첨단은 지면에서 약 5cm 떨어지며, 흰지팡이의 아래쪽 끝과 위쪽 끝은 몸의 가장 넓은 부위보다 밖으로 약 2~3cm 벗어나게 해서 이동한다.

|   | (가) | (나) |
|---|---|---|
| ① | 따라가기 (trailing) | 자기보호법 |
| ② | 하부보호법 | 대각선법 (diagonal technique) |
| ③ | 따라가기 (trailing) | 촉타법 (touch technique) |
| ④ | 따라가기 (trailing) | 대각선법 (diagonal technique) |
| ⑤ | 대각선법 (diagonal technique) | 촉타법 (touch technique) |

## 확장하기

### ❖ 녹음도서 제작 시 고려사항(박순희, 2022.)

- 녹음도서는 음절 단위로 제시되며, 경우에 따라 책의 내용과 직접적인 관계가 없더라도 필요한 부분에 대한 설명도 녹음해야 함
- 책 전체의 위계를 알 수 있도록 책의 부·장·절, 순서를 나타내는 숫자는 물론 책의 제목, 출판사, 출판 연·월·일, 트랙의 수를 녹음함
- 외국어로 된 용어나 이름은 정확한 발음과 함께 철자도 읽어주고, 한문으로 표기된 단어는 글자의 음과 뜻을 읽어주거나 낱말의 뜻도 녹음해줌
- 희귀한 낱말, 어려운 낱말, 문맥 속에서 혼동을 줄 수 있는 낱말 등은 반드시 뜻도 함께 읽어줘야 함
- 도표, 차트, 그래프, 그림 등은 낭독자가 완전히 이해한 뒤 그 뜻을 풀어서 간결하게 설명해줌
- 괄호, 따옴표 등 중요한 부호는 녹음함
- 페이지를 바꿀 때는 읽던 문장을 완전히 다 읽은 후 그 다음 페이지를 읽음

### ❖ 음성 자료 제작 방법(이태훈, 2024.)

- 소음이 적은 시간과 장소에서 녹음함
- 읽는 속도를 일부러 늦추지 말고 보통의 속도로 최대한 명확하게 발음해 읽음
- 자료를 녹음할 때 원본 자료에 기재된 표지, 목차, 저자 소개 등을 빠뜨리지 않고 녹음하는 것을 기본으로 함
- 쉼표, 마침표 같은 구두점은 특별한 경우가 아니면 듣기 가독성과 이해도를 돕기 위해 생략함
- 녹음 자료를 체계적으로 관리할 수 있도록 일정한 규칙에 따라 파일 이름을 붙임
- 도서는 한 개의 챕터를 한 개의 파일로 제작하는 것이 일반적이나, 한 개의 파일이 60분을 넘기면 두 개의 파일로 나누어 저장하고 이를 알기 쉽게 파일 이름에 번호를 붙임
- 제목 번호 낭독은 보편적으로 로마자 단위는 "단원"을 붙여 낭독하고(Ⅱ-2단원), 1.1은 "1장 1절"로, 1.1.1은 "1장 1절 1"로, ①은 "동그라미 일"로, (1)은 "괄호 일"로, 1)은 "반괄호 일"로 낭독함
- 괄호 안에 있는 글을 읽는 방법은 여러 가지가 있음
  - 괄호 안의 글이 길거나 문장일 경우 "괄호 열고" 내용 낭독 "괄호 닫고" 순서로 읽음
  - 괄호 안의 글이 한두 단어 정도면 괄호 밖으로 빼서 자연스러운 연결 문장으로 만들어 읽을 수 있음. 예를 들어, "노년기의 20년간 시간 수는(수면 시간 제외함) 하루 16시간으로"를 "노년기의 20년간 시간 수는 수면 시간을 제외한 하루 16시간으로"라고 읽을 수 있음
- 표를 읽을 경우 각 항목을 어떠한 순서로 읽을 것인지 알려준 후 항목별 내용을 읽어줌. 예를 들어, 다음 표는 "구분, 오메가-3, 수은, 수은 대비 오메가-3의 비율 순서로 낭독해 드리겠습니다. 먼저 연어, 2.7, 0.05, 54.0, 다음 정어리 1.57, 0.04, 39.3 …"라고 읽을 수 있음

| 구분 | 오메가-3 | 수은 | 수은 대비 오메가-3의 비율 |
|---|---|---|---|
| 연어 | 2.7 | 0.05 | 54.0 |
| 정어리 | 1.57 | 0.04 | 39.3 |
| 훈제 연어 | 1.54 | 0.04 | 38.5 |
| 송어 | 1.15 | 0.06 | 19.2 |

- 원 그래프는 현재 몇 시 방향(보통 12시 방향 기준)에서 시작해 시계 또는 반시계 방향으로 어떤 항목이 어느 정도의 비율을 차지하는지를 읽어줌
- 막대 그래프는 가로축과 세로축의 제목을 읽고 가로축의 항목별로 세로축의 크기를 설명함
- 선 그래프의 경우 x축과 y축의 제목을 읽고, x축과 y축의 범위와 간격이 어떠한지 먼저 이야기함. 그 다음 각 좌표의 점을 x축 → y축 순서로 읽어줌. 이때, 각 그래프의 변화 경향성이 어디서부터 감소하고 증가하는지를 설명함

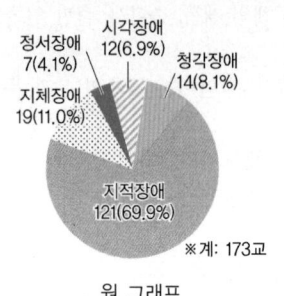
원 그래프

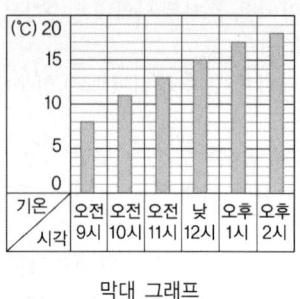
막대 그래프

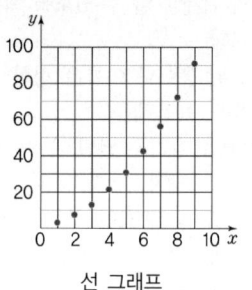
선 그래프

### ☀ 음성 자료 활용 방법(이태훈, 2024.)

- 국립장애인도서관에서 운영하는 국가대체자료공유시스템(DREAM) 또는 시각장애인복지관이나 점자도서관에서 운영하는 소리도서관에 회원가입한 후 점자정보단말기나 컴퓨터 및 스마트폰으로 필요한 음성 도서(데이지 도서 등)를 검색해 내려받음
- 음성 도서는 점자정보단말기, 데이지 플레이어, 스마트폰, 컴퓨터 및 화면읽기 프로그램 등을 이용해 들을 수 있음
- 학생의 듣기 능력에 따라 음성의 속도와 크기를 조절하고, 음성 도서를 여러 번 나누어 듣는 경우에는 듣던 곳을 다시 찾기 쉽게 음성지원 기기의 '책갈피'나 '마크 기능'으로 표시해둠

참고자료: 기본이론 249-251p

 키워드: 양각 그림 자료

 구조화틀

맹 학생을 위한 학습 자료 수정
- 양각 자료 제작과 활용
  - 점자 자료
  - 양각 그림 자료
- 음성 자료 제작과 활용
  - 전자 음성 도서(TTS)
  - 육성 녹음 자료
  - 청독의 장단점

**핵심개념**

**양각 그림 자료**
- 원본 그림을 양각 그림으로 만들 때 점자 프린터나 입체복사기로 출력할 것인지, 교사가 여러 가지 사물과 재료로 제작할 것인지 결정함
- 학생의 연령과 경험을 고려해야 함. 학생의 연령과 기술 수준이 낮을수록 양각 그림에서 사용하는 면, 선, 점, 기호의 수를 줄여주는 것이 좋음
- 원본 그림에서 필수적이지 않은 요소는 제거하거나 단순화해 양각 그림을 만들면 더 잘 이해할 수 있음
- 양각 그림을 원본 그림과 동일한 크기로 제시하는 데 주안점을 둘 필요는 없음(단, 원본 그림을 정확한 비례로 확대·축소해야 하고, 필요에 따라 그림의 확대나 축소 비율을 명시해야 함)
- 원본 그림의 형태를 양각의 윤곽선만으로 나타내기보다 선의 안쪽을 채운 양각 면 형태로 제시하면 대상의 모양이나 형태를 더 잘 지각할 수 있음
- 양각 그림에 점자 글자를 적기 어려운 경우 안내선(유도선)보다는 기호나 주석을 사용함

 모범답안: ④

2012학년도 초등 22

**52** 다음은 시각장애 특수학교 교사가 전맹 학생을 대상으로 사회과 '우리 지역의 생활 모습' 단원을 지도하려고 동료 교사와 나눈 대화이다. 대화의 내용 중 적절한 것을 모두 고르면?

> 황 교사: 다음 주에 '우리 지역에서 발달한 산업 조사하기'를 주제로 수업을 하려고 해요. ㉠지도와 그래프를 보고 분석하는 능력이 사회과의 중요한 기능 목표이므로, 사회과부도의 산업지도를 보고 촉각지도를 만들려고 해요. 어떻게 만들면 좋을까요?
> 박 교사: 먼저 ㉡전체 산업지도에서 우리 지역에 해당되는 부분을 분리하여 촉각지도로 제작하세요. 이때 ㉢우리 지역의 지형을 정확히 알도록 하는 데 주안점을 두고, 일반지도처럼 지역 경계선을 자세히 묘사해야 해요.
> 황 교사: 산업지도 안에는 여러 가지 기호나 글자들도 표시되어 있는데 어떻게 하죠?
> 박 교사: ㉣기호나 글자들은 양각의 화살표나 안내선(lead line)을 주로 사용하여 혼돈이 없도록 해야 해요.
> 황 교사: 통계청의 산업통계 그래프도 촉각그래프로 만들어 함께 사용하려고 해요. 그런데 우리 단원과 관련 없는 정보는 어떻게 하면 좋을까요?
> 박 교사: ㉤단원의 학습 주안점을 주의 깊게 읽어보고 관련성이 적은 요소는 생략할 수 있어요.

① ㉠, ㉢  
② ㉡, ㉤  
③ ㉢, ㉣  
④ ㉠, ㉡, ㉤  
⑤ ㉡, ㉣, ㉤

### 확장하기

**양각 그림 자료를 제작할 때 준수해야 할 지침과 기준(이태훈, 2024.)**

- 원본 그림이 본문의 내용이나 개념을 이해하는 데 필요한 자료인지 확인한다. 단지 장식적인 목적의 그림이거나 구어 설명만으로 충분한 이해가 가능하다면 생략할 수 있다.
- 양각 그림을 만들 때 원본 그림과 똑같이 만드는 데 주안점을 둘 필요가 없다. 원본 그림에서 필수적이지 않은 요소는 제거하거나 단순화해 양각 그림을 만들면 더 잘 이해할 수 있다. 예를 들어, 우리나가의 지도 모양을 이해하는 데 있어 남도의 많은 섬을 배우는 데 목적이 있는 것이 아니라면 작은 섬들을 생략하거나 보다 단순화해 제시할 수 있다.
- 양각 그림을 원본 그림과 동일한 크기로 제시하는 데 주안점을 둘 필요는 없다. 다만, 원본 그림은 정확한 비례로 확대·축소해야 하고, 필요에 따라 그림의 확대나 축소 비율을 명시할 수 있다.
- 복잡한 원본 그림의 모든 세부 정보가 필요할 경우, 원본 그림을 한 장에 제시하기보다 여러 장으로 분리해 책자형으로 제작할 수 있다. 예를 들어 첫 장에는 원본 그림의 전체 윤곽이나 형태를 나타내는 양각 그림을 배치하고, 다음 장부터는 원본 그림을 몇 개로 나누어 만든 세부 양각 그림들을 제시한다.
- 원본 그림을 양각 그림으로 만들 때 점자 프린터나 입체복사기로 출력할 것인지, 교사가 여러 가지 사물과 재료로 제작할 것인지 결정한다. 단순한 시각 자료(예 단순한 모양의 차트)는 점자 프린터나 입체복사기로도 제작할 수 있다.
- 양각 그림의 크기는 양손으로 확인할 수 있는 크기(30×30cm 내외)가 적절하다. 너무 크거나 작으면 촉각 자료의 전체 모양이나 세부 요소 간 관계를 파악하기 어렵다. 촉각 자료의 세부 요소는 손으로 지각하고 구별할 수 있는 최소 크기가 되어야 한다.
- 양각 그림의 주요 특징을 손으로 탐색할 때 그림의 이해를 돕기 위한 짧은 설명의 점자 글을 함께 제시할 수 있다.
- 원본 그림의 형태를 단지 양각의 윤곽선으로만 나타내기보다 선의 안쪽을 채운 양각 면 형태로 제시하면 대상의 모양이나 형태 등을 더 잘 지각할 수 있다.
- 중증의 저시력 학생은 촉각 탐색뿐만 아니라 잔존 시각도 활용할 수 있도록 그림의 양각 윤곽선에 대비가 높은 색을 입히면 양각 그림 자료를 더 잘 이해할 수 있다.
- 양각 그림에 여러 개의 양각 선을 사용해야 할 때는 양각 선을 촉각으로 구별할 수 있도록 5mm 정도의 간격을 두고, 그림의 양각 선과 점자 글자 간의 간격도 3mm 이상이 되도록 한다.

기본이론 249-251p

 양각 그림 자료

 맹 학생을 위한 학습 자료 수정
- 양각 자료 제작과 활용
  - 점자 자료
  - 양각 그림 자료
- 음성 자료 제작과 활용
  - 전자 음성 도서(TTS)
  - 육성 녹음 자료
  - 청독의 장단점

입체복사자료
- 점자로 표시하기 어려운 도형이나 그림은 입체복사기를 사용해 촉각자료로 만들 수 있음
- 전용 용지인 플래시 페이퍼에 연필, 차이나 마커 등으로 그림을 그린 뒤 입체복사기에 통과시키면 그림 부분이 부풀어 올라 촉각으로 만져서 확인할 수 있음
- 이러한 돋을새김이 된 선 그림은 특정 대상을 촉각으로 느낄 수 있게 점이나 선으로 도드라지게 표현한 것임
- 그러나 돋을새김이 된 선 그림을 제시하는 것은 실제 그림에서 표현하는 부분들을 세부적으로 표현하는 데 한계가 있음

 ① 입체복사자료는 점자 그림자료와 달리 점뿐만 아니라 촉각적인 선과 면 형태도 제시해 대상의 모양이나 형태를 더 잘 지각할 수 있다.
② 불필요한 요소는 생략하고 단순화해 제작해야 한다.

2018학년도 초등 A6

**53** (가)는 특수교육 관련 사이트의 질의·응답 게시판에 올라온 글의 일부이고, (나)는 시각장애인용 축구장을 설명하기 위해 시각장애 학교 교사가 학생에게 제공한 입체복사자료이다. 물음에 답하시오. [5점]

(나)

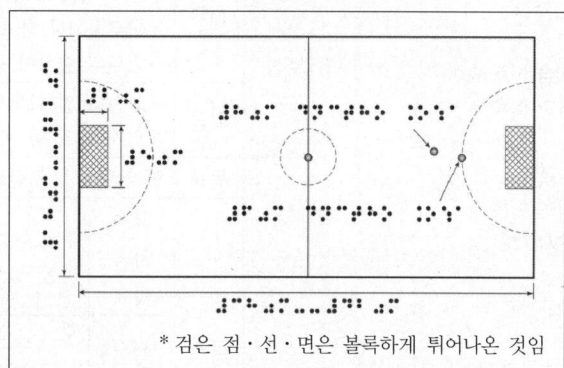

* 검은 점·선·면은 볼록하게 튀어나온 것임

3) ① (나)와 같은 입체복사자료의 장점을 점자 그림자료와 비교하여 1가지 쓰고, ② 복잡한 시각자료를 입체복사자료로 제작할 때 유의해야 할 점 1가지를 쓰시오. [2점]

2017학년도 중등 A10

**54** (가)는 시각장애 중학생 C를 위한 단원 지도 계획이고, (나)는 점자 읽기 및 쓰기평가 자료이다. [4점]

(가) 단원 지도 계획

| 학생 특성 | 시력 | • 수업시간에 머리를 돌리거나 몸을 기울임<br>• 고시 능력에 문제가 있음<br>• 피로하거나 과도한 스트레스를 받으면 안질환의 증상이 심해짐 |
|---|---|---|
| | 학업 | • 묵자와 점자를 병행하여 학습함<br>• 인지 및 운동 기능에는 어려움이 없음 |
| 영어과 지도 계획 | 목표 | 영어 단어가 포함된 문장 읽고 쓰기 |
| | 교수·학습 자료 | 수업 자료 제작 시 명암 대비를 고려함 |
| | 묵자 활용 교수·학습 방법 | • ㉠ 교실 앞쪽에 창을 등지고 앉도록 자리를 배치함<br>• ㉡ 머리를 돌리거나 몸을 기울이지 않도록 자세를 교정함 |
| | 평가 방법 | ㉢ 시험지를 확대하여 제공함 |
| | 점자 활용 교수·학습 자료 | 실물, 모형, 입체복사자료 등의 대체 자료를 제공함 |
| | 점자 활용 교수·학습 방법 | • 점자타자기로 쓰기 지도를 함<br>• ㉣ 옵타콘을 활용하여 점자 읽기를 지도함 |
| | 평가 방법 | ㉤ 영어 약자 점자의 사용 규칙을 포함한 점자 활용 수준, 읽기 속도, 쓰기 정확도를 고려함 |

맹 학생을 위한 학습자료 수정 방법 → 촉각자료 수정

(나) 점자 읽기 및 쓰기 평가 자료

길음역(Gireum Station)에서 친구 ㉥A에게 전화했다.

### 확장하기

**★ 방향정위용 공학 및 보조기구의 사용(박순희, 『시각장애아동의 이해와 교육』, 2022.)**

시각장애학생은 환경의 구조를 파악하고, 자신의 이동 경로를 결정하며, 현재 자신의 위치를 파악하기 위해 보조기구를 사용할 수 있다. 대표적인 방향정위 보조기구로는 입체모형판, 지도, 점자 및 음성 자료, 인공위성 자동 위치측정 시스템(GPS) 제품이 있다.

① 입체 모형판

환경 속의 사물들을 입체화해 입체 모형판을 만든다. 이때 모형은 실물과 같게 만들며, 시각장애학생이 사용해야 하기 때문에 촉각으로 혹은 잔존시각기능으로 변별하기 쉽도록 만들어야 한다. 촉각으로 변별하기 쉬운 크기여야 하고 손으로 변별이 가능한 재료들로 제작한다. 저시각학생을 위해서는 잔존시각기능으로 사물과 이동 경로를 파악할 수 있도록 변별하기 쉬운 크기로 만들고, 뚜렷하게 대비되는 색상을 사용한다. 맹학생과 저시각학생에게 중요하지 않은 부분은 제외하고 중요한 환경의 구조물을 중심으로 만들 수 있다. 입체모형판이 잘 만들어지면 평면지도 혹은 음성 보조구보다 효과적으로 이용될 수 있다.

② 지도

시각장애학생을 위해 지도는 두 가지 형태로 만든다. 평면에 촉각으로 변별 가능한 기호·선·면을 만든 촉각지도 형태로 만들 수 있고, 저시각학생을 위해 크기가 큰 시각지도로 만들 수도 있다. 맹학생은 손으로 만져 환경 구조를 파악하고 이동 경로를 결정해야 하기 때문에 촉각 변별이 가능하도록 양각화시킨 선과 기호들을 사용해 제작한다. 촉각은 지도의 여러 부분을 만지고 나서 종합적으로 이해하는 감각이기에, 중요한 환경 구조물 위주로 단순화해 제작한다. 저시각학생을 위해서는 잔존시각기능으로 변별이 가능하도록 확대해 지도를 제작하는 방법이 있다. 또한 색을 대비시키는 방법을 사용해 시각적 변별력을 높여줄 수도 있다.

③ 점자 및 음성자료

시각장애학생은 환경 정보와 이동 경로를 점자자료와 음성자료로 만들어 방향정위에 활용할 수 있다. 우선 환경 구조와 이동 경로에 관한 정보를 점역해 점자본으로 만들어 필요할 때마다 사용할 수 있다. 다른 방법으로, 이동 정보를 녹음한 음성파일을 스마트폰 혹은 점자정보단말기 등으로 재생할 수 있다.

④ 인공위성 자동 위치측정 시스템(GPS)

GPS의 발달로 시각장애인도 GPS로 자신의 위치와 목적지까지의 빠른 이동 경로를 파악할 수 있다.

기본이론 249-251p

 시각장애 학생을 위한 학습자료 수정

### 평면지도
공간 정보를 전달하는 감각 유형에 따라 확대지도, 촉각지도, 촉각확대지도 등으로 구분할 수 있음

- **큰 시각지도(확대지도)**
  - 저시각인을 위한 확대지도를 제작할 때에는 크기, 대비, 배열 등을 고려함 → 이때 대비는 가능한 한 높게 제공하는 것이 효과적임
  - 중요도가 낮거나 지나치게 복잡한 것은 삭제하고, 중요도가 높은 것만을 선택해 제시하며, 배열은 단순화시킴
- **촉각지도**
  - 시각장애인이 생소한 공간 배치를 익히거나, 이미 익숙한 공간 내에서 새로운 보행경로를 발견하거나, 이동하면서 공간갱신을 하는 데 유용함
  - 일반지도와는 달리 휴대하기 불편해 특정 건물의 벽면에 부착해두고 활용하는 경우가 많음
  - 일반지도보다 제작하고 읽는 데 시간과 노력이 더 필요하므로 중요한 정보를 선택한 후 불필요한 정보는 삭제해 제작함

 ②

---

2011학년도 중등 10

**55** D중학교에 재학 중인 학생 A는 미숙아망막증으로 양안의 교정시력이 0.04이다. 담당 체육교사가 학생 A를 위한 체육 수업에 대해 조언을 요청하여, 특수교사는 다음과 같은 안내문을 만들었다. ㉠~㉣에서 옳은 내용만을 모두 고른 것은? [2.5점]

> 체육 선생님께
> A의 체육 지도를 위해 힘써주셔서 감사드립니다.
> A를 위한 체육 수업에 도움이 되고자 몇 가지 적어보았습니다. 참고가 되셨으면 합니다.
>
> • 교수 방법
>  - ㉠ 학생 A의 시력은 한천석 시시력표를 읽을 때, 4m 앞에서 시력 기준 0.1에 해당하는 숫자를 읽을 수 있는 수준이므로, 시각적 지표는 확대해주시면 좋습니다.
>  - ㉡ 공간에 대한 이해를 돕기 위해 확대 자료 또는 촉지도를 활용하시면 되는데, 제작에 도움을 드리겠습니다.
>  - 신체 동작에 대한 이해를 돕기 위해 관절의 움직임이 가능한 인형을 사용하시면 좋습니다.
>
> • 시각장애학교 체육과 교사용 지도서 참조
>  - 학생 A를 지도할 때, ㉢ 시각장애학교 체육과 교과서 및 지도서를 사용하시면 도움이 되는데, 일반 중학교 체육교과와는 달리 표현활동 영역이 제외되어 있습니다.
>
> • 대표적인 시각장애인 스포츠
>  - ㉣ 골볼은 모든 선수가 안대를 하고 공의 소리를 들으면서 경기하는 구기 종목이므로 일반학생들과 함께 경기할 수 있지만, 학생 A는 망막박리의 위험이 있을 수 있으니 조심하셔야 합니다.

㉡ 방향정위 지도를 위한 보조도구로 약도, 입체모형, 입체복사자료, 평면지도(확대지도·촉각지도) 등이 있음

① ㉠, ㉡  ② ㉡, ㉣
③ ㉠, ㉡, ㉣  ④ ㉠, ㉢, ㉣
⑤ ㉡, ㉢, ㉣

기본이론 249-251p

 시각장애 학생을 위한 학습자료 수정

**사물 촉각 자료(이태훈, 2021.)**
면은 촉감이 다른 종이·옷감·사포·은박지·나무판·스티로폼·고무판·셀로판지 등을, 선은 각종 실·공예용 철사·낚싯줄·빨대 등을, 점은 다양한 못·압정·씨앗·쌀 등을 사용할 수 있음

(제시문만 분석)

2019학년도 중등 A10

**56** (가)는 학생 B의 특성이고, (나)는 특수교사의 자료 요청 계획 및 지도 계획의 일부이다. 〈작성방법〉에 따라 서술하시오. [4점]

(나) 자료 요청 계획 및 지도 계획

〈자료 요청 계획〉
- ○○시 시각장애 특성화 특수교육지원센터에 요청할 사항
  - '점자 익히기' 교과서/지도서 및 점자 쓰기 도구
  - ㉠ 읽기(교과서, 지필평가 자료)를 위한 시력검사

〈지도 계획〉
- 문자나 그림자료를 활용할 때 보조기기를 활용하여 지도한다.
- 점자 교육의 효율성을 위하여 잔존시력이 있는 상태에서 점자를 지도한다.
- 촉각지도를 통해 학교 건물 내부를 오리엔테이션 하도록 지도한다(보건실 촉각 표시에 점자 라벨을 붙여서 활용함). ― 촉각지도, 입체모형, 입체복사자료 등을 활용해 방향정위를 지도함
- ㉡ 대각선법과 ㉢ 핸드 트레일링법을 함께 활용하여 보건실까지 독립보행할 수 있도록 지도한다.

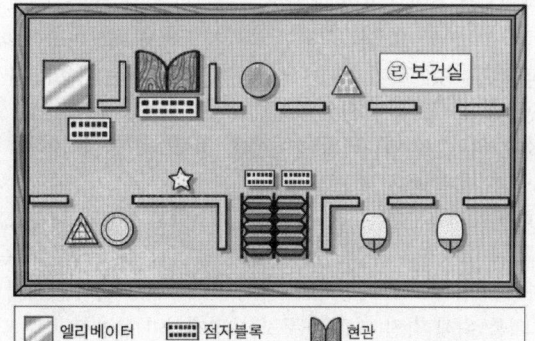 ― 사물 촉각 자료

[촉각지도]

> **확장하기**

**촉각지도 제작 원칙(Bentzen & Marston, 2010a; 정인욱, 『시각장애인 보행의 이론과 실제』, 2012.)**

- 필수적으로 전달할 정보만 촉각지도에 포함시킴. 촉각지도의 내용은 제작 목적과 이용자의 특성을 고려해 선택함. 일반적으로 시각장애인이 활용할 촉각지도에는 방향정위를 위해 중요한 것을 위주로 선택함. 이때 정안인의 입장에서는 중요해 보이지 않지만 시각장애인의 보행을 위해 중요한 비시각적 랜드마크를 누락하지 않도록 주의해야 함(예 경사, 도로 표면, 돌출물이나 장애물, 건널목의 음성 신호기 버튼 등)
- 잠재적 이용자의 인지 수준, 촉각 활용 능력, 지도 활용 목적 등을 고려해 지도에 포함시킬 내용을 선택함. 촉각지도 사용 경험이 적은 이용자들을 위해서는 내용을 최대한 단순화하고 사용하는 기호의 수를 적게 하며, 좁은 공간만을 표현함. 경험이 많은 이용자들을 위해서는 상세한 내용을 포함시키고 다양한 기호를 사용하며, 보다 넓은 공간을 나타냄
- 크기는 두 손을 나란히 붙이고 열 손가락을 펼칠 때의 넓이(16~18인치)가 적절함. 촉각지도는 지나치게 넓은 것보다 상대적으로 좁은 것이 유용함. 그러나 촉각지도의 크기에 대한 결정은 결국 촉각지도에 포함시킬 내용의 양과 척도를 고려해 이루어질 수밖에 없음
- 척도는 필수적인 정보를 보여줄 만큼으로 최소화함. 표현하고자 하는 공간의 크기와 지도의 크기를 고려해 척도를 결정하는 것이 일반적임. 또한 지도에 포함시킬 내용과 활용방법을 고려해 척도를 결정해야 함. 가까운 거리를 표현할 때는 척도가 크겠지만, 넓고 먼 거리를 표현할 때는 척도가 작아짐. 초보자를 위해서는 척도를 크게 하는 것이 좋음. 교차로뿐만 아니라 연석, 보도, 주변 울타리선 등도 표현할 만큼 척도를 크게 함. 모양을 인식시키기 위해서는 척도를 작게 해야 함. 너무 큰 모양을 인식하는 것보다 상대적으로 작은 모양을 인식하는 것이 효율적임
- 촉각지도의 활용도를 높이기 위해서 부분마다 절대적으로 척도의 일관성을 유지해야 하는 것은 아님. 이는 표찰(label)을 나타낼 공간이 필요하기 때문인데, 일반적으로 기호를 나타내기 위해 3mm의 공간을 확보해야 함. 꽉 찬 동그라미와 같이 동일한 형태의 기호가 서로 다르게 지각되기 위해 크기는 서로 25~30% 달라야 함. 이러한 요건을 충족시키다 보면 척도의 일관성을 유지하기 어려움
- 있는 그대로 모두 제시하기보다는 도식화함. 복잡한 것을 그대로 제시하기보다는 촉각이나 저시각으로도 지각하기 쉽도록 단순한 조직으로 배열하는 것이 유용함. 복잡한 모양보다는 단순한 모양을, 곡선보다는 직선을 지각하기 쉬움. 중요한 공간 관계를 이해하는 데 필수적인 요소를 삭제한 촉각지도에서 랜드마크를 더 찾기 쉬움
- 시각 위주가 아니라 촉각 위주로 기호를 선택함. 점을 나타내는 기호는 음성신호기, 교차로 등 랜드마크의 위치를 표시함. 이를 위해 단추, 공, 스테이플 등을 활용함
- 선을 나타내는 기호는 위치뿐만 아니라 방향에 대한 정보도 제공함. 지하철 노선·도로 등 위치와 방향을 나타낼 때 사용하며, 이를 위해 줄·실·빨대 등을 활용함
- 면을 나타내는 기호를 표준화하기는 쉽지 않으며, 기호마다 용도가 다양하므로 표준화가 효과적이지 않을 수 있음. 촉각지도의 재료에 따라 선택 가능한 기호의 범위가 달라질 것임. 예를 들어 지름 3mm인 기둥에 표지판이 있는 버스 정류장을 나타내도록 선택하고, 지름이 6mm이면서 빈 동그라미는 버스 쉘터를 나타냄. 점을 나타내는 기호는 최소한 손가락 끝으로 지각되어야 하며, 이를 위해 각진 기호와 뚜렷한 경계선이 유용함
- 정보 밀도는 가능한 한 최소화함. 이는 무엇보다 촉각과 시각의 민감성에 따라 달라짐. 전경과 배경 간의 식별이 어려운 사람을 위해서는 정보를 조밀하게 제공함. 정보의 밀집도는 내용, 척도, 크기, 기호, 제작 재료 등 여러 요인에 따라 다름. 지도의 크기에 비해 제공한 내용이 많아 정보 밀도가 높아질 경우 덮개 또는 깔개를 사용함. 즉, 여러 장을 겹쳐 제작함
  예 가장 위 페이지에는 일반지도를 제시하고, 둘째 페이지에는 레이블이 없는 촉각지도를 제시하며, 셋째 페이지에는 기호에 대한 설명을 제시하고, 넷째 페이지에는 레이블이 있는 촉각지도를 제시함
- 기호에 대한 설명은 필요한 것만 제시하며, 기호는 일관성 있는 위치에 표기함

기본이론 249-251p

맹 학생을 위한 학습 자료 수정

맹 학생을 위한 학습 자료 수정
- 양각 자료 제작과 활용
  - 점자 자료
  - 양각 그림 자료
- 음성 자료 제작과 활용
  - 전자 음성 도서(TTS)
  - 육성 녹음 자료
  - 청독의 장단점

ⓑ 녹음자료를 제작할 때는 일부러 속도를 늦추기보다 보통의 속도로 최대한 명확하게 발음해 읽는다.
ⓓ 녹음자료를 제작할 때는 원본 자료에 기재된 표지, 목차, 저자 소개 등을 빠뜨리지 않고 녹음한다.

2019학년도 초등 B5

**57** 다음은 시각장애 특수학교 김 교사와 미술관 담당자가 주고받은 휴대전화 문자 대화의 일부이다. 물음에 답하시오. [6점]

김 교 사: 우리 학생들이 조각품을 직접 만져볼 수 있게 해주신다니 감사합니다.
미술관 담당자: 별말씀을요. 우리 미술관은 오래 전부터 시각장애인을 위한 프로그램을 운영하고 있습니다. 학생들이 조각품을 직접 손으로 만져야 하니 미술관에서 ㉠면 소재의 흰 장갑을 준비해놓겠습니다. 그리고 작품 설명을 들을 수 있도록 ㉡녹음 자료도 제작해놓겠습니다.
김 교 사: 세심하게 배려해주셔서 감사합니다.
미술관 담당자: 혹시 우리 미술관에서 더 준비해야 할 것이 있나요?
김 교 사: 네. 감상할 작품의 설명 자료를 미리 보내주시면 제가 ㉢점자 자료로 변환하여 준비하겠습니다.
미술관 담당자: 알겠습니다. 아무쪼록 이번 견학이 시각장애 학생들에게 유익한 시간이 되길 바랍니다.
김 교 사: 저도 이번 조각품 감상을 통해 학생들에게 ㉣자신의 느낌과 상상을 이해하고 표현하며 미적 경험에 반응하면서 미적 가치를 느끼고 내면화할 수 있는 능력을 길러주고 싶습니다.

맹 학생을 위한 학습자료 수정 방법
• 촉각자료 → 조각품 만져 보기
• 청각자료 → 녹음자료 제공하기

2) 다음은 ㉡을 제작할 때 유의점에 대한 설명이다. 적절하지 <u>않은</u> 내용 2가지를 찾아 각각 기호를 쓰고 바르게 고쳐 쓰시오. [2점]

ⓐ 조용한 실내에서 녹음한다.
ⓑ 읽는 속도를 늦추어 녹음한다.
ⓒ 외국어 단어나 문장은 정확한 발음으로 읽은 후 철자를 읽어준다.
ⓓ 설명 자료의 표지, 목차, 저자 소개 등은 특별한 경우가 아니면 생략하여 녹음한다.
ⓔ 쉼표와 마침표 같은 구두점은 특별한 경우가 아니면 내용 이해도를 높이기 위해 생략한다.

2014학년도 유아 A5

**58** 꿈나무 유치원에는 5세의 발달지체 유아와 시각장애(맹) 유아가 다니고 있다. (가)는 발달지체 유아의 현재 학습 수행 수준과 단기목표이고, (나)는 미술 활동계획안의 일부이다. 물음에 답하시오. [5점]

(가) 발달지체 유아의 현재 학습 수행 수준과 단기목표

| 영역 | 현재 학습 수행 수준 | 단기목표 |
|---|---|---|
| 인지 발달 | • 이동하는 물체를 바라봄<br>• 일반적인 몸짓을 모방함 | 다양한 동작 모방하기 |
| 소근육운동 발달 | 손바닥으로 사물을 쥐고 조작함 | 다양한 도구를 쥐고 색칠하기 |

(나) 교수·학습 과정안

| 활동명 | 명화 속의 바람 | 활동형태 | 대·소집단 활동 |
|---|---|---|---|
| 활동 목표 | • 겨울 풍경을 그린 명화를 감상한다.<br>• 겨울의 날씨 변화에 관심을 가진다.<br>• ㉠ 신체를 이용해 바람을 표현한다.<br>• ㉡ 겨울풍경을 다양하게 표현한다. | | |
| 누리과정 관련요소 | • 예술경험: (생략)<br>• 자연탐구: 탐구하는 태도 기르기 – 호기심을 유지하고 확장하기<br>• 자연탐구: 탐구하는 태도 기르기 – 탐구과정 즐기기<br>• 자연탐구: 탐구하는 태도 기르기 – 탐구기술 활용하기<br>• 자연탐구: ㉢ _____ | | |
| 활동자료 | 명화, 도화지, 다양한 그리기 재료 | | |
| 활동방법 | ① 겨울 풍경을 그린 명화를 보며 작품을 감상한다.<br><br>〈프란시스코 고야, '눈보라'〉<br>② 겨울 날씨의 특징을 이야기 나눈다.<br>③ 신체를 이용해 바람을 동작으로 표현한다.<br>④ 겨울 풍경을 다양한 재료를 사용하여 그린다.<br>⑤ 유아들이 그린 그림을 서로 감상하며 자신의 생각과 느낌을 표현한다. | | |

3) 시각장애(맹) 유아가 명화를 감상할 수 있도록 지원하는 방법 2가지를 쓰시오. [2점]

---

참고자료: 기본이론 249-251p

키워드: 맹 학생을 위한 학습 자료 수정

구조화틀: 맹 학생을 위한 학습 자료 수정
- 양각 자료 제작과 활용
  - 점자 자료
  - 양각 그림 자료
- 음성 자료 제작과 활용
  - 전자 음성 도서(TTS)
  - 육성 녹음 자료
  - 청독의 장단점

모범답안
• 맹 학생이 촉각이나 다감각을 통해 감상할 수 있는 양각이나 입체 작품을 준비한다.
• 맹 학생에게 손 위 손 안내법 같은 촉각 교수법과 작품 설명을 통해 감상 과정을 지원

2022학년도 중등 A10

**59** (가)는 시각장애학교의 초임 교사가 체육 수업 후 작성한 수업 성찰 일지의 일부이고, (나)는 중도 실명한 학생이 수업시간에 작성한 필기 내용이며, (다)는 퍼킨스(Perkins) 스타일의 점자 키보드가 적용된 점자정보단말기의 일부이다. 〈작성방법〉에 따라 서술하시오. [4점]

(가) 수업 성찰 일지

- 주제 : 건강관리(이론 수업)
- 대상 : 중학교 1학년
- 수업 성찰 내용
  - 학생과의 상호작용이 다소 부족하였음
  - 학생과 효과적인 상호작용을 위한 방법을 모색할 필요가 있음
  - 중도 실명한 학생의 점자 필기 내용을 확인하고, ㉠<u>잘못 표기한 점자 부분을 교정해주었음</u>
  - 점자정보단말기 사용에 익숙하지 않은 학생이 '㉡<u>가슴둘레</u>' 어휘를 입력할 때 어려움을 겪고 있었음
  - 점자정보단말기로 점자를 입력하는 방법을 추가하여 지도할 필요가 있음

(나) 필기 내용

| 필기 내용 | 비만을 진단할 때 <u>BMI</u>를 활용한다. |
|---|---|
| 밑줄 친 부분에 해당하는 점자 | 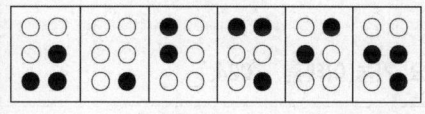 |

(다) 점자정보단말기

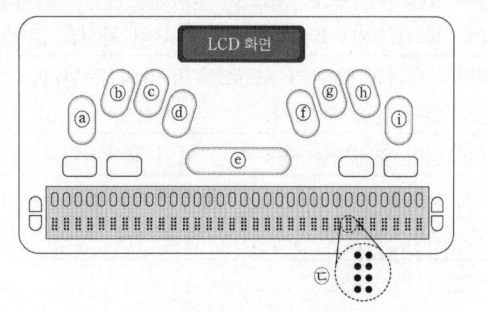

**작성방법**

- (가)의 밑줄 친 ㉡을 한글 점자의 약자로 점자정보단말기에 입력할 때, 동시에 눌러야 할 점자키를 (다)의 ⓐ~ⓘ에서 찾아 해당 기호를 모두 쓸 것.
- (다)의 ㉢과 같이 점자 출력부의 각 점자 셀은 8개의 점으로 이루어졌는데, 점자 셀의 제일 아래에 있는 두 점의 기능을 1가지 서술할 것.

---

기본이론 254p

점자정보단말기

맹 학생을 위한 보조공학기기
- 촉각 활용 보조공학기기
- 청각 활용 보조공학기기

**점자정보단말기**
- 6개의 점자 입력키와 스페이스 키를 활용해 점자를 입력하며, 점자 디스플레이에서 점자 핀을 통해 점자를 구성하는데, 각각의 셀은 8개의 점자 핀으로 이루어져 있음
- 이 중 6개는 점자를 출력하는 용도이고 나머지 2개는 컴퓨터의 커서에 해당하는 것으로, 커서를 이동해 원하는 위치에 점자를 입력하거나 수정할 수 있음

| 주요 기능 | 음성출력, 점자 입·출력 |
|---|---|
| 부가 기능 | 이메일, 인터넷, 메신저, 음성녹음, 계산기, 워드, 내비게이션 등 |

**점자정보단말기의 장점**
- 점자 디스플레이는 전자점자를 활용하므로 점자의 읽기 점과 찍기 점이 동일함
- 워드프로세서로 작성한 문서를 음성이나 점자로 읽고 편집하는 것을 가능하게 해줌

- ⓓ, ⓒ, ⓕ, ⓗ
- 점자 셀의 제일 아래 두 점은 컴퓨터의 커서에 해당하는 것으로, 커서를 이동해 원하는 위치에 점자의 입력이나 수정을 할 수 있다.

기본이론 202p, 254-256p

- 점자정보단말기
- 확대독서기(CCTV)

 맹 학생을 위한 보조공학기
- 촉각 활용 보조공학기기
- 청각 활용 보조공학기기

 ①

2009학년도 중등 31

**60** (가)와 (나)에 들어갈 보조공학기기의 명칭으로 적절한 것은?

- 선천성 맹 학생 A는 [ (가) ]을(를) 사용하여 맹학교 초등부 졸업 후, 일반 중학교로 진학할 예정이다. 이 기기는 일반학생의 노트북과 같이 워드프로세스 기능과 음성출력, 점역 및 역점역, 인터넷, 한글파일의 점역 및 텍스트 파일로의 생성이 가능한 것으로서 종이가 필요 없는 점자기기(paperless brailler)이다.
- 후천성 저시력학생 B는 [ (나) ]을(를) 사용하여 맹학교 중학부 졸업 후, 일반 고등학교에 진학할 예정이다. 이 기기는 글자의 크기, 색상, 밝기, 명암을 조절할 수 있어 책을 읽을 때 도움이 된다.

**맹 학생을 위한 교육적 중재**
- 점자
- 보행훈련
- 학습자료 수정 → 촉각자료, 청각자료
- 보조공학기기
- 컴퓨터 접근성

**저시력 학생을 위한 교육적 중재**
- Corn의 시기능 모델
- 시각활용기술
- 학습자료 수정 → 확대법
- 보조공학기기
- 컴퓨터 접근성

| | (가) | (나) |
|---|---|---|
| ① | 점자정보단말기 | 확대독서기 |
| ② | 점자정보단말기 | 전동확대경 |
| ③ | 점자전자출력기 | 확대독서기 |
| ④ | 점자전자출력기 | 전동확대경 |
| ⑤ | 옵타콘 | 확대독서기 |

## ➕ 확장하기

### ★ 점자정보단말기의 주요 기능(이태훈, 2024.)

| 워드프로세서 | 문서 작성 프로그램으로 점자정보단말기 문서(hbl), 점자 문서(brl) 외에도 MS 워드 문서(doc), 한글(hwp), 텍스트(txt) 파일 형식도 사용할 수 있다. |
|---|---|
| 독서기 | 음성 독서를 위한 프로그램으로 점자정보단말기 문서(hbl), 점자 문서(brl) 외에도 MS 워드 문서(doc), 한글(hwp), 텍스트(txt), E-book 파일 형식의 문서를 열어 음성으로 들을 수 있다. |
| 미디어 플레이어 | 디지털 녹음기와 같은 기능으로, 수업 강의 등 원하는 소리를 녹음하고 재생할 수 있으며, mp3 같은 오디오 파일도 열어 들을 수 있다. |
| 인터넷 설정 | 컴퓨터 없이 인터넷을 사용할 수 있어 웹페이지나 이메일 이용이 가능하다. |
| 온라인 데이지 | 데이지 도서를 읽을 수 있는 기능이다. |
| 기타 기능 | 주소록 관리, 계산기, 일정 관리, 달력, 알람 등의 기능을 가지고 있다. |

기본이론 254-255p

- 점자정보단말기
- 전자점자기

 맹 학생을 위한 보조공학기기
- 촉각 활용 보조공학기기
- 청각 활용 보조공학기기

**핵심개념**

**점자타자기**
- 종이에 점자를 칠 수 있도록 만든 장치로, 6개의 점에 해당되는 6개의 키로 구성되어 있음
- 장점
  - 점자판보다 근육운동을 덜 필요로 함
  - 점자판보다 속도가 2배 빠름
  - 점자를 쓰면서 읽을 수 있음 → 읽기와 쓰기 학습이 동시에 이루어지기 때문에 점자 학습에 보다 효과적임

**전자점자기**
종이를 사용하지 않고 금속이나 나일론으로 된 점자알 크기의 핀이 표면으로 올라와 점자를 구성함

2) 점자타자기

3) 전자점자

2013학년도 추가초등 A6

**61** 다음은 4학년 유미를 위한 점자지도에 대해 두 교사가 나눈 대화 내용이다. 물음에 답하시오. [5점]

> 김 교사: 하나의 점형이 여러 가지로 읽히는 경우가 많아서 유미가 조금 힘들어하고 있어요. 좋은 지도방법이 없을까요?
> 이 교사: 여러 가지 방법이 있어요. 그중 ㉠ 점자 카드를 이용하는 것이 있는데, 동일 점형이 포함된 여러 장의 낱말 카드를 반복해서 읽어보게 하세요.
> 김 교사: 또한 유미는 읽을 때와는 달리 점자판으로 점자를 쓸 때, 점형의 좌우를 바꾸어 쓰는 것에 오류를 범해요. 어떻게 하면 이 문제를 해결할 수 있을까요?
> 이 교사: 방향 및 위치 개념의 형성에 대한 지도가 조금 더 필요할 것 같아요. 이와 더불어 ( ㉡ )와(과) ㉢ 점자정보단말기를 한번 이용해보세요. 점자정보단말기는 읽고 쓸 때의 점형이 같아서 학생들이 사용할 때 혼란을 덜 느낄 수 있어요. 그리고 대부분의 ( ㉡ )은(는) 종이 위에 점자를 쓰면서 바로 읽을 수 있고, 빠르게 쓸 수 있어서 점자지도에 매우 유용합니다. … 그리고 체계적인 점자지도를 위해서는 ㉣ 2011 특수교육 교육과정에 제시된 교수·학습 내용을 참고하세요.

2) ㉡에 들어갈 알맞은 말을 쓰시오. [1점]

3) ㉢에 대한 다음의 설명 중 ①에 공통으로 들어갈 알맞은 말을 쓰시오. [1점]

> 점자정보단말기는 여섯 개의 키와 스페이스 바로 구성된 점자 컴퓨터 기기로, 휴대할 수 있으며 음성이나 ( ① )을/를 지원한다. ( ① )은/는 종이를 사용하지 않고, 점자알 크기의 핀이 표면으로 올라오는 점자이다. 이 핀을 읽은 후 스페이스 바를 누르면 지금까지의 점자는 사라지고, 다음 줄에 해당하는 점자가 나타난다.

참고자료  기본이론 254p, 257p

 키워드
- 점자정보단말기
- 광학문자 인식 프로그램

 구조화를
맹 학생을 위한 보조공학기기
- 촉각 활용 보조공학기기
- 청각 활용 보조공학기기

핵심개념
광학문자 인식 프로그램(OCR)
인쇄된 문자를 스캐닝해 컴퓨터로 편집이 가능한 텍스트로 변환해주는 프로그램

광학문자 판독기
음성 변환 출력기로, 광학문자 인식 프로그램을 통해 판독된 문자를 음성으로 읽어주는 장치 → 속도·음성 조절이 가능하며, 단어의 철자도 알려줌

 모범답안
㉠ 광학문자 인식 프로그램(OCR)은 인쇄된 문자를 스캐닝해 컴퓨터로 편집이 가능한 텍스트로 변환해주는 프로그램이다.

㉡ 음성출력

2019학년도 중등 B5

**62** 다음은 컴퓨터 정보화 교육 프로그램에 참여한 학생들의 특성과 교육 내용이다. 〈작성방법〉에 따라 서술하시오. [4점]

(가) 학생 D

○ 특성: 시각장애(광각), 인지적 제한이 없음

○ 교육 내용
- 특성에 적합한 소프트웨어 및 시스템을 활용하여 지도함: 화면 낭독 프로그램, ㉠광학문자 인식 시스템(OCR)
- 점자정보단말기를 활용하여 다음의 기능을 익힘

| 주요 기능 | 부가 기능 |
|---|---|
| - 문서 작성 및 편집 | - 인터넷 |
| - 점자 출력 | - 날짜, 시간 |
| - ( ㉡ ) | - 스톱워치, 계산 |

[작성방법]
밑줄 친 ㉠의 특징 1가지를 서술하고, 괄호 안의 ㉡에 들어갈 점자정보단말기의 주요 기능 1가지를 쓸 것.

## 확장하기

**★ 광학문자 인식 프로그램(OCR)의 특징(이태훈, 2024.)**

- OCR은 스캐너 또는 카메라로 인쇄물을 스캔해 저장한 후 문자 인식 프로그램을 통해 이미지를 제외한 문자만을 추출하여 텍스트(txt) 파일로 변환하며, 이 텍스트 파일을 음성이나 점자로 출력해 이용한다.
- 일반적으로 문자가 많은 소설책보다 그림, 사진 같은 이미지가 많은 도서의 문자 인식률이 떨어진다.
- OCR은 리드이지무브 같은 일체형 제품과 소리안, 파인 리더 같은 컴퓨터에 설치하는 소프트웨어형 제품이 있다.
- 스마트폰에서 'TextGrabber translator' 'TapTapSee' 같은 OCR 앱을 내려받아 설치하면 카메라로 찍은 이미지에서 문자를 추출해 음성으로 읽을 수 있다.

| 참고자료 | 기본이론 257p |
| --- | --- |
| 키워드 | 광학문자 인식 프로그램 |
| 구조화틀 | 맹 학생을 위한 보조공학기기<br>┌ 촉각 활용 보조공학기기<br>└ 청각 활용 보조공학기기 |
| 핵심개념 | |
| 모범답안 | (제시문만 분석) |

2014학년도 중등 B2

**63** 다음은 특수학교 최 교사가 보조공학 전문가와 함께 다양한 안질환 유형을 지닌 시각장애 학생들을 상담 및 관찰한 후, 이를 바탕으로 작성한 보조공학기기 중재 계획이다. [4점]

| 안질환 | 학생 상담 및 관찰 평가 결과 | 보조공학기기 중재 계획 |
| --- | --- | --- |
| 선천성 녹내장 | 손잡이형 확대경을 올바르게 사용하지 못하여 독서할 때 글자가 흐릿하게 보이고 렌즈를 통해 보이는 글자 수가 적다고 호소함 | ㉠ 눈과 확대경 간의 거리를 멀게 하고, 확대경과 읽기 자료 간의 거리도 멀게 하여 보도록 지도함 |
| 선천성 백내장 | 낮은 대비감도로 인해 저대비 자료를 보거나 교구를 사용하는 데 어려움을 보임 | ㉡ 저대비 자료를 볼 때는 확대경 대신 전자독서확대기를 사용하게 하고, 교구의 색은 배경색과 대비가 높은 것을 활용함 |
| 망막색소변성증 | 점자교과서 외에 다양한 참고서의 점자 인쇄 자료와 전자 파일을 구하는 데 어려움을 보임 | ㉢ 광학문자 인식 시스템을 사용하여 묵자 인쇄 자료를 텍스트 파일로 변환시키는 방법을 지도함 |
| 시신경 위축 | 컴퓨터 화면에서 커서의 위치를 찾거나 마우스 포인터의 움직임을 따라 가는 데 어려움을 보임 | ㉣ 제어판에서 커서의 너비를 '넓게'로 조정하고, 마우스 포인터의 움직임 속도를 '느림'으로 조정함 |
| 미숙아 망막증 | 원거리의 물체나 표지판을 확인하는 데 어려움을 가지고 있어 단안 망원경 사용법을 배우기를 희망함 | ㉤ 양안 중 시력이 더 나쁜 쪽 눈으로 망원경을 보게 하고, 훈련 초기에는 목표물의 위치를 찾기 쉽도록 처방된 배율보다 높은 배율의 망원경을 사용하여 지도함 |

㉢ 광학문자 인식 프로그램 (OCR)의 기능

기본이론 192-195p, 255p, 257p

- 저시력 학생을 위한 보조공학기기
- 맹 학생을 위한 보조공학기기

맹 학생을 위한 보조공학기기
- 촉각 활용 보조공학기기
- 청각 활용 보조공학기기

**핵심개념**

**보이스 아이**
- 2차원 바코드 심벌로 저장된 디지털 문자정보를 자연인에 가까운 음성으로 변환해 들려주는 기기
- 장치를 사용하기 위해서는 반드시 사전에 제작된 보이스 아이 심벌과 이를 출력할 수 있는 보이스 아이 장치가 필요함
- 보이스아이 메이커라는 소프트웨어를 컴퓨터에 설치해 사용하면 hwp와 MS 워드 문서의 페이지 우측 상단에 보이스아이 바코드를 자동으로 생성해 삽입할 수 있음

**옵타콘**
- 카메라 렌즈로 읽은 문자를 소형 촉지판에 문자 모양 그대로 돌출시켜줌
- 활자를 점자로 바꾸는 것이 아니라, 글자 모양 그대로 양각화해 맹 학생이 일반 묵자를 읽을 수 있도록 해주는 장치

**음성인식시스템**
키보드나 마우스 대신 음성으로 컴퓨터에 정보를 입력·제어하는 기능

ⓒ 스탠드 확대경
저시력 시각장애이면서 상지의 불수의 운동을 보이므로 스탠드 확대경이 효과적이다.

---

2013학년도 추가초등 A5

**64** (가)는 영지의 특성이며, (나)는 영지의 지원에 관한 특수학급 교사와 통합학급 교사 간 협의 결과이다. 물음에 답하시오. [4점]

(가) 영지의 특성

- 진전형 뇌성마비로 인해 상지의 불수의 운동이 나타남
- 교정 시력: 왼쪽 0.1, 오른쪽 FC/50cm
- 인지 수준은 보통이나 조음 명료도가 낮음
- 학습매체 평가 결과, 묵자를 주요 학습 수단으로 사용하고 있음
- 동 학년 수준의 학업 수행 능력을 보임

> **영지의 특성**
> - 상지의 불수의 운동
> - 저시력 시각장애
> - 묵자를 주요 학습 수단으로 사용함

(나) 협의록

- 날짜: 3월 10일
- 장소: 통합학급 5학년 4반 교실
- 협의 주제: ㉠ 보조공학기기 지원 및 평가 방식의 수정
- 협의 결과:
  1. 인쇄자료 읽기를 위해 필요한 보조공학기기를 제공하기로 함
  2. 컴퓨터에 자료를 입력할 때 키보드를 활용하나, 오타가 많아서 보조공학기기를 제공하기로 함
  3. ㉡ 학생 평가 방식의 수정에 대한 협의는 2주 후 실시하기로 함

3) (가)와 (나)를 고려하여 우선적으로 제공해야 할 인쇄자료 읽기용 보조공학기기를 <보기>에서 각각 1가지씩 찾아 기호를 쓰고, 학생과 보조공학기기의 특성에 기초하여 선정한 이유를 쓰시오. [2점]

※ 저시력 학생을 위한 보조공학기기와 맹 학생을 위한 보조공학기기를 구분해야 함

┌ 보기 ┐
| ㉠ 보이스 아이 | ㉡ 스탠드 확대경 |
| ㉢ 옵타콘 | ㉣ 음성인식장치 |
| ㉤ 입체복사기 | ㉥ 조이스틱 |
| ㉦ 키가드 | ㉧ 트랙볼 |

2017학년도 중등 A10

**65** (가)는 시각장애 중학생 C를 위한 단원 지도 계획이고, (나)는 점자 읽기 및 쓰기평가 자료이다. 〈작성방법〉에 따라 ㉠~㉣ 중에서 바르지 않은 것 2가지를 찾아 그 이유를 쓰고, ㉤을 언제부터 가르치고 평가해야 하는지 서술하시오. 그리고 ㉥의 'A에게'를 점자로 읽을 때 각 점형의 점 번호를 순서대로 제시하시오. [4점]

(가) 단원 지도 계획

| | | |
|---|---|---|
| 학생 특성 | 시력 | • 수업시간에 머리를 돌리거나 몸을 기울임<br>• 고시 능력에 문제가 있음<br>• 피로하거나 과도한 스트레스를 받으면 안질환의 증상이 심해짐 |
| | 학업 | • 묵자와 점자를 병행하여 학습함<br>• 인지 및 운동 기능에는 어려움이 없음 |
| 영어과 지도 계획 | 목표 | 영어 단어가 포함된 문장 읽고 쓰기 |
| | 교수·학습 자료 | 수업 자료 제작 시 명암 대비를 고려함 |
| | 묵자 활용 - 교수·학습 방법 | • ㉠ 교실 앞쪽에 창을 등지고 앉도록 자리를 배치함<br>• ㉡ 머리를 돌리거나 몸을 기울이지 않도록 자세를 교정함 |
| | 묵자 활용 - 평가 방법 | ㉢ 시험지를 확대하여 제공함 |
| | 교수·학습 자료 | 실물, 모형, 입체복사자료 등의 대체 자료를 제공함 |
| | 점자 활용 - 교수·학습 방법 | • 점자타자기로 쓰기 지도를 함 — 점자타자기의 장점<br>• ㉣ 옵타콘을 활용하여 점자 읽기를 지도함 |
| | 점자 활용 - 평가 방법 | ㉤ 영어 약자 점자의 사용 규칙을 포함한 점자 활용 수준, 읽기 속도, 쓰기 정확도를 고려함 |

〔작성방법〕
㉠~㉣ 중에서 바르지 않은 것 2가지의 기호를 쓰고, 그 이유를 각각 제시할 것.

---

 참고자료: 기본이론 255p

 키워드: 옵타콘

 구조화틀: 맹 학생을 위한 보조공학기기
- 촉각 활용 보조공학기기
- 청각 활용 보조공학기기

핵심개념: 옵타콘
• 카메라 렌즈로 읽은 문자를 소형 촉지판에 문자 모양 그대로 돌출시켜줌
• 활자를 점자로 바꾸는 것이 아니라, 글자 모양 그대로 양각화해 맹 학생이 일반 묵자를 읽을 수 있도록 해주는 장치

 모범답안: ㉣ 옵타콘은 점자 읽기를 위한 도구가 아니라, 일반 활자를 촉각을 통해 읽을 수 있도록 돕는다.

기본이론 258p

- 화면 해설 서비스
- 데이지 도서

맹 학생을 위한 보조공학기기
- 촉각 활용 보조공학기기
- 청각 활용 보조공학기기

**화면 해설 서비스**
- 시각장애인을 위해 대사나 음향을 방해하지 않고 TV 스크린에서 일어나고 있는 비디오의 상황을 말로 설명해주는 서비스
- 시각장애인이 TV 프로그램, 영화, 비디오 같은 시각 매체에서 볼 수 없는 출연자의 행동·의상·몸짓·표정·특정 장면 분위기 등을 음성으로 설명해주는 기술

**데이지(DAISY) 플레이어**
- 시각장애인 등 일반 활자를 이용하는 데 어려움이 있는 사람들을 위한 표준화된 형식의 디지털 도서로, 텍스트·녹음·점자 파일 등을 포함하므로 시각장애 정도에 따라 자신에게 적합한 것을 선택할 수 있음
- 데이지 플레이어의 음성 속도, 크기, 고저 등도 자신에게 맞게 설정할 수 있으며, 독서 기능 외에 녹음하고 재생할 수 있는 녹음 기능, Wifi를 통해 웹 라디오나 팟캐스트를 청취할 수 있는 기능도 있음
- 데이지 플레이어는 기본적으로 데이지 도서를 이용하도록 만들어졌으나 다양한 문서 파일 형식(hwp, doc, pdf 등)도 읽을 수 있음
- 데이지 도서는 국가대체자료공유시스템인 DREAM을 통해 검색하고 내려받아 이용할 수 있음

㉠ 화면 해설 서비스
㉡ 데이지(DAISY) 도서

---

2018학년도 중등 A8

**66** 다음은 시각장애학교 김 교사가 보조공학 연수에서 작성한 연수 일지이다. ㉠에 들어갈 서비스의 명칭과 ㉡에 들어갈 전자도서의 형식을 순서대로 쓰시오. [2점]

〈시각장애 학생의 정보 접근 향상 방안 연수〉
2017. 9. 15.

- 서비스의 명칭 : ( ㉠ )
  - 정의 : TV 프로그램 등에서 대사나 음향을 방해하지 않고 시각적 요소를 해설해주는 서비스
  - 기원 : 극장에서 직접 배우들의 의상, 얼굴 표정, 신체어, 색깔, 행동 등 시각적 요소를 전문가가 설명
  - 현황 : 공영 방송의 일부 드라마나 영화에서 해당 서비스를 실시함
  - 활용 : 학습용 동영상 콘텐츠 제작 시 해당 서비스를 반영하여 학생들의 정보 접근성을 높임

- 전자도서 형식 : ( ㉡ )
  - 정의 : 시각장애인이나 독서장애인을 위한 전자도서의 국제표준 형식
  - 방식 : 녹음 혹은 CD도서와 달리 이미지, 동영상, 텍스트, 점자 파일을 하나의 포맷으로 저장하는 제작 방식
  - 현황 : 국립장애인도서관에서는 해당 형식의 도서를 제작하여 지역 점자도서관과 연계해 필요한 장애인에게 무료로 제공하고 있음. 또한 홈페이지를 통해 해당 형식의 전자도서 제작을 직접 신청받기도 함
  - 활용 : 여러 장르의 도서를 다양한 형식의 콘텐츠로 제작해줌으로써 학습 교재의 접근성을 높일 수 있음

참고자료: 기본이론 258p

키워드: 데이지 도서

**맹 학생을 위한 보조공학기기**
- 촉각 활용 보조공학기기
- 청각 활용 보조공학기기

**핵심개념**
**데이지(DAISY) 플레이어**
- 시각장애인 등 일반 활자를 이용하는 데 어려움이 있는 사람들을 위한 표준화된 형식의 디지털 도서로, 텍스트·녹음·점자 파일 등을 포함하므로 시각장애 정도에 따라 자신에게 적합한 것을 선택할 수 있음
- 데이지 플레이어의 음성 속도, 크기, 고저 등도 자신에게 맞게 설정할 수 있으며, 독서 기능 외에 녹음하고 재생할 수 있는 녹음 기능, Wifi를 통해 웹 라디오나 팟캐스트를 청취할 수 있는 기능도 있음
- 데이지 플레이어는 기본적으로 데이지 도서를 이용하도록 만들어졌으나 다양한 문서 파일 형식(hwp, doc, pdf 등)도 읽을 수 있음
- 데이지 도서는 국가대체자료공유시스템인 DREAM을 통해 검색하고 내려받아 이용할 수 있음

모범답안: 데이지 도서

---

2020학년도 초등 A2

**67** (가)는 특수교육지원센터의 공학기기 선정을 위한 협의회 자료의 일부이고, (나)는 협의회 회의록 내용의 일부이다. 물음에 답하시오. [6점]

(가) 협의회 자료

| | 성명 | 정운 | 민아 |
|---|---|---|---|
| 학생정보 | 특성 | • 불수의 운동형 뇌성마비<br>• 상지의 불수의 운동이 있어 소근육 운동이 어려움<br>• 독서활동을 좋아함 | • 저시력<br>• 경직형 뇌성마비<br>• 상지의 소근육 운동이 다소 어려움<br>• 확대독서기 이용 시 쉽게 피로하여 소리를 통한 독서를 선호함 |
| 특수교육관련서비스 | 상담 지원 | …(생략)… | |
| | 학습보조기기지원 | 자동책장넘김장치 | ㉠ <u>전자도서단말기</u> |
| | 보조공학기기지원 | ( ㉡ ) | ( ㉢ ) |
| | ( ㉣ ) 지원 | 동영상 콘텐츠 활용 지원 | • 대체 텍스트 제공<br>• 동영상 콘텐츠 활용 지원 |

(나) 협의회 회의록

| 일시 | 2019년 3월 13일 15:00 | 장소 | 회의실 |
|---|---|---|---|

…(중략)…

[A] 자동책장넘김장치

일정 시간 동안 좌·우 지시등이 번갈아 깜빡일 때 기기 하단의 버튼을 눌러 선택하면 페이지가 자동으로 넘겨짐 (예) 좌측 지시등이 깜박이는 5초 동안 버튼을 누르면 자동으로 이전 페이지로 넘어감

1) 민아가 (가)의 ㉠을 사용할 때 쓸 수 있는 파일(형식)을 쓰시오. (단, 아래의 기능을 가지고 있을 것) [2점]

- 문서 내 이동, 검색, 찾아가기, 북마크 기능 등으로 일반 학생과 유사한 독서환경을 제공함
- 테이프, CD도서 등의 오디오북과는 달리 텍스트, 이미지, 동영상, 점자 파일, MP3 등이 포함됨
- 전자도서의 국제표준이며, 전 세계적으로 자료 교환이 가능함

기본이론 258-259p

- 점자정보단말기
- 음성인식 시스템

맹 학생을 위한 보조공학기기
- 촉각 활용 보조공학기기
- 청각 활용 보조공학기기

음성인식 시스템
- 키보드나 마우스 대신 음성으로 컴퓨터에 정보를 입력·제어하는 기능
- 유형
  - 화자의존 시스템: 사용하는 사람의 목소리를 인식시키기 위한 훈련을 통해 인식의 정확성을 높임
  - 화자독립 시스템: 다른 사람들로부터의 다양한 말 패턴 인식을 위한 훈련을 함

⑤

2012학년도 중등 39

**68** 특수교육공학 장치의 구조나 기능에 대한 설명으로 옳은 것만을 〈보기〉에서 있는 대로 고른 것은?

┌ 보기 ┐
ㄱ. 점자정보단말기는 6개의 핀이 하나의 셀을 구성하고 있는 점자 디스플레이를 갖추고 있어, 시각장애 학생이 커서의 움직임에 따라 점자로 정보를 읽을 수 있다.
ㄴ. 트랙볼(trackball)은 볼마우스를 뒤집어놓은 것과 같은 형태로서, 움직이지 않는 틀 위에 있는 볼을 사용자가 움직일 수 있어 운동능력이 낮은 학생이 제한된 공간에서도 쉽게 사용할 수 있다.
ㄷ. 화면 키보드(on-screen keyboard)는 마우스나 대체 마우스를 이용하여 컴퓨터 화면상의 키보드에 입력할 수 있도록 되어 있으며, 사용자의 요구에 맞게 자판의 크기나 배열을 변형시킬 수 있다.
ㄹ. 음성 인식 시스템(speech recognition system)은 키보드 대신에 사람의 음성으로 컴퓨터 입력이 가능하며, 사용자의 음성 패턴을 인식시키는 시스템 훈련을 통해 인식의 정확성을 높일 수 있다.

① ㄱ, ㄴ  ② ㄱ, ㄹ
③ ㄷ, ㄹ  ④ ㄱ, ㄴ, ㄷ
⑤ ㄴ, ㄷ, ㄹ

2017학년도 중등 B6

**69** (가)는 학생 S의 특성이고, (나)는 사회과 '도시의 위치와 특징' 단원의 전개 계획이다. ⓒ~ⓑ 중에서 바르지 <u>않은</u> 것 2가지를 찾아 그 이유를 제시하시오. [5점]

(가) 학생 S의 특성

- 황반변성증으로 교정시력이 0.1이며, 눈부심이 있음
- 묵자와 점자를 병행하여 학습하고, 컴퓨터 사용을 많이 함
- 주의집중력이 좋으나, 지체·중복장애로 인해 상지의 기능적 사용에 어려움이 있고, 빛에 매우 민감하게 반응함
- 키보드를 통한 자료 입력 시 손이 계속 눌려 특정 음운이 연속해서 입력되는 경우가 자주 있음(예 ㄴㄴㄴ나)

(나) '도시의 위치와 특징' 단원 전개 계획

| 차시 | 주요 학습 내용 | 학생 S를 위한 고려사항 |
|---|---|---|
| 1 | 세계의 여러 도시 위치 확인하기 | ㉠ 손잡이형 확대경(+20D)을 활용하여 지도를 보게 함 |
| 2~4 | 인터넷을 통해 유명하거나 매력적인 도시 찾아보기 | • 컴퓨터 환경 설정 수정(윈도우용)<br>- ㉡ 고대비 설정을 통해 눈부심을 줄이고 대비 수준을 높임<br>- ㉢ 토글키 설정을 통해 키보드를 한 번 눌렀을 때 누르는 시간에 관계없이 한 번만 입력되게 함 |
| 5~6 | 도시별 특징을 찾고 보고서 작성하기 | ㉣ 키보드를 누를 때 해당 키 값의 소리가 나게 '음성인식' 기능을 설정함 |
| 7 | 관련 웹 콘텐츠를 통해 단원 평가하기 | • ㉤ 색에 관계없이 인식될 수 있는 콘텐츠를 활용함<br>• ㉥ 깜빡이거나 번쩍이는 콘텐츠가 없는 사이트를 활용함 |

[작성방법]

ⓒ~ⓑ 중에서 바르지 <u>않은</u> 것 2가지의 기호를 쓰고, 그 이유를 제시할 것.

---

 참고자료
기본이론 258-259p

 키워드
윈도우 OS 기능조정

 구조화틀
맹 학생을 위한 컴퓨터 접근성
- [접근성]-[음성인식]
- [접근성]-[내레이터]
- [접근성]-[키보드]-[토글키]

**핵심개념**

**토글키**
[Caps Lock], [Num Lock], [Scroll Lock] 키를 누를 때 신호음을 들을 수 있도록 설정 가능함

**내레이터**
- 화면의 모든 텍스트를 소리 내어 읽어줌
- 사용자가 타이핑하는 문자를 소리 내어 읽어줌

 모범답안
㉣ 키보드를 누를 때 해당 키 값의 소리가 나게 하는 기능은 내레이터 기능이다.

# CHAPTER 05 시각장애 특수교육 교육과정

**01** 시각장애 확대 핵심 교육과정　　**02** 시각장애인 자립생활

---

기본이론 260p

시각장애 확대 핵심 교육과정

시각장애 확대 핵심 교육과정
- 개념
- 영역

시각장애 확대 핵심 교육과정
- 시각장애인이 사회의 구성원으로서 독립적으로 살아가기 위해 필수적으로 습득해야 하는 지식과 기술로 구성된 교육과정
- 시각장애 아동에게는 일반 학생을 위한 교육과정에 시각장애를 고려한 교육과정을 포함해 확대시킨 교육과정을 적용하는 것이 필요함
- 점자, 보행(방향정위·이동), 보조공학, 일반교육과정의 접근성을 보장하기 위한 보상 기술(의사소통 기술과 청해 기술), 무상의 적합한 공교육 실천에 필요한 사회적 상호작용 기술, 레크리에이션 및 여가 기술, 진로교육, 시효율 기술 등이 포함됨

---

2016학년도 초등 B5

**01** (가)는 시각장애 특수학교 체육 담당 교사가 지도하는 6학년 학생들의 특성이고, (나)는 '간이 시각배구 게임하기'를 제재로 작성한 교수·학습 과정안의 일부이다. 물음에 답하시오. [5점]

(가) 학생 특성

| 이름 | 원인 질환 | 시력 정도 | 시야 특성 | 인지 특성 |
|---|---|---|---|---|
| 영수 | 망막색소변성 | 양안 교정시력 0.06 | 양안 주시점에서 10° | 정상 |
| 미현 | 시신경위축 | 전맹 | - | 정상 |

(나) 교수·학습 과정안

| 단원 | ㉠배구형 게임 | 제재 | 간이 시각배구 게임하기 |
|---|---|---|---|
| 학습 목표 | 규칙에 맞게 간이 시각배구 게임을 할 수 있다. ||||

| 단계 | 교수·학습 활동 | 자료(재) 및 유의사항(유) |
|---|---|---|
| 도입 | • 준비 운동하기<br>• 전시 학습 확인하기<br>• 학습 동기 유발하기<br>- 시각배구 대회 소개하기<br>- 시각배구 선수 소개하기 | 재 ㉢ 점자 읽기 자료, 묵자 읽기 자료 |
| 전개 | 〈활동 2〉<br>㉡간이 시각배구 게임하기<br>• 2인제 시각배구 게임하기<br>- 영수: 교사가 굴려주는 공을 보면서 공격(수비)하기<br>- 미현: 교사가 굴려주는 공소리를 듣고 공격(수비)하기 | 재 소리 나는 배구공, 네트<br>유 ㉣영수는 야맹증이 있고, 낮은 조도에서 학습 활동을 하는 데 어려움이 있기 때문에 적절한 조도 환경을 제공한다.<br>유 여가 시간에 시각배구를 활용할 수 있는 다양한 방법을 지도한다. |

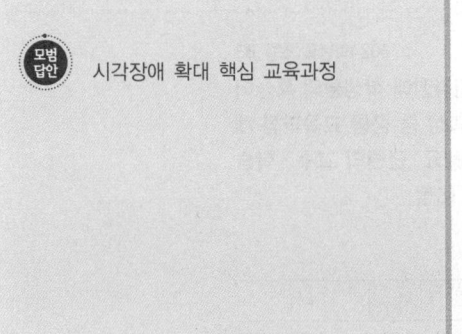

시각장애 확대 핵심 교육과정

4) (나)의 수업에서 교사는 시각장애라는 특성을 반영한 다음과 같은 교육과정을 고려하여 지도하고자 한다. ( ) 안에 들어갈 말을 쓰시오. [1점]

( )은/는 시각장애인이 사회의 구성원으로 독립적으로 살아가기 위해서 필수적으로 습득해야 하는 지식과 기술로 구성된 교육과정을 의미하며, 그 내용으로는 보상 기술, 기능적 기술, 여가 기술, 방향정위와 이동 기술, 사회 기술, 시기능 훈련, 일상생활 기술 등이 있다.

참고자료 기본이론 260p

키워드 시각장애 확대 핵심 교육과정

구조화틀
시각장애 확대 핵심 교육과정
- 개념
- 영역

핵심개념
**시각장애 확대 핵심 교육과정**
- 시각장애인이 사회의 구성원으로서 독립적으로 살아가기 위해 필수적으로 습득해야 하는 지식과 기술로 구성된 교육과정
- 시각장애 아동에게는 일반 학생을 위한 교육과정에 시각장애를 고려한 교육과정을 포함해 확대시킨 교육과정을 적용하는 것이 필요함
- 점자, 보행(방향정위·이동), 보조공학, 일반교육과정의 접근성을 보장하기 위한 보상 기술(의사소통 기술과 청해 기술), 무상의 적합한 공교육 실천에 필요한 사회적 상호작용 기술, 레크리에이션 및 여가 기술, 진로교육, 시효율 기술 등이 포함됨

모범답안
(제시문만 분석)

---

2024학년도 초등 B3

**02** (가)는 특수학교에 재학 중인 시각장애 학생들의 특성이고, (나)는 2015 개정 특수교육 교육과정 중 공통 교육과정 체육과 5~6학년군 '쇼다운형 게임을 해요' 단원의 교수·학습 과정안 일부이다. 물음에 답하시오. [5점]

(나)

| 단원 | 1. 쇼다운형 게임을 해요. | 차시 | 1/4 |
|---|---|---|---|
| 학습목표 | 쇼다운형 게임의 특성을 이해하고, 기본 자세를 익힐 수 있다. | | |
| 확대핵심교육과정(ECC) | • 점자<br>  - 현아: 점자 읽기 지도<br>• 확대경 사용<br>  - 영미: ⓒ확대경을 사용할 때 넓은 시야로 자료를 볼 수 있도록 지도 | | |

| 단계 | 교수·학습 활동 || 자료(㉧) 및 유의점(㉨) |
|---|---|---|---|
| | 교사 | 학생 | |
| 도입 | ⓒ안전사고 예방을 위한 사전 활동하기 || ㉧㉣쇼다운 테이블, 쇼다운 라켓, 쇼다운 공, 손등 보호 장갑<br><br>㉧확대경, 게임 규칙 읽기 자료 (묵자 자료, ㉤점자 자료)<br><br>㉨㉥시범적 지도 방법(Braille-me method)을 활용하여 자세 지도 |
| 전개 | <활동 1> 쇼다운형 게임 알아보기 || |
| | 시설 및 용구 설명하기 | 쇼다운 라켓 특징 이야기하기 | |
| | <활동 2> 쇼다운형 게임 경기 방법 알아보기 || |
| | • 게임 규칙 설명하기<br>• 기본 자세 설명하기 | • 게임 방법 익히기<br>• 라켓 잡는 법 익히기 | |

참고자료  기본이론 260-261p

 키워드  시각장애인 자립생활

 구조화툴

시각장애인 자립생활
- 개념
- 역량
- 내용 영역
- 편성·운영

 핵심개념

시각장애인 자립생활
- 시각장애 학생이 다양한 생활 장면에서 시각장애로 겪는 어려움에 대처하고 자립적인 삶을 살아가는 역량을 기르기 위해 특별히 설계된 교육과정
- **영역**: 보행, 일상생활, 대인관계, 보조공학, 감각 활용, 여가 활용, 진로 준비

모범답안

① 국어, 체육, 영어
 (2022 개정 교육과정 총론 → 체육, 미술, 점자, 시각장애인 자립생활)
② 교과(군)별 증감시수를 활용한다.
③ 창의적 체험활동

2021학년도 초등 A1

**03** ○○교육지원청 특수교육지원센터 학부모 자유게시판의 글이다. 2015 개정 특수교육 교육과정에 근거하여 물음에 답하시오.

> Q1 안녕하세요? 우리 아이는 시각장애를 가진 남자아이입니다. 2021학년도에 시각장애 특수학교에 입학하게 되었습니다. 시각장애 특수학교에서는 일반 초등학교와 똑같은 교과를 배운다고 하던데, ㉠<u>시각장애 학생을 위한 교육과정이나 별도의 교육 내용이 있는지 궁금합니다.</u>

1) ㉠에 대한 답변으로 ① 공통 교육과정의 교과 중에서 시각장애 학생의 특성을 반영한 내용이 포함된 3개 교과를 쓰고, ② 시각장애 학생의 학습과 자립생활 역량 강화를 목적으로 개발한 '시각장애인 자립생활' 운영 시수 확보 방법을 쓰며, ③ '시각장애인 자립생활'의 편제 영역을 쓰시오. [3점]

기본이론 260-261p

 시각장애인 자립생활

 시각장애인 자립생활
- 개념
- 역량
- 내용 영역
- 편성·운영

핵심개념 시각장애인 자립생활
- 시각장애 학생이 다양한 생활 장면에서 시각장애로 겪는 어려움에 대처하고 자립적인 삶을 살아가는 역량을 기르기 위해 특별히 설계된 교육과정
- **영역**: 보행, 일상생활, 대인관계, 보조공학, 감각 활용, 여가 활용, 진로 준비

 시각장애인 자립생활

2023학년도 중등 A10

**04** (가)는 시각장애 학생의 시력이고, (나)는 과학 교사가 학생에게 제공한 피드백의 일부이다. (다)는 교사와 학부모가 나눈 대화의 일부이다. 〈작성방법〉에 따라 서술하시오. [4점]

(다) 교사와 학부모의 대화

> 과학 교사: 지난 과학 수업에 대한 피드백을 점자로 제공하였으니, 학생과 함께 확인해주세요.
> 학 부 모: 네. 그런데 학생 B가 시력이 더 나빠졌어요. 그래서 걷다가 자주 다치고, 점자정보단말기 사용도 서툰데 점자 이외에 다른 영역을 더 지도해주실 수 있나요?
> 과학 교사: 네. 우리 학교에서는 시각장애 학생의 재활을 위하여 확대중핵교육과정(Expanded Core Curriculum)을 바탕으로 보행, 일상생활, 대인관계, 기능시각, 보조공학 영역으로 구성된 ( ㉠ )을/를 창의적 체험활동에 편성하고 있습니다. 청각장애 특수학교에서 '농인의 생활과 문화'를 창의적 체험활동에 편성하여 운영하는 것과 같습니다.
> 학 부 모: 걱정이 많았는데 다행이네요. 감사합니다.

┌ **작성방법** ┐
(다)의 괄호 안의 ㉠에 해당하는 명칭을 쓸 것. [단, 2015 개정 특수교육 교육과정 총론(교육과정 고시 제2022-3호)에 근거할 것]

# CHAPTER 06 교과별 지도

- 01 국어
- 02 영어
- 03 수학
- 04 과학
- 05 사회
- 06 체육
- 07 미술

**참고자료**: 기본이론 264p

**키워드**: 과학교과

**구조화를**: 교과별 교수적 수정
- 과학교과
- 미술교과
- 체육교과
- 사회교과
- 수학교과

**핵심개념**: 과학교과
식물의 성장 과정을 관찰해야 하는 경우에는 식물의 변화를 직접 느낄 수 있도록 물에 심어서 손으로 만질 수 있게 하고, 유리벽을 통해 시각적으로 관찰할 수도 있음

**모범답안**: ④

---

2010학년도 초등 30

**01** 통합학급을 담당하는 유 교사는 2007년 개정 초등학교 교육과정 과학과 4학년의 '식물의 한 살이'를 지도하려고 한다. 다음과 같은 특성을 보이는 시각장애 학생 정희를 지도하는 방법으로 적절한 것을 〈보기〉에서 모두 고른 것은?

| 인적사항 | | | |
|---|---|---|---|
| 이름 | 이정희 | 학교 | 푸른초등학교 |
| 생년월일 | 1999년 10월 2일 | 학년 | 4학년 |
| 장애유형 | 시각장애 | 원인 | 시신경 위축 |
| 시력 | • 좌안: 광각 (Light Perception: LP)<br>• 우안: 수동 (Hand Movement: HM) | 발생시기 | 선천성 |

┌ 보기 ┐
ㄱ. 강낭콩을 기르는 과정을 묵자자료로 확대하여 제공한다.
ㄴ. 강낭콩의 성장과정을 입체모형으로 제작하여 만져보게 한다.
ㄷ. 강낭콩 줄기의 길이를 측정하도록 촉각표시가 된 자를 제공한다.
ㄹ. 강낭콩 성장과정을 손으로 확인할 수 있도록 싹이 튼 강낭콩을 흙보다는 물에서 기른다.
ㅁ. 강낭콩 줄기의 길이변화를 측정하여 얻은 결과수치를 대비가 높은 색을 사용하여 제시한다.

ㄱ, ㅁ. 저시력 학생을 위한 학습자료 수정

ㄴ, ㄷ, ㄹ. 맹 학생을 위한 학습자료 수정

① ㄱ, ㄷ
② ㄱ, ㅁ
③ ㄴ, ㄷ
④ ㄴ, ㄷ, ㄹ
⑤ ㄷ, ㄹ, ㅁ

참고자료 기본이론 269-270p

 키워드 미술교과

 구조화틀 교과별 교수적 수정
- 과학교과
- 미술교과
- 체육교과
- 사회교과
- 수학교과

 핵심개념 미술교과
- 형태, 촉각, 온도, 무게, 냄새, 소리 등을 관찰해 사물을 효율적으로 탐색할 수 있도록 도움
- 질감이 다른 재료들로 감정과 아이디어를 다르게 표현할 수 있는 방법에 대해 토의함

모범답안 ⑤

2009학년도 초등 31

**02** 다음은 초등학교 3학년 미술과 '여러 가지 색' 단원 수업계획의 일부이다. 전맹 학생인 영희에게 이 단원을 가르치려고 할 때 필요한 교수적합화(교수수정)를 〈보기〉에서 고른 것은?

- 학습 목표: 여러 가지 색 알기
- 학습활동: 기본 5색(빨강, 노랑, 초록, 파랑, 보라) 알기
- 학습자료: 기본 5색 물감

┤ 보기 ├
ㄱ. 개인용 조명기구를 설치한다. ─── ㄱ, ㄴ. 저시력 학생을 위한 교육적 중재
ㄴ. 아세테이트지로 덮어 색의 대비를 높인다. ───
ㄷ. 언어를 통하여 색에 대한 연상이 이루어지도록 한다. ─── ㄷ, ㄹ. 맹 학생을 위한 교육적 중재
ㄹ. 질감이 다른 물질을 물감에 혼합하여 색의 차이를 표현한다. ───

① ㄱ, ㄷ   ② ㄱ, ㄹ
③ ㄴ, ㄷ   ④ ㄴ, ㄹ
⑤ ㄷ, ㄹ

참고자료 기본이론 263p

 키워드 수학교과

 구조화틀 교과별 교수적 수정
- 과학교과
- 미술교과
- 체육교과
- 사회교과
- 수학교과

 핵심개념 **수학교과**
- 이차원의 촉각자료를 제시하기 전에 실물과 삼차원의 모형을 먼저 경험할 기회를 제공함
- 촉각 그래픽을 이해하는 데 필요한 공간 개념과 위치 개념에 대한 지식을 가르쳐주고, 그래픽 자료를 적절하게 탐색하고 해석하는 요령을 지도해야 함

모범답안 ㉠ 시각정신지체 중복장애 아동인 수지에게 네모와 같은 도형을 지도하기 위해서는 이차원의 촉각자료를 제시하기 전에 실물과 삼차원의 모형을 먼저 경험할 기회를 제공해야 한다.

2016학년도 유아 A4

**03** 다음은 ○○특수학교에 다니는 5세 중복장애 유아들을 위한 지원 방안이다. 물음에 답하시오. [5점]

| 유아 | 특성 | 지도방법 | 전문가 협력 |
|---|---|---|---|
| 수지 | • 시각정신지체 중복장애<br>• 촉지각 능력이 뛰어남 | ㉠네모와 같은 단순한 그림을 촉각 그래픽 자료로 지도함 | …(생략)… |
| 인호 | • 농맹중복장애<br>• 4세 중도실명<br>• 수화를 모국어로 습득함<br>• 촉독(촉각) 수화를 사용함 | ㉡수지와 의사소통할 때 촉독수화를 사용하게 함<br>㉢다양한 사물을 손으로 느껴 체험하도록 지도함 | • 유아특수교사, 청각사 등 다양한 영역의 전문가들이 참여함<br>• 전문가별로 중재계획을 개발하고 정보를 서로 공유함<br>• 인호의 부모가 팀원임<br>• 때때로 팀원 간에 인호의 문제를 논의함 |
| 은영 | • 청각정신지체 중복장애<br>• 보완대체의사소통 체계(AAC)를 활용하여 주변 사람과 의사소통함 | ㉣AAC의 일환으로 단순화된 수화를 지도함<br>㉤구어 중심의 중재를 함 | …(생략)… |

농·맹인이 수어를 좀 더 정확하게 촉지하도록 수어 동작을 보다 단순하게 변형하기도 함

1) ㉠~㉤ 중 유아의 강점을 고려한 지도방법으로 적절하지 않은 것 2가지를 찾아 그 기호와 이유를 각각 쓰시오. [2점]

# CHAPTER 07 시각중복장애 학생을 위한 교육 접근

## 01 시각중복장애 학생 교수법

- 다감각 교수법
- 촉각 교수법
  - 손 아래 손 안내 기법
  - 손 위 손 안내 기법
  - 촉각적 모델링
  - 신체적 안내법
  - 공동 운동 및 공동 촉각운동
- 전체 – 부분 – 전체

## 02 시각중복장애 학생을 위한 의사소통 방법

- 비구어 상징 체계
  - 시각 상징
  - 촉각 상징
  - 청각적 스캐닝
- 촉각 상징 의사소통 유형
  - 촉각 신호
    - 촉각 단서
    - 사물 단서
  - 손으로 만져볼 수 있는 상징
  - 촉수어 · 촉지화
  - 손가락 점자
  - 핵심 어휘 사인
  - 타도마
  - 손바닥 문자
  - 저시력 시청각장애인을 위한 수어
- 사물 상징 보완대체의사소통 시스템
  - 사물 상징
  - 보조기기
  - 캘린더 박스

참고자료: 기본이론 272p

 키워드: 다감각 교수법

 구조화

**시각중복장애 학생 교수법**
- 다감각 교수법
- 촉각 교수법
- 전체-부분-전체

 핵심개념

**다감각 교수법**
시각중복장애 학생이 주변 환경이나 사물로부터 필요한 정보를 얻기 위해 잔존 시각, 촉각, 청각, 후각, 운동 감각 등 가능한 모든 감각을 사용하도록 함

모범답안: 다감각 교수법

---

2025학년도 유아 A5

**01** (가)는 4세 지체장애 유아 민정이에 대한 교사들의 대화와 민정이와의 놀이 장면이고, (나)는 3세 지체장애 유아 은지에 대한 부모 상담과 은지와의 놀이 장면이다. 물음에 답하시오. [5점]

김 교사: 네! 저도 민정이에게 자료를 제시할 때 좀 더 신경을 써야겠어요. 그런데 민정이가 시각적 정보만으로는 주변 환경과 사물로부터 충분한 정보를 얻기가 어려운 점이 염려돼요.
박 교사: 그렇죠. 놀이와 활동을 통해 잔존 시력을 최대한 활용하도록 하고 사물에 대한 정보를 추가로 제공해 줄 수 있어야 해요.

〈민정이와의 놀이 장면〉

책상 주변 조명을 어둡게 하고 <u>라이트 테이블(light table)</u>을 준비한다.
김 교사가 민정이 손을 잡고 민정이 앞에 놓인 상자 속에 손을 넣어 주며 "이건 나뭇잎이야."라고 말해 주자 민정이가 나뭇잎을 만지작거린다. 민정이가 나뭇잎을 만질 때 '바삭바삭' 소리가 나자 교사가 민정이 귀에 "바삭바삭."이라고 말해 준다. 나뭇잎을 골라 냄새를 맡아 보게 하며 "이게 나뭇잎 냄새야."라고 말해 준다. 민정이가 교사와 함께 나뭇잎 하나를 라이트 테이블 위에 올려 색과 모양을 본다. [B]

**라이트 박스**
라이트 박스는 조명이 들어 있는 반투명 플라스틱 테이블 위에 여러 가지 물체를 놓고 물체의 모양이나 특징에 관심과 주의를 기울이도록 도움

- "나뭇잎을 만지작거린다" → 촉각
- "바삭바삭" → 청각
- "나뭇잎을 골라 냄새를 맡아 보게 하며" → 후각
- "나뭇잎 하나를 라이트 테이블 위에 올려 색과 모양을 본다" → 시각

1) ② 밑줄 친 ⓜ을 고려하여 [B]에서 교사가 사용한 교수 방법을 쓰시오.

참고자료 기본이론 272-273p

키워드 시각중복장애 학생을 위한 촉각 교수법

구조화틀

**시각중복장애 학생을 위한 촉각 교수법**
- 손 아래 손 안내 기법
- 손 위 손 안내 기법
- 촉각적 모델링
- 신체적 안내법
- 공동 운동 및 공동 촉각운동

핵심개념

**(학생) 손 아래 손 안내 기법**
- 학생의 손 아래에 교사의 손을 두고 교사의 손 움직임을 학생이 인식하도록 해 학습 기술을 지도하는 방법
- 교사가 학생의 손을 잡아끌지 않아 덜 개입적임 → 촉각적 민감성이 심하거나 친숙하지 않은 물체의 접촉·탐색을 거부하는 학생에게 효과적임

**(학생) 손 위 손 안내 기법**
- 학생의 손 위에 교사의 손을 놓고, 교사가 학생의 손을 움직여 학습 기술을 지도하는 방법
- 교사의 적극적인 개입이 이루어지는 촉각 교수 방법으로, 중복장애 학생에게 특히 많이 사용됨
- 학생의 손을 접촉해 안내할 때 강압적이지 않도록 하며, 특히 다른 사람과의 접촉에 예민하거나 거부감을 보이는 학생에게는 사용을 지양해야 함

**손 안내 기법으로 병뚜껑 열기 지도**

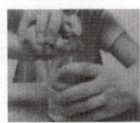
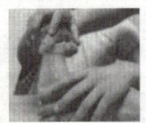

손 위 손 안내법    손 아래 손 안내법

모범답안 손 아래 손 안내법

---

2019학년도 초등 B5

**02** 다음은 시각장애 특수학교 김 교사와 미술관 담당자가 주고받은 휴대전화 문자 대화의 일부이다. 물음에 답하시오. [6점]

김 교 사: 우리 학생들이 조각품을 직접 만져볼 수 있게 해주신다니 감사합니다.
미술관 담당자: 별말씀을요. 우리 미술관은 오래 전부터 시각장애인을 위한 프로그램을 운영하고 있습니다. 학생들이 조각품을 직접 손으로 만져야 하니 미술관에서 ㉠면 소재의 흰 장갑을 준비해놓겠습니다. 그리고 작품 설명을 들을 수 있도록 ㉡녹음 자료도 제작해놓겠습니다.
김 교 사: 세심하게 배려해주셔서 감사합니다.
미술관 담당자: 혹시 우리 미술관에서 더 준비해야 할 것이 있나요?
김 교 사: 네. 감상할 작품의 설명 자료를 미리 보내주시면 제가 ㉢점자 자료로 변환하여 준비하겠습니다.
미술관 담당자: 알겠습니다. 아무쪼록 이번 견학이 시각장애 학생들에게 유익한 시간이 되길 바랍니다.
김 교 사: 저도 이번 조각품 감상을 통해 학생들에게 ㉣자신의 느낌과 상상을 이해하고 표현하며 미적 경험에 반응하면서 미적 가치를 느끼고 내면화할 수 있는 능력을 길러주고 싶습니다.

5) 김 교사는 새로운 자극에 거부감이 있는 시각 중복장애 학생이 조각품을 감상할 수 있도록 다음과 같이 안내하였다. 김 교사가 사용한 촉각 안내법의 명칭을 쓰시오. [1점]

- 교사가 먼저 조각품의 표면을 탐색한다.
- 학생 스스로 교사의 손 위에 자신의 손을 올려놓게 한다.
- 학생의 손이 조각품에 닿을 때까지 교사의 손을 조금씩 뒤로 뺀다.

> 새로운 자극에 거부감이 있는 학생에게는 덜 개입적인 방법인 '손 아래 손 안내 기법'이 적절함

기본이론 272-273p

시각중복장애 학생을 위한 촉각 교수법

**시각중복장애 학생을 위한 촉각 교수법**
- 손 아래 손 안내 기법
- 손 위 손 안내 기법
- 촉각적 모델링
- 신체적 안내법
- 공동 운동 및 공동 촉각운동

**촉각적 모델링**
신체 자세나 동작을 지도할 때 교사의 올바른 신체 자세나 동작에 대한 시범을 학생이 손으로 만져 탐색하고 모방하도록 지도함

**신체적 안내법**
신체 자세나 동작을 지도할 때 교사가 자신의 손을 사용해 학생이 적절한 신체 자세나 동작을 취하도록 지도함

|  |  |
|---|---|
| 촉각적 모델링으로 고개 숙여 자세 지도하기 | 신체적 안내법으로 인사 동작 지도하기 |

교사가 손으로 학생의 신체 각 부위를 접촉해 볼 굴리기에 적절한 자세와 동작을 취하도록 도움을 제공한다.

2022학년도 초등 B6

**03** (가)는 시각장애 학생의 주요 특성이고, (나)는 2015 개정 특수교육 교육과정 중 공통 교육과정 체육과 3~4학년군 '골볼형 게임을 해요' 단원 지도 계획의 일부이다. 물음에 답하시오. [5점]

(가) 학생 주요 특성

| 학생 | 주요 특성 | 비고 |
|---|---|---|
| 민수 | 학습매체: 묵자와 점자 병행 사용 | 장애학생 건강체력평가 (PAPS-D)에서 4명 모두 ( ㉠ ) 영역에서만 낮은 등급을 받음 ↓ 기초 체력 증진 계획 수립 필요 |
| 한나 | 보행: 시각, 촉각, 청각적 정보 활용 | |
| 정기 | 시야: 터널시야와 야맹증 | |
| 병수 | • 시력: FC/50 cm<br>• 청력: 110 dB HL | |

(나) 단원 지도 계획

| 단원 | 골볼형 게임을 해요. | |
|---|---|---|
| 차시 | 교수·학습 활동 | 자료(재) 및 유의점(유) |
| 1 | • 기초 체력 증진과 골볼형 게임의 이해<br>– ㉡<u>기초 체력 증진</u>: 오래달리기 실시<br>– 골볼의 역사와 장비 알아보기 | 유 ㉢<u>보조 인력 없이 운동장 트랙 달리기 지도</u><br>재 골볼, 안대, 보호대 등 |
| 2 | • 안전한 게임 방법 익히기<br>– ㉣<u>경기장 라인 알기</u><br>• 페널티 규정 익히기<br>– 반칙 카드 놀이 게임을 통한 규정 습득 | 유 경기장을 직접 돌며 구조와 기능 파악<br>재 경기 규정집, 종류별 ㉤<u>반칙 카드</u> |
| 3 | • ㉥<u>기초 체력 증진: 줄넘기 놀이</u><br>• 공격기능 익히기: ㉦<u>볼 굴리기</u><br>• 굴러오는 공 소리 듣고 수비하기: 쪼그려 자세, 허들 자세, 무릎 자세 등 | 재 줄넘기<br>유 정확한 자세와 동작을 단계별로 지도<br>유 병수를 위한 대안적인 참여 방법 마련 |

3) 신체적 안내법을 활용한 ㉦의 지도방법을 쓰시오. [1점]

참고자료 기본이론 272-273p

 키워드 시각중복장애 학생을 위한 촉각 교수법

 구조화를
시각중복장애 학생을 위한 촉각 교수법
- 손 아래 손 안내 기법
- 손 위 손 안내 기법
- 촉각적 모델링
- 신체적 안내법
- 공동 운동 및 공동 촉각운동

핵심개념
**촉각적 모델링**
신체 자세나 동작을 지도할 때 교사의 올바른 신체 자세나 동작에 대한 시범을 학생이 손으로 만져 탐색하고 모방하도록 지도함

**신체적 안내법**
신체 자세나 동작을 지도할 때 교사가 자신의 손을 사용해 학생이 적절한 신체 자세나 동작을 취하도록 지도함

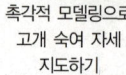

촉각적 모델링으로 고개 숙여 자세 지도하기 | 신체적 안내법으로 인사 동작 지도하기

 모범답안
신체 자세나 동작을 지도할 때 교사의 올바른 신체 자세나 동작에 대한 시범을 학생이 손으로 만져 탐색하고 모방하도록 지도한다.

---

2024학년도 초등 B3

**04** (가)는 특수학교에 재학 중인 시각장애 학생들의 특성이고, (나)는 2015 개정 특수교육 교육과정 중 공통 교육과정 체육과 5~6학년군 '쇼다운형 게임을 해요' 단원의 교수·학습 과정안 일부이다. 물음에 답하시오. [5점]

(나)

| 단원 | 1. 쇼다운형 게임을 해요. | 차시 | 1/4 |
|---|---|---|---|
| 학습 목표 | 쇼다운형 게임의 특성을 이해하고, 기본 자세를 익힐 수 있다. | | |
| 확대 핵심 교육 과정 (ECC) | • 점자<br>  - 현아: 점자 읽기 지도<br>• 확대경 사용<br>  - 영미: ⓒ확대경을 사용할 때 넓은 시야로 자료를 볼 수 있도록 지도 | | |

| 단계 | 교수·학습 활동 | | 자료(재) 및 유의점(유) |
|---|---|---|---|
| | 교사 | 학생 | |
| 도입 | ⓒ안전사고 예방을 위한 사전 활동하기 | | 재ⓔ쇼다운 테이블, 쇼다운 라켓, 쇼다운 공, 손등 보호 장갑<br><br>재확대경, 게임 규칙 읽기 자료 (묵자 자료, ⓓ점자 자료)<br><br>유 ⓔ시범적 지도 방법(Braille-me method)을 활용하여 자세 지도 |
| 전개 | <활동 1> 쇼다운형 게임 알아보기 | | |
| | 시설 및 용구 설명하기 | 쇼다운 라켓 특징 이야기하기 | |
| | <활동 2> 쇼다운형 게임 경기 방법 알아보기 | | |
| | • 게임 규칙 설명하기<br>• 기본 자세 설명하기 | • 게임 방법 익히기<br>• 라켓 잡는 법 익히기 | |

3) (나)의 ⓔ을 구체적으로 1가지 쓰시오.

참고자료
기본이론 275-279p

 키워드
농·맹 중복장애 학생을 위한 의사소통 방법

 구조화틀
**농·맹 중복장애 학생을 위한 의사소통 방법**
- 비구어 상징 체계
- 촉각 상징 의사소통 유형
- 사물 상징 AAC 시스템
- 캘린더 박스

**핵심개념**

**촉독수어(촉수어)**
- 표준수어 체계에 바탕을 둔 의사소통 방법으로, 수어 수용자가 한 손 또는 두 손을 수어 생산자의 한 손 또는 두 손 위에 가볍게 얹어 수어를 촉각적으로 인식함
- 아동이 수어를 익히지 못한 경우 지문자를 사용할 수 있는데, 이를 '촉지문자'라고 함
- 농맹인이 수어를 좀 더 정확하게 촉지하도록 수어 동작을 보다 단순하게 변형하기도 함
- 농·맹 중복학생이면서 상지 사용의 어려움 등으로 촉독수어를 사용하기 어려운 학생에게는 신체 위 수어(신체 기반 수어)를 사용할 수 있음

**손가락 점자**
- 점자를 주된 의사소통 수단으로 학습한 청각·시각 중복장애 학생이 점자 타자기에 점자를 입력하는 것과 같은 방법으로, 대화 상대자의 양손 손가락 위를 접촉해 점자로 의사소통하는 방법
- 보통 왼손 손가락과 오른손 손가락을 각각 3점씩 사용하며, 농·맹이 사용하는 촉각언어 중 배우고 사용하기 쉬운 방법

 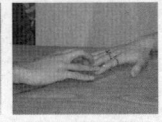

 모범답안
㉠ 손가락 점자(지점자)
㉡ 촉독수어(촉수어)

2015학년도 중등 A7

**05** 다음은 농·맹 중복장애 학생이 사용하는 의사소통 방법에 대한 설명이다. 괄호 안의 ㉠, ㉡에 해당하는 방법이 무엇인지 쓰시오. [2점]

점자를 주된 의사소통 수단으로 사용하는 농·맹 중복장애 학생이 왼손 손가락과 오른손 손가락을 3개씩 사용하여 상대방의 양손 손가락 위를 접촉하여 점자로 의사소통하는 방법을 ( ㉠ )(이)라고 한다. 그리고 수화(수어, sign language)를 사용하는 농·맹 중복장애 학생(잔존시력 없음)이 상대방의 손 위에 자신의 손을 얹어 상대방의 수화를 이해하고 의사소통하는 방법을 ( ㉡ )(이)라고 한다.

기본이론 275-279p

 농·맹 중복장애 학생을 위한 의사소통 방법

 농·맹 중복장애 학생을 위한 의사소통 방법
- 비구어 상징 체계
- 촉각 상징 의사소통 유형
- 사물 상징 AAC 시스템
- 캘린더 박스

 접촉 신호(touch cues)
- 특정 메시지를 전달하기 위해 아동이나 성인의 몸에 일관된 방식으로 접촉하는 신체 신호로, 일반적으로 메시지와 관련된 신체 부위나 가까운 부위에 접촉이 이루어짐
- 접촉 신호는 다양한 의미로 해석될 수 있기 때문에 일과 활동 동안에 일관되게 사용하는 것이 중요함

| 의사소통 내용 | 접촉 신호 |
|---|---|
| "너를 의자에서 들어 옮길 거야." | 학생의 겨드랑이 부근을 두세 번 가볍게 접촉한다. |
| "한입 먹자." | 학생의 입을 손이나 수저로 접촉한다. |
| "우측 귀에 보청기를 넣을게." | 학생의 우측 귀를 두 번 접촉한다. |

 학생에게 사물놀이 악기 탐색 활동 시간임을 알려주고 적절하게 반응하도록 유도하기 위함이다.

2024학년도 중등 B6

**06** (가)는 시각장애 ○○특수학교 음악과 교수·학습 지도안의 일부이고, (나)는 구음 장단의 점자 자료이다. 〈작성방법〉에 따라 서술하시오. [4점]

(가) 음악과 교수·학습 지도안

| 학습목표 | 사물놀이 악기를 연주하는 바른 자세와 연주법을 익혀 흥겹게 연주할 수 있다. | | | | |
|---|---|---|---|---|---|
| 지도계획 | 교수·학습 활동 | | | | 자료㉯ 및 유의점㉰ |
| 활동지도계획 | 도입 | 이전 차시 수업 상기<br>- 지난 시간에 배운 민요의 형식을 학생이 상기하도록 이야기하기 | | | |
| | 전개 | [활동 1] 사물놀이 악기를 연주하는 바른 연주 자세와 연주법 알기 | | | ㉯ 꽹과리, 장구, 징, 북 |
| | | 맹 학생 | 저시력 학생 | 시각중복장애 학생 | |
| | | 사물놀이 악기의 연주 자세와 연주법에 대해 교사의 '신체적 안내법'과 설명을 병행하여 지도한다. | 배경이 단순한 곳에서 교사는 사물놀이 악기 연주 자세와 연주법을 시범 보이고, 학생이 이를 가까이에서 보도록 지도한다. | '손 아래 손 안내법'으로 사물놀이 악기를 탐색하는 활동에서 ⓒ촉각 단서(touch cue)를 제공하여 지도한다. | ㉰ 저시력 학생은 손떨림이 있으므로 악기 지도 시 유의한다. |
| | | | | ※ ㉠스탠드형 확대경 제공 | |
| | | [활동 2] 제재곡 영남 가락 중 '별달거리' 악보를 보고 사물놀이 연주하기 | | | ㉯ 제재곡 악보 |

〈작성방법〉

(가)의 시각중복장애 학생에게 밑줄 친 ⓒ을 제공하는 이유를 1가지 서술할 것.

## 확장하기

### ❋ 의사소통 방법(이태훈, 2024.)

#### 1. 비구어 상징 체계

① 시각중복장애 학생이 구어, 점자, 확대 글자 등 추상적 상징을 사용해 표현할 수 없을 때 구어에 해당하는 구체적인 상징을 사용하도록 하는 것이 필요하다.

② 시각중복장애 학생이 사용할 수 있는 상징 체계는 시각장애 정도에 따라 3가지로 나눌 수 있다.

| | |
|---|---|
| 시각 상징<br>(visual symbols) | • 그림이나 사진을 식별할 수 있는 저시력 학생에게 적절하다.<br>• 그림 상징 카드를 눈으로 식별할 수 있는 시각중복장애 학생의 경우, 그림 형태를 보다 쉽게 이해할 수 있도록 카드 바탕색과 그림 간의 색 대비를 높이고, 그림을 더 간결하고 명확하게 수정해 사용하며, 라인 형태의 그림보다 라인 안이 채색된 그림이 식별하는 데 더 효과적이다.<br>• 학생의 시력 수준에 적합한 크기로 그림 상징을 확대하고, 시야 손상 정도를 고려해 그림 상징 의사소통판의 위치를 선정하며, 학생이 심벌의 위치를 쉽고 정확하게 파악하도록 그림 상징의 배열 위치를 일관되게 유지해 제시하는 것이 좋다.<br>• 특히 피질 시각장애가 있는 학생의 경우 검은색 바탕에 노란색이나 빨간색 같이 CVI 아동이 선호하는 색으로 그려진 그림 상징 카드를 사용하는 것이 좋다. |
| 촉각 상징<br>(tactile symbols) | • 수지 기능에 문제가 없어야 하고, 눈으로 그림 상징을 식별할 수 없는 학생이 사용할 수 있다.<br>• 양각 그림, 사물 상징, 촉각 신호, 몸짓 언어(손담), 촉수어 등이 포함된다. |
| 청각적 스캐닝 | • 다른 사람의 간단한 구어를 듣고 바라는 것을 선택하는 의사소통 방법으로, 다른 사람이 단어·어구·간단한 문장으로 말하는 것을 듣고 이해할 수 있고 단어·발성·제스처 등으로 응답할 수 있으며, 상지 운동 기능이 제한되어 손으로 원하는 상징을 지적하기 어려운 시각중복장애 학생에게 적절하다.<br>• 예를 들어, 교사는 시각 중복장애 학생이 "응"이라고 대답하거나 고개를 끄덕이는 동작을 보일 때까지 학생이 어디가 아픈지 확인하기 위해 "머리? 팔? 다리? 배?"와 같이 단어로 물어볼 수 있다. |

#### 2. 촉각 상징 의사소통 유형

① 촉각 신호(tactile cues)

촉각 신호는 시각중복장애 학생에게 특정 메시지를 전달하고자 신체 부위를 사용하는 '수용적 의사소통' 방식에 속한다.

㉠ 촉각 단서(접촉 신호, touch cues)
- 특정 메시지를 전달하기 위해 아동이나 성인의 몸에 일관된 방식으로 접촉하는 신체 단서(physical cues)로, 일반적으로 메시지와 관련된 신체 부위나 가까운 부위에서 접촉이 이루어진다.
- 촉각 단서는 다양한 의미로 해석될 수 있기 때문에 일과 활동 동안에 일관되게 사용하는 것이 중요하다.
- 현재 국내에서 중도 중복장애 학생의 의사소통을 위해 보급된 손짓 언어(손담)를 시각중복장애 학생 및 농·맹 학생도 사용할 수 있도록 지침을 제공하고 있는데, 이는 접촉 단서를 발전시킨 것으로 볼 수 있다.

| 의사소통 내용 | 촉각 단서 |
|---|---|
| "너를 의자에서 들어서 옮길 거야." | 학생의 겨드랑이 부근을 두세 번 가볍게 접촉한다. |
| "한입 먹자." | 학생의 입을 손이나 수저로 접촉한다. |
| "우측 귀에 보청기를 넣을게." | 학생의 우측 귀를 두 번 접촉한다. |

㉡ 사물 단서(object cues)
- 일과 활동과 관련된 메시지를 전달하기 위해 관련된 사물이나 사물의 일부를 학생이 만져보도록 학생의 손에 제시하는 것이다.

| 의사소통 내용 | 사물 신호 |
|---|---|
| "교실에서 체육관으로 이동하자." | 학생의 신발에 손을 대어준다. |
| "옷을 입자." | 양말을 손에 대어준다. |

- 사물 단서와 사물 상징(object symbols)의 차이점
  - 사물 단서는 해당 활동에 사용되는 실물을 사용하지만, 사물 상징은 해당 활동에 사용되는 실물이 아닐 수 있다.
  - 사물 단서는 학생의 손에 접촉하는 데 반해, 사물 상징은 관련 물체를 의사소통 카드나 보드에 부착한 후 손으로 탐색하도록 한다.

② 손으로 만져볼 수 있는 상징(tangible symbols)
- 손으로 만져볼 수 있는 상징은 시각중복장애 학생이 손으로 만져 이해할 수 있는 양각 그림이나 물체 같은 3차원 상징으로, 수용언어와 표현언어에 모두 사용되며, 상징적 의사소통에 속한다.
- 시각중복장애 학생들에게 효과적인 사물 상징(object symbols)은 '물체 전체', '물체 일부', '연관된 물체', '특정 질감이나 모양'을 사용한다.
- 사물 신호가 사물을 학생의 손에 직접 대어주는 방식으로 사용되는 데 반해, 사물 상징 의사소통은 빈 카드에 부착한 후 사물을 만져보도록 함으로써 사물을 의사소통 목적으로 사용하고 있음을 보다 명확하게 인식시킬 수 있다.

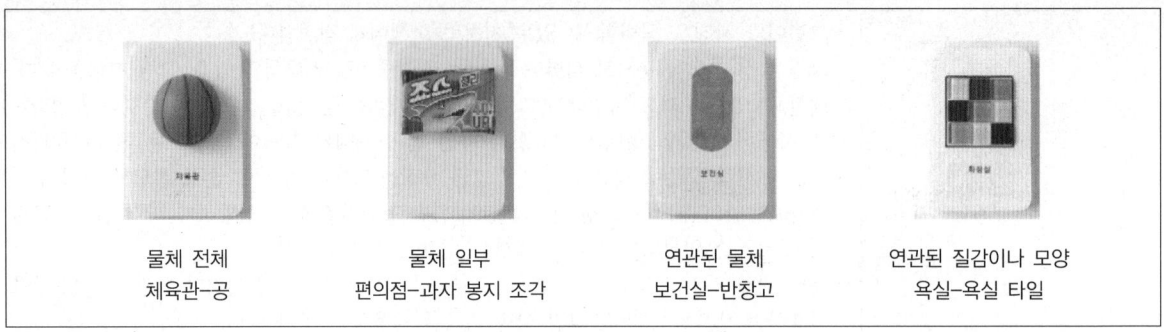

| 물체 전체 | 물체 일부 | 연관된 물체 | 연관된 질감이나 모양 |
| 체육관-공 | 편의점-과자 봉지 조각 | 보건실-반창고 | 욕실-욕실 타일 |

③ 점화/손가락 점자(finger braille)
- 점화/손가락 점자는 구어 소통이 어려운 시청각장애인이 사용하는 촉각 의사소통 체계로, 한국 점자 규정을 기본으로 한다.
- 일반적인 점자가 점자 도구를 사용해 읽고 쓰는 것과 달리, 점화/손가락 점자는 화자와 청자의 손가락을 서로 사용한다는 점에서 차이가 있다. 즉, 점화는 '화자의 손가락으로 청자의 손가락에 치는 점자'라고 할 수 있다.
- 점화는 점자타자기나 점자정보단말기의 자판에 점자의 여섯 점을 배정하는 것처럼, 양손의 손가락에 점자의 여섯 점을 배정해 사용한다.
- 점화로 대화를 시작하려면 시청각장애인의 어깨를 살짝 만져서 온 것을 알린다. 그리고 시청각장애인의 손에 자신의 손을 얹고 1점부터 6점까지 순서대로 쳐서 여섯 점의 위치를 상호 확인하고 대화를 시작한다.

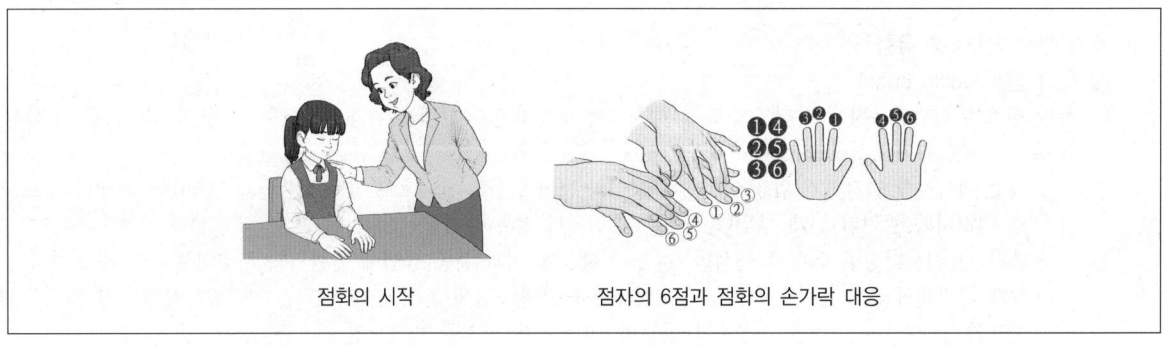

점화의 시작 | 점자의 6점과 점화의 손가락 대응

## ✤ 교과별 지도(이태훈, 2024.)

### 1. 음악과 지도

- 시각장애 정도에 따라 점자 악보나 확대 악보 등을 제공하는 것이 필요하며, 음악 점자는 점자 익히기 지도서의 음악 점자 대단원을 활용해 지도할 수 있다.
- 오케스트라에서 시각장애 학생은 악보 읽기와 연주를 동시에 하기 어렵기 때문에 악보를 암기하는 것이 필요하므로 충분한 준비 시간을 주어야 한다.
- 모든 악기는 연주를 위한 바른 자세, 움직임, 주법 등을 요구한다. 학생이 바른 자세로 악기를 연주할 수 있도록 저시력 학생은 가까이 다가와서 시범을 볼 수 있도록 하고, 맹 학생은 설명과 손 위 손 안내법 같은 촉각 교수 방법을 병행해 지도한다.
- 일대일 또는 소집단 악기 연주 수업에서는 맹 학생이 점자 외에 녹음 장치를 이용해 필기할 수 있도록 허용해야 한다. 새로운 음악을 지도할 때는 관련 녹음 자료를 제공하거나 수업 내용을 녹음해 제공하는 것이 좋다.
- 바른 자세, 호흡, 발성, 발음 등 노래 부르기 기본 자세를 지도한 후 듣고 부르기, 보고 부르기, 외워 부르기 활동 등을 통해 노래 부르기를 지도한다. 가창 활동 시에는 듣고 따라 부르는 청각 중심의 학습 방법에서 벗어나 악보를 보고 부를 수 있도록 지도한다.
- 학생의 잔존 시각에 따라 점자 악보, 촉각 악보, 확대 악보를 준비한다. 음악 점자를 익히지 못한 학생은 촉각 악보를 만들어 제공한다.
- 학생이 연주 시작 시점 등 지휘를 볼 수 없으므로 소리나 촉각으로 단서를 알려준다. 예를 들어 교사가 반주, 박수, 발장단, 호흡, 숫자 구호로 시작 신호를 주거나 옆에 있는 친구가 가볍게 쳐서 시작 신호를 줄 수 있다.
- 다양한 종류의 악기를 직접 만지게 하면서 기본 개념을 설명하고, 듣고 연주하기, 보고 연주하기, 외워 연주하기 활동을 통해 악기 연주를 지도한다.
- 가창, 악기 연주 등의 수업이 있을 때 수업 내용을 미리 알려주거나 점자 및 확대 악보 자료를 수업 며칠 전에 제공해 준비할 수 있도록 한다.

[출처] 김슬기(2028), 김정화(2012)에서 사용한 악보를 인용함

## 2. 미술과 지도

- 시각장애 미술 교사용 지도서를 활용해 지도한다.
- 크레용, 물감 등 미술 수업 관련 교구에 점자나 확대 글자로 표시한다.
- 깃털, 단추, 줄, 종이, 콩알, 털실 등 촉감각을 사용할 수 있는 다양한 재료를 사용하고 그러한 재료를 분류·보관할 상자를 마련한다.
- 사물, 페인트, 종이, 타일, 고무찰흙, 톱밥과 밀가루의 혼합물, 플라스틱 아교 등 손으로 만졌을 때 질감이 다른 다양한 수업 재료를 활용한다.
- 도자기 같은 다양한 공예품을 만드는 수업에서는 모방할 수 있는 실물이나 이미 완성된 공예품을 모델로 제시해 맹 학생이 완성된 공예품과 자신의 작품을 계속 비교하며 만들어 가도록 한다.
- 저시력 학생은 대비가 크거나 형체가 큰 그림을 그리도록 허용한다. 교사가 굵은 검은색 펜으로 윤곽선을 덧그려 주거나 학생이 색칠해야 하는 그림 요소별로 해당 색으로 윤곽선을 그려주면 학생이 선을 벗어나지 않고 색칠하는 데 도움이 된다.
- 맹 학생이 손가락으로 그림의 형태를 알 수 있도록 양각 그림을 준비하거나, 양각 선 그리기 도구를 사용해 그리거나, 연필 윤곽선을 따라 글루건으로 덧칠하거나 지끈을 붙여 도드라지게 표시해줄 수 있다. 물감으로 색칠을 할 때는 색깔별로 질감이 다른 가루를 섞고 손가락으로 색칠하는 핑거 페인팅도 활용할 수 있다.
- 감상 영역에서는 시각장애 학생이 촉각이나 다감각을 통해 감상할 수 있는 양각이나 입체 작품을 준비하고, 손 위 손 안내법 같은 촉각 교수 방법과 작품 설명을 통해 감상 과정을 지원한다.
- 시각장애인을 위한 미술 전시회를 견학할 때는 친구나 특수교육 보조원이 시각장애 학생을 안내하고 작품에 대한 설명을 해 주도록 한다.
- 학생이 입체 조형물을 손으로 만져 감상할 때 얇은 장갑을 끼도록 한다. 이는 작품의 훼손을 예방하고, 학생이 손으로 탐색하는 과정에 다치지 않도록 하기 위함이다.

솜을 활용한 꽃 그리기

양각선 그림판으로 그리기

지끈을 붙인 양각 그림

입체 복사기를 이용한 양각 도안

글루건을 이용한 양각 그림

(섬유용) 물감을 이용한 양각 그림

서예 템플릿

양각 인물화

라이트 테이블을 이용한 미술 활동(저시력)

## 3. 사회과 지도

- 일반 사회 교과서와 점자 교과서를 비교해 사진, 지도, 그림, 도표 등 어떠한 시각 자료가 생략되었는지 확인한다. 또한, 생략된 시각 자료가 구어 설명으로 대체 가능한지 또는 별도 양각 자료의 제작이나 구입이 필요한지를 확인해야 한다.
- 양각 지도나 그림을 직접 제작해야 하는 경우 학생이 손으로 만져 식별할 수 있도록 원본 지도를 단순화하거나, 개념을 이해하는 데 필요 없는 그림 요소를 생략하는 등의 수정 과정을 거쳐 제작한다.
- 양각 지도나 그림을 탐색할 때 양손을 사용해 전체 윤곽을 먼저 탐색하고 내부 요소를 탐색한다. 내부 요소를 탐색할 때는 촉각 상징 중 하나를 기준점으로 정해 한 손으로 기준점을 접촉하고 다른 손으로 기준점 주변을 탐색해 나가도록 할 수 있다.
- 사회과 관련 동영상 자료를 이용할 때는 동영상 화면에 대한 화면 음성 설명이 잘 되어 있는 것으로 선정한다.
- 저시력 학생을 위해 원본 지도의 윤곽선을 굵은 선으로 수정하거나 지역별로 다른 색을 넣은 채색 지도로 수정할 수 있다.
- 대비가 낮은 원본 그림 자료는 확대해도 보기 어려우므로 확대독서기를 사용해 색상 대비를 조절해 보도록 한다.
- 시장 놀이, 전통 혼례식, 성인식, 모의 국회 등을 간접적으로 체험하도록 역할극 활동을 실시한다.
- 생활 주변과 관련된 수업 내용 및 개념은 지역사회 내 해당 기관을 방문하는 현장 학습 기회를 제공한다.

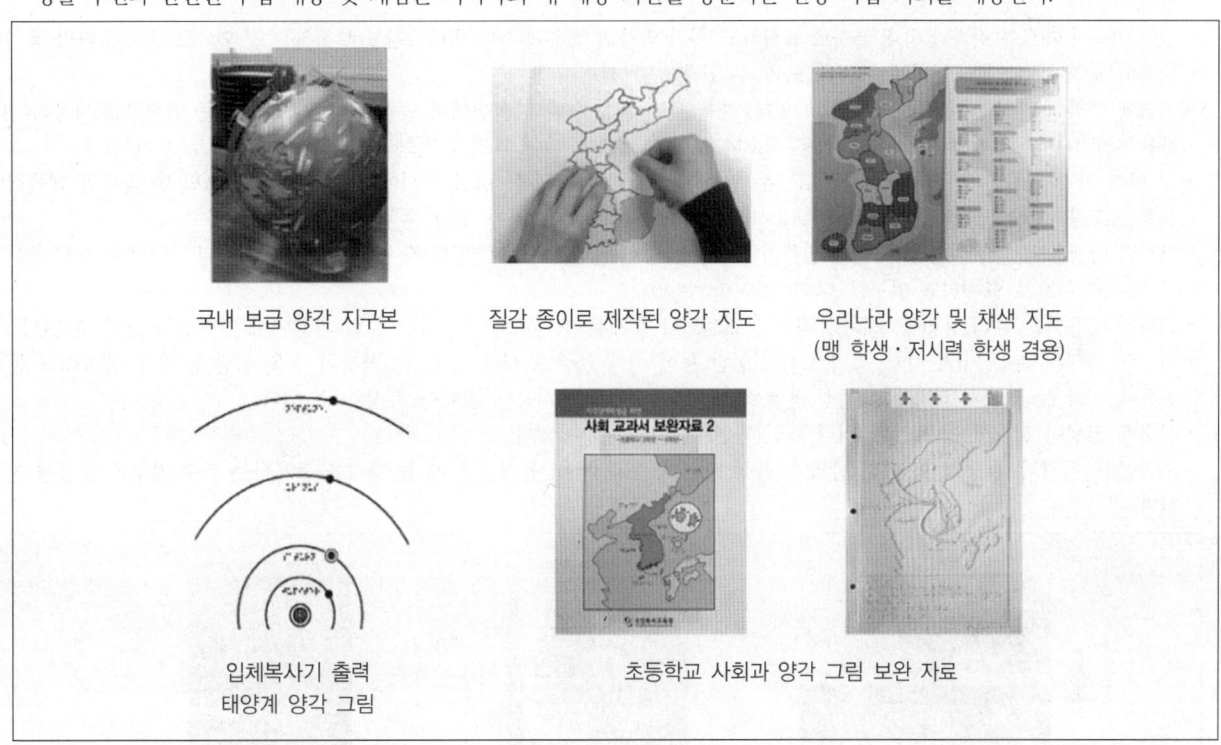

## 4. 과학과 지도

- 맹 학생이 과학 점자를 익혀 과학 단위와 수식을 점자로 표현할 수 있도록 한다.
- 과학 실험실에는 많은 안전 위험 요소가 있으므로 안전에 각별한 주의가 필요하며, 과학실의 구조에 대해 학생이 사전에 숙지하도록 지도해야 한다.
- 저시력 학생을 위해 눈부심이 있는 창가에서 떨어진 자리를 제공하고, 실험 테이블과 실험 기구 간 대비를 높이며, 시각적으로 복잡하지 않은 벽 앞 등을 실험 장소로 선정한다.
- 저시력 학생이 저시력 기구를 사용하거나 다가가서 실험을 관찰하는 것을 허용하고, 안전을 위해 필요하다면 고글을 쓰고 가까이서 보도록 한다.
- 맹 학생이 실험 과정을 이해할 수 있도록 학습 도우미나 특수교육 보조원이 실험 진행 상황을 말로 설명해 주거나 실험을 보조하도록 한다.
- 실험 테이블에서 손을 움직일 때는 허공이 아닌 바닥에 댄 상태에서 천천히 움직여야 실험 기구를 넘어뜨리는 것을 방지할 수 있다.
- 실험 기구나 재료를 점자나 확대 글자로 표시하고, 화학 약품의 경우 점자나 확대글자를 부착하는 것 외에도 종류에 따라 용기나 뚜껑의 모양 또는 색을 달리해 구별을 도울 수 있다.
- 실험에 따라 대안적인 재료를 사용할 수 있다. 예를 들어 혼합물 분리 실험에서 좁쌀 대신 입자가 더 큰 렌틸콩을 사용하거나, 물을 사용하는 실험에서 몇 방울의 식용 색소나 물감을 넣으면 실험 과정의 변화와 결과를 시각적으로 보기 쉽다.
- 첫 번째 상자에 실험 기구나 장비를 두고, 두 번째 상자에 실험 재료를 실험 순서에 따라 배열해 놓으면 맹 학생의 효율적인 실습을 도울 수 있다. 실험 기구나 재료를 사용한 후에는 바로 제자리에 두어 혼동하지 않도록 한다.
- 저시력 학생은 투명한 실험 기구 뒤에 흰색이나 노란색 종이를 배경으로 두면 더 잘 볼 수 있으며, 실린더 입구에 노란색 페이트나 테이프 등으로 표시하면 입구를 더 잘 확인할 수 있다.
- 실험에 사용되는 유리 용기를 모두 클램프나 스탠드나 두꺼운 테이프로 고정하면 실험 과정에서 안전성을 높일 수 있다.
- 저시력 학생은 측정 기구, 비커, 플라스크, 실험관 등에 확대 눈금 표시를 하고, 맹 학생의 경우 실린더, 비커, 플라스크 등의 안쪽에 촉각 눈금 표시를 하면 무독성 용액을 다룰 때 손가락을 사용해 깊이를 측정할 수 있다.
- 실험에 열원이 필요할 경우 분젠 버너 대신 전열기를 사용할 수 있다.
- 소리굽쇠, 청광기, 감광기, 음성 색 감별기, 음성 타이머, 음성 저울, 음성 온도계 등 청각을 활용하는 특수 기구를 실험에 이용한다.

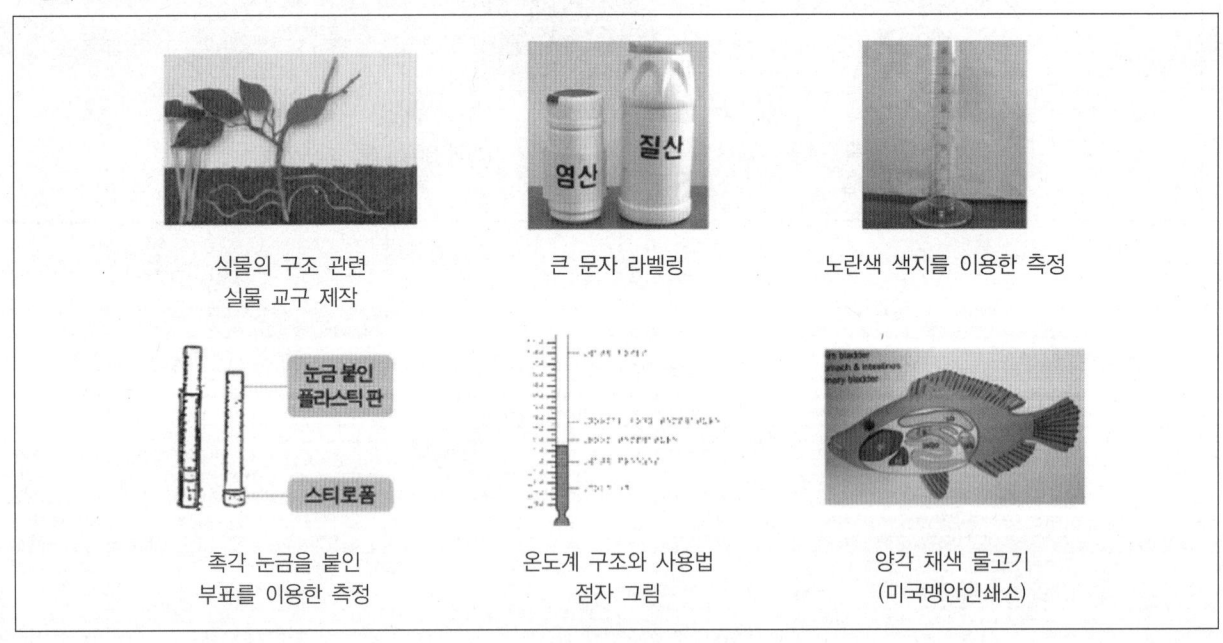

| 식물의 구조 관련 실물 교구 제작 | 큰 문자 라벨링 | 노란색 색지를 이용한 측정 |
| 촉각 눈금을 붙인 부표를 이용한 측정 | 온도계 구조와 사용법 점자 그림 | 양각 채색 물고기 (미국맹안인쇄소) |

# Memo

# 김은진
## 스페듀 기출분석집

Vol. 3

- Ch 01. 지체장애의 이해
- Ch 02. 뇌성마비
- Ch 03. 근이영양증
- Ch 04. 이분척추
- Ch 05. 뇌전증(경련장애)
- Ch 06. 골형성 부전증과 외상성 뇌손상
- Ch 07. 자세 및 앉기 지도
- Ch 08. 보행 및 이동 지도
- Ch 09. 식사 기술 지도
- Ch 10. 용변 기술 지도
- Ch 11. 착탈의 기술 지도
- Ch 12. 부분참여의 원리
- Ch 13. 의사소통 지도

PART

# 03

지체장애

# CHAPTER 01 지체장애의 이해

**01** 「장애인 등에 대한 특수교육법」에서의 정의

**02** 「장애인차별금지 및 권리구제 등에 관한 법률」

**03** 지체장애 학생 교육의 전달체계 및 교육배치 형태
- 특수학교와 특수학급
- 대안적 교육 방법
  - 순회교육
  - 병원학교
  - 원격수업

**04** 지체장애의 분류
- 신경성 증후군
- 운동기 증후군

# CHAPTER 02 뇌성마비

## 01 뇌성마비의 이해

- 뇌성마비의 정의
  - 신경장애
  - 비진행성 질환
  - 발달장애

- 뇌성마비의 분류
  - 운동 유형에 따른 분류
    - 추체계
    - 추체외로계
  - 마비 부위에 따른 분류
    - 편마비
    - 양마비
    - 사지마비
  - 기능 수준에 따른 분류(GMFCS)
    - 평가의 특징
    - 다섯 단계 분류
      - I
      - II
      - III
      - IV
      - V

## 02 뇌성마비의 운동 유형에 따른 특징 및 중재

- 경직형 뇌성마비
  - 손상 부위
  - 행동적 특징: 과긴장
  - 언어 특징
  - 하위 유형
    - 경직형 사지마비
    - 경직형 양마비
    - 경직형 편마비
  - 중재
    - 경직형 뇌성마비 중재
    - 경직형 편마비 중재

- 불수의 운동형(무정위 운동형) 뇌성마비
  - 손상 부위
  - 행동적 특징: 갑작스러운 근긴장의 변화와 신체의 비대칭성
  - 언어 특징
  - 중재

- 운동실조형 뇌성마비
  - 손상 부위
  - 행동적 특징: 과도한 근긴장이 나타나지 않음
  - 언어 특징
  - 중재

- 강직형 뇌성마비
  - 손상 부위
  - 행동적 특징: 근육의 신축성 상실

- 진전형 뇌성마비
  - 손상 부위
  - 행동적 특징: 불수의적 떨림
  - 언어 특징

## 03 뇌성마비 아동의 특성

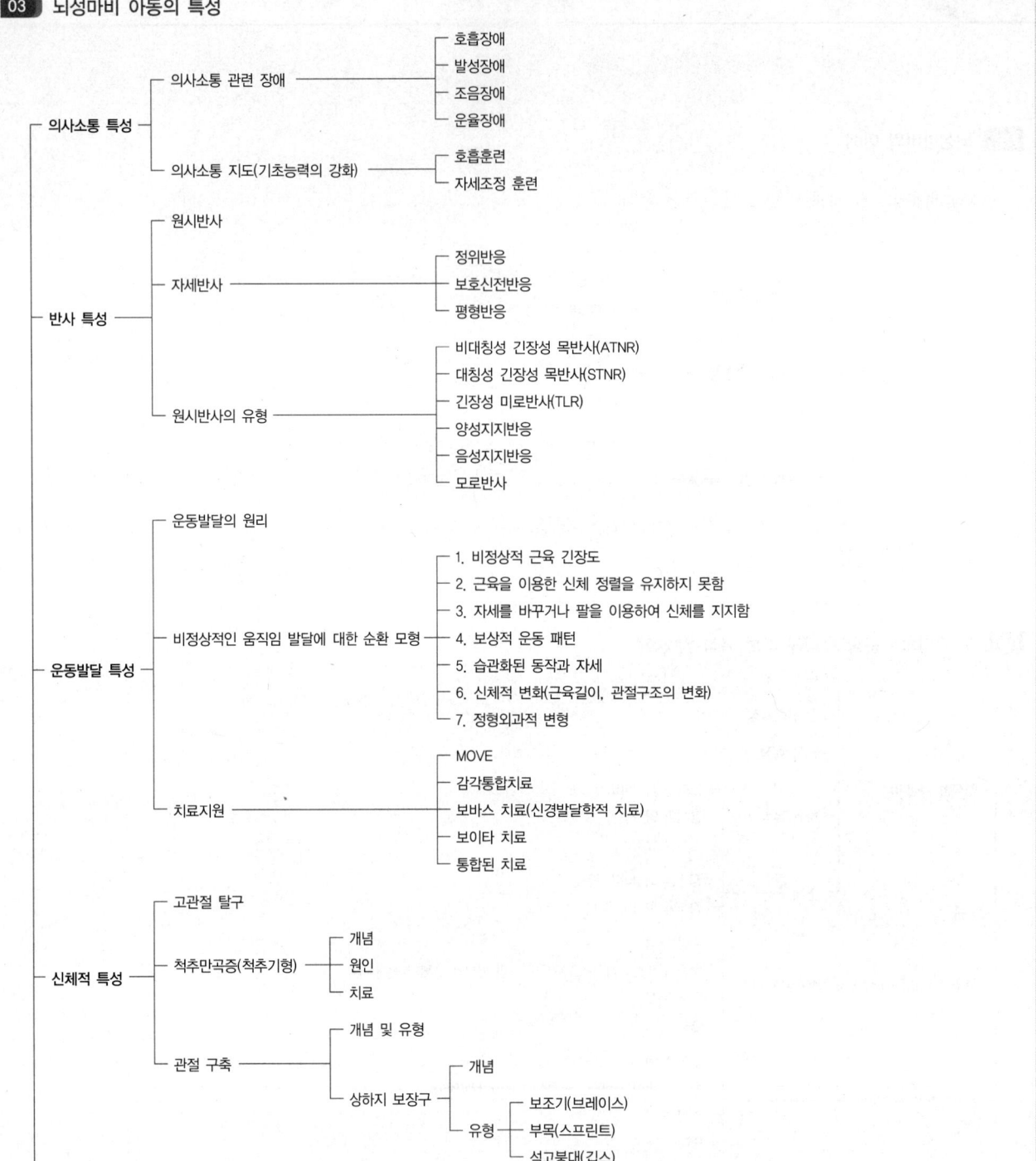

- 생리조절 특성
  - 위식도 역류
    - 개념
    - 중재
  - 흡인
    - 개념
    - 중재
  - 질식(기도폐색)
    - 개념
    - 응급처치
      - 하임리히 구명법
      - 흉곽밀기
  - 요로 감염
    - 개념
    - 치료방법
- 지각 특성
  - 공간위치 지각장애
  - 공간관계 지각장애
  - 시-운동 협응장애
  - 항상성 지각장애
  - 도형-배경 지각장애
- 정의적 특성
  - 피전도성
  - 억제곤란
  - 고집성

### 04 학습환경의 수정(신체 특성을 고려한 학습환경)
- 책상의 높이
- 휠체어 사용 학생의 경우

**참고자료** 기본이론 290p, 298-299p

 **키워드**
- 뇌성마비의 정의
- 불수의 운동형

 **구조화를**

**뇌성마비의 정의**

불수의(무정위) 운동형 뇌성마비
- 손상 부위
- 행동적 특징
- 언어 특징
- 중재

 **핵심개념**

**뇌성마비의 특징**
- **신경장애**: 중추신경계 손상에 의한 근육마비, 협응성 장애, 근육 약화, 기타 운동기능장애의 특징을 가진 신경장애
- **비진행성 질환**: 뇌성마비로 인한 뇌손상은 진행되거나 완화되지 않지만, 시간이 지남에 따라 구축이 진행되고 청소년기나 성인기에 이를수록 보행 및 이동이 점점 더 어려워질 수 있으며, 근육협응과 통제에서 더 많은 문제를 일으킬 수도 있음
- **발달장애**: 뇌성마비는 출생 전이나 출생 시, 출생 후 몇 년 안에 발생해 아동의 발달에 영향을 주므로 발달장애로 분류됨

**불수의 운동형 뇌성마비**
- **손상 부위**: 동작 조절에 기여하는 대뇌핵(기저핵) 손상으로 발생
- **행동적 특징**: 갑작스러운 근긴장의 변화와 신체의 비대칭성
- **언어 특징**
  - 호흡이 거칠고 불규칙적임
  - 속삭이는 듯한 기식성 발성을 보임
  - 성대 진동이 매우 빨라 가성대 발성이 나타남
- **중재방안**
  - 반드시 칠판을 정면으로 볼 수 있도록 자리를 배치함
  - 신체의 중심선을 유지하고 두 손을 중심선상에서 교차되도록 유도하며 지도함
  - 효과적인 중심범위 운동(몸의 중심선에서 움직임을 조직)을 필요로 함

 **모범답안** ②

## 2011학년도 초등(유아) 10

**01** 다음은 특수학교 박 교사가 자신의 학급 아동을 관찰한 내용이다. 이에 대한 설명으로 적절한 것을 〈보기〉에서 모두 고른 것은?

| 이름 | 장애 유형 | 관찰 내용 |
|---|---|---|
| 수지 | 뇌성마비 | (가) 어떤 동작을 수행하면 자신의 의지와 상관없는 불필요한 동작이 수반된다.<br>(나) 입 주위 근육에 마비가 나타나며, 이로 인하여 책이나 공책에 침을 흘리는 경우가 많다. |

> 수지의 장애 유형은 불수의 운동형 뇌성마비임 → 근육의 떨림이나 근긴장도가 수시로 변해 손, 팔, 얼굴 근육 등에서 비자발적·불수의적 운동이 나타남

**보기**

ㄱ. (가): 대뇌 기저핵의 손상이 주된 원인인 불수의 운동형의 주된 증상이다.

ㄴ. (나): 진행성이기 때문에 향후 이 마비 증상은 얼굴 전체로 확대된다.

> ㄴ. 뇌성마비는 비진행성 질환임 → 뇌성마비의 주 원인인 뇌손상은 완화되거나 악화되지 않고, 2차적 손상은 시간이 지남에 따라 악화됨

ㄷ. (다): 유전자 중 X염색체의 결함이 주된 원인인 안면견갑상완형의 초기 증상이다.

ㄹ. (라): 향후 독립보행이 어렵게 되어 휠체어를 사용하게 된다.

ㅁ. (마): 척추 뼈가 완전히 닫히지 않아 분리된 척추 사이로 척수액이나 신경섬유가 돌출된 것이 원인인 잠재 이분척추의 증상이다.

ㅂ. (바): 향후 수두증으로 진행하거나 션트(shunt) 삽입 수술 등이 필요할 수 있다.

① ㄱ, ㄴ  ② ㄱ, ㄹ, ㅂ
③ ㄴ, ㄷ, ㄹ  ④ ㄷ, ㄹ, ㅁ
⑤ ㄱ, ㄷ, ㅁ, ㅂ

참고자료

기본이론 298-299p

 키워드

불수의 운동형 뇌성마비

 구조화 틀

불수의(무정위) 운동형 뇌성마비
- 손상 부위
- 행동적 특징
- 언어 특징
- 중재

 핵심개념

불수의 운동형 뇌성마비
- **손상 부위**: 동작 조절에 기여하는 대뇌핵(기저핵) 손상으로 발생
- **행동적 특징**: 갑작스러운 근긴장의 변화와 신체의 비대칭성
- **언어 특징**
  - 호흡이 거칠고 불규칙적임
  - 속삭이는 듯한 기식성 발성을 보임
  - 성대 진동이 매우 빨라 가성대 발성이 나타남
- **중재방안**
  - 반드시 칠판을 정면으로 볼 수 있도록 자리를 배치함
  - 신체의 중심선을 유지하고 두 손을 중심선상에서 교차되도록 유도하며 지도함
  - 효과적인 중심범위 운동(몸의 중심선에서 움직임을 조직)을 필요로 함

 모범답안

③

---

2010학년도 초등 8

**02** 다음은 윤 교사가 뇌성마비 학생 경수의 일상생활과 학습 장면에서 관찰한 결과이다. 문제의 주된 원인을 〈보기〉에서 고른 것은?

- 소리나 움직임에 크게 놀라는 반응을 보이며 얼굴과 팔을 움직이면서 불안정한 목소리로 말한다. 이 증상은 다른 학생이 주목하는 긴장된 상황에서 더욱 심하게 일어난다. ── 놀람반사: 갑작스러운 큰 소리에 의해 나타나며 어깨의 외전과 신전 반응 없이 곧바로 내전과 굴곡 양상을 보임
- 쓰기 과제를 수행할 때 의도하지 않은 불필요한 동작이나 이상한 방향으로 돌발적인 동작이 일어나 알아보기 힘든 글자를 쓴다. ── 불수의 운동형 뇌성마비의 행동적 특징
  - 근육의 떨림이나 근긴장도가 수시로 변해 팔, 손, 얼굴 근육 등에서 비자발적·불수의적인 운동이 나타남
  - 목적 없는 빠르거나 느린 운동 패턴이 나타나고, 휴식 시에도 팔다리가 꿈틀꿈틀 움직이거나 움찔거리는 불수의적 동작이 나타남
  - 불수의 운동은 움직이려고 노력하거나 말을 할 때 또는 흥분을 하거나 수의적인 움직임을 할 때 더 강하게 나타나며, 정서적으로 긴장하면 심해지는 경향이 있음
  - 머리 조절이 어렵고 중심선상에서의 운동 조절 능력이 현저히 낮음

보기
ㄱ. 근력의 무긴장
ㄴ. 원시반사의 잔존
ㄷ. 대뇌 기저핵의 손상
ㄹ. 근 골격계의 구조 이상 ── 불수의 운동형 뇌성마비의 주된 원인이 아닌 장애로 인한 2차적 증상에 해당함

① ㄱ, ㄴ  ② ㄱ, ㄷ
③ ㄴ, ㄷ  ④ ㄴ, ㄹ
⑤ ㄷ, ㄹ

참고자료 기본이론 298-299p

 키워드 불수의 운동형 뇌성마비

 구조화틀 불수의(무정위) 운동형 뇌성마비
- 손상 부위
- 행동적 특징
- 언어 특징
- 중재

 핵심개념 불수의 운동형 뇌성마비
- **손상 부위**: 동작 조절에 기여하는 대뇌핵(기저핵) 손상으로 발생
- **행동적 특징**: 갑작스러운 근긴장의 변화와 신체의 비대칭성
- **언어 특징**
  - 호흡이 거칠고 불규칙적임
  - 속삭이는 듯한 기식성 발성을 보임
  - 성대 진동이 매우 빨라 가성대 발성이 나타남
- **중재방안**
  - 반드시 칠판을 정면으로 볼 수 있도록 자리를 배치함
  - 신체의 중심선을 유지하고 두 손을 중심선상에서 교차되도록 유도하며 지도함
  - 효과적인 중심범위 운동(몸의 중심선에서 움직임을 조직)을 필요로 함

모범답안 불수의 운동형 뇌성마비

---

2020학년도 유아 A2

**03** (가)는 5세 뇌성마비 유아 슬기의 특성이고, (나)는 지체장애 유아에 대한 유아특수교사들의 대화이다. 물음에 답하시오. [5점]

(가)

> - 사지를 불규칙하게 뒤틀거나, 팔다리를 움찔거리는 행동을 보임
> - 사물에 손을 뻗을 때 손바닥이 바깥쪽으로 틀어지며 의도하지 않는 방향으로 움직임이 일어남
> - 정위반응과 평형반응이 결여되어 자세가 불안정함

1) (가)에 근거하여 슬기의 운동장애 유형을 쓰시오. [1점]

'정위'란 머리와 신체를 능동적으로 조절하는 능력인데, 불수의 운동형은 갑작스러운 근긴장의 변화로 인해 신체를 능동적으로 조절하기 어려움 → '무정위 운동형'이라고 부르기도 함

참고자료 기본이론 292-293p

 키워드 대근육 운동 기능 분류체계(GMFCS)

 구조화 툴

**뇌성마비의 분류**
- 운동 유형에 따른 분류
- 마비 부위에 따른 분류
- 기능 수준에 따른 분류(GMFCS)

**기능 수준에 따른 분류(GMFCS)**
- 평가의 특징
- 다섯 단계 분류

**핵심개념**

**대근육 운동 기능 분류체계(GMFCS)**
- 자발적으로 시작하는 동작을 평가하는 시스템
- 앉기·이동동작·몸통 균형조절능력에 초점을 두고, 학생의 최대 능력치가 아닌 일상생활을 관찰해 평가하므로 학생의 현재 기능적 활동의 수행 수준을 잘 파악할 수 있음
- 다섯 단계 분류 기준: 기능적 제한 여부, 보행 보조기구나 바퀴가 달린 이동 보조기구의 필요 여부, 동작의 질 등

 모범답안

GMFCS는 자발적으로 시작하는 동작을 평가하는 시스템으로, 앉기·이동동작·몸통 균형조절능력에 초점을 두고, 학생의 최대 능력치가 아닌 일상생활을 관찰해 평가하므로 학생의 현재 기능적 활동의 수행 수준을 잘 파악할 수 있다.

2017학년도 중등 B1

**04** 다음은 지체장애 학생 D의 특성이다. 뇌성마비 장애인의 대근육 운동 기능을 평가하는 ㉠의 평가 및 분류 방법상 특징을 1가지 쓰시오. [4점]

> 경직형 사지마비(spastic quadriplegia)가 있는 학생 D는 ㉠<u>대근육 운동 기능 분류체계(Gross Motor Function Classification System ; GMFCS)</u>의 4수준으로, 휠체어를 이용해 이동한다. 대부분의 시간을 휠체어에 앉아 생활하지만, 교수·학습 장면에서는 종종 서기 자세 보조기기인 ㉡<u>프론 스탠더(prone stander)</u>를 사용한다. D는 ㉢<u>강직성 씹기반사(tonic bite reflex)</u>가 일어나는 경우가 있어서 음식 섭취 시 주의를 기울일 필요가 있다.

## 확장하기

### ★ 대근육 운동 기능 분류체계(GMFCS) – 6~12세 (박은혜 외, 『함께 생각하는 지체장애 학생 교육』, 2018.)

| GMFCS level I |
|---|

- 학생은 가정·학교·실외·지역사회에서 보행이 가능함
- 신체적 보조 없이 경계석을 오르내릴 수 있고, 난간을 잡지 않고 계단을 오르내릴 수 있음
- 달리기나 뛰기 등 대근육 운동을 수행할 수 있으나 속도·균형·협응 면에서 제한이 있으며, 개인의 선택과 환경적 요인에 따라 체육 및 스포츠 활동에 참여할 수 있음

| GMFCS level II |
|---|

- 학생은 대부분의 환경에서 걸을 수 있고 먼거리 걷기, 평평하지 않고 경사진 길 걷기, 사람이 붐비는 곳이나 좁은 곳 걷기, 걸으면서 물건 옮기기에 한계를 보임
- 난간을 잡고 계단을 오를 수 있지만, 난간이 없으면 신체적 보조를 받아서 계단을 오름
- 야외와 지역사회에서 신체적 도움을 받거나 손으로 잡는 이동기구를 이용해 걷고, 먼 거리는 휠체어를 사용해 이동하며, 달리기와 뛰기 등 대근육 운동 기술 능력은 매우 부족함
- 체육 및 스포츠 활동 참여를 위해서는 수정이 필요함

| GMFCS level III |
|---|

- 학생은 실내에서 대부분 손으로 잡는 이동기구를 이용해 걸음
- 앉을 때는 골반의 정렬과 균형을 위해 좌석벨트를 사용함
- 앉았다 일어나거나 바닥에서 일어날 때 타인의 신체적 도움이나 지지면이 필요함
- 먼 거리 이동 시 휠체어를 사용하며, 다른 사람이 옆에 서 있거나 신체적 보조를 제공하면 난간을 잡고 계단을 오르내릴 수 있음
- 보행 능력이 제한적이므로 체육 및 스포츠 활동에 참여하기 위해 수동 휠체어 및 전동 휠체어와 같은 기구가 필요함

| GMFCS level IV |
|---|

- 학생은 대부분의 환경에서 타인의 신체적 도움을 받거나 전동 휠체어를 사용함
- 몸통과 골반의 자세 조절을 위해 개조된 의자가 필요함
- 이동 시 대부분 신체적 도움이 필요하고, 가정에서는 바닥에서 구르거나 기어서 이동하고 신체적 도움을 받아 짧은 거리를 걷거나 전동휠체어를 사용함
- 보행은 어렵지만 자세를 유지하며 잘 앉아 있을 수 있음
- 자세를 잡아주면 학교나 가정에서 체간지지 워커를 사용할 수 있고, 학교·야외·지역사회에서 타인이 학생의 수동 휠체어를 밀어주거나 전동 휠체어를 사용해 이동함
- 이동성의 제한으로 인해 체육 및 스포츠 활동에 참여하기 위해서는 신체적 도움이나 전동 휠체어와 같은 장치가 필요함

| GMFCS level V |
|---|

- 학생은 모든 환경에서 수동 휠체어로 다른 사람이 옮겨주어야 함
- 중력에 대항해 머리와 몸통의 자세를 유지하기 어렵고, 팔과 다리의 움직임 조절에 제한이 있으며, 머리를 가누고/앉고/서고/이동하기 등을 위해 보조공학을 사용하거나, 이런 장비로는 완전히 보완되지 않고, 이동할 때는 전적으로 타인의 신체적 도움이 필요함
- 가정에서 학생은 바닥에서 짧은 거리를 이동하거나 성인이 안아서 옮겨주어야 하고, 좌석과 조작 방법을 수정한 전동휠체어를 사용해 스스로 이동할 수 있지만, 이동성의 제한으로 인해 체육 및 스포츠 활동에 참여하기 위해서는 신체적 도움이나 전동 휠체어와 같은 장치가 필요함

## ⚑ GMFCS 각 단계 간 주요한 구분 기준

| | |
|---|---|
| 1단계와 2단계의 구분 | • 1단계의 아동·청소년에 비해 2단계의 아동·청소년은 장거리를 걷거나 균형을 잡는 데 제한적임<br>• 처음 걸음마를 배울 때 손으로 잡는 보행보조기구가 필요할 수도 있음<br>• 실외나 지역 사회에서 장거리를 갈 때 바퀴 달린 이동 장비를 쓸 수도 있음<br>• 계단을 오르내릴 때 난간을 잡아야 함<br>• 달리기나 점프를 하지 못할 수도 있음 |
| 2단계와 3단계의 구분 | • 2단계의 아동·청소년은 4세 이후에는 손으로 잡는 보행보조기구 없이도 걸을 수 있음(물론 가끔씩은 쓸 수 있음)<br>• 3단계의 아동·청소년은 실내에서 걸으려면 손으로 잡는 보행보조기구가 필요하고, 실외나 지역사회에서는 바퀴 달린 이동 장비를 사용함 |
| 3단계와 4단계의 구분 | • 3단계의 아동·청소년은 혼자서 앉거나 약간 잡아주거나 받쳐주면 앉을 수 있고, 4단계에 비해 더 독립적으로 일어설 수 있으며, 손으로 잡는 보행보조기구가 있으면 걸을 수 있음<br>• 4단계의 아동·청소년은 앉을 수는 있지만(대개 잡아줘야 함) 독립적인 이동은 제한적임<br>• 4단계의 아동·청소년은 수동 휠체어에 태워 다른 사람이 옮겨줘야 하거나 전동 이동 장비를 사용할 가능성이 더 높음 |
| 4단계와 5단계의 구분 | • 5단계의 아동·청소년은 목과 몸통을 가누는 것이 매우 제한적이며, 상당한 정도의 보조 기술과 신체적 보조가 필요함<br>• 아동·청소년은 전동 휠체어 작동법을 배워야 스스로 이동할 수 있음 |

참고자료: 기본이론 292-293p

 키워드: 대근육 운동 기능 분류체계(GMFCS)

 구조화틀:
기능 수준에 따른 분류(GMFCS)
- 평가의 특징
- 다섯 단계 분류

핵심개념: 대근육 운동 기능 분류체계(GMFCS)
- 자발적으로 시작하는 동작을 평가하는 시스템
- 앉기, 이동동작, 몸통 균형조절능력에 초점을 두고 학생의 최대 능력치가 아닌 일상생활을 관찰해 평가하므로 학생의 현재 기능적 활동의 수행 수준을 잘 파악할 수 있음
- 다섯 단계 분류 기준: 기능적 제한 여부, 보행 보조기구나 바퀴가 달린 이동 보조기구의 필요 여부, 동작의 질 등

 모범답안: 학생은 모든 환경에서 수동 휠체어로 다른 사람이 옮겨줘야 한다.

2020학년도 초등 B2

**05** (가)는 지체장애 특수학교에 다니는 학생들의 특성이고, (나)는 2015 개정 특수교육 교육과정 중 기본 교육과정 실과 5~6학년군 '즐거운 여가 생활' 단원 수업 활동 계획의 일부이다. 물음에 답하시오. [5점]

(가) 학생 특성

| 준우 | • 경직형 뇌성마비<br>• 사지마비가 있음<br>• 모든 운동 기능이 제한적임 ┐<br>• 머리 조절이 어렵고, 체간이 한쪽으로 기울어짐 ┘ [B] |

GMFCS 5단계
- 학생은 모든 환경에서 수동 휠체어로 다른 사람이 옮겨줘야 함
- 중력에 대항해 머리와 몸통의 자세를 유지하기 어렵고, 팔과 다리의 움직임 조절에 제한이 있으며, 머리를 가누기・앉기・서기・이동하기 등을 위해 보조공학을 사용하거나, 이런 장비로는 완전히 보완되지 않고 타인의 신체적 도움이 필요함

1) '대근육 운동 기능 분류체계(Gross Motor Function Classification System Expanded and Revised; GMFCS-E&R, 6~12세)'에서 [B]가 해당되는 단계의 이동 특성을 이동보조기기와 관련지어 쓰시오. [1점]

기본이론 292-293p, 294-297p

- 경직형 뇌성마비
- 대근육 운동 기능 분류체계(GMFCS)

**경직형 뇌성마비**
- 손상 부위
- 행동적 특징
- 언어 특징
- 하위 유형
- 중재

**기능 수준에 따른 분류(GMFCS)**
- 평가의 특징
- 다섯 단계 분류

**경직형 뇌성마비**
- **손상 부위**: 추체계 손상(대뇌피질의 운동영역)
- **행동적 특징**: 과긴장
  - 근긴장이 증가하고 근육을 수동적으로 움직일 때 지속적인 저항이 나타남
  - 근육이 뻣뻣하고 움직임이 둔함
  - 쉬고 있는 동안에도 과긴장이 나타남
  - W 앉기, 첨족, 가위모양의 자세, 라운드 백, 접칼강직, 바빈스키 양성반응 등
- **언어 특징**
  - 치조음 발성 어려움
  - 연인두 개폐 기능 부전으로 과대비음과 보상조음을 보임
  - 말이 폭발적이고, 일시적 호흡 이상으로 말이 끊어지거나 느린 실성증적 음성을 보임
  - 성대의 과도한 긴장으로 후두에서 쥐어짜는 듯한 긴장된 노력성 발성 특징을 보임
- **중재방안**
  - 불필요한 자극을 제공받지 않고, 움직임을 방해하지 않도록 학생을 뒷자리에 배치하고 책상을 낮춰줌
  - 경직형 편마비 학생은 마비 부위를 사용하지 않으려는 경향이 있으므로, 양손을 함께 사용하는 활동을 제공하고 마비가 심한 쪽을 사용할 수 있도록 학습교재를 배치함

① 경직형 뇌성마비
② 휠체어에 앉아 체간의 정렬을 유지할 수 있다.

---

2021학년도 초등 B1

**06** (가)는 미나의 개별화교육지원팀 회의록이고, (나)는 보호자와 담임 교사의 대화이다. 물음에 답하시오. [5점]

(가) 개별화교육지원팀 회의록

| 일시 | 2020년 ○월 ○일 16:00~17:00 |
|---|---|
| 장소 | △△학교 열린 회의실 |
| 협의 내용 요지 | 1. 대상 학생의 현재 장애 특성<br>• 대뇌피질의 손상이 원인<br>• 근육이 뻣뻣하고 움직임이 둔함 [A]<br>• 양마비가 있음<br>• 까치발 형태의 첨족 변형과 가위 모양의 다리<br>• ㉠ <u>대근육 운동 기능 분류 시스템(Gross Motor Function Classification System ; GMFCS) 4단계</u><br>• ㉡ <u>수동 휠체어 사용</u> |

**GMFCS 4수준**
- 학생은 대부분의 환경에서 타인의 신체적 도움을 받거나 전동 휠체어를 사용함
- 보행은 어렵지만 자세를 유지하며 잘 앉아 있을 수 있음
- 자세를 잡아주면 학교나 가정에서 체간지지 워커를 사용할 수 있고, 학교·야외·지역사회에서 타인이 수동 휠체어를 밀어주거나 전동 휠체어를 사용해 이동함

1) ① (가)의 [A]에 나타난 미나의 뇌성마비 유형을 쓰고,
② ㉠에서 가능한 ㉡의 사용 능력을 쓰시오. [2점]

※ 학생의 특성(GMFCS)에 근거해 휠체어 '사용 능력'에 맞춰 작성해야 함

기본이론 292-293p

대근육 운동 기능 분류체계(GMFCS)

**기능 수준에 따른 분류(GMFCS)**
- 평가의 특징
- 다섯 단계 분류

**GMFCS 4수준**
- 학생은 대부분의 환경에서 타인의 신체적 도움을 받거나 전동 휠체어를 사용함
- 보행은 어렵지만 자세를 유지하며 잘 앉아 있을 수 있음
- 자세를 잡아주면 학교나 가정에서 체간지지 워커를 사용할 수 있고, 학교·야외·지역사회에서 타인이 수동 휠체어를 밀어주거나 전동 휠체어를 사용해 이동함

모범답안: 체간지지 워커

2024학년도 초등 A2

**07** 다음은 특수교육지원센터의 질의응답 게시판에 올라온 보조공학 기기와 관련된 글의 일부이다. 물음에 답하시오. [5점]

Q : 우리 반 학생은 쓰기 활동에 컴퓨터를 활용하고 있습니다. 그런데 키보드로 자료를 입력할 때 오타가 많아 힘들어 합니다. 도와줄 수 있는 방법이 있을까요?

A : 이 학생의 경우 키가드나 ㉠단어 예측 프로그램을 사용하면 도움이 될 것 같습니다.

Q : 한 가지 더 질문이 있습니다. 이 학생은 ㉡불수의 운동형 뇌성마비를 가지고 있으며, 대근육 운동 기능 평가(Gross Motor Function Classification System : GMFCS) 결과 4단계라고 합니다. 다음 주에 실내 체험학습을 갈 때 어떤 보조기기를 활용하는 것이 좋을까요?

A : 체험학습이라면 실내 활동이라도 이동 거리가 상당할 것으로 보입니다. 이런 경우에는 휠체어가 적절할 것 같습니다. 다만 실내 좁은 공간이라면 학생의 운동 기능을 고려할 때 ( ㉢ )을/를 추천합니다.

1) ㉡을 고려하여 ㉢에 들어갈 보조기기를 쓰시오. [1점]

기본이론 290-291p

경직형 뇌성마비

뇌성마비의 분류
- 운동 유형에 따른 분류
- 마비 부위에 따른 분류
- 기능 수준에 따른 분류

운동유형에 따른 분류
- **추체계**: 운동피질과 운동피질에서 척수로 내려오는 경로인 추체로로 구성 → 추체계에 해당하는 일차 운동피질의 각 영역은 특정 신체 부분의 동작을 조절함

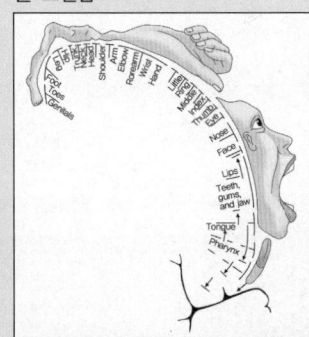

- **추체외로계**
  - **대뇌핵**: 두뇌 중앙에 위치하고 있으며, 복잡한 움직임 패턴의 강도·방향·속도·순서를 조절하는 역할
  - **소뇌**: 각 두뇌 반구의 후두엽 아래에 위치하고 있으며, 운동 활동의 타이밍과 동작의 협응, 몸통과 팔다리의 평형과 균형 유지에 기여하는 역할

경직형 뇌성마비

2022학년도 중등 A11

**08** (가)는 지체장애 학생 E, F, G의 특성이고, (나)는 교육 실습생이 (가)를 바탕으로 작성한 지도 시 유의사항이다. 〈작성방법〉에 따라 서술하시오. [4점]

(가) 특성

| 학생 | 특성 |
|---|---|
| E | • 추체계와 운동피질의 손상으로 인한 뇌성마비임<br>• 근긴장도가 높고 근육이 뻣뻣해지며 가위 모양 자세를 보임<br>• 비대칭성 긴장형 목반사(ATNR)를 보임<br>• 위식도 역류를 보이며, 강직성 씹기반사가 나타남 |
| F | • 사지마비 뇌성마비임<br>• 고개를 가누지 못하고, 앉아 있을 때 머리와 몸통이 앞쪽으로 굴곡됨<br>• 다른 사람의 도움을 받아 수동 휠체어로 이동함 |
| G | • 뇌성마비로 대근육 운동 기능 체계(GMFCS) 3수준임<br>• 실내에서 손으로 잡는 이동 기구를 사용하여 이동할 수 있음<br>• 보행 시 신체의 무게중심이 앞으로 기울어지는 경향을 보임 |

— GMFCS 5수준에 해당함

〈작성방법〉
(가)에 제시된 학생 E의 운동장애에 따른 뇌성마비 유형을 쓸 것.

참고자료 기본이론 294-297p

키워드 경직형 뇌성마비

구조화툴 **경직형 뇌성마비**
- 손상 부위
- 행동적 특징
- 언어 특징
- 하위 유형
- 중재

핵심개념 **경직형 뇌성마비의 하위 유형**
- **경직형 사지마비**
  - 상지와 하지가 모두 손상을 받은 가장 심한 유형으로, 보통 다리가 팔보다 더 심각한 상태를 보임
  - 과도한 동시수축으로 나타남
  - 과잉긴장으로 소리·위치·자극에 대해 공포심·불안감을 느끼기도 하고, 머리조절 능력이 현저히 떨어지며, 침을 흘리고 의사소통장애가 수반됨
- **경직형 양마비**
  - 주로 하지가 손상을 받은 상태이나, 상지의 손상도 존재함
  - 몸통의 회전 능력이 부족해 옆으로 앉는 자세를 취하기 어려움
  - 뒤로 넘어가는 체중 이동을 보상하기 위해 등을 구부린 채로 앉거나, 양다리를 옆으로 벌려 'W' 형태로 앉는 자세 등 부적절한 자세를 취해 균형을 유지하려는 보상 작용이 뇌성마비 유형 중 가장 많이 나타남
- **경직형 편마비**
  - 몸의 한쪽 편만 마비가 된 경우로, 두뇌 한쪽 부분의 운동피질에 손상이 발생한 것
  - 대부분 걸을 수 있으나, 마비된 쪽의 팔·다리를 사용하지 않는 경향이 있으며 모든 기능적인 동작을 손상되지 않은 쪽으로 해결하려고 함. 그러나 한쪽 신체만 지나치게 사용하면 발작이 나타날 우려가 있으므로 주의해야 함

모범답안 경직형 사지마비

---

2017학년도 유아 A1

**09** 다음은 중복장애 유아 동우의 어머니가 유아특수교사인 김 교사와 나눈 상담 내용의 일부이다. 물음에 답하시오. [6점]

> 김 교사: 어머니, 가족들이 동우와 의사소통하는 데 어려움이 있다고 하셨지요?
> 어 머 니: 네, 동우는 ㉠<u>근긴장도가 높아서 팔다리를 모두 움직이기가 어렵고, 몸을 움직이려고 하면 뻗치는 경우가 많잖아요.</u> 그리고 선생님께서 아시는 것처럼 시각장애까지 있어서, 말하는 것은 물론 눈빛으로 표현하는 것도 어려워해요. 가족들은 동우가 뭘 원하는지 알 수가 없어요.

1) ㉠에 해당하는 동우의 운동장애 형태 및 마비 부위에 따른 지체장애 유형을 쓰시오. [2점]

참고자료: 기본이론 294-297p

키워드: 경직형 뇌성마비

구조화틀

경직형 뇌성마비
- 손상 부위
- 행동적 특징
- 언어 특징
- 하위 유형
- 중재

핵심개념

**W 앉기 자세(정동훈 외, 2018.)**
- 앉기 자세에서 감소한 균형 능력을 보상하고 안정성을 얻기 위해 'W 앉기' 자세를 취하는 경우가 많으나, 이 자세는 비정상적인 하지 정렬을 초래하고 관절에 무리가 가므로 피해야 함
- 뒤로 넘어가는 체중 이동을 보상하기 위해 등을 구부린 채로 앉는 자세, 양다리는 옆으로 'W' 형태로 앉는 자세 등 부적절한 자세를 취해 균형을 유지하려는 보상작용은 경직형 양마비에서 가장 많이 나타남

**W자형 앉기 자세(박은혜 외, 2019.)**
- W자형으로 앉는 자세는 넓은 지지면을 제공하고 체중을 앞뒤로 옮기기 편한 자세임
- 그러나 이러한 자세는 엉덩이와 무릎 관절의 긴장을 높이고 회전운동과 측면으로의 체중 이동을 어렵게 함

모범답안

앉기 자세에서 감소한 균형 능력을 보상하고 안정성을 얻기 위해 'W 앉기' 자세를 취하는 경우가 많다.

---

2019학년도 초등 A6

**10** 다음은 성재를 위한 교육지원 협의회 회의록의 일부이다. 물음에 답하시오. [5점]

| 일시 | 2018년 ○월 ○일 15:00~16:00 | | |
|---|---|---|---|
| 장소 | 특수학급 | 기록자 | 특수교사 |
| 참석자 | 통합학급 교사, 특수교사, 보건교사, 치료지원 담당자, 전문상담교사, 보호자 | | |
| 발언 내용 | | | |

보 건 교 사: 성재는 경직형 양마비 지체장애 학생인데, 뇌전증도 있어요. 성재는 지난 4월에 교실에서 온몸이 경직되고 호흡 곤란이 오면서 입에 침이 고이고 거품이 입 밖으로 나오는 격렬한 발작을 했습니다. 선생님, 많이 놀라셨지요?

…(중략)…

특 수 교 사: 성재는 매트 위에 앉아서 놀 때 ⓒ<u>양다리를 좌우로 벌려 W모양으로 앉던데</u>, 괜찮나요?

치료지원 담당자: 그런 자세가 계속되면 서기나 걷기 그리고 일상생활에도 문제가 생길 수 있어서 자세 지도가 필요합니다.

> 보상적 자세는 비정상적인 하지 정렬을 초래하고 관절에 무리가 가는 자세이므로 피해야 함

보 호 자: 아, 그렇군요. 성재는 집에 오면 휠체어에 앉아서 지내는 시간이 많아요. ⓔ<u>휠체어에 바르게 앉는 자세</u>에 대해서 알고 싶습니다.

치료지원 담당자: 무엇보다 신체의 정렬 상태가 안정적이며 균형 잡힌 상태를 유지하는 것이 중요합니다.

특 수 교 사: 맞아요. 저희 교실에서도 서기 자세를 지도하고 있습니다. 다행히 성재는 자기 스스로 목을 가눌 수 있고, 상체 조절이 어느 정도 가능합니다. 그래서 선 자세에서 체중을 앞으로 실은 채 자세를 조금 기울여 두 손을 쓸 수 있도록 ( ⓕ )을/를 사용하고 있어요.

2) 다음 그림은 ⓒ 자세이다. 이와 같이 앉는 이유를 1가지 쓰시오. [1점]

기본이론 294-297p

 경직형 뇌성마비

 경직형 뇌성마비
- 손상 부위
- 행동적 특징
- 언어 특징
- 하위 유형
- 중재

 경직형 편마비
- 몸의 한쪽 편만 마비가 된 경우로, 두 뇌 한쪽 부분의 운동피질에 손상이 발생한 것
- 대부분 걸을 수 있으나, 마비된 쪽의 팔·다리를 사용하지 않는 경향이 있으며 모든 기능적인 동작을 손상되지 않은 쪽으로 해결하려고 함. 그러나 한쪽 신체만 지나치게 사용하면 발작이 나타날 우려가 있으므로 주의해야 함

 양손 협응을 위해 마비되지 않은 오른손으로 마비된 왼손의 아랫부분을 받쳐서 양손으로 씻을 수 있도록 지도한다.

2018학년도 중등 A14

**11** 다음은 교육실습생이 파악한 학생의 특성과 특수교사의 조언을 정리한 내용이다. 〈작성방법〉에 따라 서술하시오. [4점]

| 학생 | 특성 | 특수교사 조언 |
|---|---|---|
| K | • 경직형 뇌성마비 학생임<br>• 왼쪽 편마비임 | 체육 시간이 끝난 후, 학생의 특성을 고려하여 세면대에서 ㉠'손으로 얼굴 씻기'를 지도함 |

─ 작성방법 ─
학생 K의 특성을 고려하여 밑줄 친 ㉠의 적절한 지도방법을 1가지 제시하고, 그 이유를 서술할 것.

**경직형 편마비 중재**
- 마비 부위를 사용하지 않으려는 경향이 있으므로, 양손을 함께 사용하는 활동을 제공함
- 마비가 심한 쪽을 사용할 수 있도록 학습교재를 배치함
  예 왼쪽에 편마비가 있는 경우 왼쪽에 칠판을 두어 고개를 왼쪽으로 돌리도록 유도하고, 왼쪽에 학습교재를 배치해 왼손을 사용할 수 있도록 기회를 제공함

참고자료 : 기본이론 294-297p

 키워드 : 경직형 뇌성마비

 구조화틀

**경직형 뇌성마비**
- 손상 부위
- 행동적 특징
- 언어 특징
- 하위 유형
- 중재

 핵심개념

**경직형 편마비 중재방안**
- 불필요한 자극을 제공받지 않고, 움직임을 방해받지 않도록 학생을 뒷자리에 배치하고 책상을 낮춰줌
- 경직형 편마비 학생은 마비 부위를 사용하지 않으려는 경향이 있으므로, 양손을 함께 사용하는 활동을 제공하고 마비가 심한 쪽을 사용할 수 있도록 학습교재를 배치함

**모범답안**
① 미주가 고개를 오른쪽으로 돌려 TV를 시청할 수 있도록 자리를 배치한다.
② 편마비가 있는 오른쪽 신체를 사용할 수 있는 기회를 자연스럽게 제공하기 위함이다.

---

2018학년도 초등 A3

**12** (가)는 지체장애 학생 미주와 영수의 특성이고, (나)는 교사가 2011 개정 특수교육 교육과정 중 기본 교육과정 사회과 5~6학년 '우리나라의 명절과 기념일' 단원을 지도하기 위해 개념 학습 모형에 따라 작성한 수업 계획의 일부이다. 물음에 답하시오. [6점]

(가)

| 미주 | • ㉠ 경직형 뇌성마비이며 오른쪽 편마비를 가짐<br>• 발화는 가능하나 발음은 부정확함 |
|---|---|

(나)

- 학습 내용 소개
  - ㉡ 텔레비전으로 국경일 동영상 시청하기
- ( ㉢ )
  - 자신이 가장 기뻐하고 축하받은 날에 대해 ㉣ 이야기 나누기   [A]

⇩

- 개념 제시
  - 국경일 관련 경험에 대해 이야기 나누기
  - 국경일 관련 특별 행사 참여 경험 나누기
  - 국경일 관련 특별 프로그램 시청 경험 나누기
- 개념에 대한 정의 내리기   [B]

⇩

- 추가 사례 찾기
  - 삼일절, 제헌절, 광복절, 개천절, 한글날 관련 경험 발표하기
- 속성 분류하기

1) (가)의 밑줄 친 ㉠을 고려할 때 (나)의 밑줄 친 ㉡ 활동에서 자세 지도를 위한 ① 미주의 자리 배치 방법과 ② 그 이유 1가지를 쓰시오. [2점]

기본이론 294-297p

 경직형 뇌성마비

 경직형 뇌성마비
- 손상 부위
- 행동적 특징
- 언어 특징
- 하위 유형
- 중재

**강직형 뇌성마비**
- 손상 부위: 기저핵 손상
- 행동적 특징: 근육의 신축성 상실
  - 근육의 신축성을 상실해 강한 운동저항을 보임
  - 팔다리를 펴거나 굽히는 근육이 모두 뻣뻣해 움직임이 거의 없거나 느리고, 수동적으로 구부리거나 펼 때 납 파이프를 구부리는 것처럼 관절 운동 범위의 처음부터 끝까지 일정한 저항감이 나타나는데, 이를 '톱니바퀴 현상'이라고 함
  - 주로 중증 지적장애와 함께 나타남

**진전형 뇌성마비**
- 손상 부위: 기저핵 또는 소뇌의 손상
- 행동적 특징: 불수의적 떨림
  - 움직일 때 벌벌 떠는 것과 같은 불수의적인 리듬운동을 보임
  - 불수의적 떨림으로 운동조절능력이 낮고, 보행실조·손과 발의 길항운동 반복 불능증 등을 보임
- 언어 특징: 말을 할 때 떨림과 말더듬 현상이 심하게 나타남

**원시적 집단반사**
전신에서 신전 혹은 굴곡이 나타나는 반사로, 무릎을 구부리면 고관절과 발목 관절 등도 전부 구부러지고, 펴면 몸 전체가 펴지는 움직임 패턴임

 ④

---

2009학년도 중등 33

**13** 그림과 같이 하지의 내전 구축으로 '가위' 형태의 자세를 보이기도 하며, 걸을 수 있는 경우 첨족(equinus) 보행을 특징으로 하는 뇌성마비의 생리적 분류 유형에 대한 설명으로 가장 적절한 것은? — 경직형 뇌성마비

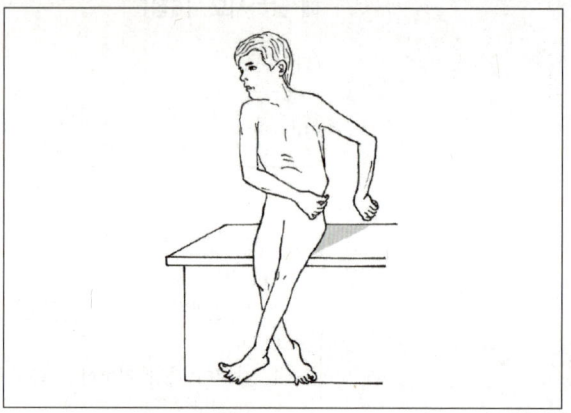

① 근긴장도가 낮아 몸통과 사지를 반복적으로 일정하게 비틀거나 운동의 중복성이 있다.

② 과잉동작이나 불수의적 운동은 거의 없지만 근육 신축성이 없어 운동 저항이 강하고 지능도 낮다.

③ 뇌막염과 같은 출생 후 질병으로 인해 추체외로가 손상되어 경련성 근긴장과 불수의적 운동이 모두 나타난다.

④ 운동피질의 손상으로 신전과 굴곡의 원시적 집단반사가 보여 자동운동이 어렵고 제어하기 어려운 간헐적인 경련이 있다.

⑤ 소뇌 기저핵 손상이 광범위하여 바빈스키 양성 반응이 1세 이후에도 지속되며 평형감각이 낮아 자세 불안정과 눈과 손발의 불협응이 보인다.

① '운동의 중복성'이란 동작 조절에 기여하는 기저핵 손상으로 인해 수의적인 움직임을 할 때 불수의적 움직임을 동반하는 현상 → 불수의 운동형 뇌성마비 유형에 해당함

② 강직형 뇌성마비 유형에 해당함

③ 추체외로 손상으로 경련성 근긴장과 불수의적 운동을 보임 → 진전형 뇌성마비 유형에 해당함

④ 운동피질의 손상 = 대뇌피질의 손상 → 경직형 뇌성마비 유형에 해당함

⑤ 소뇌 손상으로 평형감각과 협응에 문제를 보임 → 운동실조형 뇌성마비 유형에 해당함

2019학년도 중등 B6

**14** 다음은 지체장애 ○○특수학교의 특수교사와 특수교육 교육공무직원 간에 나눈 대화 내용이다. 〈작성방법〉에 따라 서술하시오. [5점]

> 교육공무직원: 선생님, 학생 K와 L은 모두 뇌성마비가 있는데 그 특성이 서로 달라 보여요.
> 특 수 교 사: 네. ㉠학생 K의 뇌성마비 유형은 경직형이고, 학생 L은 무정위운동형입니다. 뇌성마비는 뇌의 손상 부위에 따라 다른 운동 패턴을 보이는데 경직형 뇌성마비는 ( ㉡ )에 손상을 입은 경우이고, 무정위 운동형은 동작 조절에 기여하는 기저핵 손상이 원인이라고 알려져 있어요. 뇌성마비 학생들은 경련, 시각장애, 그리고 청각장애와 같은 부수적인 장애를 보이는 경우도 많지요.
>
> …(하략)…

― 운동유형에 따른 분류

― 기저핵의 역할

[작성방법]

• 밑줄 친 ㉠에서 제시된 뇌성마비 유형 2가지의 신체 운동 특성을 근긴장도 이상의 측면에서 각 1가지씩 서술할 것.
• 괄호 안의 ㉡에 들어갈 용어를 쓸 것.

※ 답안 작성 시 제시문의 맥락을 잘 확인하기

---

 기본이론 294-297p, 298-299p

- 경직형 뇌성마비
- 불수의 운동형 뇌성마비

경직형 뇌성마비
├ 손상 부위
├ 행동적 특징
├ 언어 특징
├ 하위 유형
└ 중재

불수의(무정위) 운동형 뇌성마비
├ 손상 부위
├ 행동적 특징
├ 언어 특징
└ 중재

운동유형에 따른 분류
• **추체계**: 운동피질과 운동피질에서 척수로 내려오는 경로인 추체로로 구성 → 추체계에 해당하는 일차 운동피질의 각 영역은 특정 신체 부분의 동작을 조절함
• **추체외로계**
  – **대뇌핵**: 두뇌 중앙에 위치하고 있으며, 복잡한 움직임 패턴의 강도·방향·속도·순서를 조절하는 역할
  – **소뇌**: 각 두뇌 반구의 후두엽 아래에 위치하고 있으며, 운동 활동의 타이밍과 동작의 협응, 몸통과 팔다리의 평형과 균형 유지에 기여하는 역할

• 경직형은 근긴장이 증가하고 근육을 수동적으로 움직일 때 지속인 저항이 나타난다.
  불수의 운동형은 근육의 떨림이나 근긴장도가 수시로 변해 팔, 손, 얼굴 근육 등에서 비자발적이고 불수의적인 운동이 나타난다.

• ㉡ 대뇌(운동)피질

2020학년도 중등 B10

**15** (가)는 ○○중학교에 재학 중인 지체장애 학생 3명의 특성이고, (나)는 체육교사가 이를 바탕으로 작성한 지도 계획의 일부이다. 〈작성방법〉에 따라 서술하시오. [4점]

(가) 특성

| 학생 | 특성 |
|---|---|
| L | • 뇌성마비<br>• 뇌손상 부위와 마비 부위는 다음과 같음<br>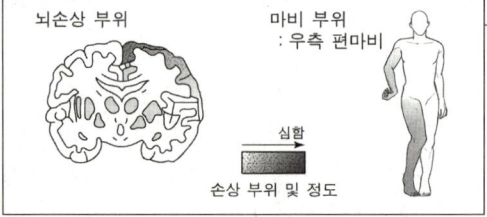<br>신경은 교차되므로 좌측 대뇌피질의 손상은 우측 신체에 마비를 초래함 |
| M | • 뇌성마비<br>• 소뇌 손상으로 발생함<br>• 평형이나 균형을 잡기 위한 협응이 잘 이루어지지 않음<br>• 다리를 넓게 벌리고, 팔을 바깥쪽으로 올리고 걷는 형태를 보임 — 실조성 보행 |

(나) 대화

| 학생 | 지도 시 유의사항 |
|---|---|
| L | • 신체의 양쪽을 사용하도록 지도하기<br>• 체육복 착·탈의 점검하기<br>(단기목표: ⓒ 체육복 바지 입기) |
| M | • 신체 활동 시 충분한 시간 주기<br>• 대근육 활용 촉진하기 |

**〈작성방법〉**

(가)의 학생 M의 특성에 근거하여 학생 M의 운동장애 유형을 쓸 것.

기본이론 299-300p

운동실조형 뇌성마비

운동실조형 뇌성마비
- 손상 부위
- 행동적 특징
- 언어 특징
- 중재

**운동실조형 뇌성마비**
- **손상 부위**: 추체외로의 소뇌 손상
- **행동적 특징**: 저긴장
  - 소뇌 손상으로 인해 균형감각이 부족하며, 거리감각과 공간에서 자세조절 능력에 어려움을 보임
  - 몸통의 회전운동 시 근긴장이 정상 또는 정상 이하로 떨어지는 저긴장을 보이며, 정상 이상의 과도한 긴장은 나타나지 않음
  - 몸통과 하지의 균형감각과 균형에 필요한 협응력 부족으로 몸통의 안정성과 자세의 긴장이 떨어지나, 팔과 손의 기능은 좋은 편임
  - 보행을 위해 다리를 넓게 벌리고 균형을 잡기 위해 팔을 올리고 걷는 보행 형태(실조성 보행)를 보임
- **언어 특징**
  - 조음의 부정확성을 보임
  - 말하는 속도가 느림
  - 소리의 크기와 높이가 매우 단조로움
  - 로봇이 말하듯 끊어지는 듯한 소리로 음절이 단절됨
- **중재방안**
  - 교실의 측면에 배치해 몸통의 협응운동과 회전운동이 자연스럽게 발생하도록 유도함
  - 정확한 동작을 위해 신체와 관절부위에 감각훈련을 제공함
    예) 무게감 있는 조끼를 착용해 고유수용감각능력을 증진시킬 수 있음
  - 공간에서 움직임이 어렵기 때문에 물리적 교실환경을 구성해야 함
    예) 방해받지 않고 이동할 수 있도록 공간을 확보하거나, 교육활동에 접근이 용이한 자리에 배치

운동실조형 뇌성마비

---

2025학년도 초등 B4

**16** (가)는 특수학교 5학년에 재학 중인 지체장애 학생들의 특성이고, (나)는 예비 교사와 지도 교사의 대화 내용의 일부이며, (다)는 예비 교사가 작성한 2015 개정 특수교육 기본 교육과정 체육과 5~6학년군 '2. 고정 표적으로 물체 보내기' 단원의 교수·학습 과정안의 일부이다. 물음에 답하시오. [5점]

(가)

| 학생 | 특성 |
|---|---|
| 영희 | • 소뇌 손상<br>• 머리가 흔들리는 등 운동 조절이 곤란함 ⎤<br>• 기저면을 넓게 벌리고 팔을 바깥쪽으로 벌려 걸음 ⎦ [A] — 실조성 보행<br>• 조음이 불명확하고 말의 속도가 느림 |

1) (가)의 ① [A]를 고려하여 영희의 뇌성마비 유형을 쓰시오.

기본이론 294-300p

뇌성마비의 운동 유형별 특성 및 중재

경직형 뇌성마비
- 손상 부위
- 행동적 특징
- 언어 특징
- 하위 유형
- 중재

불수의 운동형(무정위) 뇌성마비
- 손상 부위
- 행동적 특징
- 언어 특징
- 중재

운동실조형 뇌성마비
- 손상 부위
- 행동적 특징
- 언어 특징
- 중재

③

### 2011학년도 중등 25

**17** 그림은 한 뇌성마비 학생의 뇌손상 부위와 정도를 나타낸 것이다. 이 학생의 운동 및 말(speech) 특성을 설명한 것으로 옳은 것은?

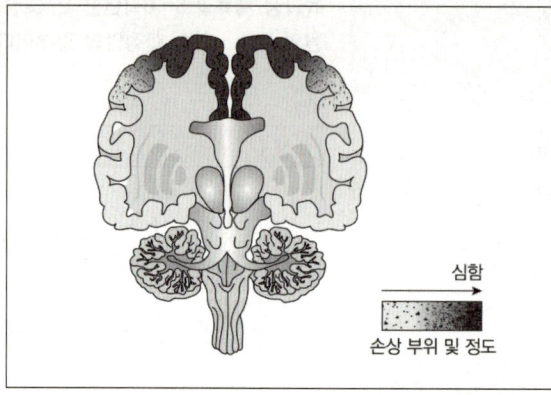

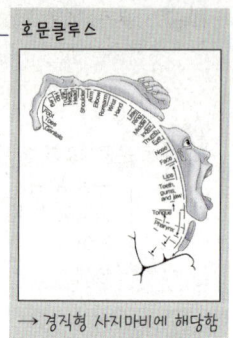
호문쿨루스

→ 경직형 사지마비에 해당함

| | 운동 특성 | 말 특성 | |
|---|---|---|---|
| ① | 균형 감각과 방향 감각이 없어 걸음이 불안정하다. | 말하는 속도가 느리고, 음절을 한 음 한 음씩 끊어서 말한다. | ① 운동실조형 뇌성마비에 대한 설명임 |
| ② | 몸의 같은 쪽 상지와 하지의 근육 긴장도가 높아 발끝으로 걷는다. | 억양이 거의 없어 단조로우며, 과대비음이 나타난다. | ② 경직형 편마비 뇌성마비에 대한 설명임 |
| ③ | 상지보다 하지의 근육 긴장도가 높고 관절의 움직임이 제한되어 있다. | 성대의 지나친 긴장으로 인해 후두에서 쥐어짜는 듯이 말한다. | ③ 경직형 사지마비에 대한 설명임 |
| ④ | 스스로 조절할 수 없는 신체의 떨림으로 인해 연속적인 근육 긴장도의 변화를 보인다. | 말할 때 떨림과 말더듬 현상이 심하게 나타난다. | ④ 진전형 뇌성마비에 대한 설명임 |
| ⑤ | 전신의 근육 긴장도 변화가 심하고, 의도적으로 움직이려고 할 때 불규칙적이고 뒤틀린 동작을 보인다. | 호흡이 거칠고 기식성의 소리가 많다. | ⑤ 불수의 운동형 뇌성마비에 대한 설명임 |

기본이론 302-303p

의사소통 관련 장애

**의사소통 특성**
- 의사소통 관련 장애
- 기초능력의 강화

**의사소통 관련 장애**

| 호흡<br>장애 | • 역호흡 증상이 나타남<br>• 호흡량이 부족함 |
|---|---|
| 발성<br>장애 | • 날숨 시 성대가 열려 있으면 압력이 형성되지 않아 발성이 이루어지지 않음<br>• 성대가 너무 경직되면 성대진동이 어려워 발성이 이루어지지 않음<br>• 성대긴장도가 유지되지 않으면 비정상적인 음도, 폭발적인 음성 등이 산출됨 |
| 조음<br>장애 | • 말소리의 강도, 음도, 운율상의 문제로 인해 전체적인 말의 명료도가 매우 낮음<br>• 경직형의 경우 연인두폐쇄부전의 결함으로 파열음, 마찰음, 파찰음 산출이 어렵고 과대비성이 나타남<br>• 조음기관의 기민성과 정확성이 떨어져 조음의 정확성이 낮음 |
| 운율<br>장애 | 음도, 강도, 발화 지속시간, 쉼 등의 조절에 어려움이 있음 |

⑤

2009학년도 초등(유아) 10

**18** 뇌성마비 아동 민수는 다음과 같은 호흡특성을 가지고 있다. 국어과 '말하기' 수업시간에 교사가 적용할 수 있는 지도방법으로 적절하지 않은 것은?

- 역호흡을 한다.
- 호흡이 얕고 빠르다.
- 호흡이 유연하지 않다.
- 호흡주기가 불규칙하다.

① 입과 코로 부드럽게 숨을 쉬도록 지도한다.
② 날숨과 발성의 지속시간을 연장하도록 한다.
③ 긴장하지 않고 여유 있게 심호흡을 하도록 한다.
④ 머리, 몸통, 어깨의 움직임이 안정되도록 조절한다.
⑤ 느리게 심호흡을 하고, 날숨을 조절해서 짧게 내쉬도록 한다.

기본이론 302-303p

의사소통 관련 장애

의사소통 특성
- 의사소통 관련 장애
- 의사소통 지도
  - 호흡훈련
  - 자세조정 훈련

핵심개념
**뇌성마비 아동의 의사소통 지도 (기초능력의 강화)**

- **호흡훈련**: 역호흡을 억제하고 호흡량을 증가시키는 훈련을 실시함
  예 바람개비 불기, 비눗방울 불기, 빨대로 물 불어 소리내기 등
- **자세조정 훈련**
  - 이상반사 패턴을 억제하고, 조음기관의 최소한의 노력(움직임)으로 조음이 가능하도록 하는 자세를 지도하는 것이 목적
  - 양순음은 머리를 앞으로 숙여서 양입술의 폐쇄가 쉽게 이루어지게 함
  - 경구개음과 치조음은 머리를 앞으로 숙여 혀를 조금만 움직여도 조음부위에 닿도록 함
  - 연구개음은 목을 뒤로 젖혀 혀뿌리가 중력에 의해 구강 뒤쪽에 위치하도록 함

1) 연인두폐쇄부전으로 과대비음이 나타난다.

2) ③ 입술, 혀, 턱 등의 움직임이 조절되지 않는 특성을 보이므로 발음의 정확성을 높이기 위한 반복훈련은 부적절하다.

---

2014학년도 초등 A6

**19** (가)는 경직형 뇌성마비 학생 주희의 언어 관련 특성이고, (나)는 특수교사와 언어재활사가 협의한 내용이다. 물음에 답하시오. [5점]

(가) 주희의 언어 관련 특성

- 호흡이 빠르고 얕으며, 들숨 후에 길게 충분히 내쉬는 것이 어려움
- 입술, 혀, 턱의 움직임이 조절되지 않고 성대의 과도한 긴장으로 쥐어짜는 듯 말함
- ㉠ 말소리에 비음이 비정상적으로 많이 섞여 있음
- 전반적으로 조음이 어려우며, 특히 /ㅅ/, /ㅈ/, /ㄹ/ 음의 산출에 어려움을 보임

(나) 협의록

- 날짜 : 2013년 3월 13일
- 장소 : 특수학급 교실
- 협의 주제 : 주희의 언어 능력 향상을 위한 지도 방안
- 협의 내용 :
  ① 호흡과 발성의 지속 시간을 점진적으로 늘릴 수 있도록 지도하기로 함
  ② 비눗방울 불기, 바람개비 불기 등의 놀이 활동을 통해 지도하기로 함
  ③ /ㅅ/, /ㅈ/, /ㄹ/ 발음의 정확성을 높이기 위하여 반복 연습할 기회를 제공하기로 함
  ④ 자연스럽고 편안한 발성을 위하여 바른 자세 지도를 힘께 하기로 함
  ⑤ 추후에 주희의 의사소통 문제는 ㉡ 언어의 3가지 주요 요소(미국언어·청각협회 : ASHA)로 나누어 종합적으로 재평가하여, 필요하다면 주희에게 적합한 ㉢ 보완대체의사소통(AAC) 체계 적용을 검토하기로 함

① , ② 호흡훈련

③ /ㅅ/, /ㅈ/, /ㄹ/의 경우 경구개음과 치조음으로 머리를 앞으로 숙여 설첨부위를 경구개나 치조에 보다 가깝게 위치시켜 혀를 조금만 움직여도 조음부위에 닿을 수 있게 함

④ 자세조정 훈련

1) 주희의 말소리 산출 과정에서 ㉠과 같은 현상이 나타나는 이유를 쓰시오. [1점]

2) 주희의 언어 관련 특성에 근거하여 (나)의 협의 내용 ①~④ 중 틀린 내용을 찾아 번호를 쓰고, 그 이유를 쓰시오. [1점]

참고자료: 기본이론 302-303p

 키워드: 의사소통 지도

 구조화틀

의사소통 특성
- 의사소통 관련 장애
- 의사소통 지도 ─ 호흡훈련
              └ 자세조정 훈련

 핵심개념

**의사소통 관련 장애**

| 호흡장애 | • 역호흡 증상이 나타남<br>• 호흡량이 부족함 |
|---|---|
| 발성장애 | • 날숨 시 성대가 열려 있으면 압력이 형성되지 않아 발성이 이루어지지 않음<br>• 성대가 너무 경직되면 성대진동이 어려워 발성이 이루어지지 않음<br>• 성대긴장도가 유지되지 않으면 비정상적인 음도, 폭발적인 음성 등이 산출됨 |
| 조음장애 | • 말소리의 강도, 음도, 운율상의 문제로 인해 전체적인 말의 명료도가 매우 낮음<br>• 경직형의 경우 연인두폐쇄부전의 결함으로 파열음, 마찰음, 파찰음 산출이 어렵고 과대비성이 나타남<br>• 조음기관의 기민성과 정확성이 떨어져 조음의 정확성이 낮음 |
| 운율장애 | 음도, 강도, 발화 지속시간, 쉼 등의 조절에 어려움이 있음 |

**뇌성마비 아동의 의사소통 지도 (기초능력의 강화)**
- **호흡훈련**: 역호흡을 억제하고 호흡량을 증가시키는 훈련을 실시함
  예) 바람개비 불기, 비눗방울 불기, 빨대로 물 불어 소리내기 등
- **자세조정 훈련**
  - 이상반사 패턴을 억제하고, 조음기관의 최소한의 노력(움직임)으로 조음이 가능하도록 하는 자세를 지도하는 것이 목적
  - 양순음은 머리를 앞으로 숙여서 양 입술의 폐쇄가 쉽게 이루어지게 함
  - 경구개음과 치조음은 머리를 앞으로 숙여 혀를 조금만 움직여도 조음부위에 닿도록 함
  - 연구개음은 목을 뒤로 젖혀 혀뿌리가 중력에 의해 구강 뒤쪽에 위치하도록 함

 모범답안
- 연구개음
- 목을 뒤로 젖혀 혀뿌리가 중력에 의해 구강의 뒤쪽에 위치하도록 한다.

---

2023학년도 중등 B4

**20** (가)는 특수학교에 재학 중인 학생의 의사소통 특성이고, (나)는 지도교사가 교육실습생과 학생들의 대화 장면을 관찰하여 작성한 메모이다. 〈작성 방법〉에 따라 서술하시오. [4점]

(가) 학생의 의사소통 특성

| 학생 | 의사소통 특성 |
|---|---|
| C | • 조음과 관련된 근육의 협응이 잘 이루어지지 않음<br>• 말 명료도가 낮고, 자음에서의 조음 오류가 두드러짐 |

(나) 지도교사의 메모

| 상황 | 대화 | 관찰 |
|---|---|---|
| 학생 C가 잘 볼 수 있는 위치에서 그림카드를 가리키며 발음을 지도함 | • 교육실습생: 선생님을 따라 이런 자세로 말해보세요.<br>ⓒ/감/, /코/<br>• 학생 C: /더/, /으/ | ㉢ 조음기관을 최소한으로 움직여 정조음을 훈련할 수 있는 자세를 활용하여 지도함 |

**작성방법**
- (나)의 밑줄 친 ⓒ의 초성에 공통으로 해당하는 '조음 위치에 따른 음의 유형'을 쓸 것.
- (나)의 밑줄 친 ㉢에 해당하는 자세 1가지를 서술할 것. (단, 밑줄 친 ⓒ의 초성에 근거할 것)

## 확장하기

**뇌성마비 유형별 언어 특성(박은혜 외, 2023.)**

| 유형 | 특성 |
|---|---|
| 경직형 | • 지속적인 언어장애, 심한 조음장애를 보임<br>• 음질에 문제가 있음<br>• 말이 느리고 단조로움<br>• 음성의 크기가 불규칙함<br>• 호흡에 문제가 있으며 힘들게 말함(약간의 공기를 억지로 밀어내기 위해 복부를 지나치게 압착하여 가슴 근육을 수축하는 경향이 있음)<br>• 비정상적인 멈춤과 헐떡거림이 나타남<br>• 지나친 성대 긴장으로 말더듬과 비슷한 특성을 보임<br>• 연인두 폐쇄 능력 부전으로 과대비성을 보임<br>• 치조음 발성이 어려움 |
| 불수의 운동형 | • 언어장애보다 조음장애가 많음<br>• 호흡이 거칠고 목소리가 약함(속삭이는 듯한 소리를 냄)<br>• 성대의 진동이 매우 빠른 가성음질이 나타나기도 함<br>• 단어 또는 문장의 끝이 약해짐<br>• 목쉰 음성이나 기식성의 소리를 냄<br>• 말소리 명료도가 낮고 짧은 문장을 사용함 |
| 운동실조형 | • 호흡 기능의 문제보다 호흡과 후두 조절에 문제를 보임<br>• 강약의 불규칙과 지나친 강세가 나타남<br>• 성대의 긴장을 유지하기 어려워 중얼거리는 소리를 냄<br>• 비음에 문제가 많고 조음장애도 나타남<br>• 불분명하고 느린 말소리와 음소의 연장이나 간격이 길어짐<br>• 로봇이 말하듯 끊어지는 듯한 소리로 음절이 단절되는 발성을 나타냄<br>• 소리의 크기와 높낮이가 단조로워 리듬이 없는 특징을 보임 |

기본이론 304-311p

 반사 특성

**반사 특성**
- 원시반사
- 자세반사
- 원시반사의 유형

 **원시반사**
- 생후 초기 몇 달 동안 감각자극에 대해 반사적·자동적인 반응을 하는 것
- 생존을 위한 보호의 기능뿐만 아니라 초기 운동기술의 기초를 형성함
- 약 6~9개월이 되면 사라지고 보다 높은 수준의 자기조절 운동으로 대체되지만, 잔존할 경우 자세와 운동발달에 좋지 않은 영향을 미치게 됨
- 비정상적인 근긴장을 발생시키며, 정상적인 운동발달 과정에 필요한 고위 수준의 자세반사 활동을 방해하게 됨
- 어떤 자세를 취하거나 유지하지 못해 신체의 특정 부위가 자극받게 되면 몸 전체의 근긴장 분포에 변화가 초래되고, 이로 인해 기능적인 자세 유지와 운동성에 좋지 않은 영향을 미치게 됨

**고위 수준의 자세반사**
- **정위반응**: 시각적 정보·전정기관을 통한 정보·촉각 및 고유수용감각 수용기에서 얻은 정보 등을 활용해 머리와 신체를 능동적으로 조절하는 것으로, 전 생애에 걸쳐 유지됨
- **보호신전반응**: 중력의 중심이 깨져 지지면의 범위를 벗어나 넘어지는 것을 막기 위해 이동하는 방향으로 팔이나 다리를 곧게 뻗고, 바깥 방향으로 움직이는 것
- **평형반응**: 아동의 몸이 중력의 중심에서 벗어나거나 신체가 움직일 때 균형을 유지하기 위해 나타나는 것

 ⓒ 원시반사는 생애 초기 몇 달 동안 감각자극에 대해 반사적이고 자동적인 반응을 하는 것으로, 대부분 생후 1년 이내 수의적인 운동 패턴으로 통합되어 사라지는 반사이다.

지속적 원시반사는 정상적인 운동발달 과정에 필요한 고위 수준의 자세반사 활동을 방해한다.

2019학년도 중등 B6

**21** 다음은 지체장애 ○○특수학교의 특수교사와 특수교육 교육공무직원 간에 나눈 대화 내용이다. 〈작성방법〉에 따라 서술하시오. [5점]

| 교육공무직원 | 선생님, 학생 K와 L은 모두 뇌성마비가 있는데 그 특성이 서로 달라 보여요. |
| 특 수 교 사 | 네. ㉠학생 K의 뇌성마비 유형은 경직형이고, 학생 L은 무정위운동형입니다. 뇌성마비는 뇌의 손상 부위에 따라 다른 운동 패턴을 보이는데 경직형 뇌성마비는 ( ㉡ )에 손상을 입은 경우이고, 무정위 운동형은 동작 조절에 기여하는 기저핵 손상이 원인이라고 알려져 있어요. 뇌성마비 학생들은 경련, 시각장애, 그리고 청각장애와 같은 부수적인 장애를 보이는 경우도 많지요. |
| 교육공무직원 | 학생 K의 식사 보조를 하다보면 목을 움직일 때 갑자기 팔이 뻗쳐져서 놀란 적이 있었어요. |
| 특 수 교 사 | 학생 K는 ㉢원시반사 운동이 남아 있습니다. |

…(하략)…

- 목 움직임 관련 반사 → ATNR, STNR, 미로반사, 모로반사 등
- 특히 식사 기술의 어려움과 관련된 주요 원시반사는 ATNR임

〔작성방법〕

밑줄 친 ㉢의 개념을 쓰고, 지속적 원시반사의 문제점 1가지를 서술할 것. (단, 원시반사 소실 이후 나타나야 하는 전형적 운동발달 특성에 비추어 서술할 것)

기본이론 305p

 비대칭성 긴장성 목반사(ATNR)

 반사 특성
- 원시반사
- 자세반사
- 원시반사의 유형

 비대칭성 긴장성 목반사(ATNR)
- 목 돌림에 따라 얼굴이 바라보는 쪽의 팔과 다리가 신전되고 그 반대편의 팔과 다리는 굴곡됨
- 이 반사가 지속적으로 존재하면 식사하기, 시각적 추적하기, 양손을 신체 중앙에서 사용하기, 신체의 전반적 대칭성 유지 등을 저해함
- 척추측만증과 같은 기형과 좌골이나 고관절 부위에 욕창을 발생시킬 수 있는 비대칭적 체중 부하를 유발함
- ATNR을 보이는 학생에게 과제를 제시할 때에는 측면이 아닌 학생의 정면 중심선 앞에서 제시함
- 반대되는 자세를 수시로 연습시키는 것은 이 반사의 영향을 최소화할 수 있음

 ㉠ 학생 E가 보이는 ATNR은 목의 좌우 움직임에 따라 활성화되므로 학생의 옆이 아닌 정면에서 지도해야 한다.

2022학년도 중등 A11

**22** (가)는 지체장애 학생 E, F, G의 특성이고, (나)는 교육실습생이 (가)를 바탕으로 작성한 지도 시 유의사항이다. 〈작성방법〉에 따라 서술하시오. [4점]

(가) 특성

| 학생 | 특성 |
|---|---|
| E | • 추체계와 운동피질의 손상으로 인한 뇌성마비임<br>• 근긴장도가 높고 근육이 뻣뻣해지며 가위 모양 자세를 보임<br>• 비대칭성 긴장형 목반사(ATNR)를 보임<br>• 위식도 역류를 보이며, 강직성 씹기반사가 나타남 |

(나) 유의사항

| 학생 | 유의사항 |
|---|---|
| E | • ㉠ 수업 활동 시 학생 E 옆에 가까이 서서 지도하기<br>• ㉡ 식사 시 실리콘 재질의 숟가락이나 포크 사용하기 |

┌ 작성방법 ┐
(가)의 학생별 특성을 고려하여 (나)의 밑줄 친 ㉠~㉤ 중 적절하지 <u>않은</u> 것 2가지를 찾아 기호와 함께 그 이유를 각각 서술할 것.

참고자료: 기본이론 305p

 키워드: 비대칭성 긴장성 목반사(ATNR)

 구조화틀
반사 특성
― 원시반사
― 자세반사
― 원시반사의 유형

**핵심개념**

**비대칭성 긴장성 목반사(ATNR)**
- 목 돌림에 따라 얼굴이 바라보는 쪽의 팔과 다리가 신전되고 그 반대편의 팔과 다리는 굴곡됨
- 이 반사가 지속적으로 존재하면 식사하기, 시각적 추적하기, 양손을 신체 중앙에서 사용하기, 신체의 전반적 대칭성 유지 등을 저해함
- 척추측만증과 같은 기형과 좌골이나 고관절 부위에 욕창을 발생시킬 수 있는 비대칭적 체중 부하를 유발함
- ATNR을 보이는 학생에게 과제를 제시할 때에는 측면이 아닌 학생의 정면 중심선 앞에서 제시함
- 반대되는 자세를 수시로 연습시키는 것은 이 반사의 영향을 최소화할 수 있음

 모범답안: ①

2010학년도 중등 20

**23** 신체운동발달평가에서 비대칭 긴장성 경부반사(asymmetrical tonic neck reflex ; ATNR) 검사 결과가 양성으로 나타난 뇌성마비 학생 A의 반사운동 특성 및 이에 따른 교육적 고려사항으로 옳은 것을 〈보기〉에서 모두 고른 것은? [2.5점]

┌ 보기 ┐
ㄱ. 머리가 뒤로 젖혀지면 양팔은 펴지고(신전근의 증가) 양쪽 다리는 구부려진다(굴곡근의 증가).
ㄴ. 이 반사가 활성화되면 손의 기능적 사용이 어렵고 물체를 잡을 때도 한쪽 팔로만 잡으려 한다.
ㄷ. 이 원시반사가 지속되면 시각적 탐색능력이 저하되어 신체 인식이 늦어지고 시각적 인지능력도 낮아진다.
ㄹ. A와 상호작용을 하고자 할 때, 교사는 A의 몸을 기준으로 정중선 앞에서 접근하도록 한다.
ㅁ. 개인용 학습자료를 제시할 때, 반사가 일어나 A의 얼굴이 돌려지는 쪽의 눈높이 위치에 자료가 오도록 한다.
ㅂ. 스위치로 조작하는 의사소통판을 사용할 때, 스위치를 세워주어 A가 조작을 위해 머리를 숙여 반사가 활성화되지 않도록 한다.

> ㄱ. 대칭성 긴장성 목반사(STNR)에 대한 설명임
> ㅁ. 원시반사는 가급적 발생하지 않도록 예방하는 것이 중요함
> ㅂ. 대칭성 긴장성 목반사(STNR)에 대한 설명임

① ㄴ, ㄷ, ㄹ  ② ㄱ, ㄴ, ㄷ, ㅁ
③ ㄱ, ㄴ, ㄹ, ㅂ  ④ ㄱ, ㄷ, ㄹ, ㅁ, ㅂ
⑤ ㄴ, ㄷ, ㄹ, ㅁ, ㅂ

기본이론 305-307p

- 비대칭성 긴장성 목반사(ATNR)
- 대칭성 긴장성 목반사(STNR)

반사 특성
- 원시반사
- 자세반사
- 원시반사의 유형

비대칭성 긴장성 목반사(ATNR)
- 목 돌림에 따라 얼굴이 바라보는 쪽의 팔과 다리가 신전되고 그 반대편의 팔과 다리는 굴곡됨
- 이 반사가 지속적으로 존재하면 식사하기, 시각적 추적하기, 양손을 신체 중앙에서 사용하기, 신체의 전반적 대칭성 유지 등을 저해함
- 척추측만증과 같은 기형과 좌골이나 고관절 부위에 욕창을 발생시킬 수 있는 비대칭적 체중 부하를 유발함
- ATNR을 보이는 학생에게 과제를 제시할 때에는 측면이 아닌 학생의 정면 중심선 밑에서 제시함
- 반대되는 자세를 수시로 연습시키는 것은 이 반사의 영향을 최소화할 수 있음

①

## 2013학년도 중등 28

**24** 비대칭 긴장성 경부반사(ATNR)를 보이는 뇌성마비 학생 A와 대칭 긴장성 경부반사(STNR)를 보이는 뇌성마비 학생 B를 위한 교사의 지원방법으로 옳은 것만을 〈보기〉에서 있는 대로 고른 것은?

┤보기├

ㄱ. 학생 A에게 학습 교재를 제공할 때는 교재를 책상 가운데 놓아주고 양손을 몸의 중앙으로 모을 수 있게 한다.

ㄴ. 학생 A가 휠체어에 앉아 있을 때는 원시적 공동운동 패턴을 극대화시켜서 구축과 변형을 예방하고 천골과 미골에 욕창이 발생하지 않게 한다.

ㄷ. 학생 A가 컴퓨터 작업을 할 때 반사가 활성화되면 고개가 돌아간 방향에 모니터를 놓고, 관절 운동범위(ROM)와 자발적 신체 움직임을 고려하여 스위치의 위치를 정한다.

ㄹ. 학생 B를 휠체어에 앉힐 때에는 골반과 하지 그리고 체간의 위치를 바로 잡은 후, 머리와 목의 위치를 바르게 한다.

ㅁ. 학생 B의 컴퓨터 사용을 위해 직접선택능력을 평가할 때는 손의 조절, 발과 다리의 조절, 머리 및 구강과 안면의 조절 순으로 한다.

① ㄱ, ㄹ
② ㄴ, ㄷ
③ ㄱ, ㄷ, ㄹ
④ ㄴ, ㄷ, ㅁ
⑤ ㄴ, ㄹ, ㅁ

ㄴ.
- '원시적 공동운동패턴(원시적 집단반사)'이란 신체 일부에 특정 반사가 나타나면 궁극적으로 신체 전체에 번지는 반사를 의미함
- 천골과 미골에 욕창이 발생하는 원시반사는 대칭성 긴장성 목반사(STNR)에 해당함

ㄷ. 원시반사는 가급적 발생하지 않도록 예방하는 것이 중요함

ㅁ. 직접선택 능력 평가 순서는 '손 → 머리 및 구강과 안면 → 발과 다리의 조절'임

기본이론 305p, 313-314p

- 비대칭성 긴장성 목반사(ATNR)
- 신경 발달 처치법

반사 특성
├ 원시반사
├ 자세반사
└ 원시반사의 유형

운동발달 특성
├ 운동발달 원리
├ 비정상적인 움직임 발달에 대한 순환 모형
└ 치료지원 ─┬ Move
            ├ 감각통합치료
            ├ 보바스 치료(NDT)
            ├ 보이타 치료
            └ 통합된 치료

㉠ 목의 좌우 돌림에 따라 얼굴이 바라보는 쪽의 팔과 다리는 신전되고 그 반대편의 팔과 다리는 굴곡된다.

㉡ '고유수용 감각 장애'란 근육·관절·인대와 뼈의 수용기로부터 받아들여져 조절되는, 관절의 위치와 운동에 관한 무의식적 정보를 담당하는 능력에 어려움이 있는 것이다.

㉢ 신경 발달 처치법은 학생이 보이는 비대칭성 긴장성 경반사를 억제하고 필수적인 자세반응을 포함하는 고유 수용성 감각을 촉진한다.

㉣ 학생 A의 몸통 정중선에 위치시킨다. 목의 좌우 움직임에 의해서 반사가 활성화되기 때문에 학생의 앞쪽 정중앙에 위치시켜야 한다.

㉤ 책상을 높여준다. 학생은 GMFCS 5수준으로 반중력 머리 들기와 몸통 자세를 유지하는 능력이 없어서 상체가 굴곡되기 때문이다.

㉥ 비대칭성 긴장성 경반사를 예방하기 위해 음성출력 의사소통기기와 트랙볼은 정중선에 배치한다.

2015학년도 중등 논술형 B2

**25** 다음 (가)는 병원학교에서 원적학교로 복귀를 준비하는 중도 뇌성마비 학생 A의 특성 및 관련 서비스 내용이고, (나)는 학생 A를 위해 병원학교 교사가 원적학교 교사에게 제안한 교실환경 구성안이다. (가)의 밑줄 친 ㉠, ㉡의 현상을 설명하고, 밑줄 친 ㉢의 방법적 특징을 밑줄 친 ㉠, ㉡과 연관지어 쓰시오. 그리고 (나)에서 학생 A의 특성을 고려하여 괄호 안의 ㉣~㉥에 들어갈 구체적인 내용을 쓰고, 그 이유를 각각 1가지씩 쓰시오. [10점]

(가) 학생 A의 특성 및 관련 서비스

| 구분 | 특성 및 관련 서비스 |
|---|---|
| 감각·운동 특성 | • 대근육 운동 능력 분류 체계(GMFCS) Ⅴ수준임<br>• ㉠<u>비대칭성 긴장성 경반사(ATNR)</u>를 보임<br>• ㉡<u>고유수용성 감각 장애(proprioceptive dysfunction)</u>를 보임 |
| 의사소통 방법 | • 음성출력 의사소통기기와 트랙볼을 사용함<br>• 음성출력 의사소통기기를 활용하여 일상적 대화 및 수업 활동에 필요한 간단한 의사소통을 함 |
| 관련 서비스 | • ㉢<u>신경 발달 처치법(Neurodevelopmental treatment; NDT)</u>으로 물리치료를 주 3회 받기 시작함 |

GMFCS 5단계
• 학생은 모든 환경에서 수동 휠체어로 다른 사람이 옮겨줘야 함
• 중력에 대항해 머리와 몸통의 자세를 유지하기 어렵고, 팔과 다리의 움직임 조절에 제한이 있으며, 머리를 가누기·앉기·서기·이동하기 등을 위해 보조공학을 사용하거나 타인의 신체적 도움이 필요함

(나) 학생 A를 위해 제안한 교실환경 구성안

| 고려사항 |
|---|
| • 교실에서의 좌석 배치 : ( ㉣ )<br>• 책상의 높이 : ( ㉤ )<br>• 음성출력 의사소통기기와 트랙볼의 위치 : ( ㉥ ) |

※ 학생 A의 특성에 근거한 고려사항으로 답안을 작성해야 함

• 좌석 배치는 학생이 보이는 원시반사(ATNR)를 고려해야 함
• 책상의 높이는 학생이 보이는 GMFCS Ⅴ수준을 고려해야 함
• 음성출력 의사소통기기와 트랙볼의 위치(학습자료 제시)는 학생이 보이는 원시반사(ATNR)를 고려해야 함

### 확장하기

#### ✤ 신경 발달 처치법(보바스)

- 학생의 비전형적인 움직임 패턴을 억제하고 필수적인 자세반응을 포함한 전형적 움직임 패턴을 촉진하는 방법
- 억제·촉진·자극 기술이 사용되며 비정상적인 반사가 최대로 줄어드는 자세에서 정상적인 정위반사와 평형반응을 유도하되, 정상 발달 순서에 따라 정상 동작이 완전히 몸에 배도록 함
- 단순히 기능을 습득한다기보다는 동작의 질을 중요하게 여김

#### ✤ 신체 특성을 고려한 학습환경

- 신체의 경직으로 인해 상체가 뒤쪽으로 신전된 학생에게는 책상의 높이를 낮춰 바른 자세로 앉을 수 있도록 조절해주는 것이 학습활동 참여도를 높일 수 있음
- 상체가 앞으로 굴곡된 학생은 책상의 높이를 높여줘야 척추를 곧게 펴고 고개를 들어 시야를 확보할 수 있음

#### ✤ 보바스 치료(신경발달학적 치료, NDT) (박은혜 외, 2023.)

- 신경발달처치의 궁극적인 목적은 학생의 비전형적인 움직임 패턴을 억제하고 필수적인 자세반응을 포함한 전형적 움직임 패턴을 촉진하는 것이다.
- 움직임에 대한 적절한 자세반응을 유도하기 위해 학생이 실제 움직일 때 직접적으로 촉진하고, 일과 중 수행하는 기능적 활동에서도 지속적으로 촉진을 제공한다. 이때 교사·치료사·가족의 훈련과 참여가 필요하고, 여기에서 치료사의 좋은 다루기 기술이 매우 중요하다.
- 보바스 치료법은 다음과 같이 이루어진다.

  - 정상적인 자세반사와 운동반응을 촉진한다.
  - 핵심조절부위(key point of control)인 머리, 몸통, 골반, 어깨 부위, 손과 발 부위 등을 적절하게 조절함으로써 비정상적인 근긴장도를 감소시킨다.
  - 학생의 자발적인 운동반응을 이끌어내고 스스로 자세조절을 할 수 있도록 신체를 정렬시키고 특정 신체 부위를 직접 손으로 다룬다.
  - 다양한 자세와 운동에 의해서 정위반응을 유도하고, 아동을 중력 중심에서 벗어나게 해 평형반응을 유도한다.

참고자료 기본이론 306-307p

 키워드 대칭성 긴장성 목반사(STNR)

 구조화틀
반사 특성
- 원시반사
- 자세반사
- 원시반사의 유형

핵심개념 **대칭성 긴장성 목반사(STNR)**

- 목의 굴곡이나 신전에 의해 발생하는데, 목을 뒤로 젖힌 상태인 신전을 했을 경우 상지가 신전되고 하지는 굴곡되며, 반대로 목을 앞으로 숙인 상태로 굴곡시켰을 때에는 상지가 굴곡되고 하지가 신전됨
- 복와위 자세에서 STNR의 영향으로 인해 상지와 하지의 체중 지지 활동에 많은 지장을 받음
  예 기기나 엎드린 자세에서 팔꿈치를 받치고 머리를 드는 동작은 운동성 발달에 매우 중요한 부분이지만, STNR이 지속되는 경우 해당 동작을 수행하기 어려움
- 아동을 앉은 자세에서 앞으로 미끄러지게 하고, 천골과 미골에 욕창의 위험을 일으킬 수 있음
- STNR을 보이는 학생에게 과제를 제시할 때에는 목의 굴곡과 신전을 방지할 수 있도록 학생의 정면에서 눈높이에 맞춰 제시함. 또한 머리의 안정성을 유지하면서 시야의 상하 범위를 일정하게 유지하며 사물을 바라보게 하면 반사의 영향을 최소화할 수 있음

 모범답안
대칭성 긴장성 목반사는 고개의 굴곡이나 신전에 의해 원시반사가 활성화된다. 한쪽이 낮게 잘린 컵은 고개를 젖히지 않고 사용할 수 있어 STNR이 활성화되는 것을 예방할 수 있다.

2018학년도 중등 B3

**26** 다음은 뇌성마비 학생 E와 F의 특성과 지원 계획이다. 〈작성방법〉에 따라 서술하시오. [4점]

| 학생 | 구분 | 내용 |
|---|---|---|
| F | 특성 | • 경직형 뇌성마비 학생임<br>• ⓐ 대칭성 긴장형 목반사(STNR)를 보임<br>• 식사를 한 후, ⓑ 위식도 역류가 자주 발생함 |
| | 지원계획 | • 흡인을 예방하기 위해 ⓒ 한쪽이 낮게 잘린 컵을 사용하여 물을 마시도록 지도함<br>• 학생의 특성에 맞는 적절한 유형의 음식을 제공하고, ⓓ 식사 후 적절한 자세를 취하도록 지도함 |

**흡인의 예방과 처치**
- '흡인'이란 액체나 작은 음식 조각이 폐로 가는 것을 의미함
- 필수전략은 자세교정으로, 구강섭식 아동은 머리를 약간 앞쪽으로 구부리고 바른 자세로 식사하게 함. 이 자세는 능동적 삼키기를 촉진하고 수동적으로 음식물이 넘어가는 것을 예방해줌
- 식사 후 적어도 45분간 수직 또는 반수직 자세를 취함

〔작성방법〕

밑줄 친 ⓒ이 적절한 이유를 ⓐ의 특성에 근거하여 1가지 서술할 것.

기본이론 305-307p

- 비대칭성 긴장성 목반사(ATNR)
- 대칭성 긴장성 목반사(STNR)

반사 특성
- 원시반사
- 자세반사
- 원시반사의 유형

**비대칭성 긴장성 목반사(ATNR)**
목 돌림에 따라 얼굴이 바라보는 쪽의 팔과 다리가 신전되고 그 반대편의 팔과 다리는 굴곡됨

**대칭성 긴장성 목반사(STNR)**
목의 굴곡이나 신전에 의해 발생하는데, 목을 뒤로 젖힌 상태인 신전을 했을 경우 상지가 신전되고 하지는 굴곡되며, 반대로 목을 앞으로 숙인 상태로 굴곡시켰을 때에는 상지가 굴곡되고 하지가 신전됨

ⓔ 목을 왼쪽으로 돌리면
ⓜ 목을 위로 젖히면(신전시키면)

---

2023학년도 중등 A11

**27** (가)는 지체장애 특수학교에 재학 중인 학생의 특성이고, (나)는 특수 교사와 지원인력이 나눈 대화의 일부이다. 〈작성방법〉에 따라 서술하시오. [4점]

| 학생 | 특성 |
|---|---|
| B | • 대뇌피질(cerebral cortex) 손상<br>• ⓛ <u>비대칭성 긴장성 목반사(ATNR)</u>가 남아 있음<br>• 경직성 뇌성마비 |
| C | • 대뇌피질(cerebral cortex) 손상<br>• ⓒ <u>대칭성 긴장성 목반사(STNR)</u>가 남아 있음<br>• 전신발작<br>• 경직형 뇌성마비 |

(나) 특수 교사와 지원인력의 대화

특수 교사 : 선생님, 학생 B와 학생 C는 원시반사가 있으니 주의해서 지원해주시기 바랍니다.
지원인력 : 어떻게 지원하면 될까요?
특수 교사 : 학생 B와 C는 휠체어를 이용할 때 머리를 움직이지 않도록 하여 팔과 다리의 신전과 굴곡을 최소화하는 것이 중요합니다. 학생 B는 ( ⓔ ), 왼쪽 방향의 팔과 다리가 신전되고 반대편 팔과 다리는 굴곡됩니다. 학생 C는 ( ⓜ ), 양팔은 신전되고 양 다리는 굴곡됩니다.
…(중략)…

**작성방법**
(가)의 밑줄 친 ⓛ과 ⓒ에 근거하여 (나)의 괄호 안의 ⓔ과 ⓜ에 해당하는 내용을 순서대로 서술할 것.

참고자료: 기본이론 306-307p

 키워드: 대칭성 긴장성 목반사(STNR)

 구조화틀
반사 특성
 ─ 원시반사
 ─ 자세반사
 ─ 원시반사의 유형

 핵심개념: 대칭성 긴장성 목반사(STNR)
목의 굴곡이나 신전에 의해 발생하는데, 목을 뒤로 젖힌 상태인 신전을 했을 경우 상지가 신전되고 하지는 굴곡되며, 반대로 목을 앞으로 숙인 상태로 굴곡시켰을 때에는 상지가 굴곡되고 하지가 신전됨

 모범답안
① 팔은 신전되고 다리는 굴곡된다.

2025학년도 초등 B4

**28** (가)는 특수학교 5학년에 재학 중인 지체장애 학생들의 특성이고, (나)는 예비 교사와 지도 교사의 대화 내용의 일부이며, (다)는 예비 교사가 작성한 2015 개정 특수교육 기본 교육과정 체육과 5~6학년군 '2. 고정 표적으로 물체 보내기' 단원의 교수·학습 과정안의 일부이다. 물음에 답하시오. [5점]

| 학생 | 특성 |
|---|---|
| 민호 | • 대뇌피질 손상 ──── 경직형 뇌성마비<br>• 대칭성 긴장성 목반사가 있음<br>• 가위 모양 자세를 보임<br>• ㉠ 단하지 보조기를 착용함 |

(나)

예비 교사: 선생님, 제가 공개수업을 준비할 때 주의해야 할 점이 있을까요?

지도 교사: 민호와 같이 대칭성 긴장성 목반사가 있는 경우, ㉡학생이 선생님을 쳐다보려고 고개를 치켜들면 반사로 인한 움직임이 생길 수 있습니다.

2) (나)의 ① 밑줄 친 ㉡을 팔과 다리를 중심으로 쓰시오.

참고자료: 기본이론 306-307p

키워드: 대칭성 긴장성 목반사(STNR)

구조화 틀
반사 특성
― 원시반사
― 자세반사
― 원시반사의 유형

핵심개념
AAC 중재
- STNR을 보이는 학생의 경우, AAC 디스플레이나 스위치의 수평적 배치는 STNR을 활성화할 수 있음 → 디스플레이는 눈높이에 배치하고, 스위치는 우세한 손 위치에 수직적으로 조정되어야 함
- ATNR을 보이는 학생의 경우, 촉진자·AAC 디스플레이·스위치는 정중선 배치가 선호됨

모범답안
은지는 STNR을 보이므로 고개를 상하로 움직이지 않도록 ① AAC 디스플레이는 눈높이에 배치하고 ② 스위치는 오른쪽에 수직적으로 배치한다.

2016학년도 초등 B4

**29** (가)는 ○○특수학교 김 교사가 계획한 '2011 개정 특수교육 교육과정' 중 기본 교육과정 과학과 5~6학년군 '온도와 열' 단원의 수업 활동 개요이다. (나)는 은지의 특성이고, (다)는 교사가 은지에게 음성출력 의사소통기기를 사용하도록 지도하는 장면이다. 물음에 답하시오. [5점]

(나) 은지의 특성

- 경직형 사지마비인 뇌성마비로 진단받았음
- 오른손으로 스위치를 이용함
- 스캐닝(scanning : 훑기) 기법으로 음성출력 의사소통기기를 사용하여 의사소통함
- 휠체어에 앉아 있을 때의 모습은 다음과 같음

(다) 음성출력 의사소통기기 사용 지도 장면

김 교사 : ⓒ(음성출력 의사소통기기와 스위치를 은지의 휠체어용 책상에 배치한다.) 이 모둠에서는 은지가 한번 발표해볼까요?
(음성출력 의사소통기기와 은지를 번갈아 보며 잠시 기다린다.)
은 지 : (자신의 음성출력 의사소통기기를 본 후 교사를 바라본다.)
김 교사 : 은지야, "양달은 따뜻해요."라고 말해보자. (음성출력 의사소통기기에서 양달 상징에 불빛이 들어왔을 때, 은지의 스위치를 눌러 "양달은 따뜻해요."라는 음성이 산출되도록 한다. 그런 다음 은지가 스위치를 누르는 것을 기다려준다.)
은 지 : (음성출력 의사소통기기에서 양달 상징에 불빛이 들어왔을 때, 스위치를 눌러 "양달은 따뜻해요."라는 음성이 산출되도록 한다.)
김 교사 : ( ⓒ )

3) (다)의 ⓒ에서 교사가 ① 음성출력 의사소통기기와 ② 스위치를 적절하게 배치하는 방법을 (나)의 은지의 특성을 고려하여 각각 쓰시오.

기본이론 308p

 긴장성 미로반사(TLR)

 반사 특성
- 원시반사
- 자세반사
- 원시반사의 유형

### 긴장성 미로반사(TLR)의 특징
- 내이의 미로가 자극되었을 때 몸 전체의 근긴장 변화를 일으키는 자세반사로, 머리를 신전시키고 바로 누워 있을 때에는 몸 전체에 신전근의 긴장이 증가하고, 엎드려 누워 있는 경우에는 굴곡근의 긴장이 증가하는 반사
- 복와위와 앙와위 자세 모두에서 머리를 들어 올릴 수 없음
- TLR이 나타나는 뇌성마비 아동을 휠체어에 앉혔을 때 앉기 균형이 부족하거나 몸통 조절이 안 되어 휠체어 등받이를 경사시키면, 긴장성 미로반사의 영향으로 몸 전체의 신전근 긴장이 증가하고 뻗침 자세가 나타나게 됨

### 긴장성 미로반사(TLR)의 중재
- TLR의 영향을 피하기 위한 방법: 누워 있을 때는 옆으로 눕는 자세를 취하는 것이 좋고, 앉은 자세에서 적절한 자세 잡기 기기를 사용함. 머리가 신전되거나 굴곡되지 않도록 머리의 위치를 중립에 둠
- 부득이하게 엎드릴 경우 웨지(삼각지지대)를 제공해 상지 지지력을 강화할 수 있음

### 머리-신체 일치반사
반듯하게 누운 상태에서 머리를 돌리면 몸통이 머리와 같은 방향으로 돌아감. 또는 몸통을 돌리면 머리가 몸통과 같은 방향으로 돌아감

 ①

2010학년도 유아 19

**30** 박 교사는 만 5세 발달지체 유아 민호에게 2008년 개정 특수학교 기본교육과정 체육과의 '기구를 이용한 다양한 움직임 익히기'를 지도하기 위해 스케이트보드를 사용하였다. 박 교사는 민호가 (가)와 같은 비행자세를 취하지 못하고 (나)와 같이 있는 것을 보고 긴장성 미로반사의 통합에 문제가 있음을 알게 되었다. 민호와 같은 문제를 가진 유아에게 나타날 수 있는 행동으로 가장 가까운 것은?

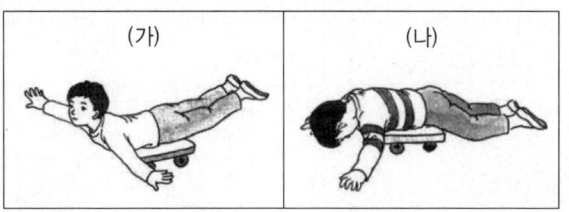

① 바로 누운 자세에서 목을 들거나 다리를 들 수 없고, 균형을 잡고 앉아 있기 어렵다.
② 바로 누운 자세에서 머리를 한쪽으로 돌리면 몸 전체가 같은 방향으로 회전된다. — ② 머리-신체 일치반사에 대한 설명임
③ 바로 누운 자세에서 머리를 돌리면 돌린 쪽의 팔 다리는 펴지고 반대쪽은 구부려진다. — ③, ⑤ ATNR에 대한 설명임
④ 의자에 앉은 자세에서 고개를 뒤로 젖히면 양팔은 펴지고 다리는 구부려진다. — ④ STNR에 대한 설명임
⑤ 네 발 기기 자세에서 머리를 돌리면 돌린 방향의 반대편 팔꿈치가 구부려진다.

참고자료 기본이론 308p

 키워드 긴장성 미로반사(TLR)

 구조화툴
반사 특성
― 원시반사
― 자세반사
― 원시반사의 유형

 핵심개념
**긴장성 미로반사(TLR)의 특징**
- 내이의 미로가 자극되었을 때 몸 전체의 근긴장 변화를 일으키는 자세반사로, 머리를 신전시키고 바로 누워 있을 때에는 몸 전체에 신전근의 긴장이 증가하고, 엎드려 누워 있는 경우에는 굴곡근의 긴장이 증가하는 반사
- 복와위와 앙와위 자세 모두에서 머리를 들어 올릴 수 없음
- TLR이 나타나는 뇌성마비 아동을 휠체어에 앉혔을 때 앉기 균형이 부족하거나 몸통 조절이 안 되어 휠체어 등받이를 경사시키면, 긴장성 미로반사의 영향으로 몸 전체의 신전근 긴장이 증가하고 뻗침 자세가 나타나게 됨

**긴장성 미로반사(TLR)의 중재**
- TLR의 영향을 피하기 위한 방법: 누워 있을 때는 옆으로 눕는 자세를 취하는 것이 좋고, 앉은 자세에서 적절한 자세 잡기 기기를 사용함. 머리가 신전되거나 굴곡되지 않도록 머리의 위치를 중립에 둠
- 부득이하게 엎드릴 경우 웨지(삼각지지대)를 제공해 상지 지지력을 강화할 수 있음

 모범답안
머리가 신전되거나 굴곡되지 않도록 머리의 위치를 중립에 두면 TLR의 영향을 감소시킬 수 있다.

---

2022학년도 초등 B2

**31** 다음 (가)는 초등학교 2학년 혜지의 특성이고, (나)는 혜지의 발에 착용하는 보장구이며, (다)는 혜지의 보완대체의사소통(AAC) 체계이다. 물음에 답하시오. [5점]

(가) 혜지의 특성

- 뇌성마비 학생이며, 시각적 정보 처리에 어려움이 있어 그림을 명확하게 변별하기 어려움
- 비정상적인 근긴장도로 인해 자세를 자주 바꿔주어야 함
- ㉠ 바로 누운 자세에서 긴장성 미로반사가 나타남

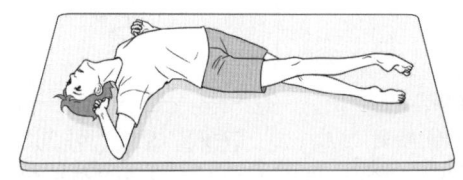

1) 교실에는 혜지의 자세유지용 보조기기가 없는 상황이다. 교사가 혜지의 뒤에서 등을 받치고 옆으로 눕혀 악기 연주 활동에 참여시키고자 할 때, ㉠의 특성을 고려하여 혜지가 옆으로 누운 자세를 유지할 수 있도록 교사가 가장 먼저 해주어야 할 자세 조절 방법을 쓰시오. [1점]

참고자료
기본이론 308p

키워드
긴장성 미로반사(TLR)

구조화틀
반사 특성
- 원시반사
- 자세반사
- 원시반사의 유형

핵심개념
헤드포인팅 시스템
- 고가의 하이테크 제품으로, 일반적으로 학생의 머리(이마·모자·안경테 등에 부착)에 특수 반사물질을 붙이고, 컴퓨터 모니터 상부에 위치한 탐지기의 적외선 또는 광센서로 반사물질의 위치와 움직임을 탐지함
- 학생의 머리 움직임에 따라 커서가 이동하므로 팔다리를 사용하지 못하는 중증 사지마비 지체장애인이 사용할 수 있음. 단, 커서의 움직임을 시각적으로 추적할 수 있고 머리 조절력이 좋아야 함
- 마우스 클릭은 스위치를 활성화하거나 특정 소프트웨어를 사용해 일정 시간 동안 한 지점에 머물면 실행됨
- 보통 문자입력을 위해 화상키보드를 함께 사용함

모범답안
긴장성 미로반사(TLR)
누워 있을 때는 옆으로 눕는 자세를 취하는 것이 좋고, 앉은 자세에서 적절한 자세 잡기 기기를 사용하면 이 반사의 영향을 많이 줄일 수 있다.

2021학년도 중등 B6

**32** (가)는 ○○중학교에 재학 중인 지체장애 학생의 특성이고, (나)는 교사가 이를 바탕으로 작성한 지도 계획이다. 〈작성방법〉에 따라 서술하시오. [4점]

(가) 학생 특성

| 학생 | 특성 |
|---|---|
| G | • 중도 뇌성마비<br>• 앉기 자세 유지가 어려우며 신체 피로도가 높음<br>• 등을 대고 누운 자세에서 과도한 신전근을 보임<br>• 배를 대고 엎드린 자세에서 과도한 굴곡근을 보임 |

(나) 지도 계획

| 학생 | 지도 계획 |
|---|---|
| G | • ㉠ 대안적 자세로 과제에 참여할 수 있도록 지원하기<br>• ㉡ 헤드포인팅 시스템을 활용하여 워드프로세서 입력 지도하기<br>• ㉢ 휠체어 이용 시 휠체어가 뒤로 기울어지지 않도록 주의하기 |

**작성방법**
(가)의 학생 G가 보이는 원시반사 형태를 1가지 쓰고, 이에 근거하여 (나)의 밑줄 친 ㉠을 설명할 것.

TLR
• 머리를 신전시키고 바로 누워 있을 때는 몸 전체에 신전근 긴장이 증가하고, 엎드려 누워 있을 때는 굴곡근 긴장이 증가함
• 긴장성 미로반사는 복와위와 앙와위 자세 모두에서 머리를 들어 올릴 수 없음

㉡ 내이의 미로가 자극되었을 때 TLR 반사가 나타날 수 있으므로 목의 움직임이 발생하는 헤드포인팅 시스템은 학생 G에게 부적절함

㉢ 휠체어 등받이를 경사시키면 긴장성 미로반사의 영향으로 몸 전체의 신전근 긴장이 증가하고 뻗침 자세가 나타나게 됨

2014학년도 중등 A4

33 다음의 (가)는 지체장애 특수학교에 재학 중인 학생 A의 특성이고, (나)는 특수교사와 물리치료사가 미술 시간에 학생 A를 관찰한 내용이며, (다)는 학생 A를 위해 (가)와 (나)를 반영하여 수립한 지원 계획이다. (다)의 ㉠을 하기 위해 활용 가능한 보조기구를 1가지만 제시하고, ㉡을 하는 이유를 (가)의 밑줄 친 특성과 관련지어 설명하시오. 그리고 ㉢과 ㉣에 해당하는 서비스 유형을 비교할 때, ㉢에 해당하는 서비스 유형이 지닌 학생 측면에서의 장점을 1가지만 쓰시오. [3점]

(가) 학생 특성

- 뇌성마비(경직형 사지마비)로 긴장성 미로 반사를 보임
- 이너 시트(inner seat)가 장착된 휠체어를 사용함

(나) 학생 A에 대한 관찰 내용

- 친구들과 바닥에 전지를 펴놓고 '우리 마을 지도'를 그리고 있음
- 바닥에 앉아 있는 자세를 취하는 데 어려움을 보임

(다) 학생 A를 위한 지원 계획

㉠ 엎드려서 그리기를 잘 할 수 있는 자세를 취하도록 지원한다.
㉡ 그림을 그리다 피로감을 호소하면 옆으로 누운 자세를 취하도록 지원한다.
㉢ 특수교사가 미술 수업을 하는 동안 물리치료사는 학생 A가 '우리 마을 지도'를 잘 그릴 수 있도록 바른 자세를 잡아준다. — ㉢ 풀 인 중재
㉣ 물리치료사는 학교 내 치료 공간에서 학생 A에게 치료 지원을 제공한다. — ㉣ 풀 아웃 중재

## 참고자료

기본이론 308p, 314p

## 키워드

- 긴장성 미로반사(TLR)
- 통합된 치료

## 구조화 틀

운동발달 특성
├ 운동발달 원리
├ 비정상적인 움직임 발달에 대한 순환 모형
└ 치료지원 ┬ Move
           ├ 감각통합치료
           ├ 보바스 치료(NDT)
           ├ 보이타 치료
           └ 통합된 치료

## 핵심개념

통합치료 서비스 모델(풀 인 모델)
- 관련 서비스 제공자가 학생을 학급에서 끌어내어 개별적으로 지도하거나 훈련과 관련된 기술 영역에서 소그룹 형태로 지도하는 풀 아웃 모델과 달리, 전문가들이 학급 내에서 학생들을 위해 자신의 전문성을 끌어냄
- 장점
  - 학생들은 자신이 서비스받는 어디에서나 학습 활동에서 빠지지 않게 됨
  - 학급의 다른 사람들은 전문가가 기술을 최대한 잘 반복할 수 있도록 장애학생을 지원하는 방법을 보는 것만으로도 도움을 얻을 수 있음

## 모범답안

㉠ 삼각지지대(웨지)

TLR은 내이의 전정기관이 자극되었을 때 몸 전체의 근긴장 변화를 일으키는 반사로, 머리를 신전시키고 바로 누워 있을 때에는 몸 전체 신전근의 긴장이 증가하고, 엎드려 누워 있을 때에는 굴곡근의 긴장이 증가하는 반사이다. 따라서 TLR의 영향을 피하기 위해서 누워 있을 때에는 옆으로 눕는 자세를 취하는 것이 좋다.

㉢은 ㉣과 달리 학생 A를 교실에서 분리하지 않고 교실 내에서 치료지원을 제공한다. 따라서 학생들은 자신들이 서비스를 받는 어디에서나 학습 활동에 빠지지 않을 수 있다.

2025학년도 중등 B6

**34** (가)는 ○○중학교 지체장애 학생 A와 B의 특성이고, (나)는 특수 교사가 작성한 학생별 지도 계획이다. 〈작성 방법〉에 따라 서술하시오. [4점]

(가) 학생 특성

| 구분 | 특성 |
|---|---|
| 학생 B | • 불수의 운동형 뇌성마비<br>• 대근육 운동 기능 분류체계(GMFCS) 5단계<br>• 머리와 몸통 조절에 어려움이 있음.<br>• 키보드의 키를 누르면 손을 떼기가 어려움.<br>• ㉠ 누운 자세에서는 신전근의 긴장이 증가하고, 엎드린 자세에서는 굴곡근의 긴장이 증가함. |

〈작성방법〉

(가)의 밑줄 친 ㉠에 해당하는 원시 반사의 명칭을 쓸 것.

---

 참고자료: 기본이론 308p

 키워드: 긴장성 미로반사(TLR)

 구조화틀: 반사 특성
- 원시반사
- 자세반사
- 원시반사의 유형

 핵심개념: 긴장성 미로반사(TLR)의 특징
- 내이의 미로가 자극되었을 때 몸 전체의 근긴장 변화를 일으키는 자세반사로, 머리를 신전시키고 바로 누워 있을 때에는 몸 전체에 신전근의 긴장이 증가하고, 엎드려 누워 있는 경우에는 굴곡근의 긴장이 증가하는 반사
- 복와위와 앙와위 자세 모두에서 머리를 들어 올릴 수 없음
- TLR이 나타나는 뇌성마비 아동을 휠체어에 앉혔을 때 앉기 균형이 부족하거나 몸통 조절이 안 되어 휠체어 등받이를 경사시키면, 긴장성 미로반사의 영향으로 몸 전체의 신전근 긴장이 증가하고 뻗침 자세가 나타나게 됨

모범답안: 긴장성 미로반사

참고자료: 기본이론 310p

키워드: 모로반사

구조화틀

**반사 특성**
- 원시반사
- 자세반사
- 원시반사의 유형

핵심개념

**모로반사**
- 갑작스러운 목 신전으로 유발되는 반사로, 갑자기 큰 소리를 내거나 안고 있다가 갑자기 내려놓거나, 똑바로 눕힌 채 누운 자리 근처를 양쪽으로 세게 두드리면 팔을 쭉 벌리면서 손으로 무엇인가를 잡으려고 하는 자세를 취함. 즉, 팔이 신전되면서 외전하고, 이어 굴곡하면서 내전하게 됨
- **문제점**: 모로반사가 지속될 경우 넘어지는 것과 같은 갑작스런 위치 변화가 있을 때 보호반사가 유발되지 않아 다칠 수 있고, 소리나 움직임에 민감하게 반응해 일상생활에 어려움을 초래할 수 있음
- **중재방안**: 머리의 갑작스런 움직임으로 인해 목 신전이 유발되지 않도록 머리 지지대를 활용해 지지하는 것이 좋음

모범답안: 모로반사

---

**35** (가)는 건강장애 학생과 지체장애 학생의 특성이고, (나)는 체육 전담교사와 특수교사가 나눈 대화의 일부이다. 물음에 답하시오. [4점]

(가) 학생 특성

| 학생 | 특성 |
|---|---|
| 세희 | • 뇌성마비를 가지고 있음<br>• 일상생활 중 근긴장의 변화를 자주 보이며, 상지와 몸통이 본인의 의지와 상관없이 움직임<br>• 대근육 운동기능 분류체계(GMFCS) 5단계에 속함<br>• 현재 스캐닝 기법을 이용하여 보완대체의사소통기기를 사용하고 있음<br>• 야외 활동을 할 때에는 특수 전동 휠체어를 사용함 [A] |

(나) 대화 내용

얼마 전 수업시간에 세희가 휠체어에서 뒤로 넘어질 뻔 했거든요. 어떤 모습이었냐면요, 갑자기 양팔이 활처럼 바깥으로 펼쳐지면서 뻗히다가 팔이 다시 안쪽으로 모아지는 모습이었어요. 정말 놀랐습니다. [B]

갑자기 큰 소리가 났을 때 보이는 원시반사 중의 하나인데요, 가급적이면 갑자스러운 소음이나 움직임을 피해주시는 것이 좋습니다.

2) [B]의 대화에서 알 수 있는 원시반사 유형을 쓰시오. [1점]

2024학년도 중등 B11

**36** 다음은 ○○특수학교의 특수 교사와 교육 실습생 A와 B가 중도 뇌성마비 학생 A의 식사 기술 지도에 대해 나눈 대화이다. 〈작성방법〉에 따라 서술하시오. [4점]

| 교육 실습생 B : 식사 장소도 고민 중입니다. 식사 중에 친구들이 갑자기 큰 소리를 내거나 뛰면 학생A는 무척 놀라고 ⓐ<u>갑작스러운 목 신전 반사가 나타나며 팔을 쭉 벌리면서 무언가를 잡으려 하는 자세를 취하게 됩니다.</u>
특 수 교 사 : 주변 상황 변화에 대해 과도한 반사행동을 가진 학생에게는 편안하고 안정된 느낌을 제공해 주는 것도 필요합니다. |

【작성방법】

밑줄 친 ⓐ과 같은 반사행동 명칭을 쓸 것.

---

 참고자료: 기본이론 310p

 키워드: 모로반사

 구조화틀
반사 특성
― 원시반사
― 자세반사
― 원시반사의 유형

핵심개념
**모로반사**
- 갑작스러운 목 신전으로 유발되는 반사로, 갑자기 큰 소리를 내거나 안고 있다가 갑자기 내려놓거나, 똑바로 눕힌 채 누운 자리 근처를 양쪽으로 세게 두드리면 팔을 쭉 벌리면서 손으로 무엇인가를 잡으려고 하는 자세를 취함. 즉, 팔이 신전되면서 외전하고, 이어 굴곡하면서 내전하게 됨
- **문제점**: 모로반사가 지속될 경우 넘어지는 것과 같은 갑작스런 위치 변화가 있을 때 보호반사가 유발되지 않아 다칠 수 있고, 소리나 움직임에 민감하게 반응해 일상생활에 어려움을 초래할 수 있음
- **중재방안**: 머리의 갑작스런 움직임으로 인해 목 신전이 유발되지 않도록 머리 지지대를 활용해 지지하는 것이 좋음

 모범답안: 모로반사

참고자료 | 기본이론 311-314p

 키워드 | 뇌성마비 운동발달 특성

 구조화

**경직형 뇌성마비**
- 손상 부위
- 행동적 특징
- 언어 특징
- 하위 유형
- 중재

**운동발달 특성**
- 운동발달 원리
- 비정상적인 움직임 발달에 대한 순환 모형
- 치료지원 ─ Move
  ├ 감각통합치료
  ├ 보바스 치료(NDT)
  ├ 보이타 치료
  └ 통합된 치료

 핵심개념

**운동발달의 원리**
- 머리에서 다리 쪽으로 발달
- 신체의 중심부에서 원위부로 발달
- 반사작용에서 수의적인 움직임으로 발달
- 대근육에서 소근육 움직임으로 발달
- 몸 쪽으로 향하는 굴곡의 움직임에서 몸 밖으로 뻗치는 신전의 움직임으로 발달

**비정상적인 움직임 발달에 대한 순환 모형**

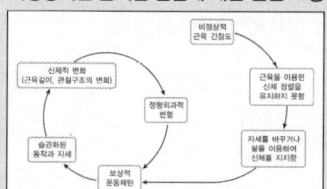

- 위 그림은 시간이 흐를수록 자세와 움직임이 비정상적으로 발달하는 것을 나타냄. 자세에서의 일탈은 중력에 대해 신체를 바르게 유지하려는 보상작용에서 나오는 것으로, 자세의 적응 결과임
- 보상적 운동은 아동이 균형과 안정성을 유지하기 위해 팔을 이용해 자세를 취하는 것임 → 이러한 자세는 앉을 수는 있지만 여러 문제점을 가짐
- **팔을 이용한 자세의 문제**
  - 아동은 앉기 자세를 취하기 위해 경직성을 이용하려 하므로 근육 긴장도가 높아짐
  - 중력에 대해 정렬되지 못한 자세임
  - 몸을 똑바로 유지하기 위해 팔을 사용해 지지하므로 다른 기능적 활동에 참여하기 어려움

 모범답안 ②

---

2012학년도 중등 38

**37** 뇌성마비에 대한 설명으로 옳은 것을 〈보기〉에서 있는 대로 고른 것은?

┤ 보기 ├

ㄱ. 근긴장도를 조절하는 뇌 영역이 손상된 뇌성마비는 비정상적 근긴장에 의한 근골격계의 문제가 성장할수록 심해지는 진행성 질환이다.

ㄴ. 경직형 편마비는 환측의 근육과 팔다리가 건측에 비해 발육이 늦거나 짧은 경향이 있으며, 반맹이나 감각장애가 발생하기도 한다.

ㄷ. 경직형 뇌성마비에서 주로 보이는 관절 구축은 관절 주위 근육의 경직으로 인해 골격이 관절에서 이탈된 상태를 의미하며, 성장할수록 통증과 척추측만증을 유발한다.

ㄹ. 운동은 신체의 중앙(근위부)에서 말초(원위부)의 방향으로 발달하고, 근육의 수축은 반사적 수축에서 수의적 수축으로 발달하는데, 뇌성마비는 이러한 정상 운동발달 과정을 방해한다.

ㅁ. 비정상적인 근긴장은 근골격 구조의 변화를 유발하는데 스스로 자세를 바꾸거나 팔을 이용하여 신체를 지지하는 것과 같은 보상적 운동 패턴의 발달을 도와주면 이차적 장애를 개선할 수 있다.

ㄱ. 뇌성마비로 인한 뇌손상은 진행되거나 완화되지 않는 비진행성 질환임. 다만, 시간이 지남에 따라 구축이 진행되고 보행 및 이동이 점점 더 어려워질 수 있으며 근육협응과 통제에서 더 많은 문제를 일으킬 수 있음

ㄷ. 관절 주위 근육의 경직으로 골격에서 관찰이 이탈되는 현상은 '탈구'이고, 근긴장도의 지속적인 증가로 근육·인대·관절막의 길이가 단축되어 나타나는 현상은 '관절 구축'임

ㅁ. 보상적 운동은 아동이 균형과 안정성을 유지하기 위해 팔을 이용해 자세를 취하는 것임. 이러한 자세는 앉을 수 있지만 다양한 문제를 초래하므로 가급적 지양해야 함

① ㄱ, ㄷ  ② ㄴ, ㄹ
③ ㄱ, ㄴ, ㅁ  ④ ㄴ, ㄷ, ㄹ
⑤ ㄷ, ㄹ, ㅁ

## 확장하기

### ✤ 운동발달이론(김혜리 외, 2021.)

운동발달은 시기에 따라 순서대로 자연스럽게 일어나지만, 지체장애 학생은 특정 발달단계를 건너뛰는 등 일반적인 운동발달단계를 거치지 않는 경우가 있으므로 그들이 가진 기능을 잘 파악해 필요한 기술을 습득시키는 것이 필요하다.

| 구분 | 내용 |
| --- | --- |
| 머리-꼬리 | 머리 움직임 조절을 가장 먼저 습득한 후 몸통, 팔, 손, 다리, 발 움직임 조절을 습득한다. |
| 몸의 중심에서 몸의 말초 방향 | 먼저 몸통 근육들을 조절하게 되는데 이는 이후 팔, 다리 움직임 조절에 필요한 안정성을 제공한다. |
| 반사운동에서 의지운동 | 생후 6~9개월경 나타나는 운동 대부분은 반사에 의존한다. 성장하면서 신체운동 전반에 대한 자발적인 조절이 가능해진다. |
| 대(근육)운동에서 소(근육)운동 | 예를 들어, 초기에는 장난감을 잡기보다 치는 경향을 나타내지만 이후 손을 정확하게 사용함으로써 장난감을 보고 정확히 잡게 된다. |
| 몸 쪽을 향한 운동(예 굴곡)에서 몸으로부터 벗어나는 운동(예 신전) | 두 가지 운동 형태(굴곡과 신전) 사이 균형은 몸을 공간 속에서 움직이게 하고, 중력에 대항해 수직 자세로 움직이게 하는 등 신체 조절 및 안정성을 제공한다. |
| 고착된 기술에서 유동성 있는 기술 | 여러 가지 발달적인 자세를 유지하게 된 후(예 손과 무릎으로 지지하기) 그 자세에서 취할 수 있는 숙련된 행동을 수행(예 기기)하거나 그 자세를 취하는 동안 다양하게 움직이는 것을 배운다(예 손과 무릎 흔들기). |

### ✤ 원시반사와 근긴장으로 인한 영향(김혜리 외, 2021.)

원시반사와 근긴장은 지체장애 학생의 2차적인 정형외과적 문제를 유발할 수 있다. 이는 비진행성인 뇌성마비 아동의 문제가 심화·진행되는 것처럼 보이게 할 수 있는데, 대표적으로 관절구축·척추기형·고관절 탈구가 있다.

| 유형 | 내용 |
| --- | --- |
| 관절구축 | • '관절구축'은 정상적인 관절 가동 범위로 관절을 움직이지 못해 근육이 짧아지고, 관절 주위 결합조직이 당겨지는 것을 말한다. 특히, 뇌성마비 아동은 근육 움직임 제한과 심한 경직으로 구축이 발생할 수 있다.<br>• '하지구축'은 경직성 양마비와 사지마비 아동에게 많이 발생하는 것으로, 보행 및 자세에 영향을 줄 수 있으며 고관절·슬관절·발목관절에 발생하는 굴곡구축으로 인해 서거나 걸을 때 구부린 자세를 유발해 균형 문제를 초래할 수 있다. 또한, 발뒤꿈치 아킬레스건과 연결되는 종아리 뒤쪽 비복근이나 가자미근 구축으로 인한 첨족, 족관절 구축으로 인한 만곡족(내반족·외반족), 무릎이 펴지지 않고 굽은 상태로 걷는 크라우치 보행, 허벅지 안쪽 내전근 긴장 증가로 인한 가위보행 등도 유발할 수 있다.<br>• 경직성 편마비 아동에게 많이 발생하는 상지구축은 물건 조작을 어렵게 하며, 특히 손 근육 경직으로 인한 엄지손가락 굴곡은 감염을 초래할 수 있고 주관절 굴곡구축은 이동용 보행기구 사용을 방해하기도 한다. |
| 척추기형 | 척추기형의 대표적인 형태로 척추측만증과 척추후만증이 있다. 척추측만증은 척추가 한쪽으로 휘는 것으로 비대칭성 긴장성 목반사가 있을 때 발생하기 쉽고, 성장발달이 빠른 시기에 심화되는 경향이 있다. 척추측만증은 걷기와 앉기에서의 균형능력 및 심폐기능에 영향을 줄 수 있다. 척추후만증은 척추가 앞쪽으로 둥그렇게 굽어지는 것으로, 근력이 약하고 몸통 조절능력이 떨어지는 경우 발생할 수 있다. |
| 고관절 탈구 | 고관절 내전근의 과도한 경직으로 발생하며, 대퇴골이 고관절에서 빠져나오는 현상을 말한다. 사지마비의 경우 발생 가능성이 높은데 통증, 앉기 자세 및 회음부 위생관리의 어려움, 척추측만증 등을 유발할 수 있다. |

▶ 하지 및 상지 관절구축

## ✸ 움직임의 기본 개념(박은혜 외, 2023.)

지체장애 학생을 지도하는 교사는 지체장애 학생의 운동 관련 문제를 이해하기 위해 근긴장도, 신체 정렬, 반사 등 움직임의 기본 개념에 대해 알고 있어야 한다.

### 1. 근긴장도

① 근긴장은 중추신경계가 신체의 모든 근육에 지속적으로 영향을 미치는 긴장된 상태로, 근긴장도란 운동을 할 때 근육을 펴는 신전과 오므라드는 굴곡이 되는 양과 정도를 말한다.

② 적절한 근긴장도는 신체가 중력에 대항해 일정한 자세를 취하고 유지하도록 하며, 근긴장도의 변화로 인해 신체의 움직임이 가능해진다.

③ 전반적인 신체 근육의 긴장된 정도를 나타낼 때 '자세 긴장도(postural tone)'라는 용어를 사용한다. 정상적인 자세 긴장도는 중력에서 벗어나는 움직임을 지탱하기 위해 중력에 대항하는 신체 근육을 충분히 긴장시켜서 만든다. 또한, 중력의 영향과 반대되는 쪽으로 팔을 들어야 하는 뻗기 등의 다양한 움직임과, 옆으로 구르기와 같은 중력 안에서의 조절된 움직임을 가능하게 한다.

④ 많은 기능적 움직임은 중력에서 벗어나려는 반중력성과 중력 내에서 움직이려는 중력성의 조합으로 나타난다. 예를 들면, 의자에 앉은 자세에서 일어나려면 몸을 앞으로 숙이고 발바닥에 체중을 지지하면서 몸을 일으켜 세워야 하는데, 몸을 앞으로 숙이는 것은 중력 내에서의 움직임이고, 발바닥에 체중을 지지하면서 몸을 일으켜 세우는 것은 중력에서 벗어나려는 움직이라고 할 수 있다. 그러나 운동장애를 보이는 지체장애 학생은 자세 긴장도가 적절하지 않아 비전형적인 근긴장도와 신체 움직임을 보이며, 이는 결과적으로 운동 발달과 기능적인 운동에 영향을 미친다.

⑤ 근긴장도의 이상은 학생의 움직임과 기능에 최소한의 영향을 미치는 가벼운 문제부터, 독립적인 움직임과 기능을 매우 어렵게 하는 심각한 문제까지 다양하게 나타날 수 있다. 근긴장도의 이상은 중추신경계 손상으로 발생할 수 있는데, 비전형적인 근긴장의 형태와 위치는 손상 부위에 따라 다르다. 근긴장도가 기대 수준보다 낮은 경우는 '과소긴장' 또는 '저긴장성'이라고 하고, 근긴장도가 기대 수준보다 높은 경우는 '과다긴장' 또는 '경직성'이라고 한다.

| 근긴장의 정도 | 내용 |
| --- | --- |
| 과다긴장 | • 움직이는 것이 힘들어 움직임이 비정상적인 유형으로 나타남<br>• 제한적인 동작의 범위 내에서 움직임이 일어남<br>• 자세 정렬을 방해할 수 있음<br>• 관절의 움직임이 유연하지 않을 수 있음 |
| 과소긴장 | • 중력에 저항해 신체 부위를 움직이는 힘이 감소함<br>• 자세 정렬이 흐트러짐<br>• 앉기와 같은 반중력적인 자세와 앉기 자세에서 서기 자세로 바꾸는 데 필요한 반중력적인 움직임에서 어려움을 보임 |

⑥ 과다긴장성은 경직형 뇌성마비 학생에게 많이 나타나는 형태로 근육의 불균형과 구축, 골격의 기형을 초래할 수 있다. 이 경우 스스로 쉽게 자세를 바꿀 수 없고 상지와 하지의 근육 가동 범위가 제한되는 근육구축이 일어나는 경우가 많으므로, 올바른 자세 지도를 통해 이러한 2차적 문제를 예방하도록 노력하는 것이 중요하다.

⑦ 저긴장성은 운동실조형 뇌성마비 학생에게 많이 나타나는 형태로, 앉은 자세에서 몸통을 지지하는 능력이 부족하고 관절이 고정되지 않는 움직임이 나타나는 것이 특징이다. 이러한 경우 특히 탈구가 일어나지 않도록 유의해야 한다.

⑧ 근긴장도가 수시로 변하는 변화성 근긴장도는 불수의 운동형과 중도의 경련장애 학생에게 나타나는 유형으로, 사지의 동작을 조절하거나 안정된 자세를 유지하는 것이 어렵거나 불가능하다. 무엇보다 몸통의 안정성을 확보하는 것이 우선 과제이다.

⑨ 과다긴장·과소긴장 등 비전형적인 근긴장도를 다루기 위해서는 물리치료와 작업치료의 도움을 받거나 경우에 따라 약물치료와 외과 수술이 진행되기도 하며, 다양한 보조기를 활용하는 방법도 있다.

### 2. 신체의 정렬

① 신체의 정렬이란 신체 각 부위의 상대적 관계로서 공간 속 혹은 중력의 방향에 대한 신체 전체의 관계를 의미한다.

② 적절한 신체 정렬과 자세는 신체의 각 부분이 최적의 균형과 최대의 신체 기능을 증진시킬 수 있는 상태를 말하는 것으로, 신체의 중력 중심이 정렬과 균형에 영향을 미친다.

③ 신체가 좋은 정렬을 유지할 때 관절·근육·건·인대에 가해지는 압력이 낮아지고, 내부 구조와 장기들이 지지되어 바른 자세를 취할 수 있다. 관절 주변의 근육이 잘 움직이기 위해서 관절은 적절하게 정렬되어야 하며, 몸통을 똑바로 세워 수직 자세로 의자에 앉으려면 척추는 반듯하게 정렬되어야 한다.

2011학년도 유아 24

**38** 뇌성마비 유아에게 2008년 개정 특수학교 기본교육과정 체육과 내용인 '움직임의 자세 이해하기'를 지도하기 위한 고려사항으로 적절한 것을 〈보기〉에서 모두 고른 것은?

┌ 보기 ┐
ㄱ. 앉기를 지도하기 위해 발달적 지도법을 사용할 때에는 네발 기기를 이용한 놀이 방법을 사용한다.
ㄴ. 앉기나 서기 지도를 통해 유아가 손을 사용하여 환경과의 능동적인 상호작용을 할 수 있도록 한다.
ㄷ. 움직임 자세의 지도는 소근육 운동부터 시작해서 자신감을 얻게 한 후 점차 대근육 운동으로 진행된다.
ㄹ. 비정상적인 자세 반사가 있을 때에는 정상적인 자세를 반복하여 지도함으로써 정상 패턴을 경험하도록 한다.
ㅁ. 운동실조형(ataxia) 유아의 경우, 운동 계획 능력의 부족으로 생기는 문제를 최소화할 수 있도록 환경을 구성해서 지도한다.

① ㄱ, ㄴ
② ㄴ, ㅁ
③ ㄱ, ㄴ, ㄹ
④ ㄴ, ㄹ, ㅁ
⑤ ㄱ, ㄷ, ㄹ, ㅁ

 참고자료: 기본이론 311-312p, 313-314p

 키워드:
• 운동발달 원리
• 보바스 치료

구조화틀
**운동발달 특성**
─ 운동발달 원리
─ 비정상적인 움직임 발달에 대한 순환 모형
─ 치료지원 ─ Move
　　　　　　 ─ 감각통합치료
　　　　　　 ─ 보바스 치료(NDT)
　　　　　　 ─ 보이타 치료
　　　　　　 ─ 통합된 치료

 핵심개념

 모범답안: ④

ㄱ. 엎드린 자세, 누운 자세에서 점차 앉기, 서기, 걷기, 달리기 자세 등으로 발달하게 됨

ㄷ. 대근육 움직임에서 점차 소근육 움직임으로 발달하게 됨

ㄹ. 보바스 치료에 대한 설명임 → 보바스 훈련에서는 비정상적인 반사가 최대로 줄어드는 자세에서 정상적인 경위반사와 평형반응을 유도하되, 정상발달 순서에 따라 머리 가누기-잡기-뒤집기-배밀이-앉아 있기-네발서기-기기-서기-걷기 등의 순서로 꾸준히 훈련해 정상 동작이 완전히 몸에 배도록 함

ㅁ. 운동실조형의 경우 공간에서 움직임이 어렵기 때문에 물리적 교실환경을 구성해줘야 함
예) 방해받지 않고 이동할 수 있도록 공간을 확보하거나, 교육활동에 접근이 용이한 자리에 배치함

## 확장하기

### 감각통합치료

- 감각통합: 감각 경험들이 뇌에서 분류·조절·조직화·해석되는 신경학적 과정
- 감각통합의 3가지 전제
  - 정상 발달하는 사람은 환경과 자신의 신체 움직임으로부터 감각 정보를 받아들이고, 중추신경계 안에서 입력된 감각을 처리·통합함
  - 감각 입력에서의 결함은 운동 학습에서의 결핍을 가져옴
  - 치료는 의미 있는 활동과 적응행동 계획 및 산출 속에서 제공되어야 감각통합이 성공적으로 이루어짐
- 감각통합에서는 여러 가지 생존감각(촉각·청각·시각·미각·후각)과 내부감각(전정감각·고유수용성 감각·운동감각) 가운데 촉각, 전정감각, 고유수용성 감각의 3가지 감각을 주로 다룸
- 많은 장애아동은 감각통합장애(예 머리 자르기 거부 등 촉각에 대한 지나친 예민함, 청소기 소리 등 특정 소리에 대한 지나친 예민함, 빙글빙글 제자리 돌기 등 지나친 감각자극 추구, 손을 퍼덕거리는 등 지나친 관절 움직임 추구)를 가지고 있기 때문에 개별 아동의 감각 특성에 맞는 감각통합치료가 요구됨
- 일반적으로 감각통합치료는 간지럽히기, 손가락 알아맞히기 등 특별한 교구가 필요하지 않은 활동부터 그네, 볼풀, 스쿠터보드, 치료용 공 등 교구를 활용한 활동까지 다양하게 실시할 수 있음. 모든 활동은 치료사의 계획 하에 이루어지지만, 아동은 이를 치료라기보다는 놀이로 생각하기 때문에 다른 치료에 비해 적극적으로 즐겁게 참여하는 경향을 보임

참고자료
기본이론 311~313p

 키워드
뇌성마비 운동발달 특성

 구조화틀
운동발달 특성
├ 운동발달 원리
├ 비정상적인 움직임 발달에 대한 순환 모형
└ 치료지원 ─ Move
           ├ 감각통합치료
           ├ 보바스 치료(NDT)
           ├ 보이타 치료
           └ 통합된 치료

핵심개념
**운동발달의 원리**
- 머리에서 다리 쪽으로 발달
- 신체의 중심부에서 원위부로 발달
- 반사작용에서 수의적인 움직임으로 발달
- 대근육에서 소근육 움직임으로 발달
- 몸 쪽으로 향하는 굴곡의 움직임에서 몸 밖으로 뻗치는 신전의 움직임으로 발달

**고유수용감각**
- 근육·관절·인대와 뼈의 수용기로부터 받아들여져 조절되는, 관절의 위치와 운동에 관한 무의식적 정보를 담당하는 것으로 '신체운동감각'이라고도 함
- 증진방법: 무거운 조끼를 착용해 움직여보기

 모범답안
1) ① ⓒ
   ② 수평적인 동작에서 수직적인 동작으로 발달한다.

3) 고유수용감각

2016학년도 유아 A6

**39** (가)는 유아특수교사인 박 교사와 송 교사의 대화이고, (나)는 활동계획안의 일부이다. 물음에 답하시오. [5점]

(가) 두 교사의 대화

송 교사: 선생님, 동호의 운동발달 평가 결과를 살펴보니까 운동발달이 지체되어 있더군요.
박 교사: 그래서 ⊙평가 결과에 근거해 운동 영역의 개별화교육계획을 작성하려고 해요.
송 교사: 네. 운동 영역의 개별화교육목표를 작성할 때에는 운동 기능의 발달원리를 알고 있어야 해요.
박 교사: 맞아요. ⓒ운동 기능은 수직적인 동작에서 수평적인 동작으로 발달하지요. 그리고 ⓒ운동 능력은 양방에서 일방으로 발달한다는 것도 알고 있어요.
송 교사: ⓔ발달 영역 간에는 상호 관련성이 있어서 운동발달을 이해하기 위해서는 전체 발달 상황을 알아야 해요.
박 교사: 네. 그런데 동호는 ⓟ한 계단에 두 발을 모았다가 그 다음 계단으로 오르내릴 수 있고, 가끔은 양발을 번갈아 가며 한 발씩 교대로 올라갈 수 있어요. 동호에게 양발을 번갈아 오르내리는 것을 숙달시키려면 구체적으로 어떻게 지도하면 될까요?
송 교사: 양발을 번갈아 가며 계단을 오르내리려면 몸의 균형 잡기가 중요한데, 그것은 활동 속에서 곡선 따라 걷기를 하면 도움이 될 수 있어요. 참고로 계단 오르내리기에서는 자신의 신체 위치, 자세, 평형 및 움직임에 대한 정보를 파악하여 중추신경계로 전달하는 감각인 ( ⓗ )와/과 전정감각이 중요한 역할을 하지요.
박 교사: 네, 감사합니다.

> **자세의 발달**
> 엎드린 자세, 누운 자세에서 점차 앉기, 서기, 걷기, 달리기 자세 등으로 발달함

1) (가)의 ⊙~ⓔ 중 동호를 지도할 때 고려해야 할 사항으로 잘못된 것을 찾아 ① 기호를 쓰고, ② 바르게 수정하여 쓰시오. [1점]

3) (가)의 ⓗ에 들어갈 말을 쓰시오. [1점]

기본이론 315-316p

 척추만곡증(척추기형)

 **신체적 특성**
- 고관절 탈구
- 척추만곡증(척추기형)
- 관절 구축

**척추기형(척추만곡증)**
- 척추 주위 근육의 비대칭적인 긴장으로 인해 잘못된 자세를 방치하게 되어 척추가 S자형이나 C자형으로 만곡되는 것
- **원인**
  - **선천적 척추기형**: 출생 시부터 구조적인 비정상 상태로 인해 척추만곡증 발생
  - **비구조적(보상적) 척추기형**: 고정된 기형이 아닌 단순 변형된 상태로, 영구적인 변화를 야기하지 않음
  - **신경근성 척추기형**: 신경질환과 근육질환 등의 이차적 장애로 척추기형 발생. 주로 뇌성마비, 근이영양증, 척수수막류 등의 합병증으로 나타남
  - **특발성 척추기형**: 가장 일반적인 형태로, 원인을 알 수 없음

**보이타 치료**
- 아동의 신체에 운동을 일으키는 유발점에 압력을 가함으로써 반사적 기기와 반사적 뒤집기 등을 자동적으로 유발하는 방법
- **한계점**: 아동의 능동적인 참여가 어렵고, 정확한 위치에서 유발점을 적당하게 눌러줘야 하는 능숙함이 필요함 → 보호자가 습득해서 집에서 시행하기에는 어려움이 있음

 ②

2010학년도 중등 34

**40** 척추측만증이 있는 뇌성마비 학생에 대한 설명으로 옳은 것을 〈보기〉에서 모두 고른 것은?

┤ 보기 ├
ㄱ. 뇌성마비는 발생학적으로 척추형성부전이나 척추연골화가 있어 신경근성 척추측만으로 분류된다.
ㄴ. 신체 정렬이 되지 않은 부적절한 자세가 관절의 위치나 근육의 길이를 변형시켜 이차적인 장애로 척추측만을 일으킬 수 있다.
ㄷ. 척추측만이 고착되지 않은 경우, 중력에 대항하고 비정상적인 근육 긴장도를 최소화시켜 주는 방식으로 신체 정렬이 되도록 자세를 잡아준다.
ㄹ. 척추측만증 교정을 위해 맞춤화된 앉기 보조 도구를 제공하여 가장 편하고 바른 자세를 잡아주고, 그 자세를 일과 시간 동안 계속 유지시켜준다.
ㅁ. 척추측만증을 위한 운동요법의 하나인 보바스(Bobath)법은 척추 주위의 운동 자극점을 지속적으로 눌러주어 비정상적인 자세긴장도를 정상화하는 것이다.

ㄱ. 뇌성마비 학생이 보이는 척추기형은 신경근성 척추기형임. 발생학적으로 척추형성부전 또는 척추연골화 문제는 선천적 척추기형에 해당함

ㄴ. 이차적 문제로 생기는 척추기형은 비구조적 척추기형(보상적 척추기형)에 해당함

ㄹ. 바른 자세를 잡아주고, 해당 자세를 자주 바꿔줌으로써 이차적 장애를 예방해야 함

ㅁ. 척추 주위의 운동 자극점을 지속적으로 눌러줘 비정상적인 자세긴장을 정상화하는 것은 보이타 치료법에 해당함

① ㄱ, ㄴ
② ㄴ, ㄷ
③ ㄴ, ㄷ, ㅁ
④ ㄱ, ㄷ, ㄹ, ㅁ
⑤ ㄴ, ㄷ, ㄹ, ㅁ

2017학년도 중등 A4

**41** 다음은 J 고등학교 교사들의 대화 내용이다. ㉠에 공통으로 들어갈 병명을 쓰시오. [2점]

> 김 교사: 학생 K는 평소 서 있을 때 양쪽 어깨 높이에 차이가 있고, 몸통 좌우가 비대칭적으로 보였었는데 원인을 알 수 없는 청소년기 특발성 ( ㉠ )(으)로 진단되었다고 합니다.
> 양 교사: 그런데 ( ㉠ )은/는 뇌성마비나 근이영양증이 있는 학생에게도 종종 나타납니다. 그대로 방치하면 자세, 보행 및 심폐기능에도 영향을 줄 수 있기 때문에 적절한 치료와 함께 교육적 지원을 받아야 합니다.

— 특발성 척추측만은 가장 일반적인 형태로, 원인을 알 수 없는 척추기형을 의미함

— 뇌성마비나 근이영양증이 있는 학생이 보이는 척추기형의 원인은 신경근성 척추기형에 해당함

참고자료: 기본이론 315-316p

키워드: 척추만곡증(척추기형)

구조화틀

**신체적 특성**
- 고관절 탈구
- 척추만곡증(척추기형)
- 관절 구축

**핵심개념**

**척추기형(척추만곡증)**
- 척추 주위 근육의 비대칭적인 긴장으로 인해 잘못된 자세를 방치하게 되어 척추가 S자형이나 C자형으로 만곡되는 것
- 원인
  - **선천적 척추기형**: 출생 시부터 구조적인 비정상 상태로 인해 척추만곡증 발생
  - **비구조적(보상적) 척추기형**: 고정된 기형이 아닌 단순 변형된 상태로, 영구적인 변화를 야기하지 않음
  - **신경근성 척추기형**: 신경질환과 근육질환 등의 이차적 장애로 척추기형 발생. 주로 뇌성마비, 근이영양증, 척수수막류 등의 합병증으로 나타남
  - **특발성 척추기형**: 가장 일반적인 형태로, 원인을 알 수 없음

모범답안

㉠ 척추측만

참고자료 기본이론 317-318p

 키워드 상하지 보장구

 구조화틀
상하지 보장구
- 개념
- 유형 ─ 보조기(브레이스)
        ├ 부목(스프린트)
        └ 석고붕대(깁스)

### 핵심개념
**부목(스프린트)**
- 보통 단단한 플라스틱 모형으로 제작되며, 팔과 손의 자세를 잡기 위해 사용됨
- 손·팔의 기능, 운동, 감각 향상에 도움이 됨
- 어떤 활동을 위해 밤에만 착용하거나, 하루 대부분의 시간 동안 착용하거나, 하루 중 일부 시간 동안 착용하거나 떼어낼 수 있음

 모범답안
은지는 항상 왼손에 주먹을 쥐고 있고, 왼손이 몸 안쪽으로 휘어져 있으므로 스프린트를 사용하면 손의 자세를 바로 잡아주며, 손발의 기능·운동·감각에 도움을 줄 수 있다.

---

**42** (가)는 학습장애학생 은수의 인지적 특성이고, (나)는 '2009 개정 교육과정' 과학과 3~4학년군 '식물의 생활' 단원의 교수·학습 과정안 일부이다. 물음에 답하시오. [5점]

(가) 학생 특성

| 은지 | • 뇌성마비 학생이며, 전동 휠체어를 타고 이동할 수 있음<br>• 구어 사용은 어렵지만, 간단한 일상적인 대화는 이해할 수 있음<br>• 그림 상징을 이해하고, 오른손 손가락으로 상징을 지적할 수 있음<br>• 왼손은 항상 주먹이 쥐어진 채 펴지 못하고 몸의 안쪽으로 휘어져 있음 |
|---|---|

(나) 단원 지도 계획과 학생 지원 계획

| 대주제 | 이웃 | | |
|---|---|---|---|
| 단원 | 마을과 사람들 | | |
| 차시 | 차시명 | 학습 목표 및 활동 | 학생 지원 계획 |
| 8-9 | 우리 마을 둘러보기 | ○우리 마을의 모습을 조사한다.<br>• 마을 모습 이야기하기<br>• 조사 계획 세우기<br>• 마을 조사하기<br>  - 건물, 공공장소 및 시설물 등을 조사하기<br>  - 마을 사람들이 하는 일을 조사하기 | ○미나<br>• 마을 조사 시 ⊙션트(shunt)에 문제가 발생하지 않도록 유의하기<br>○현우<br>• 마을 조사 시 ⓒ앞바퀴가 큰 휠체어 제공하기<br>○은지<br>• 수업 중 ⓒ스프린트(splint) 착용시키기<br>• 보완·대체 의사소통(AAC) 지원 계획하기<br>  - ( ⓔ )을/를 적용하여 평가하기<br>  - 마을 조사 시 궁금한 내용을 질문할 수 있도록 ⓜ어휘목록 구성하기 |

3) 교사가 은지에게 (나)의 ⓒ을 착용시킨 이유를 은지의 특성에 비추어 1가지 쓰시오. [1점]

참고자료: 기본이론 317-318p

 키워드: 상하지 보장구

 구조화틀

**상하지 보장구**
- 개념
- 유형
  - 보조기(브레이스)
  - 부목(스프린트)
  - 석고붕대(깁스)

핵심개념

**보조기(브레이스)**
- 근육을 지지할 뿐 아니라 고정해줘 바른 자세를 취하게 하므로 구축을 예방하는 기능
- 단하지 보조기(발목 보조기)는 아킬레스건의 단축으로 흔히 까치발 서기나 보행을 하는 아동들의 발목관절 구축을 예방하고 진행을 억제시킬 목적으로 가장 많이 사용함
- 장하지 보조기(무릎 보조기)는 내반슬과 외반슬이 있을 때 사용함

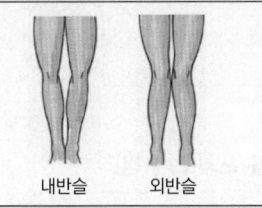
내반슬    외반슬

 모범답안

① 단하지 보조기(발목 보조기)
② 욕창, 기형 등의 이차적 문제가 발생할 수 있다.

---

2017학년도 초등 B2

**43** (가)~(다)는 지체장애 특수학교에서 제작한 '학생 유형별 교육 지원 사례 자료집'에 수록된 Q&A의 일부이다. 물음에 답하시오. [5점]

(나)

> **Q** 경직형 뇌성마비 학생 B는 높은 근긴장도로 인해 ⓒ<u>근육, 인대, 관절막의 길이가 짧아지고 변형되어 첨족 및 내반족</u>, 척추측만 등이 나타나고 있습니다. 그래서 바른 자세를 유지하기 위해 몸통 및 상체 지지형 휠체어 등의 보조기기를 사용하고 있습니다. 이와 같은 보조기기를 사용할 때 유의해야 할 사항은 무엇인지 궁금합니다.
>
> **A** ㉣<u>보조기기를 오랫동안 사용하게 되면 학생의 신체에 부정적인 영향을 줄 수 있습니다.</u> 그래서 보조기기 사용에 대한 계획을 수립하는 것이 바람직합니다.

**관절구축**
근긴장도의 지속적인 증가로 근육, 인대, 관절막의 길이가 단축되어 나타나는 현상

**보조기기 사용 시 유의사항**
- 보조기기 사용 계획에 근거해 사용의 한계 시간 결정 → 잘 맞고 편안하더라도 한 가지 자세로 제한하는 것은 혈액순환 문제나 피부의 궤양, 기형 등 이차적 문제를 유발함
- 보조기기의 정확한 기능을 알고 사용 방법 준수
- 보조기기 의존 최소화 → 신체 부위에 대한 지지가 과도할 경우 오히려 일상생활의 기능적 동작을 저해함
- 신체기능에 적합한 보조기기 선정 → 잘 맞지 않는 부적절한 도구의 사용은 정형외과적인 기형이나 근육 길이의 변화 등 이차적 장애를 유발함

3) (나)의 ⓒ을 보일 때 사용할 수 있는 ① 보조기기의 예와 ② ㉣의 예를 각각 1가지씩 쓰시오. [2점]

참고자료  기본이론 317-318p

 키워드  상하지 보장구

 구조화틀
상하지 보장구
― 개념
― 유형 ― 보조기(브레이스)
         ― 부목(스프린트)
         ― 석고붕대(깁스)

핵심개념  **보조기(브레이스)**
- 근육을 지지할 뿐 아니라 고정해줘 바른 자세를 취하게 하므로 구축을 예방하는 기능
- 단하지 보조기(발목 보조기)는 아킬레스건의 단축으로 흔히 까치발 서기나 보행을 하는 아동들의 발목관절 구축을 예방하고 진행을 억제시킬 목적으로 가장 많이 사용함
- 장하지 보조기(무릎 보조기)는 내반슬과 외반슬이 있을 때 사용함

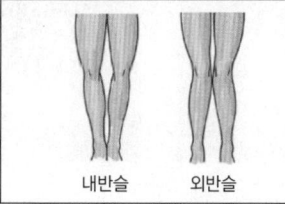
내반슬    외반슬

 모범답안
아킬레스건의 단축으로 첨족 형태를 보이므로 구축을 예방하고 진행을 억제하기 위해 단하지 보조기(발목 보조기)를 착용시켰다.

2022학년도 초등 B2

**44** 다음 (가)는 초등학교 2학년 혜지의 특성이고, (나)는 혜지의 발에 착용하는 보장구이며, (다)는 혜지의 보완대체의사소통(AAC) 체계이다. 물음에 답하시오. [5점]

(가) 혜지의 특성

- 뇌성마비 학생이며, 시각적 정보 처리에 어려움이 있어 그림을 명확하게 변별하기 어려움
- 비정상적인 근긴장도로 인해 자세를 자주 바꿔주어야 함
- ㉠ 바로 누운 자세에서 긴장성 미로반사가 나타남

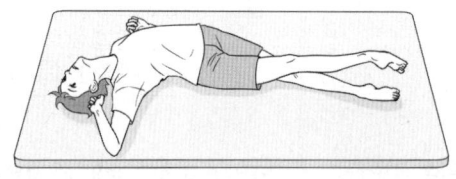

(나) 혜지의 보장구

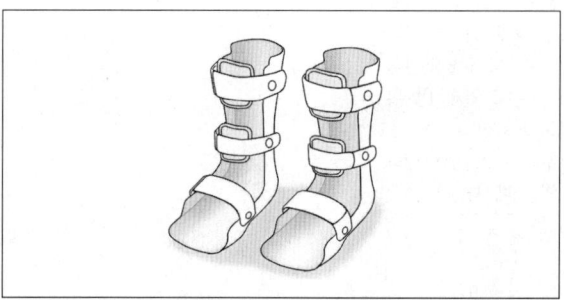

1) 혜지가 (나)의 보장구를 착용하는 이유를 쓰시오. [1점]

기본이론 317-318p

 상하지 보장구

 상하지 보장구
- 개념
- 유형 ─ 보조기(브레이스)
         ├ 부목(스프린트)
         └ 석고붕대(깁스)

 보조기(브레이스)
- 근육을 지지할 뿐 아니라 고정해줘 바른 자세를 취하게 하므로 구축을 예방하는 기능
- 단하지 보조기(발목 보조기)는 아킬레스건의 단축으로 흔히 까치발 서기나 보행을 하는 아동들의 발목관절 구축을 예방하고 진행을 억제시킬 목적으로 가장 많이 사용함
- 장하지 보조기(무릎 보조기)는 내반슬과 외반슬이 있을 때 사용함

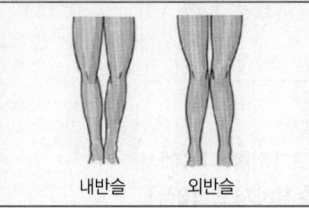
내반슬  외반슬

 발목 관절 구축을 예방하고 진행을 억제하기 위해 사용한다.

2025학년도 초등 B4

**45** (가)는 특수학교 5학년에 재학 중인 지체장애 학생들의 특성이고, (나)는 예비 교사와 지도 교사의 대화 내용의 일부이며, (다)는 예비 교사가 작성한 2015 개정 특수교육 기본 교육과정 체육과 5~6학년군 '2. 고정 표적으로 물체 보내기' 단원의 교수·학습 과정안의 일부이다. 물음에 답하시오. [5점]

(가)

| 학생 | 특성 |
|---|---|
| 영희 | • 대뇌피질 손상<br>• 대칭성 긴장성 목반사가 있음<br>• 가위 모양 자세를 보임<br>• ㉠단하지 보조기를 착용함 |

1) ② 밑줄 친 ㉠을 사용하는 목적을 신체 정렬 부위를 중심으로 쓰시오.

2013학년도 추가초등 A2

**46** 다음은 지체장애와 정신지체를 지닌 중도·중복장애 학생 현우의 전반적인 특성을 제시한 것이다. 물음에 답하시오. [5점]

| ○ 성별: 남 | ○ 연령: 8세 |

- 단순 모방, 지시 따르기, 상징 이해 능력이 매우 떨어져 기능 훈련에 어려움을 보임
- 스스로 용변 처리를 하거나 용변 의사를 표현할 수 없어서 기저귀를 착용하고 있음
- 자세 유지, 움직임과 이동이 곤란함
- 빨기, 씹기, 삼키기 등의 섭식 기능에 문제가 있음
- 다음과 같은 두드러진 건강상의 문제를 보임
  - ㉠ 요로 계통의 감염으로 인해 소변에서 유해한 세균이 검출되며, 배뇨통, 요의 절박(절박 요실금), 발열, 구토, 설사, 체중 증가 부진, 복통 등의 증상을 유발함
  - ㉡ 식사 도중 음식물이 역류하거나 음식물로 인해 목이 메어 구역질이나 기침을 자주 하며, 가슴앓이, 식도염증, 그리고 삼키기 곤란 증상으로 인하여 소화, 배설, 영양실조 등의 2차적 문제가 발생함

2) 다음은 ㉠에 대해 특수교사가 지원할 수 있는 내용을 제시한 것이다. ①과 ②에 들어갈 알맞은 말을 쓰시오. [1점]

감염 부위의 ( ① )을(를) 유지시키고, 충분한 ( ② ) 섭취를 돕는다.

3) ㉡에 대하여 적절하지 <u>않은</u> 지원 내용 2가지를 다음에서 찾아 번호를 쓰고, 그 내용을 바르게 수정하시오. [2점]

① 식사 후 약 10분간 누워서 스트레칭을 하도록 한다.
② 하루 종일 필요한 음식량을 조금씩 나누어 자주 제공한다.
③ 고형식 음식을 일정 크기로 잘라서 숟가락으로 떠먹인다.
④ 의사의 처방에 따라 정해진 시간에 정확한 양의 약물을 복용시킨다.

---

 기본이론 319-320p

- 위식도 역류
- 흡인
- 요로 감염

 생리조절 특성
- 위식도 역류
- 흡인
- 질식(기도폐색, 기도폐쇄)
- 요로 감염

**핵심개념**

**흡인**
- 액체나 작은 음식 조각이 폐로 가는 것
- 음식물이나 액체가 위로 내려갈 때뿐만 아니라 위의 내용물이 식도로 역류할 때도(위식도 역류) 발생할 수 있음
- 중재방안
  - 식사 후 적어도 45분간 수직 또는 반수직 자세를 유지함
  - 구강으로 식사하는 학생은 머리를 약간 앞쪽으로 구부리고 바른 자세로 식사를 함 → 이 자세는 능동적 삼키기를 촉진하고 수동적으로 음식물이 목으로 내려가는 것을 예방할 수 있음
  - 잘게 갈린 음식이나 묽은 액체는 아무런 자극 없이 목으로 넘어가기 때문에 흡인의 위험성을 높일 수 있음 → 고체, 반고체, 거친 자연식품(야채·과일 등), 진한 액체(걸쭉하거나 뻑뻑한 질감의 액체)로 삼키는 데 도움이 되는 자극을 제공해 흡인의 위험성을 줄일 수 있음

**요로 감염**
- 기저귀 사용과 청결 문제로 발생할 수 있음
- 중재방안
  - 항생제를 사용해 치료함
  - 충분한 수분 섭취, 청결지도를 통해 요로 계통을 깨끗하게 하는 것이 도움이 됨

2) ① 청결
   ② 수분

3) ① 식사 후 약 45분간 수직 또는 반수직 자세를 유지해야 한다.
   ③ 작은 조각 또는 뻑뻑한 질감의 음식을 제공한다.

기본이론 319p

 위식도 역류

 **생리조절 특성**
- 위식도 역류
- 흡인
- 질식(기도폐색, 기도폐쇄)
- 요로 감염

 **위식도 역류**
- 위식도 조임근의 문제로 식도 아랫부분의 조임근이 느슨해지면서 위에 들어간 음식이 식도로 역류해 입으로 나오는 증상
- 중재방안
  - 걸쭉한 음식을 더 자주, 조금씩 작은 조각으로 나누어주는 것이 예방에 도움이 됨
  - 작은 조각 또는 뻑뻑한 질감의 음식은 위식도 역류를 개선할 수 있음
  - 퓨레형 음식(연식)보다는 작은 조각으로 음식을 잘라주거나, 거친 질감의 음식 또는 고체 형태의 음식을 제공하는 것이 바람직함
  - 식사 후 약 1시간은 수직 또는 반수직 자세를 취해 위에서 음식물이 비워지도록 해줌

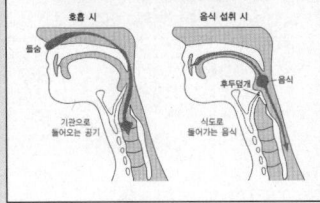

 식사 후 적어도 45분간은 수직 또는 반수직 자세를 취한다.

---

2018학년도 중등 B3

**47** 다음은 뇌성마비 학생 E와 F의 특성과 지원 계획이다. 〈작성방법〉에 따라 서술하시오. [4점]

| 학생 | 구분 | 내용 |
|---|---|---|
| F | 특성 | • 경직형 뇌성마비 학생임<br>• ⓐ 대칭성 긴장형 목반사(STNR)를 보임<br>• 식사를 한 후, ⓑ 위식도 역류가 자주 발생함 |
| | 지원 계획 | • 흡인을 예방하기 위해 ⓒ 한쪽이 낮게 잘린 컵을 사용하여 물을 마시도록 지도함<br>• 학생의 특성에 맞는 적절한 유형의 음식을 제공하고, ⓓ 식사 후 적절한 자세를 취하도록 지도함 |

> 학생 F는 위식도 역류를 보임 → 작은 조각 또는 뻑뻑한 질감의 음식은 위식도 역류 개선에 도움이 됨

**작성방법**

밑줄 친 ⓓ에 해당하는 것을 ⓑ를 고려하여 1가지 제시할 것.

2012학년도 중등 35

 기본이론 319p

 질식(기도폐색, 기도폐쇄)

 생리조절 특성
┌ 위식도 역류
├ 흡인
├ 질식(기도폐색, 기도폐쇄)
└ 요로 감염

**48** 다음은 특별한 건강관리가 필요한 학생들이 보일 수 있는 발작과 질식 사고에 대한 설명이다. ㉠~㉤ 중에서 옳은 것만을 있는 대로 고른 것은? [1.5점]

···(중략)···

㉢ 뇌성마비가 있는 학생은 기도폐색에 의한 질식 사고의 위험이 있는데, 치아와 잇몸의 손상, 구강 반사의 문제, 연하곤란 등이 원인이 될 수 있다. 질식 사고가 생기게 되면 즉시 응급처치를 실시해야 한다.

㉣ 하임리히 구명법(Heimlich Maneuver)은 기도폐색이 된 학생을 뒤에서 팔로 안듯이 잡고, 명치 끝(횡경막 하)에 힘을 가해 복부 아래쪽으로 쓸어내리는 방법이다. 의식 불명 등으로 뒤에서 안을 수 없는 상황이라면, ㉤학생을 바닥에 엎어 놓고 복부를 쿠션 등으로 받친 다음, 흉골의 중간 부분에 해당하는 등 부위에 직접 압박을 가한다.

응급처치 절차
• 하임리히 구명법
• 흉곽밀기

① ㉠, ㉢
② ㉠, ㉡, ㉢
③ ㉡, ㉢, ㉣
④ ㉠, ㉡, ㉣, ㉤
⑤ ㉠, ㉢, ㉣, ㉤

**질식(기도폐색, 기도폐쇄)**
• 지체장애 학생은 위식도 역류 또는 흡인으로 인한 기도폐쇄의 위험이 높고, 이는 질식으로 이어질 수 있음
• 응급처치 절차
 – **하임리히 구명법**: 환자를 뒤에서 팔로 안아 잡고, 한 손으로 다른 손목을 잡아 속이 비게 주먹을 쥔 뒤, 환자의 명치 바로 아래 상복부를 위쪽으로 강하게 압박함
 – **흉곽밀기**: 환자를 뒤에서 잡을 수 없을 경우(비만 또는 임산부) 환자를 반듯하게 눕히고 명치 아래 상복부를 압박함

 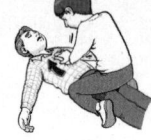
하임리히 구명법    흉곽밀기

 ①

|  참고자료 | 기본이론 320-321p |
|---|---|
|  키워드 | 지각 특성 |
|  구조화 툴 | **지각 특성**<br>─ 공간위치 지각장애<br>─ 공간관계 지각장애<br>─ 시-운동 협응장애<br>─ 항상성 지각장애<br>─ 도형-배경 지각장애 |

**핵심개념**

### 지각의 성질

| | |
|---|---|
| 공간위치<br>지각장애 | • 물체가 있는 공간과 관찰자 간의 관계를 지각하는 능력에 어려움이 있음<br>• 경영문자·경영숫자를 쓰거나, 공간위치를 나타내는 용어(안·밖·위·아래 등)의 의미를 이해하지 못함 |
| 공간관계<br>지각장애 | • 관계된 둘 이상의 물체 간 상호 관계를 지각하는 능력에 어려움이 있음<br>• 사물 간의 거리를 판단하지 못하거나 도형의 묘사에 어려움이 있음 |
| 시-운동<br>협응장애 | • 시각을 신체 운동 혹은 신체 일부와 조정하는 능력에 어려움이 있음<br>• 줄을 맞춰 글씨를 쓰거나, 읽을 때 글자를 따라 눈을 움직이기 어려움 |
| 항상성<br>지각장애 | • 사물을 지각할 때 사물로부터 감각기관으로 보내지는 자극은 조건에 따라 달라져야 함에도 언제나 같은 것으로 지각하는 문제가 있음<br>• 문자나 도형의 변별에 어려움 |
| 도형-<br>배경<br>지각장애 | 도형보다 배경에 반응하는 경향으로 인해 과제에 적절하게 주의집중하기 어려움 |

 모범답안 ⑤

---

2010학년도 초등 34

**49** 김 교사는 뇌손상으로 인해 지각에 여러 가지 결함을 나타내는 철수에게 2008년 개정 특수학교 기본교육과정 미술과 표현활동 영역 I 단계의 '회화: 밑그림 그리기' 활동 수업을 하였다. 그리고 김 교사는 철수가 그린 그림을 가지고 지각력 향상을 위한 심화 활동을 하였다. 적절한 활동을 〈보기〉에서 고른 것은?

* 원래 그림에는 색깔이 있음

**보기**

ㄱ. 고유수용성 지각력 향상을 위해 같은 색깔의 그림을 찾게 하였다.
ㄴ. 형태 지각력 향상을 위해 그려진 사람의 위치를 말하게 하였다.
ㄷ. 도형-배경 변별력 향상을 위해 물결선 위에 그려진 도형 그림을 찾게 하였다.
ㄹ. 눈과 손의 협응력 향상을 위해 그림에 있는 ○, □, △ 등의 모양을 손가락으로 따라 그리게 하였다.
ㅁ. 시지각 변별력 향상을 위해 ○, □, △ 등의 도형 카드를 제시하고 그림 속의 비슷한 모양을 찾게 하였다.

① ㄱ, ㄴ, ㄷ　　② ㄱ, ㄴ, ㄹ
③ ㄱ, ㄷ, ㅁ　　④ ㄴ, ㄹ, ㅁ
⑤ ㄷ, ㄹ, ㅁ

> ㄱ. 고유수용성 지각력 향상을 위해서는 무게감 있는 조끼를 착용해 움직이도록 하는 과제 등이 적절함

> ㄴ. 그려진 사람의 위치를 말하게 하는 과제는 공간위치 지각에 유용함

기본이론 320-321p

 지각 특성

 지각 특성
- 공간위치 지각장애
- 공간관계 지각장애
- 시-운동 협응장애
- 항상성 지각장애
- 도형-배경 지각장애

 지각 영역 지도방법

| | |
|---|---|
| 공간위치 지각장애 | • 공간 위치 알기<br>• 세부 모습이 같은 그림 찾기<br>• 공간에서 세부의 정확한 위치를 찾아 모양 맞추기 |
| 공간관계 지각장애 | • 미완성의 도형을 보기와 똑같이 그리기<br>• 점을 잇거나 블록으로 같은 모양 만들기<br>• 빠진 곳을 그리거나 기하 도형, 물체를 결합하기 |
| 시-운동 협응장애 | • 던지기<br>• 꽂기<br>• 끼우기 |
| 항상성 지각장애 | 물건의 크기, 길이, 무게, 넓이, 색깔, 모양 구별하기 |
| 도형-배경 지각장애 | • 모양 찾기<br>• 숨은 그림 찾기 |

 ⑤

2010학년도 유아 25

**50** 다음은 만 5세 발달지체 유아 종수에게 2008년 특수학교 기본교육과정 미술과 표현활동 Ⅱ단계 '회화 : 보고 그리기'를 가르치기 위한 교사들의 대화 내용의 일부이다. 대화에 관련된 기능과 그 기능을 지도하기에 가장 적절한 내용이 바르게 연결된 것은?

김 교사 : 박 선생님, 종수에게 '보고 그리기'를 지도하려고 해요.
박 교사 : 종수는 시-지각에 문제가 있기 때문에 사물의 형태를 표현하는 데 어려움이 많아요. 예를 들면, ㉠ 대상물이 자신을 기준으로 어디에 위치하고 있는지를 잘 알지 못해요. 그리고 ㉡ 근접성, 유사성, 연속성, 공통성, 완결성을 고려해서 표현하기 어려울 수 있어요.
김 교사 : 그리고 종수는 ㉢ 주위의 밝기가 달라져도 원래의 색은 동일하다는 것을 잘 알지 못해요. 또, ㉣ 멀리 떨어져 있는 사람이나 사물을 실제로 작다고 생각해요.
박 교사 : 종수가 ㉤ 점과 점을 선긋기로 연결할 때는 삐뚤빼뚤하게 될 거예요.

㉠ 공간위치 지각장애

㉡ '지각 체계화'란 사물을 지각할 때 근접성, 유사성, 연속성, 공통성, 완결성을 고려해 표현하는 것을 의미함

㉢ 명도 항상성

㉣ 크기 항상성

㉤ 시각-운동 협응

| | 관련 지각기능 | 지도 내용 |
|---|---|---|
| ① | ㉠ 명도 항상성 | 도형 모사하기 |
| ② | ㉡ 크기 항상성 | 색이 비슷한 것끼리 모으기 |
| ③ | ㉢ 지각 체제화 | 평균대 걷기 |
| ④ | ㉣ 전정감각 통합 | 제시한 도형과 같은 물체 찾기 |
| ⑤ | ㉤ 시각-운동 협응 | 구슬 꿰기 |

기본이론 323p

 학습환경의 수정
(신체 특성을 고려한 학습환경)

 학습환경의 수정
- 책상의 높이
- 교실환경 수정(휠체어 사용 학생)

 학습환경의 수정
휠체어를 사용하는 학생의 경우 출입이 편리하도록 책상을 배치함

**모범답안** 휠체어를 사용하는 수지를 위해 교실 내에서 원활하게 이동할 수 있도록 책상 간 간격을 넓혀준다.

2013학년도 초등 B4

**51** 다음의 (가)는 '2010 개정 특수교육 교육과정' 중 기본 교육과정 과학과 내용을 기초로 김 교사가 재구성한 월간 교육 계획의 일부이다. (나)는 (가)의 교육 계획 중 2주차 학습 제재를 지도하기 위해 작성한 교수·학습 계획이다. 물음에 답하시오. [5점]

(나) 교수·학습 계획

| 학생 특성 | • 수지: 경도 정신지체를 수반한 지체장애 학생으로 휠체어를 사용함<br>• 동우: 척수 손상으로 ⓒ 욕창을 보일 위험이 있음 |
|---|---|
| 학습 목표 | 일상생활 속에서 수증기와 관련되어 일어나는 자연현상에 대해 알 수 있다. |

| 단계 | 교수·학습 활동 | 지도 시 유의점 |
|---|---|---|
| 탐색 및 문제 파악 | 젖은 옷을 창 가까이에 널어 시간 흐름에 따른 변화 관찰하기 | 수지가 창가로 이동하기 쉽도록 ⓒ교실환경을 조정함 |
| 자료 제시 및 관찰 탐색 | 시간이 지나면서 젖은 옷이 어떻게 되었는지 이야기하고, 그 이유에 대해 토론하기 | |
| 자료 추가 제시 및 관찰 탐색 | 가스레인지에 물을 끓이고 난 후, 그릇에 담긴 물의 양 관찰하기 | 가스레인지 사용 시 특히 안전에 유의함 |
| ( ㄹ ) | '증발'이라는 용어를 도입하고, 증발의 특징 및 증발에 영향을 주는 요인에 대해 논의하기 | |
| 적용 및 응용 | 학생들에게 물수건을 하나씩 나누어주고, 누가 10분 동안에 잘 말리는지 게임하기 | |

3) (나)의 ⓒ의 구체적인 방법 1가지를 쓰시오. [1점]

참고자료 기본이론 315-318p, 323p

키워드 복합

구조화 툴

핵심개념 **학습환경의 수정**
- 신체의 경직으로 인해 상체가 뒤쪽으로 신전된 학생은 책상의 높이를 낮춰 바른 자세로 앉을 수 있도록 조절해주는 것이 학습활동의 참여를 높일 수 있음
- 반대로 상체가 앞으로 굴곡된 학생은 책상의 높이를 높여줘야 척추를 곧게 펴고 고개를 들어 시야를 확보할 수 있음

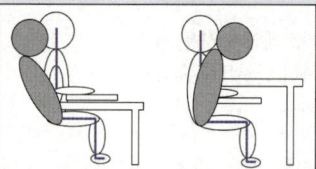
몸통이 뒤로 신전된 경우 책상 높이의 하향 조절 / 몸통이 앞으로 굴곡된 경우 책상 높이의 상향 조절

모범답안 ④

---

2012학년도 중등 36

**52** 다음은 지체장애학생 A의 특성이다. 학생 A를 위해 고려할 수 있는 교육적 지원 방법으로 적절한 것만을 〈보기〉에서 있는 대로 고른 것은? [2.5점]

- 장애 및 운동 특성
  - 뇌성마비(사지마비, 경직형)
  - 휠체어 이동
  - 착석 자세에서 체간의 전방굴곡
  - 관절운동범위(ROM)의 제한

┤보기├
ㄱ. 학생 A의 책상 높이를 낮추고 휠체어에 외전대를 제공하면, 몸통의 전방굴곡을 막고 신체의 정렬을 도와 안정된 착석 자세를 확보할 수 있다.
ㄴ. 제한된 ROM으로 학습 활동에 참여하기 어려울 수 있으므로 보조기기를 제공하거나 과제 수행 계열을 조정하는 방식으로 과제 참여 수준을 수정하여 의존성은 줄이고 독립심은 높일 수 있다.
ㄷ. 선행자극 전략의 하나로 학생 A에게 과제 선택 기회를 제공함으로써 활동에 대한 동기를 높이고 과제에 대해 느끼는 혐오적 속성과 과제 회피행동을 감소시킬 수 있을 것이다.
ㄹ. 학습 평가 시 학생 A의 능력, 노력, 성취의 측면을 모두 평가하는 다면적 평가 방법을 적용할 수 있다. 평가 수정은 학생 A의 성취 수준에 적절한 평가 준거에 맞추어 변화의 정도 파악에 중점을 두는 것이 필요하다.
ㅁ. 학생 A의 학습 성공 경험을 높이기 위해 자극 촉진과 반응 촉진을 적용할 수 있다. 두 전략은 모두 교수 자극을 수정하기 때문에 계획에 시간이 걸리지만, 학습 과제의 특성에 따라 강화 제공 방식이 달라 학생 A의 정반응 가능성을 높여줄 것이다.

ㄱ. 착석 자세에서 체간의 전방굴곡을 보이는 학생은 책상의 높이를 높여줘야 함. 휠체어에 앉은 자세에서 몸통의 전방굴곡을 막기 위해서는 다양한 벨트를 사용해야 함

ㄴ. 교사의 신체적 보조보다는 다양한 보조기기(자세 보조기기, 이동 보조기기, 보행 보조기기, 상하지 보장구 등)를 제공하면 독립성을 높일 수 있음

ㄷ. 선택기회를 제공하는 것은 선행사건 중재에 해당함

ㄹ. 대안적 평가를 통해 평가에 참여할 수 있음

ㅁ. 교수 자극을 수정하는 것은 자극촉진만 해당함. 반응촉진은 교수 자극(변별 자극)은 유지한 채 다른 사람의 도움을 제공하는 것임

① ㄱ, ㄷ  ② ㄴ, ㅁ
③ ㄱ, ㄹ, ㅁ  ④ ㄴ, ㄷ, ㄹ
⑤ ㄴ, ㄷ, ㅁ

# CHAPTER 03 근이영양증

- **01** 근이영양증의 정의

- **02** 근이영양증의 유형
  - 듀센형 근이영양증
    - 개념
    - 근력 약화의 진행
    - 신체적 특성
      - 종아리 근육의 가성비대
      - 가우어 징후
      - 멀온 징후
    - 신체 및 보행 특성
  - 베커형 근이영양증
  - 안면견갑상완형 근이영양증
    - 개념
    - 증상 및 움직임의 특성
  - 지대형 근이영양증

- **03** 특수교육적 지원
  - 자세 및 신체적 지원
  - 심리 및 사회정서적 지원
  - 학습 지원

2020학년도 중등 B10

**01** (가)는 ○○중학교에 재학 중인 지체장애 학생 3명의 특성이고, (나)는 체육교사가 이를 바탕으로 작성한 지도 계획의 일부이다. 〈작성방법〉에 따라 서술하시오. [4점]

(가) 특성

| 학생 | 특성 |
|---|---|
| N | • 듀센형 근이영양증<br>• 초등학교 시기에는 다음과 같은 신체 특성이 있었음<br>㉠ 가성비대 　 ㉡ 앉아 있다 일어설 때의 자세  |

(나) 지도 계획

| 학생 | 지도 시 유의사항 |
|---|---|
| N | • 신체 이완 및 심리적 지원하기<br>• 피로도 최소화하기 |

〈작성방법〉

(가)의 그림 ㉠이 나타나는 이유를 1가지 서술하고, 그림 ㉡에 해당하는 용어를 1가지 쓸 것.

---

**참고자료**
기본이론 325~326p

**키워드**
듀센형 근이영양증

**구조화틀**
근이영양증의 유형
- 듀센형 근이영양증
- 베커형 근이영양증
- 안면견갑상완형 근이영양증
- 지대형 근이영양증

특수교육적 지원
- 자세·신체적 지원
- 심리·사회정서적 지원
- 학습 지원

**핵심개념**
듀센형 근이영양증의 신체적 특성
• 종아리 근육의 가성비대: 종아리 부분의 약해진 근육을 보상하기 위해 근섬유가 괴사된 자리에 지방 및 섬유화가 진행되어 단단하고 커진 것처럼 보임
• 가우어 징후: 발을 넓게 벌리고 손을 사용해 발목과 무릎, 허벅지를 차례로 짚어 누르면서 일어나는 선형적인 기립성 동작 → 골반 주위 근육 약화로 인해 요추 전만이 발생하고 척추, 다리 근육 등이 약화되었기 때문에 나타나는 현상
• 멀온 징후: 상지와 견갑대 근육까지 약화되면 겨드랑이 아래에 손을 넣어 들어 올릴 때 상지가 위로 올라가는 현상 → 근이영양증 학생을 휠체어에서 자리이동을 시킬 때에는 겨드랑이를 받쳐 들기보다 등 뒤에서 깍지 낀 학생의 양 손목을 잡고 이동해야 안전함

**모범답안**
㉠ 가성비대가 나타나는 이유는 근육세포 자체가 지방질로 바뀌어감에 따라 기능을 못하게 되기 때문이다.
㉡ 가우어 징후(가우어스 사인)

---

듀센형 근이영양증의 진행 단계
• 주로 유아기 때 예전처럼 쉽게 걷거나 뛰지 못하고, 6세경 뚜렷한 근육의 약화와 가성비대가 나타남
• 7세 전후로 걷기에 어려움을 보이며, 10세경에는 더 이상 스스로 보행할 수 없고, 13세 전후로 휠체어를 필요로 함
• 10대 후반에는 근육 약화가 심해지고 측만증이 현저해지며, 관절 구축이 심하게 나타남
• 말기에는 반복적인 폐 감염과 심장 기능을 상실하게 되며, 내장근육의 약화와 호흡근육의 약화로 사망에 이르게 됨

근이영양증 특수교육적 지원

참고자료
기본이론 325-326p

 키워드
듀센형 근이영양증

구조화툴
**근이영양증의 유형**
- 듀센형 근이영양증
- 베커형 근이영양증
- 안면견갑상완형 근이영양증
- 지대형 근이영양증

**특수교육적 지원**
- 자세·신체적 지원
- 심리·사회정서적 지원
- 학습 지원

 핵심개념
**자세·신체 측면의 특수교육적 지원**
- 장애 상태의 개선보다는 유지에 초점 → 근육을 이완하고 근육의 협응을 강화하기 위해 매일 적당한 스트레칭 운동이나 악기 연주, 수영, 자전거 타기 등을 통해 남아 있는 근력을 최대한 효과적으로 사용하도록 지도
- 물리치료를 통해 남아 있는 힘을 효과적으로 사용하고 서기, 걷기, 이동 능력을 유지할 수 있도록 지원
- 작업치료를 통해 자세 잡기, 팔 지지하기, 손으로 글쓰기 등 일상생활에서의 기술 수행을 지원
- 보행을 어렵게 할 수 있는 비만 관리
- 탈구 주의
- 피곤의 수위를 조절한 보행 장려

 모범답안
㉠ 가우어 징후
㉡ 가성비대

2014학년도 중등 A13

**02** 다음은 중학교 특수학급 교사와 방과 후 스포츠 활동 강사가 근이영양증(Muscular Dystrophy ; MD)을 지닌 학생들에 대해 나눈 대화 내용이다. 밑줄 친 ㉠과 ㉡이 의미하는 용어를 각각 쓰시오. [2점]

강사: 선생님, 제가 이전 학교에서 지도했던 학생들 중 ㉠<u>두 다리를 넓게 벌리고 양손으로 바닥을 짚었다가 무릎과 허벅지를 손으로 밀면서 일어나는 모습</u>을 보이는 학생이 있었어요. 스포츠 활동 프로그램을 계획해야 하는데, 이 학교에도 이런 특징을 보이는 학생이 있나요?

교사: 아마도 이 학교에서는 그런 특징을 보이는 학생을 보기는 어려울 거예요. 그런 학생들의 경우, 중학생이 되면 대부분 휠체어를 타게 되기 때문이에요.

강사: 그렇군요. 제가 지도했던 또 다른 학생은 배를 쑥 내밀고 등이 움푹 들어간 자세로 걷는데도 종아리 부분은 크고 튼튼해 보이더라고요. 그건 왜 그런 건가요?

교사: 그건 ㉡<u>실제적으로 근위축이 일어나지만 근섬유 대신에 지방세포가 들어차 마치 근육이 증가한 것처럼 보이는 것이지 실제로 튼튼한 것은 아니에요.</u>

강사: 네. 좋은 정보 감사합니다. 그러면 휠체어를 타는 학생들이 현재 상태를 유지할 수 있도록 근육 스트레칭이나 적절한 운동 프로그램을 준비하면 되겠네요.

> 듀센형 근이영양증은 7세 전후로 걷기에 어려움을 보이며, 10세경에는 더 이상 스스로 보행할 수 없고, 13세 전후로 휠체어를 필요로 함

> 듀센형 근이영양증은 요추전만 서기 자세를 보임

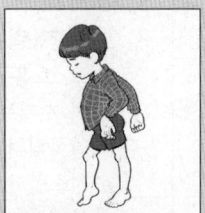

> 근이영양증 특수교육적 지원

> **확장하기**

### ✯ 듀센형 근이영양증 경과 및 증상(정동훈 외, 2016.)

듀센형은 빠르면 2~3세, 조금 늦으면 5~6세경에 발병한다. 듀센형이 발병하면 근력과 지구력, 그리고 기능의 소실이 빠르게 진행되고, 골반과 몸통에 가까운 신체 근위부(중심부) 근육이 가장 심하게 침범된다. 근 약화는 다리와 골반 주위 근육에서 시작해 어깨 및 목 근육으로 진행하고 팔 근육도 영향을 받는다. 병의 말기에는 호흡근 및 심장근의 기능부전까지 진행된다(Heller et al., 2009).

---

**1. 영유아 시기**
① 골반 주위 둔근의 약화는 트렌델렌버그 보행(Trendelenburg gait)으로 알려져 있는 오리 보행(waddling gait)을 초래해 보행 시 좌우 동요가 커진다.
② 서 있을 때에는 고관절 신전근의 약화를 보상하기 위해 골반을 전방경사시키고 몸통을 뒤로 젖혀 요추의 전만이 심하게 나타난다.
③ 또한 다리 근력의 약화로 무릎이 갑작스럽게 굴곡되어 넘어지는 것을 방지하기 위해 무릎을 과신전시켜 잠금 상태로 서 있게 되며, 아킬레스건의 구축은 첨족(까치발) 보행을 유발한다.
④ 이 시기에 나타나는 근이영양증 발달의 두 가지 주요 징후는 종아리 근육의 가성비대와 가우어 징후이다.

**2. 5~10세**
① 근력 약화가 지속되며 보행이 점차 힘들어진다.
② 발목·무릎·고관절 및 주관절에 구축이 지속되고, 등 근육의 약화로 척추측만증이 나타나기 시작한다.

**3. 10~12세**
① 보행능력을 상실하고 수동 휠체어가 필요하게 된다. 휠체어 사용 단계에서 약 90%의 아동에게는 척추측만증이 발생하고, 호흡근의 약화도 진행된다.
② 이 시기는 또한 스테로이드 약물의 부작용과 부동으로 체중이 급격히 증가하고, 비만으로 측만증과 관절 구축이 더 악화되며, 자리이동과 일상생활에서 보호자의 도움이 더 많이 요구된다.
③ 청소년기 동안 근육 약화가 진행되며, 상지 근력이 약화됨에 따라 아동을 위해 수동 휠체어가 아닌 전동 휠체어가 필요하게 된다. 손가락 근육은 연필, 키보드, 식사 도구를 사용할 만큼의 근력이 남아 있지만 팔 근력은 입으로 음식물을 가져가지 못할 정도로 약화되므로 먹고 마시기 위해 다른 사람이나 도구의 도움이 필요하다(Hellar et al., 2009).
④ 상지와 견갑대 근육까지 약화되면 겨드랑이 아래에 손을 넣어 들어 올릴 때 상지가 위로 올라가는 멀온 징후(Meryon's sign)가 나타난다. 따라서 근이영양증 학생을 휠체어에서 자리이동 시킬 때에는 겨드랑이를 받쳐 들지 말고, 등 뒤에서 깍지 낀 학생의 양 손목을 잡아야 안전하다.
⑤ 피로감 또한 쉽게 찾아오고 목과 어깨, 등 근력이 소실되면서 머리를 똑바로 유지하기도 어려워진다. 보통 이 시기가 되면 등받이와 머리받침이 있는 자세보조용구를 사용한다. 그러나 측만증과 고관절 탈구 같은 자세 변형이 이미 진행된 상태이므로 단순한 자세 유지를 위한 목적에는 부합하지만 측만증을 교정하거나 진행을 억제시키기는 어렵다. 따라서 청소년기 이전에 수동 휠체어를 사용할 정도로 상지 및 몸통 근력이 남아 있더라도 전문가의 진단에 따라 맞춤형 착석장치 같은 자세보조용구 사용을 시작하면 좋다.

**4. 15~20세**
① 질환이 진행하면서 심장과 폐에 중증의 병리적 변화가 오고, 15세 정도 되면 절반 이상에서 심근증 소견이 나타난다.
② 호흡근 약화가 진행되며 기침 능력이 떨어지면서 호흡기 감염이 쉽게 일어나고, 호흡근 약화와 척추 기형으로 폐 용적 감소 등의 폐질환이 발생한다(Hellar et al., 2009).
③ 대부분 20대 초반에 호흡부전으로 사망하며, 감기와 같은 호흡기 감염과 관련된 경우가 많다.

기본이론 325-326p

듀센형 근이영양증

근이영양증의 유형
- 듀센형 근이영양증
- 베커형 근이영양증
- 안면견갑상완형 근이영양증
- 지대형 근이영양증

특수교육적 지원
- 자세·신체적 지원
- 심리·사회정서적 지원
- 학습 지원

근이영양증의 유형별 특성

| 구분 | 듀센형 | 벡커형 | 선천형 | 근강직형 |
|---|---|---|---|---|
| 발병 시기 | 2~5세 | 영아기~성인기 | 유아기 초기 | 신생아기~성인기 |
| 발병 성별 | 남 | 남 | 남녀 | 남녀 |
| 얼굴 근육 이완 | (-) | (-) | (+) | (+) |
| 가성 비대 | (+) | (+) | (+) | (+) |
| 장애 정도 | 중도 | 중등도~중도 | 중등도~중도 | - |
| 유전 형식 | X염색체성 열성유전 | X염색체성 열성유전 | 상염색체성 열성유전 | 상염색체성 우성유전 |

②

2011학년도 초등(유아) 10

**03** 다음은 특수학교 박 교사가 자신의 학급 아동을 관찰한 내용이다. 이에 대한 설명으로 적절한 것을 〈보기〉에서 모두 고른 것은?

| 이름 | 장애 유형 | 관찰 내용 |
|---|---|---|
| 현우 | 근이영양증 | (다) 종아리 부위의 근육이 뭉친 것처럼 크게 부어올라 있다.<br>(라) 가우어 징후(Gower's sign)를 보이며 바닥에서 일어나는 데 어려움이 있다. |

┌ 보기 ┐

ㄱ. (가) : 대뇌 기저핵의 손상이 주된 원인인 불수의 운동형의 주된 증상이다.
ㄴ. (나) : 진행성이기 때문에 향후 이 마비 증상은 얼굴 전체로 확대된다.
ㄷ. (다) : 유전자 중 X염색체의 결함이 주된 원인인 안면견갑상완형의 초기 증상이다.
ㄹ. (라) : 향후 독립보행이 어렵게 되어 휠체어를 사용하게 된다.
ㅁ. (마) : 척추 뼈가 완전히 닫히지 않아 분리된 척추 사이로 척수액이나 신경섬유가 돌출된 것이 원인인 잠재 이분척추의 증상이다.
ㅂ. (바) : 향후 수두증으로 진행하거나 션트(shunt) 삽입 수술 등이 필요할 수 있다.

① ㄱ, ㄴ
② ㄱ, ㄹ, ㅂ
③ ㄴ, ㄷ, ㄹ
④ ㄷ, ㄹ, ㅁ
⑤ ㄱ, ㄷ, ㅁ, ㅂ

> ㄷ. 듀센형 근이영양증은 X염색체의 반성 열성으로 유전되며, 안면견갑상완형은 상염색체 우성유전으로 발생함

참고자료 기본이론 327p

키워드 안면견갑상완형 근이영양증

구조화틀
**근이영양증의 유형**
- 듀센형 근이영양증
- 베커형 근이영양증
- 안면견갑상완형 근이영양증
- 지대형 근이영양증

**안면견갑상완형 근이영양증**
- 상염색체 우성유전으로 발생
- 안면근, 견갑근(어깨근), 상완(어깨와 팔꿈 사이 근육)과 허리, 엉덩이 근육 등부터 약화되기 시작하며 골반과 다리 부분으로 진행됨
- 목을 움직이는 근육(목굴근), 대흉근(가슴근), 삼각근(어깨근) 등이 약화되어 일상생활에서 움직임의 제한이 나타남
- 초기에는 얼굴 근육의 약화가 먼저 나타나 입술이 불룩하게 나오면서 미소를 짓기 어려워지는 증상이 나타남 → 점차 다른 얼굴 근육의 위축으로 진행되어 눈을 감기 어려워지거나 얼굴 전체의 표정을 짓기가 어려워지며, 팔을 들기 어렵고 다리와 골반이 약해지는 경우가 대다수임
- 가장 심각한 증상은 안면 근육에 나타나기 때문에 휘파람 불기, 빨대 사용하기, 풍선 불기 등의 활동에서 어려움을 겪음
- 가슴 근육의 약화가 동반되면서 날개 모양의 어깨(익상견갑)를 보이는 것도 특징임

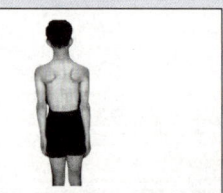

모범답안: 안면근육 약화로 휘파람 불기, 풍선 불기, 빨대로 물 마시기 동작의 어려움이 나타난다.

---

2020학년도 초등 B2

**04** (가)는 지체장애 특수학교에 다니는 학생들의 특성이고, (나)는 2015 개정 특수교육 교육과정 중 기본 교육과정 실과 5~6학년군 '즐거운 여가 생활' 단원 수업 활동 계획의 일부이다. 물음에 답하시오. [5점]

(가) 학생 특성

| | | |
|---|---|---|
| 예지 | • 안면견갑상완형 근이영양증<br>• 어깨뼈가 날개같이 튀어나와 있음<br>• 팔을 들어 올리는 데 어려움이 있음 | [A] |
| | • ㉠ 휘파람 불기, 풍선 불기, 빨대로 물 마시기 동작에 어려움이 있음 | |
| 준우 | • 경직형 뇌성마비<br>• 사지마비가 있음<br>• 모든 운동 기능이 제한적임<br>• 머리 조절이 어렵고, 체간이 한쪽으로 기울어짐 | [B] |
| 은수 | • 골형성부전증<br>• 좌측 하지 골절로 이동에 어려움이 있음 | |

1) (가)의 [A]를 고려하여 ㉠의 이유를 쓰시오. [1점]

기본이론 328-329p

근이영양증 특수교육적 지원

**특수교육적 지원**
- 자세·신체적 지원
- 심리·사회정서적 지원
- 학습 지원

**핵심개념**

**자세·신체 측면의 특수교육적 지원**
- 장애 상태의 개선보다는 유지에 초점 → 근육을 이완하고 근육의 협응을 강화하기 위해 매일 적당한 스트레칭 운동이나 악기 연주, 수영, 자전거 타기 등을 통해 남아 있는 근력을 최대한 효과적으로 사용하도록 지도
- 물리치료를 통해 남아 있는 힘을 효과적으로 사용하고 서기, 걷기, 이동 능력을 유지할 수 있도록 지원
- 작업치료를 통해 자세 잡기, 팔 지지하기, 손으로 글쓰기 등 일상생활에서의 기술 수행을 지원
- 보행을 어렵게 할 수 있는 비만 관리
- 탈구 주의
- 피곤의 수위를 조절한 보행 장려

**일상생활 지원**
- 잘못된 방법의 운동이나 지나치게 격렬한 운동은 해로움
- 근력 유지와 구축 예방을 목표로 저항이 낮은 운동하기

1) ⓒ 가성비대가 나타나는 근육의 유지를 위해서 매일 적당한 스트레칭을 한다.
　ⓔ 힘들어서 피로하다고 할 경우 활동을 중단하도록 한다(피로의 수위를 조절해야 한다).

2) 자전거 주변에 매트를 깔아준다.

---

2023학년도 유아 A5

**05** 다음은 통합학급 교사들이 준우에 관해 나눈 대화의 일부이다. 물음에 답하시오. [5점]

> 박 교사: 선생님, 준우가 듀센형 근이영양증(Duchenne's muscular dystrophy)인데, 신체 활동할 때 고려할 점에 관해 협의해보아요.
> 김 교사: 네, 준우가 ㉠<u>걷기 능력을 가능한 한 오랫동안 유지할 수 있도록 해요.</u>
> 박 교사: 그리고 ㉡<u>근력 약화도 지연되도록 해야겠어요.</u>
> 김 교사: 근력 운동은 무게가 있는 물건을 사용하면 어떨까요?
> 박 교사: 네, 하지만 너무 무거운 것은 피해야 할 것 같아요. 그리고 ㉢<u>가성비대가 나타나는 근육은 사용하지 않도록 하는 것이 중요해요.</u>
> 김 교사: 근력 운동뿐만 아니라 유산소 운동도 꼭 포함해야겠어요. 준우가 비만이 심해질수록 움직이기 더 힘들어하는데, 고정형 자전거를 타게 하면 어떨까요?
> 박 교사: 좋아요. 준우가 타다가 ㉣<u>힘들어서 피로하다고 하더라도 몇 분 더 타도록 지도할게요.</u> 그리고 준우뿐만 아니라 다른 유아들도 타다가 넘어질 수 있으니, ㉤<u>고정형 자전거 주변의 물리적 환경을 수정해야겠어요.</u>
> 　…(중략)…

1) ㉠~㉣ 중 잘못된 내용을 2가지 찾아 그 기호를 쓰고, 각각을 바르게 고쳐 쓰시오. [2점]

2) ㉤에 해당하는 예를 1가지 쓰시오. [1점]

# CHAPTER 04 이분척추

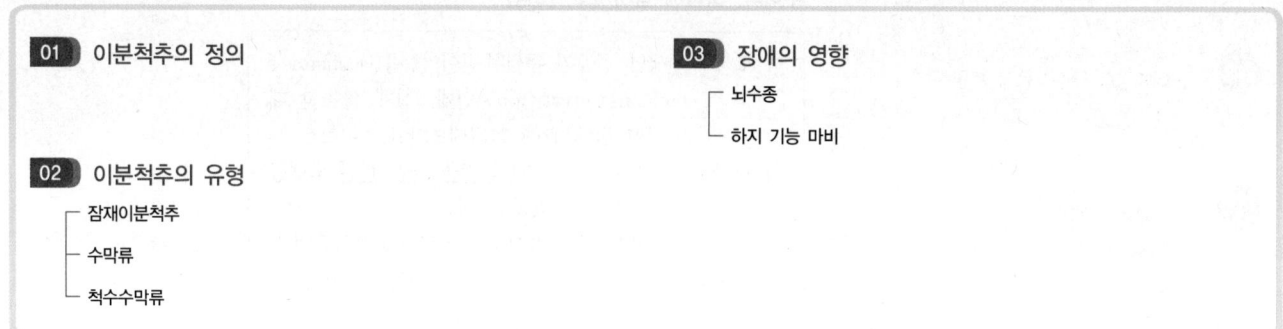

기본이론 331-332p

 척수수막류

 이분척추
- 정의
- 유형
  - 잠재이분척추
  - 수막류
  - 척수수막류
- 영향
  - 뇌수종(수두증)
  - 하지 기능 마비

**핵심개념**

**척수수막류**
- 척수를 둘러싸고 있는 척추뼈의 뒷부분이 완전히 닫히지 않아 분리된 척추 사이로 척수나 신경섬유가 돌출된 상태이며, 이는 신경장애를 유발함
- 신경손상으로 인해 하지 마비와 항문 및 방광괄약근 마비가 수반되는 경우가 많음
- 척수수막류를 가진 사람의 80~95% 정도가 수두증(뇌수종)을 가짐

**뇌수종**
- 척수 파열로 척수액이 정상적으로 배출되지 못하면 뇌실에 뇌척수액이 쌓여서 머리가 커지고 지적장애를 유발하며, 다른 신경계적 손상을 불러옴
- 이 경우 뇌실에 축적된 뇌척수액을 다른 신체 부위(예 복강, 흉강, 심방 등)로 흘려보내는 션트 삽입 수술을 통해 뇌압 상승을 방지할 수 있음
- 션트 삽입 시 고려사항
  - 시술 부위에 충격이 가지 않도록 주의
  - 머리 손상 유발 가능성이 있는 활동에서 제외해야 함
  - 감염되거나 막힘이 발생할 경우 아동은 두통, 흐릿한 시야, 구역질이나 구토, 무기력, 팔 힘의 약화, 혹은 동공 확대를 경험할 수 있음
  - 아동의 성장에 맞추어 정기적인 션트 수정이 필요함

 ②

---

2011학년도 초등(유아) 10

**01** 다음은 특수학교 박 교사가 자신의 학급 아동을 관찰한 내용이다. 이에 대한 설명으로 적절한 것을 <보기>에서 모두 고른 것은?

| 이름 | 장애 유형 | 관찰 내용 |
|---|---|---|
| 영수 | 이분척추 | (마) 척추 부위에 혹과 같은 모양으로 근육이 부어올라 있다.<br>(바) 머리가 비정상적으로 크고, 자주 구토를 하며 머리가 아프다고 호소한다. |

→ 뇌수종(수두증) 발생 가능성

**보기**

ㄱ. (가) : 대뇌 기저핵의 손상이 주된 원인인 불수의 운동형의 주된 증상이다.

ㄴ. (나) : 진행성이기 때문에 향후 이 마비 증상은 얼굴 전체로 확대된다.

ㄷ. (다) : 유전자 중 X염색체의 결함이 주된 원인인 안면견갑상완형의 초기 증상이다.

ㄹ. (라) : 향후 독립보행이 어렵게 되어 휠체어를 사용하게 된다.

ㅁ. (마) : 척추 뼈가 완전히 닫히지 않아 분리된 척추 사이로 척수액이나 신경섬유가 돌출된 것이 원인인 잠재 이분척추의 증상이다.

→ ㅁ. 척수수막류의 정의에 해당함

ㅂ. (바) : 향후 수두증으로 진행하거나 션트(shunt) 삽입 수술 등이 필요할 수 있다.

① ㄱ, ㄴ  ② ㄱ, ㄹ, ㅂ
③ ㄴ, ㄷ, ㄹ  ④ ㄷ, ㄹ, ㅁ
⑤ ㄱ, ㄷ, ㅁ, ㅂ

## 확장하기

### 뇌수종 치료 - 션트 삽입 유형

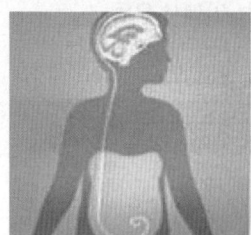 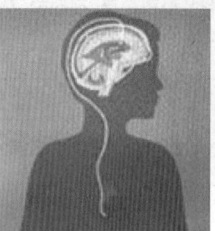 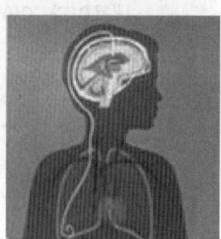 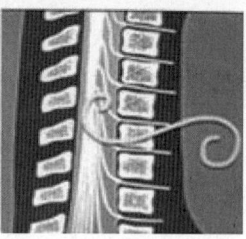

뇌실-복강간 션트     뇌실-심방간 션트     뇌실-흉강간 션트     요추-복강간 션트

참고자료 기본이론 331-332p

 키워드 척수수막류

 구조화틀
이분척추
- 정의
- 유형
  - 잠재이분척추
  - 수막류
  - 척수수막류
- 영향
  - 뇌수종(수두증)
  - 하지 기능 마비

 핵심개념
**척수수막류**
- 척수를 둘러싸고 있는 척추뼈의 뒷부분이 완전히 닫히지 않아 분리된 척추 사이로 척수나 신경섬유가 돌출된 상태이며, 이는 신경장애를 유발함
- 신경손상으로 인해 하지 마비와 항문 및 방광괄약근 마비가 수반되는 경우가 많음
- 척수수막류를 가진 사람의 80~95% 정도가 수두증(뇌수종)을 가짐

모범답안 척수수막류

2023학년도 중등 A11

**02** (가)는 지체장애 특수학교에 재학 중인 학생의 특성이고, (나)는 특수교사와 지원인력이 나눈 대화의 일부이다. <작성방법>에 따라 서술하시오.

(가) 학생의 특성

| 학생 | 특성 |
|---|---|
| A | • ( ㉠ ) 이분척추<br>• 신경계 일부가 돌출된 상태로 태어남<br>• 뇌수종으로 인한 지적장애<br>• 방광 조절 기능장애<br>• 하지마비 |

**작성방법**
(가)의 학생 A의 특성에 따라 괄호 안의 ㉠에 들어갈 이분척추의 유형을 쓸 것.

참고자료: 기본이론 331-332p

 키워드: 이분척추

 구조화틀

이분척추
- 정의
- 유형
  - 잠재이분척추
  - 수막류
  - 척수수막류
- 영향
  - 뇌수종(수두증)
  - 하지 기능 마비

핵심개념

뇌수종
- 척수 파열로 척수액이 정상적으로 배출되지 못하면 뇌실에 뇌척수액이 쌓여서 머리가 커지고 지적장애를 유발하며, 다른 신경계적 손상을 불러옴
- 이 경우 뇌실에 축적된 뇌척수액을 다른 신체 부위(예 복강, 흉강, 심방 등)로 흘려보내는 션트 삽입 수술을 통해 뇌압 상승을 방지할 수 있음
- 션트 삽입 시 고려사항
  - 시술 부위에 충격이 가지 않도록 주의
  - 머리 손상 유발 가능성이 있는 활동에서 제외해야 함
  - 감염되거나 막힘이 발생할 경우 아동은 두통, 흐릿한 시야, 구역질이나 구토, 무기력, 팔 힘의 약화, 혹은 동공 확대를 경험할 수 있음
  - 아동의 성장에 맞추어 정기적인 션트 수정이 필요함

 모범답안: 머리에 충격이 가지 않도록 한다.

---

2015학년도 초등 A6

**03** (가)는 학습장애학생 은수의 인지적 특성이고, (나)는 '2009 개정 교육과정' 과학과 3~4학년군 '식물의 생활' 단원의 교수·학습 과정안 일부이다. 물음에 답하시오. [5점]

(가) 학생 특성

| 미나 | 이분척추를 지닌 학생이며, 뇌수종으로 인하여 션트(shunt) 삽입 수술을 받음 |

(나) 단원 지도 계획과 학생 지원 계획

| 대주제 | 이웃 | | | |
|---|---|---|---|---|
| 단원 | 마을과 사람들 | | | |
| 차시 | 차시명 | 학습 목표 및 활동 | 학생 지원 계획 | |
| 8-9 | 우리 마을 둘러보기 | ○우리 마을의 모습을 조사한다.<br>• 마을 모습 이야기하기<br>• 조사 계획 세우기<br>• 마을 조사하기<br>  − 건물, 공공장소 및 시설물 등을 조사하기<br>  − 마을 사람들이 하는 일을 조사하기 | ○미나<br>• 마을 조사 시 ㉠<u>션트(shunt)</u>에 문제가 발생하지 않도록 유의하기<br>○현우<br>• 마을 조사 시 ㉡<u>앞바퀴가 큰 휠체어</u> 제공하기<br>○은지<br>• 수업 중 ㉢<u>스프린트(splint)</u> 착용시키기<br>• 보완·대체 의사소통(AAC) 지원 계획하기<br>  − ( ㉣ )을/를 적용하여 평가하기<br>  − 마을 조사 시 궁금한 내용을 질문할 수 있도록 ㉤<u>어휘목록</u> 구성하기 | |

1) (가)에 제시된 미나의 특성을 고려할 때, (나)의 ㉠에 문제가 발생하지 않도록 하기 위해 교사가 유의해야 할 사항을 1가지 쓰시오. [1점]

※ 야외 활동 시 주의사항과 연계해 답안을 작성해야 함

# CHAPTER 05 뇌전증(경련장애)

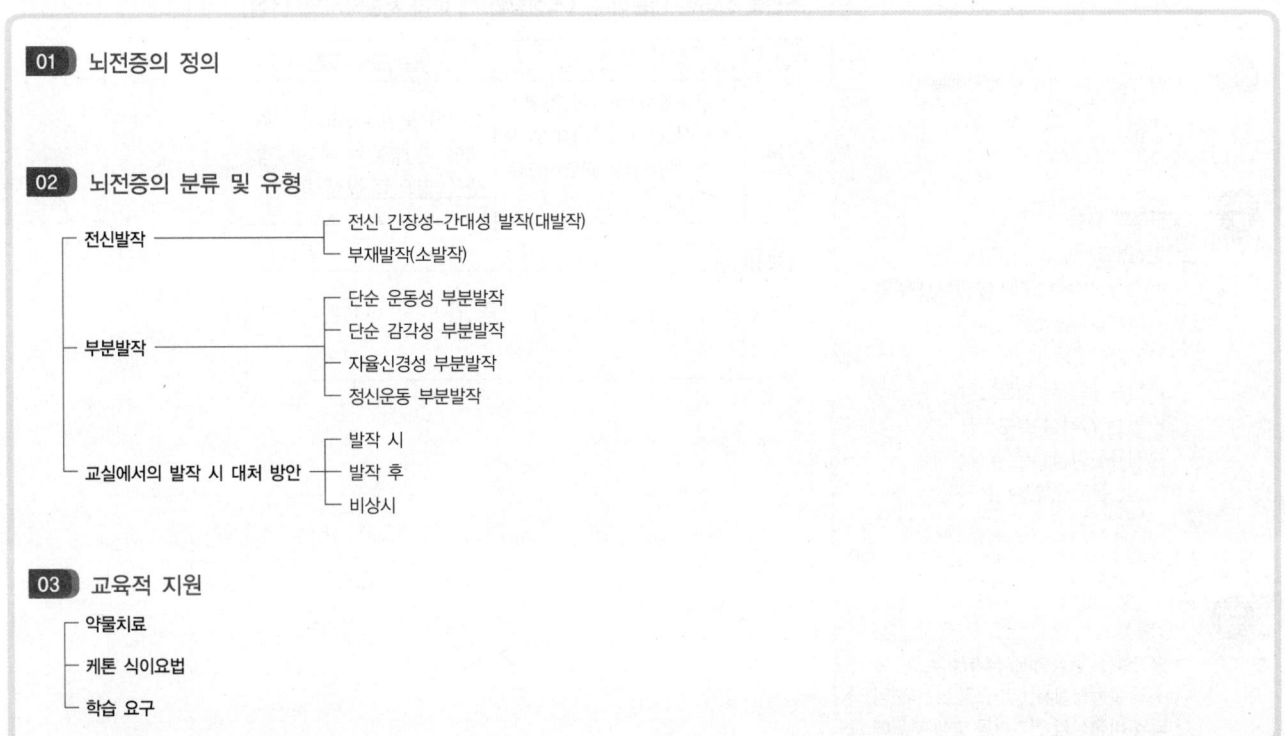

2018학년도 중등 A14

**01** 다음은 교육실습생이 파악한 학생의 특성과 특수교사의 조언을 정리한 내용이다. 〈작성방법〉에 따라 서술하시오. [4점]

| 학생 | 특성 | 특수교사 조언 |
| --- | --- | --- |
| M | • 경직형 뇌성마비 학생임<br>• 전신 긴장성-간대성 발작(대발작)을 간헐적으로 보임 | 발작을 보일 때, 교사가 취해야 할 행동의 예: ⓒ학생을 옆으로 눕힘 |

**작성방법**

학생 M의 특성을 고려하여 밑줄 친 ⓒ의 이유를 1가지 서술할 것.

---

 참고자료

기본이론 334p

 키워드

전신 긴장성-간대성 발작(대발작)

 구조화

뇌전증의 유형
- 전신발작
  - 전신 긴장성-간대성 발작(대발작)
  - 부재발작(소발작)
- 부분발작
  - 단순 운동성 부분발작
  - 단순 감각성 부분발작
  - 자율신경성 부분발작
  - 정신운동 부분발작

핵심개념 **뇌전증**

- 출현율은 경직형에서 가장 높고, 불수의 운동형에서는 비교적 낮은 편임
- 뇌의 비정상적 전기활동 발생 부위에 따른 유형
  - **전신발작**: 뇌의 비정상적인 전위가 뇌의 양측에서 나타나므로 증상이 신체 좌우 모두에 일어남
  - **부분발작**: 전위가 뇌 편측의 한 지역에서만 일어남

 모범답안

아동을 옆으로 눕힘으로써 타액을 배출하고 호흡을 위한 기도를 확보할 수 있기 때문이다.

기본이론 334p

전신 긴장성 – 간대성 발작(대발작)

구조화틀
뇌전증의 유형
- 전신발작
  - 전신 긴장성 – 간대성 발작(대발작)
  - 부재발작(소발작)
- 부분발작
  - 단순 운동성 부분발작
  - 단순 감각성 부분발작
  - 자율신경성 부분발작
  - 정신운동 부분발작

전신 긴장성–간대성 발작(대발작)
- 뇌의 중심 부위에서 시작된 경련이 대뇌반구로 동시에 퍼지는 발작 형태
- 긴장성 발작기가 시작되면 몸 전체에 걸쳐 근긴장이 증가하는 강직기를 경험하고, 이후 몸을 떠는 간대기로 진행되면 떨림 간격이 점차 커지면서 발작이 끝남
- 발작이 시작되면 의식불명 상태에서 온몸이 경직되고 호흡곤란이 생길 수 있으며, 불규칙적 호흡으로 청색증이 나타날 수 있음
- 발작 동안 삼킴기능이 충분하지 못하고 타액이 축적되기 때문에 입에 침이 모여 거품이 입 밖으로 나올 수 있음
- 배변 통제가 안 되고, 격렬한 발작으로 신체적 상해를 입기도 함
- 몸을 옆으로 눕히지 않으면 타액 흡인이 일어날 수 있고, 혀를 깨물거나 구토 증상이 나타나기도 함
- 발작이 진행되면 기억을 못하기도 하는데, 대개는 졸려하며 휴식을 취함

① 전신 긴장성 – 간대성 발작(대발작)
② 타액흡인

---

2019학년도 초등 A6

**02** 다음은 성재를 위한 교육지원 협의회 회의록의 일부이다. 물음에 답하시오. [5점]

| 일시 | 2018년 ○월 ○일 15:00~16:00 | | |
|---|---|---|---|
| 장소 | 특수학급 | 기록자 | 특수교사 |
| 참석자 | 통합학급 교사, 특수교사, 보건교사, 치료지원 담당자, 전문상담교사, 보호자 | | |
| 발언 내용 | | | |

보 건 교 사 : 성재는 경직형 양마비 지체장애 학생인데, 뇌전증도 있어요. 성재는 지난 4월에 교실에서 온몸이 경직되고 호흡 곤란이 오면서 입에 침이 고이고 거품이 입 밖으로 나오는 격렬한 발작을 했습니다. 선생님, 많이 놀라셨지요?

통합학급 교사 : 처음이라서 많이 당황했어요. 갑자기 그런 일이 생기니까 아무 생각도 나지 않더라고요. 혀를 깨물어 피가 날 수도 있을 것 같아 수건을 물려줄까 고민했습니다. 그런데 발작은 다 똑같은 형태로 나타나나요?

보 건 교 사 : 아니요. 발작 형태는 다양합니다. 그때 성재가 보인 발작은 ( ㉠ )에 해당합니다. 그리고 발작할 때 입에 수건을 물려주면 ( ㉡ ) 때문에 위험할 수 있습니다.

…(중략)…

※ 전신 긴장성 – 간대성 대발작

1) ① ㉠에 들어갈 발작의 유형을 쓰고, ② ㉡에 들어갈 말을 쓰시오. [2점]

참고자료 기본이론 334p

키워드 전신 긴장성 – 간대성 발작(대발작)

구조화틀 **뇌전증의 유형**
- 전신발작
  - 전신 긴장성–간대성 발작(대발작)
  - 부재발작(소발작)
- 부분발작
  - 단순 운동성 부분발작
  - 단순 감각성 부분발작
  - 자율신경성 부분발작
  - 정신운동 부분발작

핵심개념 **전신 긴장성–간대성 발작(대발작)**
- 뇌의 중심 부위에서 시작된 경련이 대뇌반구로 동시에 퍼지는 발작 형태
- 긴장성 발작기가 시작되면 몸 전체에 걸쳐 근긴장이 증가하는 강직기를 경험하고, 이후 몸을 떠는 간대기로 진행되면 떨림 간격이 점차 커지면서 발작이 끝남
- 발작이 시작되면 의식불명 상태에서 온몸이 경직되고 호흡곤란이 생길 수 있으며, 불규칙적 호흡으로 청색증이 나타날 수 있음
- 발작 동안 삼킴기능이 충분하지 못하고 타액이 축적되기 때문에 입에 침이 모여 거품이 입 밖으로 나올 수 있음
- 배변 통제가 안 되고, 격렬한 발작으로 신체적 상해를 입기도 함
- 몸을 옆으로 눕히지 않으면 타액 흡인이 일어날 수 있고, 혀를 깨물거나 구토 증상이 나타나기도 함
- 발작이 진행되면 기억을 못하기도 하는데, 대개는 졸려하며 휴식을 취함

모범답안 전신 긴장성 – 간대성 발작(대발작)

---

2023학년도 중등 A11

**03** (가)는 지체장애 특수학교에 재학 중인 학생의 특성이고, (나)는 특수교사와 지원인력이 나눈 대화의 일부이다. 〈작성방법〉에 따라 서술하시오.

(가) 학생의 특성

| 학생 | 특성 |
|---|---|
| C | • 대뇌피질(cerebral cortex) 손상<br>• ⓒ 대칭성 긴장성 목반사(STNR)가 남아 있음<br>• 전신발작<br>• 경직형 뇌성마비 |

(나) 특수교사와 지원인력의 대화

특수 교사 : 선생님, 학생 C는 전신발작이 있으니 전조 증상에 유의해서 관찰해주세요.

지원 인력 : 평소와 다른 특이한 행동이나 감각 반응 등을 관찰하면 되겠군요.

특수 교사 : 네. 발작이 시작되면 의식이 없어지고, 온몸이 경직되며 호흡 곤란과 격렬한 발작으로 인해 신체적 상해를 입기도 해요. 근육이 수축과 이완을 반복하며 몸 전체가 심하게 흔들립니다. [ⓑ] 대부분 발작은 3~5분 안에 끝나고 힘이 빠진 상태에서 주로 잠이 듭니다. 그리고 발작이 진정되면 꼭 휴식을 취하게 해주세요.

…(하략)…

> 전조 : 주된 발작 직전에 느끼는 신경학적 증세로, 발작 전에 어떤 소리를 듣거나, 영상을 보거나, 냄새를 지각하는 등의 사전 경고 증상

**작성방법**

(나)의 ⓑ에 해당하는 전신발작의 명칭을 쓸 것.

참고자료 기본이론 334p

 키워드 부재발작(소발작)

구조화툴 **뇌전증의 유형**
- 전신발작
  - 전신 긴장성-간대성 발작(대발작)
  - 부재발작(소발작)
- 부분발작
  - 단순 운동성 부분발작
  - 단순 감각성 부분발작
  - 자율신경성 부분발작
  - 정신운동 부분발작

**교육적 지원**
- 약물치료
- 케톤 식이요법
- 학습 요구

 **부재발작(소발작)**
- 1~30초의 짧은 시간 동안에 의식을 잃는 특징을 보이는데, '멍한 상태'를 보이는 발작 증세가 짧게 지속되며 많은 경우 하루에 수십 회씩 나타나기도 함
- 한곳에 시선을 정지한 채 쳐다본다거나, 눈을 깜빡거리거나, 신체의 한 부분에 가벼운 경련을 일으키거나, 특정 행동을 반복적으로 나타내기도 함
- 갑작스럽게 시작되고 전조가 동반되지 않음
- 아동의 경우 부재발작 후 교실에서 무슨 일이 발생했는지 혼란스러워할 수도 있음

**뇌전증 관련 증상**
- 전조는 주된 발작 직전에 느끼는 신경학적 증세로, 많은 아동들은 발작 전에 어떤 소리를 듣거나, 영상을 보거나, 냄새를 지각하는 등의 사전 경고 증상을 경험함
- 전구증상은 발작이 있기 전에 느끼는 기분 또는 행동의 변화임
- 발작 후 시기는 발작이 끝난 후의 기간을 의미하며, 많은 경우 혼미한 의식 상태를 보이거나 지남력을 상실한 상태 또는 자율적 행동 등을 보임

 부재발작(소발작), 발작 후에 진행 중인 수업 내용을 알려줄 수 있는 또래 도우미를 지정해준다.

---

2016학년도 중등 A5

**04** 다음은 학생 A의 발작(seizure)에 대해 교사가 정리한 내용의 일부이다. 학생 A에게 나타난 발작의 유형을 쓰고, 밑줄 친 상황을 고려하여 학생 A가 수업에 참여할 수 있도록 교사가 수업 중에 지원해줄 수 있는 방법 1가지를 쓰시오. [2점]

> 학생 A는 종종 전조나 전구 증상도 없이 잠깐 동안 의식을 잃고, 아무런 움직임 없이 허공만 응시하고 있었다. 말을 하다가도 순간적으로 말을 중단하고, 움직임이 없어지며 얼굴이 창백해졌다. 발작이 끝나면 아무 일도 없었던 것처럼 이전에 하던 활동을 계속 이어서 하지만 발작 중에 있었던 교실 상황은 파악하지 못하여 혼란스러워 했다. <u>학생 A는 수시로 의식을 잃기 때문에 수업의 내용을 많이 놓쳐 당황해 하기도 하고, 수업 내용을 이해하지 못하여 좌절하기도 했다.</u>

- 부재발작을 자주 하는 아동의 경우 발작 후에 수업의 어느 부분을 학습하고 있는지를 찾도록 도와주는 또래 도우미를 지정해 지원해줄 수 있음
- 발작 때문에 놓친 학습 정보에 대해 필요한 경우 추가 교수 제공이 필요함

2025학년도 중등 A12

**05** 다음은 ○○ 중학교 중도·중복장애 학생 K에 대해 특수 교사와 교육 실습생이 나눈 대화이다. 〈작성 방법〉에 따라 서술 하시오. [4점]

| |
|---|
| 교육 실습생 : 선생님, 학생 K를 지도할 때 제가 무엇을 주의해야 할까요?<br>특수 교사 : 학생 K를 주의해서 보시면 하루에도 여러 번 짧은 시간동안 발작 증세가 나타나요. 갑자기 하던 일을 멈추고 멍하게 응시하는 모습을 보일 때가 있어요. 그리고 눈을 깜빡거리거나 입술 경련도 나타나지요. 이 증상은 경미하게 나타나기는 하지만, 전조 증상이 없이 갑자기 나타나기 때문에, 더욱 조심해야 해요. ⎤ [A]<br>…(중략)… |

**작성방법**

[A]에 해당하는 전신 발작의 유형을 쓸 것.

---

 참고자료 : 기본이론 334p

 키워드 : 부재발작(소발작)

 구조화틀

**뇌전증의 유형**
- 전신발작
  - 전신 긴장성-간대성 발작(대발작)
  - 부재발작(소발작)
- 부분발작
  - 단순 운동성 부분발작
  - 단순 감각성 부분발작
  - 자율신경성 부분발작
  - 정신운동 부분발작

**핵심개념**

**부재발작(소발작)**
- 1~30초의 짧은 시간 동안에 의식을 잃는 특징을 보이는데, '멍한 상태'를 보이는 발작 증세가 짧게 지속되며 많은 경우 하루에 수십 회씩 나타나기도 함
- 한곳에 시선을 정지한 채 쳐다본다거나, 눈을 깜빡거리거나, 신체의 한 부분에 가벼운 경련을 일으키거나, 특정 행동을 반복적으로 나타내기도 함
- 갑작스럽게 시작되고 전조가 동반되지 않음
- 아동의 경우 부재발작 후 교실에서 무슨 일이 발생했는지 혼란스러워할 수도 있음

**뇌전증 관련 증상**
- 전조는 주된 발작 직전에 느끼는 신경학적 증세로, 많은 아동들은 발작 전에 어떤 소리를 듣거나, 영상을 보거나, 냄새를 지각하는 등의 사전 경고 증상을 경험함
- 전구증상은 발작이 있기 전에 느끼는 기분 또는 행동의 변화임
- 발작 후 시기는 발작이 끝난 후의 기간을 의미하며, 많은 경우 혼미한 의식 상태를 보이거나 지남력을 상실한 상태 또는 자율적 행동 등을 보임

 모범답안 : 부재발작(소발작)

기본이론 335-336p

 발작 시 대처방안

구조화틀  교실에서 발작 시 대처방안
- 발작 시
- 발작 후
- 비상시

ⓑ 경련 중이나 직후에는 흡인의 위험이 있기 때문에 물이나 마실 것을 줘서는 안 된다.
ⓓ 질식을 방지하기 위해 옆으로 돌려 눕혀 입안의 침이나 이물질이 흘러나오도록 만들어 기도를 확보해준다.

2017학년도 유아 B4

**06** (가)는 발달지체 유아 준희의 특성이고, (나)는 통합학급 교수활동 계획안의 일부이다. 물음에 답하시오. [6점]

(가)
- 장애명 : 발달지체(언어발달지체, 뇌전증)
- 언어 이해 : 3~4개 단어로 된 간단한 문장을 이해함
- 언어 표현 : 그림 카드 제시하기 또는 지적하기로 자신의 의사를 표현함

(나)

| 활동명 | 이럴 땐 싫다고 말해요. | 대상 연령 | 5세 |
|---|---|---|---|
| 활동 목표 | • ㉠ 성폭력 위험 상황에 대처한다.<br>• 기분 좋은 접촉과 기분 나쁜 접촉을 구분하고 표현한다. ||||
| 활동 자료 | 동화 「다정한 손길」 |||
| 활동 자료 수정 | 상황과 주제에 적합한 그림 카드, 수정된 그림동화, 동영상, 사진, PPT 자료 등 |||

| 활동 방법 |||
|---|---|---|
| 교사 활동 | 유아 활동 | 자료 및 유의점 |
| | 일반 유아 / 장애 유아 | |
| 1. 낯선 사람이 내 몸을 만지려 할 때 어떻게 해야 할지 이야기 나눈다.<br>2. 동화 「다정한 손길」을 들려준다.<br>3. 동화 내용을 회상하며 여러 가지 유형의 접촉에 대해 이야기 나누고 기분 좋은 접촉과 기분 나쁜 접촉을 구별할 수 있게 한다.<br>4. 기분 나쁜 접촉이 있을 때 취해야 할 행동에 대해 알려준다. | (생략) / ㉡ 교사의 질문에 그림 카드로 대답한다. | ㉢ 준희를 위해 동화 내용을 4장의 장면으로 간략화한 그림 동화 자료를 제시한다.<br>㉣ 준희에게 경련이 일어나면 즉시 적절히 대처한다. |

3) (나)의 ㉣에서 교사가 취해야 할 행동으로 적절하지 <u>않은</u> 것 2가지를 ⓐ~ⓔ에서 찾아 기호를 쓰고, 그 내용을 각각 바르게 고쳐 쓰시오. [2점]

ⓐ 유아 주변의 위험한 물건을 치운다.
ⓑ 경련을 진정시키기 위해 물이나 마실 것을 준다.
ⓒ 유아와 함께 있으면서 목과 허리 부분을 느슨하게 해준다.
ⓓ 구토를 하면 질식할 수 있으므로 유아를 똑바로 눕히고 손으로 고개를 받쳐 들어준다.
ⓔ 경련을 하는 동안에는 경련을 저지하기 위해 유아의 몸을 억제하는 행동을 하지 않는다.

## 확장하기

★ 교실에서의 발작 시 대처방안(박은혜 외, 2018.)

| 구분 | 학생의 행동 | 대처 방안 | 유의사항 |
|---|---|---|---|
| 발작 시 | 갑자기 바닥에 쓰러지면서 온몸이 뻣뻣해지고, 몸을 떨기 시작하며, 안색은 창백하거나 푸름 | • 머리를 보호하고 편안하게 누울 수 있도록 머리 밑에 부드러운 물건을 받쳐줌<br>• 안경 등 깨지기 쉬운 물체를 치우고 옷을 느슨하게 풀어줌<br>• 날카롭거나 딱딱한 물체를 치움<br>• 학생을 옆으로 눕혀 입으로부터 침이 흘러나오도록 함 | • 학생의 입에 어떤 물건도 강제로 밀어 넣지 않음<br>• 발작을 억제하기 위해 학생을 흔들거나 억압하지 않음<br>• 학급 또래를 안정시킴 |
| 발작 후 | 발작 후 깨어났으나 기억력 상실과 정신착란을 보임 | 학생이 완전히 깰 때까지 한 사람이 곁에서 지켜봄 | • 학생에게 물이나 음료수를 주지 않음<br>• 상처 입은 곳을 살펴봄 |
| 비상 시 | • 발작 후 숨을 쉬지 않음<br>• 발작이 계속됨 | 발작이 끝나고 1분이 지나도 숨을 쉬지 않거나 대발작의 지속(5분 이상), 연이어 발작이 나타날 때는 구급차를 불러 병원으로 즉각 후송함 | 비상연락망 확보 |

★ 뇌전증에 대한 교사의 대처방안(김혜리 외, 2021.)

| | |
|---|---|
| 뇌전증 진행 중 | • 의식이 회복될 때까지 편안하게 눕힘<br>• 학생 주변에 있는 위험물을 제거함<br>• 학생의 옷에 위험한 물건이 들어 있는지 확인하고 제거함<br>• 부상 방지를 위해 머리 아래쪽에 수건이나 담요를 깔아줌<br>• 호흡에 무리가 가지 않도록 벨트나 단추를 풀어주는 등 옷을 느슨하게 함<br>• 입속의 침이나 이물질이 기도를 막지 않도록 머리를 옆으로 비스듬히 함<br>• 발작 중 혀를 무는 일은 거의 없으므로 무는 것을 방지하기 위해 입속에 무언가를 넣거나 하지 않음<br>• 발작이 진행 중일 때는 안정이 가장 중요하므로, 편안한 상태로 발작을 끝낼 수 있도록 몸을 흔들거나 큰 소리로 의식을 환기시키는 등의 자극을 제공하지 않음(큰 소리로 이름 부르기, 얼굴에 찬물 끼얹거나 때리기 등 금지)<br>• 발작이 끝날 때까지 옆에서 주시하며 함께 있어줌 |
| 뇌전증 종료 후 | • 신체의 경직 상태나 움직임 및 의식의 유무를 확인함<br>• 다친 곳이 없는지 확인함<br>• 약물복용 여부를 확인함<br>• 발작 후 호흡을 회복하지 못하면 인공호흡을 실시함<br>• 학생이 휴식이나 수면을 원할 경우, 충분한 시간 동안 허락함<br>• 학급의 다른 학생들을 안심시키고 상황에 대해 이해시킴<br>• 발작이 평소에 비해 길거나 그 정도가 심할 경우 부모나 의사에게 연락하고 상담함<br>• 학생의 발작 전조증상이나 발작 전, 발작 중, 발작 후의 행동을 세심하게 관찰하고 기록함 |

기본이론 335-336p

• 발작 시 대처방안
• 교육적 지원

교실에서 발작 시 대처방안
― 발작 시
― 발작 후
― 비상시

교육적 지원
― 약물치료
― 케톤 식이요법
― 학습 요구

**케톤 식이요법**
• 단백질과 탄수화물은 소량, 지방은 다량 섭취하는 식이요법을 통해 대사를 조절하는 방법
• 5세 이하의 어린 아동에게 적합함
• 저탄수화물과 고지방 식사를 지속해야 하므로 영양학적 불균형 문제와 함께 설사 등 소화기 부작용, 심각한 성장장애를 초래할 수 있음

①

2012학년도 중등 35

**07** 다음은 특별한 건강관리가 필요한 학생들이 보일 수 있는 발작과 질식 사고에 대한 설명이다. ㉠~㉤ 중에서 옳은 것만을 있는 대로 고른 것은? [1.5점]

> 학생이 발작을 일으키면 교사는 ㉠발작을 억제시키기 위해 학생을 흔들거나 붙들지 말아야 하며, 발작이 멈춘 후에는 충분한 휴식을 취하게 한다.
> 
> 발작을 억제하기 위해 식이요법을 시도할 수 있다. ㉡케톤 식이요법(ketogenic diet)은 칼슘과 단백질을 늘리고, 지방과 탄수화물을 적게 섭취하는 방식이다.
> 
> …(중략)…

① ㉠, ㉢    ② ㉠, ㉡, ㉢
③ ㉡, ㉢, ㉣    ④ ㉠, ㉡, ㉣, ㉤
⑤ ㉠, ㉢, ㉣, ㉤

# 골형성 부전증과 외상성 뇌손상

```
01  골형성 부전증
    ┌ 골형성 부전증의 정의 및 특징
    └ 교육적 지원

02  외상성 뇌손상
    ┌ 외상성 뇌손상의 정의 및 특징
    └ 교육적 지원
```

 기본이론 337p

 골형성 부전증

 골형성 부전증
┌ 정의 및 특징
└ 교육적 지원

**골형성 부전증**
- 뼈가 약해 신체에 큰 충격이나 특별한 원인 없이도 골절이 쉽게 발생하는 유전 질환
- 대부분 정상적 지능을 가지고 있으며, 운동발달이 늦고 유스타키오관 문제로 인해 귀가 자주 감염됨

**골형성 부전증 교육적 지원**
- 교실은 1층에 배치하고, 교실 간 이동 거리를 줄이기 위해 시간표를 조정함
- 필요한 경우 청각재활 훈련을 제공함
- 남아 있는 뼈 조직을 건강하게 유지하기 위해 적당한 신체 활동이 권장되나, 뼈에 손상을 줄 수 있는 철봉이나 달리기 등의 활동은 제한함

 (다발성) 골절

2017학년도 중등 A4

**01** 다음은 J 고등학교 교사들의 대화 내용이다. ⓒ에 들어갈 내용을 1가지 쓰시오. [2점]

> 박 교사: 우리 학급의 학생 M은 골형성부전증입니다. 친구들과 다른 신체적 특성 때문에 심리적으로 위축되지 않도록 사회·심리적 지원을 해 주고 있습니다.
> 양 교사: 골형성부전증의 특성상 ( ⓒ )의 위험이 있으므로 특히 신체활동이 많은 교수·학습 활동 시 주의해야 합니다.

# CHAPTER 07 자세 및 앉기 지도

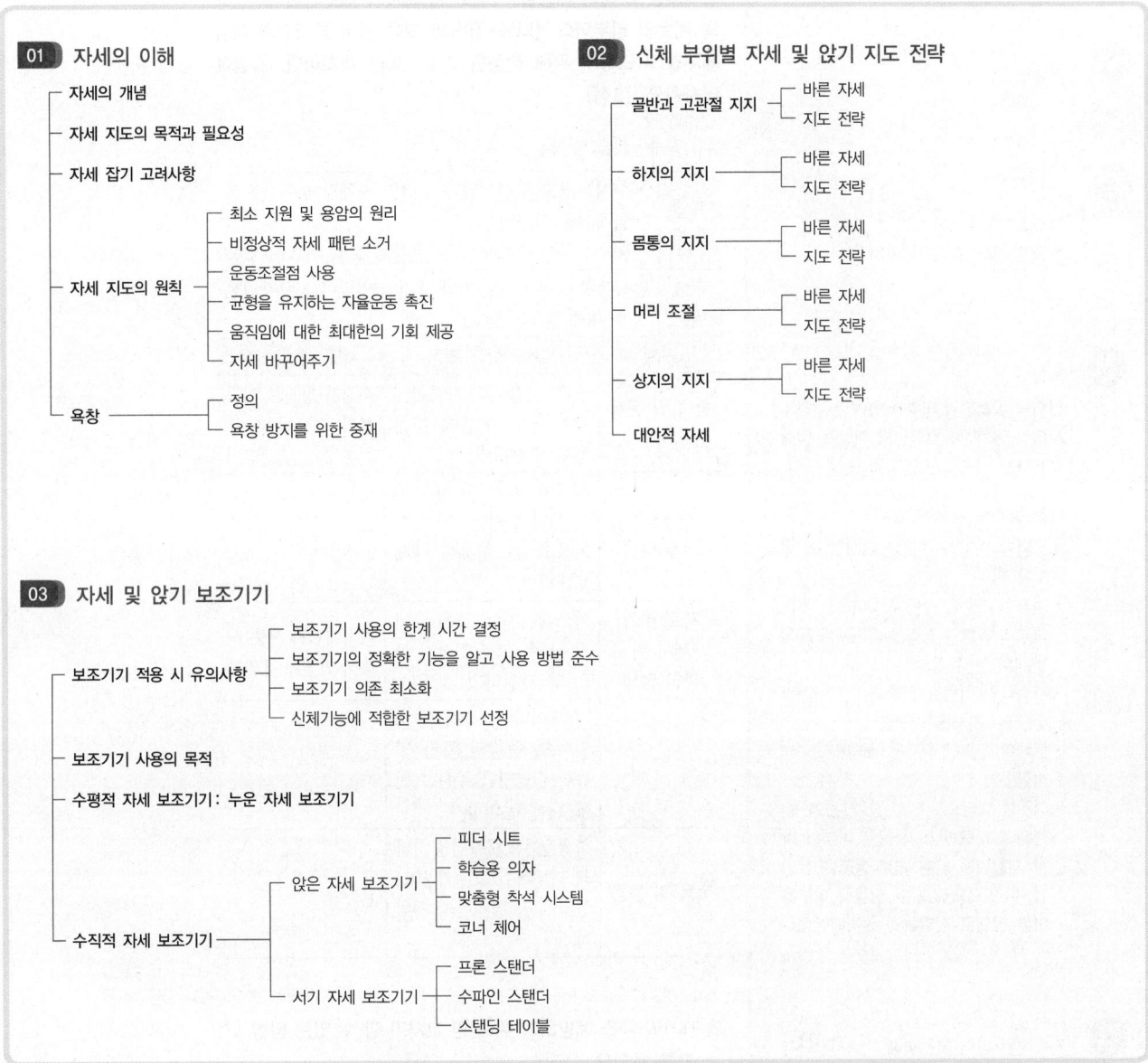

참고자료 기본이론 341-342p

키워드 욕창

구조화틀

욕창
- 정의
- 욕창 방지를 위한 중재

핵심개념

욕창

신체의 돌출부와 피부 표면에 장기간의 지속적·반복적 압력이나 마찰로 인해 발생하는 국소적인 조직의 손상

욕창 방지를 위한 중재
- 적당한 영양과 수분을 유지할 수 있도록 함
- 적절한 수준의 활동에 참여하는 것은 피부의 마찰 저항력을 증가시켜 욕창을 방지할 수 있음
- 지속적인 압력을 완화해 1~2시간마다 자주 자세를 바꿔줌
- 휠체어에 욕창 방지용 에어매트를 부착함
- 대소변 실금으로 인한 습기, 용변, 빈번하고 과도한 씻기 등은 피부의 마찰 저항력을 낮춰 피부 통증을 유발할 수 있으므로 자주 점검해 피부를 마른 상태로 청결하게 유지해야 함

모범답안

지속적인 압력을 완화해 1~2시간마다 자주 자세를 바꿔준다.

2013학년도 초등 B4

**01** 다음의 (가)는 '2010 개정 특수교육 교육과정' 중 기본 교육과정 과학과 내용을 기초로 김 교사가 재구성한 월간 교육 계획의 일부이다. (나)는 (가)의 교육 계획 중 2주차 학습 제재를 지도하기 위해 작성한 교수·학습 계획이다. 물음에 답하시오. [5점]

(나) 교수·학습 계획

| 학생 특성 | • 수지 : 경도 정신지체를 수반한 지체장애 학생으로 휠체어를 사용함<br>• 동우 : 척수 손상으로 ⓒ 욕창을 보일 위험이 있음 |
|---|---|
| 학습 목표 | 일상생활 속에서 수증기와 관련되어 일어나는 자연현상에 대해 알 수 있다. |

| 단계 | 교수·학습 활동 | 지도 시 유의점 |
|---|---|---|
| 탐색 및 문제 파악 | 젖은 옷을 창 가까이에 널어 시간 흐름에 따른 변화 관찰하기 | 수지가 창가로 이동하기 쉽도록 ⓒ 교실환경을 조정함 |
| 자료 제시 및 관찰 탐색 | 시간이 지나면서 젖은 옷이 어떻게 되었는지 이야기하고, 그 이유에 대해 토론하기 | |
| 자료 추가 제시 및 관찰 탐색 | 가스레인지에 물을 끓이고 난 후, 그릇에 담긴 물의 양 관찰하기 | 가스레인지 사용 시 특히 안전에 유의함 |
| ( ㉣ ) | '증발'이라는 용어를 도입하고, 증발의 특징 및 증발에 영향을 주는 요인에 대해 논의하기 | |
| 적용 및 응용 | 학생들에게 물수건을 하나씩 나누어주고, 누가 10분 동안에 잘 말리는지 게임하기 | |

2) (나)의 ⓒ을 예방하기 위해 김 교사가 할 수 있는 방법 1가지를 쓰시오. [1점]

기본이론 341-342p

욕창

**욕창**
- 정의
- 욕창 방지를 위한 중재

**욕창 방지를 위한 중재**
- 적당한 영양과 수분을 유지할 수 있도록 함
- 적절한 수준의 활동에 참여하는 것은 피부의 마찰 저항력을 증가시켜 욕창을 방지할 수 있음
- 지속적인 압력을 완화해 1~2시간마다 자주 자세를 바꿔줌
- 휠체어에 욕창 방지용 에어매트를 부착함
- 대소변 실금으로 인한 습기, 용변, 빈번하고 과도한 씻기 등은 피부의 마찰 저항력을 낮춰 피부 통증을 유발할 수 있으므로 자주 점검해 피부를 마른 상태로 청결하게 유지해야 함

⑤

2009학년도 중등 28

**02** 지체장애 학생에게서 나타날 수 있는 욕창과 같은 피부 문제와 이의 관리에 대한 적절한 설명을 〈보기〉에서 모두 고른 것은?

| 보기 |

ㄱ. 휠체어에 오래 앉아 있는 학생을 위해 좌석에 욕창 방지 쿠션을 깔아준다. 체중을 분산시켜 욕창을 예방할 수 있을 뿐만 아니라 학생의 자세나 체위를 바꿔주지 않아도 되기 때문에 학교생활에 도움이 된다.

ㄴ. 신체 움직임이 많은 활동은 근육의 크기를 고르게 유지시키지 않고 피부 표면의 마찰이 커져 욕창 발생 가능성을 높인다. 따라서 경련성 운동마비 장애 학생은 신체 활동 시 경련성 동작에 따른 마찰력 증가를 주의하며, 되도록 신체 움직임이 적은 활동을 하도록 한다.

ㄷ. 같은 압력이나 마찰력이라도 학생마다 물리적 자극에 대한 저항력의 차이가 있으므로 욕창 발생여부가 달라질 수 있다. 저단백질증, 빈혈, 비타민 부족 등의 불량한 영양 상태는 신체조직의 저항력을 낮춰 욕창 발생을 높이므로 적당한 영양섭취와 수분의 공급이 필요하다.

ㄹ. 변실금은 대변에 포함된 박테리아와 독소가 피부에 묻어 피부가 벗겨질 수 있어 요실금보다 욕창에 더 중요한 위험 요인이다. 실금으로 인해 기저귀를 착용하는 학생은 기저귀를 자주 점검하고 오염된 부위를 씻어주어 청결하게 유지하는 것이 필요하다.

ㅁ. 외부의 압력이 신체에 지속적으로 작용하는 것이 욕창 발생의 핵심적인 원인이다. 중복·지체장애 학생들은 이로 인한 통증이나 피부에 문제가 생겨도 이를 표현하는 데 어려움을 가질 수 있으므로 구어적 형태가 아니더라도 몸짓과 같은 신호를 개발하는 것을 의사소통 지도목표에 포함할 필요가 있다.

① ㄱ, ㄴ  ② ㄴ, ㅁ
③ ㄷ, ㅁ  ④ ㄱ, ㄷ, ㄹ
⑤ ㄷ, ㄹ, ㅁ

ㄱ. 욕창 방지용 에어매트를 깔더라도 휠체어에 앉아 있다면 30분마다 자세를 교체해줘야 함

ㄴ. 피부의 마찰 저항력을 높이기 위해서는 적당한 신체 활동이 필요함

참고자료 기본이론 341-342p

키워드 욕창

구조화틀
욕창
├ 정의
└ 욕창 방지를 위한 중재

핵심개념
**욕창**
신체의 돌출부와 피부 표면에 장기간의 지속적·반복적 압력이나 마찰로 인해 발생하는 국소적인 조직의 손상

**욕창 방지를 위한 중재**
- 적당한 영양과 수분을 유지할 수 있도록 함
- 적절한 수준의 활동에 참여하는 것은 피부의 마찰 저항력을 증가시켜 욕창을 방지할 수 있음
- 지속적인 압력을 완화해 1~2시간마다 자주 자세를 바꿔줌
- 휠체어에 욕창 방지용 에어매트를 부착함
- 대소변 실금으로 인한 습기, 용변, 빈번하고 과도한 씻기 등은 피부의 마찰 저항력을 낮춰 피부 통증을 유발할 수 있으므로 자주 점검해 피부를 마른 상태로 청결하게 유지해야 함

모범답안
① 체중을 분산시켜 욕창을 예방할 수 있다.
② 자세 바꾸기(자세 변경)

2023학년도 유아 A5

**03** 다음은 통합학급 교사들이 준우에 관해 나눈 대화의 일부이다. 물음에 답하시오. [5점]

…(중략)…

박 교사: 준우의 용변 처리를 지도할 때 엉덩이를 보니 일부 피부가 빨간색이었고 시간이 지난 후 다시 보아도 원래 피부색으로 잘 돌아오지 않았어요.
김 교사: 그렇죠. 준우 아버지께서도 준우가 집에서 의자에 좋은 자세로는 앉아 있지만 너무 오랫동안 앉아 있다고 걱정하셨어요. 교실에서도 선생님께서 알려준 방법대로 의자에 바르게 앉아 있기는 하지만 한번 앉으면 잘 일어나려고 하지 않아요. [A]
박 교사: ⓗ 의자 위에 특수 쿠션을 올려놓고 준우가 앉을 수 있도록 해야겠어요.
김 교사: 보조기기를 사용하는 것 외에 다른 방법은 무엇이 있나요?
박 교사: 일과 중에도 수시로 ( ⓢ )을/를 해야 해요. 그리고 피부를 관찰하고 점검해서 피부의 청결, 습기, 온도, 상처, 감염 여부를 확인하여 조치해요. 균형 있는 영양 섭취, 용변 처리, 비만 등에 대한 지도가 필요합니다.

3) [A] 상황을 고려하여 ① ⓗ을 사용할 때 기대되는 효과를 쓰고, ② ⓢ에 들어갈 교사의 지원 내용을 1가지 쓰시오. [2점]

기본이론 341-342p

 욕창

 욕창
- 정의
- 욕창 방지를 위한 중재

 욕창

신체의 돌출부와 피부 표면에 장기간의 지속적·반복적 압력이나 마찰로 인해 발생하는 국소적인 조직의 손상

**욕창 방지를 위한 중재**
- 적당한 영양과 수분을 유지할 수 있도록 함
- 적절한 수준의 활동에 참여하는 것은 피부의 마찰 저항력을 증가시켜 욕창을 방지할 수 있음
- 지속적인 압력을 완화해 1~2시간마다 자주 자세를 바꿔줌
- 휠체어에 욕창 방지용 에어매트를 부착함
- 대소변 실금으로 인한 습기, 용변, 빈번하고 과도한 씻기 등은 피부의 마찰 저항력을 낮춰 피부 통증을 유발할 수 있으므로 자주 점검해 피부를 마른 상태로 청결하게 유지해야 함

 ㉣ 욕창을 방지하기 위함이다.

2025학년도 중등 B6

**04** (가)는 ○○ 중학교 지체장애 학생 A와 B의 특성이고, (나)는 특수 교사가 작성한 학생별 지도 계획이다. 〈작성 방법〉에 따라 서술하시오. [4점]

(가) 학생 특성

| 구분 | 특성 |
|---|---|
| 학생 B | • 불수의 운동형 뇌성마비<br>• 대근육 운동 기능 분류체계(GMFCS) 5단계<br>• 머리와 몸통 조절에 어려움이 있음.<br>• 키보드의 키를 누르면 손을 떼기가 어려움.<br>• ㉠ 누운 자세에서는 신전근의 긴장이 증가하고, 엎드린 자세에서는 굴곡근의 긴장이 증가함. |

(나) 학생별 지도 계획

| 구분 | 지도 계획 |
|---|---|
| 학생 B | ㉣ 일과 중에 자세를 자주 바꿔 주거나 피부 청결 및 건조 상태 유지시켜주기 |

**작성방법**

(나)의 밑줄 친 ㉣의 이유를 1가지 서술할 것.

참고자료
기본이론 344-348p

 키워드
신체 부위별 자세 및 앉기 지도 전략

 구조화틀
신체 부위별 자세 및 앉기 지도 전략
- 골반, 고관절 지지
- 하지 지지
- 몸통 지지
- 머리 조절
- 상지의 지지
- 대안적 자세

 핵심개념
신체 부위별 자세 및 앉기 지도 전략
① 골반과 고관절
  • **좋은 자세**: 골반은 중립, 골반과 등은 수직
  • **중재**
    - 좌석의 중앙에 위치하도록 앉기
    - 체중이 좌우 엉덩이에 고르게 분산
② 하지의 지지
  • **좋은 자세**: 바르게 정렬, 발판 또는 바닥 지지
  • **중재**
    - 내전대와 외전대를 사용해 다리 정렬
    - 비대칭적인 다리와 엉덩이 고려
    - 발바닥 전면이 바닥에 닿도록 벨크로 등 고정 끈 이용
    - 의자 밑판의 앞부분과 무릎 간 거리가 손가락 1~2개 정도인 의자의 깊이

 모범답안
• **엉덩이(골반)**: 골반은 중립의 위치에 있어야 하며, 바른 자세는 앉았을 때 골반이 등과 수직인 자세이다.

• **무릎**: 슬관절은 약 90도를 유지할 수 있도록 발판의 높이를 조절한다.

• **발**: 발을 고정할 수 있는 벨크로 등의 고정끈을 이용해 발바닥 전면이 바닥에 닿도록 하는 것이 안정감을 유지하는 데 좋다.

---

2016학년도 초등 B4

**05** (가)는 ○○특수학교 김 교사가 계획한 '2011 개정 특수교육 교육과정' 중 기본 교육과정 과학과 5~6학년군 '온도와 열' 단원의 수업 활동 개요이다. (나)는 은지의 특성이고, (다)는 교사가 은지에게 음성출력 의사소통기기를 사용하도록 지도하는 장면이다. 물음에 답하시오. [5점]

(나) 은지의 특성

- 경직형 사지마비인 뇌성마비로 진단받았음
- 오른손으로 스위치를 이용함
- 스캐닝(scanning : 훑기) 기법으로 음성출력 의사소통기기를 사용하여 의사소통함
- 휠체어에 앉아 있을 때의 모습은 다음과 같음

2) (나)의 그림을 보고, 교사가 은지의 엉덩이(골반), 무릎, 발을 바르게 정렬하는 방법을 각각 쓰시오. [1점]

> 하지(다리) 정렬
> 가위 모양의 자세를 보이는 은지를 위해 다리를 벌려주는 외전대를 착용시켜야 함

참고자료 기본이론 344-348p

 키워드 신체 부위별 자세 및 앉기 지도 전략

구조화틀 **신체 부위별 자세 및 앉기 지도 전략**
- 골반, 고관절 지지
- 하지 지지
- 몸통 지지
- 머리 조절
- 상지의 지지
- 대안적 자세

 핵심개념 **신체 부위별 자세 및 앉기 지도 전략**
- 하지의 지지
  - **좋은 자세**: 바르게 정렬, 발판 또는 바닥 지지
  - **중재**
    - 내전대와 외전대를 사용해 다리 정렬
    - 비대칭적인 다리와 엉덩이 고려
    - 발바닥 전면이 바닥에 닿도록 벨크로 등 고정 끈 이용
    - 의자 밑판의 앞부분과 무릎 간 거리가 손가락 1~2개 정도인 의자의 깊이

 모범답안 ② 외전대(다리 분리대)

2025학년도 초등 B4

**06** (가)는 특수학교 5학년에 재학 중인 지체장애 학생들의 특성이고, (나)는 예비 교사와 지도 교사의 대화 내용의 일부이며, (다)는 예비 교사가 작성한 2015 개정 특수교육 기본 교육과정 체육과 5~6학년군 '2. 고정 표적으로 물체 보내기' 단원의 교수·학습 과정안의 일부이다. 물음에 답하시오. [5점]

| 학생 | 특성 |
|---|---|
| 민호 | • 대뇌피질 손상<br>• 대칭성 긴장성 목반사가 있음<br>• 가위 모양 자세를 보임<br>• ㉠ 단하지 보조기를 착용함 |

> 하지(다리) 정렬
> 가위 모양의 자세를 보이는 민호를 위해 다리를 벌려주는 외전대를 착용시켜야 함

(나)

예비 교사: 선생님, 제가 공개수업을 준비할 때 주의해야 할 점이 있을까요?
지도 교사: 민호와 같이 대칭성 긴장성 목반사가 있는 경우, ㉡학생이 선생님을 쳐다보려고 고개를 치켜들면 반사로 인한 움직임이 생길 수 있습니다.
예비 교사: 아, 그렇군요. 그럼 공 던지기 수업을 할 때에도 주의를 해야겠네요.
지도 교사: 네, 맞아요. 특히 민호가 가위 모양 자세를 보이므로, 앉아서 공 던지기를 할 때 ㉢도 다리가 바르게 정렬되도록 해야 합니다.

2) ② 밑줄 친 ㉢을 위한 보조기기를 1가지 쓰시오.

기본이론 344-348p

 신체 부위별 자세 및 앉기 지도 전략

**신체 부위별 자세 및 앉기 지도 전략**
- 골반, 고관절 지지
- 하지 지지
- 몸통 지지
- 머리 조절
- 상지의 지지
- 대안적 자세

 **신체 부위별 자세 및 앉기 지도 전략**

① 골반과 고관절
  - 좋은 자세: 골반은 중립, 골반과 등은 수직
  - 중재
    - 좌석의 중앙에 위치하도록 앉기
    - 체중이 좌우 엉덩이에 고르게 분산

② 하지의 지지
  - 좋은 자세: 바르게 정렬, 발판 또는 바닥 지지
  - 중재
    - 내전대와 외전대를 사용해 다리 정렬
    - 비대칭적인 다리와 엉덩이 고려
    - 발바닥 전면이 바닥에 닿도록 벨크로 등 고정 끈 이용
    - 의자 밑판의 앞부분과 무릎 간 거리가 손가락 1~2개 정도인 의자의 깊이

③ 몸통
  - 좋은 자세: 대칭적 움직임, 몸통 안정
  - 중재
    - 측방굴곡 시 측면 지지대(단, 중력에 의한 굴곡의 경우 휠체어 등받이를 뒤로 젖히기)
    - 전방굴곡 시 벨트, 어깨 지지대

 ⓓ 몸통은 좌우대칭이 되도록 지지하고, 어깨 관절은 앞쪽으로 약간 모이게 한다.

---

**2017학년도 유아 A1**

**07** 다음은 중복장애 유아 동우의 어머니가 유아특수교사인 김 교사와 나눈 상담 내용의 일부이다. 물음에 답하시오. [6점]

김 교사: 어머니, 가족들이 동우와 의사소통하는 데 어려움이 있다고 하셨지요?
어머니: 네, 동우는 ㉠<u>근긴장도가 높아서 팔다리를 모두 움직이기가 어렵고, 몸을 움직이려고 하면 뻗치는 경우가 많잖아요.</u> 그리고 선생님께서 아시는 것처럼 시각장애까지 있어서, 말하는 것은 물론 눈빛으로 표현하는 것도 어려워해요. 가족들은 동우가 뭘 원하는지 알 수가 없어요.
김 교사: 그래서 이번 개별화교육계획지원팀 회의에서 결정한 바와 같이 동우에게 보완대체의사소통을 사용하려고 해요. 이를테면, 동우에게 ㉡<u>우선적으로 필요한 어휘를 미니어처(실물모형)로 제시하고 자신이 원하는 것을 만져서 표현하도록 하면 좋겠어요.</u> ㉢<u>미니어처를 사용하면 누구나 동우가 표현하고자 하는 바를 명확하게 알 수 있으니까요.</u>
어머니: 그러면 집에서 동우를 위해 우리 가족이 해야 하는 일은 무엇인가요?
김 교사: 가족들이 반응적인 의사소통 환경을 만들어 주시면 동우의 의사소통 기술이 발달하는 데 도움이 될 수 있어요. 예를 들어, ㉣<u>동우가 장난감 트럭을 앞뒤로 밀고 있다면 어머님도 동우가 밀고 있는 장난감 트럭을 보고 있다는 것을 동우에게 알려주시고, 동우가 보이는 행동에 즉각적으로 의미 있게 반응해주세요.</u>

1) 이러한 장애 유아에게 앉기 자세를 지도할 때 ⓐ~ⓓ 중 적절하지 <u>않은</u> 것을 찾아 기호를 쓰고, 그 내용을 바르게 고쳐 쓰시오. [2점]

ⓐ 골반이 등과 수직이 되게 하여 체중이 엉덩이 양쪽에 균형 있게 분산되도록 한다.
ⓑ 의자에 앉았을 때 무릎 안쪽과 의자 사이의 간격은 1인치 정도가 되도록 하고 허벅지가 좌석에 닿도록 한다.
ⓒ 발바닥은 바닥이나 휠체어 발판에 닿도록 하고, 무릎관절과 발목은 직각이 되도록 한다.
ⓓ 몸통은 좌우대칭이 되도록 지지하고 어깨 관절은 활짝 펴 뒤쪽으로 향하도록 한다.

---

ⓐ 골반은 중립의 위치에 있어야 하며, 바른 자세는 골반이 등과 수직이 되는 자세임. 앉을 때 체중이 좌우 엉덩이에 고르게 분산되어야 함

ⓑ 의자 깊이는 의자에 앉았을 때 무릎과 의자 밑판 앞부분과의 거리가 손가락 1~2개 정도가 되도록 조절함

ⓒ 발을 고정할 수 있는 벨크로 등의 고정 끈을 이용해 발바닥 전면이 바닥에 닿도록 하는 것이 안정을 유지하기에 좋음

ⓓ 몸의 정중선을 중심으로 한 대칭적인 움직임을 촉진하고, 어깨 관절은 약간 굴곡되도록 함

기본이론 344-348p, 351p

앉기 자세 보조기기

**자세 및 앉기 보조기기**
- 보조기기 적용 시 유의사항
- 보조기기 사용의 목적
- 유형 ─ 수평적 자세 보조기기
       └ 수직적 자세 보조기기

① 스스로 수직 또는 반수직 앉기 자세를 취할 수 있게 해주어 수업 참여도를 높이고 독립성과 사회적 상호작용을 증진할 수 있다.
② 과도하게 사용 시 의존성을 야기할 수 있다.

---

2025학년도 유아 A5

**08** (가)는 4세 지체장애 유아 민정이에 대한 교사들의 대화와 민정이와의 놀이 장면이고, (나)는 3세 지체장애 유아 은지에 대한 부모 상담과 은지와의 놀이 장면이다. 물음에 답하시오. [5점]

(나)

〈지체장애학교 입학 전 부모 상담 장면〉

김 교사: 은지가 유치원은 처음이죠? 가정에서는 어떻게 지냈나요?

어머니: 은지는 근육에 힘이 없어요. 그래서 외출할 때를 제외하고는 주로 제가 안고 있거나 누운 자세로 생활하고 있어요. 질문을 하면 한 단어 수준으로 잘 대답해서 대화를 많이 나누었어요. 그리고 요즘에는 책도 많이 읽어 주고 있어요. [C]

김 교사: 병원이나 치료 기관을 갈 때 어떻게 이동하시나요?

어머니: 아기 때부터 쓰던 카시트형 유모차로 이동해요.

김 교사: 그러면 유치원에서 ⓗ 피더 시트(feeder seat)를 사용해 보는 건 어떨까요?

2) (나)의 [C]를 고려하여 밑줄 친 ⓗ을 사용할 때의 ① 장점과 ② 유의점을 각각 1가지 쓰시오. [2점]

---

**보조기기 사용 시 유의사항**

- 보조기기 사용 계획에 근거해 사용의 한계 시간 결정 → 잘 맞고 편안하더라도 한 가지 자세로 제한하는 것은 혈액순환 문제나 피부의 궤양, 기형 등 이차적 문제를 유발함
- 보조기기의 정확한 기능을 알고 사용 방법 준수
- 보조기기 의존 최소화 → 신체 부위에 대한 지지가 과도할 경우 오히려 일상생활의 기능적 동작을 저해함
- 신체기능에 적합한 보조기기 선정 → 잘 맞지 않는 부적절한 도구의 사용은 정형외과적인 기형이나 근육 길이의 변화 등 이차적 장애를 유발함

## 확장하기

### 앉은 자세 보조기기

자세 지도를 통해 학교에서 바른 자세를 유지하는 것은 학생의 수업 참여도를 높이고 독립성 및 또래와의 상호작용을 증진시킨다. 그러나 앉기 자세를 위해 과도하게 보조기기를 사용하면 의존성이 강해지며 운동 기능 발달을 제한할 수 있다. 반대로 너무 적은 조절은 적절한 자세가 유지될 수 없어 기형의 위험이 있고 교수 활동에 참여하는 것을 방해한다. 그러므로 최소화·정상화를 위해 적당한 수준의 조절이 필요하다.

| | |
|---|---|
| 피더 시트 | 피더 시트는 상품화되어 있으며 신체의 크기에 따라 선택해 사용할 수 있다. 이는 주로 근긴장도가 낮은 학생에게 사용한다. 각도 조절용 받침대를 이용해 각도 조절이 가능하며, 일상생활 중 편안함을 제공하기 위해 사용된다. |
| 학습용 의자 | 일반 의자의 모양에 쿠션이나 벨트, 팔걸이, 발 받침대 등을 부착해 편안한 자세로 앉을 수 있도록 수정한 의자이다. |
| 맞춤형 착석 시스템 | • 개인의 신체적 특성과 용도에 맞게 맞춤 제작한 것으로, 다양한 부속장치를 부가적으로 부착해 의자·휠체어 등에 앉을 수 있도록 수정한 보조기기이다.<br>• 주로 머리나 몸통 조절이 어렵거나 경직이 심한 경우, 장시간 착석으로 인한 욕창 발생 위험이 있을 때 사용한다.<br>• 각 학생의 건강 상태에 따라 각도를 조절할 수 있으며, 중력 부담을 줄이고 휴식을 위해 앉은 자세의 각도가 조절되는 기능도 추가할 수 있다.<br>• 의자 자체의 회전과 의자 배면의 경사각 조절이 가능한 리클라이닝 의자는 머리나 몸통 조절이 용이하지 않거나 진행성 질환인 경우에 사용한다. |
| 코너 체어 | 코너 체어는 척추의 지지와 머리 조절을 도울 수 있는 모양의 의자이다. 장소에 따라서 좌식생활 시 앉기 자세를 보조하며, 이동을 위해 의자 밑에 바퀴를 달아 사용하기도 한다. 코너 체어에 앉아 간식을 먹거나 책, TV를 보는 등 일상생활을 보다 편안하게 할 수 있도록 도와준다. |

피더 시트　　학습용 의자　　맞춤형 착석 시스템　　코너 체어

기본이론 344-348p, 352-353p

- 신체 부위별 자세 및 앉기 지도 전략
- 서기 자세 보조기기

**신체 부위별 자세 및 앉기 지도 전략**
- 골반, 고관절 지지
- 하지 지지
- 몸통 지지
- 머리 조절
- 상지의 지지
- 대안적 자세

**자세 및 앉기 보조기기**
- 보조기기 적용 시 유의사항
- 보조기기 사용의 목적
- 유형 ┬ 수평적 자세 보조기기
        └ 수직적 자세 보조기기

**프론 스탠더**
- 스스로 서기 어려운 학생에게 엎드린 자세로 다리 및 몸통을 고정시킨 후 전동이나 수동 장치를 이용해 각도를 세워 바로 설 수 있도록 보조하는 기기
- 머리를 스스로 가눌 수 있는 경우 사용할 수 있으며, 상체의 조절이 어느 정도 가능한 경우 체중을 앞으로 실은 채 기대어 두 손을 기능적으로 사용하는 것이 가능하므로 상지 기능 강화를 위해 사용할 수 있음

**수파인 스탠더**
- 상체와 하체의 조절 능력이 저조해 세우기가 힘든 경우, 등을 대고 누운 자세에서 다리 및 몸통을 고정시킨 후 전동이나 수동 장치를 이용해 각도를 세워 바로 설 수 있도록 보조하는 기기
- 머리를 스스로 가누지 못하는 학생은 수파인 스탠더를 사용해 기립 자세를 유지함

3) ⓐ 양쪽 다리의 길이 차를 고려해 휠체어 발판의 높이를 다르게 제작해야 한다.

4) ⓜ 프론 스탠더

2019학년도 초등 A6

**09** 다음은 성재를 위한 교육지원 협의회 회의록의 일부이다. 물음에 답하시오. [5점]

| 일시 | 2018년 ○월 ○일 15:00~16:00 | | |
|---|---|---|---|
| 장소 | 특수학급 | 기록자 | 특수교사 |
| 참석자 | 통합학급 교사, 특수교사, 보건교사, 치료지원 담당자, 전문상담교사, 보호자 | | |
| 발언 내용 | | | |

…(상략)…

특 수 교 사 : 성재는 매트 위에 앉아서 놀 때 ⓒ양다리를 좌우로 벌려 W모양으로 앉던데, 괜찮나요?

치료지원 담당자 : 그런 자세가 계속되면 서기나 걷기 그리고 일상생활에도 문제가 생길 수 있어서 자세 지도가 필요합니다.

보 호 자 : 아, 그렇군요. 성재는 집에 오면 휠체어에 앉아서 지내는 시간이 많아요. ⓔ휠체어에 바르게 앉는 자세에 대해서 알고 싶습니다.

치료지원 담당자 : 무엇보다 신체의 정렬 상태가 안정적이며 균형 잡힌 상태를 유지하는 것이 중요합니다.

특 수 교 사 : 맞아요. 저희 교실에서도 서기 자세를 지도하고 있습니다. 다행히 성재는 자기 스스로 목을 가눌 수 있고, 상체 조절이 어느 정도 가능합니다. 그래서 선 자세에서 체중을 앞으로 실은 채 자세를 조금 기울여 두 손을 쓸 수 있도록 ( ⓜ )을/를 사용하고 있어요.

3) 다음은 ⓔ을 위한 일반적인 지도 요령이다. 적절하지 않은 것 1가지를 찾아 기호를 쓰고 바르게 고쳐 쓰시오. [1점]

| ⓐ 하지 : 양쪽 다리의 길이가 다르더라도 휠체어 발판의 높이는 같게 한다. |
| ⓑ 골반 : 체중이 고르게 분산되도록 좌석의 중심부에 앉게 한다. |
| ⓒ 몸통 : 어깨선을 수평으로 맞추고, 어느 한쪽으로 치우치지 않고 정중선을 유지하게 한다. |
| ⓓ 머리 : 고개를 들고 턱을 약간 밑으로 잡아당기는 자세를 유지하게 한다. |

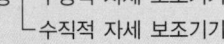

ⓐ 양쪽 다리 길이에 차이가 있는 경우 이를 고려해 의자 밑판과 발판의 길이를 다르게 만든 특수의자를 제작해야 함

ⓑ 골반이 좌석의 중심부에 위치하도록 하고, 앉을 때 체중이 좌우 엉덩이에 고르게 분산되도록 해야 함

ⓒ 앉았을 때 양쪽 어깨 높이가 같아지도록 하고, 몸의 정중선을 중심으로 한 대칭적 움직임을 촉진해야 함

ⓓ 머리를 똑바로 세우고 턱을 약간 밑으로 잡아당기는 듯한 자세가 가장 바람직함

4) ⓜ에 들어갈 적절한 보조기기의 명칭을 쓰시오. [1점]

기본이론 344-348p, 352-353p

- 신체 부위별 자세 및 앉기 지도 전략
- 서기 자세 보조기기

신체 부위별 자세 및 앉기 지도 전략
- 골반, 고관절 지지
- 하지 지지
- 몸통 지지
- 머리 조절
- 상지의 지지
- 대안적 자세

자세 및 앉기 보조기기
- 보조기기 적용 시 유의사항
- 보조기기 사용의 목적
- 유형 ─ 수평적 자세 보조기기
  └ 수직적 자세 보조기기

서기 자세 보조기기의 장점
- 신체의 적절한 근긴장도와 몸통의 안정성을 유지할 수 있게 해 서기에 대한 두려움을 감소시키고, 신체의 정중선을 중심으로 신체 부위의 정렬을 유지함
- 스스로 앉거나 서지 못하는 학생에게 수직 자세와 대안적 자세를 취하게 해줌으로써 신체의 건강을 증진시키고 편안함을 제공함
- 몸통을 똑바로 세울 수 있도록 지지해주면 몸통 조절력이 향상되어 학생의 팔과 손의 사용 능력이 증가함
  → 기능적 움직임과 활동·일과 참여를 증진시킴

㉠ 다리의 경우 A처럼 내전근 기능 약화로 다리가 바깥쪽으로 신전되면 다리를 모을 수 있도록 내전대를 사용한다.
㉡ 몸통의 경우 A는 전방굴곡을 보이므로, 가슴 벨트나 어깨 벨트를 사용해 신체의 정렬을 유지시킨다.

수파인 스탠더
서기 자세 보조기기를 사용해 몸통을 똑바로 세울 수 있도록 지지해주면 몸통 조절력이 향상되어 학생의 팔과 손 사용 능력이 증가해 기능적 움직임과 활동·일과 참여를 증진시킨다.

---

2016학년도 중등 B4

**10** 다음은 지체중복장애 중학생 A의 자세 특성이다. 밑줄 친 ㉠과 ㉡을 고려하여, 학생 A를 휠체어에 앉힐 때 몸통과 다리의 자세 유지 방법을 각각 1가지 쓰시오. 그리고 이 학생에게 적합한 서기 자세 보조기기의 명칭을 쓰고, 이 보조기기를 사용했을 때의 장점을 1가지 쓰시오. [4점]

- 저긴장성 뇌성마비와 정신지체를 중복으로 지니고 있음
- 낮은 근긴장도로 인해 상체와 하체의 조절 능력이 낮음
- ㉠ 앉아 있을 때 양쪽 고관절과 무릎이 몸의 바깥쪽으로 회전됨
- ㉡ 고개를 가누지 못하여 앉아 있을 때 머리와 몸통이 앞쪽으로 굴곡됨
- 적절한 보조기기의 지원이 없이는 다양한 교육 활동에 참여하는 데 제한이 따름

**다리의 정렬**
- 내전근 경직으로 다리가 X자형으로 변형된 경우 다리 분리대와 같은 외전대를 사용해 다리를 바르게 정렬함
- 내전근 기능 약화로 다리가 바깥쪽으로 신전될 경우 내전대를 사용해 다리를 바르게 정렬함

**머리 조절**
- 머리 조절 능력이 있는 경우 단순히 의자의 등판을 머리 뒤까지 오도록 연장시키는 것만으로도 도움이 됨
- 머리 조절 능력이 낮은 경우 머리의 밑부분을 감싸듯 받쳐주는 보조대를 사용함

참고자료
기본이론 344-348p, 352-353p

 키워드
- 신체 부위별 자세 및 앉기 지도 전략
- 서기 자세 보조기기

 구조화틀
**신체 부위별 자세 및 앉기 지도 전략**
- 골반, 고관절 지지
- 하지 지지
- 몸통 지지
- 머리 조절
- 상지의 지지
- 대안적 자세

**자세 및 앉기 보조기기**
- 보조기기 적용 시 유의사항
- 보조기기 사용의 목적
- 유형
  - 수평적 자세 보조기기
  - 수직적 자세 보조기기

 핵심개념
**대안적 자세**
- 여러 가지 자세 잡기 방법을 사용해도 앉기 자세를 취하기 어렵거나 장시간 이를 유지하기 어려운 학생은 다양한 대안적 자세를 취하고 자세를 자주 바꿔줘야 함
- 이때 학생의 활동내용, 사회적 환경 등을 고려해 학생의 교육적·사회적 활동에 적합한 자세를 취해줄 수 있도록 배려해야 함 → 어떤 대안적인 자세를 취함으로써 참여 중이던 활동을 더 이상 할 수 없거나 또래 친구들과의 사회적 상호작용이 감소되어야 한다면 이는 바람직하지 않음
- 보조도구의 사용으로 인해 신체적으로 고립되거나 부정적인 낙인이 찍히지 않고 사회적 상호작용을 저해하지 않는 자세를 선택해야 함

 모범답안
2) 대안적인 자세를 취함으로써 참여 중이던 활동을 더 이상 할 수 없거나 또래 친구들과의 사회적 상호작용이 감소되어야 한다면 이는 바람직하지 않다. 따라서 프론 스탠더 대신 휠체어를 사용해 민수가 모둠 활동에 잘 참여할 수 있도록 하는 것은 적절하다.

3) 몸의 정중선을 중심으로 한 대칭적인 움직임을 통해 머리 조절과 안정성 확보에 기여할 수 있기 때문이다.

---

2013학년도 초등 B1

**11** 특수학교 최 교사는 중도 뇌성마비 학생 민수가 있는 학급에서 '2010 개정 특수교육 교육과정' 중 기본 교육과정 사회과 '우리 나라의 풍습' 단원을 지도하고자 한다. (가)는 교수·학습 과정안이고, (나)는 본시 평가 계획이다. 물음에 답하시오. [5점]

(가) 교수·학습 과정안

| 학습목표 | 민속놀이의 의미를 알고, 규칙을 지켜 민속놀이를 할 수 있다. | |
|---|---|---|
| 단계 | 교수·학습 활동 | 자료 및 유의점 |
| 도입 | • 영상 자료를 활용하여 다양한 민속놀이 알아보기<br>• 민속놀이 경험 이야기하기 | DVD |
| 전개 | • 널뛰기, 씨름, 강강술래 등 민속놀이 알기<br>• 줄다리기에 담긴 의미 알기<br>• 탈춤을 통한 서민들의 생활 모습 알기 | 민속놀이 단원을 ( ㉠ )와(과) 관련지어 지도하는 것이 효과적임 |
| | • ㉡ 모둠별로 책상을 붙이고 둘러앉아서 민속놀이 도구 만들기<br>• 놀이 방법을 알고 규칙을 지키며 윷놀이하기 | ㉢ 양손을 사용하여 활동하도록 지도함 |

몸의 정중선을 중심으로 한 대칭적인 움직임을 촉진하고, 몸통이 안정되어야 상지와 머리의 조절이 용이하므로 몸통을 적절히 고정해 안정성을 확보하는 것이 매우 중요함

2) 민수는 바른 자세를 유지하기 위해 프론 스탠더(prone stander, 서기 자세 보조기기)가 필요한 학생이다. 그러나 최 교사는 (가)의 ㉡ 활동에서 민수에게 프론 스탠더 대신 휠체어를 사용하게 하였다. 최 교사의 이러한 조치가 적절한 이유 1가지를 쓰시오. [1점]

3) (가)의 ㉢에서 양손을 사용하도록 지도한 이유 1가지를 쓰시오. [1점]

기본이론 344-348p

신체 부위별 자세 및 앉기 지도 전략

신체 부위별 자세 및 앉기 지도 전략
- 골반, 고관절 지지
- 하지 지지
- 몸통 지지
- 머리 조절
- 상지의 지지
- 대안적 자세

GMFCS 5단계 수준
- 모든 환경에서 수동휠체어로 다른 사람이 옮겨줘야 함
- 중력에 대항해 머리와 몸통의 자세를 유지하기 어렵고 팔과 다리의 움직임 조절에 제한이 있음

보완대체의사소통 기초능력평가
- 자세 평가: 휠체어를 사용하거나 일반 의자에 앉은 자세를 먼저 관찰하되, 의자를 이용해 바른 자세를 취할 수 없다면 보조기기를 이용한 지원 방안을 고려함
- 평가팀은 학생이 의자에서 앉은 자세를 취할 수 있도록 적절히 수정해준 뒤, 새로운 자세에서 나타날 수 있는 변형이나 압력 통증, 신경근육의 구축 등의 요인을 살펴봄

- GMFCS 5단계 수준이므로 머리와 몸통의 자세를 유지하기 어렵기 때문이다.
- 몸의 정중선을 중심으로 한 대칭적인 움직임을 촉진하기 위함이다.

---

2024학년도 중등 A7

**12** (가)는 지체장애 학생 A와 B의 특성이고, (나)는 교육 실습생과 특수 교사의 대화 중 일부이다. 〈작성방법〉에 따라 서술하시오. [4점]

(가) 학생 A와 B의 특성

| 학생 A | • 경직형 뇌성마비, 목 조절이 어려움<br>• GMFCS 5단계 |
|---|---|
| 학생 B | • 경직형 뇌성마비, 비대칭성 긴장성 경반사<br>• GMFCS 5단계 |

(나) 교육 실습생과 특수 교사의 대화

교육 실습생: 학생 B의 경우는 원시반사가 남아 있는데, 모니터의 위치는 어떻게 하면 좋을까요?

특수 교사: AAC 기기나 모니터를 ⓒ몸의 정중선에 위치하도록 하는 것이 중요합니다.

─┤작성방법├─

학생 B의 특성을 고려하여 (나)의 밑줄 친 ⓒ의 이유를 2가지 서술할 것. (단, '원시반사'가 포함된 서술은 제외함)

### 확장하기

**보완대체의사소통(박현주 역, 2017.)**

AAC 사용을 위한 이상적인 목표는 대칭적인 착석 자세이다. 이를 위한 최적의 착석 자세 요소는 다음과 같다.

| 골반, 고관절, 허벅지 | • 엉덩이 양쪽이 동일한 무게를 감당한다.<br>• 골반은 약간 앞쪽으로 기울거나 중립적인 자세를 취한다.<br>• 골반은 의자의 뒷모서리 중앙에 닿는다.<br>• 고관절은 90°까지 기울어져 있다.<br>• 두 허벅지의 길이가 같다. |
|---|---|
| 몸통 | • 양 어깨가 대칭적이다.<br>• 몸통은 직립 또는 약간 앞쪽으로 기울어져 있다. |
| 어깨, 팔 및 손 | • 상박은 약간 앞쪽으로 구부러져 있다.<br>• 팔꿈치는 중간 정도로 구부러져 있다. |
| 다리, 발 및 발목 | • 무릎은 90°로 구부러져 있다.<br>• 발뒤꿈치가 바닥에 닿는다. |
| 머리와 목 | • 머리와 목은 몸의 정중선을 향한다.<br>• 턱은 약간 당겨져 있다. |

2022학년도 중등 A11

**13** (가)는 지체장애 학생 E, F, G의 특성이고, (나)는 교육실습생이 (가)를 바탕으로 작성한 지도 시 유의사항이다. 〈작성방법〉에 따라 서술하시오. [4점]

(가) 특성

| 학생 | 특성 |
| --- | --- |
| F | • 사지마비 뇌성마비임<br>• 고개를 가누지 못하고, 앉아 있을 때 머리와 몸통이 앞쪽으로 굴곡됨<br>• 다른 사람의 도움을 받아 수동 휠체어로 이동함 |

(나) 유의사항

| 학생 | 유의사항 |
| --- | --- |
| F | • ⓒ 휠체어에 앉을 때 머리 지지대와 어깨 지지대를 활용하여 신체 정렬하기<br>• ⓔ 수업 활동 시 대안적인 서기 자세를 취할 수 있도록 프론 스탠더 활용하기 |

┌─ 작성방법 ─
(가)의 학생별 특성을 고려하여 (나)의 밑줄 친 ㉠~㉤ 중 적절하지 않은 것 2가지를 찾아 기호와 함께 그 이유를 각각 서술할 것.

ⓒ 학생 F의 특성에 근거해 고개를 가누지 못하고, 앉아 있을 때 머리와 몸통이 앞으로 굴곡되므로 다양한 지지대를 사용해 신체를 정렬하는 것은 적절함

ⓔ 학생 F의 특성에 근거해 자세조절능력이 낮으므로 대안적인 서기 자세를 취하기 위해 보조기기를 사용할 수 있음. '머리 조절능력 여부'에 따라 프론 스탠더 혹은 수파인 스탠더를 선택해야 함

---

기본이론 344-348p, 352-353p

• 신체 부위별 자세 및 앉기 지도 전략
• 수파인 스탠더

**신체 부위별 자세 및 앉기 지도 전략**
― 골반, 고관절 지지
― 하지 지지
― 몸통 지지
― 머리 조절
― 상지의 지지
― 대안적 자세

**자세 및 앉기 보조기기**
― 보조기기 적용 시 유의사항
― 보조기기 사용의 목적
― 유형 ─ 수평적 자세 보조기기
        └ 수직적 자세 보조기기

**수파인 스탠더**
• 상체와 하체의 조절 능력이 저조해 세우기가 힘든 경우, 등을 대고 누운 자세에서 다리 및 몸통을 고정시킨 후 전동이나 수동 장치를 이용해 각도를 세워 바로 설 수 있도록 보조하는 기기
• 머리를 스스로 가누지 못하는 학생은 수파인 스탠더를 사용해 기립 자세를 유지함

ⓔ 학생 F는 고개를 가누지 못하고, 앉아 있을 때 머리와 몸통이 앞쪽으로 굴곡되는 특성을 보이므로 서기 자세 보조기기 중 수파인 스탠더를 활용해야 한다.

2023학년도 초등 B5

**14** (가)는 중도 지적장애와 지체장애를 중복으로 가지고 있는 학생 민수의 특성이고, (나)는 음악과 3~4학년군의 '즐거운 학교' 단원 지도 계획의 일부이다. 물음에 답하시오. [5점]

(가) 민수의 특성

> • 몸통과 사지의 조절 능력이 부족함
> • 스스로 머리 가누기가 어렵고, 서서 하는 활동 시에는 자세 보조기기가 필요함
> • ㉠ <u>요구하는 상황에서 "으", "거" 등의 소리를 내거나 가지고 싶은 물건이 있으면 몸을 앞뒤로 흔드는 행동으로 표현함</u>

1) (가)를 참고하여 민수에게 필요한 자세 보조기기를 쓰시오. [1점]

---

 참고자료: 기본이론 352-353p

 키워드: 수파인 스탠더

 구조화틀:
**자세 및 앉기 보조기기**
├ 보조기기 적용 시 유의사항
├ 보조기기 사용의 목적
└ 유형 ┬ 수평적 자세 보조기기
        └ 수직적 자세 보조기기

 핵심개념:
**수파인 스탠더**
• 상체와 하체의 조절 능력이 저조해 세우기가 힘든 경우, 등을 대고 누운 자세에서 다리 및 몸통을 고정시킨 후 전동이나 수동 장치를 이용해 각도를 세워 바로 설 수 있도록 보조하는 기기
• 머리를 스스로 가누지 못하는 학생은 수파인 스탠더를 사용해 기립 자세를 유지함

모범답안: 수파인 스탠더

2017학년도 중등 B1

**15** 다음은 지체장애 학생 D의 특성이다. 보조기기 ⓒ이 적절한 이유를 신체 기능적 측면과 교수·학습 측면에서 각각 1가지씩 설명하시오. [4점]

경직형 사지마비(spastic quadriplegia)가 있는 학생 D는 ㉠대근육 운동 기능 분류체계(Gross Motor Function Classification System ; GMFCS)의 4수준으로, 휠체어를 이용해 이동한다. 대부분의 시간을 휠체어에 앉아 생활하지만, 교수·학습 장면에서는 종종 서기 자세 보조기기인 ⓒ프론 스탠더(prone stander)를 사용한다. D는 ㉢강직성 씹기반사(tonic bite reflex)가 일어나는 경우가 있어서 음식 섭취 시 주의를 기울일 필요가 있다.

기본이론 352-353p

키워드

프론 스탠더

구조화틀

**자세 및 앉기 보조기기**
― 보조기기 적용 시 유의사항
― 보조기기 사용의 목적
└ 유형 ┬ 수평적 자세 보조기기
         └ 수직적 자세 보조기기

핵심개념

**프론 스탠더**
• 스스로 서기 어려운 학생에게 엎드린 자세로 다리 및 몸통을 고정시킨 후 전동이나 수동 장치를 이용해 각도를 세워 바로 설 수 있도록 보조하는 기기
• 머리를 스스로 가눌 수 있는 경우 사용할 수 있음
• 상체의 조절이 어느 정도 가능한 경우는 체중을 앞으로 실은 채 기대어 두 손을 기능적으로 사용하는 것이 가능하므로 상지 기능 강화를 위해 사용할 수 있음

모범답안

• 신체기능 측면에서 GMFCS Ⅳ 수준은 스스로 서기 자세를 취하기 어렵지만 머리 조절이 가능하므로 프론 스탠더가 적절하다.
• 교수학습 측면에서 프론 스탠더는 머리를 스스로 가눌 수 있는 경우 사용할 수 있으며, 상체의 조절이 어느 정도 가능하면 체중을 앞으로 실은 채 기대어 두 손을 기능적으로 사용할 수 있으므로 상지 기능 강화를 위해 사용할 수 있어 학생 D의 교수학습 장면에서 효과적으로 활용할 수 있다.

2024학년도 유아 A2

**16** (가)는 지호의 개별화가족지원계획을 작성하기에 앞서 지호 어머니와 장애영아학급 교사가 나눈 대화의 일부이고, (나)는 지호 어머니가 반응성 교수법을 연습한 후 지호와 놀이하는 장면이다. 물음에 답하시오. [5점]

(가)

> 어머니: 선생님, 우리 지호가 30개월인데 고개 조절은 할 수 있지만 제가 도와줘도 몸통의 안정성이 부족해 오래 앉거나 서 있는 것을 힘들어해요. 그래서인지 우리 지호는 자신이 할 수 있는 몇 가지 행동조차 스스로 하려 하지 않아요. 지호의 서기 자세를 도와주는 보조기기에는 어떤 것이 있을까요?
> 교 사: ( ⓒ )을/를 활용하면 도움이 될 거예요.
> 어머니: 아! 그렇군요. 감사합니다. 선생님.

2) (가)에서 ⓒ에 해당하는 서기 자세 보조기기의 명칭을 쓰시오. [1점]

---

 참고자료: 기본이론 352-353p

 키워드: 프론 스탠더

 구조화틀
**자세 및 앉기 보조기기**
- 보조기기 적용 시 유의사항
- 보조기기 사용의 목적
- 유형 ┬ 수평적 자세 보조기기
       └ 수직적 자세 보조기기

 핵심개념
**프론 스탠더**
- 스스로 서기 어려운 학생에게 엎드린 자세로 다리 및 몸통을 고정시킨 후 전동이나 수동 장치를 이용해 각도를 세워 바로 설 수 있도록 보조하는 기기
- 머리를 스스로 가눌 수 있는 경우 사용할 수 있음
- 상체의 조절이 어느 정도 가능한 경우는 체중을 앞으로 실은 채 기대어 두 손을 기능적으로 사용하는 것이 가능하므로 상지 기능 강화를 위해 사용할 수 있음

모범답안: 프론 스탠더

# CHAPTER 08 보행 및 이동 지도

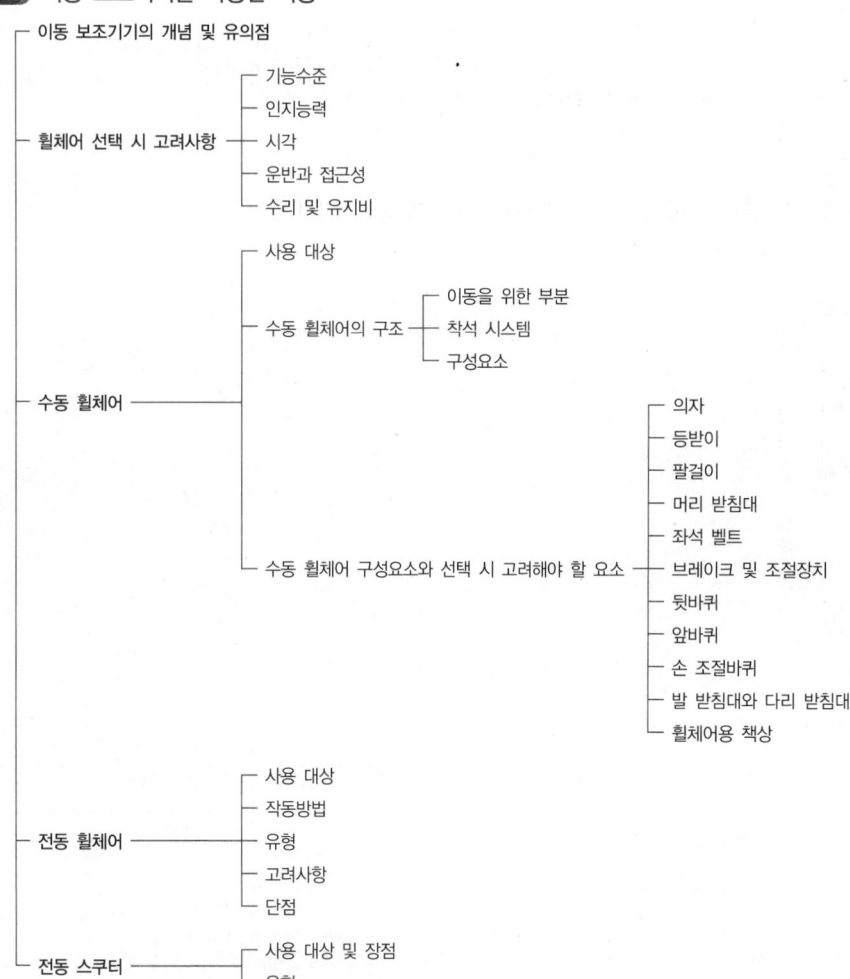

## 03 들어 옮기기와 자리 이동

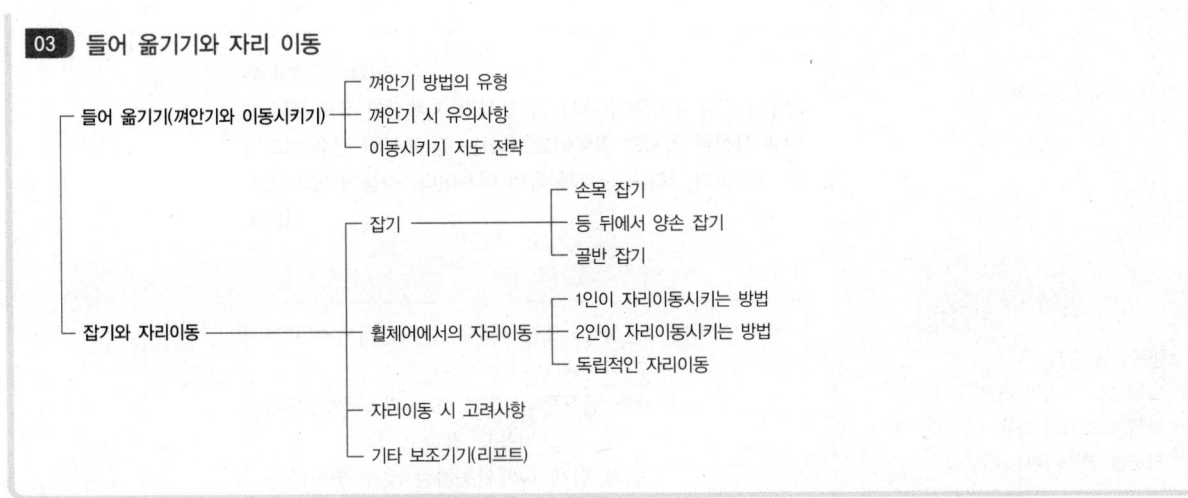

기본이론 357-359p

지팡이

보행용 보조기기
 ┌ 보행 보조기기의 개념 및 장점
 ├ 보행 보조기기 사용 시 고려사항
 └ 보행용 보조기기 ┬ 지팡이
                    ├ 크러치(목발)
                    └ 워커

지팡이
- 보행 능력이 있는 경우 보행 중 균형을 유지하고 안정성을 확보하기 위해 사용하는 간단한 이동용 보조기기
- 지팡이는 건측에서 사용해야 하며, 바닥면에 대해 수직이어야 함
- 길이는 주관절을 20~25° 굴곡한 상태로 새끼발가락 측면 15cm 지점에 지팡이의 끝이 위치하도록 함
- 지팡이는 크러치보다 지지력이 약해 체중의 20~25% 정도를 지지하지만, 보행 보조기기 중 가장 단순한 디자인에 계단이나 경사로 등에서도 간편하게 사용할 수 있음

지팡이, 크러치, 워커, 게이트 트레이너 등

2022학년도 유아 A4

**01** (가)는 유아특수교사 김 교사가 지체장애 유아 진수에 대해 작성한 일지의 일부이고, (나)는 김 교사와 진수 어머니의 대화이며, (다)는 신체활동의 예시이다. 물음에 답하시오. [5점]

(나)

> 진수 어머니: 선생님, 요즘 진수는 유치원에서 어떻게 지내나요?
> 김 교 사: 네, 친구들과 함께 하는 활동들도 재미있게 하고 적응도 잘하고 있어요. 친구들과 함께 신체활동하는 것을 좋아하는데 넘어지기도 해서 진수의 안전을 고려한 활동으로 수정해서 하고 있어요.
> 진수 어머니: 신경 써주셔서 감사해요. 진수가 넘어질 때마다 저도 걱정이 많거든요.
> 김 교 사: 네, 걱정이 많이 되시죠? 그러시면 ⓒ진수가 걷는 것을 도와줄 수 있는 보조기기를 이용해보시는 것은 어떠세요? 물론 운동도 병행해야 하구요.
> 진수 어머니: 그러면 집에서 저랑 같이 할 수 있는 운동이 있을까요?
> 김 교 사: 네. 우리 반에서 했던 신체활동 중에 집에서도 할 수 있는 방법을 알려드릴게요.

※ 진수는 현재 독립적 이동은 가능하나, 넘어지는 등 안정성이 부족함

2) (나)의 ⓒ에 해당하는 보행보조기기를 1가지 쓰시오. [1점]

---

## ➕ 확장하기

### ✦ 게이트 트레이너

- 상체를 곧게 세우고 하체 근력을 강화시킴으로써 보행동작을 촉진하기 위해 사용하는 보행용 보조기기다.
- 균형잡기나 근육통제에 문제가 있는 학생들의 걷기 훈련을 위해 사용되는 이동기기로, 주로 어린 아동들의 걷기 훈련을 위해 사용된다.

참고자료
기본이론 357-358p

 키워드
크러치(목발)

 구조화틀
보행용 보조기기
― 보행 보조기기의 개념 및 장점
― 보행 보조기기 사용 시 고려사항
― 보행용 보조기기 ― 지팡이
　　　　　　　　　― 크러치(목발)
　　　　　　　　　― 워커

 핵심개념
**크러치(목발)**
일반적으로 키의 16%(겨드랑이에서 손가락 2~3개 아래에 있도록 조절)를 감산해 크기를 정하고, 어깨와 팔 길이의 각도가 25~30° 정도 굴곡이 생기게 높이를 조절함

**크러치 사용 - 계단 지도 시 유의사항**
- 계단을 올라갈 때는 불편하지 않은 발을 먼저 내딛고 이후 크러치와 불편한 발을 내딛도록 함
- 계단을 내려갈 때는 크러치와 불편한 발을 먼저 내딛고 불편하지 않은 발이 내려가도록 지도하는 것이 안전함

 모범답안
오른발을 먼저 올려 내딛은 후, 왼발과 목발을 동시에 올려놓는다.

2018학년도 중등 A14

**02** 다음은 교육실습생이 파악한 학생의 특성과 특수교사의 조언을 정리한 내용이다. 〈작성방법〉에 따라 서술하시오. [4점]

| 학생 | 특성 | 특수교사 조언 |
|---|---|---|
| L | • 교통사고로 인한 지체장애 학생으로 목발을 사용하여 이동함<br>• 오른발의 기능에는 어려움이 없으나 왼발의 기능에 어려움이 있음 | 평지 이동 훈련 후, ⓒ'목발로 계단 오르기'를 지도함 |

─ 작성방법 ─
학생 L의 특성을 고려하여 밑줄 친 ⓒ의 방법을 작성할 것. (목발, 왼발, 오른발의 이동 순서와 방법을 포함할 것)

참고자료 기본이론 357-358p

 키워드 크러치(목발)

 구조화틀 보행용 보조기기
- 보행 보조기기의 개념 및 장점
- 보행 보조기기 사용 시 고려사항
- 보행용 보조기기 ─ 지팡이
  ─ 크러치(목발)
  ─ 워커

 핵심개념 **크러치(목발)**

일반적으로 키의 16%(겨드랑이에서 손가락 2~3개 아래에 있도록 조절)를 감산해 크기를 정하고, 어깨와 팔 길이의 각도가 25~30° 정도 굴곡이 생기게 높이를 조절함

**크러치 사용 - 계단 지도 시 유의사항**
- 계단을 올라갈 때는 불편하지 않은 발을 먼저 내딛고 이후 크러치와 불편한 발을 내딛도록 함
- 계단을 내려갈 때는 크러치와 불편한 발을 먼저 내딛고 불편하지 않은 발이 내려가도록 지도하는 것이 안전함

 모범답안 목발과 좌측 발을 내딛은 후, 우측 발을 내딛는다.

---

2020학년도 초등 B2

**03** (가)는 지체장애 특수학교에 다니는 학생들의 특성이고, (나)는 2015 개정 특수교육 교육과정 중 기본 교육과정 실과 5~6학년군 '즐거운 여가 생활' 단원 수업 활동 계획의 일부이다. 물음에 답하시오. [5점]

(가) 학생 특성

| 은수 | • 골형성부전증<br>• 좌측 하지 골절로 이동에 어려움이 있음 |
|---|---|

(나) 수업 활동 계획

| 활동 | 영화 관람 | 활동 장소 | 영화관 |
|---|---|---|---|
| 학습 목표 | 영화 관람 순서에 따라 영화를 관람할 수 있다. ||| 
| 교수 학습 활동 | • 영화 포스터 살펴보기<br>• 영화 입장권 구입하기 |||
| 지도의 유의점 | • 준우: 화장실 이용 시 보조인력의 추가 지원이 요구됨. 휠체어에서 양변기로 이동시키기 위해 보조인력은 준우의 무릎과 발목 뒤쪽을 지지하고, 교사는 ( ⓒ )<br>• 은수: 상영관에서 ⓒ양쪽 목발을 사용하여 손잡이 없는 계단을 내려갈 때와 올라갈 때 주의하도록 함<br>• 왕복 이동 시간(1시간)과 영화 관람 시간(2시간)을 고려하여 오후 1시부터 4시까지 ⓔ수업시간을 연속적으로 배정함(실과와 창의적 체험 활동 연계) |||

2) (가)에 제시된 은수의 특성을 고려하여 (나)의 ⓒ을 지도할 때 목발과 발의 내딛는 순서를 쓰시오. [1점]

### 확장하기

**✤ 올바른 목발 사용법(편측을 좌측으로 가정 시)**

| | | |
|---|---|---|
| 4점 보행 | | 우측 목발 → 좌측(편측) → 좌측 목발 → 우측(건측) |
| 3점 보행 | | 양측 목발 → 좌측(편측) → 우측(건측) |
| 2점 보행 | | 양측 목발 + 좌측(편측) → 우측(건측) |
| 양측 목발 사용 시 계단 지도 | 올라갈 때 | 우측(건측) → 양측 목발 + 좌측(편측) |
| | 내려갈 때 | 양측 목발 + 좌측(편측) → 우측(건측) |

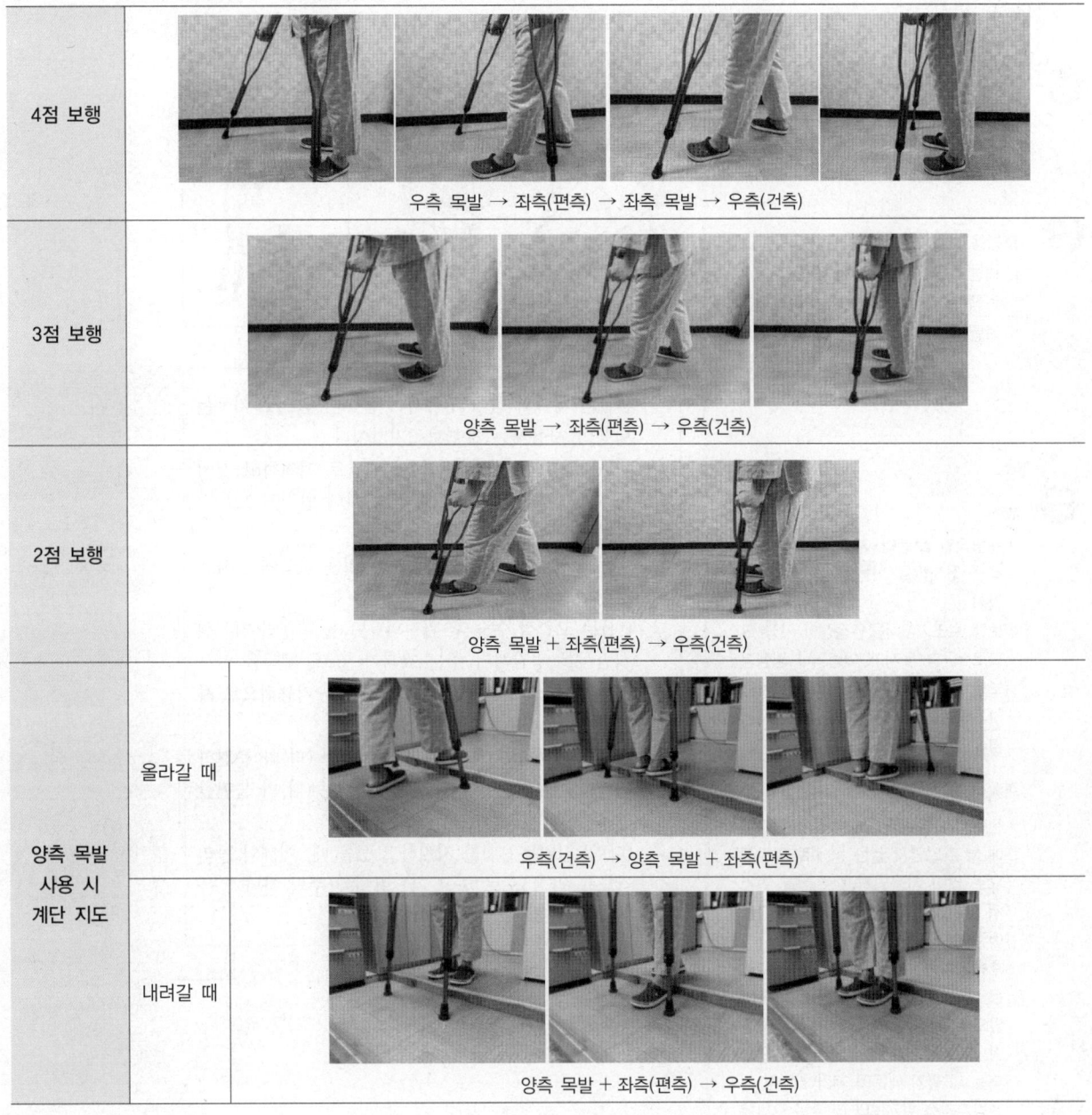

기본이론 352-353p, 357-359p

- 서기 자세 보조기기
- 보행용 보조기기(워커, 크러치)

보행용 보조기기
├ 보행 보조기기의 개념 및 장점
├ 보행 보조기기 사용 시 고려사항
└ 보행용 보조기기 ┬ 지팡이
                ├ 크러치(목발)
                └ 워커

**워커**
- 독립적인 보행이 가능한 학생의 수직적 움직임을 가능하게 하는 이동기기
- 보행 보조기구 중 안정성이 가장 크므로, 균형 유지가 어렵거나 평행봉 보행 훈련을 마친 후 크러치를 사용하기에는 적절하지 않은 경우에 사용함

**워커의 종류**
- **전방지지형 워커**: 학생이 워커를 앞에 놓고 밀면서 걷는 형태로, 일반적으로 많이 사용되지만, 워커를 밀면서 걷기 때문에 몸통이 앞으로 기울어질 수 있다는 단점이 있음
- **후방지지형 워커**: 학생의 뒤에 워커를 놓고 끌면서 걷는 형태로, 몸통이 앞으로 기우는 학생에게 많이 사용함. 몸통과 엉덩관절을 일직선으로 펴는 데 좋기 때문에 서거나 보행 시 전방지지형 워커보다 더 좋은 자세를 만들어줄 수 있음
- **몸통·팔지지형 워커**: 양팔을 올리거나 상체를 기댈 수 있어 뇌성마비 장애인이 많이 활용함

①

---

**04** 지체장애 학생들이 사용하는 보조기기 (가)~(다)에 대한 설명으로 옳은 것만을 〈보기〉에서 있는 대로 고른 것은?

2013학년도 중등 29

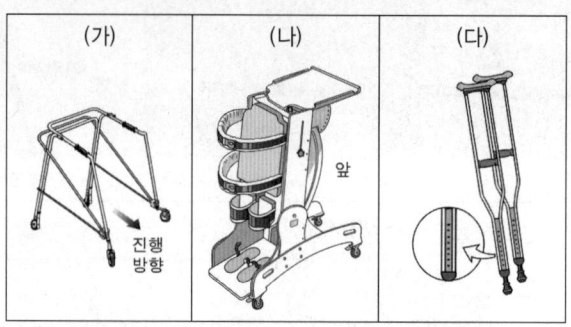

┤ 보기 ├
ㄱ. (가)는 체간의 힘이 부족하여 몸통이 앞으로 기우는 학생이 사용하는 보행보조기기이다.
ㄴ. (가)는 양쪽 손잡이를 잡아 두 팔로 지지하고 서서 몸의 균형을 잡고 자세를 곧게 하여 안정적으로 걷는 동작을 향상시킨다.
ㄷ. (나)는 머리를 스스로 가누기 어려운 학생에게 사용하는 기립 보조기기이다.
ㄹ. (나)는 고관절 수술 후 관절의 근육을 형성하거나 원시반사를 경감시켜 주는 효과가 있고, 체중을 앞으로 실은 채 기댈 수 있으므로 두 손을 기능적으로 사용할 수 있다.
ㅁ. (다)를 이용하여 계단을 내려갈 때는 (다)와 불편하지 않은 발을 먼저 딛고, 올라갈 때는 (다)와 불편한 발을 먼저 내딛는다.
ㅂ. (다)의 길이는 (다)를 지지하고 섰을 때, 어깨와 팔의 각도를 약 45도로 하고 겨드랑이에 주먹 하나가 들어갈 정도로 하여 조절한다.

① ㄱ, ㄴ, ㄹ
② ㄱ, ㄷ, ㅂ
③ ㄴ, ㄹ, ㅁ
④ ㄱ, ㄷ, ㄹ, ㅂ
⑤ ㄴ, ㄷ, ㅁ, ㅂ

ㄱ. (가)는 후방지지형 워커이므로 맞는 설명임

ㄴ. (가)는 혼자서 보행하기에는 근력·조정력·평형 유지 등이 힘든 경우 사용하는 이동용 보조기기로, 보통 근거리 이동 시 이용함

ㄷ. (나)는 프론 스탠더로, 머리를 스스로 가눌 수 있는 학생에게 적용해야 함

ㄹ. 서기 자세 보조기기(프론 스탠더)의 장점에 해당함

ㅁ. (다)를 이용해 계단을 내려갈 때는 (다)와 불편한 발을 먼저 내딛은 후, 불편하지 않은 발을 내딛음

ㅂ. (다)는 겨드랑이에서 손가락 2~3개 아래에 있는 위치로 길이를 정하고, 어깨와 팔의 각도는 25~30° 정도가 적절함

참고자료  기본이론 359p

 키워드  워커

 구조화 틀  보행용 보조기기
- 보행 보조기기의 개념 및 장점
- 보행 보조기기 사용 시 고려사항
- 보행용 보조기기 ─ 지팡이
  ├ 크러치(목발)
  └ 워커

 핵심개념  워커의 종류
- **전반지지형 워커**: 학생이 워커를 앞에 놓고 밀면서 걷는 형태로, 일반적으로 많이 사용되지만, 워커를 밀면서 걷기 때문에 몸통이 앞으로 기울어질 수 있다는 단점이 있음
- **후방지지형 워커**: 학생의 뒤에 워커를 놓고 끌면서 걷는 형태로, 몸통이 앞으로 기우는 학생에게 많이 사용함. 몸통과 엉덩관절을 일직선으로 펴는 데 좋기 때문에 서거나 보행 시 전방지지형 워커보다 더 좋은 자세를 만들어줄 수 있음
- **몸통·팔지지형 워커**: 양팔을 올리거나 상체를 기댈 수 있어 뇌성마비 장애인이 많이 활용함

모범답안  후방지지형 워커

2022학년도 중등 A11

**05** (가)는 지체장애 학생 E, F, G의 특성이고, (나)는 교육실습생이 (가)를 바탕으로 작성한 지도 시 유의사항이다. 〈작성방법〉에 따라 서술하시오. [4점]

(가) 특성

| 학생 | 특성 |
|---|---|
| G | • 뇌성마비로 대근육 운동 기능 체계(GMFCS) 3수준임<br>• 실내에서 손으로 잡는 이동 기구를 사용하여 이동할 수 있음<br>• 보행 시 신체의 무게중심이 앞으로 기울어지는 경향을 보임 |

> 독립보행이 가능하나 보조기기의 도움이 필요한 수준

(나) 유의사항

| 학생 | 유의사항 |
|---|---|
| G | • ⓜ <u>계단을 오르내릴 때 난간을 잡고 이동하도록 지도하기</u><br>• 교실 및 복도에서 ⓗ <u>워커</u>를 사용하여 이동하기 |

┌ 작성방법 ┐
(가)에 제시된 학생 G의 특성을 고려하여 (나)의 밑줄 친 ⓗ의 종류를 쓸 것.

※ 반드시 학생 G의 특성에 근거해 답안을 작성해야 함

2012학년도 초등 10

**06** 다음은 협력적 팀 접근을 위해 특수학교 교사와 물리치료사가 체육수업 시간 동안 민수의 활동을 관찰한 후 나눈 대화이다. 〈보기〉의 설명 중 옳은 것을 모두 고르면?

치료사: ㉠민수의 활동을 관찰한 후 대근육 운동능력을 평가해보았더니, ㉡수동 휠체어를 타고 다니지만 서기 연습과 워커를 사용해서 걷기 연습을 하는 것이 필요해요.
교 사: 그럼 서기 자세 보조기기를 사용해서 서기 연습을 시키려면 어떻게 도와주어야 할까요?
치료사: ㉢선생님을 민수로 생각하고 제가 시범을 보일게요. 민수의 경우 다리에 힘이 풀려서 주저앉거나 엉덩이가 뒤로 당겨져 정렬이 흐트러질 수 있으니 서기 자세 보조기기의 엉덩이, 무릎, 발 벨트 부분을 묶어주는 것이 좋아요.

(1주일 경과 후)

교 사: ㉣지난 미술시간에 민수가 워커를 사용하여 걸어서 두 발자국 정도 옮기니까 가위 모양으로 두 다리가 꼬이며 힘들어하는 것을 보았어요. 어떻게 도와주면 될까요?
치료사: (방법을 알려준다.)
교 사: 이제 알겠어요. 앞으로는 ㉤쉬는 시간에 워커를 사용하여 걸어서 화장실에 다녀오는 기회를 자주 줄게요.

㉠ 학생의 대근육 운동능력을 평가하기 위해서는 대근육 운동 기능 분류체계(GMFCS)를 실시함

㉢ 민수에게 적합한 워커의 유형으로는 다기능(지그재그) 워커가 있음

┤보기├

ㄱ. ㉠은 시각 운동 통합 발달검사(Developmental Test of Visual Motor Integration)로 측정할 수 있다.
ㄴ. ㉡의 걷기 연습 초기에는 몸통이나 팔 지지형 워커를 사용하다가 걷기 능력이 향상되면 일반형 워커로 교체해주는 것이 필요하다.
ㄷ. ㉢에서 물리치료사는 특수학교 교사에게 자문 및 역할 방출(role release)을 통해 민수에게 직접서비스를 제공하고 있는 것이다.
ㄹ. ㉣의 경우 신체의 정렬을 유지할 수 있도록 민수의 등 뒤에 서서 교사의 한쪽 다리를 민수의 무릎 사이에 넣어주어 두 다리가 꼬이지 않게 도와줄 수 있다.
ㅁ. ㉤에서 걷기의 운동 형태는 워커를 사용하는 것이고, 운동기능은 화장실로 이동하는 것이다.

① ㄱ, ㄷ
② ㄷ, ㅁ
③ ㄱ, ㄴ, ㄹ
④ ㄴ, ㄹ, ㅁ
⑤ ㄱ, ㄴ, ㄷ, ㅁ

---

 기본이론 356-359p

 복합

 구조화틀

 ④

## 확장하기

### ★ 협력적 팀 접근(강혜경 외, 『중도·중복장애 학생 교육의 이해』)

- 중도·중복장애 학생들은 다양한 신체·인지·의사소통적인 어려움을 가지므로 그들의 특성을 고려한 적절한 중재를 제공해 그들의 필요를 충족시키고, 더 나은 가능성을 개발해야 함. 그러나 특수교사의 역량만으로는 장애학생의 필요를 모두 충족시키는 데 제한이 있음
- 운동 기능상의 어려움을 갖는 중도·중복장애 학생들은 교실이나 활동을 위한 장소에 도착해서 책상·사물함에서 교재를 꺼내고, 공부하기 위해 책상에 앉고, 과제를 완성하고, 교재를 정리한 후 교실을 떠나는 것으로 구성된 일상적인 교육활동 일과를 수행하는 데 제한이 있음. 학교식당으로 이동해 식사를 하고, 화장실에 가서 손을 씻는 일련의 일상생활 활동도 움직임과 관련된 신체활동을 필요로 하므로 중도·중복장애 학생은 이러한 활동 수행에서도 어려움을 보임
- 교육 프로그램 및 일상생활에서의 활동을 수행할 때 운동능력이 중요한 기반이 되므로 물리치료사, 작업치료사와의 협력적 팀 접근이 효과적인 중재방법이 될 수 있음. 교사와 전문가 간의 협력을 통해 중도·중복장애 학생들이 운동 및 일상생활 활동, 학업활동을 수행하는 데 필요한 움직임, 자세잡기, 이동 능력을 향상시킬 수 있음

#### ▶ 자세 및 운동 지도를 위한 교사와 물리치료사의 협력적 팀 접근

| 1단계.<br>협력적 진단 및<br>IEP 목표 수립 | 협력팀 구성원이 협력적으로 진단해 IEP 목표 수립 ||
|---|---|---|
| | 목표 1 | 목표 2 |
| | 가슴 벨트를 매고 3분 동안 의자에 바르게 앉아 교사를 바라볼 수 있음 | 교사가 이름을 부르면 한 손을 귀 높이까지 올린 후 대답할 수 있음 |
| 2단계.<br>협력적 팀워크<br>중재 실행 | - 활동기회가 삽입된 주간교육계획안 작성<br>- 삽입한 활동기회를 실행에 옮기기<br>- 훈련 및 역할 방출, 상담 및 자문, 역할 지원, 정보교환과 협력팀 미팅 ||
| 3단계.<br>모니터링 및<br>피드백 | 중도·중복장애 학생의 상황에 대한 의사 교환, 주간교육계획안에 삽입된 활동기회 시간 증감에 대한 논의, 보조기기 수정, 목표수행 정도 점검 ||

### ★ 기능적 기술의 기능과 형식 구분

- 생활연령에 적절한 기능적 기술을 선정할 때 교사는 기술의 형식과 기능을 결정해야 함
- '기술의 형식'은 기술이 사용되는 모습을 의미함 예 기술이 어떻게 보이는가
- '기술의 기능'은 기술의 성과를 말함 예 기술을 통해 얻는 성과
- Brown 등(1979)은 어린 아동에게 적절한 기술의 형식이 나이 든 학생에게는 적절하지 못할 수도 있다고 언급하며, 기술의 기능이 연령에 적절한 형식으로 사용될 수 있도록 기술의 형식을 결정하는 것이 중요하다고 설명함
  - 예 영유아는 몸을 밀고 당기거나 기어서 방 안으로 이동함. 몸을 움직이는 기술의 기능은 가급적 독립적으로 한 장소에서 다른 장소로 이동하는 것임. 학생이 이 기능을 또래들의 대부분이 실행하는 것과 같이 할 수 없다면, 교사는 그 학생에게 가르칠 수 있는 가장 무난한 형식을 찾아야 함. 요컨대, 다른 사람의 도움을 받거나 지팡이 또는 휠체어를 타고 이동하도록 가르칠 수 있음. 즉, 이 모든 기능적 기술의 형식에 대한 결정은 연령에 적절한 조정을 필요로 함

참고자료 기본이론 363-364p

 키워드 전동 휠체어

 구조화 홀
**이동 보조기기**
- 개념 및 유의점
- 휠체어 선택 시 고려사항
- 수동 휠체어
- 전동 휠체어
- 전동 스쿠터

 핵심개념

모범답안 ②

2011학년도 초등(유아) 2

**07** 영서는 만 6세이고, 경직형 뇌성마비, 중도 정신지체, 말·언어장애가 있다. 김 교사가 영서를 위해 수립한 보조공학기기 적용 계획으로 적절한 내용을 고른 것은?

ㄱ. 학습 활동을 효과적으로 할 수 있도록 그림 이야기 소프트웨어를 음성출력 기능과 함께 사용하게 한다.
ㄴ. 의사표현을 할 수 있도록 리버스 상징보다 이해하기 쉬운 블리스 상징을 적용한 의사소통판을 사용하게 한다.
ㄷ. 고개를 뒤로 많이 젖히지 않고 물을 마실 수 있도록 빨대나 한쪽 면이 반원형으로 잘린 컵을 사용하게 한다.
ㄹ. 움직이는 장난감 자동차를 가지고 놀 수 있도록 장난감 자동차에 스위치를 연결하고 그 스위치를 휠체어 팔걸이에 설치한다.
ㅁ. 뇌성마비 경직형 아동은 독립보행을 할 수 없으므로 원활한 이동을 할 수 있도록 조기에 스스로 전동 휠체어를 사용하게 한다.

① ㄱ, ㄴ, ㄷ
② ㄱ, ㄷ, ㄹ
③ ㄴ, ㄷ, ㄹ
④ ㄴ, ㄹ, ㅁ
⑤ ㄷ, ㄹ, ㅁ

ㅁ. 안전하게 운전할 수 있는 만 7~9세부터 사용을 시작하되, 전동 휠체어의 조기 경험으로 인해 수동 휠체어를 손으로 밀거나 워커 등으로 걸어보려는 노력을 하지 않을 수 있어서 처음부터 전동 휠체어를 사용하기보다 충분한 보행 연습을 시행한 후 사용할 것을 권함(정진엽 외, 2016.)

### 확장하기

#### ★ 휠체어 선택 시 고려사항(김혜리 외)

| 프로파일 | 장애 유형, 장애 발생 시기, 예후, 신체 크기, 몸무게 |
|---|---|
| 욕구 | 활동 유형, 사용하는 주변 환경, 선호도, 휴대 가능성, 견고성, 신뢰성, 비용 |
| 신체 및 감각기술 | 운동 범위, 운동 조절력, 체력, 시각, 지각 |
| 기능적 기술 | 수동이나 전동식 이동기기를 추진하고 옮겨 탈 수 있는 능력 |

#### ★ 휠체어의 유형(정동훈 외)

| 수동 휠체어 | 핸드림(손 조절바퀴)을 일정 시간 동안 추진할 만한 충분한 상지 근력이 있는 경우 활용함. 가장 전통적인 휠체어 유형임 |
|---|---|
| 전동 휠체어 | • 일반적으로 신체적 손상이 심한 경우 독립적 이동을 위해 많이 이용하지만, 수동 휠체어 사용에 너무 많은 에너지가 소모되는 경우 이용하기도 함<br>• 전동 휠체어는 수동 휠체어보다 크고 무거우며 동력을 사용하기 때문에 정기적인 관리가 필요하며, 배터리 충전 등 동력을 활용하지 못하는 상황에서는 수동 휠체어와 같이 수동으로 움직일 수도 있음<br>• 전동 휠체어를 사용하기 위해서는 적절한 시력, 지시를 이해하고 따르는 능력, 환경적 요인 인식이라는 전제조건이 필요함<br>• 수동 휠체어보다 빠르고 적은 노력을 필요로 한다는 이점은 있으나, 전동 휠체어를 사용하면 장애의 정도가 심각하다거나 심화되었다고 인식될 수 있으므로 지체장애 학생이 전동 휠체어 사용을 꺼리는 경우도 있음 |

참고자료 기본이론 363-364p

키워드 전동 휠체어

구조화 툴
**이동 보조기기**
- 개념 및 유의점
- 휠체어 선택 시 고려사항
- 수동 휠체어
- 전동 휠체어
- 전동 스쿠터

핵심개념
**전동 휠체어**
- **사용대상**: 손으로 작동시키는 수동 휠체어 사용이 어렵거나 기능성이 떨어질 경우 동력의 힘으로 이동할 수 있는 이동 기기
- **작동방법**: 조이스틱(손·턱·입·발·머리 등으로 작동), 스위치(불기·빨기 등으로 작동), 음성 작동 제어장치까지 다양함
- **고려사항**: 전동 장치를 조절해야 하므로 운동 기능, 인지 능력 그리고 판단력에 대한 지속적인 평가가 충분히 이루어져야 하고 속도, 장애물 통과 능력, 주행 범위, 조작 능력, 내구성 등을 파악한 후 결정함

모범답안 조이스틱, 스위치 등

2023학년도 초등 B6

**08** (가)는 건강장애 학생과 지체장애 학생의 특성이고, (나)는 체육 전담교사와 특수교사가 나눈 대화의 일부이다. 물음에 답하시오. [4점]

(가) 학생 특성

| 학생 | 특성 |
|---|---|
| 세희 | • 뇌성마비를 가지고 있음<br>• 일상생활 중 근긴장의 변화를 자주 보이며, 상지와 몸통이 본인의 의지와 상관없이 움직임<br>• 대근육 운동기능 분류체계(GMFCS) 5단계에 속함<br>• 현재 스캐닝 기법을 이용하여 보완대체의사소통기기를 사용하고 있음 [A]<br>• 야외 활동을 할 때에는 특수 전동 휠체어를 사용함 |

[A] AAC를 적용하는 것으로 보았을 때 '음성 작동 제어 장치'로 전동휠체어를 조작하는 것은 어려움

1) (가)의 [A]를 고려하여 특수 전동 휠체어를 운행하기 위한 보조공학기기를 1가지 쓰시오.

2024학년도 중등 B4

**09** (가)는 학생 A와 B의 특성이고, (나)는 특수학교 교사 A와 B의 대화이다. 〈작성방법〉에 따라 서술하시오. [4점]

(가) 학생 A와 B의 특성

| 학생 A | • 듀센형 근이영양증<br>• 척주(척추)만곡이 나타남<br>• 첨족보행을 하며 균형 감각이 불안하여 자주 넘어짐<br>• 착석 시스템 전용 전동 휠체어를 사용함 |
|---|---|
| 학생 B | • 경직형 뇌성마비<br>• 고정형 팔걸이의 수동 휠체어를 사용함 |

팔걸이의 유형: 고정식, 뒤로 젖힘식, 완전 착탈식, 짧은 팔걸이, 긴 팔걸이 등
• 뒤로 젖힘식과 완전 착탈식은 운반이나 다른 활동에 용이함
• 짧은 팔걸이는 책상으로의 접근이 용이함
• 긴 팔걸이는 좀 더 많이 지지할 수 있음

(나) 특수교사 A와 B의 대화

특수교사 A: 전동 휠체어를 어떻게 움직이나요?

특수교사 B: 전동 휠체어를 움직이는 데에는 다양한 방식을 적용할 수 있습니다. 예를 들어 조이스틱, 스위치 등을 사용합니다. 몸의 다양한 부분에 스위치를 적용할 수 있는데, 호흡으로 작동하는 ( ㉠ )(이)나 혀로 작동하는 스위치도 있습니다.

특수교사 A: 그러면 학생 A의 전동 휠체어는 어떤 방식으로 작동하나요?

특수교사 B: 학생 A의 경우에는 손을 일정하게 움직일 수 있기 때문에 비례적 조이스틱을 사용하면 됩니다. 가고 싶은 방향으로 비례적 조이스틱을 움직이면 그 방향으로 휠체어가 움직입니다.

특수교사 A: 비례적 조이스틱으로 ( ㉡ )을/를 조절할 수도 있습니까?

특수교사 B: 물론입니다. 원하는 방향으로 미는 정도에 따라 조절할 수 있습니다.

특수교사 A: 학생 B는 ㉢<u>교과 전담 이동 수업 시간에 다른 책상을 사용하는 것이 어렵습니다.</u> ㉣<u>학생 B의 접근성을 보장하기 위한 방법</u>이 있을까요?

특수교사 B: 네, 학생 B의 접근성을 보장하기 위해 할 수 있는 방법을 자료와 함께 자세히 메모해 드릴게요.

〔작성방법〕

• (나)의 괄호 안의 ㉠에 해당하는 스위치의 유형을 쓸 것.
• (나)의 괄호 안의 ㉡에 해당하는 용어를 쓸 것.
• (나)의 밑줄 친 ㉢을 해결하기 위한 ㉣을 2가지 서술할 것.

---

 참고자료
기본이론 360-364p

 키워드
• 전동 휠체어
• 수동 휠체어

 구조화 틀
이동 보조기기
├ 개념 및 유의점
├ 휠체어 선택 시 고려사항
├ 수동 휠체어
├ 전동 휠체어
└ 전동 스쿠터

 핵심개념
**전동 휠체어**
• **사용대상**: 손으로 작동시키는 수동 휠체어 사용이 어렵거나 기능성이 떨어질 경우 동력의 힘으로 이동할 수 있는 이동 기기
• **작동방법**: 조이스틱(손·턱·입·발·머리 등으로 작동), 스위치(불기·빨기 등으로 작동), 음성 작동 제어장치까지 다양함
• **고려사항**: 전동 장치를 조절해야 하므로 운동 기능, 인지 능력 그리고 판단력에 대한 지속적인 평가가 충분히 이루어져야 하고 속도, 장애물 통과 능력, 주행 범위, 조작 능력, 내구성 등을 파악한 후 결정함

 모범답안
• ㉠ 불기 빨기 스위치
• ㉡ 속도
• ㉢을 해결하기 위한 ㉣의 방법
  – 랩 트레이를 설치한다.
  – 완전 착탈식 또는 뒤로 젖힘식 팔걸이로 변경한다.

## 확장하기

### ✯ 조이스틱

① 일반적으로 조이스틱은 게임류 소프트웨어를 작동시킬 때 많이 활용하는 것으로, 조이스틱의 보편적인 목적은 마우스와 같이 컴퓨터 화면상의 커서를 이동 및 조작하는 것
② 조이스틱 핸들은 많이 움직이지 않아도 커서를 모니터의 모든 지점까지 쉽게 움직일 수 있으므로 관절운동 범위의 제한이 있는 학생이 사용하면 좋음
③ 조이스틱 핸들을 잡는 능력에 따라 특수 핸들이 필요할 수 있고, 의도하지 않은 클릭을 방지하기 위한 핸드-가드와, 핸들을 움직이는 동안 버튼을 계속 누르지 않아도 되는 드래그-록(drag-lock) 버튼, 버튼 기능을 대신할 수 있는 스위치도 필요함
④ 조이스틱의 기능 및 장단점은 다음과 같음

- 컴퓨터 사용에 대한 동기 유발
- 의사교환 시스템과 환경조정 시스템 조정 가능
- 신체의 다른 부분(예 관절, 입 등)으로 컴퓨터 조작 가능
- 화면 키보드를 이용해 문자나 자료 입력 가능
- 전동 휠체어 조정과 같은 운동기능 연습 가능

▶ 조이스틱 제어 방식

| 비례식 제어 | • 사용자가 제어하고 싶은 압력 혹은 유량(전류량)이 입력 시그널에 비례해 출력되게끔 하는 방식<br>• 입력값과 출력값이 비례적인 관계에 있으며, 사용자가 필요한 출력값만큼 입력값을 조절함 |
|---|---|
| 비비례식 제어 | 사용자의 제어와 무관하게 사전에 설정된 입력값만큼 출력되도록 하는 방식 |

### ✯ 스위치

① 스위치는 최소한 한 가지 이상의 자발적인 움직임이 가능한 신체부위가 있다면 적용 가능함. 즉, 스위치는 손, 발, 머리, 눈썹, 호흡 등을 통해 누르기, 당기기, 불기, 빨기, 쥐기 등으로 활성화됨
② 어떤 스위치를 사용할 것인지 결정하기 위해서는 다양한 시도를 통해 가장 적은 노력을 들여 효율적으로 표현할 수 있는지를 고려하고, 피로감이나 고통이 적은 것을 선택함

▶ 여러 가지 스위치

| | |
|---|---|
| <br>Sip and puff 스위치 | 입김으로 내쉬고 빨아들이는 동작을 통해 클릭과 조이스틱 모드, 키보드 커서 모드를 사용할 수 있도록 제작된 특수입력장치 |
| <br>리본 스위치 | 작동 영역 표면을 어떤 방향으로든 구부리거나 눌러주면 작동하는 스위치 |
| <br>클릭 스위치 | 운동조절장애를 가진 사람들이 다른 장치들을 조작하기 쉽도록 만들어진 스위치로, 원하는 장치에 간편하게 연결해 사용할 수 있고, 마운팅 시스템과 함께 사용해 위치를 조정함으로써 다양한 신체 부위를 이용해 작동시킬 수 있음 |

| | |
|---|---|
| <br>각도 조절 스위치 | 사용자가 쉽게 접근할 수 있도록 스위치의 각도를 설정할 수 있음 |
| 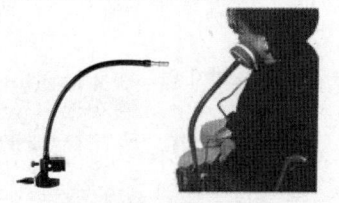<br>플랙시블 마운팅 시스템 | 테이블·의자·침대 또는 다른 표면에 장착하기 위해 클램프(고정장치 또는 조임쇠)를 활용할 수 있고, 거위 목 모양의 구스넥은 유연성이 있어 쉽게 조정할 수 있음 |
| <br>얼티메이티드 스위치 | 휠체어나 테이블에 고정시킬 수 있는 클램프가 장착되어 있으며, 유연성이 좋은 재질로 되어 있어 신체 부위 접근성이 좋음 |
| <br>핀치 스위치 | 아동의 손에 쥘 수 있을 만큼 작고 간단하면서 민감한 스위치로, 부드러운 압력으로 선택할 수 있음 |
| 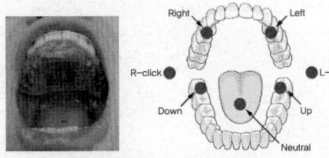<br>혀 움직임 시스템 | 조지아 공대 연구진이 개발한 혀 움직임 시스템은 구강수술을 통해 부착한 후 간단한 혀 움직임을 통해 휠체어나 컴퓨터 조작이 가능함 |

기본이론 361-363p

 키워드
수동 휠체어

구조화틀
이동 보조기기
- 개념 및 유의점
- 휠체어 선택 시 고려사항
- 수동 휠체어
- 전동 휠체어
- 전동 스쿠터

 수동 휠체어 구성 요소와 선택 시 고려사항

| | |
|---|---|
| 의자 | • 자세의 지지를 위해 재질은 단단해야 하며, 고정되어야 함<br>• 의자의 크기는 엉덩이의 크기에 맞추되, 가능한 한 좁게 하는 것이 좋음 |
| 등받이 | • 바른 자세를 위해 딱딱한 재질이 더 바람직함<br>• 등받이의 높이는 고개를 가눌 수 있는 정도에 따라 조절됨 |
| 뒷바퀴 | 뒷바퀴의 사이즈가 클수록 기동력은 감소함 |
| 앞바퀴<br>(보조<br>바퀴,<br>caster) | • 앞바퀴의 크기가 크면 이동 시 충격을 흡수해 승차감이 좋고 장애물 통과가 쉬우나, 상대적으로 기동성이 떨어짐<br>• 앞바퀴의 크기가 작으면 회전이 쉽고 바퀴의 흔들림이 적으며 이상진동이 덜하나, 충격 흡수력이 좋지 않고 틈에 빠지기 쉬움 |
| 손<br>조절<br>바퀴 | • 직경이 크면 힘을 이용해 출발 및 가속이 쉬움<br>• 직경이 작으면 속도의 유지가 용이함 |

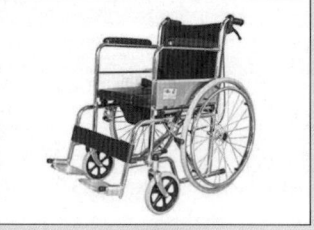

 ②

2010학년도 중등 36

**10** 지체장애학생들이 사용하는 일반적인 수동 휠체어에 대한 설명으로 가장 적절한 것은?

① 기동성을 높이기 위해서 앞바퀴는 작을수록, 뒷바퀴는 클수록 좋다.
② 좌석 넓이는 몸이 차체에 직접 닿아 압력을 느끼지 않는 범위에서 가급적 좁아야 한다.
③ 요추의 지지와 기능적 운동을 위한 자세에 도움이 되도록 등받이의 재질은 유연성이 클수록 좋다.
④ 랩 트레이(lap tray)는 양손을 기능적으로 사용하는 데 유용하지만 몸통과 머리의 안정성을 방해한다.
⑤ 팔걸이에 팔을 올려놓으면 척추에 작용하는 압력이 줄지만 상체 균형능력이 제한적인 경우에는 몸통의 안정성이 방해된다.

① 바퀴의 크기
앞바퀴, 뒷바퀴 모두 사이즈가 클수록 충격 흡수는 용이하나 기동력은 감소함

④ 랩 트레이(휠체어용 책상)의 장단점
휠체어를 이용하는 학생의 섭식을 돕거나 의사소통 기기를 놓을 수 있는 등 학습활동에 사용이 편리하나, 독립적인 이동을 방해하며 휠체어의 무게와 전후·좌우의 길이를 증가시켜 불편을 초래함

⑤ 팔걸이의 장점
• 상체의 균형을 잡기 어렵거나 균형이 깨진 경우 팔걸이에 팔을 올려놓으면 안정성을 확보할 수 있음
• 상지의 지지를 도와 몸무게를 지지할 수 있으므로 척추의 기형을 예방하는 데 도움이 됨
• 팔걸이를 지지해 체중을 분산시키거나 체중 이동 훈련을 할 수 있으므로 둔부의 압력을 줄이고 욕창 등의 문제를 예방할 수 있음

참고자료 : 기본이론 361-363p

 키워드 : 수동 휠체어

 구조화틀 :
이동 보조기기
- 개념 및 유의점
- 휠체어 선택 시 고려사항
- 수동 휠체어
- 전동 휠체어
- 전동 스쿠터

**핵심개념**

**수동 휠체어 구성 요소와 선택 시 고려사항**

| | |
|---|---|
| 의자 | • 자세의 지지를 위해 재질은 단단해야 하며, 고정되어야 함<br>• 의자의 크기는 엉덩이의 크기에 맞추되, 가능한 한 좁게 하는 것이 좋음 |
| 등받이 | • 바른 자세를 위해 딱딱한 재질이 더 바람직함<br>• 등받이의 높이는 고개를 가눌 수 있는 정도에 따라 조절됨 |
| 뒷바퀴 | 뒷바퀴의 사이즈가 클수록 기동력은 감소함 |
| 앞바퀴<br>(보조바퀴,<br>caster) | • 앞바퀴의 크기가 크면 이동 시 충격을 흡수해 승차감이 좋고 장애물 통과가 쉬우나, 상대적으로 기동성이 떨어짐<br>• 앞바퀴의 크기가 작으면 회전이 쉽고 바퀴의 흔들림이 적으며 이상진동이 덜하나, 충격 흡수력이 좋지 않고 틈에 빠지기 쉬움 |
| 손조절바퀴 | • 직경이 크면 힘을 이용해 출발 및 가속이 쉬움<br>• 직경이 작으면 속도의 유지가 용이함 |

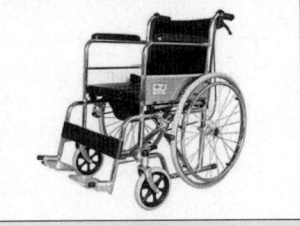

 모범답안 :
ⓐ 등받이
ⓑ 랩 트레이(휠체어용 책상)

---

2018학년도 초등 A3

**11** (가)는 지체장애 학생 미주와 영수의 특성이고, (나)는 교사가 2011 개정 특수교육 교육과정 중 기본 교육과정 사회과 5~6학년 '우리나라의 명절과 기념일' 단원을 지도하기 위해 개념 학습 모형에 따라 작성한 수업 계획의 일부이다. 물음에 답하시오. [6점]

(가)

| 영수 | • <u>독립적인 보행이 어려워 수동 휠체어를 사용함</u><br>• 보완·대체의사소통(AAC) 도구를 사용함 |
|---|---|

· 독립적 보행을 돕는 이동 보조기기 → 보행용 보조기기
· 독립적 보행이 어려운 경우 이동을 돕는 보조기기 → 이동용 보조기기

4) 다음은 수동 휠체어 선택과 사용 시에 고려해야 할 사항이다. ⓐ와 ⓑ에 들어갈 내용을 순서대로 쓰시오. [1점]

• ( ⓐ )은/는 학생이 고개를 가누는 정도에 따라 높이 조절이 가능하며 접을 수 있도록 제작된 경우가 많고, 적절한 자세를 위해서는 딱딱한 재질이 더 바람직함
• ( ⓑ )은/는 학생의 식사 및 학습 활동, 의사소통 기기 등의 사용에 편리하지만, 휠체어의 무게와 전후좌우의 길이를 증가시키기 때문에 독립적인 이동에 불편을 초래할 수 있음

기본이론 361-363p

수동 휠체어

구조화틀
이동 보조기기
- 개념 및 유의점
- 휠체어 선택 시 고려사항
- 수동 휠체어
- 전동 휠체어
- 전동 스쿠터

핵심개념
수동 휠체어 구성 요소와 선택 시 고려사항

| | |
|---|---|
| 의자 | • 자세의 지지를 위해 재질은 단단해야 하며, 고정되어야 함<br>• 의자의 크기는 엉덩이의 크기에 맞추되, 가능한 한 좁게 하는 것이 좋음 |
| 등받이 | • 바른 자세를 위해 딱딱한 재질이 더 바람직함<br>• 등받이의 높이는 고개를 가눌 수 있는 정도에 따라 조절됨 |
| 뒷바퀴 | 뒷바퀴의 사이즈가 클수록 기동력은 감소함 |
| 앞바퀴<br>(보조바퀴,<br>caster) | • 앞바퀴의 크기가 크면 이동 시 충격을 흡수해 승차감이 좋고 장애물 통과가 쉬우나, 상대적으로 기동성이 떨어짐<br>• 앞바퀴의 크기가 작으면 회전이 쉽고 바퀴의 흔들림이 적으며 이상진동이 덜하나, 충격 흡수력이 좋지 않고 틈에 빠지기 쉬움 |
| 손조절 바퀴 | • 직경이 크면 힘을 이용해 출발 및 가속이 쉬움<br>• 직경이 작으면 속도의 유지가 용이함 |

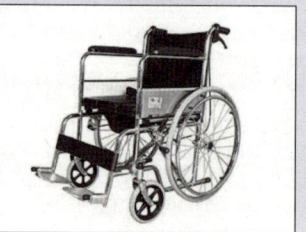

충격 흡수가 우수하다.

2018학년도 중등 A10

**12** 다음은 A중학교에서 학기 초 교직원 연수를 위해 준비한 통합교육 안내자료 중 일부이다. 〈작성방법〉에 따라 서술하시오. [4점]

| 사정 모델 | ( ㉠ ) | |
|---|---|---|
| 단계 | 주요 내용 | 유의점 |
| 학생 능력 검토 | • ( ㉡ )<br>• 활동적인 과제를 수행함<br>• 다양한 방과 후 활동에 참가하고 있음 | 사례사, 관찰, 면담, 진단서 등 다양한 자료를 포함할 것 |
| 목표 개발 | • 과제 수행과 다양한 방과 후 활동에 적극적으로 참여하기<br>• 이를 위한 휠체어 선정하기 | 목표 달성의 실현 가능성에 대해 토론할 것 |
| 과제 조사 | • 목표 달성에 필요한 다양한 과제 조사<br>• ㉢과제 수행, 방과 후 활동과 관련한 구체적인 환경 및 맥락 조사 | 학교, 가정 등 다양한 장소에서 조사할 것 |
| 과제의 난이도 평가 | 각 과제별 난이도 평가 | 모든 과제에 대해 평가를 실시함 |
| 목표 달성 확인 | • 과제 수행과 다양한 방과 후 활동에 적절한 휠체어 선정<br>㉣<br>• A는 왼쪽 바퀴에, B는 오른쪽 바퀴에 동력이 전달되도록 주행능력 평가 | • 팔받침대 높이를 낮게 하여 책상에 대한 접근성을 높임<br>• 활동 공간에 따라 ㉤보조바퀴(caster)의 크기를 조정함 |

2024학년도 중등 B4 답안의 근거로 사용 가능함

〈작성방법〉
현장체험 학습을 갈 때 ㉤이 큰 휠체어를 사용하는 경우의 장점을 쓸 것.

참고자료   기본이론 361~363p

 키워드   수동 휠체어

 구조화틀   이동 보조기기
┌ 개념 및 유의점
├ 휠체어 선택 시 고려사항
├ 수동 휠체어
├ 전동 휠체어
└ 전동 스쿠터

 핵심개념   수동 휠체어 구성 요소와 선택 시 고려사항

| | |
|---|---|
| 의자 | • 자세의 지지를 위해 재질은 단단해야 하며, 고정되어야 함<br>• 의자의 크기는 엉덩이의 크기에 맞추되, 가능한 한 좁게 하는 것이 좋음 |
| 등받이 | • 바른 자세를 위해 딱딱한 재질이 더 바람직함<br>• 등받이의 높이는 고개를 가눌 수 있는 정도에 따라 조절됨 |
| 뒷바퀴 | 뒷바퀴의 사이즈가 클수록 기동력은 감소함 |
| 앞바퀴<br>(보조<br>바퀴,<br>caster) | • 앞바퀴의 크기가 크면 이동 시 충격을 흡수해 승차감이 좋고 장애물 통과가 쉬우나, 상대적으로 기동성이 떨어짐<br>• 앞바퀴의 크기가 작으면 회전이 쉽고 바퀴의 흔들림이 적으며 이상진동이 덜하나, 충격 흡수력이 좋지 않고 틈에 빠지기 쉬움 |
| 손<br>조절<br>바퀴 | • 직경이 크면 힘을 이용해 출발 및 가속이 쉬움<br>• 직경이 작으면 속도의 유지가 용이함 |

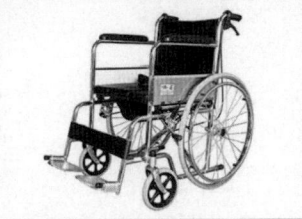

 모범답안   휠체어를 타고 턱을 넘을 때 몸통의 근긴장도가 높아지고 놀라는 현우의 특성을 고려할 때 큰 앞바퀴는 충격 흡수에 용이하다.

2015학년도 초등 A6

**13** (가)는 학습장애학생 은수의 인지적 특성이고, (나)는 '2009 개정 교육과정' 과학과 3~4학년군 '식물의 생활' 단원의 교수·학습 과정안 일부이다. 물음에 답하시오. [5점]

(가) 학생 특성

| 현우 | • 뇌성마비 학생이며, 상지 사용이 가능하여 휠체어를 타고 이동할 수 있음<br>• 휠체어를 타고 턱을 넘을 때, 몸통의 근긴장도가 높아지고 깜짝깜짝 놀라는 반응을 보임 |
|---|---|

(나) 단원 지도 계획과 학생 지원 계획

| 대주제 | 이웃 | | |
|---|---|---|---|
| 단원 | 마을과 사람들 | | |
| 차시 | 차시명 | 학습 목표 및 활동 | 학생 지원 계획 |
| 8–9 | 우리 마을 둘러보기 | ○우리 마을의 모습을 조사한다.<br>• 마을 모습 이야기하기<br>• 조사 계획 세우기<br>• 마을 조사하기<br>- 건물, 공공장소 및 시설물 등을 조사하기<br>- 마을 사람들이 하는 일을 조사하기 | ○미나<br>• 마을 조사 시 ㉠션트(shunt)에 문제가 발생하지 않도록 유의하기<br>○현우<br>• 마을 조사 시 ㉡앞바퀴가 큰 휠체어 제공하기<br>○은지<br>• 수업 중 ㉢스프린트(splint) 착용시키기<br>• 보완·대체 의사소통(AAC) 지원 계획하기<br>- ( ㉣ )을/를 적용하여 평가하기<br>- 마을 조사 시 궁금한 내용을 질문할 수 있도록 ㉤어휘목록 구성하기 |

2) (가)에 제시된 현우의 특성을 고려할 때, (나)의 마을 조사 활동 시 ㉡의 장점을 1가지 쓰시오. [1점]

참고자료 기본이론 365-367p

 키워드 껴안기 방법

 구조화툴
들어 옮기기
- 껴안기 방법의 유형
- 껴안기 시 유의사항
- 이동시키기 지도 전략

핵심개념
이동시키기 지도 전략
- 학생에게 무엇을 할 것인지 설명하고, 학생이 최대한 적극적으로 참여하도록 함
- 들거나 이동시킬 학생에게 직접 다가가서 자세를 취함
- 몸통을 똑바로 세우고 허리보다는 다리를 구부려 안을 자세를 취함
- 학생에게 몸을 밀착해 안을 준비를 함
- 자신의 몸을 회전하지 말고 학생을 안을 준비를 함
- 바닥에 평평하게 발을 대고 편안하게 한쪽 발을 다른 발 앞에 놓음
- 이동 시 학생이 가능한 한 많은 무게를 스스로 지지하도록 함
- 학생의 신체가 가능한 한 많이 정렬되고 이완되도록 기다려줌
- 들어 올리기가 어렵거나 무게가 약 16kg 이상 나가는 학생의 경우 도움을 요청해 두 사람이 함께 들어 올림

 모범답안 ③

2011학년도 중등 23

**14** 학생 A는 근육의 긴장도가 높고 독립보행이 안 되며, 그림상징으로 의사소통을 하는 중도(severe) 뇌성마비 학생이다. 이 학생의 특성과 그림상의 문제점을 고려하여 교사가 학생 A를 바르게 안아 옮기기 위한 방법으로 적절한 것만을 〈보기〉에서 모두 고른 것은?

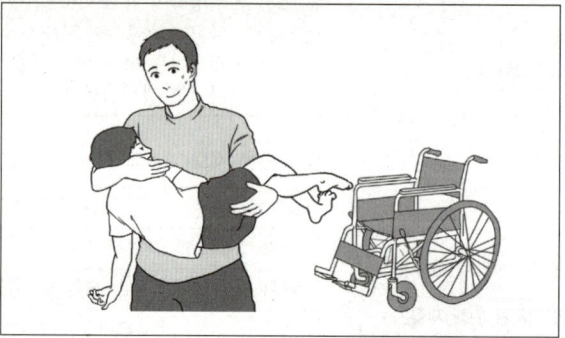

─┤보기├─

ㄱ. 교사는 학생 A의 등 아래로 손을 넣고 교사의 허리를 이용하여 학생을 힘껏 들어 올려서 안는다.
ㄴ. 교사가 학생 A를 들어 올릴 때, 학생이 교사를 쳐다보거나 휠체어를 바라보는 반응을 기다려준다.
ㄷ. 학생 A를 쉽게 들어 올리기 위해 학생의 앉은 자세를 먼저 잡아주고, 학생의 근육이 이완되지 않도록 유지하며 들어 올린다.
ㄹ. 학생 A를 마주보게 안아서 옮길 때는 학생의 양 하지를 벌리고 무릎을 구부려 교사의 허리에 걸치게 한 다음, 학생의 팔을 교사의 어깨에 올려 껴안고 옮긴다.

> ㄱ. 교사의 허리를 구부리기보다는 다리를 구부려 이동하는 것이 척추나 관절에 가해지는 부하를 줄일 수 있음

> ㄷ. 학생의 신체가 가능한 한 많이 정렬되고 이완되도록 기다려줘야 함

① ㄱ, ㄴ  ② ㄱ, ㄷ
③ ㄴ, ㄹ  ④ ㄱ, ㄷ, ㄹ
⑤ ㄴ, ㄷ, ㄹ

## 확장하기

### 이동시키기 과정

| 단계 | 활동 | 기대되는 반응 |
|---|---|---|
| 접촉하기 | 아동의 팔이나 어깨에 손을 얹고, 이동할 곳에 대해 이야기한다. | 아동이 긴장을 풀고 편안해질 때까지 기다린다. |
| 의사소통하기 | 아동에게 이동할 장소의 사진이나 사물을 제시한다. | 얼굴표정과 소리로 반응할 때까지 기다린다. |
| 준비하기 | 이동 전 근육의 긴장 여부를 확인하고 아동이 이완하는 것을 돕기 위해 가슴 부분에 손을 평평하게 해 강한 힘을 준다. | 아동 몸의 긴장이 풀리고 바른 자세가 되는 것을 확인할 때까지 기다린다. |
| 들어 올리기 | • 아동이 서 있지 못할 경우는 앉은 자세 그대로 안아 옮기도록 한다.<br>• 이동할 장소에 대해 이야기하고 아동의 등과 무릎 아래를 팔로 감싸고 편안한 자세를 유지할 수 있도록 가슴 쪽으로 무릎을 구부린다. | 아동이 스스로 팔을 내밀 때까지 기다리고 10초 이내에 팔을 내밀지 못하면 아동의 어깨를 사용한다. |
| 이동하기 | • 아동이 어디로 움직이는지 볼 수 있도록 아동과 거리를 두고, 아동의 몸을 지지하기 위해 등을 기대도록 한다.<br>• 아동의 다리가 앞으로 향할 수 있게 하면서 골반 아래쪽을 잡도록 한다.<br>• 다리가 경직되면 다른 팔을 사용해서 다리를 떼어 놓은 후, 부드럽게 지탱할 수 있도록 한다. | 아동은 자신이 이동하는 방향을 보고 자신의 팔로 그 위치를 나타낸다. |
| 다시 자세 잡기 | 다음 활동에 참여할 수 있도록 자세를 잡고 무엇을 할 것인지 이야기하도록 한다. | 아동은 다음 활동에 참여할 준비를 한다. |

참고자료 기본이론 365-367p

키워드 껴안기 방법

구조화 틀
들어 옮기기
― 껴안기 방법의 유형
― 껴안기 시 유의사항
― 이동시키기 지도 전략

핵심개념
**껴안기 방법**
- **마주보고 안아 올리기**: 학생의 양 하지를 벌리고 무릎을 구부려 교사의 허리에 걸치게 한 후 학생의 팔을 교사의 어깨에 올려 이동함
- **과소긴장 아동 껴안기**: 과소긴장 아동처럼 머리 조절이 어려운 학생의 경우 교사의 팔 가까이에 기대어 얼굴은 정면을 향하도록 하고 다리를 모아서 안도록 함

**껴안기 시 유의사항**
- 대체적으로 어떤 아동이라도 머리나 체간을 수직이 되게 하고, 팔 안으로 해서 안고 있으며 허리를 걸치고 있는 자세가 되는 것이 좋은 껴안기 방법임 → 옆으로 누운 형태의 껴안기 방법은 피해야 함
- 해당 아동의 특징이 되어버린 나쁜 자세 패턴과 반대의 자세를 취하도록 함. 다리를 서로 교차시키는 경향이 있는 아동은 다리를 벌리게 하고, 계속 다리를 뻗고 있는 아동은 다리를 가지런히 하도록 지도하며, 뒤집기가 강한 아동은 둥글게 껴안는 것이 좋음
- 아동의 팔꿈치와 손은 신체의 앞으로 내밀고 있는 것이 좋음

모범답안
안아 옮길 경우 학생의 나쁜 자세 패턴과 반대의 자세를 취할 수 있도록 해야 한다. 철수는 하지의 내전 구축으로 다리를 서로 교차시키는 경향이 있으므로 다리를 벌려 교사의 허리에 걸치도록 한다.

---

2017학년도 초등 A3

**15** (가)는 2015 개정 특수교육 교육과정 중 기본 교육과정 바른 생활과, 슬기로운 생활과, 즐거운 생활과에 대한 내용이고, (나)는 슬기로운 생활과 '가을풍경 관찰하기' 현장체험학습 계획 시 중도·중복장애 학생들의 특성에 따라 교사가 고려해야 하는 사항이다. 물음에 답하시오. [5점]

(나)

| 학생 이름 | 특성 | 고려사항 |
|---|---|---|
| 철수 | • 중도 지적장애와 경직형 뇌성마비<br>• 전신의 긴장도가 높아 머리가 뒤로 젖혀지고 다리는 가위자 모양이 됨 | 안아 옮길 때 자세에 유의하기<br>[A] |

3) (나)의 [A]에서 보이는 문제점을 해결하기 위해 교사가 자신의 신체를 이용하여 철수를 안는 방법 1가지를 쓰시오. [1점]

### 확장하기

**과다긴장 상태의 아동 들어 옮기기 자세 (김혜리 외, 2021.)**

기본적으로 아동이 나타내는 근긴장 정도와 위치를 살펴 그와 반대되는 자세로 들어 옮겨야 함

#### 사례 ① - 누워 있을 때 다리는 신전되고 팔은 굴곡되는 경우

엉덩이와 무릎 관절은 굴곡되고 팔은 신전시킨 상태에서 들어 옮김

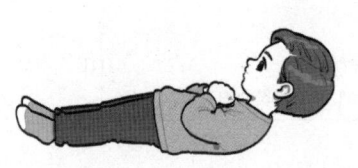 →

#### 사례 ② - 몸이 활처럼 휘어 있는 경우

엉덩이와 무릎 관절은 굴곡되고 어깨는 모아지도록 함

 →

#### 사례 ③ - 팔과 다리가 모두 굴곡되어 있는 경우

팔다리를 모두 신전되도록 해 안아 옮김

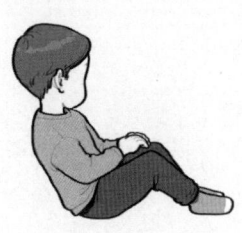 →

기본이론 368-369p

자리이동

잡기와 자리이동
- 잡기
- 휠체어에서의 자리이동
- 자리이동 시 고려사항
- 기타 보조기기(리프트)

**1인이 자리이동시킬 때**
① 휠체어를 침대와 45도 각도가 되도록 비스듬히 놓고 브레이크를 잡음. 편마비를 가지고 있으면 옮길 방향에 건측이 올 수 있도록 하며, 침대와 가까운 쪽 휠체어의 팔 받침대와 발판은 제거하는 것이 편이함
② 아동을 앉은 곳의 가장자리로 이동시킨 후 아동의 다리에 체중이 실리도록 발이 무릎보다 뒤에 놓이게 함
③ 아동의 상체는 앞으로 기울이고 보호자의 허리나 어깨를 감쌈. 보호자는 아동의 허리(또는 골반)를 양 손으로 잡고, 본인의 무릎으로 아동의 무릎을 고정한 채 옮길 방향의 다리를 축으로 아동과 함께 몸의 방향을 돌려 침대에 내려놓음

**2인이 자리이동시킬 때**
① 한 사람은 학생 뒤쪽에서 겨드랑이 사이로 팔을 넣어 학생의 양 손목을 단단히 잡음
② 다른 사람은 무릎과 발목 뒤쪽을 각각 지지해 휠체어에서 동시에 들어 올림

학생의 뒤쪽에서 겨드랑이 사이로 팔을 넣어 양 손목을 단단히 잡고 휠체어에서 동시에 들어 올린다.

---

2020학년도 초등 B2

**16** (가)는 지체장애 특수학교에 다니는 학생들의 특성이고, (나)는 2015 개정 특수교육 교육과정 중 기본 교육과정 실과 5~6학년군 '즐거운 여가 생활' 단원 수업 활동 계획의 일부이다. 물음에 답하시오. [5점]

(가) 학생 특성

| 준우 | • 경직형 뇌성마비<br>• 사지마비가 있음<br>• 모든 운동 기능이 제한적임<br>• 머리 조절이 어렵고, 체간이 한쪽으로 기울어짐 [B] |

(나) 수업 활동 계획

| 활동 | 영화 관람 | 활동 장소 | 영화관 |
|---|---|---|---|
| 학습 목표 | 영화 관람 순서에 따라 영화를 관람할 수 있다. ||||
| 교수 학습 활동 | • 영화 포스터 살펴보기<br>• 영화 입장권 구입하기 ||||
| 지도의 유의점 | • 준우: 화장실 이용 시 보조인력의 추가 지원이 요구됨. 휠체어에서 양변기로 이동시키기 위해 보조인력은 준우의 무릎과 발목 뒤쪽을 지지하고, 교사는 ( ⓒ ) ||||

2) (나)의 ⓒ에 들어갈 교사의 행동을 준우의 신체와 관련지어 쓰시오. [2점]

# CHAPTER 09 식사 기술 지도

## 01 식사 기술의 어려움
- 근긴장도 이상
- 비정상적인 반사
- 구강구조의 이상과 그에 따른 문제
- 식사 행동에 대한 학습 문제

## 02 식사 기술 중재 시 고려사항

## 03 식사 기술 중재 방법
- 자세의 교정
  - 식사를 위한 자세
  - 음식의 제시
- 음식 수정
  - 퓨레형 음식
  - 음식의 형태 수정 시 유의사항
- 식사 방법 및 도구의 수정
  - 손으로 먹기
  - 숟가락 사용
  - 컵 사용
  - 수정된 식사 도구 사용의 유의점
- 구강운동의 준비
  - 과잉감각을 보이는 경우
  - 과소감각을 보이는 경우
- 식사 시간 및 환경 수정
  - 식사 시간
  - 식사 환경
- 신체적 보조 방법
  - 신체적 보조 방법 사용 시 유의사항
  - 턱의 움직임 조절
  - 턱의 훈련

## 04 비구강 섭식
- 비구강 섭식의 개념
  - 정의
  - 유형
    - 위루관 섭식
    - 비위관 섭식
- 비구강 섭식 시 고려사항
  - 섭식 참여 환경
  - 자세
  - 주의사항

참고자료 기본이론 372p

키워드 비정상적인 반사

구조화틀

**식사 기술의 어려움**
- 근긴장도 이상
- 비정상적인 반사
- 구강구조의 이상과 그에 따른 문제
- 식사 행동에 대한 학습 문제

핵심개념

**식사 기능과 관련된 비정상적인 반사**
- **정향반사**: 유아가 입을 음식 쪽으로 향하는 것으로, 생후 초기 나타나는 행동은 정상이나, 생후 몇 달이 지나도 계속되면 식사 시간에 자발적인 머리 조절을 방해하게 됨
- **강직성 씹기반사**: 입 안에 음식을 넣어주면 의도하지 않게 갑자기 입을 다무는 강직성이 나타남. 입 안에 들어오는 자극에 대한 민감도가 강하고 비자발적임
- **혀 밀기, 혀 돌출 행동**: 음식을 씹거나 삼키는 행동을 해야 할 때 치아 사이로 혀를 밀어내는 비자발적인 행동. 입 밖으로 음식이나 음료를 밀어내거나 치아의 위치를 본래 위치에서 밀어냄
- **빨고 삼키는 행동**: 신생아 시기에 가지고 있던 빨기 행동을 그대로 유지해 고형의 음식물 섭취를 방해함. 음식을 씹지 않고 빨다가 삼켜버리는 행동
- **비대칭성 긴장성 목반사**: 몸 전체에 영향을 줄 뿐만 아니라 음식을 섭취하고 먹는 데 특별한 문제를 유발하는 자세. 머리 조절이 어려워 음식 섭취 및 정상적인 구강운동을 방해함
- **구역반사(개구반사)**: 일생 동안 지속되는 반사로, 혀가 과민하면 고형물이 섞인 음식을 줘도 구토 증상이 나타나며, 반대로 아주 둔한 경우 음식물이 목에 걸려도 구토반사가 일어나지 않아 숨이 막히거나 음식물이 목에 자주 걸리게 됨. 지나치게 민감한 구토반사는 씹기, 삼키기를 방해함

모범답안 ④

## 01 뇌성마비 학생에게 나타나는 특성과 교사가 실시한 식사 지도방법으로 옳은 것은?

2013학년도 중등 27

| 구분 | 특성 및 식사 지도방법 |
|---|---|
| ① 위식도 역류 | • 식도 괄약근의 기능 약화로 인해 잦은 구토가 발생함<br>• 작은 조각의 음식이나 거친 음식을 먹게 하고, 식사 후에는 약 1시간 정도 똑바로 누워 있게 함 |
| ② 강직성 씹기반사 | • 숟가락이 잇몸과 치아에 닿아 과민성 촉각 반응이 유발되어 발생함<br>• 새로운 질감의 음식을 줄 때는 금속재질의 숟가락을 사용함 |
| ③ 혀 내밀기 | • 불충분한 혀의 후방 운동 및 불수의적 움직임으로 인해 발생함<br>• 숟가락으로 혀의 중앙 부분을 지그시 눌러 주며 목구멍 쪽 혀의 뿌리에 음식을 놓음 |
| ④ 침 흘림 | • 입술다물기 및 유지의 어려움과 연하 기전의 문제로 발생함<br>• 입술다물기 지도를 할 때는 중지는 턱 아래, 검지는 턱과 입술 사이, 엄지는 얼굴 옆에 대고 아래턱의 움직임을 조절함 |
| ⑤ 삼킴장애 | • 비자발적 움직임이 일어나는 인두 단계에서 음식물을 인두로 미는 데 필요한 압력을 만들지 못함<br>• 음식물을 먹는 동안 몸을 뒤쪽에 기댄 채, 고개를 뒤로 젖히고 턱을 들어 올려 음식물이 식도로 흘러 넘어가게 함 |

① 위식도 역류를 보이는 경우 식사 후 약 1시간은 수직 또는 반수직 자세를 취해 위에서 음식물이 비워지도록 해야 함

② 강직성 씹기반사를 가진 학생에게 금속 재질 및 일회용 플라스틱 재질의 숟가락은 적절하지 않음

③ 숟가락을 이용해 먹을 때 숟가락을 혀 위에 놓고 아래로 누르면서 뒤로 밀어주면, 혀를 앞으로 내미는 것을 막고 과도한 구토반사를 조절할 수 있음

④ 턱의 움직임 조절 방법은 중지는 턱, 검지는 턱과 입술 사이, 엄지는 눈 주변의 얼굴 옆에 위치시키고 아래턱의 개폐를 보조함

⑤ 학생의 목은 뒤로 젖혀져 있는 것보다는 약간 구부리게 하는 자세가 질식 없이 쉽게 삼키도록 하며, 비정상적인 반사작용을 최소화할 수 있음

## 확장하기

### ✦ 섭식 기능

섭식 기능은 크게 씹기, 빨기, 삼키기 기능으로 나눌 수 있으며 각 활동의 특성은 다음과 같음

| 단계 | 내용 |
| --- | --- |
| 씹기 | 음식물을 깨물어 씹어서 부수고 타액과 혼합해 음식물 덩어리로 만드는 과정 |
| 빨기 | 음식물을 컵이나 숟가락 등을 이용해 구강으로 보내는 과정 |
| 삼키기 | 저작된 음식물을 식도를 통해 위장으로 보내는 과정 |

### ✦ 삼킴 동작(한경근 외, 『중도·중복장애학생 교육』, 2013.)

'삼킴장애'란 일반적으로 음식물을 입에서 식도를 통해 위장으로 옮기는 과정에서의 장애를 말함. 전통적으로 삼킴 동작은 4단계로 설명되는데, 각 단계에 소요되는 시간이나 특성은 음식의 종류나 크기 그리고 이에 대한 자발적인 노력에 따라 달라짐. 따라서 삼키고자 하는 음식의 특성이나 수의적인 통제력에 따라 정상적인 삼키기의 유형은 다양하게 나타남

| 단계 | 내용 |
| --- | --- |
| 구강준비단계 | 필요한 경우 음식을 씹거나 입 안에서 조작해 삼킬 수 있는 농도와 형태로 만드는 단계 |
| 구강단계 | • 혀가 음식을 뒤로 밀어 넘겨 인두삼킴이 유발되기까지의 단계로, 일단 음식을 씹어 삼킬 준비가 되면 혀는 음식을 접착성 있는 덩어리로 모아 구강에서 인두로 이동시킴<br>• '구강전이단계'라고도 부름 |
| 인두단계 | • 인두삼킴이 유발되고 음식덩이가 인두 안으로 넘어가는 단계<br>• 인두단계의 장애는 간단한 자세 교정으로도 보상할 수 있음. 인두단계 동안 음식물이 깨끗하게 넘어가지 않으면 음식이 환자의 기도로 들어갈 위험이 있음(흡인). 이는 폐를 감염시켜 흡인성 폐렴 등 중증의 질병을 야기할 수 있음 |
| 식도단계 | 식도의 연동운동으로 음식덩이가 경부식도와 흉부식도를 통과해 위장으로 옮겨가는 단계 |

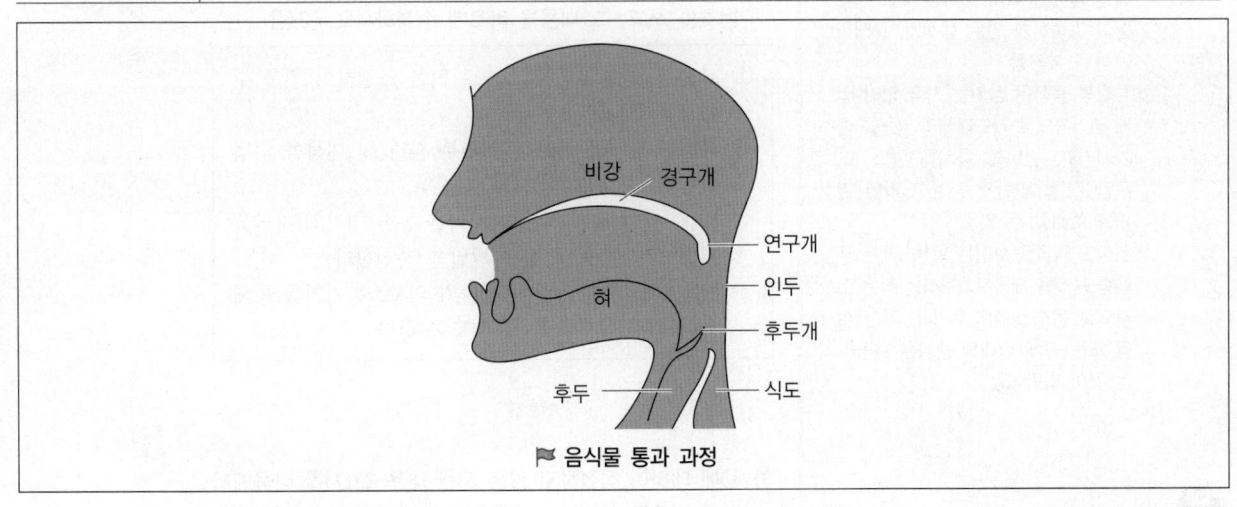

🚩 **음식물 통과 과정**

기본이론 373-375p

- 자세의 교정
- 음식의 수정

**식사 기술 중재 방법**
- 자세의 교정
- 음식 수정
- 식사 방법 및 도구의 수정
- 구강운동의 준비
- 식사 시간 및 환경의 수정
- 신체적 보조 방법

**자세의 교정 - 식사를 위한 자세**
음식물의 역류와 흡인을 예방하기 위해 수직 자세가 좋고, 식사 후 45분간은 수직 또는 반수직 자세를 유지해야 함

**음식의 수정**
- 일반 음식을 먹지 못하면 채소 등을 삶아 걸쭉하게 만든 음식인 '퓨레형 음식'을 제공함
- 퓨레형 음식은 삼키는 자극 없이 쉽게 넘어가므로 기도폐쇄의 위험을 증가시키고, 변비와 충치를 일으키고 구강구조를 약하게 하며, 비타민 결핍을 초래할 수 있음
- 위식도 역류를 보이는 학생에게는 퓨레형 음식을 제공하기보다는 작은 조각으로 음식을 잘라주거나, 거친 질감 또는 고체 형태의 음식을 제공하는 것이 바람직함

1) ① 단순모방 및 지시 따르기에 어려움이 있으므로 모델링보다는 신체적 촉진을 통해 턱의 조절을 도와야 한다.
③ 청각적 자극을 제공하는 것은 신체 발달 촉진과 무관하다.

3) ① 식사 후 적어도 45분간 수직 또는 반수직 자세를 유지해야 한다.
③ 작은 조각 또는 뻑뻑한 질감의 음식을 제공한다.

---

**2013학년도 추가초등 A2**

**02** 다음은 지체장애와 정신지체를 지닌 중도·중복장애 학생 현우의 전반적인 특성을 제시한 것이다. 물음에 답하시오. [5점]

| ○성별: 남 | ○연령: 8세 |

- 단순 모방, 지시 따르기, 상징 이해 능력이 매우 떨어져 기능 훈련에 어려움을 보임
- 스스로 용변 처리를 하거나 용변 의사를 표현할 수 없어서 기저귀를 착용하고 있음
- 자세 유지, 움직임과 이동이 곤란함
- 빨기, 씹기, 삼키기 등의 섭식 기능에 문제가 있음
- 다음과 같은 두드러진 건강상의 문제를 보임
  - ㉠ 요로 계통의 감염으로 인해 소변에서 유해한 세균이 검출되며, 배뇨통, 요의 절박(절박 요실금), 발열, 구토, 설사, 체중 증가 부진, 복통 등의 증상을 유발함
  - ㉡ 식사 도중 음식물이 역류하거나 음식물로 인해 목이 메어 구역질이나 기침을 자주 하며, 가슴앓이, 식도염증, 그리고 삼키기 곤란 증상으로 인하여 소화, 배설, 영양실조 등의 2차적 문제가 발생함

> "식사 도중 음식물이 역류하거나" → 위식도 역류
> "음식물로 인해 목이 메어 구역질이나 기침을 자주 함" → 기도폐색(질식)

1) 현우의 전반적 특성을 고려할 때, 다음 중 우선적으로 적용해야 할 교육 목표로서 적절하지 않은 것 2가지를 찾아 번호를 쓰고, 그 내용을 바르게 수정하시오. [2점]

① 교사 모델링을 통해 스스로 턱을 조절하여 씹을 수 있도록 한다.
② 다양한 감각을 활용하여 외부 환경 및 대상을 직접 경험할 수 있도록 한다.
③ 노래, 악기 등 음악이나 소리를 통한 청각적 자극을 제공하여 신체 및 정서 발달을 촉진한다.
④ 칩톡, 테크톡과 같은 음성출력 의사소통기기를 통해 용변 의사를 표현할 수 있도록 한다.

3) ㉡에 대하여 적절하지 않은 지원 내용 2가지를 다음에서 찾아 번호를 쓰고, 그 내용을 바르게 수정하시오. [2점]

① 식사 후 약 10분간 누워서 스트레칭을 하도록 한다.
② 하루 종일 필요한 음식량을 조금씩 나누어 자주 제공한다.
③ 고형식 음식을 일정 크기로 잘라서 숟가락으로 떠먹인다.
④ 의사의 처방에 따라 정해진 시간에 정확한 양의 약물을 복용시킨다.

2024학년도 중등 B11

**03** 다음은 ○○특수학교의 특수 교사와 교육 실습생 A와 B가 중도 뇌성마비 학생 A의 식사 기술 지도에 대해 나눈 대화이다. 〈작성방법〉에 따라 서술하시오.

 참고자료
기본이론 373-375p

 키워드
- 자세의 교정
- 음식의 수정

 구조화틀
**식사 기술 중재 방법**
- 자세의 교정
- 음식 수정
- 식사 방법 및 도구의 수정
- 구강운동의 준비
- 식사 시간 및 환경의 수정
- 신체적 보조 방법

 핵심개념
**자세의 교정 – 음식의 제시**
먹이는 사람은 학생과 가능한 한 가깝게 위치하고 학생의 옆 또는 뒤에서 신체적 도움을 주는 것이 좋음

**음식의 수정**
- 일반 음식을 먹지 못하면 채소 등을 삶아 걸쭉하게 만든 음식인 '퓨레형 음식'을 제공함
- 퓨레형 음식은 삼키는 자극 없이 쉽게 넘어가므로 기도폐쇄의 위험을 증가시키고, 변비와 충치를 일으키고 구강구조를 약하게 하며, 비타민 결핍을 초래할 수 있음
- 위식도 역류를 보이는 학생에게는 퓨레형 음식을 제공하기보다는 작은 조각으로 음식을 잘라주거나, 거친 질감 또는 고체 형태의 음식을 제공하는 것이 바람직함

 모범답안
ⓒ 죽(퓨레) 형태의 음식보다 작은 조각으로 음식을 잘라주거나, 거친 질감의 음식 또는 고체 형태의 음식을 제공한다.
ⓜ 학생 A와 최대한 가깝게 앉아 학생 A의 옆 또는 뒤에서 신체적 도움을 제공한다.

교육 실습생 A: 학생 A는 목 조절이 힘들고 위식도 역류가 심합니다. 그래서 씹기를 거부하고 구토 증상도 나타나요.

교육 실습생 B: 그런 경우에는 ㉠음식을 작은 조각으로 잘라서 조금씩 자주 제공해야 합니다. ㉡식사를 마친 후에도 곧바로 눕지 않고 앉아 있도록 하는 게 좋겠네요.

교육 실습생 A: 학생 A는 기도 폐쇄 현상이 자주 나타납니다.

교육 실습생 B: 그럴 경우 ㉢죽(퓨레) 형태로 음식물을 수정하여 제공해야 합니다.

교육 실습생 A: 그렇군요. 그런데 학생 A는 혼자 숟가락을 사용하지 못해서 식사 보조를 해주는데, 그럴 때 숟가락을 강하게 물고 있어서 치아가 손상될까 봐 걱정이에요.

교육 실습생 B: 우선 숟가락을 바꿔 보는 것은 어떨까요? ㉣부드러운 실리콘 소재의 숟가락을 사용하는 것이 좋겠네요. 그리고 ㉤교사가 식사 보조를 할 때는 학생 A의 앞에 앉아 지원해야 해요.

교육 실습생 A: 선생님, 학생 A가 혼자 식사를 할 수 있도록 숟가락 홀더(utensil holder) 사용하는 방법을 지도하려는데 간격 시도와 ( ㉥ ) 중에 어느 것이 더 적절할까요?

특 수 교 사: 식사 기술 지도에는 간격 시도가 적절하지 않습니다. 그리고 학생 A는 숟가락 홀더 사용을 새로 배워야 하므로 익숙해지기까지 많은 시간이 걸릴 수 있습니다. 그래서 정해진 점심 시간 이외에도 자연스러운 환경 속에서 간식 시간 등을 이용하여 추가로 지도하는 것이 바람직합니다.

교육 실습생 B: 식사 장소도 고민 중이에요. 식사 중에 친구들이 갑자기 큰 소리를 내거나 뛰면 학생 A는 무척 놀라고 ㉦갑작스러운 목 신전 반사가 나타나며 팔을 쭉 벌리면서 무언가를 잡으려 하는 자세를 취하게 됩니다.

특 수 교 사: 주변 상황 변화에 대해 과도한 반사행동을 가진 학생에게는 편안하고 안정된 느낌을 제공해 주는 것도 필요합니다.

죽 형태의 음식물은 저작하지 않아도 쉽게 목 넘김이 가능하므로 기도폐쇄의 위험성이 증가하고 구강구조가 약해짐. 또한, 삶으면서 조리과정 중 비타민이 파괴되어 비타민 결핍이 일어날 수 있음

숟가락 홀더

〔작성방법〕

밑줄 친 ㉠~㉤ 중 틀린 내용 2가지를 찾아 기호를 쓰고, 틀린 내용을 바르게 고쳐 서술할 것.

## 확장하기

★ 식사기술 지도(박은혜 외, 『함께 생각하는 지체장애 학생 교육』, 2023.)

- 학생이 스스로 식사를 하지 못하는 경우에는 다른 사람의 도움을 통해 음식을 섭취하게 되는데, 이때 학생에게 음식을 제시하는 태도가 매우 중요하다. 음식을 제시하는 위치에 따라서 학생의 근긴장도는 낮아질 수도, 높아질 수도 있기 때문이다.
- 음식을 먹일 때 음식은 학생의 얼굴 아래에 오는 것이 좋고, 먹이는 사람은 본인의 얼굴이 학생의 눈높이 또는 눈 아래에 있도록 하기 위해 낮은 의자에 앉는다.
- 학생의 목은 뒤로 젖혀져 있는 것보다는 목을 약간 구부리게 하는 자세가 질식 없이 쉽게 삼키도록 하며, 비정상적인 반사작용을 최소화한다.
- 먹이는 사람은 학생과 가능한 한 가깝게 위치하고, 학생의 옆 또는 뒤에서 신체적 도움을 주는 것이 좋다. 그러나 학생의 자세가 한쪽으로 기울어져 있을 때에는 신체를 중심으로 균형적인 자세가 되도록 도와주는 것이 좋다.
- 입 안에 음식을 넣어 줄 때는 혀의 중앙 부분에 넣어준다. 그러나 턱의 움직임에 제한이 많은 경우에는 쉽게 씹을 수 있도록 치아 사이에 직접 음식을 넣어준다.

2018학년도 중등 B5

**04** (가)는 중도·중복장애 학생 G의 특성 및 이 닦기 지도 시 유의사항이고, (나)는 학생 H의 이 닦기 지도방법이다. 〈작성방법〉에 따라 서술하시오. [4점]

(가) 학생 G의 특성 및 이 닦기 지도 시 유의사항

| 특성 | 지도 시 유의사항 |
| --- | --- |
| • 입 주변에 사물이 닿으면 깜짝 놀라면서 피함<br>• 거친 질감의 음식물이나 숟가락 등의 도구가 입에 들어오면 거부하는 반응을 보임 | 학생의 ㉠ 감각적 측면과 ㉡ 도구적 측면을 고려하여 지도할 것 |

―〈작성방법〉―
학생 G의 특성에 근거하여 밑줄 친 ㉠과 ㉡에서 특수교사가 제공할 수 있는 지원방법을 각각 1가지 서술할 것.

---

기본이론 377p

구강 운동의 준비

**식사 기술 중재 방법**
- 자세의 교정
- 음식 수정
- 식사 방법 및 도구의 수정
- 구강운동의 준비
- 식사 시간 및 환경의 수정
- 신체적 보조 방법

**이 닦기 지도**
- 이를 닦는 것은 충치를 예방할 뿐만 아니라 입 안에 자극을 가해 입의 움직임을 좋게 하는 데 도움을 줌
- 중도·중복장애 학생들의 이 닦기는 세수할 때와 같은 자세와 환경으로 시작할 수 있음
- 구강방어가 심한 학생이 있을 수도 있으므로 갑작스럽게 칫솔을 입 안으로 넣기보다는 구강 주변을 충분히 마사지해주고, 어느 정도 안정된 상태에서 부드러운 칫솔모의 칫솔을 이용해 지도함
- 이를 닦을 때 고개(머리)를 뒤로 넘기면 기침을 하거나 사례가 들 수 있으므로 어깨와 머리를 앞쪽으로 약간 내밀게 함

㉠ 감각적 측면에서 구강 주변을 충분히 마사지하고 어느 정도 안정된 상태에서 이 닦기를 지도한다.
㉡ 도구적 측면에서 자극이 적은 부드러운 칫솔모의 칫솔을 사용한다.

참고자료 기본이론 376p

 키워드 식사 방법 및 도구의 수정

 구조화틀
**식사 기술 중재 방법**
- 자세의 교정
- 음식 수정
- 식사 방법 및 도구의 수정
- 구강운동의 준비
- 식사 시간 및 환경의 수정
- 신체적 보조 방법

 모범답안
입 부위의 감각이 예민하거나 강직성 씹기반사를 가진 학생의 경우 자극을 최소화하기 위해서는 플라스틱이나 실리콘 소재가 좋다.

2017학년도 중등 B1

**05** 다음은 지체장애 학생 D의 특성이다. 학생 D를 위한 식사 도구 선정 시 고려해야 할 사항을 ⓒ에 비추어 1가지 제시하시오. [4점]

경직형 사지마비(spastic quadriplegia)가 있는 학생 D는 ㉠<u>대근육 운동 기능 분류체계(Gross Motor Function Classification System ; GMFCS)</u>의 4수준으로, 휠체어를 이용해 이동한다. 대부분의 시간을 휠체어에 앉아 생활하지만, 교수·학습 장면에서는 종종 서기 자세 보조기기인 ㉡<u>프론 스탠더(prone stander)</u>를 사용한다. D는 ㉢<u>강직성 씹기반사(tonic bite reflex)</u>가 일어나는 경우가 있어서 음식 섭취 시 주의를 기울일 필요가 있다.

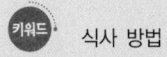
참고자료 기본이론 376p

키워드 식사 방법 및 도구의 수정

**식사 기술 중재 방법**
- 자세의 교정
- 음식 수정
- 식사 방법 및 도구의 수정
- 구강운동의 준비
- 식사 시간 및 환경의 수정
- 신체적 보조 방법

모범답안 ②

2011학년도 초등(유아) 2

**06** 영서는 만 6세이고, 경직형 뇌성마비, 중도 정신지체, 말·언어장애가 있다. 김 교사가 영서를 위해 수립한 보조공학기기 적용 계획으로 적절한 내용을 고른 것은?

ㄱ. 학습 활동을 효과적으로 할 수 있도록 그림 이야기 소프트웨어를 음성출력 기능과 함께 사용하게 한다.
ㄴ. 의사표현을 할 수 있도록 리버스 상징보다 이해하기 쉬운 블리스 상징을 적용한 의사소통판을 사용하게 한다.
ㄷ. 고개를 뒤로 많이 젖히지 않고 물을 마실 수 있도록 빨대나 한쪽 면이 반원형으로 잘린 컵을 사용하게 한다.
ㄹ. 움직이는 장난감 자동차를 가지고 놀 수 있도록 장난감 자동차에 스위치를 연결하고 그 스위치를 휠체어 팔걸이에 설치한다.
ㅁ. 뇌성마비 경직형 아동은 독립보행을 할 수 없으므로 원활한 이동을 할 수 있도록 조기에 스스로 전동 휠체어를 사용하게 한다.

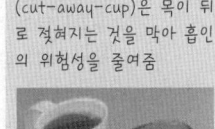
ㄷ. 컵 안의 음료가 보이도록 컵의 윗부분을 잘라낸 컵 (cut-away-cup)은 목이 뒤로 젖혀지는 것을 막아 흡인의 위험성을 줄여줌

① ㄱ, ㄴ, ㄷ   ② ㄱ, ㄷ, ㄹ
③ ㄴ, ㄷ, ㄹ   ④ ㄴ, ㄹ, ㅁ
⑤ ㄷ, ㄹ, ㅁ

참고자료 기본이론 373-377p

 키워드 식사 기술 중재방법

 구조화틀 **식사 기술 중재 방법**
- 자세의 교정
- 음식 수정
- 식사 방법 및 도구의 수정
- 구강운동의 준비
- 식사 시간 및 환경의 수정
- 신체적 보조 방법

 핵심개념 **컷 어웨이 컵의 장점**
- 목이 뒤로 젖혀지는 것을 막아 흡인의 위험성을 줄여줌
- 음료가 코에 닿지 않도록 해줌
- 먹이는 사람이 도려낸 부분을 통해 마시는 상태를 보면서 음료의 양을 조절해줄 수 있음

 모범답안
- ⓒ 대칭성 긴장성 경부반사(STNR)는 고개의 굴곡이나 신전에 의해 원시반사가 활성화된다. 한쪽이 낮게 잘린 컵은 고개를 젖히지 않고 사용할 수 있어 STNR 원시반사가 활성화되는 것을 예방할 수 있다.
- ⓔ 위식도 역류와 흡인을 예방하기 위해 식사 후 45분간은 수직 또는 반수직 자세를 취해야 한다.

---

2018학년도 중등 B3

**07** 다음은 뇌성마비 학생 E와 F의 특성과 지원 계획이다. 〈작성방법〉에 따라 서술하시오. [4점]

| 학생 | 구분 | 내용 |
|---|---|---|
| F | 특성 | • 경직형 뇌성마비 학생임<br>• ⓐ 대칭성 긴장형 목반사(STNR)를 보임<br>• 식사를 한 후, ⓑ 위식도 역류가 자주 발생함 |
| | 지원계획 | • 흡인을 예방하기 위해 ⓒ 한쪽이 낮게 잘린 컵을 사용하여 물을 마시도록 지도함<br>• 학생의 특성에 맞는 적절한 유형의 음식을 제공하고, ⓔ 식사 후 적절한 자세를 취하도록 지도함 |

〈작성방법〉
- 밑줄 친 ⓒ이 적절한 이유를 ⓐ의 특성에 근거하여 1가지 서술할 것.
- 밑줄 친 ⓔ에 해당하는 것을 ⓑ를 고려하여 1가지 제시할 것.

기본이론 373-377p

식사 기술 중재방법

식사 기술 중재 방법
─ 자세의 교정
─ 음식 수정
─ 식사 방법 및 도구의 수정
─ 구강운동의 준비
─ 식사 시간 및 환경의 수정
─ 신체적 보조 방법

턱의 움직임 조절
- 학생이 스스로 씹는 능력이 부족한 경우에는 턱의 움직임을 촉진하되, 학생의 뒤 또는 옆에서 최소한의 방법으로 보조함
- 턱의 움직임을 조절할 때 윗입술을 아래로 당기는 것은 입술 수축을 자극할 수 있으므로 피해야 함

기도로 들어가는 것(흡인)

2013학년도 유아 B2

**08** 다음은 유아특수교사인 김 교사가 만 5세 발달지체 유아 태호를 위해 전문가와 협력한 활동이다. 물음에 답하시오. [5점]

(가)

김 교사는 언어치료사, 작업치료사, 사회복지사 등 전문가들과 교육진단을 실시하였다. 교육진단은 인사하기와 분위기 조성하기, 과제중심 진단, 휴식시간, 이야기 시간과 교수 시간, 자유놀이, 회의 단계로 구성되었다. 촉진자로 선정된 전문가는 태호와 어머니와의 상호작용을 유도하였고, 다른 전문가들은 태호와 어머니와의 상호작용을 관찰하였다. ㉠ 태호 어머니는 결혼 이민자로 우리말을 잘하지 못하기 때문에 회의 시간에는 통역사가 참여하였다.

(나)

김 교사는 간식 시간에 작업치료사로부터 턱 주변의 근 긴장도가 낮은 태호의 턱을 지지해주는 손동작을 배우고 있다. 김 교사는 작업치료사의 지원을 받으며 태호의 앞과 옆에서 턱을 보조하는 방법에 대해 배우는 중에, 한쪽이 낮게 잘린 컵에 담긴 물을 먹이고 있다. 이때 ㉡ 컵의 낮게 잘린 쪽이 코 반대 방향으로 향하고 있다.

턱을 보조하는 방법
- 목 조절 능력이 있을 경우
  → 학생을 마주보고 보조함
- 목 조절 능력이 없을 경우
  → 학생의 옆 또는 뒤에서 보조함

4) 다음 문장의 괄호 안에 들어갈 알맞은 말을 쓰시오. [1점]

㉡과 같이 지도할 경우, 태호의 머리 신전을 막을 수 있어 물이 ( )을/를 예방할 수 있다.

기본이론 373-377p

식사 기술 중재 방법

식사 기술 중재방법
- 자세의 교정
- 음식 수정
- 식사 방법 및 도구의 수정
- 구강운동의 준비
- 식사 시간 및 환경의 수정
- 신체적 보조 방법

신체적 보조 방법
- 식사를 돕는 신체적 보조 방법은 자세의 교정, 음식의 수정, 식사 도구 및 환경의 수정 후 되도록 적게 사용하는 것이 좋음
- 신체적 보조를 과다하게 사용하는 것은 학생이 스스로 식사하는 기술을 방해하며, 의존적인 태도를 형성하게 함 → 신체적 보조보다는 쿠션 같은 자세 보조기기를 이용해 머리의 움직임을 고정해주거나 유지해주는 깃이 좋음
  예) 뇌성마비 학생이 물을 마실 때 교사가 머리를 고정해줘야 한다면, 손을 잡고 해주는 것보다는 머리받침이나 벨트 등을 이용하는 게 좋음
- 식사를 돕는 신체적 보조 방법은 학생의 신체적 기술 외에 심리적인 부분을 고려해야 함 → 식사하는 동안 학생을 주의 깊게 관찰하고, 자연적 호흡과 동작 양식에 맞춰 음식을 주는 양과 속도를 조절해야 함. 특히, 음식은 자연스럽고 예측 가능한 속도를 유지해서 제공함

①

2011학년도 유아 23

**09** 다음과 같은 특성을 보이는 만 4세 발달지체 유아 철수를 위한 식사 지도에서 고려해야 할 사항으로 가장 적절한 것은?

- 강직성 씹기반사가 나타난다.
- 스스로 씹는 능력이 부족하다.
- 구강과 안면에 과민 반응이 나타난다.

① 거즈로 안면을 두드리거나 잇몸을 마사지하여 턱의 조절을 돕는다.
② 편안하게 누운 자세를 취하게 한 다음 부드러운 음식을 먹는 것부터 지도한다.
③ 스테인리스(stainless) 숟가락보다는 1회용 플라스틱 숟가락을 사용해서 먹도록 지도한다.
④ 장기적으로는 보조기기를 이용하기보다는 신체적 보조를 받아 자세를 유지하도록 한다.
⑤ 컵을 사용할 때에는 컵의 가장자리를 치아 위에 올려놓아 음료를 잘 마실 수 있도록 한다.

① 구강과 안면에 과잉감각을 보이는 경우 먼저 입 주위에서 떨어진 신체 부위부터 촉감 자극에 대한 내성을 키워야 함

② 식사 자세는 수직 자세가 좋고, 식사 후 44~45분간은 수직 또는 반수직 자세를 유지해야 함

③ 강직성 씹기반사가 나타나므로 금속 재질 및 깨지기 쉬운 일회용 플라스틱 재질의 숟가락은 적절하지 않음

④ 신체적 보조보다는 쿠션 같은 자세 보조기기를 이용해 자세를 지지·유지해주는 것이 좋음

⑤ 컵을 사용해 음료 마시기를 지도할 때는 컵의 가장자리를 학생의 아랫입술에 놓아서 깨무는 자극을 줄여줘야 함. 처음에는 물이나 맑은 음료보다는 걸쭉한 상태의 음료를 이용해 지도하다가, 점차 보통 음료의 농도에 가깝게 조금씩 묽게 함

기본이론 372-373p, 380-381p

- 비정상적인 반사
- 식사 기술 중재방법
- 비위관 섭식

**식사 기술의 어려움**
- 근긴장도 이상
- 비정상적인 반사
- 구강구조의 이상과 그에 따른 문제
- 식사 행동에 대한 학습 문제

**식사 기술 중재 방법**
- 자세의 교정
- 음식 수정
- 식사 방법 및 도구의 수정
- 구강운동의 준비
- 식사 시간 및 환경의 수정
- 신체적 보조 방법

**비구강 섭식**
- 개념
- 섭식 시 고려사항

**비구강 섭식**
- 구강을 통해 음식 섭취가 어렵거나 충분한 양의 영양분을 섭취하기 어려운 경우, 위에 직접 관을 넣어 음식물을 주입하는 방법
- **비위관 섭식(비강삽입관)**
  - 코를 통해 식도를 지나 위까지 관을 연결해 영양을 공급받음
  - 구강으로 필요한 만큼의 영양분을 섭취하지 못하는 학생들에게 일시적으로 도움을 주기 위한 짧은 해결책임
  - 불편하고 관이 빠지기 쉬워 흡인성 폐렴을 일으킬 가능성이 있음
- **위루관 섭식**
  - 위에 직접 관을 삽입하는 위루술을 통해 영양을 공급받음
  - 외과적 수술을 통해 관을 삽입하므로 아주 오래 사용 가능함

**비구강 섭식 시 고려사항**
- 튜브 섭식은 튜브를 통해 음식물을 섭취하는 학생이 상호작용에 참여할 수 있도록 또래들의 평상시 간식 시간, 식사 시간에 이루어지도록 함
- 직립 자세나 45도 각도의 자세가 음식물의 역류를 막을 수 있음
- 식사 후 최소한 45분간은 수직 또는 반수직 자세를 취하도록 지도함

②

---

2009학년도 중등 27

**10** 지체장애학생의 음식섭취에 관련된 특성과 학급 내에서의 일반적인 지원 방법에 관한 적절한 설명을 〈보기〉에서 모두 고른 것은?

| 보기 |

ㄱ. 구강섭식이 어려워 비강삽입관을 이용하여 비전형적인 방법으로 식사를 하는 학생의 경우, 반 친구들과는 다른 장소 및 시간에 식사하는 것이 바람직하다.

ㄴ. 목에 과신전이 있는 학생의 경우, 음료를 마실 때 금속이나 유리 재질의 보통 컵 대신에 한쪽이 둥글게 패인 플라스틱 재질의 투명한 컵을 이용하게 하여 과신전 가능성을 줄인다.

ㄷ. 신경근육계 손상으로 혀의 조절장애가 있는 학생은 연식의 섭취가 더 어려우므로 유동식으로 제공하는 것이 좋다. 하지만 지속될 경우 변비나 치아의 문제를 야기할 수 있으므로 주의한다.

ㄹ. 구역질 반사(gag reflex)가 있으면 입안에 강한 비자발적인 자극이 있어 음식을 먹다가 사레에 들리기 쉽다. 이 반사가 과민하면 큰 조각의 음식물이나 이상한 물체를 삼키는 것을 막지 못하므로 주의한다.

ㅁ. 학생에게 음식을 먹여줄 때, 음식을 주는 사람은 학생의 바로 앞에서 눈높이를 맞춰 앉아 식사를 보조한다. 학생이 음식을 먹을 때는 머리와 몸통의 위치, 그리고 힘이 가는 곳과 약해지는 곳을 관찰한다.

① ㄱ, ㄴ　　② ㄴ, ㅁ
③ ㄷ, ㄹ　　④ ㄱ, ㄷ, ㅁ
⑤ ㄴ, ㄹ, ㅁ

---

ㄱ. 비구강 섭식 시 정상화의 원리가 중요함

ㄴ. cut-away-cup

ㄷ. 혀의 조절장애가 있을 경우 연식(죽식, 반고형식)의 섭취가 유동식(퓨레형)보다 적절함

ㄹ. 구역질 반사가 과민하면 구토 증상으로 음식물을 삼키지 못함. 반면 구역질 반사가 과소하면 구토반사가 나타나지 않아 숨이 막히거나 음식물이 목에 자주 걸리게 됨

ㅁ. 음식을 먹일 때 음식은 학생의 얼굴 아래에 오는 것이 좋고, 먹이는 사람의 얼굴이 학생의 눈높이 또는 눈 아래에 있도록 낮은 의자에 앉아야 함
※ 교사의 위치는 학생의 머리(목) 조절력에 따라 달라짐

기본이론 380-381p

 위루관 섭식

 비구강 섭식
  ├ 개념
  └ 섭식 시 고려사항

 **위루관 섭식 시 주의사항**
- 위루관이 삽입된 피부 주위를 항상 건조하고 청결하게 유지함
- 위루관 막힘 등에 유의해야 함
- 학교에 있는 동안 튜브가 빠지는 상황이 발생하면 깨끗한 거즈로 입구를 덮어두고 즉시 병원에 연락을 취함

**비위관 섭식 시 주의사항**
- 또래에게 교육을 실시해 우연찮게 튜브를 당기지 않도록 함
- 음식을 주기 전에 관이 적절히 배치되어 있는지 점검함
- 공기가 위로 들어가면 구토, 설사, 경련이 발생할 수 있으므로 주의함

**비구강 섭식 시 고려사항**
- **섭식 참여 환경**: 또래들과의 평상시 간식 시간, 식사 시간에 이루어지도록 함
- **자세**: 식사 후 최소 45분 이상 수직 또는 반수직 자세를 취하도록 함

 튜브 섭식은 튜브를 통해 음식물을 섭취하는 학생이 상호작용에 참여할 수 있도록 또래들의 평상시 간식 시간, 식사 시간에 이루어지는 것이 적절하다.

식사 후 최소한 45분 이상 수직 또는 반수직 자세를 취하도록 지도한다.

---

2014학년도 중등 B3

**11** 다음의 (가)는 중도·중복장애 학생 A의 특성이고, (나)는 중도·중복장애 학생 B의 특성 및 소변 훈련 준비도 평가 결과이다. 학교 일과 중 언제 (가)의 밑줄 친 ㉠을 하는 것이 적절한지 쓰고, ㉠을 할 때 학생 A에게 적절한 자세를 1가지만 쓰시오. [3점]

(가) 학생 A의 특성

| ㉠ 위루관(G튜브)을 통해 영양 공급을 받음 |
|---|

# CHAPTER 10 용변 기술 지도

**01 용변 기술의 이해**
- 용변 기술의 발달
- 용변 기술의 평가
  - 용변에 대한 준비도 평가
  - 배설 패턴 평가
  - 배변 관련 기술의 평가

**02 용변 기술 중재 방법**
- 자세의 교정
- 화장실 사용 기술의 3단계 지도
  - 1단계: 배변 습관 형성(습관 만들기)
  - 2단계: 배변 욕구 표현(스스로 화장실 사용 시도하기)
  - 3단계: 스스로 배변 욕구를 느끼고 화장실 이용(독립적으로 화장실 사용하기)
- 집중 연습
- 관련 기술의 지도
- 일반화와 유지를 위한 훈련

참고자료 기본이론 383p

키워드 용변 기술의 평가

구조화 틀
**용변 기술의 평가**
- 용변에 대한 준비도 평가
- 배설 패턴 평가
- 배변 관련 기술의 평가

**핵심개념**

**용변에 대한 준비도 평가**
- 배변에 관련된 신경체계와 근육의 움직임을 갖춰야 함
- 기저귀가 젖었거나 더러워졌을 때, 얼굴 표정이나 몸짓 등으로 배변을 인식할 수 있을 때 훈련을 시작할 수 있음
- 생활연령은 2세 이상이어야 함
- 기저귀의 마른 상태를 최소한 1~2시간 정도는 유지해야 함
- 보통 하루 한 번 정도의 규칙적인 장운동이 나타나며, 하루 평균 3~5회의 소변이 같은 시간에 배출되는 정도로 일정한 패턴이 나타나야 함

**배설 패턴 평가**
- 자연스러운 배변 습관을 알기 위한 것으로, 부모의 참여를 통해 배설 형태와 장운동의 패턴을 확인하는 단계
- 자료의 수집을 위해서는 약 2~4주 정도의 기간 동안 매 시간 15~30분 간격으로 적절한 기호를 사용해 주된 배설 시간, 간격, 양 등을 기록함
- 처음에는 낮 시간 동안의 배설 패턴을 조사하고, 낮 시간 동안의 훈련이 성공적으로 끝난 후 밤 시간 동안에도 조사와 훈련을 실시함

**배변 관련 기술의 평가**
배변과 관련한 기술에는 옷 입기, 벗기, 닦기, 물 내리기, 손 닦기 등의 행동과 배변에 대한 의사표현, 어휘 이해 능력 등이 모두 포함됨

모범답안
소변 훈련을 받을 준비가 되었다. 그 이유는 하루 1~2시간 이상의 건조 시간을 보이기 때문이다. 또는 규칙적인 소변 패턴을 보이기 때문이다.

2014학년도 중등 B3

**01** 다음의 (가)는 중도·중복장애 학생 A의 특성이고, (나)는 중도·중복장애 학생 B의 특성 및 소변 훈련 준비도 평가 결과이다. (나)의 밑줄 친 ⓒ을 기초로 학생 B가 소변 훈련을 받을 준비가 되어 있는지, 그 여부를 판단할 수 있는 근거 1가지만 쓰시오. [3점]

(나) 학생 B의 특성 및 소변 훈련 준비도 평가 결과

- 소변보기와 관련된 생리적인 문제는 없음
- ⓒ 소변 훈련 준비도 평가 결과

| 시간\날짜 | 4/8 | 4/9 | 4/10 | 4/11 | 4/12 |
|---|---|---|---|---|---|
| 09:00 | − | + | + | + | − |
| 09:30 | + | − | − | − | + |
| 10:00 | + | + | + | + | + |
| 10:30 | + | + | + | + | + |
| 11:00 | − | + | + | + | − |
| 11:30 | + | − | − | − | + |
| 12:00 | + | + | + | + | + |
| 12:30 | + | + | + | + | + |
| 13:00 | + | + | + | + | + |
| 13:30 | − | − | − | + | − |
| 14:00 | + | + | + | − | + |
| 14:30 | + | + | + | + | + |
| 15:00 | + | + | + | + | + |

\* + : 기저귀가 마름, − : 기저귀가 젖음
\* 순간 표집법으로 측정함

기본이론 383-386p

• 용변 기술의 평가
• 용변 기술 중재방법

**용변 기술의 평가**
- 용변에 대한 준비도 평가
- 배설 패턴 평가
- 배변 관련 기술의 평가

**화장실 사용 기술의 3단계**
- 배변 습관 형성
- 배변 욕구 표현
- 스스로 배변 욕구 느끼고 화장실 이용

**용변에 대한 준비도 평가(Farlow & Snell, 2000.)**
• 최소 2세 이상의 생활연령
• 기저귀가 1~2시간 정도 건조한 상태를 유지
• 하루에 3~5회 정도 일정 시간에 배뇨하는 등 안정적인 배설 패턴을 보임
• 기저귀나 옷이 젖고 더러워지면 행동이나 표정으로 배설을 인식할 수 있음
• 변기에 앉아 균형을 유지할 수 있는 능력
• 부모의 생각과 협력 수준
• 의학적 상태나 배설기관의 문제

1) 아직 준비가 되지 않았다.
   첫째, 기저귀의 마른 상태를 최소한 1~2시간 이상 유지하지 못하고 둘째, 규칙적인 소변 패턴이 확립되지 않았기 때문이다.

2) 신체정렬

2015학년도 유아 A8

**02** 진희는 경직형 뇌성마비를 가진 5세 유아이다. 특수학교 강 교사는 신변처리 기술을 지도하기 위해 2주 동안 자료를 수집하였다. 다음은 진희의 배뇨와 착탈의 기술에 대한 현재 수준과 단기목표의 일부이다. [5점]

| 구분 | 현재 수준 | 단기목표 |
|---|---|---|
| 배뇨 | • 배뇨와 관련된 의학적 질병은 없음<br>• 1일 소변 횟수는 13~17회임<br>• 소변 간격은 10~60분임 | ㉠ 유아용 변기에 앉을 수 있다. |

1) 위 자료를 근거로 배뇨 학습을 위한 진희의 신체적 준비 여부를 판단하여 쓰고, 판단의 근거를 쓰시오. [2점]

2) 단기목표 ㉠에 도달하기 위해 물리치료사는 다음과 같은 지도상의 유의점을 알려주었다. A에 들어갈 알맞은 말을 쓰시오. [1점]

> 진희가 변기에 앉아서 옆으로 쓰러지지 않도록 하려면 자세 잡기부터 잘해주셔야 합니다. 앉은 자세에서 여러 가지 동작을 수행하려면 ( A ) 능력이 매우 중요하기 때문입니다.

적절한 신체 정렬과 자세는 신체의 각 부분이 최적의 균형과 최대의 신체 기능을 증진시킬 수 있는 상태를 말하는 것으로, 신체의 중력 중심이 정렬과 균형에 영향을 미침

기본이론 383-386p

- 용변 기술의 평가
- 용변 기술 중재방법

**용변 기술의 평가**
- 용변에 대한 준비도 평가
- 배설 패턴 평가
- 배변 관련 기술의 평가

**화장실 사용 기술의 3단계**
- 배변 습관 형성
- 배변 욕구 표현
- 스스로 배변 욕구 느끼고 화장실 이용

**훈련을 돕기 위한 환경 조절 방법(김혜리 외)**
- 앉기 자세가 불안정한 학생들이 적절한 자세를 유지할 수 있도록 손잡이나 등받이가 있는 보조기기를 활용할 수 있음
- 만약 변기가 학생에게 높다면 안정적으로 배변을 볼 수 있도록 발판을 준비하거나, 시시내나 핸드레일을 붙잡을 수 있도록 지도함
- 어린 지체장애 학생의 경우 이동식 변기나 변기 의자를 활용할 수 있으며, 중증의 지체장애로 변기를 사용할 수 없는 학생의 경우 휴대용 소변기를 사용해 소변을 보도록 지도할 수 있음
- 학생이 기저귀를 사용할 경우 소변 경보기를 사용하면 도움이 됨

**모범답안**
① 변기에 바르게 앉을 수 있도록 발판을 제공한다.
② 하루 평균 3~5번 소변이 같은 시간에 보이는 정도로 일정한 패턴을 보이는지 평가한다.
③ 배변 패턴이 밝혀지면 10분 전에 화장실로 데려가고 변기에 5분간 앉히는 경험을 규칙적으로 제공한다.

---

2025학년도 유아 A2

**03** (가)는 4세 지적장애 유아 윤서의 개별화교육계획 수립을 위한 유아 특수교사와 윤서 어머니의 대화이고, (나)는 그로부터 3개월 후 나눈 대화이다. 물음에 답하시오. [5점]

(가)

교 사: 어머님, 어머님께서 윤서에게 가장 필요하다고 생각하시는 교육 내용은 무엇인가요?
어머니: 무엇보다 용변 지도요. ㉠<u>윤서가 염색체 이상으로 태어났어요. 잔병치레가 잦아서 배변 훈련 같은 기초적인 양육도 신경 쓰지 못했어요.</u> 그래서인지 윤서가 4세인데 아직도 기저귀를 하고 있어요.
교 사: 그런 이유로 기저귀 떼는 시기를 놓치셨군요.
어머니: 네, 집에서 기저귀를 떼려고 윤서를 화장실에 데리고 가면 변기 앞에서 "아니야!" 하며 엉덩이를 빼면서 앉지 않아요.
교 사: 그렇군요. 혹시 집의 변기가 유치원과 크기가 다른가요? ㉡<u>변기의 높이가 다르면 변기에 앉을 때 불편해하고 불안해 할 수 있어요.</u>
어머니: 네, 유치원처럼 작은 변기가 아니고 집의 변기는 어른 변기예요.
교 사: 네, 그렇군요. 우선 변기에서 안정감을 느낄 수 있는 환경을 마련해 주세요.
어머니: 네, 선생님. 그다음에는 어떻게 지도하나요?
교 사: 윤서의 발달검사 결과에서 자조 영역의 발달연령이 2세 6개월이므로 윤서의 배변 훈련이 가능할 것으로 생각해요. 배변 훈련을 위해서는 기저귀가 최소 1~2 시간 정도 마른 상태로 유지되어야 해요. 이 외에도 ㉢<u>몇 가지 용변 기술 준비도 평가를 더 해야 해요.</u> 그다음 용변 지도의 ㉣<u>습관 훈련</u>을 시작하면 좋을 것 같아요. 윤서의 배변 훈련을 개별화교육계획에 포함하여 지도하겠습니다. 가정에서도 함께해 주세요.

**용변 준비도 평가**
- 생활연령 2세 이상
- 기저귀의 마른 상태를 최소한 1~2시간 정도 유지
- 보통 하루 한 번 정도의 규칙적인 장운동이 나타나며, 하루 평균 3~5번의 소변이 같은 시간에 보이는 정도로 일정한 패턴이 나타남

**용변 기술 지도 단계**
**1단계 - 배변 습관 형성**
- 규칙적인 스케줄대로 화장실에서 방광과 장 운동을 촉진시키는 것
- 배변 패턴이 밝혀지면 10분 전에 화장실로 데려가고 변기에 5분간 앉힌 후 교실로 돌아옴

2) (가)의 ① 밑줄 친 ㉡을 감소하기 위한 환경 조절 방법 1가지를 쓰고, ② 밑줄 친 ㉢에 해당하는 내용 1가지를 쓰시오. ③ 배변 훈련을 할 때 밑줄 친 ㉣의 지도 내용이 무엇인지 쓰시오. [3점]

기본이론 384-386p

용변 기술 중재방법

화장실 사용 기술의 3단계
- 배변 습관 형성
- 배변 욕구 표현
- 스스로 배변 욕구 느끼고 화장실 이용

**용변 기술 지도 단계(강혜경 외)**

**1단계 – 배변 습관 형성**
- 규칙적인 스케줄대로 화장실에서 방광과 장 운동을 촉진시키는 것
- 배변 패턴이 밝혀지면 패턴에 따른 배변 시간 10분 전에 화장실로 데려가고 변기에 5분간 앉힌 후 교실로 돌아옴

**2단계 – 배변 욕구 표현**
- 교사는 배변 욕구를 의미하는 단어나 신호에 민감하게 반응하고 일관성 있게 지도함
- 얼굴 표정이나 바짓가랑이를 잡아당기는 등의 표현을 할 때는 즉각적으로 적절한 행동을 취해야 하며, 이후 다른 사람이 봐도 알 수 있는 객관적인 표현 방법으로 수정해 지도함
- 화장실 사용을 지도하기 위해서는 말이나 몸짓 또는 그림 등 보완대체의 사소통 방법을 활용해 화장실에 가고 싶은 의사를 표시하도록 지도하는 것이 매우 중요함

**3단계 – 스스로 배변 욕구를 느끼고 화장실 이용**
- 진정한 의미에서 독립적인 화장실 사용 기술은 학생이 전반적인 배변처리 과정 전체에 참여하는 기술임
- 이 단계에서는 화장실 사용 기술을 혼자서도 능숙하게 사용하도록 일반화하고 숙달되도록 지도함
- 낮 시간 동안에 이루어지는 기술들이 밤 시간 동안에도 이루어질 수 있도록 가정에서도 같이 시작함

배변 패턴이 밝혀지면 패턴에 따른 배변 시간 10분 전에 화장실에 데리고 가서 변기에 앉는 경험을 제공한다.

---

2023학년도 중등 B5

**04** (가)는 신규교사와 수석교사가 나눈 대화의 일부이고, (나)는 배변 훈련 계획의 일부이다. 〈작성방법〉에 따라 서술하시오. [4점]

(나) 배변 훈련 계획

| 단계 | 내용 | 지도 중점 |
| --- | --- | --- |
| 사전 단계 | 배변일지 작성 | 매 15~30분 간격으로 기록 |
| 1단계 | ㉣<u>습관 훈련하기</u> | 반복적 훈련을 지속적으로 실시 |
| 2단계 | 스스로 시도하기 | 다양한 신호 관찰 |
| 3단계 | 독립적으로 용변 보기 | 일반화 및 유지 |

지도상 유의사항
- 학생의 자율성 존중
- 개인 사생활 보호 및 인권 존중
- 훈련 효과를 높이기 위해 가정과 유기적으로 협력

**작성방법**

(나)의 밑줄 친 ㉣에 해당하는 내용을 학생의 배변 시점을 기준으로 서술할 것.

참고자료 기본이론 384-386p

 키워드 용변 기술 중재방법

 구조화틀
화장실 사용 기술의 3단계
- 배변 습관 형성
- 배변 욕구 표현
- 스스로 배변 욕구 느끼고 화장실 이용

 핵심개념
**지체장애 학생 교육(박은혜 외)**
**1단계 - 습관 만들기**
- 1단계의 목적은 학생이 규칙적인 계획표에 따라 변기에 앉는 경험을 주는 것
- 화장실에 가는 것을 꺼리거나 공포를 느끼는 학생들의 경우 강제로 실시하지 않고 학생이 화장실에서 즐길 수 있는 활동들(예 세면대에서 거울 닦기, 손 씻기, 비눗방울 놀이 등)을 통해 화장실에 대한 거부감을 없앰

**2단계 - 스스로 화장실 사용 시도하기**
- 2단계의 목적은 학생이 화장실에 가야 할 필요를 인식하고 징후를 나타내도록 하는 것
- 학생이 젖어 있다는 느낌을 느끼지 못하게 하는 기저귀를 제거하고, 입고 벗기 편한 속옷을 입도록 지도함 → 처음에는 바지를 정기적으로 점검해 마른 채로 있을 때 강화하며, 실수하면 관심이나 강화를 하지 않고 옷을 갈아입히는 등의 단계를 통해 훈련을 시작함
- 이 단계에서는 화장실에 가고자 하는 학생의 행동 표현에 대한 민감한 관찰이 요구됨 → 학생의 표현 방법이 관찰되면 교사는 좀 더 긍정적이고 일반적으로 수용 가능한 표현을 할 수 있도록 물건, 사진, 단어들을 이용해 화장실에 가고 싶다는 표현을 지도함

**3단계 - 독립적으로 화장실 사용하기**
- 3단계의 목적은 학생이 화장실을 가야 한다는 것을 깨닫고, 화장실을 이용하는 모든 과정을 스스로 해내는 것
- 용변 기술을 일반화하고 좀 더 숙달되게 하는 것이 중요하며, 낮 시간의 훈련이 밤 시간 동안에도 이루어질 수 있도록 가정에서도 같이 시작함

 모범답안
① 단순모방 및 지시 따르기에 어려움이 있으므로 모델링보다는 신체적 촉진을 통해 턱의 조절을 도와야 한다.
③ 청각적 자극은 정서 발달은 촉진하나 신체 발달과는 무관하므로 작업치료, 물리치료, 운동치료 등을 제공해야 한다.

---

**2013학년도 추가초등 A2**

**05** 다음은 지체장애와 정신지체를 지닌 중도·중복장애 학생 현우의 전반적인 특성을 제시한 것이다. 물음에 답하시오. [5점]

| ○ 성별: 남 | ○ 연령: 8세 |

- 단순 모방, 지시 따르기, 상징 이해 능력이 매우 떨어져 기능 훈련에 어려움을 보임
- 스스로 용변 처리를 하거나 용변 의사를 표현할 수 없어서 기저귀를 착용하고 있음
- 자세 유지, 움직임과 이동이 곤란함
- 빨기, 씹기, 삼키기 등의 섭식 기능에 문제가 있음
- 다음과 같은 두드러진 건강상의 문제를 보임
  - ㉠ 요로 계통의 감염으로 인해 소변에서 유해한 세균이 검출되며, 배뇨통, 요의 절박(절박 요실금), 발열, 구토, 설사, 체중 증가 부진, 복통 등의 증상을 유발함
  - ㉡ 식사 도중 음식물이 역류하거나 음식물로 인해 목이 메어 구역질이나 기침을 자주 하며, 가슴앓이, 식도염증, 그리고 삼키기 곤란 증상으로 인하여 소화, 배설, 영양실조 등의 2차적 문제가 발생함

> 용변 기술 중재가 필요하며, 용변 의사를 표현할 수 없는 학생에게는 특히 용변 기술 지도 단계 중 2단계 지도가 필요함

1) 현우의 전반적 특성을 고려할 때, 다음 중 우선적으로 적용해야 할 교육 목표로서 적절하지 <u>않은</u> 것 2가지를 찾아 번호를 쓰고, 그 내용을 바르게 수정하시오. [2점]

① 교사 모델링을 통해 스스로 턱을 조절하여 씹을 수 있도록 한다.
② 다양한 감각을 활용하여 외부 환경 및 대상을 직접 경험할 수 있도록 한다.
③ 노래, 악기 등 음악이나 소리를 통한 청각적 자극을 제공하여 신체 및 정서 발달을 촉진한다.
④ 칩톡, 테크톡과 같은 음성출력 의사소통기기를 통해 용변 의사를 표현할 수 있도록 한다.

> 보완대체의사소통체계(AAC)는 도상성이 낮은 것부터 높은 것까지 다양한 상징체계를 활용할 수 있으므로, 상징 이해 능력이 매우 떨어지는 학생을 위해 도상성이 높은 상징을 활용해야 함

참고자료: 기본이론 384-386p

키워드: 용변 기술 중재방법

구조화툴:
**화장실 사용 기술의 3단계**
- 배변 습관 형성
- 배변 욕구 표현
- 스스로 배변 욕구 느끼고 화장실 이용

모범답안: ④

---

2011학년도 유아 16

**06** 만 4세 발달지체 유아 명수는 기저귀를 착용하고 유치원에 온다. 정 교사는 2008년 개정 특수학교 기본교육과정 사회과의 내용인 '화장실의 바른 사용법을 알고 용변 처리하기'를 명수에게 지도하고자 한다. 〈보기〉에서 적절한 지도방법을 모두 고른 것은?

┌ 보기 ┐

ㄱ. 명수가 생활하는 환경에서 일관성 있는 훈련 절차로 지도한다.
ㄴ. 용변 처리 훈련 기간 중에는 명수에게 입고 벗기 쉬운 옷을 입힌다.
ㄷ. 명수가 기저귀를 착용하지 않도록 용변 처리 훈련을 야간에도 동시에 시작한다.
ㄹ. 명수가 독립적으로 용변 처리를 할 수 있도록 지도하되, 필요한 경우 부분참여를 하도록 한다.

① ㄱ, ㄷ  ② ㄱ, ㄹ
③ ㄴ, ㄷ  ④ ㄱ, ㄴ, ㄹ
⑤ ㄴ, ㄷ, ㄹ

---

ㄱ. 다양한 장소의 화장실을 실수 없이 이용하기 위해서는 배변훈련 기술에 대한 일반화와 유지에 대해 여러 사람의 협조가 필요함 → 일관성 있는 지도를 위해 배변훈련에 대한 계획을 공유하고, 학교와 가정이 연계해 공통의 방법으로 지도할 때 더욱 효과적임

ㄷ. 낮 시간 동안에 이루어지는 기술들이 숙달되면 밤 시간 동안에도 이루어질 수 있도록 가정과 연계함

# CHAPTER 11 착탈의 기술 지도

**01** 착탈의 기술의 이해

**02** 착탈의 기술 중재 방법
- 자세의 교정
- 착탈의 지도
- 관련 기술의 지도
- 의복의 수정과 선택

**03** 자세에 따른 옷 입기
- 옆으로 누운 자세
- 무릎에 엎드린 자세
- 앉은 자세
- 바로 누운 자세

**04** 지체장애 유형에 따른 옷 입기
- 편마비
- 뇌성마비
  - 불수의 운동
  - 긴장성 미로반사
  - 긴장성 목반사
- 근이영양증
  - 상의 입고 벗는 방법
  - 바지 입고 벗는 방법

기본이론 390p

 편마비 착탈의 기술 지도

 지체장애 유형에 따른 옷 입기
- 편마비
- 불수의 운동형 뇌성마비
- 긴장성 미로반사를 가진 뇌성마비
- 긴장성 목반사를 가진 뇌성마비
- 근이영양증

핵심개념 **편마비 옷 입기 지도**
- 편마비의 경우 옷을 입을 때는 마비 쪽 소매를 먼저 끼워 넣어 어깨까지 입힌 후 비마비 쪽 소매를 끼워 넣음. 옷을 벗을 때는 마비 쪽 어깨를 벗긴 다음 비마비 쪽 상지를 소매부터 빼고 이어서 마비 쪽 소매를 뺌
- 바지는 마비 쪽 대퇴 부위까지 입고 나서 비마비 쪽 바지를 입음. 벗을 때는 역으로 비마비 쪽부터 벗음
- 머리부터 입는 셔츠는 마비 쪽 소매를 끼워 넣은 후 비마비 쪽 소매를 끼워 넣음. 셔츠 뒤의 옷자락을 잡고 머리부터 씌움. 벗을 때는 역으로 목 뒤의 옷자락을 잡아 앞으로 당겨 머리를 뺀 후 비마비 쪽 상지를 빼고 마비 쪽 상지를 뺌

 편마비 아동인 영희에게는 오른쪽 소매를 먼저 입고, 왼쪽 소매를 입도록 지도한다.

---

2017학년도 초등 A3

**01** (가)는 2015 개정 특수교육 교육과정 중 기본 교육과정 바른 생활과, 슬기로운 생활과, 즐거운 생활과에 대한 내용이고, (나)는 슬기로운 생활과 '가을풍경 관찰하기' 현장체험학습 계획 시 중도·중복장애 학생들의 특성에 따라 교사가 고려해야 하는 사항이다. 물음에 답하시오. [5점]

(나)

| 학생이름 | 특성 | 고려사항 |
| --- | --- | --- |
| 영희 | • 외상성 뇌손상(교통사고)<br>• 오른쪽 편마비, 인지적 손상, 언어장애를 보임 | 외출 전에 ⓒ상의(앞이 완전히 트인 긴소매) 입히는 순서 고려하기 |

※ 오른쪽 편마비를 가지고 있는 학생의 특성이 제시되어 있으므로 답안을 작성할 때 반드시 이를 반영해 작성해야 함

2) (나)의 ⓒ을 영희의 신체적 특성을 고려하여 쓰시오. [1점]

기본이론 390p

편마비 착탈의 기술 지도

**지체장애 유형에 따른 옷 입기**
- 편마비
- 불수의 운동형 뇌성마비
- 긴장성 미로반사를 가진 뇌성마비
- 긴장성 목반사를 가진 뇌성마비
- 근이영양증

**편마비 옷 입기 지도**
- 편마비의 경우 옷을 입을 때는 마비 쪽 소매를 먼저 끼워 넣어 어깨까지 입힌 후 비마비 쪽 소매를 끼워 넣음. 옷을 벗을 때는 마비 쪽 어깨를 벗긴 다음 비마비 쪽 상지를 소매부터 빼고 이어서 마비 쪽 소매를 뺌
- 바지는 마비 쪽 대퇴 부위까지 입고 나서 비마비 쪽 바지를 입음. 벗을 때는 역으로 비마비 쪽부터 벗음
- 머리부터 입는 셔츠는 마비 쪽 소매를 끼워 넣은 후 비마비 쪽 소매를 끼워 넣음. 셔츠 뒤의 옷자락을 집고 머리부터 씌움. 벗을 때는 역으로 목 뒤의 옷자락을 잡아 앞으로 당겨 머리를 뺀 후 비마비 쪽 상지를 빼고 마비 쪽 상지를 뺌

우측 마비 쪽 대퇴 부위까지 입고 나서 좌측 비마비 쪽 바지를 입는다.

---

2020학년도 중등 B10

**02** (가)는 ○○중학교에 재학 중인 지체장애 학생 3명의 특성이고, (나)는 체육교사가 이를 바탕으로 작성한 지도 계획의 일부이다. 〈작성방법〉에 따라 서술하시오. [4점]

(가) 특성

| 학생 | 특성 |
|---|---|
| L | • 뇌성마비<br>• 뇌손상 부위와 마비 부위는 다음과 같음<br>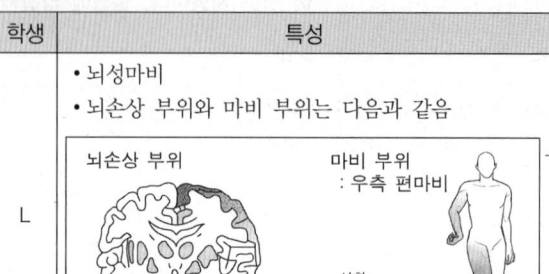 |

신경은 교차되므로 좌측 대뇌피질 손상은 우측 신체에 마비를 초래함

(나) 지도 계획

| 학생 | 지도 시 유의사항 |
|---|---|
| L | • 신체의 양쪽을 사용하도록 지도하기<br>• 체육복 착·탈의 점검하기<br> (단기목표: ⓒ체육복 바지 입기) |

┌ **작성방법** ┐
(나)의 밑줄 친 ⓒ의 절차를 학생 L의 마비 부위를 고려하여 서술할 것.

# CHAPTER 12 부분참여의 원리

**01** 부분참여의 원리에 대한 이해
- 부분참여 원리의 정의
- 부분참여 원리의 장점

**02** 부분참여 원리의 잘못된 적용과 중재
- 수동적 참여
- 근시안적 참여
- 부족한 참여(참여 기회의 상실)
- 비정규적 참여(단편적 참여)

---

**참고자료** 기본이론 393-394p

**키워드** 부분참여의 원리

**구조화틀** 부분참여의 원리
- 정의
- 부분참여 방법
- 장점

**핵심개념** 부분참여의 원리
- 중도장애인이 활동의 모든 면에 참여하지 못한다 하더라도 그들이 할 수 있는 한 활동의 일부라도 최대한 참여해야 한다는 원리
- 이를 통해 학교와 지역사회 환경의 다양한 활동에서 적어도 부분적으로는 덜 제한적인 기능을 하는 데 도움이 되는 많은 기술을 학습할 수 있음
- 절차 없이 단지 수업에 참여하는 것만으로는 부분참여의 원리가 적용된다고 볼 수 없기 때문에, 과제분석(현행 수준)과 그에 따른 수업지도 방안(참여 촉진 방안)이 계획되어야 함

**모범답안** 부분참여의 원리

---

2013학년도 유아 B5

**01** 다음은 통합유치원의 신체운동·건강영역 활동이다. 영철이는 만 5세 발달지체 유아이다. 물음에 알맞은 답을 하시오. [5점]

(나)

영철 어머니: 선생님, 우리 영철이는 또래에 비해 발달이 느린 것 같아서 걱정이에요. 그래서 영철이가 위축되고 자신감도 없어 보여서… 어떻게 해야 될지 모르겠어요.

김 교 사: 네, 어머니, 걱정 많으시죠? ⓒ유치원에서 영철이가 활동의 모든 면에 참여하는 것은 어려워요. 하지만 영철이가 할 수 있는 부분의 역할이나 과제를 주어 활동의 일부에라도 최대한 함께 할 수 있도록 하고 있어요.
그러니 어머니께서도 영철이를 ㉣따뜻하게 안아주고 자주 칭찬해주세요. 그러면 영철이의 자존감이 향상되고 자신을 긍정적 존재로 인식하는 데 도움이 될 거예요.

3) ⓒ에 적용된 참여지원전략을 쓰시오. [1점]

참고자료 기본이론 393-394p

 키워드 부분참여의 원리

 구조화틀 부분참여의 원리
- 정의
- 부분참여 방법
- 장점

 핵심개념 부분참여의 원리
- 중도장애인이 활동의 모든 면에 참여하지 못한다 하더라도 그들이 할 수 있는 한 활동의 일부라도 최대한 참여해야 한다는 원리
- 이를 통해 학교와 지역사회 환경의 다양한 활동에서 적어도 부분적으로는 덜 제한적인 기능을 하는 데 도움이 되는 많은 기술을 학습할 수 있음
- 절차 없이 단지 수업에 참여하는 것만으로는 부분참여의 원리가 적용된다고 볼 수 없기 때문에, 과제분석(현행 수준)과 그에 따른 수업지도 방안(참여 촉진 방안)이 계획되어야 함

 모범답안 주하는 ○○○에만 친구 이름을 넣어 부르게 한다.

2020학년도 유아 B5

**02** (가)는 5세 발달지체 유아들의 행동특성이고, (나)는 음악활동 자료이며, (다)는 활동계획안이다. 물음에 답하시오. [5점]

(가)

| | |
|---|---|
| 민정 | • 활동 시 교사의 말에 집중하는 시간이 짧음<br>• 대집단 활동 시 활동영역을 떠나 돌아다니는 경우가 많음 |
| 주하 | • 음악활동은 좋아하나 활동 참여시간이 짧음<br>• 일상생활에서 자주 사용하는 3음절의 단어(사람, 사물 이름)로 말함 |
| 소미 | • 수줍음이 많고 활동 참여에 소극적임<br>• 수업 중 앉아 있는 시간이 짧음 |

(다)

| 활동목표 | …(생략)… | |
|---|---|---|
| | 활동 방법 | 자료(㉣) 및 유의점(㉤) |
| 활동 1 | • '○○○ 옆에 누가 있나요?' 노래를 듣는다.<br>- 노래 전체 듣기<br>- 노랫말 알아보기 | ㉣ '○○○ 옆에 누가 있나요?' 노래 음원, 그림악보<br>㉤ ㉠ 민정, 주하, 소미가 일정 시간 동안 활동에 참여하면 각자 원하는 놀이를 하게 해준다. |
| 활동 2 | • 다양한 방법으로 노래를 부른다.<br>- 한 가지 소리(아아아~)로 불러보기<br>- 친구 이름 넣어서 노래해보기<br>- 유아들을 나누어 불러보기<br>- 다함께 불러보기<br>…(중략)… | ㉤ 민정이는 좋아하는 또래들과 어깨동무를 하고 노래 부르게 한다.<br>㉤ 주하는 ○○○에만 친구 이름을 넣어 부르게 한다.<br>㉤ 바닥에 원형 스티커를 붙여 놓고 자리를 이동하며 노래 부르게 한다. |
| 활동 3 | • 리듬악기를 연주해본다.<br>- 리듬패턴 그림을 보며 리듬 알아보기<br>- 리듬에 맞추어 손뼉 치기<br>- 리듬에 맞추어 리듬악기 연주하기 | ㉤ 리듬패턴은 그림악보로 제공한다.<br>㉤ 유아가 익숙하게 다룰 수 있는 리듬악기를 제공한다.<br>㉤ 소미가 친구들에게 리듬악기를 나누어주도록 한다. |

※ 주하의 현행 수준을 고려해 '다양한 방법으로 노래 부르기' 활동에 참여할 수 있도록 지원하고 있으므로 부분참여의 원리에 해당함

※ '리듬악기 연주' 활동과 관련된 소미의 현행수준이 제시되어 있지 않고, '리듬악기 연주' 활동과 무관한 '리듬악기 나누어주기'에 참여하는 것은 부분참여 원리로 볼 수 없음. 오히려 잘못된 부분참여 원리 중 근시안적 참여로 볼 수 있음

3) (다)의 활동 2와 활동 3의 '자료 및 유의점' 중에서 부분참여의 원리를 적용한 내용을 찾아 쓰시오. [1점]

참고자료
기본이론 393-394p

키워드
부분참여의 원리

구조화틀
부분참여의 원리
- 정의
- 부분참여 방법
- 장점

핵심개념
부분참여의 원리
- 중도장애인이 활동의 모든 면에 참여하지 못한다 하더라도 그들이 할 수 있는 한 활동의 일부라도 최대한 참여해야 한다는 원리
- 이를 통해 학교와 지역사회 환경의 다양한 활동에서 적어도 부분적으로는 덜 제한적인 기능을 하는 데 도움이 되는 많은 기술을 학습할 수 있음
- 절차 없이 단지 수업에 참여하는 것만으로는 부분참여의 원리가 적용된다고 볼 수 없기 때문에, 과제분석(현행 수준)과 그에 따른 수업지도 방안(참여 촉진 방안)이 계획되어야 함

모범답안
부분참여의 원리

2022학년도 유아 A4

**03** (가)는 유아특수교사 김 교사가 지체장애 유아 진수에 대해 작성한 일지의 일부이고, (나)는 김 교사와 진수 어머니의 대화이며, (다)는 신체활동의 예시이다. 물음에 답하시오. [5점]

(가)

| 바깥 놀이터에서 |
|---|
| (진수는 놀이를 하는 친구들을 보고 있음)<br>민지: 진수야, 너도 같이 할래?<br>진수: 아니.<br>교사: 진수도 같이 놀고 싶니?<br>진수: 네. 놀고 싶어요.<br>교사: 근데 왜 민지에게 "아니"라고 했어?<br>진수: 넘어질까봐 무서워요.<br>교사: 그러면 민지에게 넘어질까봐 무섭다고 말하렴.<br>민지: 선생님, 진수랑 같이 놀고 싶은데, 어떻게 해야 할지 모르겠어요. |

[고민]
- 진수는 하지근육이 약해져서 자세가 불안정하고 자주 넘어지며 뛰는 것을 힘들어한다.
- 모든 유아가 놀이에 참여할 수 있는 방법은 무엇일까?

| 교실에서 |
|---|
| 교사: 오늘은 진수와 어떻게 하면 함께 놀 수 있을지 얘기해볼까요?<br>민지: 진수랑 같이 교실에서 놀아요.<br>지은: 뛰지 말고 앉아서 엉덩이 걸음으로 놀이해요.<br>인호: 기어서 놀이하면 더 재밌을 것 같아요.<br>미주: 술래도 앉아서 해요. 그럼 진수도 술래 할 수 있어요.   [A]<br>교사: 진수의 생각은 어떤지 들어볼까?<br>진수: 나도 같이 놀아서 너무 기뻐.<br>인호: 진수야, 넌 나랑 기어갈래?<br>진수: 나는 걸어서 갈 수 있어. 뛰지만 않으면 돼.<br>민지: 그럼, 우리 뛰는 것만 빼고, 걷거나, 기거나, 엉덩이 걸음으로 게임하면 좋겠어. |

[성찰]
- 유아들은 놀이를 계획하면서 적극적으로 자신의 생각을 말하고 친구들과 사이좋게 지내려고 하였다. 앞으로도 이러한 시간을 자주 가져야겠다.
- 유아들의 제안에 따라 '사과반 꽃이 피었습니다' 놀이를 하였다. 유아들은 교실에서 다양한 동작으로 재미있게 놀았고, 진수도 자신감 있게 적극적으로 놀이에 참여하는 모습을 보니 흐뭇했다.
- ㉠ 진수의 사회 정서 발달영역 목표 '상황에 맞게 자신의 감정을 말로 표현할 수 있다.'를 다양한 놀이에 삽입하여 연습할 수 있게 하였다.

> 참여지원방법 → 중도장애 아동이 주어진 과제 활동의 모든 단계에 혼자의 힘으로 참여할 수 없다 하더라도 선택된 요소들, 또는 적정히 수정된 과제를 수행하도록 지원함

1) (가)의 [A]에서 진수를 위해 적용한 참여지원방법을 쓰시오. [1점]

기본이론 393-396p

부분참여의 원리

부분참여의 원리
- 정의
- 부분참여 방법
- 장점

**부분참여의 원리**
- 중도장애인이 활동의 모든 면에 참여하지 못한다 하더라도 그들이 할 수 있는 한 활동의 일부라도 최대한 참여해야 한다는 원리
- 이를 통해 학교와 지역사회 환경의 다양한 활동에서 적어도 부분적으로는 덜 제한적인 기능을 하는 데 도움이 되는 많은 기술을 학습할 수 있음
- 절차 없이 단지 수업에 참여하는 것만으로는 부분참여의 원리가 적용된다고 볼 수 없기 때문에, 과제분석(현행 수준)과 그에 따른 수업지도 방안(참여 촉진 방안)이 계획되어야 함

**부분참여 원리의 잘못된 적용과 중재**

| | |
|---|---|
| 수동적 참여 | 자연스러운 환경에 배치되었으나 적극적으로 활동에 참여하는 것이 아니라 또래들의 활동을 관찰하는 것 |
| 근시안적 참여 | 교사가 교육과정의 관점들 중 한 가지 혹은 몇 가지만을 좁은 시야로 집중하고, 학생이 학습의 전반적인 기회들로부터 이득을 보지 못하도록 하는 것 |
| 부족한 참여 (참여기회 상실) | 학생이 독립적으로 활동을 하기 위해 너무 많은 시간과 노력을 기울이게 함으로써 더 많은 활동에 참여할 기회를 상실하게 하는 것 |
| 비정규적 참여 (단편적 참여) | 학생이 몇몇 활동들에 비정기적으로 참여하는 것 |

① 부분참여의 원리
② 근시안적 참여

**04** (가)는 특수교육대상 유아의 특성이고, (나)는 유아교사 최 교사의 관찰 기록이다. (다)는 유아 특수교사 김 교사와 유아교사 최 교사의 대화와 통합학급 놀이 장면이다. 물음에 답하시오. [5점]

(다)

김 교사: 네, 다른 아이들 수준도 고려해서 모둠을 나누고 활동에 대해 더 계획해 보아요. 그리고 활동할 때 주아가 편마비로 인해 모든 단계에서 독립적으로 수행할 수는 없더라도 ( ⓒ )의 원리를 적용해서 참여할 수 있도록 지원해 주세요.

…(하략)…

〈기린 모둠 놀이 장면〉

도 훈: (풀칠한 돌 그림을 종이집에 붙이며) 주아야, 너도 여기 붙여 줘.
주 아: 응. 알았어. (한 손으로 풀칠을 하려고 시도 하지만 풀을 놓쳐서 떨어뜨린다.)
최 교사: (주아에게 무, 돌, 흙 그림을 건네주며) 주아는 풀칠하는 것이 어려우니까 친구들한테 그림을 나누어 주자.
주 아: 선생님, 저도 종이집에 그림을 붙이고 싶어요. [B]
최 교사: 그런데 친구들한테 그림이 많이 필요하니까 주아가 그림을 나누어 주면 좋겠어.
주 아: (작은 목소리로) 네.
(주아는 놀이가 마무리될 때까지 한옥 꾸미기에 참여하지 못하고 다른 유아에게 필요한 그림만 나누어 주었다.)

1) (다)의 ① 괄호 안의 ⓒ에 들어갈 원리의 명칭을 쓰고, 이에 근거하여 ② [B]에 나타난 원리의 오류 유형을 쓰시오. [1점]

2011학년도 초등 30

**05** 최 교사는 2008년 개정 특수학교 기본교육과정 실과 가정생활 영역 '음식 만들기와 식사하기' 내용을 지도하기 위해 다음과 같이 '감자 샌드위치 만들기 활동' 단계를 분석하였다. 〈보기〉는 중도 정신지체 학생 희수가 혼자서 할 수 없는 단계에 대한 활동참여 계획이다. 이 중 Baumgart 등이 제시한 '부분참여 원리'를 적절하게 적용한 내용을 모두 고른 것은?

| 감자 샌드위치 만들기 활동 | 수행수준 |
|---|---|
| 1단계: 흐르는 물에 감자를 씻는다. | ○ |
| 2단계: 칼로 감자를 깎는다. | × |
| 3단계: 냄비에 감자를 넣고 삶는다. | × |
| 4단계: 식은 감자를 움푹한 그릇에 넣어 으깬다. | × |
| 5단계: 으깬 감자에 치즈와 마요네즈를 넣는다. | ○ |
| 6단계: 5단계 재료에 잘게 썬 채소를 넣어 감자 샐러드를 만든다. | ○ |
| 7단계: 6단계에서 준비된 으깬 감자 샐러드를 식빵에 바른다. | × |
| 8단계: 감자 샐러드를 바른 식빵 위에 식빵 한 장을 덮는다. | ○ |
| 9단계: 감자 샌드위치를 세모 모양으로 잘라 접시에 담는다. | × |

*○: 혼자서 할 수 있음, ×: 혼자서 할 수 없음

┌ 보기 ┐

ㄱ. 2단계에서는 다칠 위험이 있기 때문에 교사가 대신 해준다.
ㄴ. 3단계에서는 현재 할 수 있는 기술인 '냄비에 감자 넣기'를 하게 한다.
ㄷ. 4단계에서는 움푹한 그릇 대신 자동으로 으깨는 기구에 식은 감자를 넣어주고, 작동버튼을 누르게 한다.
ㄹ. 7단계에서는 으깬 감자 샐러드를 식빵에 바르는 친구들의 활동을 관찰하게 한다.
ㅁ. 9단계에서는 감자 샌드위치를 자르지 않고 그대로 접시에 담게 한다.

① ㄱ, ㄹ
② ㄴ, ㄷ
③ ㄷ, ㅁ
④ ㄴ, ㄷ, ㄹ
⑤ ㄴ, ㄷ, ㅁ

---

 기본이론 393-396p

- 부분참여의 원리
- 부분참여 원리의 잘못된 적용과 중재

**부분참여의 원리**
- 정의
- 부분참여 방법
- 장점

**부분참여의 원리의 잘못된 적용과 중재**
- 수동적 참여
- 근시안적 참여
- 부족한 참여
- 비정규적 참여

 **부분참여 원리의 잘못된 적용과 중재**

| | |
|---|---|
| 수동적 참여 | 자연스러운 환경에 배치되었으나 적극적으로 활동에 참여하는 것이 아니라 또래들의 활동을 관찰하는 것 |
| 근시안적 참여 | 교사가 교육과정의 관점들 중 한 가지 혹은 몇 가지만을 좁은 시야로 집중하고, 학생이 학습의 전반적인 기회들로부터 이득을 보지 못하도록 하는 것 |
| 부족한 참여 (참여기회 상실) | 학생이 독립적으로 활동을 하기 위해 너무 많은 시간과 노력을 기울이게 함으로써 더 많은 활동에 참여할 기회를 상실하게 하는 것 |
| 비정규적 참여 (단편적 참여) | 학생이 몇몇 활동들에 비정기적으로 참여하는 것 |

 ⑤

---

절차 없이 단지 수업에 참여하는 것만으로는 부분참여의 원리가 적용된다고 볼 수 없기 때문에, 과제분석(현행 수준)과 그에 따른 수업지도 방안(참여 촉진 방안)이 계획되어야 함

ㄱ. 교사가 과제를 대신 해주기보다는 혼자의 힘으로 참여할 수 없다 하더라도 선택된 요소들, 또는 적절히 수정된 과제를 수행하도록 지원해야 함

ㄹ. 친구들의 활동을 관찰만 하도록 하는 것은 잘못된 부분참여의 원리 중 수동적 참여에 해당함

기본이론 393-396p

- 부분참여의 원리
- 부분참여 원리의 잘못된 적용과 중재

**부분참여의 원리**
- 정의
- 부분참여 방법
- 장점

**부분참여의 원리의 잘못된 적용과 중재**
- 수동적 참여
- 근시안적 참여
- 부족한 참여
- 비정규적 참여

**부분참여 원리의 장점**
- 학생의 자존감을 높임
- 학생의 이미지와 역량에 긍정적 영향을 주기 때문에 사회적 역할 가치화 개념을 실현함

**부분참여 원리의 잘못된 적용과 중재**

| 수동적 참여 | 자연스러운 환경에 배치되었으나 적극적으로 활동에 참여하는 것이 아니라 또래들의 활동을 관찰하는 것 |
|---|---|
| 근시안적 참여 | 교사가 교육과정의 관점들 중 한 가지 혹은 몇 가지만을 좁은 시야로 집중하고, 학생이 학습의 전반적인 기회들로부터 이득을 보지 못하도록 하는 것 |
| 부족한 참여 (참여기회 상실) | 학생이 독립적으로 활동을 하기 위해 너무 많은 시간과 노력을 기울이게 함으로써 더 많은 활동에 참여할 기회를 상실하게 하는 것 |
| 비정규적 참여 (단편적 참여) | 학생이 몇몇 활동들에 비정기적으로 참여하는 것 |

①

---

2012학년도 중등 37

**06** 다음은 중도·중복장애 학생 A의 통합학급 과학과 수업 참여 방법에 대해 교사들이 나눈 대화이다. ㉠~㉤ 중에서 옳은 것만을 있는 대로 고른 것은?

최 교사: 학생 A를 과학과 수업에 참여시키기 위해 '최소위험가정(least dangerous assumption)'의 기준을 적용할 수 있겠어요. 분명한 근거 없이 장애가 심하다고 통합 학급 수업에 따라가지 못할 것이라는 가정을 함부로 해서는 안 된다는 것이죠.

강 교사: 수업 활동 중에 학생 A가 스스로 하기 어려운 활동도 있겠지만, ㉠<u>부분참여의 원리</u>를 적용해서 친구들에게 모두 의존하지 않고 활동에 일정 수준 참여하게 한다면 활동을 통해 배우게 될 뿐만 아니라 자존감도 높아진다고 생각해요.

최 교사: ㉡<u>'부분참여의 원리'를 적용하는 것은 통합학급에서 학생 A의 이미지와 역량에 긍정적인 영향을 줄 수 있다는 점에서 '사회적 역할 가치화(social role valorization)'라는 개념을 실현하는 것으로 볼 수 있어요.</u>

강 교사: ㉢<u>과학 수업이 매주 3시간 있는데, 2시간은 수업에 참여하고 1시간은 치료지원을 받게 하면, '부분참여의 원리'도 살리고 치료 지원과 학습 요구의 균형도 이룰 수 있습니다.</u>

김 교사: 학생 A를 교수 방법으로 ㉣'<u>최소개입촉진(least intrusive promptings)의 원리</u>'에 따라 효과적인 교수법 중 가장 간단하고 사용하기 쉬운 것을 선택하도록 하지요.

강 교사: 학생 A의 운동장애를 감안한다면, 신체적 도움이 필요해요. ㉤<u>학습 단계 초기에는 도움을 주지 않다가 필요할 때는 즉시 촉진을 제공할 수 있고, 과제 수행에 따라 점차 신체적인 안내를 늘려가는 점진적 안내(graduated guidance)</u>가 좋겠어요.

㉠ 부분참여 원리의 '학생 측면'에서의 장점

㉡ 부분참여 원리의 '사회적 측면'에서의 장점

㉢ 잘못된 부분참여 원리 중 비정규적 참여(단편적 참여)에 해당함

① ㉠, ㉡
② ㉢, ㉣
③ ㉠, ㉡, ㉣
④ ㉠, ㉡, ㉣, ㉤
⑤ ㉡, ㉢, ㉣, ㉤

참고자료

기본이론 393-396p

키워드

- 부분참여의 원리
- 부분참여 원리의 잘못된 적용과 중재

구조화틀

부분참여의 원리의 잘못된 적용과 중재
- 수동적 참여
- 근시안적 참여
- 부족한 참여
- 비정규적 참여

핵심개념

**부분참여 원리의 잘못된 적용과 중재**

| | |
|---|---|
| 수동적 참여 | 자연스러운 환경에 배치되었으나 적극적으로 활동에 참여하는 것이 아니라 또래들의 활동을 관찰하는 것 |
| 근시안적 참여 | 교사가 교육과정의 관점들 중 한 가지 혹은 몇 가지만을 좁은 시야로 집중하고, 학생이 학습의 전반적인 기회들로부터 이득을 보지 못하도록 하는 것 |
| 부족한 참여 (참여기회 상실) | 학생이 독립적으로 활동을 하기 위해 너무 많은 시간과 노력을 기울이게 함으로써 더 많은 활동에 참여할 기회를 상실하게 하는 것 |
| 비정규적 참여 (단편적 참여) | 학생이 몇몇 활동들에 비정기적으로 참여하는 것 |

모범답안

부분참여의 원리는 학생의 이미지와 역량에 긍정적 영향을 주기 때문에 사회적 역할 가치화 개념을 실현할 수 있다.
ⓒ 잘못된 부분참여의 원리 중 참여기회의 상실로, 다른 학생들이 물건값을 계산할 때 완성하지 못한 쓰기 과제를 하는 것은 더 많은 활동에 참여할 기회를 상실하게 하는 것이다.
ⓒ 잘못된 부분참여의 원리 중 수동적 참여로, 활동을 관찰하게 하는 것은 적극적으로 활동에 참여하지 못하게 한다.
ⓔ 잘못된 부분참여의 원리 중 근시안적 참여로, 다른 학생의 상자를 움직이지 않게 붙잡아주도록 하는 것은 학습의 전반적인 기회들로부터 이득을 보지 못하도록 한다.

---

2016학년도 중등 A9

**07** (가)는 학생 A에 대한 정보이고, (나)는 학생 A를 위해 예비교사가 부분참여의 원리를 적용하여 작성한 활동 참여 계획이다. 사회적 관점에서 학생이 얻을 수 있는 부분참여의 이점을 쓰고, 학생 A의 활동목표를 고려하였을 때, ㉠~㉤ 중에서 부분참여의 원리가 잘못 적용된 것의 기호 3가지를 쓰고, 각각의 문제점을 설명하시오. [4점]

※ 부분참여 원리의 다양한 장점 중 '사회적 관점'에서의 장점에 초점을 맞춰 답안을 작성해야 함

(가) 학생 A의 정보

- 뇌성마비(경직형 왼쪽 편마비)
- 첨족으로 스스로 걸을 수 있으나 핸드레일을 잡아야 함
- 왼쪽 어깨, 팔꿈치, 손목은 몸의 안쪽을 향해 구축과 변형이 있음
- 왼쪽 엄지손가락이 손바닥 쪽으로 굽어진(thumb-in-palm) 채 구축이 되어 변형됨
- 구어로 의사소통하는 데 어려움이 있어 음성출력 의사소통기기를 사용함

(나) 활동 참여 계획

| 학생 A의 활동목표 | 학생 A의 현행 수행 수준 | 참여 촉진 방법 |
|---|---|---|
| 이야기를 읽고 내용을 파악하는 질문에 답할 수 있다. | 이야기를 읽고 중요한 내용을 표현할 수 있음 | ㉠ 제재 글과 관련된 어휘 목록을 교사가 의사소통 기기에 미리 구성해 두고 활동에 참여하게 함 |
| 구입한 물건값을 계산할 수 있다. | 지폐와 동전의 구분은 가능하나 물건값을 계산하기 어려워 함 | ㉡ 다른 학생들이 물건값을 계산하는 과제를 푸는 동안 바로 앞 시간에 마치지 못한 쓰기 과제를 완성하게 함 |
| 탈 만들기를 할 때 탈 틀에 종이 죽을 붙일 수 있다. | 왼손의 변형으로 인해 종이 죽을 붙이는 데 어려움이 있음 | ㉢ 다른 학생들이 탈 틀에 종이 죽을 붙이는 동안 선생님이 학생 A의 것을 붙이고 학생 A에게 이를 지켜보게 함 |
| 조립 순서에 맞게 상자를 조립할 수 있다. | 양손과 팔을 자유롭게 움직이기 어려워 접이선대로 상자를 접지 못함 | ㉣ 다른 학생들이 상자조립을 완료할 때까지 학생 A가 다른 학생의 상자를 움직이지 않게 붙잡아주도록 함 |
| 칫솔을 쥐고 이를 닦을 수 있다. | 칫솔을 쥘 수 있지만 손목의 회전과 상하 움직임이 자유롭지 않음 | ㉤ 전동 칫솔을 사용하여 앞니는 학생 A가 닦게 하고 어금니는 교사가 닦아줌 |

절차 없이 단지 수업에 참여하는 것만으로는 부분참여의 원리가 적용된다고 볼 수 없기 때문에, 과제분석(현행 수준)과 그에 따른 수업지도 방안(참여 촉진 방안)이 계획되어야 함

참고자료: 기본이론 393-396p

 키워드: 부분참여 원리의 잘못된 적용과 중재

 구조화틀: 부분참여의 원리의 잘못된 적용과 중재
- 수동적 참여
- 근시안적 참여
- 부족한 참여
- 비정규적 참여

핵심개념: 부분참여 원리의 잘못된 적용과 중재

| 수동적 참여 | 자연스러운 환경에 배치되었으나 적극적으로 활동에 참여하는 것이 아니라 또래들의 활동을 관찰하는 것 |
|---|---|
| 근시안적 참여 | 교사가 교육과정의 관점들 중 한 가지 혹은 몇 가지만을 좁은 시야로 집중하고, 학생이 학습의 전반적인 기회들로부터 이득을 보지 못하도록 하는 것 |
| 부족한 참여 (참여기회 상실) | 학생이 독립적으로 활동을 하기 위해 너무 많은 시간과 노력을 기울이게 함으로써 더 많은 활동에 참여할 기회를 상실하게 하는 것 |
| 비정규적 참여 (단편적 참여) | 학생이 몇몇 활동들에 비정기적으로 참여하는 것 |

 모범답안:
① 부분참여의 원리
② 근시안적 참여로 인해 학습의 전반적인 기회들로부터 이득을 보지 못한다.

---

2024학년도 초등 B5

**08** (가)는 특수교사와 통합학급 교사가 실과 6학년 수업 계획에 대해 나눈 대화의 일부이고, (나)는 특수교사가 민우의 '프로그래밍 요소와 구조' 수업을 위해 만든 수업 자료의 일부이다. 물음에 답하시오. [6점]

(가)

통합학급 교사: 민우가 움직임에 제한이 많아서 간단한 음식 만들기 활동에 참여할 수 있을지 고민이에요.

특 수 교사: ⓒ과제분석이 된 각 단계를 '완료되면 음식 꺼내기'부터 하나씩 배울 수 있도록 지도하면 될 거예요. 그리고 민우가 전체 활동에 항상 동일하게 참여해야 하는 것은 아니에요. 민우가 최대한 독립적으로 참여할 수 있도록 각 단계를 조정해 주면, 민우가 적극적으로 참여할 수 있을 거예요. 민우가 전자레인지에 시간 설정하는 방법을 배우는 것은 의미 있을 것 같아요. [A]

통합학급 교사: 그럼 ⓒ다른 학생들이 간단한 음식 만들기를 하는 동안 민우는 시간 설정을 하기 위해 숫자쓰기를 연습할 수 있도록 해야겠어요.

(나)

- 전자레인지로 간단한 음식 만들기 활동 속에서 프로그램의 구조 익히기

| ① 전자레인지 문을 연다. | ④ 시간을 설정한다. |
|---|---|
| ② 음식을 넣는다. | ⑤ 시작 버튼을 누른다. |
| ③ 전자레인지 문을 닫는다. | ⑥ 완료되면 음식을 꺼낸다. |

[B]

- 전자레인지로 간단한 음식 만들기 순서 나열하기

…(중략)…

2) ① (가)의 [A]에 해당하는 중도중복장애 학생의 교수 원리를 쓰고, ② [A]를 근거로 ⓒ의 문제점을 1가지 쓰시오. [2점]

# CHAPTER 13 의사소통 지도

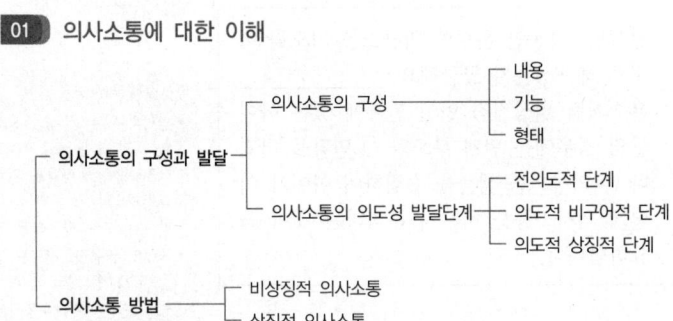

참고자료: 기본이론 401-402p

키워드: 비상징적 의사소통의 진단을 위한 전략

구조화틀: 비상징적 의사소통의 이해
- 정의
- 진단
- 의사소통 사전
- 대화상대자 훈련

핵심개념

**면담**
- 학습자가 사용하는 의사소통의 형식과 기능을 알기 위해 주위의 친숙한 사람들과 면담을 통해 진단할 수 있음
- 의사소통 면담은 비교적 단시간 안에 학습자에 관한 많은 양의 정보를 주며, 미래의 진단을 위한 계획 수립에 사용됨

**자연스러운 맥락에서 관찰하기**
- 자연스러운 상황에서 학습자와 대화상대자의 의사소통 행동을 관찰하는 방법
- 체크리스트는 자연스러운 상황에서의 관찰을 통해 얻을 수 있는 기록을 조직화하도록 도움

**의사소통 샘플 수집하기**
- 의사소통 샘플을 수집하는 목적은 비교적 짧은 시간 동안 의사소통 행동의 대표적 표본을 수집하기 위함임
- 체크리스트와 대조적으로 샘플링은 학습자가 시도하거나 상호작용에 참여하게 이끄는 상황이나 맥락이 무엇인지 포함하기도 함
- 학습자는 다양한 의사소통 행동을 시작할 풍부한 기회를 가져야 함

모범답안: 의사소통 샘플을 수집할 때는 학습자가 다양한 의사소통 행동을 시작할 풍부한 기회를 가질 수 있도록 주의해야 한다.

---

2016학년도 초등 A3

**01** 다음은 ○○특수학교의 담임교사와 교육실습생이 나눈 대화 내용이다. 물음에 답하시오. [5점]

> 실 습 생: 선생님, 그동안 은수의 의사소통 지도를 어떻게 해오셨는지 궁금해요.
> 담임교사: 은수처럼 비상징적 언어 단계에 있는 아이들의 경우에는 먼저 부모와 ㉠면담을 하거나 ㉡의사소통 샘플을 수집하여 아이가 어떻게 의사소통을 하는지 분석하는 것이 중요하답니다.

**비상징적 의사소통**
- 언어와 같은 상징을 습득하기 전 혹은 중증장애로 상징 습득이 어려운 경우 타인과 의사소통하기 위한 방법으로 사용되는 것
- 표정이나 몸짓, 땀이나 동공 확장 등 생리적 현상 등을 통해 의사소통하는 방법
- 비상징적 의사소통 방법은 의사소통 기능을 가지고 있으나 의사소통의 효과성, 상호작용의 질적인 측면에서는 매우 제한적일 수밖에 없음

2) ㉡의 방법을 사용할 때 주의해야 할 점을 1가지 쓰시오. [1점]

2015학년도 초등 B3

**02** 민호는 뇌성마비와 최중도 정신지체의 중복장애 학생으로 그림이나 사진을 이해하지 못하며, 구어로 의사소통이 어렵다. (가)는 교사와 민호의 상호작용 기록의 일부이다. 물음에 답하시오. [5점]

(가) 교사와 민호의 상호작용

(교사는 민호가 볼 수 있으나 손이 닿지 않는 책상 위에 장난감 자동차가 움직이도록 태엽을 감아 놓아두고 다음 시간 수업을 준비하고 있다. 장난감 자동차가 소리 내며 움직이다 멈춘다.)

민호 : (교사를 바라보며 크게 발성한다.) 으으~ 으으~
교사 : 민호야, 왜 그러니? 화장실 가고 싶어?
민호 : (고개를 푹 떨구고 가만히 있다.)
교사 : 화장실 가고 싶은 게 아니구나.
민호 : (고개를 들고 장난감 자동차와 교사를 번갈아 바라보며 발성한다.) 으으응~ 응~
교사 : (장난감 자동차를 바라보며) 아! 자동차가 멈추었구나.
민호 : (몸을 뒤로 뻗치며) 으으응~ 으으응~
교사 : 자동차를 다시 움직여줄게. (장난감 자동차가 움직이도록 해주고 잠시 민호를 보고 있다.) ㉠이번에는 민호가 한번 해볼까? (교사는 장난감 자동차에 스위치를 연결하여 휠체어 트레이 위에 놓은 뒤 민호의 손을 잡고 함께 스위치를 누른다.)
민호 : (오른손으로 천천히 스위치를 눌러 자동차가 움직이자 교사를 바라보며 웃는다.)
교사 : 민호 잘하네. ㉡(강아지와 고양이 장난감이 놓인 책상에서 강아지 장난감을 집어 들고) 민호야, 이것도 한번 움직여봐. (강아지 장난감을 스위치에 연결해준다.)
민호 : (㉢고양이 장난감 쪽을 바라본다.)

---

 참고자료: 기본이론 402-403p

 키워드: 의사소통 사전

구조화틀
**비상징적 의사소통의 이해**
- 정의
- 진단
- 의사소통 사전
- 대화상대자 훈련

 핵심개념
**의사소통 사전**
- '몸짓 사전' 또는 '의사소통 신호 목록'이라고도 불림
- 의사소통 상대(교사, 또래, 부모 등)가 장애학생의 의사소통 행동에 대해 인식하고 반응하는 것을 돕는 문서
- 친숙하거나 친숙하지 않은 의사소통 상대방이 의사소통 의도를 나타내는 특정 행동을 일관성 있게 인식하도록 도움
- 일단 어떤 행동이 의사소통적인 것 또는 잠재성을 갖는 것으로 판별되면, 다른 사람들은 즉각적으로 보다 적절하고 일관성 있게 반응할 수 있어야 함
- 구성요소
  - 대상자가 행하는 것(의사소통 행동·형태)
  - 그것이 의미하는 것(기능·메시지)
  - 촉진자의 반응(결과)

**모범답안**
ⓐ 거절하기
ⓑ 정보 요구하기

4) 다음은 교사가 (가)와 같은 상호작용을 분석한 후, 다른 교사와 또래들이 민호의 행동을 해석하고 민호에게 적절하게 반응하는 방법을 알려주기 위해 만든 의사소통 사전(communication dictionary)의 일부이다. ⓐ와 ⓑ를 각각 쓰시오. [2점]

> 의사소통 사전의 목적

〈민호의 의사소통 사전〉

학생 이름: 이민호 　　　　　　　　　　환경: 교실

| 민호의 행동 | 화용론적 기능 | 반응해 주는 방법 |
|---|---|---|
| 크게 발성하기 | 부르기, 자기에게 관심 끌기 | 민호에게 간다. |
| 고개를 숙이고 가만히 있기 | ⓐ | 하던 행동을 멈추고 민호가 원하는 것이 무엇인지 관찰한다. |
| 물건과 사람을 번갈아가며 보기 | ⓑ | 민호가 바라보는 물건을 함께 보며, "와! 멋있구나. 이것 ○○이구나."와 같이 반응해주고, 그 물건의 상태나 정보에 대해 얘기해준다. |
| 몸을 뒤로 뻗치기 | 요구하기 | "민호는 ○○해주기를 원하는구나."와 같이 반응해주고, 민호가 원하는 행동을 해준다. |

기본이론 405p

다중체계양식

**비상징적 의사소통의 이해**
- 정의
- 진단
- 의사소통 사전
- 대화상대자 훈련

**다중체계양식**
- 의사소통 방법은 하나의 방법을 선택하기보다는 개별 학생의 의사표현과 소통의 효율성을 고려해 필요한 경우 구어를 이용한 의사소통의 지도 외에 다양한 양식의 사용을 허용하는 접근으로 이루어져야 함
- 뇌성마비 학생의 의사소통 지도는 학생이 가지고 있는 모든 잔존 능력, 즉 구어, 발성, 제스처, 수어, 도구를 사용하는 의사소통 방식을 포함해 지도하는 것이 효과적임
- 의사소통은 쌍방 간의 소통이며, 적절한 시간 내에 정확하게 표현하는 것이 의사소통의 성패를 좌우하기 때문에 비상징적·상징적 의사소통 양식 중 상황에 더 적합한 양식체계를 사용할 수 있도록 지도함

②

2013학년도 중등 11

**03** 비구어 중도·중복장애 학생의 비상징적 의사소통을 증진하기 위해 대화상대자인 교사가 할 수 있는 의사소통 촉진 전략으로 옳은 것만을 〈보기〉에서 있는 대로 고른 것은?

┌ 보기 ┐
ㄱ. 학생이 보이는 비상징적 의사소통 형태의 다양성과 의미를 고려하여 민감하게 반응한다.
ㄴ. 학생이 보이는 문제행동에 내포된 의사소통 기능을 파악하고, 문제행동을 대체할 의사소통 기술을 지도한다.
ㄷ. 학생에게 비상징적 의사소통 기술 사용을 촉진하기 위해 친근한 대화상대자와 상호작용하는 환경으로 제한한다.
ㄹ. 학생에게 상징과 비상징이 결합된 다중양식을 사용하기보다는 상징을 구체화하고 정교화하여 학생의 이해도를 높인다.
ㅁ. 자연스러운 환경 내에서 발생하는 반복적인 일과들을 예측 가능하도록 구조화하여 학생에게 역할을 부여하고, 사회적 상호작용에 참여할 기회를 확대한다.

① ㄱ, ㄷ
② ㄱ, ㄴ, ㅁ
③ ㄴ, ㄷ, ㄹ
④ ㄴ, ㄹ, ㅁ
⑤ ㄷ, ㄹ, ㅁ

ㄱ. 비상징적 의사소통 수단을 사용하는 학생과 대화하는 대화상대자는 보다 더 적극적이고 반응적이어야 함

ㄴ. 대화상대자는 학습자의 모든 표현에 반응해야 함. 특히 문제행동을 의사소통 행동으로 인식하고 반응해 줘야 하며, 기능적 의사소통 훈련을 이용해 문제행동을 대신할 만한 의사소통 기능을 가진 적절한 형식을 가르쳐야 함

ㄷ. 비상징적 의사소통은 대개 비관습적이거나 특이하며, 그 개인과 상황에 아주 익숙한 사람에 의해서만 이해될 수 있음. 따라서 '의사소통 사전' 등을 이용해 친숙하거나 친숙하지 않은 의사소통 상대방이 학생의 행동을 일관성 있게 인식하고 반응할 수 있도록 해야 함

ㄹ. 대화상대자는 상징적·비상징적 행동 모두 사용함

ㅁ. 학습자에 대한 대화상대자의 비상징적·상징적 표현을 향상시킬 수 있도록 하는 전략에는 기회 증가시키기, 순차적 경험, 입력 방법 보완하기 등이 있음

---

## ➕ 확장하기

### 🌟 삼각초점 중재 틀

- **학습자**: 학습자가 가진 행동목록의 확장을 통해 비상징적 능력을 키워줘야 함
- **대화상대자**
  - 의사소통 상대(교사, 또래, 부모 등)의 기술을 증진시켜야 함
  - 대화상대자는 구어를 사용하는 사람과 대화할 때보다 비상징적 수단을 이용하는 사람과 대화할 때 더 적극적·반응적이어야 함
- **환경적 맥락**
  - 물리적 환경: 광의의 환경(가정, 학교, 지역사회 등)과 구체적 상황(간식시간, 휴식시간 등) 및 물리적 조건(빛, 소음 수준, 재료)까지를 포함함
  - 사회적 환경: 학습자 주위의 가까운 성인, 또래들, 활동의 수준, 상대방에 의해 제공되는 사회적 상호작용이나 접촉의 양과 유형 모두를 의미함

# 김은진
# 스페듀 기출분석집

Vol. 3

**Ch 01.** 건강장애의 이해
**Ch 02.** 건강장애의 유형

PART

# 04

건강장애

*Special Education*

# CHAPTER 01 건강장애의 이해

- **01** 「장애인 등에 대한 특수교육법」에서의 정의

- **02** 건강장애 학생의 특수교육 적격성
  - 만성질환
  - 3개월 이상의 장기입원 또는 통원치료 등 계속적인 의료적 지원
  - 학교생활 및 학업 수행에 어려움

- **03** 건강장애 학생의 선정 및 선정 취소
  - 건강장애 학생의 선정
    - 건강장애 학생의 선정 절차
    - 건강장애 학생 선정 시 고려사항
  - 건강장애 학생의 선정 취소

- **04** 건강장애 학생의 교육 배치
  - 병원학교
    - 개념 및 목적
    - 병원학교 입교 신청과 취소
    - 출결관리 및 성적처리 지침
    - 교육과정 운영
    - 개별화교육계획
  - 원격수업
    - 개념 및 목적
    - 원격수업기관 입교 신청과 취소
    - 운영
  - 순회교육
    - 개념 및 목적
    - 운영

- **05** 건강장애 학생의 교육 지원
  - 심리·정서적 지원 방안
  - 학교복귀 지원의 개념 및 목적

기본이론 408-418p

- 건강장애 학생의 특수교육 적격성
- 건강장애 교육 지원

건강장애 교육 지원
- 건강장애 학생의 선정
- 건강장애 학생의 교육 배치 및 지원
- 심리·정서적 지원 방안
- 학교복귀 지원의 개념 및 목적

개별화교육 지원 유형
- **통신교육**: 이메일, 전화, 인터넷, 사이버 가정학습 서비스 등을 통해 과제를 부여·확인하는 교육방법
- **가정교육**: 사전계획에 의해 학습과제를 부여하는 교육방법
- **체험교육**: 사전계획에 의해 가족이나 관련 협회 및 단체의 활동에 참여하는 교육방법
- **출석교육**: 학교 수업이나 행사 활동에 참여하는 교육방법

③

2011학년도 중등 39

**01** 다음은 일상생활에서 나타나는 지체장애학생 A의 특성이다. 학생 A의 특성을 고려한 자기관리기술 중재방법으로 적절한 것만을 모두 고른 것은? [1.5점]

어 머 니: 간호사 말이 A가 여기에서 특수교육을 받을 수 있다던데요……
특수교사: ㉠A가 2개월 이상 입원하게 될 경우, 「장애인 등에 대한 특수교육법」 시행령에 근거하여 건강장애를 지닌 특수교육대상자로 선정될 수 있습니다.
어 머 니: 그럼 A에게 무슨 혜택이 있지요?
특수교사: ㉡건강장애학생으로 선정되면 입학금과 수업료, 교과용 도서 대금 및 급식비가 무상으로 지원됩니다.
어 머 니: 그럼 병원에 입원해 있는 동안 수업 결손은 어떻게 하지요?
특수교사: ㉢병원학교에서 교과 수업뿐만 아니라 필요에 따라 화상 강의도 제공합니다.
어 머 니: 그럼 제가 어떻게 해야 하지요?
특수교사: ㉣병원학교 배치 신청서를 작성하여 진단서와 함께 병원에 제출하면, 심사 결과에 따라 건강장애로 선정되어 저희 병원학교에 배치됩니다.

① ㉠, ㉢  ② ㉠, ㉣
③ ㉡, ㉢  ④ ㉠, ㉡, ㉣
⑤ ㉡, ㉢, ㉣

㉠ 건강장애 선정 조건
- 만성질환
- 3개월 이상의 장기입원 또는 통원치료 등 계속적인 의료적 지원
- 학교생활 및 학업 수행에 어려움

㉡ 「장애인 등에 대한 특수교육법」 제3조 의무교육 등에 근거함

㉢ 건강장애 특수교육대상자를 위한 IEP를 수립하되, 통신교육·가정교육·출석교육·체험교육 등 교육 방법의 다양화를 통해 연간 수업일수를 확보함

㉣ 건강장애 특수교육대상자 적격성 여부를 결정하는 것은 병원학교가 아닌 특수교육운영위원회임. 이때 만성질환은 장애인 증명서, 장애인 수첩, 혹은 진단서를 통해 확인함

## 확장하기

### ★ 병원학교 운영 매뉴얼

#### 1. 건강장애 관련 법령(장애인 등에 대한 특수교육법)
- 제3조(의무교육 등)
- 제15조(특수교육대상자의 선정)
- 시행령 제10조(특수교육대상자의 선정 기준)

| 장애유형 | 특수교육대상자 선정 기준 |
|---|---|
| 9. 건강장애 | 만성질환으로 인하여 3개월 이상 장기입원 또는 통원치료 등 계속적인 의료적 지원이 필요하여 학교생활 및 학업 수행에 어려움이 있는 사람 |

- 제16조(특수교육대상자의 선정절차 및 교육지원 내용의 결정)
- 제22조(개별화교육)
- 제25조(순회교육 등)

#### 2. 용어 정의

| | |
|---|---|
| 건강장애 학생 | 만성질환으로 인해 3개월 이상의 장기입원 또는 통원치료 등 계속적인 의료적 지원을 필요로 하여 학교생활 및 학업수행에 어려움이 있는 초·중·고등학생 중 건강장애로 선정된 학생 |
| 외상적 부상 학생 | 건강장애 선정대상은 아니지만 3개월 이상의 치료를 요하는 화상, 교통사고 등의 심각한 외상적 부상으로 불가피하게 장기결석이 예상되는 학생. 시·도 교육청에 따라 '외상적 부상 학생'이라는 용어를 사용 |
| 정신질환 학생 | 건강장애 선정대상자 기준에 충족되지는 않으나, 정신적 질환으로 인해 불가피하게 장기결석이 예상되는 학생 |
| 병원학교 | 만성질환으로 인해 3개월 이상 입원치료나 잦은 통원치료로 인해 학교 출석을 제대로 할 수 없는 학생을 위해 병원에 설치된 학급 |
| 정신장애 학생을 위한 병원학교 | ADHD 등 정서행동발달 장애, 중증 정신질환으로 인해 장기 입원 치료가 필요한 학생의 교육을 지원하기 위한 병원학교 |
| 원격수업기관 | 만성질환을 앓고 있는 초·중·고 건강장애 학생들이 인터넷상의 실시간 양방향 원격수업을 통해 선생님·친구들과 만나 공부하는 학교 |
| 소속학교 | 건강장애 학생과 3개월 이상 외상적 부상 학생의 학적이 있는 학교로, '원적학교'라고도 불림 |
| 협력학교 | 병원학교 교사가 소속된 학교 |

#### 3. 건강장애의 선정 기준
- ① 만성질환으로 인해 ② 3개월 이상의 장기입원 또는 통원치료 등 계속적인 의료적 지원을 필요로 하여 ③ 학교생활 및 학업 수행에 어려움이 있어 교육적 지원을 지속적으로 받아야 하는 학생
- 건강장애로 인한 특수교육대상자의 적격성 여부는 ①, ②, ③에 대해 시·도 특수교육운영위원회 또는 시·군·구 특수교육운영위원회에서 결정함

| Q&A

Q1. '만성질환'이란 무엇을 말하나요?
A1. 소아암, 난치성 혈액질환, 각종 종양 등 장기적인 의료 처치가 요구되는 질환을 말합니다.

Q2. 3개월 이상의 장기입원 또는 통원치료 등 계속적인 의료적 지원이 필요한 것은 무엇으로 알 수 있나요?
A2. 연간 수업일수 중 3개월 이상을 결석하거나 이로 인해 학업을 지속할 수 없는 경우가 해당되며, 이는 장애인 증명서, 장애인수첩, 전문가 의견이 포함된 진단서 등을 통해 확인합니다. 이때 3개월 이상의 입원이나 통원치료가 요구되는 만성질환은 소아암, 심장장애, 신장장애, 간장애, 악성 빈혈, 혈우병 등을 포함합니다. 다만, 소아당뇨, 아토피, 간질, ADHD 등은 계속적인 의료적 지원이 필요한 만성질환임에도 학교에 출석하는 것이 가능하므로 건강장애 선정에서 제외합니다. 구체적인 교육지원 여부는 시·도 간 충분한 협의를 거칠 것을 권장합니다.

Q3. '학교생활 및 학업수행에 어려움'이란 무엇을 말하나요?
A3. 장기치료로 인해 해당 학년의 교육과정을 이수하지 못해 학업이 중단될 위기에 있는 경우를 말합니다. 장기결석은 또래관계 및 학업수행에 어려움을 일으키고 치료 이후 학교로 복귀하는 것을 어렵게 만듭니다. 그렇기 때문에 건강장애 학생이 치료 이후 학교로 복귀할 수 있도록 지원하는 한편, 학생이 학업을 지속할 수 있도록 필요한 경우 병원학교 교육 및 원격수업 등 특수교육이 필요한 학생으로 간주합니다.

Q4. 만성질환을 가진 학생들은 모두 건강장애로 선정되나요?
A4. 그렇지 않습니다. 건강장애 학생의 선정은 병명에 따른 것이 아니라 개별 학생의 의료적·교육적 진단을 고려해 관할 기관 또는 교육(지원)청 특수교육운영위원회에서 결정합니다. 그러나 ADHD, 우울증 등의 만성질환은 지속적인 건강관리가 필요하더라도 학교 출석이 가능하며 병원학교나 원격수업과 같은 특수교육 지원이 요구되지 않으므로 특수교육대상자로 선정하지 않습니다.

Q5. 3개월 이상 외상적 부상학생도 건강장애에 포함되나요?
A5. '3개월 이상 외상적 부상학생'이란 건강장애 선정대상자는 아니지만 3개월 이상의 치료를 요하는 화상, 교통사고 등의 심각한 외상적 부상으로 불가피하게 장기결석이 예상되는 학생을 말합니다. 3개월 이상 외상적 부상학생의 경우에는 건강장애는 아니지만, 해당 치료기간에 한해 건강장애 학생들의 교육지원인 병원학교와 원격수업을 이용할 수 있도록 조치하고 있으며, 해당 기관 이용 일수를 출석으로 인정하고 있습니다.

Q6. 정신질환 학생도 건강장애에 포함되나요?
A6. 정신질환 학생은 건강장애에 포함되지 않습니다. '정신질환 학생'은 건강장애 선정대상자 기준에 충족되지는 않으나 정신적 질환으로 인해 불가피하게 장기결석이 예상되는 학생을 말합니다. 해당 치료기간에 한해 일부 시·도 교육(지원)청에서는 건강장애 학생들의 교육지원인 병원학교와 원격수업을 이용할 수 있도록 조치하고 있으며, 해당 기관 이용 일수를 출석으로 인정하고 있습니다.

## 4. 건강장애 학생의 교육 배치

건강장애 학생으로 선정되었다 하더라도 갑자기 다른 학급이나 학교에 배치되는 것은 아닙니다. 현재 소속된 일반학교의 학급에 그대로 배치됩니다. 교육은 특수학급이나 병원학교, 가정에서의 원격수업이나 순회교육을 이용할 수 있습니다.

| Q&A

Q. 건강장애 학생으로 선정되면 어디에서 교육을 받을 수 있나요?
A. 건강장애 학생으로 선정되면 병원학교, 원격수업, 순회교육을 이용할 수 있습니다.
  ① 병원학교: 건강장애 학생으로 선정되어 장기입원이나 통원치료로 인해 학교 교육을 받을 수 없을 경우 병원 내에 설치된 파견학급 형태의 병원학교에서 공부할 수 있습니다.
  ② 원격수업: 병원에 입원해 있더라도 병원학교에서 교육받기 힘든 경우에는 원격수업을 통해 병실에서도 교육을 받을 수 있습니다. '원격수업'은 장기입원이나 통원치료로 인해 학교교육을 받을 수 없는 학생들이 가정이나 병원에서 인터넷을 이용한 수업을 받아 학습 지체 및 유급 문제를 해소할 수 있도록 지원하는 교육형태를 말합니다.
  ③ 순회교육: 병원에서 퇴원한 이후에도 질병으로 인해 장·단기의 결석이 불가피해 학교에서 교육을 받기 곤란하거나 불가능한 학생의 경우, 교사가 의료기관 또는 가정 등에 직접 방문하는 형태인 순회교육을 받을 수도 있습니다.

## 5. 병원학교 교육지원

### 🏳 병원학교의 입교절차

| 학생<br>(학부모) | 절차 안내 | • 필요 서류를 구비해 소속학교로 건강장애 학생이 신청<br>• 병원학교로 직접 신청하지 않음 |
|---|---|---|
| | 필요 서류 | 장애인 증명서, 장애인 수첩, 전문가 의견이 포함된 의사 진단서 등 |

↓

| 소속학교<br>(교사) | 절차 안내 | • 필요서류를 구비해 해당 교육(지원)청으로 신청<br>• 입교 희망하는 병원학교를 서류에 표시해 제출<br>• 시·도 교육(지원)청 서식에 따라 관련 내용 작성<br>• 서명이 들어간 서류는 스캔해 공문에 파일로 첨부 및 제출<br>• 3개월 이상 외상적 부상 학생은 기간이 명시된 진단서와 담임교사 의견서 등 시·도 교육(지원)청에 제출해야 하는 서류를 공문에 첨부해 함께 제출 |
|---|---|---|
| | 필요 서류 | 특수교육대상자 진단·평가 의뢰서, 입교 신청서, 의사 진단서, 학생 소속학교 학사일정 |

↓

| 시·도 교육<br>(지원)청 | 절차 안내 | • 건강장애 선정 결과 확정된 병원학교 입교대상자 명단을 첨부해 병원학교로 공문 발송<br>• 3개월 이상 외상적 부상 학생은 서류를 확인해 기준에 적합하면 병원학교로 입교 신청 공문 발송(병원학교 입교대상자 명단)<br>• 만성질환 등 건강장애 선정이 확실시될 경우 교육감 또는 교육장이 병원학교에 우선배치할 수 있도록 공문 발송 |
|---|---|---|

↓

| 병원학교 | 절차 안내 | • 학부모나 학생에게 수업기준 및 수업방법에 대한 안내<br>• 병원학교 교육과정 안내 및 협의<br>• 학생기초정보 수집 및 개별화교육계획 작성<br>• 수업 진행<br>• 입교 승인은 교육청 공문으로 일괄<br>• 병원학교 입교 후 소속학교로 입교 관련 안내(전화나 이메일 등)<br>• 소속학교로 월별 출석현황 공문 발송 |
|---|---|---|

---

**Q&A**

Q1. 병원학교의 입·퇴교는 어디에 신청하나요?
A1. 병원학교 입·퇴교 신청 시 유·초·중학교는 해당 지역 교육(지원)청으로, 고등학교는 시·도 교육청으로 신청합니다. 서울 및 일부 지역의 경우 병원학교 입·퇴교 절차가 다르므로 병원학교 입·퇴교 시 사전에 해당 교육청으로 문의하면 됩니다.

Q2. 병원학교 입교 조건은 무엇인가요?
A2. 건강장애로 인한 특수교육대상자로 선정된 학생이라면 병원학교에 입교할 수 있습니다. 건강장애 학생들은 건강장애 선정 기준 중 만성 질환으로 인해 3개월 이상의 장기입원 또는 통원치료 등 계속적인 의료적 지원이 필요해 학교생활 및 학업 수행에 어려움이 있다고 판단된 학생들입니다. 또한 3개월 이상 외상적 부상학생과 일부 시·도의 경우 정신질환학생도 입교 대상이 됩니다.

Q3. 병원학교 입교 시기는 언제인가요?
A3. 건강장애 선정 및 입교는 연중 수시 신청이 가능합니다. 병원학교 입교 시에는 건강장애 선정 절차를 거치도록 하고, 선정절차 과정 중 발생하는 수업결손을 최소화하기 위해 특수교육운영위원회의 특수교육대상자 선정 일자보다 먼저 수업을 받을 수 있도록 하고 있습니다.

참고자료 : 기본이론 412-418p

 키워드 : 병원학교

 구조화틀 :
**병원학교**
- 개념 및 목적
- 병원학교 입교 신청과 취소
- 출결관리 및 성적처리 지침
- 교육과정 운영
- 개별화교육계획

 핵심개념 :

**건강장애 학생의 학적**
- 건강장애 학생의 학적은 소속 학교에 둠
- 병원학교 출석 확인서를 소속 학교에 제출해 출석 여부를 확인함
- 1일 최소 수업시수를 따름 → 초등학생의 경우 1일 1시수 이상, 중학생의 경우 1일 2시수 이상을 최소 수업시간으로 정하되, 1시수의 수업시간은 20분 이상을 기준으로 함

**건강장애 학생의 성적처리 지침**
- 건강장애 학생의 수행평가·지필평가 등은 평가 당일 소속 학교에 출석하는 것을 원칙으로 하며, 부득이한 경우 가정이나 병원에서 평가가 가능함
- 직접평가가 불가능할 경우 소속 학교의 학업성적 관리규정에 따라 처리함

 모범답안 :
㉠ 2시수 이상
㉡ 출석 확인서
㉢ 학업성적 관리

---

2018학년도 중등 A4

**02** 다음은 건강장애 학생 교육지원 매뉴얼의 Q&A 내용 중 일부이다. ㉠~㉢에 들어갈 내용을 순서대로 쓰시오. [2점]

Q1. 병원학교에서 수업 받고 있는 중·고등학생은 출석 인정을 받을 수 있습니까?

A1. 예, 출석으로 인정받을 수 있습니다. 중·고등학생은 1일 ( ㉠ ) 수업에 참여할 경우 출석으로 인정하며(단, 정서·행동장애 병원학교는 1일 4시간 이상), 이때 병원학교의 ( ㉡ )을/를 소속 학교에 제출해야 합니다.

Q2. 병원학교에서 수업을 받고 있지만, 건강상태가 좋지 않아 소속 학교에 출석하여 평가를 받기 힘들거나 병원이나 가정 등에서도 평가를 받기 어려운 학생이 있습니다. 이런 경우에 어떠한 해결방법이 있습니까?

A2. 평가 당일 소속 학교에 출석하여 평가를 실시함을 원칙으로 하지만, 부득이한 이유 등으로 인해 직접 평가가 불가능한 경우에는 소속 학교의 ( ㉢ ) 규정에 따라 처리하게 됩니다.

※ '시간' → '시수'라는 표현으로 바뀜

### 확장하기

#### ❋ 병원학교 운영 매뉴얼

1. **평가 및 성적관리 규정**
   병원학교 및 원격수업 기관을 이용하여 수업을 받는 건강장애 학생의 성적 및 평가는 학교생활기록 작성 및 관리지침(교육부 훈령169호)에 따라 처리함

2. **평가 및 성적관리 원칙**
   - 원격수업과 병원학교에서는 학생을 평가하지 않으며, 건강장애 학생의 성적은 소속학교 학업성적 관리규정에 따라 처리함. '소속학교'는 학생의 학적이 있는 학교를 말함
   - 재적교 평가 응시가 원칙이므로 재적교 성적 산출에 포함함(소속학교 학생들과 동일하게 성적처리를 하기 위해 학생의 수강 과목을 신청해야 함)
   - 평가(정기고사 및 수행평가 포함)는 평가 당일 소속학교에 출석함을 원칙으로 하며, 부득이한 사유로 평가에 응하지 못한 경우 당해 소속학교 학업성적관리위원회의 결정에 따라 성적(인정점)을 반영함

3. **학교 학업성적 관리규정 심의 및 공개**
   - 학교는 학업성적 관리규정에 병원학교 및 원격수업 수강 학생에 대한 규정을 포함함
   - 직접평가(지필평가)가 불가능할 때의 인정점 비율은 학업성적관리위원회 심의를 거쳐 학교장이 최종 결정함
   - 수행평가에 참여하지 못한 학생의 인정점 부여 방법은 교과협의회(교과평가계획 수립 후 학업성적관리위원회에서 심의) 또는 학업성적관리위원회에서 결정함

   > | Q&A
   >
   > Q. 학생의 소속학교에서 가정이나 병원학교 등 학교 외 장소에서 시험을 보는 것을 공평성의 문제를 들어 인정하지 않고 있습니다. 어떻게 해야 할까요?
   >
   > A. 2015 초·중등 교육과정에서는 평가 수정에 대한 사항을 총론에 고시하고 있습니다. 병원이나 가정으로 시험지를 가지고 방문해 평가에 참여하도록 지원하는 것은 평가 수정방안의 한 유형으로 볼 수 있습니다. 시험지가 학교 밖으로 유출되는 것에 대한 위험이 예상될 경우에는 간단한 동의각서 등을 이용해 충분한 사전 방지가 가능합니다. 방문평가는 건강장애 학생을 평가에 참여시키는 매우 타당한 지원이므로, 건강장애 학생으로 등록된 이후에 출결관리·평가 및 학적 관리사항에 대해 미리 학생의 소속학교에 연락해 학업성적 관리규정에 병원학교 및 원격수업 수강 학생에 대한 규정을 포함하도록 안내해야 합니다.

## 건강장애 개별화교육계획

### 1. 개별화교육계획 수립 목적
- 건강장애 학생도 특수교육대상자이므로 개별화교육계획서(IEP)를 작성해야 함
- 현재는 소속학교에서도 건강장애 학생에 대한 IEP를 작성하고 있으며, 병원학교에서도 병원학교 교사가 IEP를 별도로 작성하고 있음. 그러나 한 학생에 대한 IEP는 하나의 문서로 작성되도록 학생의 소속학교와 협의가 필요함
- 학생의 IEP 문서는 소속학교와 공유하며, 학교 복귀 시 학생의 소속학교에 전달될 수 있도록 함

### 2. 개별화교육지원팀의 역할
- 개별화교육지원팀은 건강장애 학생의 교육적 요구에 적절한 교육을 제공하기 위해 구성된 교육지원팀으로, 개별화교육계획 수립의 적절성을 평가하고, 개별화교육계획을 체계적으로 실행하는 것을 목표로 함
- 개별화교육지원팀은 건강장애 학생의 선정 요청자료를 확인하고 진단 평가를 의뢰함. 또한 개별화교육계획 수립을 위한 협의를 진행해 의사결정을 하고, 개별화교육계획의 작성·실행 및 평가에 관여하며, 개별화교육계획을 검토하고 필요 시 수정하는 역할을 함
- 개별화교육지원팀은 병원학교 교육과정 운영 계획을 수립·수행하고, 개별화교육계획을 작성·심의하며, 개별화교육계획에 모든 구성요소가 포함되었는지 심의함

### 3. 개별화교육지원팀의 구성
- 건강장애 학생이 병원학교에 배치될 경우 배치일로부터 14일 이내에 개별화교육지원팀을 구성함
- 병원학교 특수교사가 병원학교장, 교사의 소속학교 교장, 교감, 일반교사, 의료진, 학부모 등 개별화교육지원팀 구성원과 협력해 개별화교육계획을 수립함. 여기서 '소속학교'란 병원학교 교사의 소속학교, 협력학교를 말함

### 4. 개별화교육계획 작성 내용
- 개별화교육계획은 매 학기의 시작일 또는 배치일로부터 30일 이내에 작성해 실행함
- 건강장애 학생을 위한 개별화교육계획이므로 개별화 건강관리계획을 포함해 작성함
- 개별화교육계획에는 학생의 기본정보와 특별한 교육지원이 필요한 영역의 현재 수행수준, 교육목표, 교육내용, 교육방법, 평가계획 및 제공할 특수교육 관련 서비스의 내용과 방법 등을 포함함
- 학부모 요구조사서를 활용해 개별화교육계획 수립 시 학부모 요구를 반영하고, 실행 시 향상도를 평가해 개별화교육계획서의 수정 여부를 결정함
- 학부모와 소속학교 일반교사의 의견은 전화 면담 및 메일을 통해 수집할 수도 있음

> **Q&A**
> Q. 병원학교에서 사용할 수 있는 IEP 양식에는 어떤 항목이 포함되어야 하나요?
> A. 개별화교육계획은 학생의 인적사항과 진단평가 결과, 학생의 강점과 약점을 바탕으로 교육계획 수립에 필요한 정보를 기입합니다. 이러한 정보를 바탕으로 연간, 학기별, 월별 개별화교육계획과 특수교육 관련 서비스를 작성할 수 있습니다. 학생의 건강과 관련한 현재 건강상황(현재 복용하는 약물, 정서/행동 상 유의사항, 참여 가능한 병원 외 활동 등), 필요한 건강관리 절차, 특별히 건강관리가 필요한 부분, 발생할 수 있는 응급처치 상황과 응급상황 시 행동요령 등의 내용을 작성합니다.

기본이론 412-418p

- 병원학교
- 원격수업

병원학교
- 개념 및 목적
- 병원학교 입교 신청과 취소
- 출결관리 및 성적처리 지침
- 교육과정 운영
- 개별화교육계획

원격수업
- 개념 및 목적
- 원격수업기관 입교 신청과 취소
- 운영

원격수업
- 초·중·고 건강장애 학생이 컴퓨터나 개인용 휴대 단말기를 통해 인터넷상에서 실시간 양방향 수업과 탑재된 콘텐츠를 통해 학습하는 형태를 말함
- 원격수업 운영기관마다 운영상의 특성이 있으나, 학교급과 학년에 따라 학급을 구성하며 학생이 원래 소속된 학교의 학년에 배치함
- 원격수업 시 필요한 기자재와 물품은 해당 시·도 교육청에서 임대 형태로 무상 지원하고 있으며, 지원하는 교재교수는 노트북, PC 카메라, 헤드셋 등임
- 원격수업기관의 경우 학적은 학생의 소속학교에 두고, 매월 초에 출결 상황을 교육청으로 통보하며, 교육청에서 다시 소속학교로 통보함

ⓑ 건강장애는 만성질환 치료를 요하는 경우에만 건강장애로 진단받을 수 있다.
ⓔ 건강장애 학생의 학적은 원소속 학교이다.

2023학년도 중등 B7

**03** (가)는 ○○교육지원청 특수교육지원센터 누리집 질의응답 내용의 일부이며, (나)는 건강장애 학생 A의 평가조정을 위한 회의록의 일부이다. 〈작성방법〉에 따라 서술하시오. [4점]

(가) 누리집 질의응답

Q1 정신장애가 있는 학생도 건강장애로 선정될 수 있나요?
↳ ⓐ 정신장애가 있는 학생은 건강장애로 선정되지 않습니다.

Q2 교통사고가 발생해 장기 입원이 필요한 상황입니다. 건강장애로 진단받을 수 있나요?
↳ ⓑ 외상성 부상 학생도 3개월 이상 치료를 요하면 건강장애로 진단받을 수 있습니다.

Q3 위탁교육기관에서의 수업은 출석으로 인정되나요?
↳ ⓒ 위탁교육기관에서의 수업은 학교 출석으로 인정받을 수 있습니다.

Q4 건강장애 학생 개별화교육계획 작성의 주체는 누구인가요?
↳ ⓓ 소속학교가 주체가 되어 개별화교육계획을 수립·실행해야 합니다.

Q5 원격수업을 받고 있는 건강장애 학생의 학적은 어디인가요?
↳ ⓔ 원격수업을 받고 있는 건강장애 학생의 학적은 원격수업 기관입니다.

Q6 순회교육 여부는 어디에서 결정하나요?
↳ ⓕ 순회교육 여부는 특수교육운영위원회에서 종합적으로 판단하여 결정합니다.

*메모: 3개월 이상의 외상적 부상학생의 경우 건강장애는 아니지만, 해당 치료기간에 한해 건강장애 학생들의 교육지원인 병원학교와 원격수업을 이용할 수 있으며, 해당 기관 이용 일수를 출석으로 인정함*

**[작성방법]**

(가)의 ⓐ~ⓕ 중 틀린 응답 내용을 2가지 찾아 기호를 쓰고, 각각 바르게 고쳐 쓸 것.

참고자료
기본이론 412-418p

 키워드
병원학교

 구조화틀
**병원학교**
- 개념 및 목적
- 병원학교 입교 신청과 취소
- 출결관리 및 성적처리 지침
- 교육과정 운영
- 개별화교육계획

 핵심개념
**병원학교의 개념과 목적**
- 『장애인 등에 대한 특수교육법』 제3조, 제15조, 제25조에 근거하여 질병으로 인해 학교환경에서 교육을 받기 어려운 학생들을 위해 병원 내에 설치한 학급을 말하며, 정식학교가 아닌 위탁 교육기관임
- 학생들의 학업 연속성 유지 및 학습권 보장과 개별화된 학습지원, 심리·정서적 지원 등을 통해 학교생활 적응을 도모하고 삶에 대한 희망과 용기를 심어 주어 치료 효과를 증진하기 위한 목적으로 운영함

모범답안
ⓒ 개별화된 학습

2024학년도 중등 A2

**04** 다음은 건강장애 학생 A에 대한 ○○중학교 담임 교사와 특수 교사의 대화이다. 괄호 안의 ⓒ에 해당하는 내용을 쓰시오. [2점]

담임 교사: 학생 A는 ( ㉠ )이/가 있는데 학교에서 어떤 점을 유의해야 하나요?
특수 교사: 학생 A는 부정맥이 있고 청색증이 심하므로 추운 날씨에 야외 활동이나 야외 수업은 피해야 하고, 호흡이 곤란한 경우에는 휴식을 취하도록 지도해야 합니다.
담임 교사: 학생 A는 잦은 입원으로 결석이 많습니다. 그렇지만 학생 A는 학업을 계속하고 싶어 하는데, 어떤 방법이 있을까요?
특수 교사: 병원학교가 어떨까요? 병원학교는 만성질환을 치료하기 위해 학업을 중단하고 있는 건강장애 학생의 교육을 지원하기 위한 학교입니다.
담임 교사: 학생 A는 결석이 잦아서 학습 진도가 맞지 않은데 괜찮을까요?
특수 교사: 네, 괜찮습니다. 병원학교는 학생들의 학업 연속성 유지 및 학습권 보장을 위해 학생의 요구와 수준에 맞추어 ( ⓒ ) 지원을 하고, 심리·정서적인 지원도 하고 있습니다.

## 확장하기

### 병원학교의 교육과정 운영

병원학교의 교육과정 운영은 일반학교의 운영과 유사하나, 몇 가지 측면에서 차이점을 갖는다.

첫째, 병원학교에서의 교육과정 운영은 배치된 특수교사 외에 인근 학교의 교사자원봉사단, 원격수업기관, 외부 강사 등을 적극적으로 활용해 운영할 수 있다. 이는 대부분의 병원학교가 1교사 체제로 운영되고 있다는 점을 감안해 다양한 학교급·학년 학생들의 교육을 지원하기 위한 운영 방식이다.

둘째, 교육과정 운영은 학업 중심 교육과정과 심리·정서적 적응 지원 간 균형을 강조한다. 학생들의 심리적 적응을 돕기 위한 프로그램과 내용을 강화하고 있으며, 교과 및 비교과의 다양한 활동을 통해 입원생활 중 학업을 지속하고 즐겁게 생활할 수 있는 프로그램을 운영한다. 또한, 학생들이 병원학교라는 특정 상황에서 변화에 적응하고 학업을 지속할 수 있도록 돕는다. 교과와 창의적 체험활동, 방과 후 프로그램 등 건강장애 학생의 흥미와 요구를 고려하고, 특히 질병상태를 고려해 유연하게 운영한다.

셋째, 개별 학생에게 개별화된 학습을 지원한다. 병원에 입원한 학생들은 발병 및 입원 시기, 질병의 정도 등에 따라 학력과 학습 진도가 다르므로 동일한 학습지원을 제공하기 어렵다. 또한 본인의 질병 수용 태도에 따라 심리·정서적 적응 수준이 다를 수 있으므로 학생의 심리 반응이나 특성에 따라 학업지원계획과 실행이 달라질 수 있다.

넷째, 수업 일과는 병원학교의 여건과 건강장애 학생의 건강상태에 따라 단위 수업시간의 융통성 있는 운영이 가능하다.

2023학년도 중등 B7

**05** (가)는 ○○교육지원청 특수교육지원센터 누리집 질의 응답 내용의 일부이며, (나)는 건강장애 학생 A의 평가조정을 위한 회의록의 일부이다. 〈작성방법〉에 따라 서술하시오. [4점]

(나) ( ㉠ ) 회의록

| 개최 일시 | 2022. ○. ○○. | 장소 | 회의실 |
|---|---|---|---|
| 참석자 | 교감, 담임 교사, 특수 교사, 관련 업무 담당자 | | |
| 안건 | 건강장애 학생 평가조정 방안 | | |

담 당 자 : 회의를 시작하겠습니다. 안건은 건강장애 학생 A의 평가조정 방안에 대한 건입니다. 담임 선생님께서는 학생의 상황에 대해 설명해 주시기 바랍니다.

담임 교사 : 학생 A는 올해 혈액암으로 인해 건강장애로 선정된 학생입니다. 이 학생은 현재 ○○병원에서 5개월째 입원 중이며, 원격수업을 수강하고 있습니다. 학부모와 상담한 결과, 건강 상태로 인해 중간고사 기간에 학교에 출석하지 못하는 상황으로 판단됩니다. 이러한 이유로 ( ㉠ ) 개최를 요청하게 되었습니다.

특수 교사 : 학생 A와 같이 장기 결석으로 인해 출석 시험이 곤란한 경우에 평가에서 불이익을 받을 우려가 있으므로 평가를 조정하는 것이 필요합니다.

교    감 : 건강장애 학생의 경우에도 출석 시험이 원칙입니다. 학생 A의 건강 상태와 현 상황을 고려한 평가 조정 방안에 대해 의견을 주시기 바랍니다.

특수 교사 : 이런 경우 학생 A는 병원에서 시험을 볼 수 있습니다. 만약 건강 상태가 계속 좋지 않아 수행평가에도 참여하지 못하는 경우, ㉡다음과 같이 처리할 수 있습니다.

…(하략)…

〔작성방법〕

• (나)의 괄호 안의 ㉠에 공통으로 해당하는 명칭을 쓸 것.
• (나)의 밑줄 친 ㉡에 해당하는 방법을 1가지 서술할 것. (단, 평가 점수 부여 방식에 근거할 것)

참고자료: 기본이론 410-411p

 키워드: 건강장애 학생의 선정 및 선정 취소

 구조화틀
건강장애 학생의 선정 및 선정 취소
- 건강장애 학생의 선정 절차
- 건강장애 학생 선정 시 고려사항
- 건강장애 학생의 선정 취소

 핵심개념

**건강장애 학생 선정**
- 만성질환 치료를 위한 장기 의료처치가 요구되어 연간 수업일수의 3개월 이상 결석 및 이로 인한 유급 위기에 처해 있으면서, 학교생활 및 학업수행에 어려움이 있어 특수교육 지원이 요구되는 학생
- 「장애인 등에 대한 특수교육법 시행규칙」 제2조 제1항에 따른 특수교육대상자 선별검사 및 진단·평가를 별도로 실시하지 않음 → 만성질환을 가진 학생 중에서 장기치료로 인해 해당 학년의 진도를 따라가지 못하거나 유급 위기에 있는 등 학업 수행에 어려움이 있는 것으로 판단되는 학생에 한해 특수교육운영위원회에서 결정함. 이때 만성질환은 장애인 증명서, 장애인 수첩, 혹은 진단서를 통해 확인함

**건강장애 학생 선정 취소**
- 건강장애 선정의 직접적인 원인이 된 질병이 완치된 경우
- 소속학교로 복귀해 정상적으로 출석하는 경우(치료 또는 진단을 위해 월 1~2회 외래치료하는 경우도 포함)
- 소속학교에서 휴학 또는 자퇴를 하고자 하는 경우

 모범답안: 3개월 이상

---

2023학년도 초등 B6

**06** (가)는 건강장애 학생과 지체장애 학생의 특성이고, (나)는 체육 전담교사와 특수교사가 나눈 대화의 일부이다. 물음에 답하시오. [4점]

(가) 학생 특성

| 학생 | 특성 |
|---|---|
| 주호 | • 만성적인 심장 질환을 가지고 있음<br>• 추운 날씨에는 청색증이 나타남<br>• 호흡기 계통 질환이 잦아 현장 체험 등에서 주의가 필요함<br>• 최근 병원에서 퇴원하여 계속적인 통원 치료를 받고 있음 |

(나) 대화 내용

 주호가 퇴원했다고 들었는데 특수교육대상자로 선정되었나요?

체육 전담교사

네, ㉠건강장애를 가진 특수교육대상자로 선정되었습니다. 주호처럼 계속적인 의료적 지원이 필요한 경우에는 건강장애로 선정될 수 있습니다.

 특수교사

1) (나)의 ㉠으로 선정되기 위한 최소한의 기간을 쓰시오. [1점]

# CHAPTER 02 건강장애의 유형

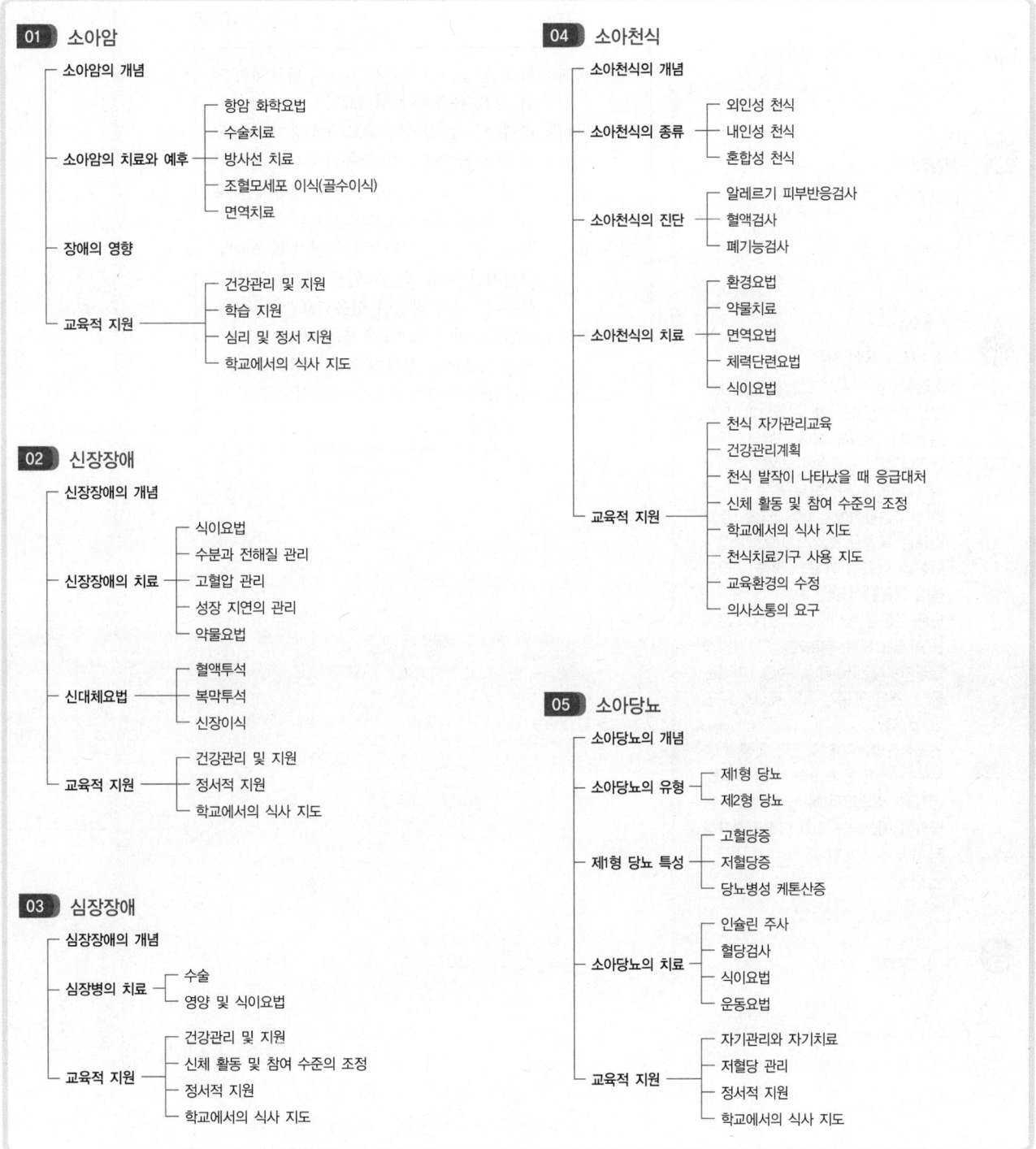

참고자료  기본이론 428-430p

 키워드  심장장애

 구조화틀
심장장애
─ 개념 및
─ 치료
─ 교육적 지원

**핵심개념** 심장장애 교육적 지원
- 심장질환을 가지고 있는 학생들 대부분은 학교생활을 할 수 있으며, 모든 일상적인 활동에 참여 가능함
- 그러나 청색증이 심한 학생은 추위에 잘 적응하지 못하므로 추운 날씨에 야외나 운동장에서 이루어지는 수업활동은 특별한 조치가 필요함
- 학생과 대화를 통해 체력을 고려한 참여 수준을 정함
- 힘든 운동을 제외하고 적당량의 운동은 꼭 필요하며, 빠르게 걷기, 가볍게 달리기, 자전거 타기, 수영, 가벼운 등산, 계단 오르기 등의 유산소 운동이 권장됨
- 인공심장박동기를 장착한 학생의 경우에는 타박 등에 의해서 장치가 끊어질 수 있으므로 복부, 흉부에 강한 타박이 예상되는 스포츠에는 참가하지 않도록 지도함

 모범답안  ㉠ 심장장애

2024학년도 중등 A2

**01** 다음은 건강장애 학생 A에 대한 ○○중학교 담임 교사와 특수 교사의 대화이다. 괄호 안의 ㉠에 해당하는 내용을 쓰시오. [2점]

담임 교사: 학생 A는 ( ㉠ )이/가 있는데 학교에서 어떤 점을 유의해야 하나요?
특수 교사: 학생 A는 부정맥이 있고 청색증이 심하므로 추운 날씨에 야외 활동이나 야외 수업은 피해야 하고, 호흡이 곤란한 경우에는 휴식을 취하도록 지도해야 합니다.
담임 교사: 학생 A는 잦은 입원으로 결석이 많습니다. 그렇지만 학생 A는 학업을 계속하고 싶어 하는데, 어떤 방법이 있을까요?
특수 교사: 병원학교가 어떨까요? 병원학교는 만성질환을 치료하기 위해 학업을 중단하고 있는 건강장애 학생의 교육을 지원하기 위한 학교입니다.

참고자료 기본이론 425-428p

키워드 신장장애

구조화틀 신장장애
- 개념
- 치료
- 신대체요법
- 교육적 지원

핵심개념 **신장장애**
- 신체 내의 노폐물을 제거해 적절한 수분과 전해질을 보유할 수 있도록 조절하는 신장의 기능 이상으로 인해 일상생활 활동에 어려움을 초래함
- 치료 방법은 식이요법, 약물요법, 혈액투석, 복막투석, 신장이식 등이 있음

**신장장애 교육적 지원**
- 만성 콩팥병을 가진 학생들은 모든 생활이 제한될 만큼의 어려움을 겪지만, 학교에서는 그 어려움이 겉으로 드러나지 않아 주변에서 알아차리기 어려움 → 질병에 대한 자기 이해와 수용이 이루어지면 건강에 대한 자기 관리가 쉬우므로 스스로 병을 밝힐 수 있도록 주변의 수용적 태도와 준비가 필요함
- 혈액 투석치료가 필요한 학생은 대개 주 2~3회, 매 4~5시간 동안 투석치료를 하게 되며, 복막투석을 하는 학생은 복막관을 통해 하루 3~4회, 6~8시간마다 30~40분 정도 투석액을 교환해야 하므로 생활에 제한이 많음 → 학업 결손에 대한 부담을 줄일 수 있도록 교사의 적절한 교수적 수정 지원이 필요함
- 일상생활에서 피곤을 느끼지 않도록 활동량을 조절해줘야 하므로 학습 및 활동 참여에 관한 조정이 필요함

모범답안 ㉠ 신장장애

2017학년도 중등 A5

**02** 다음은 박 교사와 김 교사가 학생 A에 대해 나눈 대화의 일부이다. ㉠에 해당하는 병명을 쓰시오. [1점]

박 교사 : A는 ㉠<u>소변검사에서 단백뇨와 혈뇨가 나와서 이 질병을 발견하게 되었는데, 지금은 혈액 투석을 하고 있습니다. 그리고 더 심해지면 이식 수술을 해야 한다고 걱정을 많이 하고 있어요. 식이요법도 해야 하고, 수분과 염분 섭취량을 조절해야 합니다.</u>

김 교사 : A가 주의해야 할 점이 많네요. 그리고 투석을 받는 것도 힘들겠지만 상태가 더 나빠지는 것에 대한 스트레스도 클 것 같아요.

박 교사 : 네. A는 몸이 많이 부어 있기도 하고 피로감을 자주 호소합니다. 그리고 조퇴와 결석이 많아 학습결손도 있어서, 부모님에게 건강장애를 지닌 특수교육대상자로 선정·배치되는 절차를 안내했어요. 선정이 되면 ㉡<u>순회교육</u>이 필요할 수도 있겠습니다.

…(하략)…

투석의 유형 : 혈액투석, 복막투석

## 확장하기

### 혈액투석과 복막투석 비교

| 구분 | 혈액투석 | 복막투석 |
|---|---|---|
| 수술(통로) | • 투석을 시작하기 전에 팔에 혈관 장치인 동정맥루를 만들어야 함<br>• 동정맥루가 준비되지 않은 상태에서 응급으로 혈액투석을 하려면 목이나 어깨의 정맥에 플라스틱 관을 삽입해야 함 | • 복막투석 도관을 복강 내에 삽입하는 수술을 함<br>• 도관은 영구적으로 복강 내에 남아 있음 |
| 방법 | 인근 혈액투석실(병·의원)에서 보통 일주일에 3회, 매회 4~5시간 동안 시행 | • 집이나 회사에서 투석액을 교환함<br>• 대부분 하루에 3~4회, 6~8시간마다 교환함<br>• 새로운 투석액을 복강 내에 주입<br>• 약 6시간 후에 투석액을 빼고 새 투석액으로 교환(교환과정은 30~40분 정도 걸림) |
| 장점 | • 병원에서 의료진이 치료해줌<br>• 자기관리가 어려운 노인이나 거동이 불편한 사람에게 가능함<br>• 주 2~4회 치료<br>• 동정맥루로 투석을 하는 경우 통목욕이 가능함 | • 주삿바늘에 찔리는 불안감이 없음<br>• 한 달에 1회만 병원 방문<br>• 혈액투석보다 신체적 부담이 적고 혈압 조절이 잘됨<br>• 식사 제한이 적음<br>• 교환 장소만 허락되면 일과 여행이 자유로움 |
| 단점 | • 주 2~3회 투석실에 가야 하므로 수업이나 직장생활에 지장을 줌<br>• 식이나 수분의 제한이 심함<br>• 빈혈이 좀 더 잘 발생함<br>• 쌓였던 노폐물을 단시간에 빼내므로 피로나 허약감을 느낄 수 있음 | • 하루 4회 청결한 환경에서 투석액을 갈아줘야 하는 번거로움이 있음<br>• 복막염이 생길 수 있음<br>• 복막투석 도관이 몸에 있어 불편함<br>• 간단한 샤워만 가능하며, 통목욕은 불가능함 |

기본이론 431-440p

 소아천식

**구조화틀**

소아천식
- 개념
- 종류
- 진단
- 치료
- 교육적 지원

 **소아천식**

- 숨 쉴 때 들어오는 여러 가지 자극 물질에 대한 기관지의 과민반응으로 인해 나타나는 소아기 만성질환
- 호흡의 통로인 기도 점막에 염증이 생겨 부어오르면서 기관지가 좁아지고, 천명과 기침과 가래로 인해 호흡곤란이 발작적으로 나타남
  - **천명**: 기도가 좁아져서 숨을 내쉴 때 쌕쌕거리거나 가랑가랑한 호흡음이 나타나는 것
  - **기침과 가래**: 기도의 자극과 분비물 증가로 인해 기침이 나오고, 잦은 기침으로 복통이 동반됨
  - **호흡곤란**: 숨을 들이쉬는 것보다 내쉬는 것이 먼저 힘들어지고, 심하면 숨을 들이쉬는 것도 힘들어지게 되는 증상

**소아천식의 진단**
- **알레르기 피부반응검사**: 알레르기의 원인을 찾아내는 검사
- **혈액검사**: 알레르기 체질 여부를 확인할 수 있음
- **폐기능검사**: 천식이 의심될 경우 최대호기를 측정하는 폐기능 검사를 실시함. '최대호기유속'이란 말 그대로 가능한 최대로 숨을 들이마신 후에 가장 빠르고 최대한 힘 있게 숨을 내쉬었을 때의 속도를 의미함

- ㉠ 가능한 최대로 숨을 들이마신 후에 가장 빠르고 최대한 힘 있게 숨을 내쉬었을 때의 호흡량을 측정한다.
- ㉣ 천식발작이 나타나면 즉각적인 조치를 취해야 한다.
- ㉥ 천식발작이 나타날 경우 누운 자세보다는 앉은 자세 또는 옆으로 누운 자세를 취하는 것이 좋다.

---

2021학년도 중등 B9

**03** (가)는 지적장애를 동반한 건강장애 학생 K의 특성이고, (나)는 학생 K에 대한 건강관리 지도 계획이다. 〈작성방법〉에 따라 서술하시오. [4점]

(가) 학생 K의 특성

- 의사소통에 어려움이 있음
- 지속성 경도 천식 증상이 있음
- 흡입기 사용 시 도움이 필요함

(나) 지도 계획

○ ㉠ 최대호기량측정기 사용 지도
- 매일 일정한 시간에 측정하고 결과를 기록하도록 지도

○ 기타 교육적 지원
㉡ 교실에 천식 유발인자가 재투입되지 않는 특수 필터가 장착된 공기청정기를 사용한다.
㉢ 학생이 천식 발작의 징후인 흉부 압박, 연속적으로 터져 나오는 기침 등의 증상을 자각할 수 있도록 지도한다.
㉣ 천식 발작이 나타나면 증상이 잠잠해질 때까지 기다린 후에 조치를 취하도록 한다.
㉤ 학교의 모든 사람이 천식에 대한 지식을 갖출 수 있도록 교육을 실시한다.
㉥ 천식 발작이 일어났을 때 대개는 앉은 자세보다 누운 자세를 취하도록 하는 것이 바람직하다.
㉦ 일반적으로 적절한 운동은 도움이 되므로 준비 운동 후 운동에 참여하도록 한다.

**[작성방법]**

- (나)의 밑줄 친 ㉠의 사용 방법을 1가지 서술할 것. [단, (가)의 학생 특성에 근거할 것]
- (나)의 ㉡~㉦ 중 틀린 곳 2가지를 찾아 기호를 쓰고, 그 이유를 각각 서술할 것.

---

**폐기능검사**
호흡곤란의 원인을 찾고 폐에 질병이 있는지 살펴보는 검사. 천식이 되면 기관지의 만성 염증으로 기관지가 예민해지고 수축해 폐활량이 낮아지게 되어 폐 기능이 저하됨. 최대호기유속량 측정기를 통해 매일 천식 증상 변화를 살펴보기 위해 사용함

㉡ 공기청정기는 공기 중에 떠다니는 고양이 털, 곰팡이, 각종 연기를 제거하는 데에는 도움이 되지만 집먼지진드기나 바퀴벌레 알레르겐은 입자가 커서 대부분 실내 바닥에 쌓여 별 도움이 되지 않음 → 공기청정기를 사용할 때는 헤파 필터를 사용해야 함

㉢ 천식 발작의 징후에는 천명, 기침과 가래, 호흡곤란과 흉부 압박 징후를 느낄 수 있음

㉣ 천식 발작 증상이 지속하지 못하도록 조기에 충분한 치료와 중재를 제공하고 해로운 상황을 피할 수 있도록 하는 것이 중요함

㉤ 모든 학생·교직원은 천식에 대해 알고 있어야 함

㉥ 천식 발작이 나타나면 대게 약간 무릎을 벌리고 팔꿈치에 기대어 앞으로 숙인 자세와 베개를 껴안듯이 앞으로 몸을 숙이는 자세가 호흡하기에 좋음

㉦ 신체 활동 전에는 항상 준비 운동을 해야 함

기본이론 431-440p

소아천식

소아천식
- 개념
- 종류
- 진단
- 치료
- 교육적 지원

소아천식 교육적 지원
- 교실 청소를 할 때는 먼지 청소를 철저히 하고 청소할 때는 환기부터 함. 걸레를 사용해 먼지가 날리지 않게 주의하며, 진공청소기를 이용함
- 교실의 습도를 50% 이하로 유지할 경우 집먼지진드기의 증식이 급격히 저하됨
- 가습기는 실내 습도를 높여 곰팡이와 집먼지진드기의 서식을 늘릴 수 있으므로 사용하지 않는 것이 좋음
- 공기청정기는 공기 중에 떠다니는 고양이 털, 곰팡이, 각종 연기를 제거하는 데에는 도움이 되지만 집먼지진드기나 바퀴벌레 알레르겐은 입자가 커서 대부분 실내 바닥에 쌓여 있어 별 도움이 되지 않음
- 환풍기는 먼지를 순환시킬 수 있으므로 주의해야 함
- 커튼은 먼지가 많이 쌓이므로 수직 블라인드가 좋음
- 학생이 현장학습 등으로 학교 외부로 이동할 경우에는 항상 의료물품도 함께 소지하도록 함
- 의료용구는 학교에 비치되어 있어야 하며, 언제든지 쉽게 사용할 수 있어야 함
- 천식을 가지고 있는 학생이 스스로 질병을 관리할 수 있도록 지도해야 함

천식 발작 시 도움을 요청할 수 있도록 도움요청 카드 사용을 지도한다.

2017학년도 초등 A3

**04** (가)는 2015 개정 특수교육 교육과정 중 기본 교육과정 바른 생활과, 슬기로운 생활과, 즐거운 생활과에 대한 내용이고, (나)는 슬기로운 생활과 '가을풍경 관찰하기' 현장체험학습 계획 시 중도·중복장애 학생들의 특성에 따라 교사가 고려해야 하는 사항이다. 물음에 답하시오. [5점]

(나)

| 학생 이름 | 특성 | 고려사항 |
|---|---|---|
| 연우 | • 중도 지적장애<br>• 알레르기성 천식을 앓고 있음<br>• 천식 발작 시 마른 기침을 하고 흉부 압박을 느끼며 고통을 호소함<br>• 천식 발작이 심한 경우 호흡곤란이 동반되고 의사소통이 어려움 | • 외출 시 준비물(휴대용 흡입기, 마스크, 상비약, 도움요청 카드, 휴대용 손전등, 휴대용 알람기 등) 점검하기<br>• ⓒ응급 상황 발생 시 도움을 요청하는 방법 환기하기 |

외인성 천식

4) (나)의 ⓒ의 예를 연우의 특성과 외출 시 준비물을 고려하여 1가지 쓰시오. [1점]

## 확장하기

### ★ 천식 조절 흡입기 유형(김정연, 『건강장애학생교육』, 2020.)

#### 네뷸라이저

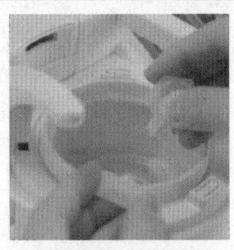

① 흡입약물 준비
흡입약물을 네뷸라이저에 넣음

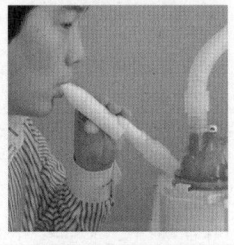

② 약물 흡입
네뷸라이저를 켜고 약물이 나오는 것을 확인한 후, 평상시와 같이 숨을 쉬면서 약물을 흡입함

네뷸라이저 약액의 종류나 흡입 시간, 흡입 횟수 등은 반드시 의사의 처방과 지시에 따라야 함

#### 정량식 흡입기

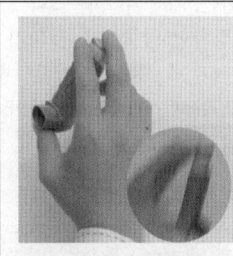

① 잡고 흔들기
흡입구가 아래로 향하게 잡고 3~4회 흔듦

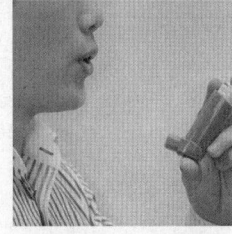

② 숨 내쉬기
숨을 내쉬어 폐 안의 공기를 빼냄

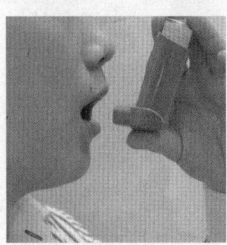

③ 누르면서 천천히 흡입
흡입구를 입에 가까이 대고, 누르면서 천천히 흡입함

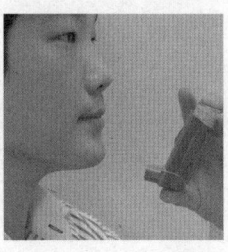

④ 숨 참기
10초간 숨을 참음

＊한 번 더 흡입해야 할 경우: 3~4분 정도의 간격을 두고, 위 과정을 반복

- 약통을 누르면 일정량의 약물이 추진 가스와 함께 분무되는 흡입기로, 약물의 성분에 따라 소염 스테로이드제·장시간형 기관지 확장제·속효성 기관지 확장제 등이 포함되어 있음
- 사용 시 밸브를 누르는 동작과 공기를 흡입하는 동작이 일치해야 하고, 공기를 흡입할 때에는 느린 속도로 천천히 흡입해야 함. 아동의 경우 2초 이상 천천히 흡입하며 흡입 후 10초 이상 숨을 참아 약물 침착을 최대한 유도함. 흡입과 동시에 밸브를 눌러 정확한 타이밍이 일치하도록 교육하는 것이 중요함

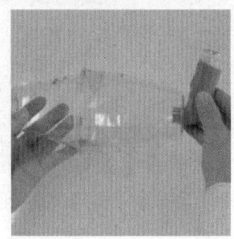
① 스페이서 준비
흡입제에 스페이서를 연결함

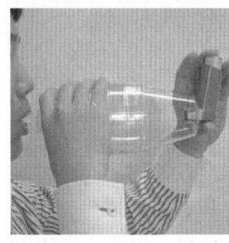
② 약물 흡입
스페이서 흡입구를 가볍게 물고 흡입제를 눌러 약물을 스페이서 안으로 전달한 후, 평상시와 같이 숨을 쉬면서 약물을 흡입함

- 정량식 흡입기만으로 기도에 약물이 전달되기 어려운 경우 정량식 흡입기에 흡입보조기구인 스페이서를 끼워서 사용함. 스페이서를 사용하면 구강에 약물이 침착하는 것을 줄일 수 있어 스테로이드제 사용 시 함께 사용함. 아동의 경우 약물 분사와 흡입을 동시에 하기 어려우므로 스페이서를 부착하면 흡입 효율을 높일 수 있음

### 건조 분말 흡입기

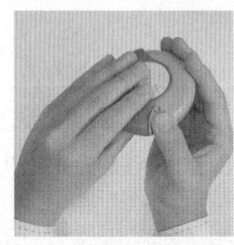
① 뚜껑 열기
홈을 이용해 돌려서 뚜껑을 엶

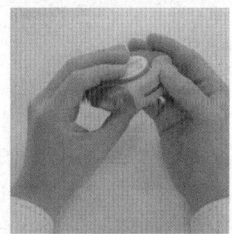
② 레버 돌리기
레버를 '딱' 소리가 날 때까지 돌림

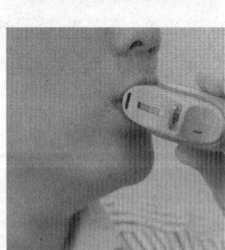
③ 세게 흡입
숨을 내쉰 후 흡입구를 입에 물고 세게 흡입함
(혓바닥으로 구멍을 막으면 안 됨)

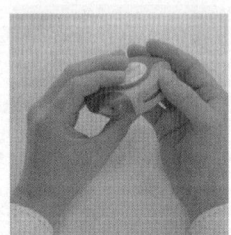
④ 뚜껑 닫기
입을 떼고, 10초간 숨을 참은 후 레버를 다시 돌려 뚜껑을 닫음

- 건조 분말 흡입기는 약물과 부형제가 혼합된 분말을 직접 마시는 것으로, 추진제가 따로 없으므로 흡입할 때 세고 빠르게 들이마셔야 함
- 캡슐을 장전하는 기구의 경우 2회에 걸쳐 흡입해야 정확한 약물이 전달되기 때문에 강하고 빠르게 2회를 흡입함. 이러한 사용법으로 인해 아동이 사용하기 어렵다는 단점이 있음

2020학년도 중등 A12

**05** (가)는 특수교육지원센터 홈페이지 게시판에 있는 질의 응답 내용의 일부이고, (나)는 학생 L의 건강관리 지원 계획의 일부이다. 〈작성방법〉에 따라 서술하시오. [4점]

(가) 질의응답 내용

| Q1 | 저희 아이는 소아천식을 앓고 있어요. 만약 건강장애로 선정된다면 집에서 공부할 수 있는 방법이 있나요? |
| A1 | 네, 원격수업이나 ㉠순회교육을 받을 수 있습니다. |
| Q2 | 건강장애 학생의 부모입니다. 향후 건강장애 선정을 취소할 수 있나요? |
| A2 | ㉡건강장애 특수교육대상자 선정 취소 사유에 해당하는 경우, 학부모가 건강장애 선정 취소를 신청할 수 있습니다. |
| Q3 | 학생 L은 ( ㉢ )을/를 앓고 있어요. ⓐ혈당 검사, 인슐린 주사, 식이요법을 통해 매일 꾸준히 관리해야 해요. 학교에서 어떤 지원을 받을 수 있을까요? |

건강장애 선정 시 교육지원 방법은 순회교육, 원격수업, 병원학교 등이 있음. 그중 '집에서 공부할 수 있는 방법'에는 원격수업, 순회교육이 있음

(나) 건강관리 지원 계획

| 응급 상황 대처 계획 ||| 
| --- | --- | --- |
| 구분 | 나타날 수 있는 증상 | 처치 |
| 경증<br>저혈당 | 발한, 허기, 창백, 두통, 현기증 | • 즉시 신체 활동 금지<br>• 즉시 혈당 측정<br>• ( ㉣ )<br>• 휴식 취하기<br>• 보건교사 연락<br>• 보호자 연락 |

【작성방법】
- (가)의 밑줄 친 ㉡에 해당하는 내용 1가지를 서술할 것.
- (가)의 밑줄 친 ⓐ를 참고하여 괄호 안의 ㉢에 해당하는 용어를 쓰고, (나)의 괄호 안의 ㉣에 해당하는 내용을 1가지 쓸 것.

기본이론 417-418p, 441-444p

**키워드**
- 원격수업
- 소아당뇨

**구조화틀**

원격수업
- 개념 및 목적
- 원격수업기관 입교 신청과 취소
- 운영

소아당뇨
- 개념
- 유형
- 제1형 당뇨 특성
- 치료
- 교육적 지원

**핵심개념**

원격수업
- 초·중·고 건강장애 학생이 컴퓨터나 개인용 휴대 단말기를 통해 인터넷상에서 실시간 양방향 수업과 탑재된 콘텐츠를 통해 학습하는 형태를 말함
- 원격수업 운영기관마다 운영상의 특성이 있으나, 학교급과 학년에 따라 학급을 구성하며 학생이 원래 소속된 학교의 학년에 배치함
- 원격수업기관의 경우 학적은 학생의 소속학교에 두고, 매월 초에 출결 상황을 교육청으로 통보하며, 교육청에서 다시 소속학교로 통보함

소아당뇨
- 당뇨는 인슐린이 부족하거나 기능에 이상이 발생하는 질환으로, 몸에 섭취된 당분이 잘 사용되지 못하고 혈액 속을 떠돌다가 소변으로 배설되는 것
- **제1형 당뇨**: 인슐린 의존형 당뇨로, 체내에서 혈당을 조절하는 인슐린이 거의 분비되지 않아 인슐린 주사에 의존해야 하는 경우
- **제1형 당뇨 특성**
  - 고혈당증: 혈중 포도당 수치가 과도하게 높게 나타나는 증상 → 인슐린 주사 투여
  - 저혈당증: 혈당이 정상 수치 이하로 내려가면서 매우 급작스럽게 응급상황을 유발함 → 음식(포도당 사탕·음료 등) 섭취를 통한 혈당 증가, 의식이 없을 경우 포도당 수액 공급

**모범답안**

소아당뇨

---

2025학년도 중등 B2

**06** 다음은 ○○ 중학교 건강장애 학생 B와 C에 대한 특수교사와 일반 교사의 대화이다. 괄호 안의 ㉠에 해당하는 교육 지원 유형을 장애인 등에 대한 특수교육법(법률 제18992호, 2022. 10. 18., 일부개정)에 근거하여 쓰고, [A]에 해당하는 질환의 명칭을 쓰시오. [2점]

| 일반 교사: | 학생 B는 소아암으로 인해 건강장애 특수교육 대상자 적격성 여부를 결정하기 위해 선정 심사 중이에요. 학부모님께 병원에 설치된 학교에 대해 설명드렸는데, 병원학교 이외에 어떤 유형의 교육적 지원이 있나요? |

> 건강장애 학생의 교육 배치에는 순회교육, 원격수업, 병원학교 등이 있음

특수 교사: 교사가 직접 방문하여 학생을 지도하는 순회교육이 있어요. 이 외에 ( ㉠ )(으)로 교육적 지원이 가능해요. ( ㉠ )은/는 초·중·고 건강장애 학생이 컴퓨터나 휴대 단말기를 사용하여 탑재된 콘텐츠를 통해 학습하거나 실시간 양방향으로 수업에 참여하는 것을 말해요.

…(중략)…

일반 교사: 선생님, 다음 주에 1박 2일 현장 학습을 가는데 건강장애 학생 C를 어떻게 지원해야 할까요?

특수 교사: 먼저 학생 C는 인슐린이 절대적으로 부족하므로 인슐린 주사가 꼭 필요해요. 그리고 혈당 검사, 인슐린 주사, 식이요법으로 꾸준히 관리해야 해요.

…(중략)…

특수 교사: 학생 C의 건강 관리 지원 계획을 보면서 응급 상황에 대한 증상과 지원 방안을 설명할게요. 경도 저혈당 증상은 몸에서 땀이 조금씩 나기 시작하고, 가끔 몸이 흔들리며, 허기와 두통, 현기증과 어지럼증 등이 나타나는 것이에요. 응급조치를 취하지 않으면 발작 등을 발생시키는 심한 저혈당증으로 진행되기 때문에 빠른 응급조치가 이루어져야 해요. [A]

…(하략)…

참고자료
기본이론 412-418p, 422-424p

 키워드
- 건강장애 교육적 지원
- 소아암

 구조화 틀
소아암
- 개념
- 치료와 예후
- 장애의 영향
- 교육적 지원

 핵심개념
소아암
- 단일 질병이 아닌 많은 형태로 나타나며 백혈병, 뇌종양, 악성 림프종, 신경모세포종 등이 대표적임
- 치료 방법으로는 항암 화학요법, 수술치료, 방사선 치료, 골수이식, 면역 치료 등이 있음
- 백혈병과 방사선 치료를 받는 림프종 학생은 지능이 낮아질 수 있음

소아암 교육적 지원
- 일상생활에서 자신의 질병을 관리하고 조절하면서 모든 활동에서의 참여를 높이고 독립성을 증가시키기 위한 자기관리능력이 요구됨
- 소아암 학생에게 운동은 매우 필요함
  → 1주일에 5일 이상 적어도 60분 정도의 중등도 또는 강한 활동이 필요함
- 운동 시 주의사항
  - 운동은 식사 후 30분 이상이 지난 다음에 함
  - 단시간에 강한 운동은 삼가함
  - 운동 중 관절이나 근육에 손상이 가지 않도록 주의함
  - 발에 상처가 나거나 무리한 압력이 가해지는 것을 방지하기 위해 양말과 신발을 꼭 착용함
  - 적절한 준비 운동과 마무리 운동을 함
  - 운동 중이나 운동 후 수분을 충분히 섭취함

 모범답안
- 순회교육 또는 원격수업
- ⓒ 진단서, 장애인 등록증, 장애인 수첩
- ⓒ 학생 H의 학적은 소속학교에 둔다.
  ⓞ 규칙적·정기적 운동이 필요하다.

2022학년도 중등 B9

**07** (가)는 ○○중학교에 재학 중인 학생 H에 관해 담임교사와 특수교사가 나눈 대화의 일부이고, (나)는 학생 H를 위한 지원 계획의 일부이다. 〈작성방법〉에 따라 서술하시오. [4점]

(가) 대화

담임교사: 선생님, 저희 반 학생 H가 소아암 치료를 위해 6개월간 병원에 입원하게 되었어요. 입원해 있는 동안 어떤 교육 지원을 받을 수 있을까요?
특수교사: 네, 건강장애로 인한 특수교육대상자로 선정되면 ㉠병원학교에서 수업을 받을 수 있습니다.
담임교사: 특수교육대상자로 선정되려면 어떤 진단·평가를 받아야 하나요?
특수교사: 장애인 등에 대한 특수교육법 시행규칙에 따르면, 건강장애와 관련하여 특수교육대상자 선별검사 및 진단평가 영역이 별도로 규정되어 있지 않습니다. 만성질환의 경우에는 ( ㉡ )을/를 참고자료로 활용하여 특수교육운영위원회의 심사를 거쳐 특수교육대상자로 선정될 수 있습니다.

> 건강장애로 인한 특수교육대상자로 선정되면 병원학교, 순회교육, 원격수업 등을 받을 수 있음

(나) 지원 계획

| 구분 | 내용 |
|---|---|
| 병원학교 입교 | ㉢ 학생 H의 학적은 병원학교에 두고 관련 지침을 적용한다.<br>㉣ 병원학교의 출결확인서 또는 수업확인증명서에 따라 출결을 처리한다. |
| 학교 복귀 지원 | ㉤ 또래 관계를 지원하고, 심리 상담을 통해 정서적인 안정을 갖도록 한다.<br>㉥ 필요한 경우, 교내에 충분한 휴식을 취할 수 있는 공간을 확보한다.<br>㉦ 백혈구 수치가 낮아지거나 감염의 위험성이 높아지면 예기치 못한 결석이 자주 발생할 수 있으므로 학습결손에 대한 방안을 마련한다.<br>㉧ 장기간 치료로 인한 체력 소모와 피로감을 고려하여 신체 활동과 체육 활동을 피하도록 한다.<br>㉨ 방사선치료나 화학요법으로 인해 인지능력에 변화가 발생한 경우 학업 수행 시 지원이 요구된다. |

> 건강장애 학생의 학적
> - 건강장애 학생의 학적은 소속학교에 둠
> - 병원학교 출석 확인서를 소속학교에 제출해 출석 여부를 확인함
> - 1일 최소 수업시수를 따름
>   - 초등학생: 1일 1시간 이상
>   - 중·고등학생: 1일 2시간 이상

> 학교 복귀 프로그램
> - 건강장애 학생이 학업을 지속할 수 있도록 지원하고 또래관계를 유지해줌
> - 나아가 질병에 대한 지속적인 건강관리와 심리·정서적 안정감을 높이는 데 기여함

〈작성방법〉
- (가)의 밑줄 친 ㉠을 제외하고 학생 H가 제공받을 수 있는 교육 지원을 1가지 쓸 것. [단, 「장애인 등에 대한 특수교육법」 제25조 2항(법률 제17494호, 2020. 10. 20. 일부개정)에 근거할 것]
- (가)의 괄호 안 ㉡에 해당하는 내용을 1가지 쓸 것.
- (나)의 ㉢~㉨ 중 적절하지 않은 것 2가지를 찾아 기호와 함께 각각 바르게 고쳐 서술할 것.

참고자료: 기본이론 422-444p

 키워드: 건강장애 복합형

 구조화틀

**건강장애의 유형 및 특성**
- 소아암
- 신장장애
- 심장장애
- 소아천식
- 소아당뇨

 핵심개념

**심장장애**
심장의 기능 부전으로 일상생활 정도의 활동에도 호흡곤란 등의 증세가 일어나 일상생활 활동에 현저한 제한을 받음

**심장장애 교육적 지원**
- 심장질환을 가지고 있는 학생들 대부분은 학교생활을 할 수 있고 모든 일상적인 활동에 참여할 수 있으나, 청색증이 심한 학생은 추위에 잘 적응하지 못하므로 추운 날씨에 야외나 눈 농상에서 이루어지는 수업 활동은 특별한 조치가 필요함
- 학생과 대화해 체력을 고려한 활동 참여 수준을 정함. 힘든 운동을 제외하고 적당량의 운동은 꼭 필요함(빠르게 걷기, 가볍게 달리기, 자전거 타기, 수영, 가벼운 등산, 계단 오르기 등의 유산소 운동이 권장됨)
- 인공심장박동기를 장착한 학생의 경우 타박 등에 의해 장치가 끊어질 수 있으므로 복부·흉부에 강한 타박이 예상되는 스포츠에는 참가하지 않도록 지도함

 모범답안
②

---

2012학년도 초등 6

**08** 다음은 특수교육대상자로 선정되어 초등학교 일반학급에 통합되어 있는 건강장애 학생들의 개별적인 상황과 특수교육지원내용이다. 상황에 따른 특수교육 지원이 적절하지 <u>않은</u> 것은?

| | 만성질환 | 개별 학생의 상황 | 특수교육 지원 |
|---|---|---|---|
| ① | 소아천식 | 먼지와 특정 성분의 음식에 과민반응을 보여 천명을 동반한 기침과 호흡곤란이 심하게 나타난다. | 부모와 보건교육교사와 상의하여 과민반응을 일으키는 음식을 통제하고, 교실환경을 평가하여 자극을 줄인다. |
| ② | 심장장애 | 온도변화가 심하거나 몹시 추운 날에는 청색증과 호흡곤란 증세가 나타난다. | 동절기에는 운동장에서 하는 체육수업을 받지 않고, 특수학급에 가서 다른 교과의 수업을 받게 한다. |
| ③ | 신장장애 | 투석치료를 위해 매주 정기적으로 3번씩 조퇴를 해야 한다. | 조퇴로 인한 특정 교과 학습의 결손을 보충할 수 있도록 통신교육이나 체험교육 등의 학습 기회를 제공한다. |
| ④ | 소아암 | 소아암 치료를 위해 학기 중 4개월 동안 병원에 입원하여야 한다. | 입원한 병원의 병원학교에서 최소한 1일에 1시간 이상 수업에 참여하게 하여 유급이 되지 않게 한다. |
| ⑤ | 소아당뇨 | 혈당 조절을 위해 매일 인슐린 주사를 맞으며, 종종 저혈당 증세가 나타난다. | 수업시간이라도 갑작스러운 저혈당 증세가 나타나면 사탕이나 초콜릿 등을 먹을 수 있도록 허용한다. |

Memo

**2026 특수교사임용시험 대비**

# 김은진
# 스페듀
# 기출분석집

Vol. 3  청각장애  시각장애  지체장애  건강장애

**초판인쇄** | 2025. 4. 15.  **초판발행** | 2025. 4. 22.  **편저자** | 김은진
**발행인** | 박 용  **발행처** | (주)박문각출판  **표지디자인** | 박문각 디자인팀
**등록** | 2015년 4월 29일 제2019-000137호  **주소** | 06654 서울시 서초구 효령로 283 서경빌딩
**팩스** | (02)584-2927  **전화** | 교재문의 (02)6466-7202

저자와의
협의하에
인지생략

이 책의 무단 전재 또는 복제 행위는 저작권법 제136조에 의거, 5년 이하의 징역 또는 5,000만 원 이하의 벌금에 처하거나 이를 병과할 수 있습니다.

정가 37,000원
ISBN 979-11-7262-621-1    ISBN 979-11-7262-618-1(세트)